우크라이나어-한국어 사전

УКРАЇНСЬКО-КОРЕЙСЬКИЙ СЛОВАРЬ

러시아 - CIS연구소
김진원 허승철 최준기 편저

머리말

현재 한국과 우크라이나 사이에는 경제적, 정치적 관계가 무르익어가고 있다. 그렇기에 많은 사람들이 우크라이나와의 관계 증진을 위해 우선적으로 필요한 언어를 학습하려고 하는 이 시점에 우리나라에는 우크라이나어와 관련하여 <우크라이나어-한국어 사전>이 한 권도 나와 있지 않기에 본 필자들은 우크라이나어를 공부하고자 하는 학생들과 다양한 분야에서 우크라이나와 관계하고 있는 이들에게 조금이라도 도움을 주고자 본 사전을 발간하게 되었다.

본 우한사전은 불필요한 부분은 필자들의 판단에 의해 삭제하였으며 그 부분에 더 많은 어휘들을 첨가하여 양적으로 충분하도록 구성하였다. 그렇기 때문에 이 사전에는 실제 우크라이나어를 공부하고자 하는 이들이 필요로 하는 어휘들이 대부분 들어 있다고 생각한다.

비록 소사전이지만 우크라이나어와 관련된 첫 번째 사전이기에 부족함 점이 있더라도 이해해주시기 바라며 필자들은 지금 준비 중에 있는 대사전에 더 많은 어휘를 첨가하고 내용을 보완하여 지속적으로 사전을 내놓도록 하겠다. 더욱 나은 사전이 출간되도록 지도편달을 부탁드리며 이 사전으로 인해 적은 도움이라도 독자들이 얻을 수 있다면 본 사전을 출간한 필자들은 더할 수 없이 기쁘겠다.

그리고 이 사전이 나오도록 지원해 준 한국학술진흥재단에 감사를 드리며, 도서출판 문예림의 서덕일 사장님 그리고 김혁 박사, 박종우 군, 교정을 봐 준 김혜정에게도 깊은 감사를 드린다.

2007년 6월 20일
안암동에서

우크라이나 사전 규정

1. 우크라이나어는 단어의 소리가 씌여진 대로 소리 난다. 철자의 소리는 각 단어의 시작부분에 올 수 있다. 연음부는 마지막에 ь가 온다.

1) дз같은 합성자음은 adds의 ds와 같이 소리 나고 дж는 jam의 j과 같이 소리 난다.

2) 모든 우크라이나 단어와 표현은 굵은 글씨로 쓴다. 주 목록은 모두 다 기입한다: 파생어는 짧게 쓰며, 그 부분은 기호 ?로 나타내며, 파생부분은 수평선(|)으로 경계를 나눈다: короткий(-ка, -ке); ?ість(-кости) ✝ f;?уватий(-та, -те). ?가 나타나는 각 경우에, 하나는 강세가 온다 коротк... 수평선(|)이 없는 곳에서, 기호 ?는 전체적으로 완전 단어를 나타낸다. 파생어의 마지막은 완전한 단어를 만들기 위해 주어진다: -борщ(-шу); ?ик(-ка) m;?евий(-ва, -ве) = борщ, борщ-ик, борщ-евший.

3) 기호 *는 여성명사 뒤에 놓인다. 특히 -ість뒤에 놓인다. 이것은 주어진 명사의 생격에 여러 어미가 사용된다는 것을 의미한다: -свідоість(-мости)* f;кров(-ви)* f.이러한 각 예에서 생격은 : свідомості, крові.

4) 기호 ?는 모음구조에서 내부 파생이 있는 단어를 따른다. 그것은 모음이 두 개 있는 곳에 쓰인다(단어의 마지막에는 오지 않는다). 첫 번째는 강모음이고, 두 번째는 연모음이다:соціяліст. 새로운 우크라이나 정자법에서는 -а를 요구한다 а-соціаліст. 동일한 예는 다음에 ю가 나오는 것이다 тріюмф. E.U. 정자법은 -тріумф이다.

5) 기호 =는 의미가 같은 것을 의미한다.

6) 두 수직선(‖)은 서로 간의 의미가 나누어진다는 것을 의미한다: 새로운 단어를 분리하거나, 이전 단어에 속하는 구나 표현을 나눈다.

7) 부사는 형용사에서 파생되기 때문에, 그것은 부사로 생각된다. 일반적인 부사는 형용사의 어미를 탈락시키고, -о를 붙인다: гарн-ий--гарн-о.
또한 공간을 절약하기 위해서, 관용어나 속담표현에서 주 목록의 단어들은 이중 대쉬로 표현된다.

8) "г"과 "r"의 문제는 사전편찬자에게 어려운 문제를 제

시한다. 현재 추세는 "r"을 "r"로 대치한다.

9) 러시아어에서 악센트는 고정되어 있지 않다. 단모음 단어를 빼고 현재 모든 단어들은 악센트가 있다. 만약 악센트에서 변화를 알 수 있다면, 이전 악센트 음절에서 악센트는 자동적으로 없어진다. 어미나 접미사에서 악센트가 없다면, 주어진 단어에서 첫 번째 음절이 강세가 있는 것이다. 만약 대문자로 된 단어에 악센트가 없다면, 강세는 항상 대문자에 떨어진다. 몇몇 단어들은 악센트가 두 개인 것들도 있다.

10) 세미콜론은 비슷한 그룹 끝에 놓여진다.

11) 괄호안의 단어들은 괄호안의 단어들이 이전의 단어로 교체된다는 것을 의미하거나 속한다는 것을 지시한다.

12) 중성단어의 생격은 제시하지 않는다, 그것은 주격과 동일한 것으로 이해한다.

13) 형용사는 괄호안의 어미에 의해 그 한정이 설명되고 나머지 부분은 생략된다 добрий (-ра, -ре).

14) 우크라이나어에서 대부분의 형용사는 지소형과 지대형이다. 종종 해당하는 단어가 없을 수도 있다. 지소형은 귀여운 것들을 지칭하는 경우가 있으며 지대형은 경멸적이며 조소적인 것을 지칭하기도 한다. 만약 상응하는 지소형이 없다면, 그것은 목록의 앞에 언급될 것이다.

15) 동사는 괄호 안에 상과 함께 사용된다. 만약 비슷한 용어상의 단어가 없다면, 괄호안의 동사로 언급될 것이다. 몇몇 예에서 그것은 주어진 동사의 두 상을 구분하는 의미를 정확하게 하지는 못한다. 불완료상은 행위의 지속을 의미하고, 완료상은 행위의 끝을 의미한다. 재귀동사는 항상 -ся로 끝난다. -ся가 붙은 모든 동사가 재귀가 아니라는 것도 주의하여야 한다. 그러한 많은 동사들은 상호동사라고 불린다.

16) 단어는 정확하게 알파벳순을 따르지 않는다는 것도 주의해야 한다.

17) 방언형은 여기서 매우 넓게 사용된다.

명사류

1) 우크라이나어 명사, 대명사, 형용사, 수사 등의 품사들은 7개의 격을 가지고 있으며, 그것들은 서로 다른 수와 성을 가지고 있다(세 그룹: 강, 약, 혼합변화). 각 변화형(규칙변화, 불규칙변화, 혼합변화)은 아래에 제시된다.

2) 일반적으로, 남성명사의 어미는 자음이다. 종종 "й", "ь" 경우에 따라 "о", "а"일 수 있다. 만약 "а"가 있다면, 그것들은 여성처럼 변화한다.

3) 여성명사는 일반적으로 어미가 "а", "я"이다. 그리고 종종 "ь"이 나타난다. 불규칙적으로, 여성명사의 어미가 자음인 경우도 있다.

4) 일반적으로 중성 명사의 어미는 "о", "е" 또는 "я"이다. 만약 "я"라면, 이전의 자음은 이중적인 것이다.

동사

1) "бути" 동사의 현재형은 오직 하나의 형태이다 – "е".

2) "бути" 과거형은 미정형에서 나온다.

"бути"   –   бу–в
бу–ла
бу–ло
бу–ли

3) "бути" 미래형은 "бути" :   буд–у   буд–емо
буд–еш   буд–ете
буд–е   буд–уть

"бути"의

був   би
була   б
було   б
були   б

"бути"의 명령형은 :   будь   (2인칭 단수)
будьте   (2인칭 복수)
будьмо   (1인칭 복수)

1식 변화

2인칭 단수의 어미에서 모음은 혼합형을 지시한다. 경모음 "e"는 어간의 자음 어미를 따른다: 연모음 "є"는 어간의 모음어미를 따른다: 3인칭 복수에서 어미의 모음은 "y"나 "ю"이다.

현재시제 : везти — вез-у   читати — чита-ю
                     вез-еш   чита-еш
                     вез-е   чита-е
                     вез-емо   чита-емо
                     вез-ете   чита-ете
                     вез-уть   чита-ють

과거시제는 미정형에서 형성된다:
                             читати — чита-в (남성)
                                      чита-ла (여성)
                                      чита-ло (중성)
                                      чита-ли (복수)

어떤 동사들의 어근들은 현재에서보다 과거시제에서 더 길다. 이러한 점들도 문법에서 고려되어야 한다.

미래시제는 동사 "бути"와 유사한 조동사나 주어진 동사의 미정형의 사용으로 형성된다; 또는 미정형의 2식 변화로 나타난다.

     буд-у писати   =   писати-му
     буд-еш писати   =   писати-меш
     буд-е писати   =   писати-ме
     буд-емо писати   =   писати-мемо
     буд-ете писати   =   писати-мете
     буд-уть писати   =   писати-муть

Pluperfect 시제는 과거시제의 완료상형태에 "бути"의 과거시제를 합친다: написав був, написала була, написало було, написали були.
조건법 : 과거시제에서 관사 "б" 또는 "би"가 동사 뒤에 온다.
     писав би, писала б, писало б, писали б

명령형은 2인칭 단수에서 만들어진다
:читаеш — читай   (2인칭 단수)   везеш — вези
        читайте   (2인칭 복수)   везіть
        чита-ймо (1인칭 복수)   везім

2식 변화

2식변화의 뚜렷한 모음들은 "и" 또는 "i"인데, 그것들은 2인칭 단수 어미에서 나타난다; 3인칭 복수에서 모음은 "а"와 "я"이다.

```
бачити  —  бач-    стояти  —  сто-ю      робити  —  роб-лю
           бач-иш              сто-іш               роб-иш
           бач-ить             сто-іть              роб-ить
           бач-имо             сто-імо              роб-имо
           бач-ите             сто-іте              роб-ите
           бач-ать             сто-іять             роб-иять
```

세 번째 예에서 "л"은 유음다음에 첨가되는 소리이다.

과거는 미정형에서 만들어진다:

```
бачити  —  бачи-в
           бачи-ла
           бачи-ло
           бачи-ли
```

3식 변화

```
미래            현재                          미래
дати  —дам     істи  —ім     відповісти  —  відповім
даси           іси            відповіси
дасть          ість           відповість
дамо           імо            відповімо
дасте          істе           відповісте
дадуть         ідять          відповідять
```

과거시제:

```
дати  —да—в    істи—і—в      відповісти  —  відповіти—в
да—ла          і—ла           відповіти—ла
да—ло          і—ло           відповіти—ло
да—ли          і—ли           відповіти—ли
```

명령법:

```
дай         іж відпо    віж
дайте       іжте        відповіжте
даймо       іжмо        відповіжмо
```

** 분사 **

현재 능동 : 3인칭 복수에서 형성 : пращюють - пращюючий
과거 능동 : 남성과거에서 형성 : був-бувший
현재 수동 : 1인칭 복수 현재형에서 형성 : любимо-любимий
과거 수동 : 여러 비정형에서 ний 어미를 지닌 여러 이 형태가 나온다(-аний, яний, -ений, -ований, -йоний, -ьований, юваний): сіяти -сіяний; 그리고 тий: мити -мити-й; терти - тертий

분사

현재 : 3인칭 복수에서 형성 : ідуть - ідучи
과거 : 남성 현재에서 형성 : взяв - взявши

** 상 **

동사의 행위가 지속적인가 끝나는가하는 것.
동사의 행위가 끝나면 완료상.
완료상은 불완료상에서 형성:

a) 접두사 : писати - на-писати
    читати - про-читати
    робити -з-робити

b) 중간변화 : давати -   дати
    вибирати -   вибрати
    проходити - прийти
    розкидати - розкидати

c) 완전변화 : брати -   взяти
    класти - положити

상의 일반적인 패턴은 다음과 같다:

불완료상	완료상
читати	прочитати

현재   чита-ю   완료상에는
    -єш   현재형이 없다.
    -є
    -ємо
    -єте
    -ють

과거
 -чита-в
про-чита-в
  -ла   -ла
  -ло   -ло
  -ли   -ли

미래
будучттати   про-чита-ю
будеш
читати   -єш
   또는   -є
читатиму
-ємо
читатимеш   -єте
                          -ють

약어표

Abba. : 생략
Acc. : 대격
adv. : 부사
Anat. : 반의어
Arch. : 건축용어
Archeol. : 고대(어)
Astr. : 천문학
Augm. : 논항적
Bank. : 은행업
Bot. : 식물학
cf. : 비교
Chem. : 화학
Coll. : 집합
Colloq. : 구어체
Comn. : 상업
Comp. : 비교
conj. : 접속사
Dat. : 대격
derog. : 비하어
dial. : 방언
Dim. : 지소어
Eccl. : 기독교
e.g. : 예를 들면
Elec. : 전기
Ent. : 곤충학
Etym. : 어원학
E.U. : 동우크라이나어
f. : 여성
fem. : 여성
fig. : 비유적
Gen. : 생격
Geog. : 지리학
Geol. : 지질학
Geom. : 기하학
Gram. : 문법
Hist. : 역사
Ich. : 어류학
I. : 불완료상

i.e. : 즉
impers. : 무인칭의
indecl. : 불변화의
Indust. : 공업
Inf. : 유아어
Instr. : 산업의
interj. : 감탄사
interrog. : 의문사
Jur. : 법학
Liturg. : 기도문
Loc. : 처소격
m. : 남성
Mar. : 해양의
masc. : 남성
Math. : 수학
Med. : 약품
Mil. : 군사용어
Min. : 광산(물)
Misc. : 잡화
Mus. : 음악
Myth. : 신화
n : 중성
Naut. : 항해
neg. : 부정
neut. : 중성
Nom. : 주격
NP : 장소명
Orn. : 조류학
O.S. : 고대 슬라브어
P : 완료상
part. : 관사
Perf. : 완료상
pers. : 인칭
Phil. : 문헌학
Phot. : 사진
Phys. : 물리학
pl. : 복수
PN. : 고유명사

pop. : 대중적인	*Tech.* : 기술
prep. : 전치사	*Typ.* : 인쇄
pres. : 현재	*vi.* : 자동사
pron. : 대명사	*vid.* : 보라.
prov. : 속담	*viz.* : 즉
refl. : 재귀	*vt.* : 타동사
Rel. : 종교	*Voc.* : 호격
Russ. : 러시아어	*Vulg.* : 불가리아
sing. : 단수	*W.U.* : 서우크라이나어
Sup. : 최상급	*Zool.* : 동물학

А

А, а [접속사] 그러나, 그리고; не він, а його приятель 그가 아니라, 그의 친구; він засміявся, а я за ним 그는 웃었고, 나는 그를 따라 웃었다.; а через те що 그 이후에; а через те що він не прийшов 그 후에 그는 오지 않았다.; а саме 즉, 다시 말해서; а втім (проте) 그러나, 결국; а втім він це зробив 그러나 그는 이것을 했다; а втім він і не хотів їхати 그러나 그는 가는 것을 원하지 않았다; а як же? 그러나 어떻게?

абажу́р (-ра) *m* 전등 갓.
аба́т (-та) *m* 대수도원장.
абе́т|ка (-ки) *f* 알파벳, 자모.
абза́ц (-цу) *m* 단락, 패러그래프.
аби́ *conj.* 단지, 오직, 단지 ~한 경우에만.
аби́де 어디든지, 어느 곳이든지.
аби́коли …할 때마다, 언제라도.
аби́куди …하는 곳은 어디(에)라도, …하는 경우는 언제나.
аби́хто 누구나, 어떤 사람이든지.
аби́що 무엇이든.
аби́як 어떻게 해서든, 해서.
або́, або́ ж 또는; або..., або... 또는, … 또는.
абон|еме́нт (-та) *m* 기부, 기부금.

абонеме́нтн|ий 기부의, 기부금의.
абонува́ти 기부하다, 기부금을 내다.
або́рт (-ту) *m* 유산, 낙태.
абрико́с (-са) *m*, ~а (-си) *f* 살구.
а́брис (-су) *m* 윤곽, 외형, 스케치.
абсолю́т (-ту) *m* 절대자.
абсолю́тний (-на, -не)* 절대적인, 완전무결한.
абсолютиза́ція, абсолютизува́ння 절대화.
абстра́кт (-та) *m* 본질, 진수; 요약, 개요.
абсу́рд (-ду) *m* 부조리, 불합리, 모순.
аванґа́рд (-ду) *m* 전진, 진행, 진보, 승진.
аванґарди|зм 전위 예술; ~ст 전위 예술가.
авантю́р|а (-ри) *f* 모험.
авантю́ра = авантура.
авантюри́зм 모험주의.
аварі́йн|ий 수선의, 수리의; 비상용의, 긴급한.
аварі́йно-рятува́льний 재난 구조의, 응급 구조의.
ава́рія (-ії) *f* 재난, 난파, 조난, 피해.
а́вгуст (-та) *m* = серпень, 8월.
авже́ (ж) *adv.* 확실히, 물론, 실제로, 확실히, 사실상, 정말로.
авіа- [접두사] 하늘, 공중, 비행기의 뜻.
авіаба́за (격납고, 정비 시설이 있는) 비행장; 공군기지, 항공기지.
авіадеса́нт 착륙, 낙하.
авіаконстру́ктор 항공기 설계사.
авіалі́нія 정기항공로.
авіано́сець 항공 모함.
авіапо́шта 항공 우편.
авіаці́йн|ий 비행의, 항공의.
авіа́ція 비행, 항공; 항공기.
авітаміно́з [의학] 비타민 결핍증.
аврал [해양] 전원 갑판에 집합.
авра́льний 비상사태의.
авро́ра (-ри) *f* 오로라, 극광(極光).
австра́л|ець (-льця) = ~і́єць (-і́йця) *m*, ~і́йка (-ки) *f* 오스트레일리아인.
Австра́лія (-ії) *f NP* 1) 오스트레일리아 대륙; 2) 오스트레일리아, 호주.
австрі́єць (-і́йця) *m*, ~і́йка (-ки) *f* 오스트리아 사람.

Австрія (-ії) *f NP* 오스트리아.
авто (-та) *n Abbr.*: автомобіль, [불변] 자동차.
автоба́за 차고.
автобіогр|афі́чний (-на, -не)* 자서전(체)의; ~а́фія (-ії) *f* 자서전, 자전 문학.
автобус (-са) *m* 버스; ~о́вий (-ва, -ве) 버스의.
автограф (-фа) *m* 자필.
автозаво́д 자동차 공장.
автозапра́вка 주유소.
автоінспе́к|тор 교통 조사관; ~ція 자동차 검사.
автока́р 전동 자동차, 전기 트럭; 자동차.
а́вто-ка́ско 자동차 보험.
автокефа́л|ія 자치 교회.
автокла́в 압력솥.
автоколива́ння [물리] 자기 진동.
автоколо́на 자동차 운송 행렬; 자동차 호송.
автокра́н 크레인 트럭.
автокра́т (-та) *m* 독재자, 독재 군주.
автома́т (-та) *m* 자동 장치, 자동 기계.
автоматиза́ція 오토메이션, 자동 조작, 자동화.
автомати́чн|ий 자동적인, 무의식적인.
автомаши́на 자동차; 트럭.
автомобі́ль 자동차.
автомобі́льн|ий 자동차의.
автоно́м|ія (-ії) *f* 자치, 자치권.
автопа́рк 차고.
автопідприє́мство 자동차 수송 시설.
автопокри́шка 자동차 타이어.
автопортре́т 자화상(自畵像).
а́втор (-ра) *m* 작가; 여류 작가; 작자.
авторите́т (-ту) *m* 권위, 대가; 명성.
а́вторство (어떤 작품이나 저술에 관하여) 그것의 저자.
а́вторськ|ий 작가의.
авторучка 만년필.
автотра́нспорт 자동차 운송.
авуа́ри *мн. фін.* 소유 재산, 채권, 자산; 적립금.
ага́! *interj.* 아하, 그것봐, 옳지, 그래!
ага́т (-та) *m Min.* [광물] 마노, 홍옥수(紅玉髓) (보석으로 이용).
аге́нт 대리인, 외판원; 중개상; 판매상.

аге́нтство 대리점, 특약점, 대행 회사.
аге́нту́р|а 대리인의 일, 대표단.
агіта́тор 선동자, 선전원.
агітаці́йн|ий 선동의; 선전의.
агіта́ція 선동, 선전.
агітува́ти 선거운동을 하다, 선동하다, 선전하다.
аглютин|ати́вний 교착성의.
агно́сти|к [철학] 불가지론자.
аго́нія (-ії) *f* 고통, 고민, 사투, 죽음의 고통.
агра́р|ій (-ія) *m* 토지 재분배자, 지주.
агреси́вн|ий (-на, -не)* 공격적인, 침략적인.
агре́с|ія (-ії) *f* 공격, 침략.
агре́ст (-ту) *m* = агрис, а́грус, *Bot.* [식물] 구즈베리.
агробіоло́гія 농생물학.
агрикульту́р|а (-ри) *f* 농업, 농학, 경작.
агроно́м (-ма) *m* 농업 종사자, 농업 경제학자.
агро|те́хнік 농업 기술자.
ад (аду) *m* 지옥.
ада́джо *adv. Mus.* [음악] 아다지오, 느린, 느리게(라르고와 안단테의 중간).
адама́нт (-ту) *m* 다이아몬드, 금강석.
адапт|а́ція (-ії) *f* 적응, 적합.
ада́птер [기술] 어댑터.
адапт|и́вність 적응, 순응.
адвока́т (-та) *m* 변호사, 법률가, 법률학자.
адеква́тн|ий (-на, -не) 적당한, 적합한; 동등한.
аде́пт (-та) *m* 지지자, 문하생, 제자, 추종자.
адже(ж) *conj.* 그러나, 그럼에도 불구하고.
адміністр|ати́вний (-на, -не) 행정의, 행정상의.
адмірал (-ла) *m* 해군 대장, 해군 장성.
адре́с|а (-си) *f* 주소; 편지 수취인의 주소.
аеро́біка 에어로빅 체조.
аеро́бус 에어 버스 (중, 단거리용 대형 여객기).
аеровокза́л 공항 터미널.
аеродина́міка (-ки) *f* 공기 역학, 항공 역학.
аеродро́м(-му) *m* 공항, 비행장.
аерокосмі́чний 항공 우주의.
аеро|лі́т (-ту) *f* [천문] 석질(石質) 운석.
аероло́гія (-ії) *f* 항공학.
аеронавіг|аці́йний 항해의, 항공의, 항공술의;

~а́ція 항해, 항공, 항**공술.**
аерона́вт (-та) *m* 조종사, 파일럿.
аерозо́ль 분무기.
аероклу́б 비행(사) 클럽.
аеропля́н (-на) *m* 비행기.
аеропо́рт 공항, 비행장.
аерофо́то|апара́т 항공 카메라.
АЕС (а́томна електри́чна ста́нція) 원자력 발전소, 핵발전소.
аж *conj.* ~할 때까지.
ажу́р I 최신의.
ажу́р II (옷감 등의) 내비치게 한 세공.
ажу́рний (-на, -не)* (옷감 등의) 내비치게 한 세공의, 섬세한, 미세한.
аза́лія (-ії) *f Bot.* [식물] 진달래.
аза́рт (-ту) *m* 열정; 흥분; 열심, 정열.
а́збу|ка (-ки) *f* 알파벳, 자모.
Азербайджа́н (-ну) *m NP* [국명] 아제르바이잔 (까프까즈 남동부에 있는 옛 소련의 한 공화국; 수도 바쿠).
а́зімут (-та) *m* [천문] 방위각, 방위.
азі́йський (-ка, -ке) 아시아의.
А́зія (-ії) *f NP* 아시아.
азо́т (-ту) *m Chem.* [화학] 질소.
ай! *interj.* [감탄사] 오!, 아이!
а́йсберг 빙산.
акаде́м|ік (-ка) *m* 아카데미 회원, 학술원 회원.
ака́ція (-ії) *f Bot.* [식물] 아카시아.
акваре́л|я (-лі) *f* 수채화법, 수채화.
аква́ріум 수족관.
акв|еду́к (-ка) *m* 수로, 도관(導管), 도랑.
аквизи́|ція [보험] 습득, 이득.
аклі́матиз|а́ція (-ії) *f* = ~ува́ння *n* 순응.
акме́|ї́зм (-му) *m* 아크메이즘.
акомода́ція 적응, 조화, 조정.
акомпан|еме́нт 1) 부속물, 2) [음악] 반주.
ако́рд (-ду) *m* 일치, 조화.
акордео́н 아코디언, 손풍금.
ако́рдн|ий: ~а пла́та 일한 분량에 따른 지불; ~а робо́та (한 일의 양에 따라 보수를 받는) 삯일, 청부일.

акр (-ру) *m* 에이커(대략 0.4헥타).
акредитаці|я. 1) (학교, 병원 등의) 인정, 인가, 2) 신임장.
акредит|ива (-ви) *f* 신용장, 지불 증권.
акредит|ований 인정된, 공인된.
акрил 아크릴 제품.
акробат (-та) *m* (몸을 마음대로 구부리는) 곡예사.
акрополь (-полю) *m* 아크로폴리스.
аксам|ит, ~іт (-ту) *m* = оксамит, 벨벳.
акселерат 조기 개발자.
акселератор [기술] 가속 장치, 액셀러레이터.
акселерація 1) 가속, 2) 가속도.
аксесуар (-ру) *m*, **аксесуари** (-рів) [복수] 액세서리, 장신구; [연극] 소도구, 의상.
аксіом|а (-ми) *f* 공리, 자명한 이치.
акт (-та) *m* 행위, 행동, 활동, 실행; [연극] 막.
актив (-ву) *m* 행동대원, (정치적) 활동가.
активи [복수] 자산, 재산, 자원, 원천.
активізація 강화, 증대.
активізувати 강화하다, 증대하다, 강렬하게 만들다; ~ся 강해지다.
активіст 행동대원, 활동가.
активн|ий 활동적인, 적극적인, 정력적인.
активувати [화학] 활성화하다, 반응을 촉진하다.
акт|ор (-ра) *m* 배우.
актуальн|ий (-на, -не)* 현실의 실제상의 사실상의.
акула (-ли) *f* [어류] 상어; 작은 상어의 무리, 돔발상어(의 무리).
акумул|ювати (-люю, -люєш) *I vt* 모으다, 축적하다;.
акупунктура [의학] 침술, 침요법.
акурат *adv.* 정확하게, 적확하게 세심하게, 꼼꼼하게.
акуст|ика (-ки) *f* 음향학.
акушер (-ра) *m* 산부인과 의사.
акцент (-та) *m* 강세, 악센트, 어조.
акцепт (-ту) *m Bank.* 인수필 어음.
акциз (-зу) *m* 소비세, 면허세, 물품세.
акція (-ії) *f* 주식, 할당몫, 배당액; 행위.
албан|ець (-нця) *m,* ~ка (-ки) *f* 알바니아 사람.

а́лгебра 대수학.
алгоритмі́чн|ий [수학] 연산의.
але́(ж) *conj.* [접속사] 그러나, 하지만, 그런데.
алегори́чний (-на, -не)* 우화의, 우화적인, 풍유의, 비유적인, 비유가 많은; 비유담(우화) 같은.
алего́рія (-ії) *f* 풍유, 우화.
алерге́н [의학] 알레르겐(알레르기를 일으키는 물질).
алергі́чний 알레르기의, 알레르기 체질의.
алергі́я [의학] 알레르기, 과민성.
але́я (-еї) *f* 대로.
алкоголі́зм 알코올 중독(증), 음주광.
алкоголі́к 알코올 중독자; 술고래, 모주꾼.
алкого́ль 알코올; 주정, 독한 술
алло́ 여보세요.
алма́з (-зу) *m* 다이아몬드, 금강석.
алфа́вит (-ту) *m* = альфабет, 알파벳, 자모.
алхі́м|ік 연금술사.
альбо́м (-ма) *m* 앨범; 스케치북.
альбумі́н (-ну) *m* 알부민(단백질의 일종).
альвео́л|а [해부] 치조.
альдегі́д [화학] 알데히드.
алько́в (-ву) *m* [건축] 정자.
альког|олі́зм (-му) *m* 알코올중독.
алмана́х (-ха) *m* 연감, 책력.
А́льпи (-пів) *pl.* 알프스 산맥.
альп|і́йський (-ка, -ке) 알프스의.
альт (-та́) *m* (목소리) 알토, 중고음.
альта́нка 여름 별장, (정원, 공원 등의) 정자, 나무 그늘(의 휴식 장소).
альтернати́ва (-ви) *f* 양자 택일; 선택.
альтиме́тр [측지학] 고도계.
альти́ст 비올라 연주자.
альтиту́да [측지학] 고도, 해발(海拔).
альтру|ї́зм (-му) *m* 이타주의.
алья́нс 동맹, 연합, 연방.
алюмі́ні|й [화학] 알루미늄(금속 원소; 기호 Al, 번호 13).
алю́р 걸음걸이, 보폭, 페이스.
ама́тор (-ра) *m*, **~ка** (-ки) *f* 아마추어; 애호가 비전문가.

амбáр (-ру) *m* 헛간, 창고, 곡물 창고.
амбіціóзний 거만한, 오만한, 자부심이 강한.
амбíці|я 야망, 패기; 거만, 오만.
áмбра 향기, 방향(芳香), 향수.
амбулатóрія (-ії) *f* (병원 등의) 약국, 조제실, (학교, 공장 등의) 의무실, 양호실.
амéба (-би) *f* [동물] 아메바.
Амéрика (-ки) *f NP* 아메리카.
америк|áнець (-нця) *m*, ~анка (-ки) *f* 아메리카 사람, 미국인.
аметúст (-та) *m Min.* [광물] 자석영, 자수정.
аміáк [화학] 암모니아 기체, 암모니아수, 암모늄 (암모니아 염기), 수산화물.
амінокислотá [화학] 아미노산.
амíнь *indecl.* [교회] 아멘.
амнéстія (-ії) *f* 사면.
морáль|ний (-на, -не)* 부도덕한, 품행이 나쁜, 음란한.
амортизáтор [기술] 완충기, (자동차 등의) 범퍼.
амортиз|áція (-ії) *f* 1) [경제] (부채의) 할부 상환(액); 2) 가치 하락, 디플레이션; 3) [기술] 충격 흡수, 내진.
амóрф|ний (-на, -не) 무정형의.
ампéр (-ра) *m* [물리] 암페어(전류 측정 단위).
амплітýда (-ди) *f* [물리] 진폭.
ампут|áція (-ії) *f* [외과] 절단(수술).
амфíбія (-ії) *f* 1) [동물] 양서류; 2) 수륙 양용 비행기(전차).
амфітеáтр (-ру) *m* (고대 로마의) 원형극장.
аналí|за (-зи) *f* 분석, 분해; [문법] (문장의) 분석, 분해.
аналогíчний (-на, -не)* 유사한, 유추적인, 닮은, 상사(相似)한.
аналóгі|я 유사, 유추.
аналóговий 아날로그의.
анáльний 항문(肛門)의, [정신분석] 항문기의.
анáмнез [의학] 병력(病歷).
ананáс 파인애플.
анарх|íзм (-му) *m* 무정부주의, 아나키즘.
анархíя (-ії) *f* 무정부 상태; 정치, 사회적 혼란.
анатóм (-ма) *m* 해부학자.

анахронізм (-му) *m* 시대착오, 시대에 뒤떨어진 사람[물건].
ангел (-ла) *m* = янгол, 천사.
англієць 영국 남자.
англійка 영국 여자.
англійськ|ий 영국의, 영어의.
англіканськ|ий 영국 국교도의.
англіст 영국학자.
англіцизм [언어학] 영어식 표현.
Англія [지명] 영국.
англосакс 앵글로색슨 민족.
Ангора (-ри) *f NP* [국명] 앙골라(서부 아프리카에 있는 국가).
ангорський (-ка, -ке) 앙골라의.
анданте *adv. Mus.* [음악] 안단테.
анде(р)граунд [예술] 언더그라운드.
андеррайт|ер 보증인, (주권, 공채 등의) 인수업자.
Анди (-дів) *pl NP* 안데스 산맥.
анекдот|а (-ти) *f* 일화, 일사(逸事), 기담(奇談).
анемічний (-на, -не)* 빈혈(증)의; ~ія (-її) *f Med.* [의학] 빈혈증.
анест|езія (-її) *f* 마취, 무감각증.
анілін (-ну) *m*, , ~a (-ни) *f Chem.* [화학] 아닐린 (염료, 합성수지의 원료).
анома|лія (-її) *f* 변칙, 예외, 이례; 변태; 예외적인 것(사람).
анонім (-му) *m* 익명의 작가, 무명의 작가.
анонс (-су) *m* 공고, 고시, 고지(告知), 포고; 발표, 공표.
анормаль|ний (-на, -не)* 불규칙한, 변칙적인.
ансамбль (-лю) *m* 앙상블.
антал (-лу) *m* (중배가 불룩한) 통; 한 통.
антагон|ізм (-му) *m* 반대, 적대, 적대심, 적개심.
антена (-ни) *f* (통신) 안테나, 공중선; [동물] 촉각, 더듬이; (달팽이의) 뿔.
антидот (-ту) *m* 해독제; (악영향 등의) 교정 수단(矯正手段), 대책.
антик (-ка) *m* (가구 등이) 고미술의.
антиква (-ви) *f* 고물, 고미술품, 골동품; [인쇄] 앤티크체 활자.
антиквар (-ра) *m*, ~ій (-ія) *m* 골동품 애호가.

антило́па (-пи) *f Zool.* [동물] 영양; 영양 가죽.
антиміліта́р|и́зм (-му) *m* 반(反)군국주의.
антино́м|ія (-ії) *f* 이율배반; 자가 당착, 역설 (逆說), 패러독스 (모순되어 보이나 실제로는 옳은 설.
антипа́т|ія (-ії) *f* 반감, 혐오; (지긋지긋하게) 싫은 일(것).
антисемі́т (-та) *m* 반유대주의자.
антисе́пт|ика (-ки) *f* 소독제, 방부제.
антисоція́льний (-на, -не)* 반사회적인; 사회 질서(제도) 반대의.
антите́за (-зи) *f* 대조; 정반대(의 사물).
антицикло́н (-ну) *m* [기상] 역(逆)선풍; 고기압 (권).
анти́чн|ий (-на, -не) 옛날의, 먼 옛날의, 고대의.
антоло́г|ія (-ії) *f* 명시 선집, 시집, 명문집.
антра́кт (-ту) *m* 막간; 막간극; 간주곡
антраци́т (-ту) *m Min.* [광물] 무연탄.
антропо́їд (-да) *m* 유인원(類人猿).
антропо́л|ог (-га) *m* 인류학자.
антропо|метри́чний (-на, -не)* 인체 측정학의.
антропо|морфі́зм (-му) *m* 의인화, 인격화; 신인(神人) 동형(동성)론; 의인관(擬人觀), 의인주의.
антропофа́г (-га) *m* 식인 동물.
антура́ж (-жу) *m* 측근자, 주위 사람들.
анулюв|а́ння *n* 취소, 실효(失效), 폐지; (혼인의) 무효 선언.
ануля́ц|ія (-ії) *f* 취소, 실효(失效), 폐지; (혼인의) 무효 선언.
анчо́ус (-са) *m Ich.* [어류] 멸치; (특히) 안초비.
ао́рта (-ти) *f Anat.* [해부] 대동맥
апара́т (-ту) *m* (한 벌의) 기구(器具), 기계, 장치; (정치 활동 등의) 기구(機構), 조직.
апати́чний (-на, -не)* 무감각한; 냉담한.
апелюва́ти (-люю, -люєш) *I vi* 애원하다, 간청하다, 빌다.
апендици́т (-ту) *m Med.* [의학] 충수염(蟲垂炎), 맹장염.
апети́т (-ту) *m* 식욕, 욕망, 성욕.
аплік|а́нт (-та) *m* 후보자, 응모자, 지원자.

апльод|исме́нти (-тів) *pl,* ~ува́ння *n* 박수 갈채.
апльодува́ти (-у́ю, -у́єш) *I vt* ~에게 박수 갈채하다, 성원하다.
апльо́мб (-бу) *m* 수직(垂直); 태연 자약, 침착.
Апоге́й (-е́ю) *m* 최고점, 극점; [천문] 원지점(遠地點).
апока́ліп|сис (-са) *m* 묵시, 계시; [성서] 요한 계시록; (사회의) 대변동, 대사건.
апо́криф (-фу) *m* 위서.
аполіти́чн|ий (-на, -не)* 정치에 관심이 없는; 정치적 의의가 없는.
апол|оге́т (-та) *m* 변명자; (그리스도교의) 변증자.
апоплек|сія (-ії) *f Med.* [의학] 졸중.
апоста́|т (-та) *m* 배교자, 배신자; 변절자, 탈당자.
апо́строф (-фа) *m* 아포스트로피(').
апоте́гма (-ми) *f Math.* 경구, 격언.
апотео́за (-зи) *f* (사람을) 신으로 모심, 신격화; 신성시, 숭배; 신격화된 것.
априко́за (-зи) *f* 복숭아; 복숭아나무.
апрі́ль (-ля) *m* 4월.
апріо́р|і *adv.,* ~ний (-на, -не) [논리] 연역적으로; 철학 선험(선천)적으로, 아프리오리의.
апроб|а́та (-ти) *f,* ~а́ція (-ії) *f* 찬성, 동의; (정식) 승인, 인가.
апси́да (-ди) *f* [천문] 원일점(遠日點), 근일점(近日點) (태양계의 천체가 태양에 가장 가까워지는 위치).
апте́|ка (-ки) *f* 약국.
арбі́т|р (-тра) *m* 중재인, 조정자.
аре́на (-ни) *f* 투기장(鬪技場); 경기장, 씨름판, 도장; 활동 무대, 경쟁의 장.
аре́нд|а (-ди) *f* = оре́нда, 계약, 임대차 (계약).
аре́шт (-ту) *m* 감옥, 교도소, 구치소.
ар'єрга́рд (-ду) *m* [군사] 후위; (정당 등의)보수파.
аристокра́т (-та) *m,* ~ка (-ки) *f* 귀족; 귀족적인 사람.
аритме́|тика (-ки) *f* 산수, 셈; 산수 능력, 계산.
аритмо́метр (-ра) *m* 계산기.

арія (-її) *f* 아리아, 영창(詠唱) (오페라 등에서 악기의 반주가 있는 독창곡).
аркада (-ди) *f* 아케이드, 지붕 있는 가로(상가).
Арктика (-ки) *f* 북극 지방.
арктичний (-на, -не) 북극의.
армія (-ії) *f* 육군, 군.
аромат (-ту) *m* 방향(芳香), 향기.
артерія (-ії) *f* [해부] 동맥.
артилерія (-ії) *f* 대포.
артист (-та) *m* 예술가; 미술가, (특히) 화가.
артрит (-ту) *m Med.* [의학] 관절염, 통풍(痛風).
арф|а (-фи) *f* 하프, 하프 모양의 것.
архаїзм (-му) *m* 고문체(古文體); 고어, 고풍스러운 표현.
архів (-ву) *m* (보관되어 있는) 고(古)기록.
архіпелаг (-ту) *m* 군도(群島).
архітвір (-твору) *m* 걸작, 명작, 대표작.
аршинник (-ку) *m Chem.* [화학] 비소 (기호 As), 독(약), 독물.
асамблея (-еї) *f* (사교, 종교 등의 특별한 목적의) 집회, 회합, 회의, 모임.
асексуальн|ий (-на. -не)* 무성(無性)의; 성과 관계가 없는.
асекур|аційний (-на, -не)* 보험의.
асептика (-ки) *f* 방부제; 살균 처리 용기에 들어 있는 음료; 살균 처리 포장 설비.
асигн|ата (-ти) *f,* ~ація (-ії) *f* 할당.
аси|метричний (-на. -не)* 균형이 잡히지 않은.
аск|еза (-зи) *f* 금욕주의; 고행(생활).
асонанс (-су) *m* 음의 유사, 유음(類音); [운율] 유운(類韻) (모음만의 압운(押韻)); 부분적 일치.
асортимент (-ту) *m* 구분, 분류, 유별.
аспірина (-ни) *f* 아스피린 (진통 해열제).
астериск (-ку) *m* 별표; 별 모양의 것.
астигм|атизм (-му) *m* [안과] 난시; 광학 (렌즈의) 비점 수차(非點收差).
астм|а (-ми) *f Med.* [의학] 천식.
астріальний (-на, -не) 별의; 별 모양의; 별나라의.
астрол|ог (-га) *m* 점성가.
астрон|ом (-ма) *m* 천문학자.

асфа́льт (-ту) *m* 아스팔트, 아스팔트 포장재.
атраме́нт (-ту) *m* (필기용, 인쇄용의) 잉크.
атрибу́т (-ту) *m* 속성, 특성, 특질.
атрофі|ія (-ії) *f* [병리] (영양 부족 등에서 오는) 위축(증); 쇠약; [생물] 기능의 퇴화; (도덕심 등의) 감퇴, 퇴폐.
афа́зія (-її) *f Med.* [의학] 실어증(失語症).
афга́н|ець (-нця) *m*, **~ка** (-ки) *f* 아프가니스탄 사람.
афе́кт (-ту) *m* 애정, 호의; 감동, 감정.
афект|а́ція (-ії) *f* 허식, 겉꾸밈, 뽐냄, 으스댐, 과시.
афе́р|а (-ри) *f* 일, 사건, 사색.
афори́|зм (-му) *m* 경구(警句), 잠언(箴言), 격언.
аха́т (-ту) *m Min.* [광물] 마노(瑪瑙).
а́хати (-аю,-аєш) *I vi*: (а́хнути *P*) 슬퍼하다, 애도하다
Axілле́с (-са) = **Axі́лл** (-лла) *m PN* 아킬레스.
axромати́чн|ий (-на, -не)* [광학] 수색성(收色性)의; 무색의.
ацетиле́н (-ну) *m Chem.* [화학] 아세틸렌(가스).

Б

Б, б (boy에서 b처럼 발음되는 두 번째 글자; 조건법 불변화사 би 단축형)
б. *Abbr.*: бувший, 이전의
ба! *interj.* 바흐! (갑작스러운 놀라움의 표현)
ба́ба (-би) *f* 할머니.
ба́бка (-ки) *f Dim.*: ба́ба, 할머니.
бабу́|нечка (-ки) *f Dim.*: ба́ба.
ба́в|ити (-влю, -виш) *I vt* 재미있게 하다, 즐겁게 하다, 환대하다, 지체하다.
ба́вовн|а (-ни) *f* 목화, 면화.
бага́тий (-та, -те) 부유한.
багаті́й (-ія́) *m* 부자, 부유한 사람.
багаті́ти (-і́ю, -і́єш) *I vi* 부자가 되다; 번영하다, 번성하다.
бага́то *adv.* 많은, 많이; 가지각색의, 잡다한
бага́то|ба́рвний (-на, -не), ~ба́рвий (-ва, -ве) 다색(多色)의.
бага́тство (-ва)* *n* 부, 재산, 부유함, 풍부함.
бага́ч (-ча́) *m* 부유한 남자.
багне́т = багне́т (-та) *m* 총검; ~о́вий (-ва, -ве) 총검의.
багн|и́стий (-та, -те)* 늪(습지)의, 늪 같은; 축축한 땅의, 늪이 많은; 습지가 있는; 질퍽질퍽한.
багря́нець (-нця) *m* 자줏빛.

багря́н|ий (-на, -не)* 자줏빛의.
бага́ж (-жу́) *m* 수하물.
бад|или́на (-ни́) *f,* ~и́лля *n Coll.* 줄기.
бадьо́р (-ру) *m* 쾌활, 활발, 원기, 명랑.
бажа́|ний (-на, -не)* 바라는, 희망하는.
бажа́ти (-жа́ю, -а́єш) *I vt* ~을 바라다, 원하다, 희망하다, 소망하다.
ба́за (-зи) *f* 토대, 기부(基部), 바닥, 기슭; 기반, 기초, 근거, 논거; 원리, 원칙.
база́льт (-ту) *m Min.* [광물] 현무암; 흑색 석기(器)
база́р (-ру) *m* 바자, 상점가(街)(중동의), 시장, 백화점; 특매장; 바자, 자선시(市).
базилі́ка (-ки) *f* [옛로마] 공회당.
базі́ка|ло (-ла) *m* 수다쟁이.
базува́ти (-у́ю, -у́єш) *I vt* 기초를 세우다, 설립하다; -ся *I vi* 근거하다, 의거하다.
байда́рка (-ки) *f* 카누.
байдики́ би́ти (б'ю, б'єш) = **байдикува́ти** (-у́ю, -у́єш) = **байдува́ти** (-у́ю, -у́єш) *I vi* 게으름을 피우고 있다, 하는 일 없이 지내다.
байду́же *adv.* 무관심하게, 중요하지 않게
байду́ж|[н]ий (-ж[н]а, -ж[н]е)* 무관심한, 중요치 않은.
ба́йк|а (-ки) *f* (사실, 전설, 가공의) 이야기.
бала́м|ут (-та) *m*, ~а (-ти) *m* 사기꾼, 허풍선이, (전문 지식이 있는 체하는) 협잡꾼.
бала́чка (-ки) *f* 대화.
бал|е́вий (-ва, -ве) (성대하고 정식) 무도회의.
балі́ст|ика (-ки) *f* 탄도학.
ба́лка (-ки) *f* 스텝에 있는 계곡.
балюстра́да (-ди) *f* (계단의) 난간.
бальза́м (-му) *m* 발삼 수지(樹脂), 향유(香油).
балько́н (-на, or -ну) *m* 발코니, 노대(露臺).
бана́льн|ий (-на, -не)* 진부한, 평범한, 낡은.
банда́ж (-жа́) *m* 붕대; 눈가리개, 안대.
банди́т (-та) *m* 강도, 도적, 약탈자.
банду́р|а (-ри) *f Mus.* [악기] 반두라.
банк (-ку) *m* 은행.
банкру́т (-та) *m* 파산자, 지불 불능자.

бант(-та) *m* 밴드, (리본에서) 매는.
баня (-ні) *f* [건축] 둥근 천장.
баптист (-та) *m,* **~ка** (-ки) *f* 침례교도, 침례교인.
барабан (-на) *m* 북, 드럼.
барак (-ка) *m* 막사.
баран (-на) *m Zool.* [동물] 양.
баранячий (-ча, -че) 양의.
барбар (-ра) *m* 야만인, 미개인.
барв|а (-ви) *f* 색, 색채; 빛깔; 색조; (광선 그림 묵화 등의) 명암.
барвн|ий (-на, -не)* 착색한, 채색되어 있는, 색의, 색채의, 빛깔의.
бард (-да) *m* (고대 켈트족의) 음유 시인, 방랑 시인, 시인.
бар'єр (-ра) *m* 장벽; 방책, 난간.
баржа (-жі) *f* (바닥이 평평한) 짐배.
барикад|а (-ди) *f* 바리케이드.
баритон (-на) *m* 바리톤 (가수).
бариш (-шу) *m* (금전상의) 이익, 이득, 이윤.
барка (-ки) *f* 돛대가 셋 있는 범선, 보트.
барліг (-логу) *m* 어지러진 물건, 잡동사니; 찌꺼기, 쓰레기.
бароко (-ка) *n,* 또는 **барокко** *n indecl.* 바로크 양식.
барометр (-ра) *m* 기압계, 바로미터.
барон (-на) *m* 남작.
бас (-са́ от -су) *m* 베이스 (목소리), 저음 목소리.
басейн (-ну) *m* 대야, 수반(水盤), 세면기.
батальйон (-ну) *m* [군사] 대대; 대부대.
батар|ея (-еї) *f Mil.* [군사] 포병 중대.
батист (-ту) *m* 얇은 평직의 삼베(무명), 아마포, 고급의 흰 삼베.
бат|іг (-тога) *m* 채찍.
батрак (-ка́) *m* 장인(匠人).
батьки́ (-ків) *pl* 어버이, 부모, 양친.
батьк|о (-ка) *m* 아버지, 부친
бацил|я (-лі) *f* 바칠루스, 간상균(桿狀菌), 세균, 병원균, 병균.
бачити (-чу, -чиш) *I vt* 보다, 바라보다.

ба́чний (-на, -не)* 주의 깊은, 세심한, 차근차근한; 경청하는, 염두에 두는, 잊지 않는, 주의하는, 주의 깊은, 경계하는, 방심하지 않는

ба́шта (-ти) *f* 탑, 타워, 작은 탑.

бегемо́т (-та) *m Zool.* [동물] 하마.

без *prep.* (생격과 함께) ~없이, ~없는.

безапеляці́йний (-на, -не)* 되부를 수 없는.

безба́рвний (-на, -не)*, ~ий (-ва, -ве)* 무색의.

безбіле́тний (-на, -не)* 표가 없는.

безбо́жний (-на, -не)* 신의 존재를 부인하는.

безбо́лізний*, ~існий (-на, -не)* 아픔(고통)이 없는.

безви́нний (-нна, -нне)* 순진한.

безви́хідний (-на, -не)* 희망을 잃은, 절망한.

безвідповіда́льний (-на, -не)* 논의의 여지가 없는.

безві́лля *n* 노예.

безголо́вий (-ва, -ве) 어리석은.

безголо́сий (-са, -се) 무언의.

бездога́нний (-нна, -нне)* 과실(결점)이 없는, 나무랄 데 없는.

бездо́мний (-на, -не)* 집 없는.

бездо́нний (-нна, -нне)* 헤아릴 수 없는.

безду́шний (-на, -не)* 영혼이 없는.

безжу́рний (-на, -не)* 근심이 없는, 태평스러운.

беззако́нний (-нна, -нне)* 불법의, 비합법적인.

беззбро́йний (-на, -не)* 무기를 갖지 않은.

беззву́чний (-на, -не)* 소리 없는, 조용한.

беззу́бий (-ба, -бе) 이가 빠진.

безіме́нний (-нна, -нне)* 이름 없는.

безка́рний (-на, -не)* 처벌을 받지 않은, .

безквитко́вий (-ва. -ве) 표 없는, 티켓 없는.

безкла́совий (-ва, -ве)* 계급 차별이 없는.

безконтро́льний. (-на, -не)* 제어(통제)할 수 없는, 억제하기 어려운, 걷잡을 수 없는.

безкра́їй (-ая, -ає) 무한한, 한이 없는, 끝없는.

безкри́лий (-ла, -ле) 날개 없는; 날지 못하는; *Bot.* [식물] 무익(無翼)의.

безмі́рний (-на, -не)* 광대한.

безмі́сячний (-на, -не)* 달 없는.

безнад|ійний (-на, -не)* 희망을 잃은, 절망한.
безногий (-га, -ге) 발 없는; *Ent.* [곤충] 발이 없는.
безособов|ий (-ва, -ве)* 무인칭의.
безпечн|ий (-на, -не)* 확실한.
безповітр|овий (-ва, -ве), **~яний** (-на, -не) 공기 없는; 바람이 통하지 않는.
безпомилков|ий (-ва, -ве)* 과실 없는, 나무랄 데 없는, 완전한.
безпомічн|ий (-на, -не)* 의지할 데 없는.
безпорадн|ий (-на, -не)* 의지할 데 없는.
безпричинний (-нна, -нне)* 기초(근거)가 없는.
безпросвітній (-на, -не)* 어두운, 캄캄한.
безсердечн|ий (-на, -не)* 무정한, 무자비한.
безсил|ий (-ла, -ле)* 무력한.
безслідний (-на, -не)* (범죄 등이) 흔적이 없는.
безсмерт|ний (-на, -не)* 불사의, 불멸의.
безсоромн|ий (-на, -не)* 수치를 모르는, 파렴치한.
безсторонн|ій (-ння, -ннє)* 치우치지 않은.
безстрашн|ий (-на, -не)* (아무것도) 무서워하지 않는.
безсумнівн|ий (-на, -не)* 의심 없는, 확실한.
безтактний (-на, -не)* 재치 없는, 요령 없는.
безталанн|ий (-нна, -нне)* 불운한.
безтурботний (-на, -не)* 부주의한.
безтям|ий (-на, -не)* 알아채지 못하는.
безугавний (-на, -не)* 계속적인, 잇따른.
безумний (-на, -не)* 제정신이 아닌, 미친, 광기의.
безумовн|ий (-на, -не)* 무조건의, 절대적인.
безупинн|ий (-нна, -нне)* 연속된, 연달은, 부단의.
безуспішн|ий (-на, -не)* 성공하지 못한; 실패한.
безформний (-на, -не)* 형태 없는, 무정형의.
безхмарний (-на, -не)* 구름(암영) 없는, 맑게 갠.
безхребетний (-на, -не) 척추가 없는.
безцеремонний (-нна, -нне)* (말이나 행동 등이) 거칠고 천한, 상스러운.
безціль|ний (-на, -не)* 목적(목표) 없는.
безцінний (-нна, -нне)* 가치 없는, 보잘것없는.
безчес|ний (-на, -не)* (사람이) 부정직한.
безшумн|ий (-на, -не)* 소음이 없는(적은), 조용한.

беко́н (-ну) *m* 베이컨.
Бе́льгія (-ії) *f NP* 벨기에.
белькот|а́ти (-очу́, -о́чеш) *I vt, i,* ~**і́ти** (-очу́, -оти́ш) *f vt, i* 재잘거리다, 말을 더듬다.
бемо́льк|а (-и) *f,* ~**ь** (-лі) *f Mus.* [음악] B-마이너.
бензи́н|а (-ни) *f* 벤진; 휘발유, 가솔린.
бенке́т (-ту) *m* (정식) 연회, 축연, 향연, 잔치.
бенте́ж|ити (-жу, -жиш) *I vt* (마음, 일 등을) 방해하다.
бе́рег (-га) *m* (바다, 강, 호수의) 물가, 강기 슭.
берегти́ (-режу́, -еже́ш) *I vt* ~을 돌보다, 소중히 하다; ~에 주의하다.
бере́за (-зи) *f Bot.* [식물] 자작나무.
бе́резень (-зня) *m* 3월.
бере́зовий (-оа, -ве) 자작나무의.
берку́т (-та) *m Orn.* [조류] 검독수리.
бесі́д|а (-ди) *f* 언어, 말, 말투, 말씨, 회화.
бе́скид (-ду) *m* 산.
бето́н (-ну) *m* 콘크리트.
бешке́т (-ту) *m* 스캔들, 불명예, 치욕, 수치.
бик (-ка́) *m Zool.* [동물] 황소, 수송아지.
били́|на (-ни) *f* 칼날.
би́льце (-ця) *n Dim.*: било; 가장자리, 모; 끝, 가, 언저리, 변두리; (시계 등의) 진자, 흔들이.
би́ти (б'ю, б'єш) *I vt* 치다, 때리다.
би́тий (-та, -те) 치는, 때리는.
би́тися (б'юся, б'єшся) *I vi* 싸우다.
бич (-ча́) *m* 채찍(의 소리).
біб (бо́бу) *m Bot.* [식물] 콩; 잠두; 강낭콩.
бібліо́гр|аф (-фа) *m* 서적 해제자(解題者).
бібліоте́|ка (-ки) *f* 도서관, 도서실.
Бі́блія (ії) *f* 성서, 성경.
біг (бі́гу) *m* 코스, 침로, 항로; 노정.
бі́гти (біжу́, -жи́ш) *I vi* 달리다, 뛰다.
біда́ (-ди́) *f* 불운, 불행, 박명(薄命), 역경.
бі́дк|ання *n* 불평, 불만, 푸념, 투덜거림.
бі́дн|ий (-на, -не)* 가난한, 가엾은, 비참한.
бідні́|шати (-і[ша]ю, -і[ша]єш) *I vi* 가난해지다, 가난하게 되다.
бідня́|га (-ги) *m* 가난한 남자.

бідо́н (-на) *m* (종종 우유를 담기 위한 귀 모양의 손잡이와 주둥이가 있는) 물주전자.
бі́женець (-нця) *m* 도망자, 탈주자.
біжуте́рія (-ії) *f* 보석 상점.
бій (бою) *m* 싸움, 전투, 회전(會戰), 교전.
бі́йка (-ки) *f* 싸움, 전투.
біння (-ні) *f* 대량 학살, 피의 숙청, 대량 살인.
бік (боку) *m* 측면, 쪽, 곁, 옆, 면, 옆구리.
біле́т (-та) *m* 표, 입장권.
бі́лизн|а (-ни) *f* 아마포(亞麻布), 리넨.
бі́лий (-ла, -ле)* 흰, 하얀, 백색의.
білити (-лю, -лиш) *I vt* 희게 하다, 표백하다, 희게 칠하다.
біліти (-лію, -ієш) *I vi* 희어지다; (얼굴이) 창백해지다.
бі́лка (-ки) *f Zool.* [동물] 다람쥐.
біль (-лі) *f* 흼, 순백, 설백(雪白).
біль (-лю) *m* 흰색.
біль (болю) *m* 아픔, 쑤심, 아림, (육체적·정신적) 고통; 고뇌; 비탄, 근심.
більм|о́ (-ма) *m Med.* [의학] 백내장(白內障).
бі́льшість (-шости) *f* 대부분, 대다수.
білья́рд (-да) *m* 당구.
біно́кль (-ли) *m* 쌍안경; 망원경.
біо́гр|аф (-фа) *m* 전기 작가.
біо́л|ог (-га) *m* 생물학자.
біохе́м|ія (-ії) *f* 생화학.
бір (бору) *m* (광대한) 숲, 삼림, 산림지.
біс! *adv.* 한번 더, 앵콜.
біскві́т (-та) *m* 비스킷.
благоро́дн|ий (-на, -не)* 유명한, 훌륭한, 뛰어난.
блаки́тн|ий (-на, -не)* 푸른.
блаки́ть (-ті) *f* 푸른색, 하늘색, 청색, 남색.
бланк (-ка) *m* 공백, 공란, 여백.
бли́жній (-ня, -нє) 이웃 사람다운; 사귐성 있는, 친절한.
бли́ж|ній (-нього) *m*, ~ня (-ньої) *f* 이웃(사람).
близьк|и́й (-ка́, -ке́) 가까운.
бли́мати (-аю, -аєш) *I vi;* **бли́мнути** (-ну, -неш) *P vi* 반짝반짝 빛나다, 반짝이다.
блиск (-ку) *m* 훌륭함, 장려(壯麗).

блиску́ч|ий (-ча, -че) 깜박이는, 희미하게 빛나는.
блища́ти (-щу́, -щи́ш) *I vi* 반짝이다, 번쩍거리다, 반짝반짝 빛나다; **-ся** *I vi* 반짝반짝 빛나다, 반짝이다.
блі́д|ість (-дости) *f* 창백함.
бліндаж (-жу́) *m* 눈깜작이; 추파를 던지는 여자.
блох|а́ (-хи́) *f*, **бло́хи** (блі́х) *pl* 벼룩.
блощи́ця (-ці) *f Ent.* [곤충] 빈대.
блука́ти (-а́ю, -а́єш) *I vi* (정처없이) 돌아다니다.
блюв|а́ти (блюю́, блює́ш) *I vi* 게워내다, 토하다.
блю́до (-да) *n* 접시; **~ли́з** (-за) *m* 식객, 기생자.
бляша́н|ий (-на, -не) 주석의; 주석으로 만든.
бобе́р (-бра́) *m Zool.* [동물] 비버.
бобо́в|ий (-ва, -ве) 콩의; 강낭콩의, 야생 완두의
бо́вкати (-а́ю, -а́єш) *I vi, t*; **бо́вкнути** (-ну, -неш) *P vi, t* 재잘거리다; (새가) 지저귀다.
бо́втати (-а́ю, -а́єш) *I vt* 재잘거리다.
Бог (Бо́га) *m* = **Біг**, (특히 그리스도교의) 하느님.
бо́єць (бійця́) *m* = **біє́ць**, 전사, 투사, 무사.
божеві́л|ля *n* 광기, 정신 착란.
боже́ств|енний (-нна, -нне)* 신의.
бож|и́тися (-жу́ся, -жи́шся) *I vi* 맹세하다, 선서하다, 엄숙히 선언하다.
бойко́т (-ту) *m* 보이콧, 불매 동맹.
бойня́ (-ні) *f* 싸움, 전투, 회전(會戰).
бойов|и́й (~а́, -ве́) 전투를 하는, 싸우는.
бока́л (-ла) *m* (식탁용) 마개 있는 유리병.
бокс (-су) *m* 권투, 복싱.
болга́р|ин (-на) *m*, **ка** (ки) *f* 불가리아 사람
боло́т|о (-та) *n* 소택지, 저습지(低濕地), 수렁, 늪, 습지; 진흙; 진창.
болю́чий (-ча, -че) 쑤시는, 아리는; 마음 아픈.
боля́че *adv.* 몹시, 격렬하게, 심하게.
бо́мб|а (-би) *f* 폭탄.
бомбува́ти (-у́ю, -у́єш) *I vt* 폭격하다, 포격하다.
борг (-гу́) *m* 신뢰, 신용.

боре́ць (-рця́) *m* 레슬링 선수.
борж|ни́к (-ка́) *m* 차주(借主), 채무자.
борня́ (-ні́) *f* 싸움, 전투, 회전(會戰).
борода́ (-ди́) *f* 턱수염.
борона́ (-ни́) *f* 써레, 쇄토기, 해로.
борони́ти (-оню́, -о́ниш) *I vt* 방어하다, 지키다; 옹호하다.
боро́ти (-рю́, -реш) *I vt* ~와 레슬링(씨름)을 하다; 격투하다, 싸우다; -ся *I vi* 맞붙어 싸우다, 격투하다; 레슬링을 하다.
боротьба́ (-би́) *f* 싸움, 전투, 회전(會戰).
бо́рошно (-на) *n* 밀가루, 소맥분.
борсу́|к (-ка́) *m Zool.* [동물] 오소리.
борщ (-щу́) *m* 보르쉬.
бота́нік (-ка) *m* 식물학자.
боягу́з (-за) *m*, ~ка (-ки) 겁쟁이, 비겁한 사람.
боязки́й (-ка́, -ке́) 겁많은, 소심한, 내성적인.
боязк|ість (-кости) *f* 겁많음; 수줍음.
боя́тися (бою́ся, бої́шся) *I vi* 걱정하다, 염려하다.
бра́в|ий (-ва, -ве)* 용감한, 대담한, 과감한.
брак (-ку) *m O.S.* 결론.
брак (-ку) *m* 부족, 결핍, 결여, 필요, 소용.
браконье́р (-ра) *m* 밀렵자, 침입자.
бра́м|а (-ми) *f* 대문, 출입문.
брасле́т (-та) *m* 팔찌.
брат (-та) *m* 형제; 형, 동생.
бра́ти (беру́, бере́ш) *I vt*: (взя́ти *P*) (손 등으로) 잡다, 움켜잡다; 쥐다, 껴안다.
бра́тися (беру́ся, бере́шся) *I vi* 시작하다, 착수하다.
брезе́нт (-ту) *m* 방수천; 차일, 차양.
бре́ньк|ання *n*, ~іт (-коту) *m* 딸랑딸랑 울림, (현악기를) 가볍게 타기; 그 소리.
брести́ (бреду́, -де́ш) *I vi* 걸어서 건너다.
бреха́ти (брешу́, -шеш) *I vi*: (брехну́ти *P*) 짖다; 고함지르다.
брехли́в|ий (-ва, -ве)* 거짓말하는, 옳지 못한.
бридк|и́й (-ка́, -ке́) 추한, 보기 흉한, 꼴사나운.
бри́зкати (-аю, -аєш) *I vt*; бри́знути (-ну, -неш) *P vt* 튀기다, 튀겨 끼얹다; 튀겨서

더럽히다.
Брита́ні|я (-ії) *f NP* 영국; Велика —, 영국, 대영제국.
бри́т|ва (-ви) *f* 면도칼.
брід (броду) *m* 얕은 여울.
брова́ (-ви́) *f*, брови (брів) *pl* 눈썹.
бро́д|ити (-джу, -диш) *I vi* 걸어서 건너다.
бром (-му) *m Chem.* [화학] 브롬, 취소(臭素) (할로겐족 원소의 하나; 화학원소 Br.)
бро́нз|а (-зи) *f* 청동(구리와 주석의 합금); 놋쇠, 황동(黃銅).
бро́нх|и (-хів) *pl Anat.* [해부] 기관지.
бро́ня (-ні) *f* 무기, 병기, 갑옷과 투구.
брост|а́тися (-а́юся, -а́єшся), ~и́тися (-о́щуся, -о́стишся) *I vi* 싹트다, 발아(發芽)하다.
брошу́р|а (-ри) *f* 팜플렛, 소책자.
бруд (-ду) *m* 오물, 불결한 것; 불결, 부정 (不淨).
бру́д|ити (-джу́, -диш), ~ни́ти (-ню́, -ни́ш) *I vt* (손, 발 등을) 더럽히다, 불결하게 하다.
бру́д|ний (-на, -не) 더러운, 불결한, 더럽혀진.
брук (-ку) *m* 포장.
бруко́|ваний (-на, -не) 포장된.
брукува́|ння *n* 포장 ~ати (-ку́ю, -у́єш) *I vt* 포장하다.
бру́нька(-ки) *f* 싹, 꽃봉오리.
брус (-са) *m* 들보, 도리.
бря́жча́ти (-чу́, -чи́ш) *I vi* 짤랑짤랑하는 소리를 내다.
брьо́хати (-аю, -аєш) *I vi*; -ся *I vi* 물을 걸어서 건너다, 헤치고 나아가다, 가까스로 뚫고 나가다.
бу́блик (-ка) *m* 롤빵.
бубні́ти (-і́ю, -і́єш) *I vi* 부풀다, 부어 오르다.
бубо́н (-бна) *m* 북, 드럼.
буга́|й (-ая́) *m Zool.* 황소.
буде́н|ний (-нна, -нне)* 평일의.
бу́день (-дня) *m* 평일.
буди́|ло (-ла) *n dial.*, ~льнк (-ка) *m* 자명종 (自鳴鐘).

буди́нок (-нку) *m* 빌딩, 건물.
буди́ти (-джу́, -диш) *I vt* 잠이 깨다, 눈을 뜨다.
будіве́льний (-на, -не) 건축의, 건축용의.
будівля (-лі) *f* 빌딩, 건물.
бу́дка (-ки) *f Dim.*: бу́да; 옥상 가옥.
будо́ва (-ви) *f* 건설, 건축, 빌딩, 건물.
буд|я́к (-ка́) *m* 엉겅퀴 (스코틀랜드의 국화(國花)).
буз|ина́ (-ни́) *f Bot.* 라일락, 라일락 덤블.
буй (бу́я) *m* 바람이 센 지역.
бу́йв|іл (-ола) *m Zool.* 버팔로, 물소, 들소.
бу́йн|ий (-на, -не)* 격렬한, 난폭한, 사나운, 맹렬한, 강제적인.
бу́кв|а (-ви) *f* 문자, 글자.
буке́т (-та) *m* 부케, 꽃다발, (옷에 다는) 작은 꽃다발.
булава́ (-ви́) *f* 곤봉 모양의 권표(權標).
бу́лка (-ки) *f* 롤빵.
бу́льб|а (-би) *f dial.* 감자; 거품.
бульва́р (-ру) *m* 넓은 가로수길, 대로.
бульйо́н (-ну) *m* 묽은 수프.
бу́льк|а (-ки) *f* 거품, 기포(氣泡).
бу́лькати (-аю, -аєш) *I vi*: (бу́лькнути *P*) 거품이 일다, 부글부글 끓다.
бундю́ч|итися (-чуся, -чишся) *I vi* 점잔빼며(거들먹거리며) 걷다, 활보하다.
бунт (-ту) *m* 폭동, 소요, 모반, 반란, 선동.
бунтува́ти (-у́ю, -у́єш) *I vi* 선동하다, 자극하다, 흥분시키다; -ся *I vi* 모반을 하다, 반란을 일으키다.
бурев|і́й (-во́ю) *m* = бурві́й; ~існик (-ка) *m* 바다제비.
буржу|а́ *indecl.* 부르주아.
буржу́й (-у́я) *m* 부르주아, 재산가, 소규모 고용주.
бу́рити (-рю, -риш) *I vt* 자극하다, 선동하다, 파괴하다; -ся *I vi* 흥분하다; 격노하다.
буркот|а́ти (-очу́, -о́чеш), ~і́ти (-очу́, -о́тиш) *I vi* (천둥지진 등이) 우르르 울리다, 투덜거리다.

бурк|отли|вий (-ва, -ве)* 중얼거리는.
бурлак (-ка) *m*, ~а (-ки) *m* 집없는 사람.
бурлакув|ання *n* 집없는 사람의 생활, 방랑자 생활.
бурний (-на, -не)* 격렬한, 동란의, 소란스러운.
бурхливий (-ва, -ве)* 폭풍우의.
бурштин (-ну) *m Min.* [광물] 호박(琥珀), 황갈색, 호박색.
буря (-рі) *f* 폭풍우, 폭풍.
буряк (-ка) *m Bot.* [식물] 비트, 사탕무우.
бур'ян (-ну) *m* 잡초.
бути (모든 인칭에서 현재형 є; 과거형 був, була, було, були; 미래형 буд|у, -еш; *Imp.*: будь, ~мо, -те); 이다, 있다.
бухоний (-на, -не) (빵의): 부드러운.
бухта (-ти) *f* 작은 만(灣).
буцім(то) *conj.* [접속사] 마치 ~인 것처럼, 마치 ~처럼.
буча (-чі) *f* 소란, 소동, 폭동, 말다툼, 싸움.
бучний (-на, -не)* 시끄러운, 소리가 큰.
бушувати (-шую, -уєш) *I vi* (바람, 파도가) 거세게 몰아치다, (사람이) 미친 듯이 날뛰다.
бюджет (-ту) *m* 예산, 운영비, 생활비.
бюлетень (-ня) *m* 공보(公報), 회보, 연보.
бюро (-ра) *n* 사무실, 사무소, 국(局).
бюрократ (-та) *m* 관료, 관료주의자.
бюст (-та) *m* 흉상, 반신상, 가슴둘레.

В

В, в (우크라이나어 알파벳에서 세 번째 문자, 어두 또는 두 모음 사이에서는 vast에서 v처럼 발음되고, 어말에서는 w처럼 발음됨).

ва́б|ити (-блю́, -би́ш) *I vt* 유인하다, 끌어들이다.

вага́ (-ги́) *f* 무게, 중량; 체중; 짐, 적하(積荷).

ваг|а́ння *n* 주저, 우유부단, 결단력이 없음.

вага́тися (-а́юся, -а́єшся) *I vi* 주저하다, 망설이다.

ваги́ (-гі́в) *pl*, **~і́вни́ця** (-ці) *f* 조화, 평형, 균형.

вагі́тн|а (-но́ї) *f* 임신한 여자, 임산부.

ваго́н (-на) *m* 대형 유개 트럭, 밴, 트럭, 객차.

важки́й (-ка́, -ке́) 무거운, 무게가 있는; 무거워진.

ва́жк|о *adv.* 무겁게, 묵직하게.

важли́в|ий (-ва, -ве)* 중요한, 중대한, 긴요한.

вазелі́н (-ну) *m*, **~а** (-ни) *f* 바세린.

вака́н|с (-су) *m*, **~сія** (-ії) *f* 공허, 공백.

вака́ц|ії (-ій) *pl* 휴가, 방학, 휴일.

ва́куум (-му) *m* = порожне́ча, 진공.

вакци́н|а (-ни) *f* 두묘(痘苗), 우두종; 왁친.

вапн|о́ (-на́) *n* 석회, 분필.

вапня́к (-ка́) *m Min.* 방해석(方解石).

вар (-ру) *m* 끓는 액체; 요리, 요리법, 끓음,

비등, 삶음; 질식시키는 열기.
ва́рвар (-ра) *m*, ~ка (-ки) *f* 야만인, 미개인.
ва́рвар|ство (-ва) *n* 잔학, 잔인.
ва́рений (-на, -не) 끓인, 요리된.
варе́н|ик (-ка) *m* 끓인 반죽.
варе́ння *n* 잼.
вари́ти (-рю́, -риш) *I vt* 끓이다, 삶다, 데치다.
ва́рт|а (-ти) *f* 감시인, 경호원.
ва́ртий (-та, -те)* ~할 가치가 있는, 해볼만한.
варт|і́сний (-на, -не)* 값비싼, 귀중한, 매우 쓸모 있는.
вартов|и́й (-ва́, -ве́) 감시의, 경호의, 경비의.
вартува́ти (-у́ю, -у́єш) *I vt* ~을 지키다, 보호하다.
ват (-та) *m Phys.* [물리] 와트(전력의 단위).
ва́та (-ти) *f* 솜, 면화, 탈지면, 무명실, 면직물.
вата́г (-га) *m* 주모자, 장본인, 우두머리.
вата́ж|ко (-ка) *m*, ~о́к. (-жка́) *m* (무리의, 갱의): 지도자, 우두머리, 대장.
ват|и́н (-на) *m* (옷에서) 솜 안감, 면직물, 안감.
ва́тр|а (-ри) *f* 큰 화톳불, 모닥불.
ва́фля (-лі) *f* 와플.
ва́хт|а (-ти) *f* 전초지점, 파수꾼, 감시인.
ваш (-ша, -ше) *pron.* (2인칭 복수 대명사) 당신의.
вбача́ти (-ча́ю, -а́єш) *I vt*; вба́чити (-чу, -чиш) *P vt* ~을 알아차리다.
вбира́ль|ний (-на, -не) 옷의, 정장의.
вбира́ти (-а́ю, -а́єш) *I vt*: (вбра́ти *P*) ~에게 옷을 입히다, 정장시키다.
вбіга́ти (-а́ю, а́єш) *I vi*; вбі́гти (-іжу́, -жи́ш) *P vi* ~와 충돌하다, ~와 우연히 만나다.
вбра́ння *n* (옷의) 한 벌.
вбрід *adv.* 매우 풍부하게, 과도하게, 넘쳐흐를 정도로, 남아돌만큼.
вве́ден|ий (-на, -не) 도입된, 소개된.
вве́чері *adv.* = уве́чері, 저녁에.
вви(д)жа́тися (-а́юся, -а́єшся) *I vi*; вви(д)жува́тися (-уюся, -уєшся) *I vi* (꿈에서처럼) 나타나다; ~인 것 같다.
вві́з (вво́зу) *m* 수입, 수입품.
вві́члив|ий (-ва, -ве)* 예절바른, 공손한, 정중한.

вво́дити (-джу, -диш) *I vt*: (ввести́ *P*) 도입하다, 소개하다, 도입하다, 안내하다, 권유하다, 운반하다.

ввози́ти (-ожу, -озиш) *I vt*: (ввезти́ *P*) 수입하다, ~를 들여오다.

вга́дувати (-ую, -уєш) *I vt*: (вгада́ти *P*): — зага́дку, 수수께끼를 풀다, 퍼즐을 해결하다.

вгамо́вувати (-ую, -уєш) *I vt*; **вгамува́ти** (-ую, -уєш) *P vt* 조용하게 하다.

вганя́ти (-я́ю, я́єш) *I vi* 뒤쫓다.

вгина́ти (-а́ю, а́єш) *I vt*: (вгну́ти *P*) 안쪽으로 구부리다, 안쪽으로 밀다.

вгледі́ти (-джу, -диш) *P vt*: (вгляда́ти *I*) 알아차리다, 인지하다, 주목하다.

вглиб *adv.* 깊이, 철저하게, 완전히.

вгодо́вувати (-ую, -уєш) *I vt*; **вгодува́ти** (-ую, -уєш) *P vt* (소, 돼지를) 살찌게 하다.

вго́лос *adv.* 큰 목소리로.

вгорі́ *adv.* 위에.

вго́ру *adv.* 비탈 위로, 위에, 위로.

вгруза́ти (-а́ю, -а́єш) *I vi*; **вгру́з|ти**, ~**нути** (-ну, -неш) *P vi* (진흙, 위험 등에) 빠지다.

вдава́ти (вдаю́, -а́єш) *I vt*: (вда́ти *P*) 모방하다, 흉내내다.

вдави́ти (-влю́, -виш) *P vi*; **вда́влювати** (-люю, -люєш) *I vt* 교살하다, 질식시키다.

вда́ча (-чі) *f* 성질, 성격, 기질, 특징, 특질, 인격, 품성, 덕성, 명성.

вдві́чі, вдво́є *adv.* 두배로.

вдень *adv.* 낮 동안에, 낮에.

вдиви́тися (-влю́ся, -вишся) *P vi*; **вдивля́тися** (-я́юся, -я́єшся) *I vi* (주의 깊게) 보다.

вдира́ти (-а́ю, -а́єш) *I vi*: (вде́рти, вдра́ти *P*) 찢어지다.

вдиха́ти (-а́ю, -а́єш) *I vt*; **вдихну́ти** (-ну́, -не́ш) *P vt* 호흡하다, 숨쉬다.

вдіве́ць (-вця) *m* 홀아비.

вдов|а́ (-ви) *f* 과부, 미망인.

вдово́лен|ий (-на, -не)* 만족된, 충족된, 즐거운.

вдо́ма *adv.* 집에, 집에서.

вдосві́та *adv.* 새벽에, 동틀녘에.
вдо́ст|аль, ~ач *adv.* 풍부하게, 풍족하게, 충분하게.
вдру́ге *adv.* 한번 더, 다시, 두 번째로.
вду́м|ливий, ~чивий (-ва, -ве)* 생각에 잠긴, 사려깊은.
вдяга́ти (-а́ю, -а́єш) *I vt*; **вдя́г|нути, ~ти** (-ну, -неш) *P vt* (옷 등을) 입다.
вдя́чн|ий (-на, -не)* 고맙게 생각하는.
вегетарія́н|ець (-нця) *m* 채식주의자.
ве́ж|а (-жі) *f* 탑, 망루; 성채, 요새.
ве́ксел|ь (-ля) *m* 환어음; **~ьний** (-на, -не), **-е́вий** (-ва, -ве) 환어음의.
ве́лет (-та) *m*, **~ень** (-тня) *m* 거인, 거상(巨像).
Вели́кдень (-кодня) *m* 부활절.
вели́к|ий (-ка, -ке) 거대한, 광대한.
велико|ду́шний (-на, -не)* 관대한, 도량이 큰.
ве́лич (-чі) *f* 거대, 큼, 장대, 웅대, 광대.
величе́|зний (-на, -не)*, **~нний** (-нна, -нне) 거대한, 막대한, 광대한.
величи́|на́ (-ни́) *f* 거대, 장대, 광대; 위대.
вели́чн|ий (-на, -не)* 웅장한, 호화로운.
вельми́ *adv.* 매우; 훨씬.
ве́на (-ни) *f Anat.* [해부] 정맥, 혈관.
венери́чний (-на, -не) 성병의.
ве́нз|ель (-зля) *m* 모노그램, 짜맞춘 글자.
вено́зн|ий (-на, -не)* 정맥의.
вентил|юва́ти (-ю́ю, -ю́єш) *I vt* 환기하다, 통풍시키다.
вера́нда (-ди) *f* 베란다, 현관.
верба́ (-би́) *f* 버드나무.
верба́льний (-на, -не)* 말의, 언어의, 구두의.
верблю́|д (-да) *m* 낙타.
вербув|а́ння *n* 신병모집.
верди́кт (-ту) *m* 평결, 판단, 결정.
веред|і́й (-ія́) *m*, **~і́йка** (-ки) *f* 변덕스러운 사람, 까다로운 사람.
веред|ува́ти (-у́ю, -у́єш) *I vi* 변덕스러워지다; **~у́н** (-на́) *m* = **вереді́й**.
ве́рес (-су) *m Bot.* [식물] 히스 (황야에 자생하는 관목), 양치류.

ве́рес|ень (-сня) *m* 9월; ~невий (-ва, -ве) 9월의.
вереща́ти (-щу́,-щи́ш) *I vi*: (ве́реснути *P*) 소리치다.
верзти́ (-зу́, -зе́ш) *I vt* 실없이 지껄이다.
верму́т (-ту) *m* 베르무트주(酒) (약초, 강장제로 맛을 낸 흰 포도주).
ве́рсія (-ії) *f* 버전, 설명.
верта́ти (-а́ю, -а́єш) *I vt*: (верну́ти *P*) 돌려주다.
верт|ки́й (-ка́, -ке́) 활동적인, 활발한, 민활한.
верф (-фу) *m* 조선소.
верх (-ху) *m* 상부, 상층.
верхів'я *n* 꼭대기; 정상(頂上); 가장 높은 곳, 최고점.
ве́рхн|ій (-ня, -нє) 더 위의(위에 있는), 높은 쪽의, 상부의.
верхови́н|а (-ни) *f* 산등성이, 산마루.
верхові́ття *n Coll.* (나무의) 꼭대기 가지들.
верхо́вн|ий (-на, -не)* 상급의, 상관의, 상위의.
верхово́д (-да) *m* 지도자, 선도자, 리더.
верши́н|а (-ни) *f* (강의) 수원, 원천.
верши́ти (-шу, -шиш) *I vt* 마무리하다, 끝내다.
ве́ршник (-ка) *m* 기수.
весе́л|ий (-ла, -ле)* 명랑한, 쾌활한, 즐거운.
весели́ти (-лю, -лиш) *I vt* 기분 좋게 하다.
весе́лк|а (-ки) *f* 무지개; 무지개 모양의 것.
ве́село *adv.* 즐겁게, 흥겹게, 유쾌하게.
весе́лощі (-ів) *pl* 기쁨, 즐거움, 행복, 환희.
весі́лля *n* 결혼식, 혼례.
весл|о́ (-ла́) *n* 노.
весн|а́ (-ни́) *f* 봄, 봄철, 춘계.
вести́ (веду́, -де́ш) *I vt*: (повести́ *P*) 인도하다, 안내하다.
вестибю́ль (-ля) *m* 현관, 현관 홀.
весь (вся, все) = увесь, *pron.* 모든.
ветера́н (-на) *m v* 노련가.
ветерина́р (-ра) *m* 수의사.
ве́то *n indecl.* 거부권.
вече́ря (-рі) *f* 저녁 식사, 만찬.
вече́ряти (-яю, -яєш) *I vi* 저녁 식사를 하다.
ве́чір (-чора) *m* 저녁.
вечі́рн|ій (-ня, -нє) 저녁의.

вже = уже́ *adv.* 이미, 벌써.
вжи́ван|ий (-на, -не) 습관적인, 통례의.
вжива́ти (-а́ю, -а́єш) *I vt:* (вжи́ти *P*) 쓰다, 사용하다, 이용하다, 소용되게 하다; **-ся** *I vi* 사용되다.
взагалі́ *adv.* 전적으로, 완전히, 대체로.
взає́м|ини (-мин) *pl* 상호 관계, 상관, 상호 작용.
взимі́, взи́мку *adv.* 겨울에.
взір (взо́ру) *m* 모형, 모델, 원형, 모범.
взя́ти (візьму́, ві́зьмеш) *P vt:* (бра́ти *I*) 잡다, 쥐다.
взя́т|ка (-ки) *f* (카드에서) 1회.
взяття́ *n* 취득, 획득, 체포.
ви *pron. pl* ти의 복수형 너희들, 당신들; 당신.
вибагли́в|ий (-ва, -ве)* 변덕스러운, 급변하는.
вибача́ти (-ча́ю, -ча́єш) *I vi:* (ви́бачити *P*) (кому): (사람, 죄 등을) 용서하다, 관대히 봐주다: вибача́й(те)! 미안합니다, 실례합니다!
вибачення *n* (행위) 용서, 관대.
вибива́ти (-а́ю, -а́єш) *I vt:* (ви́бити *P*) (금속을) 두들겨 펴다.
вибира́ти (-а́ю, -а́єш) *I vt:* (ви́брати *P*) 고르다.
ви́бігати (-а́ю, -а́єш) *P vt:* (вибіга́ти *I*) 부산하게 움직이다.
вибі́й (-бо́ю) *m* 도로에서 움푹 파인 곳.
вибі́й|ка (-ки) *f* 프린트(날염)된 천.
ви́блиск (-ку) *m* 불꽃, 불티.
ви́блискувати(ся) (-кую[ся], -уєш[ся]) *I vi* 불꽃을 튀기다.
вибо́ї|на (-ни) *f* = вибі́й; 움푹한 곳.
ви́бор|ець (-рця) *m* 선거인, 유권자, 투표자.
вибо́рчий (-ча, -че) 선거의; 선거인의.
ви́браний (-на, -не) 선택된, 선발된.
ви́брик (-ку) *m* 신나게 뛰놀기.
вибрику́вати (-у́ю, -у́єш) *I vi* (경쾌하게) 뛰어 돌아다니다.
вибруко́вувати (-вую, -вуєш) *I vt*; **ви́брукувати** (-кую, -куєш) *P vt* 포장하다.
ви́бух (-ху) *m* 폭발, 파열.

вибухо́в|ий (-ва, -ве)* 폭발(성)의.
ви́варити (-рю, -риш) *P vt*; **вива́рювати** (-рюю, -рюєш) *I vt* (약 등을) 달이다, 졸이다.
ви́верт (-ту) *m* 나쁜 쪽, 역(逆), 반대.
виверта́ти (-а́ю, -а́єш) *I vt*: (ви́вернути *I*) 끌어 내리다.
ви́вих (-ху) *m* 탈구, 삠, 접질림, 염좌(捻挫).
вивиха́ти (-а́ю, -а́єш) *I vt*; **ви́вихнути** (-ну, -неш) *P vt* (발목, 손목 등을) 삐다.
ви́відати (-аю, -аєш) *P vt*: (виві́дувати *I*) 세밀히 조사하다.
ви́віз (-возу) *m* 수출.
ви́вір|ка (-ки) *f Zool.* [동물] 다람쥐.
ви́віс|ити (-і́шу, -і́сиш) *P vt*: (виві́ш|увати, ~ати *I*) 걸다, 달다.
виві́трювання *n* 통풍, 환기.
ви́воріт (-роту) *m* 나쁜 쪽, 역(逆), 반대.
вивча́ти (-а́ю, -а́єш) *I vt*; **ви́вчити** (-чу, -чиш) *P vt* 배우다, 공부하다, 습득하다, 교육하다.
ви́гад (-ду) *m* 발명, 창안, 고안.
ви́гадати (-даю, -даєш) *P vt*: (вига́дувати *I*) 발명하다, 창안하다.
виганя́ти (-я́ю, -я́єш) *I vt*: (ви́гнати *P*) 쫓아내다.
ви́гин (-ну) *m* 곡선, 굴곡, 만곡, 커브, 구부림, 굴절.
вигина́ти (-а́ю, -а́єш) *I vt*: (ви́гнути *P*) 구부리다.
виі́гід|дя *n* 적응, 순응, 조화.
ви́гін (-гону) *m* 목초, 목장, 목초지.
ви́гляд (-ду) *m* 보기, 시력, 시야, 시계.
вигляда́ти (-а́ю, -а́єш)¹⁾ *I vi* 보다, 바라보다.
вигляда́ти (-а́ю, -а́єш)²⁾ *I vi*: (ви́глянути *P*) 밖을 보다.
вигна́н|ець (-нця) *m*, ~иця (-ці) *f* 망명자.
ви́говорити (-рю, -риш) *P vt*; **виговорюва́ти** (-рюю, -рюєш) *I vt* 발음하다.
виго́да (-ди) *f* 편의, 편리.
виголо|си́ти (-лошу, -осиш) *P vt*; **виголо́шувати** (-ую, -уєш) *I vt* 선언(포고)하다.
ви́гострити (-рю, -риш) *P vt*; **виго́стр|ювати**

(-рюю, -рюєш), ~яти (-яю, -яєш) *I vt* (칼 등을) 갈다, 갈아서 날카롭게 하다.

виготовити (-влю, -виш) *P vt;* **виготовлювати** (-люю, -люєш), ~яти (-яю, -яєш) *I vt* 준비하다, 마련하다, 채비를 갖추다.

вигравати (-ваю, -аєш) *I vt:* (виграти *P*) 얻다, 획득하다, 이기다.

виграш (-шу) *m* = **виграа:** бути у виграші, 승리자가 되다.

вигук (-ку) *m* 비명, 절규.

вигукнути (-ну, -неш) *P vt;* **вигукувати** (-ую, -уєш) *I vt* 시끄럽게 요구하다.

вид (-ду) *m* 시각, 시력, 시계.

видавати (-даю, -даєш) *I vt:* (видати *P*) 발표하다, 공표하다.

видавець (-вця) *m* 편집자, 교정자.

видавити (-влю, -виш) *P vt;* **видавлювати** (-люю, -люєш), ~яти (-яю, -яєш) *I vt* 짜내다.

видання *n* (초판, 재판의) 판(版), 출판, 발행, 간행.

видатн|ий (-на, -не)* 풍족한, 많은, 풍부한.

видаток (-тку) *m* 지출, 비용, 지불, 소비.

виделка (-ки) *f* = **виделко** (-ка) *n* 포크.

видимий (-ма, -ме)* 분명한, 명백한, 일목 요연한.

видихати (-аю, -аєш) *I vt;* **видихнути** (-ну, -неш) *P vt* 숨을 내쉬다.

виділяти (-лю, -лиш) *P vt:* (виділювати, ~яти *I*) 분배하다, 배분하다, 배당하다, 배포하다.

видн|ий (-на, -не) 밝은, 맑게 갠, 선명한.

видобуток (-тку) *m* 이익, 이득, 이윤, 흑자, 벌이.

видовбати (-аю, -аєш) *P vt;* **видовбувати** (-ую, -уєш) *I vt* 속이 비게 하다.

видови|сько (-ка) *n,* ~ще (-ща) *n* 쇼, 흥행.

видра (-ри) *f Zool.* [동물] 수달.

видужати (-аю, -аєш) *P vi;* **видужувати** (-жую, -уєш) *I vi* 건강을 회복하다.

видурити (-рю, -риш) *P vt;* **видурювати** (-рюю, -рюєш) *I vt* 감언이설로 빼앗다.

виживати (-аю, -аєш) *I vi, t:* (вижити *P*) 일정

визволен|ий (-на, -не) 석방된, 방면된, 구출된, 구제된, 해방된.
визволитель (-ля) *m*, -ка (-ки) *f* 구세주, 구원자.
визволити (-лю, -лиш) *P vt*; визвол|ювати (-люю, -люєш), ~яти (-яю, -яєш) *I vt* (사람을) 자유의 몸으로 하다, 석방(해방)하다.
визвольний (-на, -не) 해방의, 석방의.
визира́ти (-аю, -аєш) *I vi*; визирнути (-ну, -неш) *P vi* 바깥을 내다보다.
вижи́скува|ння *n* 부당 이득을 취하는 것.
визнава́ти (-наю́, -аєш) *I vt*; ви́знати (-аю, -аєш) *P vt* 인정하다, 동의하다.
ви́знан|ий (-на, -не) 인정된, 자백된, 고백된.
визнача́ти (-чаю, -аєш) *I vt*: (ви́значити *P*) 구획하다, 설계하다.
ви́значен|ий (-на, -не) 지정된.
ви́значний (-на́, -не́)* 유명한, 현저한.
виї́жджа́ти (-аю, -аєш) *I vi* = виї́здити: (ви́їхати *P*) (차로 또는 말을 타고) 출발하다.
виї́зд (-ду) *m* 출발, (일에) 착수.
вийма́ти (-аю, -аєш) *I vt*; ви́йми́ти, ви́йняти (-йму, -ймеш) *P vt* 꺼내다, 끄집어내다.
ви́казати (-кажу, -ажеш) *P vt*: (вика́зувати *I*) 내밀다.
ви́капаний (-на, -не) (액체가) 똑똑 떨어진.
викида́ти (-аю, -аєш) *I vt*: (ви́кинути *P*) 내던지다.
ви́клад (-ду) *m* 설명; 해석.
ви́клад|аний (-на, -не)* 상감(象嵌) 세공을 한.
виклада́ти (-аю, -аєш) *I vt*: (ви́класти *P*) 레이아웃하다.
виклада́ч (-ча́) *m* 강사, 강연자.
ви́клик (-ку) *m* 외침, 큰소리, 환성.
ви́кликати (-личу, -ичеш) *P vt*; виклика́ти (-а́ю, -а́єш), викли́кувати (-ую, -уєш) *I vt* 소리쳐 구하다.
виключа́ти (-а́ю, -а́єш) *I vt*: (ви́ключити *P*) 들어오지 못하게 하다, 차단하다.
ви́ключн|ий (-на, -не)* 배타(배제)적인.
вико́вувати (-ую, -уєш) *I vt*: (ви́купати *P*) ~를

викон|авець (-вця) *m* 집행인.
викон|аний (-на, -не) 수행된, 성취된.
виконком (-ма) *m Abbr.* = Виконавчий Комітет, (소련의) 최고 위원회.
викопати (-аю, -аєш) *P vt*; **викопувати** (-ую, -уєш) *I vt* 파내다, 찾아내다.
використан|ий (-на, -не) 이용된.
використати (-аю, -аєш) *P vt*; **використовувати** (-ую, -уєш) *I vt* 이용하다, 사용하다.
викорінення *n* 박멸, 근절.
викорчовувати (-ую, -уєш) *I vt*; **викорчувати** (-ую, -уєш) *P vt* 뿌리째 뽑다.
вик|от (-ту) *m* 움푹한 곳, 파인 곳, 파인 홈.
викохати (-аю, -аєш) *P vt*; **викохувати** (-ую, -уєш) *P vt*; (완전히): ~을 돌보다, 키우다.
викрадений (-на, -не) 훔친.
викреслити (-лю, -лиш) *P vt*; **викреслювати** (-люю, -люєш) *I vt* 취소하다, 삭제하다.
викривати (-аю, -аєш) *I vt*: (**викрити** *P*) (나쁜 짓 등을) 발견하다, 간파하다.
викривити (-влю, -виш) *P vt*; **викривляти** (-яю, -яєш) *I vt*: (팔, 손가락 등을 갈고리 모양으로) 구부리다.
викриття *n* 발견.
викрій (-рою) *m* (옷 등의) 마름질, 모델.
викроїти (-ою, -оїш) *P vt*; **викроювати** (-юю, -юєш) *I vt* 자르다, 재단하다, 절단하다.
викрут (-ту) *m* 트릭, 계교, 책략.
викрут|ка (-ки) *f* 나사 돌리개, 드라이버.
викуп (-пу) *m* (포로의) 몸값, 배상금.
викупати (-аю, -аєш) *P vt*: (купати); -ся *I vi* 목욕하다.
викуплен|ий (-на, -не) 배상된.
викуповувати (-ую, -уєш) *I vt* = **викупляти**; (요구, 반대 등을) 돈으로 해결하다.
вила (вил) *pl* 건초용 포크, (세가닥) 갈퀴, (비료) 쇠스랑.
вилазити (-ажу, -азиш) *I vt*: (**вилізти** *P*) 슬며시 기어나오다; (의무 등을) 면하게 하다.
виливати (-аю, -аєш) *I vt*: (**вилити, вилляти**

P) 범람시키다, 침수시키다.
вилиці (-лиць) *pl* 턱뼈, (특히) 아래턱뼈.
вилікову́вати (-ую, -єш) *I vt*; ви́лікувати (-ую, -єш) *P vt* (상처, 아픔, 고장 등을) 고치다.
виліт (-лету, *or* -льоту) *m* 날기, 비행.
вилка (-лок) *pl Dim.*: вила, 포크; 갈퀴, 쇠스랑.
виловити (-влю, -виш) *P vt*; виловлювати (-люю, -люєш) *I vt* 붙들다, (붙)잡다, 쥐다.
вилога (-ги) *f* (옷의) 깃(끝동, 섶, 단) 달기; (코트 등의) 접은 옷깃; 뒤, 배면, 배후.
вилучити (-чу, -чиш) *P vi*; вилучувати (-ую, -єш) *I vi* 차단하다; 제외하다.
вимагати (-гаю, -гаєш) *I vi*: (ви́могти *P*) 요구하다; 필요하다, 요청하다, 청구하다.
ви́мазати (-мажу, -жеш) *P vt*; вимазувати (-ую, -єш) *I vt* 지우다.
вимани́ти (-ню, -ниш) *P vt*: (вима́нювати *I*) (사람을) 감언이설로 꾀다; 감언이설로 얻다.
вимерза́ти (-а́ю, -а́єш) *I vi*; ви́мерз|ти, ~нути (-ну, -неш) *P vi* (물이) 얼다, 결빙하다.
вимива́ти (-а́ю, -а́єш) *I vt*: (ви́мити *P*) 씻어버리다.
вимика́ч (-ча́) *m* (전기) 스위치.
вимір (-ру) *m* 측량, 측정; 비율, 몫, 할당량.
вимірний (-на, -не), ~овий (-ва, -ве) 측정된, 측량된.
вимо́ва (-ви) *f* 발음, 발음법.
вимо́га (-ги) *f* 요구, 필요.
вимока́ти (-а́ю, -а́єш) *I vi*: (ви́мокнути *P*) 젖다, 잠기다.
ви́морений (-на, -не)* 굶주린, 몹시 배고픈.
вимпел (-лу), ~ь (-лю) *m* = майва, (아랫 돛대의 꼭대기에서 드리운) 짧은 밧줄.
ви́мушен|ий (-на, -не)* 강요된, 강탈된.
вим'я *n* 젖(소, 양, 염소 등의).
вина́ (-ни́) *f* (특히 도덕, 형법상의) 죄를 범했음.
винагоро́да (-ди) *f* 보수, 보상; 현상금.
винагороди́ти (-джу, -диш) *P vt*; винагоро́джувати (-ую, -уєш) *I vt* 보답하다, 보상하다, 갚다,

보수를 주다.

винахід (-ходу) *m* 발명, 발명품, 발견, 발견물.

винахід|ливий (-ва, -ве), ~ний (-на, -не) 발명의 (재능이 있는).

виникати (-аю, -аєш) *P vt* 철저히 찾다.

вино (-на) *n* 포도주.

виноград (-ду) *m Coll.* 포도, 포도나무.

виносити (-ошу, -осиш) *P vt*: (виношувати *I*) 닳아 없어지게 하다.

винуват|ель (-ля) *m*, ~ець (-тця) *m* 고소인.

винят|и = вийняти; ~ковий (-ва, -ве)* 예외적인, 특별한.

ви|орати (-рю, -реш) *P vt*; виорювати (-рюю, -рюєш) *I vt* (뿌리, 그루터기를) 갈아서 파내다.

випад (-ду) *m* (역습적인) 출격, 반격.

випадати (-даю, -аєш) *I vi*: (випасти *P*) 싸우다, 사이가 틀어지다.

випас (-су) *m* (방)목장, 목초지, (마소의) 꼴.

випереджати (-аю, -аєш), випереджувати (-ую, -уєш) *I vt*; випередити (-джу, -диш) *P vt* 뒤처지다, 따라가 앞서다.

випечений (-на, -не)* 잘 구워진.

випитати (-аю, -аєш) *P vt*: (випитувати *I*) 묻다, 질문하다.

випихати (-аю, -аєш) *I vt*: (випхати *P*) (새, 짐승을) 속을 채워 박제로 하다.

виплекати (-аю, -аєш) *P vt*; виплекувати (-ую, -уєш) *I vt* 육성하다, (아이를) 기르다, 교육하다.

виполіскувати (-ую, -уєш) *I vt*: (виполоскати *P*) 헹구다, 가시다.

випр|авдання *n*, ~авдування *n* 정당화.

виправдати (-аю, -аєш) *P vt*; виправдувати (-ую, -уєш) *I vt* 정당화하다.

виправ|ляч (-ча) *m* 교정자.

випрасовувати (-ую, -уєш) *I vt*; випрасувати (-ую, -уєш) *P vt* 다리미로 다리다.

випрати (-перу, -переш) *P vt*: (випирати *I*) 씻어버리다.

випробувач (-ча) *m* 실험자, 시험자, 검사자.

ви́просити (-ошу, -осиш) *P vt*: (випро́шувати *I*) 기도(간청, 탄원)로 획득하다.

випруча́ти (-а́ю, -а́єш) *P vt*; випру́чувати (-чую, -чуєш) *I vt* (원치 않는 것을) 면하다.

ви́пуск (-ку) *m* (빛, 열, 향기 등의) 내뿜음.

випуска́ти (-а́ю, -а́єш) *I vt*: (ви́пустити *P*) 놓아주다.

вир (-ру) *m* 소용돌이, 회오리바람.

виража́ти (-жаю, -жаєш) *I vt*: (ви́разити *P*) (소리, 말, 신음, 탄식 등을) 입 밖에 내다.

ви́раз (-зу) *m* 발언, 발성, 발표력, 말씨, 어조, 발음, 단어, 표현.

ви́разка (-ки) *f Med.* [의학] 농양, 종기, 궤양(潰瘍).

виразн|ий (-на, -не)* 표현(표정)이 풍부한.

вирахо́вувати (-ую, -уєш) *I vt*; ви́рахувати (-ую, -уеш) *P vt* (정확히) 계산하다, 세다.

ви́рвати (-ву, -веш) *P vt*: (вирива́ти *I*) 잡아채다, 벗기다.

винина́ти (-а́ю, -а́єш) *I vi*; ви́ринути (-ну, -неш) *P vi* (밑으로부터) 나오다, 나타나다.

ви́ріб (-робу) *m* 산출물, 생산품, 수공품.

вирі́внювати (-нюю, -нюєш) *I vt*; ви́рівняти (-яю, -яєш) *P vt* ~를 평평하게 하다.

ви́різ (-зу) *m* 잘라내기, 잘라낸 것.

вирі́зати (-іжу, -іжеш) *P vt*: (вирі́зувати *I*) (완전히): 잘라내다; 제거하다, 생략하다.

вирі́зка (-ки) *f* (종이, 천) 절단; 재단; 베어내기.

ви́рій (-ію) *m* (철새가 겨울을 보내기 위해 날아가는 곳) 월동지.

вирі́шальний (-на, -не)* 결정적인, 중대한.

виробі́ток (-тку) *m* = ви́ріб; 특별 작업으로 번 돈(상품).

виробн|и́й (-на́, -не́) 생산의; 제조의, 제작의; 저작의, 생산할 수 있는, 생산 가능한.

виро́джен|ець (-нця) *m* 타락자.

виро́джуватися (-уюся, -уєшся) *I vi*; ви́родитися (-джуся, -дишся) *P vi* 퇴보하다; 타락하다; 퇴화하다.

ви́рок (-ку) *m* 평결, 판결, 선고, 처형.

виростати (-а́ю, -а́єш) *I vi*; ви́рости (-ту, -теш) *P vi* 어른이 되다; 자라나다.

ви́ростити (-ощу, -остиш) *P vt*; виро́щати (-а́ю, -а́єш) *I vt* (아이를) 기르다, 교육하다.

вируба́ти (-а́ю, -а́єш) *P vt*: виру́блювати (-люю, -люєш), вируба́бувати (-у́ю, -у́єш) *I vt* 잘라 내다, (나무를) 베어 넘어뜨리다.

вирува́ти (-у́ю, -у́єш) *I vi* 소용돌이치다(치게 하다).

вируча́ти (-а́ю, -а́єш) *I vt*; ви́ручити (-чу, -чиш) *P vt* (대리인으로서) 어떤 사람의 위치에서 일하다.

виру́шати (-а́ю, -а́єш) *I vi*: (ви́рушити *P*) (사물이) 갑자기 나타나다.

виря́д|жа́ти (-а́ю, -а́єш) *I vt*; ви́рядити (-джу, -диш) *P vt* 필요한 물품을 갖추어(마련해) 주다.

виса(д)жувати (-у́ю, -у́єш) *I vt*; ви́садити (-джу, -диш) *P vt* (식물을) 심다.

ви́світлити (-лю, -лиш) *P vt*; висві́тлювати (-люю, -люєш) *I vt* 명백하게 설명하다.

ви́селен|ець (-нця) *m* (해외) 이민자, 이주자.

ви́селити (-лю, -лиш) *P vt*; виселі́|ювати (-люю, -люєш), ~я́ти (-я́ю, -я́єш) *I vt* ~을 (마을, 국가 밖으로) 내쫓다, 쫓아내다, 배격하다.

виси́джувати (-у́ю, -у́єш) *I vt*; ви́сидіти (-джу, -диш) *P vt* 일정 기간 머물다.

висила́ти (-а́ю, -а́єш) *I vt*: (ви́слати *P*) 파견하다; 보내다.

ви́сипати (-плю, -плеш) *P vt*; висипа́ти (-а́ю, -а́єш) *I vt*, (виси́пувати *I*) 따르다, 붓다.

ви́сипатися (-а́юся, -а́єшся) *I vi*: (ви́спатися *P*) 충분히 잠자다, 푹 자다.

висипни́й (-на́, -не́) 발진.

висиха́ти (-а́ю, -а́єш) *I vi*: (ви́сохти, ви́сохнути *P*) 바싹 말리다(마르다), 물기를 닦다.

виси́в|ки (-вок) *pl* 체질한 것, 밀기울, 왕겨.

вискіа́ти (-а́ю, -а́єш) *I vt*; ви́скіти (-ічу, -ічеш) *P vt* (나무를) 베어 넘어뜨리다.

висіка́ти (-а́ю, -а́єш) *P vt*; -ся *P vi dial. W.U.* (콧바람으로) 코를 깨끗하게 하다.

висі́ти (вишу́, виси́ш) *I vi* 걸다, 달아매다.
виска́кувати (-ую, -уєш) *I vi*: (ви́скочити *P*) 껑충 뛰다, 날뛰다.
ви́скалити (-лю, -лиш) *P vt*; вискал|ювати (-ю́ю, -ю́єш), ~я́ти (-я́ю, -я́єш) *I vt* 이를 드러내고 감정을 나타내다,.
вислиза́ти (-а́ю, -а́єш) *I vi*; ви́слизнути (-ну, -неш) *P vi* 스르르 빠지다, 벗겨지다.
ви́слів (-лову) *m* 표현, 표현법, 표정.
ви́слов|ити (-влю, -виш) *P vt*; висло́влювати (-люю, -люєш) *I vt* (감정, 생각 등을 단어로) 표현(표명)하다.
ви́слухати (-аю, -аєш) *P vt*; вислу́хувати (-хую, -хуєш) *I vt* (끝까지) 듣다.
висмі́вати (-а́ю, -а́єш), висмі́ювати (-і́юю, -і́юєш) *I vt*; ви́сміяти (-ію, -ієш) *P vt* (소리내어) 웃다.
висна́жен|ий (-на, -не)* 약해진, 지친.
ви́снажити (-жу, -жиш) *P vt*; висна́жувати (-ую, -уєш) *I vt* 약화시키다, 다 써버리다.
висно́в|ний (-на, -не)* *Gram.* 결정적인, 단호한, 종국의.
висо́к|ий (-ка, -ке) 높은, 큰.
висо́ко *adv.* 높이, 크게.
висота́ (-ти́) *f* = висо́кість, 높이, 고도.
височин|а́ (-ни́) *f*, ~я́ (-ні́) *f* 높은 곳, 고지, 고원.
виспі́вати (-аю, -аєш) *P vt*: (виспі́вувати *I*) (끝까지) 노래 부르다.
виста́ва (-ви) *f* 전시회, 전람회, 박람회.
ви́ставити (-влю, -виш) *P vt*: (виставля́ти *I*) 보이다.
виста́вка (-ки) *f Dim.*: виста́ва, 작은 전시회.
виста́чати (-ча́ю, -ча́єш) *I vi*; ви́стачити (-чу, -чиш) *P vi* (필요, 목적 등에) 충분하다, 족하다.
ви́стрибнути (-ну, -неш) *P vi*; вистри́бувати (-ую, -уєш) *I vi* 점프하다, 도약하다.
ви́стромити (-млю, -миш) *P vt*; вистромл|ювати (-ю́ю, -ю́єш), ~я́ти (-я́ю, -я́єш) *I vt* 돌출하다; 불쑥 나오다; 구어 눈에 띄다, 명료하다.

виступ (-пу) *m* 출현, 출석.
виступати (-аю, -аєш) *I vi*; **виступити** (-плю, -пиш) *P vi* (한 발) 앞으로 나가다.
висякати (-аю, -аєш) *P vt*; **висякувати** (-ую, -уєш) *I vt* 코를 깨끗하게 하다.
витвір (-вору) *m* 산출물, 생산품, 생산(고), (총)생산(산출)량, 결과, 귀결, 결말.
вити (вию, виєш) *I vi* 울부짖다, 악쓰다.
вити (в'ю, в'єш) *I vt* (피륙을) 짜다, 뜨다, 엮다.
витівати (-аю, -аєш) *I vt*: **витіяти** *P* (방법을) 궁리하다, 고안 하다.
витівка (-ки) *f* 고안품, 장치, 공상적 작품.
витікати (-аю, -аєш) *I vi*: **витекти** *P* (물, 가스, 광선 등이) 흘러나오다.
витіснити (-ню, -ниш) *P vt*; **витісн|ювати** (-нюю, -нюєш), ~**яти** (-яю, -яєш) *I vt* 밀어내다, 내쫓다 몰아내다.
витовкати (-аю, -аєш) *I vt*: **витовкти** *P* 망치다, 상하게 하다.
витончен|ий (-на, -не)* 정제된, 미묘한.
виторг (-гу) *m* 수입, 소득.
витрата (-ти) *f* 지출, 비용, 경비, 지출, 소비.
витратити (-ачу, -атиш) *P vt*; **витрачати** (-чаю, -чаєш) *I vt*: (внтрачувати *I*) (完全히): 쓰다, 소비하다.
витривал|ий (-ла, -ле)* 인내심(참을성) 있는, 끈기 있는.
витрим (-му) *m*, ~**аність** (-ности) *f* 인내, 인내심, 참을성.
витримати (-аю, -аєш) *P vt*; **витримувати** (-ую, -уєш) *I vt* 저항하다, 반항(적대)하다,.
витрусити (-ушу, -усиш) *P vt*: (**витрушувати** *I*) 흔들어 떨어뜨리다; 녹아웃 시키다; -ся *P vi* (마차, 말 등이) 심하게 흔들리다.
виття *n* 울부짖는 소리, 짖는 소리.
витяг (-гу) *m* 인용.
витягати (-аю, -аєш) *I vt*; **витяг(ну)ти** (-ну, -неш) *P vt* 끌어내다, 뽑아내다.
вихвалити *P vt*; **вихвал|ювати** (-люю, -люєш), ~**яти** (-яю, -яєш) *I vt* 칭찬하다.

ви́хват (-ту) *m* 갑작스러운 충동.

ви́хід (-ходу) *m* 출구, 방출구; 출발, 이탈.

вихлю́п|ати (-аю, -аєш), ~нути (-ну, -неш) *P vt:* вихлю́пувати (-ую, -уєш) *I vt* (물, 흙탕 등을 사람, 물건에) 튀기다, 더럽히다; -ся *vi* 튀다, 더러워지다.

вихова́льний (-на, -не) (유아기의) 교육의, 훈도(薰陶)의, 훈육의, 양육의.

вихо́ван|ий (-на, -не) 교육받은, 교양 있는.

вихова́ння *n* 교육, 양육, 훈육.

вихова́|нок (-нка) *m* = вихова́нець; ~тель (-ля) *m*, ~телька (-ки) *f* 교육자, 교사, 선생님.

вихова́ти (-аю, -аєш) *P vt:* (вихо́вувати *I*) 키우다; 가르치다, 훈육하다; -ся *P vi* 교육받다, 훈육 받다.

вихо́дити (-джу, -диш) *P vt;* виходжува́ти (-ую, -уєш) *I vt* ~에 달려가다, 쇄도하다; 간청으로 획득하다.

вихо́дити (-джу, -диш) *I vi:* (ви́йти *P*):— на жебрака́, 거지가 되다.

вихо́пити (-плю, -пиш) *P vt;* вихо́плювати (-люю, -люєш) *I vt* 강탈하다.

ви́х|ор (-хру) *m* 회오리바람, 폭풍.

ви́цвісти (-іту, -ітеш) *P vi;* вицвіта́ти (-аю, -аєш) *I vi* (색이) 바래다.

вича́вити (-влю, -виш) *P vt;* вича́влювати (-люю, -люєш) *I vt* 출판하다.

виче́рпати (-аю, -аєш) *P vt;* виче́рпувати (-ую, -уєш) *I vt* 빈털터리가 되다.

виче́рп|ливий (-ва, -ве), ~ний (-на, -не) 충분한.

вичища́ти (-аю, -аєш), вичи́щувати (-ую, -уєш) *I vt:* (ви́чистити *P*); -ся *I vi.* 깨끗하게 되다.

вичі́сувати (-ую, -уєш) *I vt:* (ви́чесати *P*). 머리를 다 빗다.

вишкі́рити (-рю, -риш) *P vt;* вишкіря́ти (-яю, -яєш) *I vt* 이를 검사하다; -ся *I* 이를 내놓고 웃다, 억지 웃음.

вишн|е́вий (-ва, -ве) 체리 열매, 체리 빛깔.

ви́шн|я (-ні) *f* 체리 나무; ~я́к (-ка́) *m* 체리 열매, 체리 과수원.

ви́штовх|ати (-аю, -аєш), ~нути (-ну, -неш) *P vt;*

виштовхувати (-ую, -уєш) *I vt* 밀어내다.
вишукати (-аю, -аєш) *P vt*; вишукувати (-кую, -уєш) *I* 찾아내다.
вищати (-аю, -аєш) *I vi*. 높게 되다.
вищати (-щу, -щиш) *I vi* 삐꺽 소리를 내다.
вищий (-ща, -ще) *Comp*.: високий 더 나은.
вищирити (-рю, -риш) *P vt*; вищиряти (-яю, яєш) *I vt*: — зуби, 이를 보이다, 씩 웃다.
вияв (-ву) *m* 표현.
виява (-ви) *I* 발각.
виявити (-влю, -виш) *P vt*; виявляти (-яю, яєш) *I vt* 밝히다, виявлен|ий (-на, -не) 밝힌.
виярок (-рка) 계곡, 속이 빈, 대협곡.
вияснити (-ню, -ниш) *P vt*; вияснювати (нюю, нюєш), ~яти (-яю, -яєш) *I vt* 설명하다.
вібр|ація (-її) *I* 진동.
вівтар (-ря) *m* 제단; ~ний (-на, -не) 제단의.
вівторок (-тірка) *m*.목요일.
вівця (-ці) *f*, вівці (овець) *pl* 양.
вівчар (-ри) *m* 양치기.
вівчар|ка (-ки) *f* 양치는 개.
від prep. with *Gen*, -부터, -이래로.
відбивати (-аю, -аєш) *I vt*: (відбити *P*) 뒤를 치다,
відбирати (-аю, -аєш) *I vt*: (відібрати *P*) 뒤로 가지고 가다.
відбігати (-аю, -аєш) *I vi*; відбігти (-іжу, -іжиш) *P vi* 달아나다; 벗어나다.
відбір (-бору) *m* 가져감; 받음 (*e.g.*, 우유, 크림).
відблиск (-ку) *m* 반사.
відбувати (-аю, -аєш) *I vt*: (відбути *P*) 완성하다, 끝내다; 이루다, 성취하다.
відбудов|а (-ви) *f* 부활, 재생.
відбудовувати (-ую, -уєш) *I vt*; відбудувати (-дую, -уєш) *P vt* 재건하다, 복구하다.
відвага (-ги) *f* 용기, 의기.
відваж|ний (-на, -не)* 용기 있는, 용감한, 씩씩한.
відвалити (-алю, -алиш) *P vt*; відвалювати (-люю, -люєш) *I vt* 치우다, 제거하다 (장애물, 짐); -ся *vi* 떨어지다, 고립되다.
відварити (-арю, -ариш) *P vt*; відварювати (-рюю, -рюєш) *I vt* 데우다, 끓이다.

відверну́ти (-ерну́, -е́рнеш) *P vt*; відверта́ти (-а́ю, -а́єш) *I vt* 돌리다.

відве́рт|ий (-та, -те)* 솔직한, 진실한, 터놓은.

відві́д|ач (-ча) *m* 방문자, 손님.

відволіка́ти (-а́ю, -а́єш) *I vt*: (відволокти́ *P*) 연기하다; -ся *I* 연기하다.

відв'яза́ти (-яжу́, -я́жеш) *P vt*; відв'язувати (-ую, -уєш) *I vt* 느슨하게 하다.

відгада́ти (-а́ю, -а́єш) *P vt*; відга́дувати (-ую, -уєш) *I vt* 추측하다.

відгалу́ж|ення *n* 분지; 분리.

відганя́ти (-я́ю, -я́єш) *I vt*: відігна́ти *P* 추적하다.

відгина́ти (-а́ю, -а́єш) *I vt* 뒤로 굽히다.

відгоді́вля (-лі) *f* 살찌움 (소, 돼지).

відгодо́вувати (-ую, -уєш) *I vt*; відгодува́ти (-у́ю, -у́єш) *P vt* 살찌우다 (소, 돼지); 젖을 떼다 (아기).

відго́мін (-мону) *m* 반향, 반사, 반응.

відго́нити (-ню, -ниш) *I vi* 냄새가 나다.

відгороди́ти (-джу́, -ди́ш) *P vt*; відгоро́джувати (-ую, -уєш) *I vt* 구획하다, 분리시키다; -ся *vi* 구획되다, 분리되다.

відгриза́ти (-а́ю, -а́єш) *I vt*; відгри́зти (-зу́, -зе́ш) *P vt* 물어뜯다; *vi* 딱딱거리다, 으르렁거리다.

ві́дгук (-ку) *m* 반향; 응답.

віддава́ти (-даю́, -дає́ш) *I vi*: (відда́ти *P*) 되돌려주다, 반환하다, 보답하다.

відда́вна *adv.* 훨씬 이전에, 옛날에.

віддале́н|ий (-на, -не)* 떨어진, 먼.

ві́ддаль (-лі) *І* 거리, 간격.

відда́ний (-на,-не) 복구된, 돌아온, 인도된.

відда́ність (-ности) *f* 헌신, 충성.

відди́ха́ти (-а́ю, -а́єш) *I vi*; віддихну́ти (-ну́, -не́ш) *P vi*, (віді́тхну́ти *P*) 숨 쉬다.

ві́дділ (-лу) *m* 나눔, 구역, 분리, 격리.

відді́лен|ий (-на, -не) 나누어진, 떨어진.

відділи́ти (-і́лю, -і́лиш) *P vt*; відді́л|ювати (-люю, -люєш), ~я́ти (-я́ю, -я́єш) *I vt* 나누다, 절단하다.

віддя́ч|ити (-чу, -чиш) *P vt*; віддя́чувати (-ую, -уєш) *I vt*; -ся *vi* 감사하는 마음으로 사례하다, 감사하는, 보상하다.

від'ємн|ий (-на, -не)* 부정적인.
відживати (-аю, -аєш) *I vi*: (віджити *P*) 소생하다.
відживити (-ивлю, -ивиш) *P vt*; відживл|ювати (-люю, -люєш), ~яти (-яю, -яєш) *I vt* 되살리다, 회복시키다(생명, 건강); -ся *vi* 부활하다, 회복하다.
відзнака (-ки) *f* 기호, 부호, 표시.
відзначати (-чаю, -аєш) *I vt*; відзначити (-ачу, -ачиш) *P vt* 표시하다; 추적하다; 구별하다; -ся *vi* 저명해지다, 뛰어나다.
відкараскатися (-каюся, -аєшся) *P vi Colloq.* 제거하다.
відкидати (-аю, -аєш) *I vt*: (відкинути *P*) 포기하다, 거절하다.
відкидний (-на, -не) 거부하는.
відкладати (-даю, -аєш) *I vt* 저축하다.
відклик (-ку) *m.* 장황하게 말하다.
відкликати (-ичу, -ичеш) *P vt*; відкликати (-аю, -аєш) *I* 되부르다.
відколи *adv.* 얼마동안.
відкопати (-аю, -аєш) *P vt*: (відкопувати *I*) 파다.
відкотити (-очу, -отиш) *P vt*; відкочувати (-ую, -уєш) *I vt* 내리다.
відкривати (-аю, -аєш) *I vt*; відкрити (-ию, -иєш) *P vt* 열다, 공개하다.
відкрит|ий (-та, -те)* 열려진.
відкусити (-ушу, -усиш) *P vt*; відкушувати (-шую, -уєш) *I vt* 물다.
відламати (-маю, -аєш) *P vt*; відламувати (-ую, -уєш) *I vt* 깨뜨리다.
відмивати (-аю, -аеш) *I vt*: (відмити *P*) 씻다, 깨끗하게 하다.
відмінюван|ий (-на, -не) 바뀐, 격 변화하는.
відмітити (-мічу, -ітиш) *P vt*; відмічати (-аю, -аєш) *I vt* 저장하다.
відмітний (-на, -не)*. 다른, 구분되는.
відмітник (-ка) *m* 녹음기.
відмов|а (-ви) *f* 거부.
відмовити (-влю, -виш) *P vt*; відмовляти (-яю, -яєш) *I vt* 거부하다.
відносини (-син) *pl* 관계, 환경.

відно́шення *n* 관계.

відо́зва (-ви) *f* 호소, 간청.

відокре́мити (-млю, -миш) *P vt*; відокре́млювати (-люю, -люєш) *I vt* 분리하다.

відо́м|ий (-ма, -ме)* 알고 있는; ~ість (-мости) *f* 지식.

відпа́дати (-даю, -аєш) *I vi*: (відпа́сти *P*) 분리시키다; 나누다.

відпис|а́ти (-пишу́, -и́шеш) *P vt*; відпи́сувати (-ую, -уєш) *I* 글로 답하다.

відпла́та (-ти) *f* 변제.

відплати́ти (-ачу́, -а́тиш) *P vt*; відпла́чувати (-ую, -уєш) *I vt* 변제하다.

ві́дплив (-у) *m* 역류.

відплива́ти (-а́ю, -а́єш) *I vi*; відпливти́, відплисти́ (-ву́, -ве́ш), відплину́ти (-ну́, -не́ш) *P vi* 역류하다.

відповза́ти (-а́ю, -а́єш) *I vi*; відповзти́ (-зу́, -зе́ш) *P vi* 기어서 도망가다.

відповіда́льн|ий (-на, -не)* 책임있는.

відповіда́ти (-а́ю, -а́єш) *I vi*: (відпові́сти *P*) 대답하다.

відпові́дний (-на, -не)* 적합한.

ві́дповідь (-ді) *f* 대답.

відпочива́ти (-а́ю, -а́єш) *I vi*; відпочи́ти (-и́ну, -и́неш) *P vi* 휴식하다.

відпочи́нок (-нку) *m* 휴식, 쉬는 날.

відпра́ва (-ви) *f* 신성한 봉사, 면죄부.

відпра́вити (-влю, -виш) *P vt*; відправля́ти (-я́ю, -я́єш) *I vt* 가게 하다.

відпра́вник (-ка) *m* 발송자.

відпуска́ти (-а́ю, -а́єш) *I vt*: (відпусти́ти *P*) 면죄해주다.

відпу́стка (-ки) *f* = 휴가.

відра́джувати (-ую, -уєш) *I vt*; відра́дити (-джу, -диш) *P vt* 마음을 돌리게 하다.

відра́з|а (-зи) *f* 혐오.

відра́зу *adv.* 갑자기.

відрахува́ння *n.* 할인.

відрізни́ти (-ню́, -ни́ш) *P vt*; відрізня́ти (-я́ю, -я́єш) *I vt* 구분하다.

Відро́дження *n.* 르네상스.

відро́джувати (-ую, -уєш) *I vt*; відроди́ти (-оджу́, -о́диш) *P vt* 재생하다.

відруба́ти (-а́ю, -а́єш) *P vt*: (відру́бувати *I*) 자르다.

відсахну́тися (-ну́ся, -не́шся) *P vi* 퇴각하다.

відсвяткува́ти (-у́ю, -у́єш) *P vt* 축제를 마치다.

відсила́ти (-а́ю, -а́єш) *I vt*: (віді́слати *P*) 급송하다.

відсипа́ти (-а́ю, -а́єш) *I vt*; відси́пати (-плю, -плеш) *P vt* 흐르다.

ві́дсів (-ву) *m*, ~а́ння *n*. 감별하는.

ві́дсіч (-чі) *f* 격퇴하다.

відска́кувати (-ую, -уєш) *I vi*; відско́чити (-чу, -чиш) *P vi* 뛰다, 약속을 어기다.

відсо́ток (-тка) *m* 비율, 율; ~ковий (-ва, -ве)* 흥미 있는.

відстава́ти (-таю́, -аєш) *I vi*: (відста́ти *P*) 뒤에 처지다.

ві́дстань (-ні) *f* 거리.

відстіба́ти (-а́ю, -а́єш) *I vt*; відст|ібну́ти, ~ебну́ти (-ну́, -не́ш) *P vt* 단추를 끄르다.

відсто́|ювати (-ю́ю, -ю́юєш) *I vt*; відстоя́ти (-ою́, -ої́ш) *P vt* 서있다.

ві́дступ (-пу) *m* 퇴각.

відступа́ти (-а́ю, -а́єш) *I vi*; відступи́ти (-уплю́, -у́пиш) *P vi* 퇴각하다.

відсува́ти (-а́ю, -а́єш) *I vt*: (відсу́нути *P*) 치우다.

відсу́тн|ій (-ня, -нє) 부재의, 없는.

відта́вати (-таю́, -аєш) *I vi*: (відта́нути *P*) 녹다.

відта́к *adv.* W.U. 지금부터.

ві́дтвори́ти (-орю́, -ори́ш) *P vt*; відтво́рювати (-рюю, -рюєш) *I vt* 쉬다.

відтепе́р *adv.* 지금부터.

відтина́ти (-а́ю, -а́єш) *I vt*: (відтя́ти *P*) 자르다.

відти́нок (-нку) *m* 조각.

відтіля́ *adv.* 여기서부터.

відті́нок (-н ку) *m* 그늘.

відтоді́ *adv.* 그때부터.

відтяга́ти (-а́ю, -а́єш) *I vt*; відтяг(ну́)ти (-ягну́, -я́гнеш) *P vt* 퇴각하다.

відучи́ти (-учу́, -у́чиш) *P vt*; відучувати (-чую, -уєш) *I vt* 배운 것을 잊게 하다.

відх|и́л (-лу) *m*, ~и́лення *n* 사퇴.

відхили́ти (-илю́, -и́лиш) *P vt*; відхиля́ти (-я́ю, -я́єш) *I vt* 사퇴하다.

відхитну́тися (-ну́ся, -не́шся) *P vi* 되튀다.

відхі́д (-хо́ду) *m* 출발점.

відцвісти́ (-іту́, -теш) *P vi*; відцвіта́ти (-а́ю, -а́єш) *I vi* 꽃피지 않는다.

відцура́тися (-а́юся, -а́єшся) *P vi* 거부하다.

відча́й (-а́ю) *m*: на відча́й Бо́жий (душі́) 위험하다.

відчини́ти (-иню́, -и́ниш) *P vt*; відчиня́ти (-ню́, -не́ш) *I vt* 열다; -ся *vi* 열려있다.

відчува́ти (-а́ю, -а́єш) *I vt*: (відчу́ти *P*) 느끼다.

відчуття́ *n* 감정의.

відшкодо́вувати (-ую, -уєш) *I vt*; відшкодува́ти (-у́ю, -у́єш) *P vt* (кого́; кому́ що): 위험에서 벗어나다.

відшука́ти (-а́ю, -а́єш) *P vt*; відшу́кувати (-кую, -уєш) *I vt* 발견하다.

ві́дьм|а (-ми) *f* 마술사.

ві́жки (-жок) *pl* 고삐.

віз (во́за) *m* 마차.

ві́за (-зи) *f* 비자.

візеру́н|ка (-ки) *f*, -ок (-нку) *m* 비네트, 초상화.

візи́т (-ту) *m* E.U.; -a (-ти) *f* 방문: прийти́ (піти́) з візи́тою (ві́зитом), 방문하다.

візни́к (-на) *m* 운전사.

візува́ти (-ую, -уєш) *I vt* 비자에 도장을 찍다.

війна́ (-ни́) *f* 시민전쟁.

ві́йськ|о (-ка) *n* 무리, 군대.

вік (-ку) 나이, 일생, 세기.

вікно́ (-на́) *n* 창문.

віко́|вий (-ва́, -ве́)*, ~ві́чний (-на, -не)* 나이의, 영원한.

віко́н|ечко (-ка) *n Dim.*: вікно́; ~ний (-нна, -нне) 창문의.

віл (вола́) *m* ox: працюва́ти як —, 소같이 일하다.

ві́лл|а (-лли) *f*, ~я (-ллі) *f* 별장.

вілля́ти (-ллю́, -ллє́ш) *P vt*: (влива́ти *I*) 붓다.

ві́льн|ий (-на, -не)* 자유.

ві́льно *adv.* 자유롭게.
ві́ль|ха (-хи́) *f Bot.* 오리나무속의 식물.
він (його́, йому́, ним, ньо́му, нім) *pron..* (대) 그.
віне́ць (-нця́) *m* 화환, 왕관.
ві́ни|к (-ка́) *m* 비; ~чок (-чка́) *m Dim.* 감광.
ві́но|к (-нка́) = віне́ць; ~чок (-чка́) *m Dim., Bot.*; ~чкува́тий (-та, -те) 화관.
вінча́ти (-а́ю, -а́єш) *I vt* 왕관을 쓰다.
ві́ра (-ри) *f* 믿음, 공경.
віра́ж (-жу́) *m* 항해.
ві́рити (-рю, -риш) *I vi* 믿다.
ві́рн|ий (-на, -не) 공정한, 올바른, 참된.
вірува́ння *n.* 믿음, 신앙.
ві́рчий (-ча, -че) 안부편지.
вірш (-ша́, or -шу́) *m* 자유시.
віршува́ти (-у́ю, -у́єш) *I vt* 시를 짓다.
ві́сім (восьми́ or вісьмо́х) 여덟; ~десят (-ти́, or тьо́х) 팔십.
ві́скі *n indecl.* 위스키.
вісни|к (-ка́) *m*, ~ця (-ці) *f* 메시아, 선구자.
ві́сп|а (-пи) *f Med.* 천연두: щепи́ти ві́спу, 예방접종하다.
ві́стря *n* 모서리, 끝; *Mil.* 창끝, 선봉.
вісь (о́сі) *f* 축.
вісьм|ери́к (-ка́) *m.* 여덟 단체장.
ві́сьта! *interj. W.U.* 경주마.
віта́ль|ний (-на, -не) 인사의; ~ня (-ні) *f* 리셉션.
вітамі́н (-ну) *m*, ~а (-ни) *f* 비타민.
віта́ння *n* 인사.
віта́ти (-а́ю, -а́єш) *I vt:* (привіта́ти *P*) 인사하다.
ві́тер (-тру) *m* 바람.
вітри|ло (-ла) *n* 항해.
вітри́на (-ни) *f.* 유리, 창문.
вітря́ний (-на, -не)* 바람의.
вітчи́зна (-ни) *f* 조국.
ві́тчим (-ма) 계부.
віха́ (-хи́) *f* 이정표.
ві́хола (-ли) *f* 눈보라.
ві́хоть (-хтя́) *m* 밀짚단.
ві́це- *indecl.* 부- : вще-президе́нт,. 부통령
ві́чко́ (-ка́) *n* = о́чко; 옷 사이의 열려진.

вічна́-віч *adv.* 정면으로.
ві́чн|ий (-на, -не)* 영원한.
ві́шати (-аю, -аєш) *I vt* 걸다.
ві́я (вії) *f* 속눈썹.
вія́лка (-ки) *f* 키질기계.
в'їда́тися (-а́юся, -а́єшся) *I vi*: (в'ї́стися *P*) 소비하다, 박해하다.
в'ї́длив|ий (-ва, -ве) 소비하는, 괴롭히는.
в'їжджа́ти (-а́ю, -а́єш) *I vi*: (в'ї́хати *P*) 들어가다.
в'їзд (-ду) *m* (탈 것): 입장.
вкла́дка (-ки) *f* 지불.
вкорі́н|юватися (-нююся, -нюєшся) *I vi*, ~я́тися (-я́юся, -я́єшся) *I vi*: (вкорени́тися *P*) 뿌리 내리다.
вкороти́ти (-рочу́, -ро́тиш) *P vt*; **вкоро́чувати** (-ую, -уєш) *I vt*. 짧게 하다.
вкрай *adv.* 극단적으로.
вку́пі *adv.* 보통, 공통의.
вла́д|а (-ди) *f* 권력, 규칙.
вла́дний (-на, -не)* 지배적인.
вла́сне *adv.* 정확하게.
вла́сн|ий (-на, -не) 자신의.
власти́в|ий (-ва, -ве)* 적절한, 유사한; ~ість (-вости) *f* 적절함.
вліта́ти (-а́ю, -а́єш) *I vi*: (влеті́ти *P*) 날아서 도착하다.
влі́ті *adv.* 여름에.
влу́чн|ий (-на, -не)* 정확한.
вмить *adv.* 얽혀서.
вниз *adv.* 아래에.
вночі́ *adv.* 밤에.
вну́трішній (-ня, -нє). 내부의.
вовк (-ка) *m* 늑대.
вовкува́тий (-та, -те)* 늑대 같은.
во́вчий (-ча, -че) 늑대 같은.
вовч|и́ця (-ці) *f* 암컷늑대.
вого́нь (-гню) *m* 불.
вода́ (-ди́) *f* 물.
водеві́ль (-ля) *m* 보드빌.
во́день (-дню) *m Chem.* 산소.
води́ти (-джу, -диш) *I vt*: (вести́ *P*) 이끌다.

водій (-ія) *m* 가이드.
водний (-на, -не) 물의.
водя|вий (-ва, -ве) 물의.
воєніз|ований (-на, -не)* 군대화된.
воєнний (-нна, -нне) 전쟁의.
вождь (-дя) 지도자, 리더쉽.
возити (вожу, возиш) *I vt*; (повезти *P*) 운반하다.
вокальн|ий (-на, -не)* 단어의.
вокзал (-лу) *m* 기차역.
волейбал (-лу) *m* 배구.
воліти (-ію, -ієш) *I vt* = волити; 1) 방적사, 2) 뜨개질하다.
волог|а (-ги) 습기.
володар (-ря) *m*, ~ка (-ки) *f* 지배자.
володіння *n* 지배.
володіти (-ію, -ієш) *I vi* = володарювати. 소유하다.
волокти (-лочу, -очеш) *I vt* 파다.
волос (-са) *m* 머리카락.
волосин|а (-ни) *f*, ~ка (-ки) *f Dim*.: волос, 가는 머리카락.
волосо|к (-ска) *m*, ~очок (-чка) *m Dim*.: волос, 작은 머리.
волосся *n* Coll. 머리카락, 머리채.
волоц|юга (-ги) *m*. 유랑.
волоч|ити (-лочу, -очиш) *I vt* 써레질 하다.
воля (-лі) *f* 자유, 의지.
вольовий (-ва, -ве)* 의지적인.
вольт (-та) *m* 윤승.
вона (її, їй, нею, ній) *pron* 그녀.
вони (їх, їм, ними, них) *pron* 그들.
воно (його, йому, ним, нім or ньому) *pron* 그것.
ворог (-га) *m* 적.
ворогувати (-ую, -уєш) *I* 적의를 가지다.
ворожість (-жости) *f* 적의.
вор|он (-на) *m*, ~она (-ни) *f* 갈까마귀.
ворон = вороний; ~еня (-яти) *n* 갈까마귀.
ворот|а (-ріт) *pl* 문, 출입.
восени = увосени, *adv*. 가을에.
воскрес|ати (-аю, -аєш) *I vi*: (воскреснути *P*) 소생하다.

воскресити (-ешу́, -еси́ш) *P vt*: (воскреша́ти *I*).
소생시키다.
востанне *adv.* 마지막으로.
во́сьмий (-ма, -ме) 여덟의.
воюва́ти (воюю́, воює́ш) *I vi* 전쟁하다.
во|я́к (-ка) *m* 군인.
впере́д *adv.* 이전의.
вплив (-ву) *m* 영향력.
вплива́ти (-а́ю, -а́єш) *I vi*; впли́нути (-ну, -неш) *P vi* 영향을 주다.
впливо́в|ий (-ва, -ве)* 영향을 주는; ~ість (-вости) *f* 영향.
впра́ва (-ви) *f* 연습: фізи́чні впра́ви, 연습.
впра́вити (-влю, -виш) *P vt*; вправля́ти (-я́ю, -я́єш) *I vt* 연습하다.
впра́вний (-на, -не)* 훈련된.
враж|е́ння *n*, ~і́ння *n*. 감정, 느낌.
всили́ти (всилю́, всили́ш) *P vt*; вси́л|ювати (-юю, -юєш), ~я́ти (-я́ю, -я́єш) *I vt* 제안하다.
вступ (-пу) *m*. 도입, 입장.
вступа́ти (-а́ю, -а́єш) *I vi*; вступи́ти (-плю́, -пиш) *P* 들어가다.
вступни́й (-на́, -не́) 도입.
втор|а́ (-ри́) *f* 반복된.
вуа́ль (-лю) *m* 베일.
ВУАН (-Ну) *m Abbr.*: Всеукраї́нська Акаде́мія Нау́к,. 우크라이나 과학원.
ву́гіль (-голя) *m*. 석탄.
вуг|о́р (-гра́) *m Ich.* 뱀장어; *Med* 여드름.
вуди́ла (-ди́л) *pl.* 작은 조각.
вуди́ти (-джу, -диш) *I vt* 고기를 잡다.
вуж (-жа́) *m*. 뱀.
вузд|а́ (-ди́); ~е́чка (-ки) *f Dim.* 굴레, 속박.
вузе́(се)нький (-ка,-ке)* *Dim.*: вузьки́й,. 좁은.
ву́лик (-ка) *m*. 벌집.
ву́лиця (-ці) *f* 거리.
вулка́н (-на) *m* 화산; В~ (-на) *m PN Myth.* 불카누스.
вульга́н|ий (-на, -не) 일반적인.
ву́хо (-ха) 귀.
ву́ш|ко (-ка) *n Dim.*: ву́хо, 작은 귀.

вхід (входу) *m* 출입, 입장.
входити (-джу, -диш) *I vi*: (ввійти́ *P*) 들어가다, 입장하다.
в'юн (-на́) *m* Zool. 강.
в'яза́ти (в'яжу́, в'я́жеш) *I vt* 묶다.
в'я́зень (-зня) *m* 감옥수.
в'я́з|**и** (-зів) *pl* 목뼈.

Г

Г, г (우크라이나어에서 "h"로 발음되는 네 번째 철자).
га? *Colloq.* 무엇?
гавань (-ні) *f* 부두.
гавкати (-каю, -аєш) *I vt, i;* **гавкнути** (-ну, -неш) *P vt, i* 짖다.
гад (-да) *m* 뱀.
гад|аний (-на, -не) 가정하는.
гадати (-даю, -аєш) *I vi* 생각하다.
гадка (-ки) *f* 생각, 사고.
гадю|ка (-ки) *f* = гадина: — тарахкавка, 방울뱀, 배반자.
газ (-зу) *m* 가스.
газет|а (-ти) *f* 신문.
газ|овий (-ва. -ве) 가스의.
гай (гаю) *m* 나무.
гай! *interj.* 이봐.
гайворон (-на) *m Orn.* 따까마귀.
гайда! *Interj* 앞으로 가!
гайка (-ки) *f dial.* 연기, 미룸.
гайнувати (-ую, -уєш) *I vt dial.* 버리다.
гак (-ка) 호크, 문고리.
галас (-су) *m.* 소음.
галас|ливий (-ва, -ве)* 소란스러운.

га́л|ка (-ки) *f Orn.* 까마귀.
га́лузь (-зі) *f*: га́лузі нау́ки (у́ряду) 학문의 부류.
галу́ш|ка (-ки) *f* 작은공.
га́лька (-ки) *f* 조약돌.
га́льм|а (-ми) *f* 제동기, 제약.
гальмува́ти (-у́ю, -у́єш) *I vt* 제동을 걸다.
гам (-му) *m* 소음.
га́ма (-ми) *f Mus.* 장음계.
гама́к (-ка) *m.* 해먹.
га́мір (-мору) *m.* 소음.
гаму́в|ати (-у́ю, -у́єш) *I* 멈추다.
ганебн|и́й (-на, -не)* 부끄러운.
га́нити (-ню, -ниш) *I vt* 욕하다, 비난하다.
ганчі́р|ка (-ки) *f* 넝마.
ганя́ти (-я́ю, -я́єш) *I vi.* 운전하다.
ганьба́ (-би́) *f* 부끄러운.
гапли́к (-ка) *m* 작은 호크.
гаптува́ти (-у́ю, -у́єш) *I vt* 자수를 놓다.
гара́зд *adv.* 매우.
гарбу́з (-за́) *m Bot.* 호박.
гарма́та (-ти) *f* 대포.
гармоні́йний (-на, -не)* 조화로운.
га́рний (-на, -не)* 아름다운, 사랑스러운.
га́рно *adv.* 좋은, 훌륭한.
гарт (-ту) *m.* 경향, 에너지.
гартува́ти (-у́ю, -у́єш) *I vt* 진정시키다.
гарча́ти (-чу́, -чи́ш) *I vi* 우르렁대다.
гаряче́ *adv.* 뜨겁게.
гаря́чий (-ча, -че) 뜨거운.
гаря́чк|а (-ки) 열정적인 사람.
гас (-су) *m* 가솔린.
гаса́ти (-са́ю, -а́єш) *I vi.* 뛰놀다.
гаси́ти (гашу́, га́сиш) *I vt.* 불을 끄다.
га́сл|о (-ла) *n* 기호, 패스워드.
га́снути (-ну, -неш) *I vi* 진화하다.
га́снути (-ну, -неш) *P vi.* 불길을 잡다.
га́совий (-ва, -ве) 가스의.
гастроно́м (-ма) *m* 가스트로놈.
га́яти (га́ю, га́єш) *I vt* 연기하다.
гвіздо́к (-дка́) *m* 작은 손톱.
гво́здик (-ка) *m Bot.* 분홍 연꽃.

гегемо́нія (-ії) *f.* 헤게모니.
гей! *Interj* 헤이!
гекта́р (-ра) *m* 헥타르.
ге́лій (-ію) *m Chem.* 헬륨.
гелікоптер (-ра) *m.* 헬리콥터.
ге́мб|ель (-ля) *m* (German) = руба́нок, дапе́.
гемогльобі́н (-ну) *m* 헤모글로빈.
геморо́|й (-о́ю) *m Med.* 치질.
генеало́г|ія (-ії) *f* 가계도, 혈통.
гене́за (-зи) *f.* 진짜, 참.
генет|ика (-ки) *f Med.* 유전학.
геогр|аф (-фа) *m* 지리학.
гео́л|ог (-га) *m* 지질학자.
герма́нський (-на, -ке) 독일사람.
герої|зм (-му) *m.* 용감, 영웅주의.
геть! *adv.* 밖으로!
гидки́й (-ка́, -ке́) 불유쾌한.
гидли́в|ий (-ва, -ве)* = гидки́й;. 거부의.
гидув|а́ти (-у́ю, -у́єш) *I vi* = ги́дити; ~а́ння *n* 거부하는 마음.
ги́кати (-аю, -аєш) *I vi*; гикну́ти (-ну, -не́ш) *P vi* 말을 더듬다.
ги́нути (-ну, -неш) *I vi* 죽다, 쇠망하다.
ги́рло (-ла) *n* 강 어구.
гир|я (-рі) *m* 짧은 머리 사람.
гібри́д (-ду) *f.* 혼혈아.
гіга́нт (-та) *m* ; ~ів (-това, -ве) 거인.
гігіє́н|а (-ни) *f* ~і́чний (-на, -не)* 보건상의.
гід (ґо́ду) *m* = год, рік; — від ґо́ду, ден.
гі́дн|ий (-на, -не)* 가치 있는.
гі́дро|гра́фія (-ії) *f* 바다에 대한 지식.
гі́льз|а (-зи) *f* 꼬투리.
гімна́з|ія (-ії) *f* 체육.
гі́пер *prefix* hyper- 위에, 초과하여.
гіпн|о́за (-зи) *f* 가정.
гіпо́теза (-зи) *f* 가설.
гірки́й (-ка́, -ке́) 쓴, 슬픈.
гірк|о *adv.* 쓰게.
гі́ршати (-аю, -аєш) *I vi* 더 나빠지다.
гі́рш|е *adv. Comp.*: пога́но, 더 나쁜.
гіршити (-шу́, -шиш) *I* 나쁘게 만들다.

гість (го́стя) *m* 손님.
гіта́р|а (-и) *f.* 기타.
гла́дити (-джу, -диш) *I* 부드럽게 하다.
гладк|и́й (-а́, -е́)* 부드러운.
гле́|к (-ка) *m* 싸우다.
глиб (-бу) *m*, ~и́на (-ни́) *f*, ~иня́ (-ні́) *f*, ~і́нь (-би́ні) 깊이.
глибш|а́ти (-а́ю, -а́єш) *I vi* 깊게 되다.
гли́н|а (-ни) *f* 점토.
гли́н|яний (-на, -не)* 점토로 만든.
глист (-та́) *m*, ~а́ (-ти́) *f*, ~ю́к (-ка́) *m* 땅속에 사는 벌레.
гло́бус (-са) *m* 공, 구.
глузд (-ду) *m* 센스, 지식.
глум|и́ти (-млю́, -миш) *I vt Archaic.* 파괴하다.
глух|и́й (-а́, -е́) 귀머거리.
глух|ну́ти (-ну, -неш) *I vi* 귀머거리가 되다.
гляді́ти (-джу, -диш) *I vi*; гля́нути (-ну, -неш) *P vi* 보다.
гна́ти (жену́, жене́ш) *I vt* 운전하다.
гни́сти, гни́ти (гнию́, гніє́ш) *I vi* 쇠퇴시키다.
гниття́ *n* 붕괴, 부패.
гнів (-ву) *m.* 화, 열기.
гні́вати (-аю, -аєш) *I vt,* 화나게 하다.
гнів|и́ти (-влю́, -виш) = гні́вати; ~ли́вий (-ва, -ве)* 화.
гнізд|о́ (-да́) *n* 안식처.
гніт (-ту) *m* 압력.
гніт|и́ти (-і́чу, -і́тиш) *I vt* 압축하다.
гну́ти (гну, гне́ш) *I vt* 구부리다.
гов|і́р (-вору) *m.* 얘기, 말.
говор|и́ти (-орю́, -ори́ш) *I vi*: (сказа́ти *P*) 말하다.
годи́н|а (-ни) *f* 시간.
годи́н|ник (-ка) *m.* 시계.
годи́ти (годжу́, годи́ш) *I vt.* 기쁘게 하다.
годи́тися (-джу́ся, -ишся) *I vi* 좋게 하다.
годі́вля (-лі) *f* 영양, 음식.
годува́ти (-у́ю, -у́єш) *I vi* 먹이다, 살찌게 하다.
го́їти (го́ю, го́їш) *I vt* 치료하다.
гойда́ти (-а́ю, -а́єш) *I vt* 흔들리게 하다.
го́лий (-ла, -ле)* 벗은.

голи́ти (-лю́, -лиш) *I vt* 면도하다.
голова́ (-ви́) *f* 머리, 지능.
головнокома́ндувач (-ча) *m* 지도자.
голову́в|а́ти (-у́ю, -у́єш) *I vi.* 머리를 쓰다.
го́лод (-ду) 기근, 흉작.
голо́дний (-на, -не)* 배고픈.
го́лос (-су) 목소리, 톤.
голоси́ти (-лошу́, -о́сиш) *I vi,* 크게 말하다.
голосн|и́й (-на́, -не́) 큰, 유명한.
го́лосно *adv* 크게, 시끄럽게.
голосува́ти (-у́ю, -у́єш) *I vi* 투표하다.
го́луб (-ба) *m* 비둘기.
голу́б|ити (-блю, -биш) *I vt* 귀여워하다.
голу́б|ка (-ки) *f* 비둘기, 애인.
гомі́лк|а (-ки) *f Anat.* 경골; ~овий (-ва, -ве) 다리가 긴.
го́мін (-мону) 소리, 소음.
гомон|і́ти (-ню́, -ни́ш) *I vi,* 소리 내다, 시끄럽게 하다.
гоне́ць (гінця́) *m* 메신저, 달리는 사람.
гони́т|ва (-ви) *f* 추적.
го́нор (-ру) *m.* 존경, 신용.
гоп|а́к (-ка́) *m* 춤.
гора́ (-ри́) 산, 언덕.
горб (-ба́) *m* 언덕.
го́рдий (-да, -де)*. 자랑스러운.
горд|и́ти (-джу́, -ди́ш) *I vi* = гордува́ти, 꾸짖다, 나무라다.
го́рд|ість (-дости) *f* = горди́ня; ~ови́на (-ни) *f Bot.* ~ова́тий (-та, -те)* 자부심.
гордува́ти (-у́ю, -у́єш) *I* 꾸짖다.
го́ре (-ря) *n* 슬픔.
горизо́нт (-ту) *m* 수평선.
гори́стий (-та, -те)* 산의, 언덕의.
горі́лий (-ла, -ле) 불에 탄.
горі́лиць *adv.* 뒤로 누워서.
горі́л|ка (-ки) *f.* 위스키.
горі́ння *n* 불에 탐.
горі́ти (-рю́, -ри́ш) *I* 태우다.
горі́шній (-ня, -нє). 위의, 뛰어난.
го́рл|о (-ла) *n* 목구멍.

гормо́н (-на) *m.* 호르몬.
го́род (-ду) *m.* 마을, 도시.
го́род (-ду) *m W.U.* 부엌-정원.
городи́ти (-роджу́, -о́диш) *I* 담을 쌓다.
горо́х (-ху) *m* ; *Coll.* 완두콩.
горо́ш|ина (-ни) *f* ~инка (-ки) *f Dim.*: горох, 작은 완두콩.
горт|а́нка (-ки) *f,* ~а́нь (-а́ні) *f* 목, 인후.
горщ|ик (-ка) *m,* ~о́к (-шка) 항아리, 주전자.
горю́ч|ий (-ча, -че)* 타기 쉬운, 불나는.
гости́нець (-нця) *m.* 선물.
гости́н|ний (-нна, -нне)* 호의적인.
го́стр|ий (-ра, -ре)* 날카로운, 모난.
гостр|и́ти (-рю́, -ри́ш) *I* 날카롭게 된, 모난.
гостюв|а́ти (-тю́ю, -ю́єш) *I vi* 손님이 되다.
го́стя (-ті) *f* 손님, 방문자.
готе́ль (-лю) *m* 여관.
готі́вка (-ки) *f* 현금.
гото́в, гото́в|ий (-ва, -ве)* 준비.
гото́в|ити (-влю, -виш) *I vt.* 준비하다.
гра (гри) *f* 놀이, 게임.
грабі́ж (-бежу́) *m* 약탈.
град (-ду) *m* 싸락눈, 우박.
гра́дус (-су) 등급.
гра́ль|ний (-на, -не): -ні карти, 카지노.
грам (-ма) *m* 그램.
гра́мот|а (-ти) *f* 읽기와 쓰기.
гран|и́чити (-чу, -чиш) *I vi* 경계를 짓다.
гра́нка (-ки) *f* 구석, 모서리.
гра́ти (-а́ю, -а́єш) *I vi,* 놀이하다, 경기하다.
граф|і́чний (-на, -не)* 그래픽.
гриб (-ба́) *m* 버섯.
грима́ти (-а́ю, -а́єш) *I vi* 때리다.
грім (гро́му) *m.* 번개.
грі́ти (-і́ю, -і́єш) *I vt* 뜨겁게 하다.
гріх (-ха́) *m* 죄, 잘못.
гріши́ти (-шу́, -ши́ш) *I vi* 죄를 짓다.
гром|а́да (-ди) *f* 군중, 사람들.
громад|я́нин (-йна) *m,* ~я́нка (-ки) *f* 시민, 사회 구성원.
гро́ші (-шей) *pl* 돈, 동전.

грош|овий (-ва, -ве) 돈의.
груб|ий (-ба, -бе)* 단단한, 큰.
грудень (-дня) *m* 12월.
грудь (-ді) *f* 가슴.
груп|а (-пи) *f* 그룹; ~овод (-да) *m* 그룹.
губ|а (-би) *f* 입, 입술.
губити (-блю, -биш) *I* 잃게 하다.
гуд|ити (-джу, -диш) *I vt* 비난하다.
гул|яти (-яю, -яєш) *I vi*: 결혼 생활을 하다.

Ґ

Ґ, ґ ("get"에서의 "g"로 발음 나는 우크라이나어의 다섯 번째 철자).

ґардина (-ни) *f* 커튼.
ґвалт! *interj.* 도와주세요!
ґвалт (-ту) *m* 힘, 권력.
ґявур (-ра) *m* 1.불신자, 이단자, 2.기초.
ґрунтознав|ець (-оця) *m* 지질학자.
ґрунтувати (-тую, -уєш) *I vt* 기초화하다, 구조를 짓다
ґуано (-на) *n* 4분의 1, 쿼터.
ґуверн|антка (-ки) *f* 여성 가정교사.
ґудз (-дза) *m* = **ґудзь** (-дзя) *m* 매듭, 매는 끈.
ґулати (-аю, -аєш) *I vi dial.* 위치에 있게 된다.
ґулий (-ла, -ле) 뿔없는.
ґуля (-лі) *f* 덩어리.
ґум|а (-ми) *f* 고무질, 고무.
ґумовий (-ва, -ве) 마찰의.
ґуст (-ту) *m* 맛, 풍미.
ґуталін (-ну) *m* 구두약.
ґявур (-ра) *m* 불신자.

Д

Д, д, (우크라이나어 철자의 여섯 번째 철자, 영어 "dark"의 "d").
д' *prep.*(여격과 함께 사용) –에게: біжи́ д'ма́тері, 어머니에게 달려갔다.
да *conj.* = та. 그러나.
да́ва (-ви) *f Med. dial.* 위막성 후두염.
дав|а́лець (-льця) *m* 증여자, 기증자.
да́ваний (-на. -не) 주어진.
да́ванка (-ки) *f* 부분, 일부분.
дава́ти (даю́, дає́ш) *I vt*: (да́ти *P*) 주다, 부여하다, 허락하다.
дава́|ч (-ча́), ~е́ць (-вця́) *m* 기증자, 증여자.
Дави́д (-да) *m PN* 데이비드.
дави́л|о (-ла) *n* 압박, 압력.
дави́ти (-влю́, -виш) *I vt*: (давну́ти *P*) 압박하다, 압력을 넣다.
да́вка (-ки) *f* (Russian): 무리, 압력, 군중.
давлю́чий (-ча, -че) 음식을 삼키기 어려운.
давне́|зний (-на, -не)*, ~нний (-нна, -нне)* 아주 오래된, 고대의.
давни́м-давно́ *adv.* 아주 오래 전에, 고대에.
давнина́ (-ини́) *f* 고대.
да́вн|ій (-ня, -не) 이전의, 오래 전의, 고대의.
давну́ти (-ну́, -не́ш) *P vt*: (дави́ти *I*) (갑자기) 놀

даву́чий (-ча, -че)* 거친, 난폭한.
дак *conj. dial.* 그러나, 확실하게, 잘.
да́ктиль (-ля) *m Bot.* 날짜.
далебі́, ~г *adv.* 정말로, 실제로.
дале́зний (-на, -не)* *Augm.* 먼, 아주 멀리 떨어진.
дале́кий (-ка, -ке)* 먼, 떨어진.
дале́шній (-ня, -нє)* 먼 거리에서.
да́ма (-ми) *f* 숙녀, (카드의) 퀸.
да́мський (-ка, -ке) 숙녀의.
да́ний (-на, -не) 주어진.
дани́на (-нини) *f* 감사, 증여물.
Да́нія (-ії) *f NP* 덴마크.
да́нка (-ки) *f* 덴마크 여성.
да́н|ка (-ки) *f* 기부, 증정.
да́ння *n* 기부, 증정.
дар (-ру) *m*, ~а (-ри) *f* 선물, 증정물.
даре́м|ний (-на. -не) 쓸모없는, 헛된.
дармува́ння *n* 쓸모없음, 시간 소비.
дармува́ти (-у́ю, -у́єш) *I vi* 쓸모없이 되다.
дарува́ння *n* 수여, 증정.
дарува́ти (-у́ю, -у́єш) *I vt* 수여하다, 부여하다.
дару́нок (-нка) *m* 선물, 수여.
да́та (-ти) *f* 데이터, 자료.
да́тель (-ля) *m* 수여자, 부여자.
дато́ваний (-на, -не) 날자 매겨진.
датува́ння *n* 날자 부여하는 행위.
датува́ти (-у́ю, -у́єш) *I vt* 날짜를 부여하다.
дах (-ху) *m* 지붕.
даш|и́ти (-шу, -шиш) *I vt* 지붕으로 덮다.
дбайли́в|ий (-ва, -нє)* 조심스러운.
дба́ння *n* 조심스러움, 주의.
дба́ти (-а́ю, -а́єш) *I vt* 조심하다, 숨기다.
два (двох, двом, двома) *num.* 숫자 2.
двадця́тero (-рох) *num. Coll.* 숫자 20.
дванадця́|теро (-рох) *num. Coll.* 숫자.
две́рі (-рей) *pl* 문, 대문.
дверн|и́к (-ка́) *m* 문지기.
двиг (-гу) *m* 지레, 레버.
дви́гати (-аю, -аєш) *I vt*: (дви́гнути P) *vt* 무게를 지탕하다, 옮기다.

двиѓну́ти (-ну́, -не́ш), ~ону́ти (-ну́, -не́ш) *P vt*: (двигати *I*); ~оті́ти (-очу́, -отиш), ~ті́ти (-гчу́, -тти́ш) *I vi* 흔들다, 움직이다.

движа́ти (-жу́, -жи́ш) = двигті́ти; ~ення *n* 움직임, 이동.

двину́ти (-ну, -неш) *P vi, t* = двигнути; 앞으로 던지다.

дві (двох, двом, двома́) 두 사람, 두 마리, 두 개

двір (двору or двора́) *m* 법정

дві́|сті (двох сот, двом стам, двома́ ста́ми) *num.* 2백.

дво- *prefix.* 둘, 이중의: -а́ктовий (-ва, -ве) 두 행위의

дво|годи́нний (-нна, -нне) 두 시간의

двоє|ві́р'я *n* 두 가지 믿음

дво|є́м *adv.* = вдво́є, 두 번의.

двозна́чн|ий (-на, -не)* 모호한, 불분명한.

двозу́бий (-ба, -бе) 두 가지 관점의.

дво|їна́ (-ни́) *f* 이중.

двої́ти (двою́, двої́ш) *I vt* 이중으로 하다.

двокі́н|ка (-ки) *f* 두 마리 말이 끄는 마차.

двокінча́стий (-та, -те)* 두 관점의.

двокі́нь *adv.* 두 마리 말에 의해.

двор|яни́н (-ина) *m* 신사, 정중한 사람, 귀인.

дво|фа́зний (-на, -не) 이중 인격의.

двояк (-ка́) m 쌍둥이 중 하나.

де *adv.* 어디로.

деба́т|а (-ти) *f* 전투, 싸움: деба́ти (-тів) *pl* 논쟁, 의논.

дебатува́ти (-у́ю, -у́єш) *I vt* 논쟁하다, 싸우다.

дебю́т (-ту) *m* 데뷰, 첫 등장.

дев'ятдес|я́т (-ти or -тьох) *num.* 숫자 90; ~я́теро, 90가지 종류의 (사람).; ~я́тий (-та, -те) 90번째의.

дев'я́теро (-рох) *num. Coll.* 9 종류.

де́в'ят|ий (-та, -те) 9번째.

де́в'ять (-тьох, or -ти) *num.* 숫자 9.

дегенера́|т (-та) *m* 퇴보, 타락.

дегенерува́ти (-у́ю, -у́єш) *I vt* 타락시키다; -ся *I vi* 타락하다.

деград|а́ція (-ії) *f* 좌천, 파면.

дедалі ... тим. *adv.* -할수록 더욱 -하다.
де́-де, *adv.* 여기저기.
дедика́ція (-ії) *f* 바침, 헌신.
деду́кція (-ії) *f* 공제, 삭감.
дежу́р|ити (-рю, -риш) *I vi* 의무를 다하다.
дезабільє́ *n indecl.* 옷을 입지 않은.
дезаванта́ж (-жу) *m* 손실, 상처.
дезавува́ти (-ую, -у́єш) = **дезавуюва́ти** (-уюю, -уює ш) *I vt* 부인하다.
дезерти́р (-ра) *m* 불모지.
дезидера́т (-ту) *m* 몹시 아쉬운 것, 절실한 요구.
дезинтегра́ція (-ії) *f* 분해, 붕괴, 분열.
дезинфе́к|тор (-ра) *m* 살균(소독)제; **~тува́ти** (-у́ю, -у́єш) *I vt* 살균하다.
дезинфіко́ваний (-на, -не)* 살균된.
дезорієнта́ція (-ії) *f* 혼란스러움, 방향을 잃음.
дезорієнтува́ти (-у́ю, -у́єш) *I vt* 혼란스러워하다.
деі́нде *adv.* 다른 경우에, 다른 장소에서.
деі́зм (-му) *m* 자연신교.
де́йкати (-аю, -аєш) *I vi* 아무데나 이야기하다, 여기저기서 이야기하다.
де́ка (-ки) *f* 배의 갑판, 카드의 덱.
декабри́ст (-та) *m* 데카브리스트, 12월 혁명 당원.
декаго́н (-на) *m* 10각형.
декагра́м (-ма) *m* 데카그램.
дека́да (-ди) *f* 10개가 한 벌로 된 것, 10권.
декада́|нс (-су) *m*, **~енція** (-ії) *f* 타락, 퇴폐.
де́кель (ля) *m* 덮개.
де́кілька (-кох) *pron.* 적은, 조금, 몇몇의.
деклі́на́ція (-ії) *f Gram.* 어형변화, 격변화, 굴절.
деклярати́вний (-на, -не) 선언의, 진술적인.
деко́кт (-ту) *m* 달임, 달인 즙.
де́кол|и *adv.* 때때로, 언제나, 가끔.
декорати́вний (-на, -не)* 장식의, 장식적인.
деко́рум (-му) *m* 단정, 예의 바름.
деко́трий (-ра, -ре) 누군가.
декре́т (-ту) *m* 1. 법령, 2. 판결.
де́куди *adv.* 어디선가, 어딘가.
делега́т (-та) *m* 대표, 사절.
делікате́си (-сів) *pl* 단음식, 케이크.
делікатний (-на, -не)* 섬세한, 우아한.

де́льта (-ти) *f* 델타.
дельфі́н (-на) *m Zool.* 돌고래.
демаго́г (-га) *m* 선동정치가, 민중정치가.
демаско́ваний (-на, -не) 가면이 벗겨진, 탈로난.
дементува́ти (-у́ю, -у́єш) *I vt* 부정하다, 부인하다.
демену́ти (-ну́, -не́ш) *P vt* 때리다, 두드리다.
деміляриза́ція (-ії) *f* 비무장화.
демі́нутив (-ва) *m Gram.* 지소어, 지소접미사.
Демко́ (-ка́) *m PN Dim.*: Дем'я́н, 데미안.
демки́ (-кі́в) *pl* 소파의 옆.
демобіліза́ція (-ії) *f* 군사동원 해제, 제대.
демогра́фія (-ії) *f* 인구통계학.
демокра́т (-та) *m* 민주주의.
де́мон (-на) *m* 악마.
демонстра́нт (-та) *m*, ~а́нтка (-ки) *f* 민주주의자.
демонтува́ти (-у́ю, -у́єш) *I vt* 나누다.
деморалізація (-ії) *f* 민주주의화.
де́мос (-су) *m* 민중.
дена́т (-та) *m* 자살하는 사람.
денатуралізація (-ії) *f* 성질이 바뀜; -ува́ти (-у́ю, -у́єш) *I vt* 성질을 바꾸다.
денатурува́ти (-ру́ю, -у́єш) *I vt* 변성시키다.
денаціоналіза́ція (-ії) *f* 변성.
де́нді *m indecl.* 멋쟁이 남자.
дене́будь *adv.* 어쨌던.
де-не-де́ *adv.* 여기저기서, 언제든지.
дене́котрий (-ра, -ре) 이것 저것.
деноміна́ція (-ії) *f* 명명, 명칭.
денти́н (-ну) *m* (이의) 상아질.
денти́ст (-та) *m W.U.* = данти́ст, 치과의사.
день (дня) *m* 날, 낮.
день-де́нички *adv. Dim.*: 매일.
деньо́к (-нька́) *m Dim.*: день, 화창한 날.
департа́мент (-ту) *m* 아파트, 구역.
депо́ (-па́) *n* 저장소, 창고.
депози́т (-ту) *m* 침전, 퇴적.
депонува́ти (-у́ю, -у́єш) *I vt* 침전시키다, 내려놓다.
депре́сивний (-на, -не)* 우울한.
де́рб|а (-би) *f* 잔디, 잔디밭.

деревеніти (-íю, -íєш) *I vi* 목화하다.
деревјина (-ни) *f* 식물 섬유조직.
деревня (-ні) *f* = деревля, 나무숲.
дерево (-ва) *n* 나무, 목재.
деревце (-ця) *n Dim.*: дерево, 작은 나무, 크리스마스 트리.
деревчатий (-та, -те)* 목재의, 나무의.
дерев'яка (-ки) *f Augm.*: дерево, 나무조각.
дерев'яний (-на, -не) 나무의, 목재의.
дерезіка, ~онька (-ки) *f Dim.*: дереза; **~юк** (-ка́) *m* 중요한 사람(VIP).
дерен (-рну) *m* 잔디.
дерець (-рця) *m* 이가 굵은 줄.
державаа (-ви) *f dial.* 안정, 굳음, 견고.
держава (-ви) *f* 나라, 제국, 힘, 권력.
держати (-жу́, -жиш) *I vt* 잡다, 유지하다, 원조하다.
держкий (-ка́, -ке́) 접착성의.
дерзкий (-ка́, -ке́) 난폭한, 가혹한.
дериват (-ту) *m* 파생적인.
деркий (-ка́, -ке́) 거칠거칠한, 껄껄한.
дерник (-ка́) *m*, **~ина** (-ини) *f* 잔디, 잔디밭의 부분.
дерінути, ~онути (-ну́, -не́ш) *P vt* 움켜쥐다, 강탈하다.
дерти (деру́, дере́ш) *I vt* 찢다, 째다.
десерт (-ту) *m* 디저트.
десигнація (-ії) *f* 1. 지정, 2. 임명.
дескриптивний (-на, -не)* 기술적인, 설명적인.
дессу *indecl.* 여자의 속옷.
дестиліювання *n* 증류하는 행위; **~ювати** (-лю́ю, -лю́єш) *I vt* 증류시키다.
деструіктивний (-на, -не)* 파괴적인.
десцендіент (-та) *m* 자손, 후예.
десятий (-та, -те) 10의, 열 번째의.
десяткіа (-ки) *f* 10, 열.
десятний (-на, -не) 십진법의, 소수의.
десятіок (-тка́) *m* 10조각.
десять (-ти́ or -тьо́х) *num.* 10, 열.
десь *adv.* 아마도, 아마.
деталь (-лю) *m* 세부목록, 작은 목록.

детекти́в (-ва) *m* 탐정, 형사; **-ний** (-на, -не) 탐정의, 형사의.
дете́ктор (-ра) *m* 탐지자, 검파기.
детермі́ні́зм (-му) *m* 결정론.
детон|а́тор (-ра) *m* 뇌관, 폭발신관.
детри́т (-ту) *m* 암설, 파편.
дефека́ція (-ії) *f* 순화, 깨끗하게 됨.
дефе́кт (-ту) *m* 결점, 결함, 약점.
дефензи́ва (-ви) *f* 방어적인, 수비의.
дефініти́вний (-на, -не)* 한정적인, 정의적인.
дефіні́|ція (-ії) *f* 정의, 한정; **-юва́ти** (-і́юю, -і́юєш) *I vt* 결정하다, 분류하다.
дефі́с (-са) *m* 작은 분류 줄.
дефля́ція (-ії) *f* 공기를 뺌, 가스 방출.
дефравд|а́ція (-ії) *f* 횡령, 착복.
де́хто (де́кого, -кому, -ким, -кому 또는 -кім) 누군가.
децентралізу|а́ція (-ії) *f* 분산, 집중 배제.
деци|гра́м (-ма) *m* 데시그램.
децимува́ти (-ую, -у́єш) *I vt* 1. 10명에 한사람을 뽑아 죽이다, 2. 많은 사람을 죽이다.
де́чий (-ия, -иє) 누군가의.
дешеве́|нький (-ка, -ке)* *Dim.*: деше́вий, 매우 값이 싼.
дешев|и́й (-ва, -ве) 값이 싼.
дешеві́ти (-і́ю, -і́єш) *I vi* 싸게 하다.
де́ш|ево *adv.* 값이 싸게.
дешифр|о́ваний (-на, -не)* 번역된, 판독된.
де́щиця (-ці) *f* 작은 문제.
де́що (де́чого, -чому, -чим, -чім or -чому) 무엇, 어떤 것.
де́як *adv.* 어떻게 든.
де́який (-ка, -ке) 누군가.
джвя́кати (-аю, -аєш) *I vt*; **джвя́кнути** (-ну, -неш) *P vt* 강하게 때리다.
джез (-зу) *m* 재즈; **~бе́нд** (-ду) *m* 재즈 밴드.
дже́нтльмен (-на) *m* 신사, 정중한 사람.
дже́рга (-ти) *f dial.* 쿠션의 한 종류.
джерґ|а́ти (-а́ю, -а́єш) *I vi, t* 재잘거리다.
джерел|о́ (-ла́) *n* 원천, 샘, 근본.
джере́льце (-ця) *n Dim.*: джерело́, 작은 샘.

дже́ря (-рі) *m* 술고래.
джет (-ту) *m* 분사, 분출.
джиґа́вка (-ки) *f* 말파리.
джипі́т (-та) *m* 기수.
джинджу|ли́ти (-лю́, -ли́ш) *I vt* 깨끗하게 하다, 정리하다.
джирча́ти (-чу́, -чи́ш) *I vi* 귀에 거슬리는 소리를 내다.
джіґоло (-ла) *m* 1. 기둥서방, 2. 직업 댄서.
джу́нґлі (-ів) *pl* 정글.
дзвен|і́ти (-ню́, -ни́ш) *I vi* 소리가 나다, 벨이 울리다.
дзви́знути (-ну, -неш) *P vi*; **дзвізча́ти** (-чу́, -чи́ш) *I vi* 윙윙거리다, 기계소음이 나다.
дзвін (дзво́на) *m* 벨; — (дзво́ну) *m* 벨소리.
дзві́н|ний (-нна, -нне) 벨의.
дзвони́ти (-ню́, -ни́ш) *I vi* 소리가 나다.
дзвоні́ння *n* 울리는 벨소리.
дзво́н|ний (-ниа, -нне), ~**овий** (-ва, -ве) 벨소리의.
дзвоня́к (-ка) *m* 바퀴, 테.
дзвя́кати (-аю, -аєш) *I vi*; **дзвя́кнути** (-ну, -неш) *P vi* 쇠 소리를 내다.
дзер (-ру) *m*, -**а** (-ри) *f dial.* 유장.
дзерк|а́ло (-ла) *n* 거울, 스펙트럼; -**а́льний** (-на, -не) 거울의.
дзі́бнути (-ну, -неш) *P vt* 때리다.
дзи́ґати (-аю, -аєш) *I vi*: (дзи́ґнути *P*) 실을 잣다.
дзи́знути (-ну, -неш) *P vi*: (дзи́ґати *I*); 윙윙 소리가 나다.
дзиз|ну́ти (-ну́, -не́ш) *P vi*: (дзижча́ти *I*) ~**ча́ння** *n* 윙윙거리는 소리.
дзи́нґель (-ля) *m Orn.* 횡금방울새.
дзи|рча́ти (-чу́, -чи́ш) *I vi* 딸랑딸랑 소리가 나다.
дзю́бати (-аю, -аєш) *I vi, t*; **дзюбну́ти** (-ну́, -не́ш) *P vi, t* 부리로 쪼다.
дзюр|кі́т (-коту) *m* 시냇물의 졸졸거리는.
дзя́ма (-ми) *f dial.* 1. 평범한 사람, 2. 삶은 고기.
ди́бка (-ки) *f* 테이블 다리, 작은 꽃병.
див (-ва) *m* 놀라운 일.

диван (-ну) *m* 카페트.
див|ен (-вна, -не)* 이상한 일.
дивер|сія (-ії) *f* 전환, (자금의) 유용.
дивина (-ни) *f* 놀라운 대상.
дивити (-влю, -виш) *I vt* 놀라게 하다.
дивитися (-влюся, -вишся) *I vi* 바라보다.
дивіденд (-ду) *m*, ~а (-ди) *f W.U.* 나누어진 것.
диві|зійний (-на, -не) 분할의, 나누어진.
див|о (-ва) *n* 놀라운 일, 기적.
дивогляд (-да, or -ду) *m*, ~ (-ді) *f* 괴물, 이상한 것.
див|ота (-ти) *f* 놀람.
дивування *n* 경이, 경탄, 놀라움.
дивувати (-ую, уєш) *I vt* 놀라게 하다; -ся *I vi* 놀라다.
дизель (-ля) *m* 디젤.
дикар (-ря) *m* = дикун, 수줍음이 많은 사람.
дик|ий (-ка, -ке)* 거친, 야생의.
дикт|ат (-ту) *m* 구술, 받아쓰기.
диктувати (-ую, -уєш) *I vt* 받아쓰기를 하다.
дикун (-на) *m*, ~ка (-ки) *f* 거친 사람.
дилема (-ми) *f* 딜레마.
диліжанс (-су) *m* 근면, 부지런함.
дим (-му) *m* 연기.
димидіти (-ію, -ієш) *I vi* 갑자기 사라지다.
димитися (-млюся, -мишся) *I vi* 담배를 피우다.
димл|ивий (-ва, -ве)* 담배 냄새의.
димохід (-ходу) *m* 깔때기.
дин|амізм (-му) *m* 역동주의, 역동설.
динаміт (-ту) *m* 다이너마이트.
династичний (-на, -не) 왕조의, 왕가의.
династія (-ії) *f* 왕조, 왕가.
дино|завр (-ра) *m* 공룡.
дин|я (-ні) *f* 멜론.
диплом (-ма) *m* 졸업증서, 공문서.
дипломат (-та) *m* 외교관.
диплом|ний (-на, -не) 공문서의.
дира (-ри) *f* = діра, 구멍, 터진 곳.
директ|ор (-ра) *m* 디렉터, 지도자, 감독관.
дирекція (-ії) *f* 방향, 방위.
диригент (-та) *m* 안내자, 가이드.

дисерта́ція (-ії) *f* 학술논문, 학위 논문.
дисиде́нт (-та) *m* 의견을 달리하는 사람; **-ський** (-ка, -ке) 의견을 달리하는.
дисимі́л|юва́ти (-люю, -лю́єш) *I vt* 다르게 하다; **-ся** *I vi* 다르게 되다; **~яція** (-ії) *f* 이화.
диск (-ку) *m* 디스크.
диска́нт (-та) *m Mus.* 선율, 소프라노.
диско́нт (-ту) *m* 할인; **~ований** (-на, -не) 할인된.
ди́скос (-су) *m* 원반.
диску́рс (-су) *m* 강연, 설교, 연설.
дискусі́йний (-на, -не)* 논쟁하는.
диску́сія (-ії) *f* 논쟁, 논의.
дискуто́ваний (-на, -не) 논쟁의.
дискутува́ти (-ту́ю, -у́єш) *I vt* 논쟁하다, 토론하다.
диспози́ція (-ії) *f* 배열, 배치, 처분.
диспон|о́ваний (-на, -не) 잘 정돈된.
диста́нція (-ії) *f* 거리.
дистрибу́ц|ія (-ії) *f* 분배, 분포.
дистри́кт (-ту) *m* 지역, 영토.
дити́н|а (-ни) *f* 어린아이, 갓난아이, 아기.
дит|я́ (-я́ти) *n* 작은 아이.
дифу́з|ія (-ії) *f* 발산, 보급, 유포.
дих (-ху) *m* 호흡, 숨.
ди́хання *n* 호흡.
ди́хати (ди́шу, -шеш, *or* -а́ю, -а́єш) *I vi*; **дихну́ти** (-ну́, -не́ш) *P vi* 숨 쉬다, 호흡하다.
дихті́ти (-хчу́, -хти́ш) *I vi* 힘겹게 숨을 쉬다.
ди́ч|а (-чі) *f* 거침, 야생.
ди́шель (-шля) *m* 막대기, 장대, 기둥.
дия́вол (-ла) *m* 악마.
дия́кон (-на) *m* (카돌릭) 부제.
діб (доби) *f dial.* 나이, 시간.
ді́браний (-на, -не) 선택된.
ді́бра́тися (доберу́ся, -ре́шся) *P vi*: (добира́тися *I*) 도달하다.
діброва| (-ви) *f* 작은 숲.
дива́н (-ну) *m* = диван, 소파.
ді́вер (-ра) *m* 처남, 자형, 매부; **~ка** (-ки) *f* 형수, 처형, 시누이.
ді́вка (-ки) *f* 가정부.

дівóта (-ти) *f Coll.* 아가씨들.
дівчá (-áти) *n* 젊은 아가씨.
дíвчина (-ни) *f* 아가씨, 미혼여성.
дігнáти (доженý, доженéш) *P vt:* (доганити *I*) 따라잡다, 극복하다.
дід (дíда) *m* 할아버지, 늙은이.
дíдько (-ка) *m* 악마.
дієвий (-ва, -ве) = дійовий, 행동의.
дієдáтний (-на, -не)* 편안한, 안락한.
дієзмíна (-ни) *f* = дієвідмíна; ~йменник (-ка) *m Gram.* 동사 원형, 미정형.
дієприкмéтник (-ка) *m Gram.* 관사; -прислíвник (-ка) *m Gram.* 동명사.
діéта (-ти) *f* 다이어트.
діждáти (-ждý, -деш) *P vi:* (дожидáти *I*); -ся *P vi* 기다리다.
дíзель-мотóр (-ра) *m* 디젤 엔진.
дізнáння *n* 정보를 얻는 행위.
діймáвий (-ва, -ве)* *W.U.* 감정적인.
діймáти (-áю, -áєш) *I vt:* (дійняти *P*) 이해하다, 파악하다.
дійовий (-ва, -ве) 행동의, 효과적인.
дíйсне *adv.* = дíйсно, 정말로, 실제로.
дíйсний (-на, -не)* 진실의, 참된.
дíйство (-ва) *n* 행동, 행위.
діл (-лу) *m* 부분, 나눔.
дíлимий (-ма, -ме)* 나누는.
дíлимок (-мка) *m Math.* 나누어진.
дíлитель (-ля) *m* 분할자, 분배자.
дíлити (-лю, -лиш) *I vt* 나누다, 부분으로 쪼개다.
дíло (-ла) *n* 행위, 행동, 일, 문제.
діловий (-вá, -вé)* 사업의.
діля́нка (-ки) *f* 지역, 범위.
дільбá (-би) *f* 분할, 분배.
дíльний (-на, -не)* 능력 있는, 똑똑한.
дім (дóму) *m* 집, 가정.
Дін (Дóну) *m NP* 돈강.
діпнýти (-нý, -нéш) = діпнáти (-нý, -нéш) *P vi:* (допинáти *I*) 얻다.
діпрáвди *adv. dial.* = спрáвді, 정말로, 실제로.

дір|а́ (-ри) *f* 구멍, 틈.
дірва́ти (-ву́, -ве́ш) *P vi*: (дорива́ти I); -ся *P vi* 손에 쥐다, 얻다.
дітв|а́ (-ви́) *f Coll.* 아이들.
ді́ти (-те́й) *pl* 아이들.
ді́тки (-то́к) *pl Dim.*: ді́ти, 아이들.
дітќливий (-ва, -ве)* 감정적인.
діткну́ти (-ну́, -не́ш) *P vt*: (дотика́ти I); -ся *P vi* 만지다, 건드리다.
діти́ний (-на, -не) 많은 아이들과 함께.
ді́я (ді́ї) *f* 행동, 행위.
діягн|о́за (-зи) *f* 진단(법).
діяле́кт (-ту)* *m* 방언, 지반.
діялі́за (-зи)* *f* 1. 투석, 2. 해부.
діяло́г (-ту)* *m* 대화.
дія́льн|ий (-на, -не)* 활동적인, 바쁜.
дія́мант (-та)* *m* 다이아몬드.
ді́яти (ді́ю, ді́єш) *I vt* 행동하다, 일하다, 무엇인가를 하다.
для *prep*. -을 위해
днеда́вній (-ня, -нє)* 아주 오래된, 고대의.
днесь *adv. Archaic* = сього́дні, 지금, 현재.
днин|а́ (-ни́) *f Dim.*: 날, 낮.
дні́вка (-ки) *f* 노동자.
дні́ти (дні́є, 3인칭 단수) *I vi* 밝아지다.
дно (дна) *n* 밑바닥, 기초.
до *prep.* 생격과 함께 –까지.
доба́ (-би́) *f* 하루종일, 24시간동안.
доба́вити (-влю,-виш) *P vt*; добавля́ти (-я́ю, -я́єш) *I vt* 첨가하다, 증가시키다.
добала́кати (-аю, -аєш) *P vt* 말을 멈추다.
доба́чати (-а́ю, -а́єш) *I vt*; доба́чити (-чу, -чиш) *P vt* 관찰하다, 알아채다.
доберіга́ти (-а́ю, -а́єш) *I vt*; доберегти́ (-режу́, -же́ш) *P vt* 참다, 막다.
добира́ння *n* 선택, 선거.
добі́г (-гу) *m* 과정의 끝, 마지막 선.
добіга́ти (-а́ю, -а́єш) *I vi*; добі́гти (-іжу́, -іжи́ш) *P vi* 도착하다, 도달하다.
добі́рн|ий (-на, -не)* 선택.
добі́са *adv*. 더 충분하게, 더 많이.

добовий (-ва, -ве) 하루종일의.
доборотися (-орюся, -орешся) *P vi* 싸워서 얻다.
добра (дібр) *pl* 선, 이익.
добр|е *adv.* 좋은, 잘.
добрести (-бреду, -деш) *P vi* 개울을 건너서 도착하다.
добри|вечір = добрий вечір, 안녕(저녁 인사)!
добрий (-ра, -ре) 좋은, 친절한, 훌륭한.
добрина (-ни) *f* 좋은 성질, 훌륭한 본성.
добро (-ра) *n* 특성, 소유, 훌륭함.
добробут (-ту) *m* 안락함, 편안함.
добродушн|ий (-на, -не)* 친절한 마음을 가진, 진심의.
доброзвичайн|ий (-на, -не)* 도덕의.
доброзвучн|ий (-на, -не)* 조화로운.
добросерд|ий (-да, -де)*, ~ний (-на, -не)* 진심의, 좋은 본성의.
добрословне *adv.* 평화롭게.
добросусідський (-ка, -ке) 좋은 이웃의.
доброта (-ти) *f* 선, 친절함.
доброх|ітний (-на, -не)* = добровільний, 자발적인.
доброчесн|ий (-на, -не)* 덕이 있는.
доброякісний (-на, -не)* 좋은 질의.
добувальний (-на, -не)* 발췌적인, 추출의.
добувати (-аю, -аєш) *I vt*: (добути *P*) 얻다, 획득하다.
добудований (-на, -не) 추가된.
добудча (-ати) *n* 사생아.
добут|ний (-на, -не) 획득된.
доварений (-на, -не) 잘 요리된.
доварити (-арю, -ариш) *P vt*; доварювати (-рюю, -рюєш) *I vt* 충분히 끓이다, 요리를 마치다.
довбиш (-ша) *m* 드럼주자.
довг (-гу) *m* 빛, 부채.
довгавий (-ва, -ве)* 기름한, 길쭉한.
довг|ий (-га, -ге)* 긴, 지속된.
довговий (-ва, -ве) 부채의.
довертіти (-ерчу, -ертиш) *P vt*; доверчувати (-ую, -уєш) *I vt* 끓이기를 멈추다.
доверчений (-на, -не) 완전히 끓은.

доверше́ний (-на, -не)* 완성된, 완전한.
доверши́ти (-ершу́, -ерши́ш) *P vt*; довершувати
 (-ую, -уєш) *I vt* 끝내다, 마치다.
довести́ (-еду́, -еде́ш) *P vt*: (доводити *I*) 이끌다,
 증명하다.
довж (-жі) *f* 길이.
до́вжн|ий (-на, -не) 빚을 진.
довжо́к (-жка́) *m Dim.*: довг, 작은 부채.
до́від (-воду) *m* 논쟁, 증거.
дові́дати (-аю, -аєш) *P vt*: (довідувати *I*)
 조사하다, 방문하다.
дові́датися (-аюся, -аєшся) *P vi*: (довідуватися *I*)
 조사하다, 배우다. 정보를 얻다.
до́від|ка (-ки) *f Dim.*: до́від, 정보, 증명.
до́від|ний (-на, -не)* 정보의.
дові́з (-во́зу) *m* 수입하다, 가지고 들어오다.
дові́ку *adv*. 영원히.
дові́р|а (-ри) *f* = дові́р'я 믿음, 신임, 신뢰.
дові́рити (-рю, -риш) *P vi, t*: (довіряти *I*) 믿다,
 신뢰하다.
дові́р|ливий (-ва, -ве)* 믿을만한.
дові́р'я *n* 믿음, 신뢰.
дові́чний (-на, -не)* 영원히 계속되는.
довко́л|а *adv*. 주위의.
дово́д|ець (-дця) *m Archaic*. (법정의) 증인.
дово́д|ливий (-ва, -ве)* 설득력 있는, 말 잘하는.
дово́лити (-лю, -лиш) *I vt* 만족하게 하다.
дово́лі *adv*. 충분하게.
дово́ль|ність (-ности)* *f* 만족, 즐거움.
довоюва́тися (-оююся, -оюєшся) *P vi*; 싸워서
 성취하다.
довча́ти (-аю, -аєш) *I vt*: (довчи́ти (-чу́, -чи́ш)
 학업을 완수하다.
до́вш|ати (-аю, -аєш) *I vi*; 길게 되다.
дов'я́заний (-на, -не) 완전히 매어진.
до́кад (-ду) *m* 상상, 가정.
догада́тися (-аюся, -аєшся) *P vi*: (догадувати *I*)
 추측하다, 가정하다.
догаджа́ти (-аю, -аєш) *I vi* = догоджа́ти, 즐겁게
 하다.
дога́н|а (-ни) *f* 비난, 책망.

доганяти (-яю, -яєш) *I vt*: (догонити, догнати *P*) 비난하다, 책망하다.
догаяти (-аю, -аєш) *P vt* 유지하다, 보유하다.
догідний (-на, -не)* 적절한, 사용할만한.
догін (-гону) *m* 추적, 추격.
догледіти (-джу, -диш) *P vt* = доглядіти, доглянути: (доглядати *I*) 안내하다, 돌보다.
доглупатися (-аюся, -аєшся) *P vi*; доглупуватися (-пуюся, -уєшся) *I vi* 어려움을 이해하게 되다.
доглядати (-аю, -аєш) *I vt*: (догледіти, доглянути *P*); -ся *I vi* 조심하다.
догляд|ач (-ча) *m* 감시자, 조사자.
догм|а (-ми) *f* 교리, 정설.
договір (-вору) *m* 동의, 계약, 약정.
договорити (-ворю, -ориш) *P vt*; договорювати (-рюю, -рюєш) *I vt* 이야기를 다 하다.
догода (-ди) *f* 기쁨, 편안함.
догодливий (-ва, -ве)* 기쁘기를 바라는.
догодне *adv.* 편안하게.
доголити (-голю, -олиш) *P vt*; доглювати (-люю, -люєш) *I vt*; -ся *vi* 면도를 마치다.
догори *adv.* 위에, 위로.
догостювати (-тюю, -тюєш) *P vi*; достостьовувати (-ую, -уєш) *I vi* 손님의 여정을 마치다.
дограбки (-ків) *pl* 수확의 마지막에.
дограв́ати (-раю, -аєш) *I vt*; дограти (-аю, -аєш) *P vt* 놀이를 마치다.
догулювати (-люю, -люєш) *I vt*; догуляти (-яю, -яєш) *P vt* 즐거운 시간을 마치다.
догурту *adv.* -을 더하여.
додав|аний (-на, -не)* 더해진.
додавати (додаю, додаєш) *I vt*; додати (додам, додаси, додасть, додамо, додасте, додадуть) *P vt* -을 더하다.
дод|аний (-на, -не) 더해진.
додатковий (-ва, -ве)* 보충의, 보조의.
додатн|ий (-на, -не)* *W.U.* 적절한, 명확한.
дод|аток (-тку) *m*, ~ача (-чі) *f* 합, 보충, 증가.
додбати (-аю, -аєш) *P vt* 보충하다.
додека|гон (-на) *m* 12형.

додержування *n* 유지, 보존.
додержати (-жу, -жиш) *P vt*; **додержувати** (-ую, -уєш) *I vt* 유지하다, 보존하다.
додзвонитися (-онюся, -онишся) *P vi* 대답할 때까지 벨을 울리다.
додибати (-аю, -аєш) *P vi*; **додибувати** (-ую, -уєш) *I vi*; -ся *vi* 노력을 기울여 성취하다.
додивитися (-ивлюся, -ившися) *P vi*; **додивлятися** (-яюся, -яєшся) *I vi* 근접해서 조사하다, 주의해서 조사하다.
додирати (-аю, -аєш) *I vt*: (додерти *P*) 울음을 멈추다.
додільний (-на, -не)* 내려가는, 하향의.
додолу *adv.* 아래로, 땅으로.
додому *adv.* 집으로.
додумати (-аю, -аєш) *P vt*; **додумувати** (-мую, -уєш) *I vt* 꼼꼼히 생각하다.
дожджаник (-ка) *m dial.* 지렁이.
дожебратися (-аюся, -аєшся) *P vi* 구걸해서 얻다.
доживати (-аю, -аєш) *I vi*: (дожити *P*) 더 오래 살다.
дожид|альня (-ні) *f* 대기실.
дож|ин (-ну) *m* 마지막 수확.
доза (-зи) *f* 약(1회 분량).
дозавтра = **дозавтрього** *adv.* 내일까지.
дозбираний (-на, -не) 다 모인.
дозватися (-вуся, -вешся) *P vi* 대답할 때까지 부르다.
дозвіл (-волу) *m* 허락, 승인.
дозвіл|ля *n* 휴가, 자유 시간.
дозволений (-на, -не) 허락된.
дозволити (-лю, -лиш) *P vt*; **дозволяти** (-яю, -яєш) *I vt* 허용하다, 허락하다.
доз|ір (-зору) *m* 감독, 조사.
дознавання *n* 조사, 관찰, 증거.
дозор|ець (-рця) *m*, **~чий** (-чого) *m* 감시자, 조사자.
дозувати (-ую, -уєш) *I vt* 약을 주다.
доїдати (-аю, -аєш) *I vt*: (доїсти *P*) 모두 먹어 치우다.
доїдливий (-ва, -ве)* 지루한.

доїжний (-на, -не) 영양을 공급하는.
доїзд (-ду) *m* 출입.
доїти (дою, доїш) *I vt* 우유를 짜다.
дойда (-ди) *f* 사냥개.
док (-ку) *m* 독, 선창.
доказ (-зу) *m* 증거, 논쟁.
доказати (-кажу, -ажеш) *P vt*: (доказувати *I*) 이야기를 마치다.
доки *adv.* –하는 동안, -하는 한.
докищо *adv.* 얼마동안.
докінчати (-аю, -аєш) *I vt*: (докінчити *P*) 마치다, 그치다.
докінчен|ий (-на, -не) 끝난, 마지막의.
докір (-кору) *m* 책망.
докладати (-даю, -даєш) *I vt*: (докласти *P*) 보고하다, 알리다.
докладчик (-ка) *m W.U.* 리포터, 보고자.
докола *adv.* 주위에.
докол|и *adv.* –까지, -할 때.
докомплектовувати (-ую, -уєш) *I vt*; докомплектувати (-ую, -уєш) *P vt* 완수하다.
доконан|ий (-на, -не)* 완성된, 수행된.
доконати (-аю, -аєш) *P vt*: (доконувати *I*) 완수하다, 결론을 내다.
доконечн|е, -о *adv.* 반드시, 꼭.
докорити (-корю, -ориш) *P vi*: (докоряти *I*) 책망하다.
докорінно *adv.* 뿌리까지, 끝까지, 완전하게.
докор|яти (-яю, -яєш) *I vi*: (докорити *P*) 책망하다.
докошений (-на, -не) 완전히 움직여진, 끝난.
докраю *adv.* 끝까지.
докраяний (-на, -не) 완전히 자른.
доктор (-ра) *m* 의사.
доктрин|а (-ни) *f* 주의, 정책.
докука (-ки) *f* 피곤함, 지침.
документ (-ту) *m* 문서, 문헌.
докупи *adv.* 함께, 다같이.
докуп|ити (-уплю, -упиш) *P vt*: (докуп|лювати, ~ляти, ~ати, ~овувати *I*) 더 사다, 사는 것을 마치다.

докуча́ти (-а́ю, -а́єш) *I vi*; **доку́чити** (-чу, -чиш) *P vi* 화를 내다, 책망하다.
доку́чливий (-ва, -ве)* 책망의, 비난의.
доку́чн|ик (-ка) *m*, ~иця (-ці) *f* 중요한 사람, 귀빈.
доладн|ий (-на, -не) 신분에 어울리는, 정직한.
доладно *adv.* 잘, 아주 잘.
доладу́ *adv.* 이유 있게, 현명하게.
долегли́в|ий (-ва, -ве)* 끈기, 끈덕짐, 고집.
доле́|нька, ~чка (-ки) *f Dim.*: до́ля, 운명, 행운.
долина (-ни) *f* 골짜기, 산골짝.
долина; ~ний (-нна, -нне), ~овий (-ва, -ве) 계곡의, 골짜기의.
до́лі adv. 새벽
долі́вка (-ки) *f* 방바닥, 마루.
долі́лиць *adv.* 아래쪽으로, 타락하여.
долічи́ти (-ічу́, -і́чиш) *P vt*; **долі́чувати** (-ую, -уєш) *I vt* 끝까지 계산하다.
долі́шній (-ня, -нє) 사랑하는 사람, 연인.
долман (-ну) *m* 여성용 망토, 터키의 외투.
доло́н|я (-ні) *f* 손바닥.
долуча́ти (-а́ю, -а́єш) *I vt*: (**долучи́ти** *P*) 첨가하다, 첨부하다.
долу́чен|ий (-на, -не) 첨부된.
долу́чник (-ка) *m W.U.* 더해짐, 첨가.
до́ля (-лі) *f* 운명, 행운.
долягати (-а́ю, -а́єш) *I vi*; **долягти́** (-я́жу, -я́жеш) *P vi* (кому́): 화를 내다.
до́ляр (-ра) *m* 달러; -овий (-ва, -ве) 달러의.
до́ма *adv.* = вдо́ма, 집에서.
домага́ння *n* 요구, 요청.
домага́тися (-га́юся, -а́єшся) *I vi*: (**домогти́ся** *P*) 요구하다, 바라다, 요청하다.
дома́р (-ря) *m* 집의 주인.
дома́шній (-ня, -нє) 가정의, 집의.
доме́лений (-на, -не) 가루로 만든.
доме́н|а (-ни) *f* 나라의 지역, 학문의 분야.
доме́тикува́тися (-у́юся, -у́єшся) *P vi* 추측하다.
до́мик (-ка) *m Dim.*: дім, 작은 집.
до́мисел (-слу) *m* 추측, 가정.
доми́слитися (-люся, -лишся) *P vi*; **доми́сл|ювати́ся** (-люю́ся, -лює́шся), ~я́тися (-я́юся, -я́єшся) *I*

домі́в *vi* 가정하다, 추측하다.
домі́в *adv. W.U.* 집으로, 집에서.
домі́вка (-ки) *f* 집, 거주지.
доміно́ (-на) *n* 도미노(게임): гра́ти в —, 도미노 게임을 하다.
домі|нува́ти (-у́ю, -у́єш) *I vt* 지배하다.
домірко́вуватися (-уюся, -уєшся) *I vi*; **домірко́вува́тися** (-уюся, -уєшся) *P vi* 문제 해결에 성공하다, 완전히 이해하다.
домі́рн|ий (-на, -не)* 비례하는, 균형이 잡힌.
доміціль́ований (-на, -не) *W.U.* 지불지 지정의.
домі́шаний (-на, -не) 혼합된.
домі́шати (-а́ю, -а́єш) *P vt*; **домі́шувати** (-ую, -уєш) *I vt* 다 섞다.
домкра́т (-та) *m* 크랭크.
до́мна (-ни) *f* 열(熱)풍로.
домови́на (-ни) *f* 관(棺).
домо́вити (-влю, -виш) *P vt*: (домовля́ти *I*) 말을 마치다, 말을 끝내다.
доне́сений (-на, -не) 보고된, 알려진.
донизу́ *adv.* 아래에, 낮은 곳에.
доно́с (-су) *m* 밀고, 공표, 고발.
доно́щик (-ка) *m*, -иця (-ці) *f* 고발자, 밀고자.
до́ня (-ні) *f Dim.*: до́нька, до́чка.
допива́ти (-а́ю, -а́єш) *I vt*: (допи́ти *P*) 마셔 버리다; 비우다; **-ся** *vi* 많이 마시다, 술 취하다
до́пис (-су) *f* 투고, 기고.
допи́саний (-на, -не) 쓰여진.
дописа́ти (-ишу́, -и́шеш) *P vt*: допи́сувати *I*) 쓰다(글쓰기), 덧붙이다(글쓰기).
допи́ска (-ки) *I* 추신, 첨부.
до́пит (-ту) *m*, 조사, 심문, 검토.
допита́ти (-а́ю, -а́єш) *I vt*: (допи́тувати *I*); **-ся** *vi* 발견하다, 찾아내다(조사에 의해), 조사하다.
допи́тливий (-ва, -ве)* 수사, 조사; 탐색.
допі́зна *adv.* 늦게까지.
допла́та (-ти) *f* 잔금, 여분의 지급한 돈.
доплива́ти (-а́ю, -а́єш) *I vi*; **допливти́** (-ву́, -ве́ш) *P vi*: (доплисти́ *P*) 헤엄쳐(항해로) 도착하다.
допові́дати (-а́ю, -а́єш) *I vt*: (допові́сти *P*) 다 말하다, 전달하다, 누설하다, 강연하다.

доповіда́ч (-ча) *m.* -́ідник (-ка) *m* нарейтер, ріпортер.

до́повідь (-ді) *f* ріпорт, 보고.

допо́внення *n* 보충, 보완.

допо́внити (-повню, -овниш) *P vt*: доповнювати (-нюю, -нюєш), -я́ти (-я́ю, -я́єш) *I vt* 완수하다.; -ся *vi* 채워지다, 완수되다.

допомага́ти (-га́ю, -а́єш) *I vi*: (допомогти́ *P*) 돕다, 지원하다.

допомі́жний (-на, -не), -́ічний (-на, -не)* 보조적인.

допомо́га (-ги) *f* 도움, 조력, 구원.

допризо́вний (-на, -не); -ик (-ка) *m* 군대에 갓 입대한 사람.

допуска́ти (-а́ю, -а́єш) *I vt*: (допусти́ти *P*) 허용하다, 받아들이다. 용인하다; -ся *I vi* 허락되다; 저지르다, 범하다(죄 과실).

дора́дчий (-ча, -че) 컨설팅, 상담의, 자문의.

дореволюці́йний (-на, -не) 혁명 전의.

доре́чний (-на, -не) 적절한, 적당한, 적시의; -ість (-ности) *f* 적절함.

дорі́внювати (-нюю, -нюєш) *I vi*; дорівня́ти (-я́ю, -я́єш) *P vi* 어떤 수준까지 오르다, 똑같아지다.

дорі́д (-ро́ду) *m* 수확, 추수.

доріженька, -ечка, -ка (-ки) *Dim.*: дорога, 골목길, 소로, 오솔길.

дорі́кання *n* 나무람, 책망, 불평.

дорі́кати (-а́ю, -а́єш) *I vi* 나무라다, 책망하다, 흠잡다.

доро́га (-ги) *f* 길, 도로, 보도; 여행.

дороге́нький, -есенький (-ка, -ке) *Dim.*: дорогий, 사랑하는 사람에 대한 애칭.

дорогов́каз (-зу) *m* 표지, 안내.

дорожи́ти (-жу́, -жи́ш) *I vi* 존중하다, 존경하다; -ся *I vi* 높은 가격으로 팔다; 치장하다.

дорожча́ти (-а́ю, -а́єш) *I vi* 더 귀해지다, 더 비싸지다.

доро́слий (-ла, -ле) 다 자란, 성인의.

доруча́ти (-а́ю, -а́єш) *I vt*; доручи́ти (-учу́, -у́чиш) *P vt* 넘기다, 전달하다; 임무를 지우다, 지시하다; 위탁하다.

дору́чений (-на, -не) 넘기는.
доса́да (-ди) *f* 성가심, 귀찮음, 짜증.
до́свід (-ду) *m* 경험, 연습; 시험, 실험.
досві́дчений (-на, -не)* 경험 있는, 시험된, 검증된.
до́сить *adv.* 충분히.
досі *adv* 지금까지.
доскона́лий (-ла, -ле)* 완전한, 효과적인, 적절한.
досліВний (-на, -не) * 말의, 문자적인, 말 뿐인.
до́слід (-ду) *m* 연구, 조사, 검토, 실험.
дослі́джений (-на, -не)* 연구된, 조사된.
дослі́джувати (-ую, -уєш) *I vt*; **дослідити́** (-іджу, -іди́ш) 연구하다, 조사하다, 탐색하다.
досл́ідний (-на, -не) 조사의.
дослі́дник (-ка) *m* 연구자, 조사하는 사람, 수사관.
дослу́хати (-аю, -аєш) *P vt*; **дослу́хувати** (-хую, -хуєш) *I vt* 끝까지 참다, 견디다.
доста́тній (-ня, -нє) 부유한, 풍부한; 넘쳐나는.
доста́ток (-тку) *m* 부유함, 풍요로움; 다량, 충분.
достига́ти (-аю, -аєш) *I vi*: (**достигти́**, -нути *P*) 성숙하다, 원숙하다, 다 자라다.
достигли́й (-ла, -ле) 성숙한.
достові́рн|ий (-на, -не) 신용할 수 있는, 믿을만한, 확실한.
достроко́вий (-ва, -ве) 지정된 시간 전에, 이른, 시기상조의.
до́ступ (-пу) *m* 접근, 통로; 들어가는 것, (입학, 입회) 허가.
досту́пний (-на, -не) 다가살수 있는, 접근할 수 있는, 다가가기 쉬운.
досхо́чу *adv.* 즐거이, 기꺼이, 충분히.
досяга́ти (-аю, -аєш) *I vt*: (**досягну́ти**, -ти *P*) 도달하다, 달성하다; 획득하다, 얻다.
дося́гнення *n* 달성, 획득, 도달, 입수.
дот|аці́йний (-на, -не) 일부의.
дот|е́п (-пу) *m* 경구, 농담, 일화.
доте́пний (-на, -не)* 재치 있는, 현명한, 솔직한.
до́ти *adv.* 그때까지, 그때.
до́тик (-ку) *m* 감촉, 감각, 접촉.
дотика́ти (-аю, -аєш) *I vt*: (**діткну́ти** *P*), -ся *I vi* 만지다; 관련되다.

доторкати (-аю, -аєш) *I vt*; **доторкнути** (-ну, -неш) *P vt*; -ся *vi* 만지다, 느끼다(손이나 손가락으로); 손을 대다, 어루만지다; 언급하다, 거론 하다.

дотримати (-аю, -аєш) *P vt*; **дотримувати** (-ую, -уєш) *I vt*; -ся *vi* 빠르게 유지하다, 유지하다.

доцент (-та) *m* 강사, 낭독자(대학에서).

доцільний (-на, -не) 목적에 부합하는, 의도에 맞는.

дошка (-ки) *f* 판자, 널빤지.

дошкіл (-колу) *m* 견습(도제의); 교육.

дошкулити (-лю, -лиш) *P vi*; **дошкулювати** (-люю, -люєш), -яти (-яю, -яєш) *I vi* (кому): 괴롭히다, 못살게 굴다, 성가시게 하다.

дошкульний (-на, -не)* 괴롭히는, 성가시게 하는; 견딜 수 없는.

драглий (-ла, -ле) 젤리 같은; 약한, 허약한.

драгно (-на) *n* 늪, 수렁, 진창, 진창.

дражнити (-ажню, -ажниш) *I vt* 성나게 하다, 짜증나게 하다, 괴롭히다, 꼬시다, 유인하다, 흥분시키다; -ся *I vi* (з ким): 성나다, 짜증내다.

дракон (-на) *m* 용.

драма (-ми) *f* 희곡, 연극.

дранець (-нця) *m* 누더기를 걸친 사람.

дрижати (-жу, -жиш) *I vi* 전율하다, 떨다.

дріб (дробу) *f* 가끔씩; *Math.* 분수.

дрібен = **дрібний** -ка (-ки) *f* 작은 조각.

другий (-га, -ге) 제 2)의, 다른, 다음의.

дружба (-би) *f* 우정; *m* 신랑(결혼식에서).

дружина (-ни) *m, f* 남편, 아내, 배우자, 신랑, 신부.

друк (-ка) *m* = **дрюк**, 막대, 지팡이, 곤봉, 횃대.

друк (-ку) *m* 인쇄, 활자, 인쇄술.

друкувати (-кую, -уєш) *I vt* 인쇄하다, 출판하다; -ся *I vi* 인쇄되다.

дублікат (-ту) *m* = **дуплікат**, 복제, 꼭 닮은 것.

дублювати (-люю, -люєш) *I vt* 2중으로 하다.

дубовий (-ва, -ве) 참나무로 만든, 참나무의.

дуга (-ги) *f* 호, 원호, 활모양; 무지개.

дуган (-ну) *m dial.* 담배 상표.

дует (-ту) *m* 2중창.

ду́же *adv.* 매우, 몹시.

дужий (-жа, -же) 힘센, 강력한, 튼튼한, 건강한; **-ість** (-жости) *f* 힘, 의지; 건강.

ду́жка (-ки) *f Dim.*: дуга, ; *Anat.* 쇄골.

дужча́ти (-аю, -аєш) *I vi* 힘이 세지다; 회복하다.

ду́ма (-ми) *f* 숙고, 생각, 견해; (코사크의) 서사시, 발라드, 비가, 엘레지; 의회, 협의.

ду́мати (-аю, -аєш) *P vt* 생각하다, 추론하다; *vi* 가정하다, 믿다.

ду́мка (-ки) *f* 생각, 사고, 견해; 의견, 제안; 정신.

дурни́й (-на, -не) 멍청한, 아둔한, 미친, 어리석은; 마비된, 어지러운.

ду́ти (дму, дмеш, or *dial.* ду́ю, ду́єш) *I vi*: (ду́нути *P*); **-ся** *I vi* 뿌루퉁하다, 삐치다; 오만하다; 자만하다.

ду́тий (-та, -те) 과장된; 공허한.

дух (-ха) *m* 마음, 정신, 혼; - (-ху) *m* 공기; 온기; 호흡, 숨; 냄새, 방향(芳香); 용기, 용맹.

духівни́цтво (-ва) *n Coll.* 성직자; 영적인 물건; 심령주의.

духови́й (-ва́, -ве́) 영적인; 정신적인.

духо́вний (-на, -не) 성직자의, 교회의, 종교상의, 종교의.

духота́ (-ти́) *f* 호흡이 곤란한 발열, 타는 듯이 뜨거운.

душ (-ші) *f*, (-шу) *m* 샤워기, 세척기.

душа́ (-ші́) *f* 영혼, 정신, 마음; 양심; (전기 히터의) 소자, 전극; 인품.

души́ти (-шу́, -шиш) *I vt* 목 졸라 죽이다, 질식시키다.

душни́й (-на́, -не́) 무더운, 찌는 듯한.

дю́на (-ни) *f* 모래언덕.

дя́дечко (-ка) *m Dim.*: дядько, 삼촌.

дя́кувати (-ую, -уєш) *I vi* 감사하다, 사의를 표하다.

дя́тел (-тла) *m*, **-ъ**(-тля) *m Orn.* 딱따구리.

дьо́готь (-гтю) *m* 타르, 마차의 윤활유.

Е

Е, е (우크라이나어 알파벳의 7번째 철자, 대체로 '펜'의 발음에서 '에'의 발음과 유사).
ебоні́т (-ту) *m* 에보나이트.
евакуа́ція (-ії) *f* 비운 상태.
евкалі́пт (-та) *m Bot.* 유칼립투스.
еволюці́йний (-на, -не)* 발전의, 진화론적인.
еволюціонува́ти (-ую, -уєш) *I vi* 발전하다, 펴다, 진화하다.
еволю́ція (-ії) *f* 발전, 진화.
евфемі́зм (-му) *m* 완곡어법.
еге́! *adv.* 예, 정말로; 확실히.
егі́да (-ди) *f* 보호, 방호, 감독.
егоі́зм (-му) *m* 자기 본위, 이기주의.
егоцентри́чний (-на, -не) 자기, 자아, 자기중심의.
ей! *interj.* (경고, 불만, 격려를 표현할 때): 이봐! 조심해! 힘내!
еква́тор (-ра) *m* = рівник, 적도.
еквівале́нт (-ту) *m* 등가, 등량.
еквілібри́ст (-та) *m* 곡예사, 줄타기하는 사람, 줄타기 광대.
екзальта́ція (-ії) *f* 고양, 동요, 격앙(정신적.
екза́мен (-ну) *m* 시험.
екзе́ма (-ми) *f Med.* 습진.
екземпля́р (-ра) *m* 복사(책 등의).

екзисте́нція (-її) *f* 존재.
екзо́тика (-ки) *f* 외래종.
екіпа́ж (-жа́) *m* 탈것, 마차.
екіпірува́ння *f* 갖추는 행위, 무장.
еконо́м (-ма) *m* 토지 관리인, 농부.
екра́н (-ну) *m* 칸막이, 스크린.
екранізація (-її) 영사, 상영.
екскава́тор (-ра) *m* 발굴자.
е́кскурс (-су) *m* 짧은 여행, 소풍; 일상에서 벗어남.
експанси́вний (-на, -не) 팽창하는, 뿜어나오는.
експа́нсія (-її) *f* 확대, 팽창, 퍼지는 것.
експеди́тор (-ра) *m* 발송인.
експериме́нт (-ту) *m* 실험, 시험.
експе́рт (-та) *m* 전문가; 기술을 가진 사람.
експлуата́тор (-ра) *m* 이용자, 개발자.
експози́ція (-її) *f* 전시, 진열, 전람; 실물 설명.
експона́т (-ту) *m* 전시.
експо́рт (-ту) *m* 수출.
експре́с (-са) *m* 고속열차; *adv* 고속으로.
експре́сія (-її) *f* 표현, 표현 방법.
експро́мт (-ту) *m* 즉흥시.
експропр|ійо́ваний (-на, -не) 빼앗다, 훔치다.
екста́за (-зи) *f* 황홀경, 몰아지경, 최면상태.
екстенси́вний (-на, -не) 넓은.
екстравага́нтний (-на, -не) 낭비의, 절도가 없는.
екстра́кт (-ту) *m* 적출물, 에센스, 주스.
екстраордина́рний (-на,-не) 비상한, 보통이 아닌.
екстре́ма (-ми) *f W.U.* 말단.
ексце́нтрик (-ка) *m* 비정상적인 사람.
ексце́с (-су) *m* 월권, 무절제, 정도를 넘는 행위.
елева́тор (-ра) *m* 엘리베이터, 승강기.
еле́гія (-її) *f* 비가.
елега́нт (-та) *m W.U.* 멋쟁이.
еле́ктор (-ра) *m* 선거인, 유권자.
еле́ктрик (-ка) *m* 전기 기술자.
еле́ктрика (-ки) *f* 전기.
електри́чний (-на, -не) 전기의, 전기(에 의한).
електро́д (-ду) *m* -ода (-ди) *f* 전극.
електродвигу́н (-на) *m* 전기 모터.
електро́н (-на) *m* 전자.

елеме́нт (-ту) *m* 성분, 요소; 원리, 기초.
еліксир (-ру) *m* 엘렉서제, 만병통치약.
еліта (-ти): 엘리트.
ема́ль (-лю) *m* 에나멜.
емансипа́ція (-ії) *f* 해방, 자유.
ембле́ма (-ми) *I* 표상, 문장, 엠블렘, 상징.
ембріо́лог (-га)*m* 발생학의.
ембріо́н (-на) *m* 씨눈, 배아.
емігра́нт (-та) *m*, -ка (-ки) *f* 이민자, 이주자.
еміґра́ція (-ії) *f* 이주, 망명자.
емігрува́ти (-ую, -уєш) *I* 이주하다, 이민가다.
емоці́йний, -іона́льний (-на, -не)* 감정의, 섬세한, 흔들리기 쉬운.
емо́ція (-ії) *f* 감정; 흥분.
ему́льсія (-ії) *f* 유상액, 에멀젼.
енерге́тика (-ки) *f* 에너지론.
енергі́йний, -і́чний (-на, -не)* 왕성한.
енергія (-ії) *f* 활력, 기력, 에너지.
ентузія́зм (-му) *m* 열중, 열광.
енциклопе́дія (-ії) *f* 백과사전.
епігра́ма (-ми) *f* 경구.
епі́гр|аф (-фа) *m* 비명, 비문.
епідемі́чний (-на, -не) 유행성의(질병).
епізо́д (-ду) 에피소드.
епіле́псія (-ії) *f* 간질.
епіло́г (-га) *m* 에필로그, 결말.
епі́столя (-лі) *f* 서간, 편지.
епі́чний (-на, -не) 서사시의.
епопе́я (-еї) *f* 서사시, 서사시.
е́пос (-су) *m* 에포스, 서사시, 영웅서사시.
епо́ха (-хи) *f* 시대, 시기, 연대.
е́ра (-ри) *f* 시대, 시기.
ере́кція (-ії) *f* 직립, 수립.
еро́зія (-ії) *f* 부식, 침식.
ероти́к (-ка) *m* 호색한.
еруди́т (-та) *m* 학구적인 사람, 유식한 사람.
есе́нція (-ії) *f* 적출, 에센스; 물질, 정신(정수).
еска́дра (-ри) *f Mil.* 함대, 분대, 소함대(해군).
ескі́з (-за) *m* 스케치, 윤곽도.
ескімо́с (-са) *m*, -ка (-ки) *f* 에스키모.
еско́рта (-ти) *f* 호위, 에스코트, 호송.

естака́да (-ди) *f* 수립, 설립.
еста́мп (-па) *m* 직인, 인쇄.
естафе́та (-ти) *f* 신문, 소책자.
есте́т (-та), **-ик**(-ка) *m*, 심미안이 있는 사람.
есто́нець (-нця) *m*, **-ка** (-ки) *f* 에스토니아 사람.
естра́да (-ди) *f* 단상, 교단.
ета́ж (-жу) *m* = поверх, (건물의) 층.
ета́п (-пу) *m* 주요 상품을 파는 상점, 대형 슈퍼마켓; *Mil.* 배급, 보급; (군마의) 마초.
е́тика (-ки) *f* 윤리, 도덕.
етике́та (-ти) *f* 에티켓; 인습, 풍습; 틀에 박힌 것; **-ка** (-ки) *f* 에티켓.
етимологі́чний (-на, -на) 어원 학자.
ети́чний (-на, -не) 윤리적인.
етні́чний (-на, -не) 민족의.
етно́граф (-фа) *m* 민족지의.
етю́д (-да or -ду) *m*, **-а** (-ди) *f* 연습곡, 에튀드, 에세이.
ефе́кт (-ту) *m* 결과, 효과.
ефеме́рний (-на, -не) 단명하는, 하루살이의.
ешафо́т (-та) *m* 처형대, 교수대.
ешело́н (-ну) *m Mil.* 편성, 제형(군대, 함선, 항공기 등); 계단.

Є

Є, є (우크라이나어 철자 중 여덟 번째 철자, "예"의 발음과 유사).
є (모든 인칭의 단수, 동사의 복수형태의 "to be"의 현재시제) —이다.
єва́нгелик (-ка) *m*, -ит (-та) *m* 성경을 배우는 학생.
єва́нг|еліє (-ія) *n*, -елія (-ії) *f* 복음, 복음서.
євре́й (-ея) *m*, -ка (-ки) *f* 헤브루인, 유태인.
Єги́пет (-пту) *m NP* 이집트.
єгипт́янин (-нина) *m*, -янка (-ки) *f* 이집트(인)의 (거주자).
є́гер (-ра) *m* 사냥꾼.
єди́ний (-на, -не) 유일한; *adv.* 유일하게, 오직.
єдна́льний (-на, -не) 연결의, 통합의, 결합의, 조화의.
єдна́ти (-а́ю, -а́єш) *I vt* 결합하다, 화합시키다; 공감을 얻다.
є́дність (-ности) *f* 일치, 조화, 단결, 결속.
єзуї́т (-та) *m* 예수회의 수사.
є́мний (-на, -не) 넓은.
є́на (-ни) *f* 엔(일본의 화폐).
єпи́скоп (-па) *m* 주교.
є́ресь (-сі) *f* 이론, 이설, 이단.
єрети́к (-ка) *m*, -ичка (-ки) *f* 이단자, 이교도.

єсли *W.U.*: якщо,만약 - 이기 때문에.
єство́ (-ва) *n* 존재, 본질.
єсть (동사의 3인칭 단수형태 "to be" = є).
єфре́йтор (-ра) *m* 신체.
єхи́да (-ди) *f Zool.* 살무사, 독사; 도마뱀, 도롱뇽; 나쁜, 사악한 사람.

Ж

Ж, ж (우크라이나어의 9번째 철자, "pleasure"의 s발음과 유사하나 더 거친 소리가 난다).

ж (명령, 질문, 탄원의 문장에서 강조할 때 사용): іди ж геть! 가버려! 꺼져버려! що ж ви на це скажете? 도대체 무슨 말인가? все ж таки, 아직은; вона ж сама прийшла, 그는 그녀 혼자서 왔다.

жа́ба (-би) *f Zool.* 개구리, 두꺼비.
жага́ (-ги) *f* 갈증; 갈망, 열망.
жагну́ти (-ну, -неш) *P vt* 쿡 찌르다.
жада́ (-ди) *f* 갈증, 강렬한 염원.
жада́ти (-даю, -аєш) *I vi* 요구하다, 원하다.
жаді́бний (-на, -не)* 갈망하는, 소망하는.
жадо́ба (-би), **-ота** (-ти) *f* 갈증, 열정, 열망; 정욕, 색욕, 갈망.
жа́йворон|ок (-нка) *m Orn.* 종다리.
жаке́т (-ту) *m* 상의, 반코트, 모닝코트.
жалува́ти (-ую, -уєш) *I vt* 애석하게 여기다, 안타깝게 생각하다, 동정하다.
жалугі́дний (-на, -не)* 동정 받을 만한.
жаль (жалю) *m* 슬픔, 후회, 근심; 가책, 참회, 속죄; 연민.
жанда́рм (-ма) *m* (프랑스의) 헌병, 경찰.
жанр (-ру) *m* 장르, 종류; 방법, 방식, 스타일.

жар (-ру) *m* 불타는 석탄, (불 속의) 석탄; 열; 열정, 불꽃.
жаргон (-ну) *m* 허튼소리.
жарений (-на, -не)* 구워진.
жарити (-ою, -риш) *I vt* 굽다, 튀기다.
жах (-ху) *m* 공포.
жахати (-аю, -аєш) *I vt*: (жахнути *P*) 놀라게 하다, 두려워하게 하다, 위협하다; -ся *I vi* 놀라다; 두려워하다.
жвавенький, -есенький (-ка, -ке) *Dim*.: **жвавий** (-ва, -ве)* 활발한, 생기 있는, 원기 있는.
женити (-еню, -ениш) *I vt* 결혼시키다; -ся *I vi* 결혼하다, 아내를 얻다.
жених (-ха) *m* 구혼자, 애인; 신랑.
жердина (-ни) *f*, -ка (-ки) *f* 막대, 곤봉, 옷걸이; 베틀의 일부분.
жеребець (-бця) *m* 망아지, 송아지.
жеребкування *n* 제비뽑기; 마법.
жеребна (-ної) *f* 임신한 말.
живий (-ва, -ве) 살아있는; 활발한, 민첩한.
живитель (-ля) *m*, -ка (-ки) *f* 영양물을 공급하는 것.
живити (-влю, -виш) *I vt* 먹이를 주다, 양분을 주다; 키우다; -ся *I vi* 양분을 섭취하다; -을 먹고 살다; 이득을 보다.
живіт (-вота) *m* 배, 복부; *Archaic*: 생명.
живлення *n* 영양, 양분공급.
жила (-ли) *f* 정맥, 동맥, 핏줄.
жилет (-та) *m* 조끼.
жилка (-ки) *f Dim*.: жила; 경향, 상태, 취향, 기호.
житіє (-ія) *n Archaic*, 생명, 삶; (복수로 쓰여서).
житлище (-ща) *n* = житло (-ла) *n* 주거, 주택.
житній (-ня, -нє) 호밀의.
жито (-та) *n* 호밀; 모든 곡류.
життєвий: (-ва, -ве) 살아있는, 삶의.
життєпис (-су) *m* 전기, 일대기.
життєрадісний: (-на, -не) 낙천적인, 쾌활한.
життя *n* 생명, 존재; 일생, 생애, 수명.
жниця (-ці) *f* 수확하는 사람(여자).
жній (-ія) *m*, -ійка (-ки) *f*, -ія (-ії) *f* 수확하는 사람.

жо́вкнути (-ну, -неш) *I vi* 노랗게 되다.
жо́втень (-тня) *m* 10월.
жо́втий (-та, -те) 노란.
жо́втневий (-ва, -ве) 10월의.
жовч (-чі) *f Anat.* 담즙, 쓸개즙; 노여움, 성, 화.
жри́ця (-ці) *f* 여승, 여성 사제.
жува́ти (жую, жуєш) *I vt* 씹다; -ся *I vi* 씹히다.
жу́йка (-ки) *f* 반추.
жук (-ка) *m Ent.* 딱정벌레, 쇠똥구리.
жура́в (-ва) *m*, **-ель** (-вля) *m Orn.* 두루미과.
журба́ (-би) *f* 고뇌, 슬픔; 걱정, 근심, 바램.
журли́вий (-ва, -ве) 근심하는, 걱정하는, 염려하는.
журна́л (-ла) *m* 신문, 잡지; 정기 잡지, 평론 잡지.
жу́рний (-на, -не) 슬픈, 우울한, 외로운.
журча́ти (-чу, -чиш) *I vi* 콸콸거리다, 꾸르륵 소리가 나다.

3

з, з (우크라이나어 알파벳의 10번째 철자, zero의 "z" 발음과 유사).

з *prep.* 생격과 함께. 표시, 지시: 1) 사람 혹은 사물이 오거나, 유래되는 곳으로부터의 장소: -로부터, -에서, -에, -으로; 2) 이유, 원인, 도구, 동기: -때문에, -어서, -의해, -으로, -을 통해: він плакав з жалю, 그는 슬퍼서 울었다; 3) 물건이 만들어 진 것: міст з бетону = бетоновий міст, 콘크리트 다리; 4) 관점(종종 복문에서): -에서, 로부터: з цього боку, ог з цієї сторони, 한편으로; 5) 시간: звечера, 저녁무렵에; зполудня, 정오에; зрана, 아침에; здавнього-давна, 예로부터; 6) 분리, 박탈, 제거, 고립: -로부터, -에서, -로: упасти з коня, 말에서 떨어지다; 7) 많은 양으로부터의 숫자: -중에, -에서: котрий з них? 그것들중 어느 것인가.

за *pref.* 1) 생격과 함께. 동안, -때에, -에: за давніх давен, 옛날에; за дня, 낮에, 낮시간에, 해가 있는 동안; за життя, 살아있는 동안; 2) 대격과 함께: -에 (특정기간, 시간): зараз,; 3) 도구격과 함께: -에, -를 따라, -와, -을 가지고, -로: за його поміччю, 그의 지원을 받아; 4) 대격과 함께: 비교에 있어 "-보다"를 나타냄 :

вона краща за нього, 그녀가 그보다 보기에 좋다.

заба́ва (-ви) *f* 오락, 기분전환.
заба́вити (-влю, -виш) *P vt*: (забавляти *I*) 흥겹게 하다, 기분전환 시키다.
заба́вка (-ки) *f* 장난감, 노리개; 놀이; 취미.
забага́то *adv.* 매우 많이.
забезпе́чений (-на, -не) 보호받는, 보장받는.
забива́ти (-аю, -аєш) *I vt*: (забити *P*) 죽이다.
заглиби́ти (-блю, -биш) *P vt*; **заглиблювати** (-люю, -люєш), -яти (-яю, -яєш) *vt* 깊게 하다; -ся *vi* 깊게 되다; 가라앉다.
заглу́хнути (-ну, -неш) *P vi* 귀를 먹다.
заглуша́ти (-аю, -аєш) *vt*; **заглушити** (-ушу, -ушиш) *P vt* 귀를 먹게 하다, 침묵시키다.
загляда́ти (-аю, -аєш) *vi*; **заглянути** (-ну, -неш) *P vi* 바라보다.
загнива́ти (-аю, -аєш) *vi*: (загнити *P*) 썩다.
загоʼлов|ний (-на, -не) 제목의.
загорди́тися (-джуся, -дишся) *P vi* 자랑스러워하다.
загоʼстрен|ий (-на, -не)* 날카로운.
загостри́ти (-острю, -остриш) *I vt*; **загострювати** (-рюю, -рюєш) *I vt* 날카롭게 하다.
заготі́вля (-лі) *f* 위탁 (판매), 탁송(託送).
за́грава (-ви) *f* 붉은 하늘색.
загравати (-ваю, -ваєш)*I vi, t*: (заграти *P*) 연주를 시작하다; 바다가 출렁거리다.
загребу́щий (-ща, -ще) 욕심 많은, 탐욕스러운.
загро́жувати (-ую, -уєш) *vi*: (загрозити *P*) 위협하다.
загро́за (-зи) *f* 위협, 협박.
загро́зливий (-ва, -ве) 위협하는.
загуби́ти (-ублю, -убиш) *P vt* 잊어버리다; 망치다, 죽이다; -ся *P vi* 망치다.
зад (-ду) *m* 물체의 뒷부분.
зада́ча (-чі) *f* 연습, 수업 과제.
задиха́тися (-аюся, -аєшся) *I vi*; **задихатися** (-аюся, -аєшся) = **задихнутися** (-нуся, -нешся) *P vi* 숨이 차다.

задовгий (-га, -ге) 충분히 오랫동안.
задовол|ений (-на, -не) 만족스러운, 기쁜.
задом *adv*. 뒤로.
задрімати (-аю, -аєш) *P vi* 잠자기 시작하다.
задувати (-аю, -аєш) *P vt*: (задути *P*) 불다, 끄다.
задум (-му) *m* 계획, 의도, 계획.
задуха (-хи) *f* 무더움, 숨 막히는 강한 냄새.
задушити (-ушу, -ушиш) *P vt*: (задушувати *I*) 질식시키다; -ся *P vi* 질식하다.
задуш|ливий (-ва, -ве) 질식시키는.
зає|ць (зайця) *m* = заяць, 토끼.
зажадати (-даю, -аєш) *P vi* 요구하다.
зажурити (-урю, -уриш) *P vt*; **зажурювати** (-рюю, -рюєш) *I vt* 슬퍼하다, 걱정하다.
заздалегі|дний (-на, -не) 시간상 준비된.
заздр|ений (-на, -не), ~ий (-ра, -ре) 질투하는.
заздр|ити (-рю, -риш) *I vi* 질투하다.
заздріс|ний (-на, -не) 질투하는.
зазіх|ання *n* 갈망, 기대.
зазнавати (-наю, -аєш) *vt*: (зазнати *P*) 알다.
зазначен|ий (-на, -не) 표시된, 지시된.
зазначити (-чу, -чиш) *P vt*: (зазначати, зазначувати *I*) 표시하다, 지시하다.
заїжджати (-джаю, -аєш): (заїхати *P*) 도착하다.
заїздити (-джу, -диш) *P vt* (말을) 지치게 하다.
зайв|ий (-ва, -ве) 초과되는, 필요없는.
займати (-аю, -аєш) *I vt*: (займити, зайняти *P*) 잡다, 흔들다.
зайнятий (-та, -те) 차지하는, 고용된.
закашляти (-яю, -яєш) *P vi* 기침하다; -ся *P vi* 기침하기 시작하다.
заквітчати (-аю, -аєш) *P vt*; **заквітчувати** (-ую, -уєш) *I vt* 꽃이나 리본으로 꾸미다.
закид (-ду) *m* 비난, 반대.
закінчен|ня *n* 끝, 결론.
заклад (-ду) *m* 설립.
заклеїти (-ею, -еїш) *P vt*: (заклеювати *I*) 붙이다.
закликати (-аю, -аєш) *I vt*; **закликати** (-ичу, -ичеш) *P vt* 초대하다.

заклопо́т|аний (-на, -не) 곤란한, 걱정하는.
заклюва́ти (-лю́ю, -лю́єш) *P vt*: (заклю́овувати *I*) 부리로 쪼기 시작하다.
заключни́й (-на, -не) 결론의.
закля́клий (-ла, -ле) 굳은.
закко́вувати (-ую, -уєш) *I vt*: (закува́ти, закути́ *P*) 체인을 두르다.
заколиса́ти (-ишу́, -ишеш) *P vt*; заколи́сувати (-ую, -уєш) *I vt* 흔들어 잠을 재우다.
за́колот (-ту) *m* 혼란, 혼동.
заколо́тний (-на, -не) 곤란스러운, 반역하는.
зако́н (-ну) *m* 법.
зако́нн|ий (-нна, -нне)* 법적인, 유효한.
зако́н|ода́вець (-вця) *m* 법 제정자.
законсервува́ти (-ую, -уєш) *P vt* 보존하다.
закордо́н (-ну) *m* 해외, 외국; ~ець (-нця) *m* 외국인.
закоха́ти (-а́ю, -а́єш) *P vt*; закоху́вати (-ую, -уєш) *I vt* 사랑하다, 사랑에 빠지다.
закрива́ти (-а́ю, -а́єш) *I vt*: (закри́ти *P*) 덮다, 숨기다.
закри́т|ий (-та, -те) 덮인, 숨겨진.
закрича́ти (-чу́, -чи́ш) *P vi*; закри́чувати (-ую, -уєш) *I vt* 외치기 시작하다.
ззкрі́пити (-плю́, -пи́ш) *P vt*; ззкрі́пля́ти (-я́ю, -я́єш) *I vt* 강하게 하다.
закругли́ти (-углю́, -угли́ш) *P vt*; закру́глювати (-люю, -люєш) *I vt* 둥글게 만들다.
за́крут (-ту) *m* 회전, 구부러진 곳.
заку́ска (-ки) *f* 스낵.
заку́ток (-тка) *m* 모퉁이.
заку́шати (-а́ю, -а́єш) *P vi* 시식하다, 경험하다.
зала́зити (-ла́жу, -а́зиш) *I vi*: (залі́зти *P*) 기어가다.
залата́ти (-та́ю, -а́єш) *P vt*; залату́вати (-ую, -уєш) *I vt* 수선하다.
залаштунко́вий (-ва, -ве) 장면 뒤의.
залежа́ти (-жу́, -жи́ш) *P vi* 의지하다.
зале́жн|ий (-на, -не) 의지하는.
залива́ти (-а́ю, -а́єш) *I vt*: (зали́ти, залля́ти *P*) 어떤 것이 쏟아져 멈추다.

залиця́тися (-я́юся, -я́єшся) *I vi* 사랑을 만들다.
залиша́ти (-а́ю, -а́єш) *I vt*; **залиши́ти** (-и́шу, -и́шиш) *P vt* 남기다.
зали́шній (-ня, -нє) 초과되는.
залі́зн|ий (-на, -не) 철, 철의.
залі́зн|иця (-ці) *f* 철도.
залі́зо (-за) *n* 철.
залізобето́н (-ну) *m* 강화된 콘크리트.
заліпи́ти (-іплю́, -і́пиш) *P vt*; **заліплюва́ти** (-лю́ю, -лю́єш) *I vt*. 붙이다, 구멍을 막다.
заліта́ти (-а́ю, -а́єш) *I vi*: (залеті́ти *P*).
залуча́ти (-а́ю, -а́єш) *I vt*; **залучи́ти** (-учу́, -у́чиш) *P vt* 더하다, 끝내다.
залюбки́ *adv*. 기꺼이.
заляга́ти (-а́ю, -а́єш) *I vt*; **заля́гти** (-я́жу, -я́жеш) *P vt* 차지하다.
заля́к|аний (-на, -не) 놀란, 공포스러운.
заля́кувати (-ую, -уєш) *P vt* 붙이다, 봉합하다.
замали́й (-ла́, -ле́) 너무 작은
зама́ло *adv*. 너무 작게.
замалюва́ти (-лю́ю, -лю́єш) *P vt*; **замальо́вувати** (-ую, -уєш) *I vt* 페인트칠하다.
замаско́вувати (-ую, -уєш) *I vt*; **замаскува́ти** (-ую, -уєш) *P vt* 마스크를 쓰다, 안 보이게 하다.
замахну́ти (-ну́, -не́ш) *P vi*; -ся *P vi* 손을 들다.
замерза́ння *n* 어는 과정.
замерза́ти (-а́ю, -а́єш) *I vi*: (замерз|ти́, ~ну́ти *P*) 얼리다.
заметі́ль (-те́лі) *f*. ~ни́ця (-ці) *f* 폭설.
замива́ти (-ва́ю, -а́єш) *I vt*: (зами́ти *P*) 씻다.
замика́ти (-а́ю, -а́єш) *I vt*: (замкну́ти *P*) 닫다, 잠그다.
зами́лувати (-ую, -уєш) *P vt* 좋아하다.
замисли́ти (-лю́, -лиш) *P vt*: (замишля́ти *I*) 계획하다, 의도하다.
за́м|іж *adv*. 결혼하여.
замі́н|а (-ни) *f*, ~е́ння *n* 교환, 교체.
замін|и́ти (-і́ню, -і́ниш), ~я́ти (-я́ю, -я́єш) *P vt*; **замі́нювати** (-нюю, -нюєш) *I vt* 교환하다,

교체하다.
за́мір (-ру) *m* 계획, 의도, 디자인.
замі́рити (-рю, -риш) *Pvt:* (замі́р|ювати, ~яти *I*) 결정하다.
замі́ський (-ка, -ке) 교외의.
замі́тка (-ки) *f* 주의.
замі́щення *n* 교체.
замкн|ений (-на, -не) 닫힌.
замовка́ти (-аю, -аєш) *I vi*; замовкнути (-ну, -неш) *P vi* 말을 멈추다, 조용해지다.
замо́влен|ий (-на, -не) 고용된, 예약된.
заможн|енький (-ка, -ке)* *Dim*,: заможний (-на, -не)* 부유한.
за́мок (-мка) *m* 성.
замо́к (-мка) *m* 자물쇠.
за́молоду *adv*. 젊은 시절에.
заморд|о́вувати (-у́ю, -у́єш) *I vt*; замордувати (-у́ю, -у́єш) *P vt* 살해하다, 암살하다.
заморо́жувати (-у́ю, -у́єш) *I vt*; заморозити (-ро́жу, -о́зиш) *P vt* 얼리다.
заморськи́й (-ка, -ке) 외국의.
замочи́ти (-о́чу, -о́чиш) *P vt*; замо́чувати (-у́ю, -у́єш) *I vt* 물에 젖게 하다.
замрі́ювати (-і́юю, -і́юєт) *I vt*; замрі́яти (-і́ю, -і́єш) *P vt* 꿈을 꾸다.
заму́рз|а (-зи) *m, f* 더러움.
замучи́ти (-чу, -чиш) *P vt*; заму́чувати (-чую, -у́єш) *I vt* 고문하여 죽이다.
зана́дто *adv*. 너무 많이.
занапа́щений (-на, -не) 파괴된.
занедб|аний (-на, -не) 태만한, 부주의한.
занедба́ти (-а́ю, -а́єш) *P vt*; занедбува́ти (-у́ю, -у́єш) *I vt* 무시하다.
занеду́жати (-аю, -аєш) *P vi*; занеду́жувати (-жую, -у́єш) *I vi* 병에 걸리다.
занепа́д (-ду) *m* 하락, 퇴조.
занепа́дати (-да́ю, -а́єш) *I vi*: (занепа́сти *P*) 하락하다, 썩다.
занепоко́єн|ий (-на, -не)* 걱정하는.
за́ново *adv*. 다시 한 번.
зано́сити (-о́шу, -о́сиш) *P vt*; (заношувати *I*)

занотовувати

많은 물건을 나르다

занотовувати (-ую, -уєш) *I vt*; **занотувати** (-ую, -уєш) *P vt* 필기하다, 관찰하다.

занурити (-рю, -риш) *P vi*; **занур|ювати** (-рюю, -рюєш), ~яти (-яю, -яєш) *I vi* 담그다.

заодно *adv.* 모두, 다 함께.

заокруглити (-углю, -углиш) *P vt*; **заокругл|ювати** (-люю, -люєш), ~яти (-яю, -яєш) *I vt* 둥글게 만들다.

заохочен|ий (-на, -не); ~ня *n* 용기.

заощаджати (-аю, -аєш) *I vt*: (**заощадити** *P*) 절약하다, 아끼다.

западати (-даю, -даєш) *I vi*: (**запасти** *P*) 떨어지다, 내주다.

запаковувати (-ую, -уєш) *I vt*; **запакувати** (-ую, -уєш) *P vt* 가방을 싸다, 투옥시키다.

запал (-лу) *m* 정열, 열심.

запалення *n* 점화.

запал|ий (-ла, -ле) 가라앉은.

запалити (-алю, -алиш) *P vt*: (**запалювати** *I*) 불을 켜다.

запальн|ий (-на, -не) 점화가 잘 되는.

запамор|ока (-ки) *f* 기절.

запаморочити (-чу, -чиш) *P vt* 기절시키다.

запанібрат, ~а *adv.* 친밀하게.

запас (-су) *m* 공급, 저장.

запасати (-саю, -саєш) *I vt*: (**запасти** *P*) 공급하다, 저장하다.

запасний (-на, -не) 잘 저장된.

запах (-ху) *m* 냄새, 향기.

запевне *adv.* 확실히, 의심할 여지없이.

запев|нити (-ню, -ниш) *P vt*; **запевняти** (-ню, -яєш) *I vt* 확신하다.

заперечувати (-ую, -уєш) *I vi*: (**заперечити** *P*): – головою, 머리를 흔들다.

запивати (-аю, -аєш) *I vi*: (**запити** *P*) 술을 마시기 시작하다.

запилений (-на, -не)* 먼지가 많은.

запилити (-илю, -илиш) *P vt*; **запилювати** (-люю, -люєш) *I vt* 먼지로 뒤덮다.

зап|ис (-су) *m* 등록, 입학.

запи́с|ка (-ки) *f* 메모.
запи́т (-ту) *m* 질문.
запи́т|ливий (-ва, -ве) 의심스러운.
запи́т|увати (-ую, -уєш) *I vt*: (запита́ти *P*); -ся *I vi*; ~увач (-ча) *m* 질문자.
запиха́ти (-а́ю, -а́єш) *I vt*: (запхну́ти, запха́ти *P*) 집어넣다.
запітні́лий (-ла, -ле) 땀으로 젖은.
запітні́ти (-і́ю, -і́єш) *P vi* 땀을 흘리기 시작하다.
запла́кати (-ла́чу, -а́чеш) *P vi* 울기 시작하다.
заплати́ти (-ла́чу, -ла́тиш) *P vt* 지불하다.
заплива́ти (-а́ю, -а́єш) *I vi*; заплива́ти, заплисти́ (-иву́, -иве́ш) *P vi* 수영, 배로 도착하다.
заплі́днен|ий (-на, -не) 임신한; ~ня *n* 임신.
заплідни́ти (-і́дню, -і́дниш) *P vt*; заплі́днювати (-ню́ю, -ню́єш) *I vt* 임신시키다.
заплі́снявий (-ва, -ве) 곰팡이가 자라는.
заплі́снявіти (-і́ю, -і́єш) *P vi* 곰팡이가 자라다.
заплу́тан|ий (-на, -не)* 복잡한.
заплу́тати (-а́ю, -а́єш) *P vt*; заплу́тувати (-тую, -уєш) *I vt* 포함하다.
заплю́щити (-щу, -щиш) *P vt*; заплю́щувати (-ую, -уєш) *I vt* 눈을 감다.
запобіга́ти (-а́ю, -а́єш) *I vi*: (запобі́гти *P*) (чому): 피하려고 노력하다.
запобі́глив|ий (-ва, -ве)* 신중한.
запобі́жний (-на, -не)* 신중한.
заповза́ти (-а́ю, -а́єш) *I vi*; заповзти́ (-зу́, -зе́ш) *P vi* 기어가다.
запові́т (-ту) *m* 유언.
запози́чати (-а́ю, -а́єш) *I vt*; запози́чити (-чу, -чиш) *P vt* 빌리다.
запоп|а́дливий (-ва, -ве)*, ~а́дний (-на, -не)* 근면한, 주도면밀한.
запороши́ти (-ошу́, -о́шиш) *P vt*; запоро́шувати (-ую, -уєш) *I vt* 먼지로 뒤덮다.
запра́вка (-ки) *f* 간을 맞추는 것.
заприятелюва́ти (-лю́ю, -лю́єш) *P vi* 친분을 맺다.

запроваджа́ти (-аю, -аєш) *I vt*: (запрова́дити *P*) 인도하다.

запро́шений (-на, -не) 초대된.

запряга́ти (-аю, -аєш) *I vt*; запрягти́ (-яжу́, -я́жеш) *P vt* 말에 마구를 채우다.

запря́жка (-ки) *f* 마구.

запуска́ти (-аю, -аєш) *I vt*: (запусти́ти *P*) 움직이다.

запусті́ти (-ію, -ієш) *P vi* 황폐해지다.

зап'ясто́к (-тка) *m Anat.* 손목.

зара́ди prep. with Gen. —을/를 위해.

заража́ти (-жа́ю, -аєш) *I vt*: (зарази́ти *P*) 전염시키다.

за́раз *adv.* 즉시.

зара́за (-зи) *f* 전염병.

зара́зливий (-ва, -ве) 전염의.

зарахо́вувати (-ую, -уєш) *I vt*; зарахува́ти (-ую, -уєш) *P vt* 셈하다.

зареєстро́ваний (-на, -не) 등록된.

зареєстро́вувати (-ую, -уєш) *I vt*; зареєструва́ти (-ую, -уєш) *P vt* 등록시키다.

заржаві́ти (-ію, -ієш) *P vi* 녹슬기 시작하다.

зарива́ти (-аю, -аєш) *I vt*: (зари́ти *P*) 땅에 묻다.

зарисо́вувати (-ую, -уєш) *I vt*; зарисува́ти (-ую, -уєш) *P vt* 그림을 그리다.

зарівню́вати (-нюю, -нюєш) *I vt*; зарівня́ти (-я́ю, -я́єш) *P vt* 평평하게 하다, 똑같게 하다.

зарі́зати (-і́жу, -і́жеш) *P vt*; зарі́зувати (-ую, -уєш) *I vt* 죽이다, 살해하다.

заробі́т|ний (-на, -не) 돈을 번, 획득된.

заробля́ти (-ню, -неш) *I vt*: (заро́бити *P*); -ся *I vi* 일을 열심히 하다.

заро́джувати (-ую, -уєш) *I vt*; зароди́ти (-оджу́, -о́диш) *P vt* 생산하다, 산출하다.

заро́док (-дка) *m* 씨, 싹.

зарозумі́л|ий (-ла, -ле)* 거만한.

заруба́ти (-аю, -аєш) *P vt*: (зарубу́вати *I*) 베어 죽이다.

заруча́ти (-аю, -аєш)¹ *I vt*: (заручи́ти *P*); 약혼시키다.

заруча́ти (-аю, -аєш)² *I vi*: (заручи́ти *P*) (кому

заруч|ений (-на, -не) 약혼한.
заручник (-ка) *m* 인질.
заряд (-ду) *m* 장전.
заряджати (-аю, -аєш) = **заряджувати** (-ую, -уєш) *P vt*; **зарядити** (-джу, -диш) *P vt W.U.* (чим): 경영하다.
засада (-ди) *f* 원칙, 기반.
засаджати (-жаю, -аєш) = **засаджувати** (-ую, -уєш) *I vt*; **засадити** (-аджу, -адиш) *P vt* 심다.
засвідчити (-чу, -чиш) *P vt*; **засвідчувати** (-ую, -уєш) *I vt* 확인하다, 보증하다.
засвітла *adv.* 날이 밝은 동안.
заселити (-елю, -елиш) *P vt*; **засел|ювати** (-люю, -люєш), ~**яти** (-яю, -яєш) *I vt* 거주하다, 식민지화하다.
засиджувати (-ую, -уєш) *I vt*; **засидіти** (-джу, -диш) *P vt* 한동안 앉아 있다.
засилати (-аю, -аєш) *I vt*: (**заслати** *P*) 멀리 보내다.
засилля *n* 우위, 우월.
засипати (-паю, -аєш) *I vt*; **засипати** (-плю, -плеш) *P vt* 덮다, 묻다, 채우다.
засипати (-паю, -аєш) *I vi*: (**заснути, заспати** *P*) 잠에 빠지다.
засихати (-аю, -аєш) *I vi*: (**засох|нути**, ~**ти** *P*) 말리다.
засіб (-собу) *m* 수단, 방법.
засівати (-аю, -аєш) *I vt*: (**засіяти** *P*) 파종하다.
засід|ання *n* 회의.
засідати (-аю, -аєш) *I vi*: (**засісти** *P*) 자리에 앉다.
засклити (-лю, -лиш) *P vt* 유리로 덮다.
заслан|ець (-нця) *m* 망명자.
заслання *n* 망명.
заслуга (-ги) *f* 장점, 서비스.
заслуговувати (-ую, -уєш), **заслугувати** (-тую, -туєш) *I vi*: (**заслужити** *P*) (на що): 가치가 있다, 장점이 있다.
заслухувати (-ухую, -ухуєш) *I vt* = **вислухувати**,

주의 깊게 듣다.

засмагнути (-ну, -неш) *P vi* 햇볕에 탄.

засмальцьовувати (-ую, -уєш) *I vi* 기름으로 더럽히다.

засмоктати (-окчу, -окчеш) *P vi*: засмоктувати (-ую, -уєш) *I vi* 빠지다.

засмучений (-на, -не) 슬픈.

засновувати (-ую, -уєш) *I vt*: заснувати (-ую, -уєш) *P vt* 설립하다.

засолити (-олю́, -олиш) *P vt*; засолювати (-люю, -люєш) *I vt* 짜게 하다.

засоромити (-млю, -миш) *P vt*; засоромлювати (-люю, -люєш) *I vt* 부끄럽게 하다.

засоромлений (-на, -не) 부끄러운.

заспаний (-на, -не) 잠자는.

заспівати (-аю, -аєш) *P vt*: заспівувати (-ую, -уєш) *vt* 노래를 시작하다.

заспокійливий (-ва, -ве) 평온한, 평화스러운.

заспок|оєний (-на, -не) 평온한, 평화스러운.

заспокоїти (-ою, -оїш) *P vt*; заспокоювати (-коюю, -оюєш) *I vt* 만족시키다.

застав (-ву) *m* 서약.

заставати (-таю, -аєш) *I vi*: (застати *P*) 만나다.

заставити (-влю, -виш) *P vt*: (заставляти *I*) 서약하다.

застелити (-елю́, -елиш) *P vt*; застел|ювати (-люю, -люєш), ~яти (-яю, -яєш) *I vt* 덮다 뿌리다.

застереж|ення *n* 약속.

застеріг|ати(ся) = застерегати(ся): ~ання *n* 경고.

застигати (-аю, -аєш) *I vi*: (застиг|нути, ~ти *P*) 서늘해지다.

заст|ібка (-ки) *f* 빗장.

застій (-тою) *m* 막힘.

застільний (-на~не)* 테이블의.

застосовувати (-ую, -уєш) *P vt*; застосувати (-ую, -уєш) *P vt* 채택하다, 적용하다.

застосування *n* 사용, 응용, 채택.

застрахувати (-ую, -уєш) *P vt* 보증하다.

застре́лити (-лю, -лиш) *P vt*: застрелювати (-люю, -люєш) *I vt* 쏘아 죽이다.

застроми́ти (-омлю, -омиш) *P vt*; застромлювати (-люю, -люєш), ~яти (-яю, -яєш) *I vt* 막대기로 찌르다.

заструга́ти (-ужу́, -ужиш) *P vt*; застругувати (-гую, -гуєш) *I vt* 끝을 뾰족하게 하다

застрява́ти (-аю, -аєш) *I vi* = застрягати. застрягати (-аю, -аєш) *I vi*; застрягнути, ~ти (-ягну, -ягнеш) *P vi* 막대기로 받혀진 채로이다.

засту́да (-ди) *f* 한기, 추위.

застуджувати (-жую, -уєш) *I vt*; застудити (-уджу, -удиш) *P vt* 서늘하게 하다, 오싹하게 하다.

заступа́ти (-аю, -аєш) *I vt*; заступити (-уплю, -упиш) *P vt* 대신하다, 대체하다.

засту́плений, ~ний (-на, -не) 이것은 (틀림없이).

засуджувати (-жую, -уєш) *I vt*; засудити (-уджу, -удиш) *P vt* 옳지 않다고 보다, 책망하다, 비난하다.

засу́шливий (-ва, -ве), ~ний (-на, -не) 건조, 마름.

затамо́вувати (-ую, -уєш) *I vt*; затамувати (-ую, -уєш) *P vt* 가로막다; 억누르다, 막다.

затанцюва́ти (-цюю, -цюєш) *P vi* 춤을 추기 시작하다; *vt* 춤으로 돈을 벌다.

затве́рджений (-на, -не) 견고한; 굳혀진, 확증된; ~ня *n* 견고, 강화, 확증, 허가, 인가, 비준.

затве́рджувати (-ую, -уєш) *I vt*; затвердити (-джу, -діш) *P vt* 허가하다, 인가하다, 승인하다.

затверді́ти (-ію, -ієш) *P vi* 고집이 세다, 딱딱하다, 완고하게 되다.

зате́ *adv.* 대신에, 더욱이, 그러나.

зате́мнений (-на, -не) 어두워진, 불투명한, 뿌연.

затемни́ти (-ню, -ниш) *P vt*: (затемнювати, ~ яти *I*) 어둡게 하다, 불투명해 지다, 그늘이 지다; -ся *P vi* 어두워지게 되다 (불분명하게).

зати́кати (-аю, -аєш) *I vt*: (заткнути *P*) 일의 진행이나 사람의 활동] 을 방해하다.

затиска́ти (-аю, -аєш) *I vt*: (затиснути *P*) 조이다, 압착을 가하다, 더욱 세게 누르다.

затиха́ти (-аю, -аєш) *I vi*; затихнути (-ну, -неш) *P*

затихати

vi 조용하게 되다, 가라앉혀 지다.

затичка (-ки) *f* 마개, 코르크.

затишний (-на, -не) 조용한, 안락한, 편안한, 평화로운, 쉬운.

затишок (-шку) *m* 공간.

затівати (-аю, -аєш) *I vt*: (затіяти *P*) 연구하다, 고안하다; -ся *I vi* (на що): 보이다, 나타나다.

затікати (-аю, -аєш) *P vi*: (затекти *P*). затінення *n* 검게 되다.

затінити (-іию, -ініш) *P vt*: (затінювати, ~яти *I*) 그늘지다, 어둡게 하다.

затока (-ки) *f* 만, 심연.

затоплений (-на, -не); 잠겼다, 가라앉았다, 침몰했다.

затоптати (-опчу, -опчеш) *P vt*; затоптувати (-ую, -уєш) *I vt* 짓밟다.

затрим (-му) *m*, ~имання *n* 지연, 지체, 지장.

затримати (-аю, -аєш) *P vt*; затримувати (-ую, -уєш) *I* ~을 지연하다, ~을 만류하다.

затуманити (-ню, -ниш) *P vt*: (затуманювати *I*) ...을 속이다, 기만하다.

затупити (-уплю, -упиш) *P vt*; затуплювати (-люю, -люєш) *I vt* ...을 무디게 하다, [힘・감각 따위]를 둔화시키다.

затушовувати (-вую, -уєш) *I vt*; затушувати (-шую, -уєш) *P vt* ...을 조용하게 하다.

затягати (-аю, -аєш) *I vt*; затягінути, ~ти (-ягну, -ягнеш) *P vt* 무거운 물건]을 끌다; ...을 질질 끌고 가다.

затямити (-млю, -миш) *P vt*; затямлювати (-люю, -люєш) *I vt* ...을 생각해내다, 상기하다.

затятий (-та, -те)* 고집센, 완고한.

затьмарений (-на,-не)* 흐린, 구름이 많은.

затьмарити (-рю, -риш) *P vt*; затьмарювати (-рюю, -рюєш) *I vt* 구름으로 가리다, 모호하게 하다.

зауважений (-на, -не) 알아챈, 주목하는.

зафарбовувати (-ую, -уєш) *I vt*: зафарбувати (-ую,-уєш) *P vt* 색칠하다.

зафіксовувати (-ую, -уєш) *I vt*; зафіксувати (-ую, -уеш) *P vt* 고정하다, 차리다, 확실하게 매달다.

захарашений (-на, -не) 혼란, 난잡.

захвали́ти (-алю́, -а́лиш)*P vt*; захва́лювати (-лю́ю, -лю́єш), ...я́ти (-я́ю, -єш) *I vt* 지나치게 칭찬하다, 찬사를 보내다.

за́хват (-ту) *m* 큰 기쁨, 광희, 환희, 황홀.

захворі́ти (Ню, -ієш)*P vi*: (захво́рювати *I*) 병든.

захирі́ти (-і́ю, -ієш) *P vi* 약한, 힘[체력]이 없는.

за́хист (-ту) *m* 피난처, 은신처.

захисти́ти (-хищу́, -хи́стиш) *P vt*: (захища́ти) (위험 따위에서) ...을 지키다, 보호하다.

захи́щений (-на, -не) (장소 따위가) 안전한.

за́хід (-ходу) *m* 서, 서쪽, 서부, 서방.

за́хід (-ходу) *m* 활발하게 움직임.

за́хідній (-ня, -не) 서, 서쪽, 서부.

захма́рити (-рю, -риш) *P vt*; захма́рювати (-рюю, -рюєш) *I vt*; 흐리다. 어두워지다, 음산해지다.

захова́ти (-а́ю, -а́єш) *P vt*; захо́вувати (-ую, -уєш) *I vt* ...을 보존하다, 간수하다, 보관하다.

заходи́ти (-джу, -диш) *P vi*: (зайти́ *P*) 숨다.

захолону́ти (-ну, -неш) *P vi* = захолоді́ти. **за́хоп** (-пу) *m* 압수(물), 몰수(물), 압류(물).

захопи́ти (-оплю́, -о́пиш) *P vt*: (захо́плювати *I*) ...을 (갑자기 꽉) 잡다, 쥐다); -ся *P vi* 기뻐서 어쩔 줄 모르다.

захо́плений (-на, -не)* 기뻐서 어찌할 바를 모르는, 미친 듯이 기뻐하는.

зацікави́ти (-влю, -виш) *P vt*: (зацка́влювати *I*) 흥미롭다, 관심을 갖다.

зацікавлений (-на, -не) *흥미로운.

заціпені́ти (-і́ю, -ієш) *P vi* . 뻣뻣하게 하다.

зачаро́ваний (-на, -не); 매력적인, 매혹적인.

зачаро́вувати (-ую, -уєш) *P vt*; зачарува́ти (-ую, -уєш) *I vt* 매혹하다. 황홀하게 하다.

зачека́ти (-а́ю, -а́єш) *P vi* 기다리다.

зачерпува́ти (-ую, -уєш) *I vt* = зачерпа́ти. зачерстві́лий (-ла, -ле)* 상하다.

зачини́ти (-чиню́, -чи́ниш) *P vt*; зачиня́ти (-я́ю, -я́єш) *I vt* 종결하다, 닫다.

зачита́ти (-а́ю, -а́єш) *P vt* 읽기 시작하다.

зачита́тися (-а́юся, -а́єшся) *P vi* ; зачиту́ватися (-уюся, -уєшся) *I vi* 심각하게 되다.

за́чіпка (-ки) *f* 성남, 평계, 공격적인 움직임.

зашари́тися (-рюся, -ришся), зашарітися (-іюся, -ієшся) *P vi* 얼굴을 붉히다.

зашифро́вувати (-ую, -уєш) *I vt*; зашифрува́ти (-ую, -уєш) *P vt* 규칙으로 제정하다.

зашкару́блий (-ла, -ле) 굳은, 단단한 (손의).

зашко́джувати (-ую, -уєш) *I vi*; зашко́дити (-джу, -диш) *P vi* 해가 되다, 다치다, 상처입다.

за́шморг (-гу) *m* 올가미로 잡다, 매듭이 벗겨지다.

зашнуро́вувати (-ую, -уєш) *I vt*; зашнурува́ти (-рую, -уєш) *P vt* 끈으로 묶다, 레이스로 묶다.

зашпили́ти (-пилю, -илиш) *P vt*; зашпи́лювати (-люю, -люєш) *I vt* 핀으로 고정시키다.

защіпа́ти (-аю, -аєш) *I vt*: (защіпну́ти *P*) 걸쇠로 고정시키다.

зая́ва (-ви) *f* 선언, 증언, 진술; 요구, 주문.

зая́вка (-ки) *f Dim.*: заява; ~лений (-на, -не) 신고한, 분명한, 명백한.

заяло́жений (-на, -не)* 더럽혀진, 얼룩져진.

збага́чений (-на, -не) 부자인; ~ня *n* 부자.

зба́гнений (-на, -не) 이해하는, 감을 잡은.

збагну́ти (-ну, -неш) *P vt* 이해하다.

збайдужі́лий (-ла, -ле)* 무관심한, 관련 없는.

збанкру́титися (-учуся, -утишся) *P vi* збанкрутува́ти (-тую, -уєш) *P vi* 파산하게 되다.

збенте́жений (-на, -не)* 놀란, 장애의, 흥미로운.

збенте́жити (-жу, -жиш) *P vt*; збенте́жувати (-ую, -уєш) *I vt* 혼돈시키다, 곤경에 빠뜨리다.

збере́гти́ (-режу, -жеш) *P vt*: (зберіга́ти *I*) 보존하다.

збива́ти (-аю, -аєш) *I vt*: (зби́ти *P*) 마구 못질하여 만들다.

зби́раний (-на, -не) 모아진; 주름진, 접혀진.

збира́ти (-аю, -аєш) *I vt*: (зібра́ти *P*) 모으다.

збира́ч (-ча) *m*, ~ачка (-ки) *f* 수집가.

зби́ток (-тку) *m* (*sing. of:* збитки); 사치품, 고급품.

збіг (-гу) *m* 합류, 집합, 군집; (의견의)일치.

збі́гати (-аю, -аєш) *P vi* ~을 향해 달리다.

збіга́ти (-аю, -аєш) *I vi*: (збі́ги *P*) 달려가다.

збідні́лий (-ла, -ле) 가난한, 가세가 기운.

збіжжя *n* 곡물; 유동재산.
збільшити (-ільшу, -ільшиш) *P vt*: (збільшувати *I*) 증가하다, 거대하다, 확대하다; **-ся** *P vi* 증가되다, 확대되다.
збільшувальний (-на, -не) 증가할 수 있는.
збір (збору) *m* 모임, 집회.
збірка (-ки) *f* 수집; 결합, 모음, 검열, 집회.
зблизька *adv.* 가까운, 근처의.
зблідну́ти (-ну, -неш) *P vi* 창백해지다.
збожеволіти (-ію, -ієш) *P vi* 미쳐가다.
збоку *adv.* 한 면으로, 한 면을 따라서.
збори (-рів) *pl* 모임, 집회, 연합; 때.
збочений (-на, -не) 벗어난; 절름발이의, 불구자의.
зброя (-ої) *f* 무기, 전쟁용품.
збруя (-уї) *f* 말 올가미, 마구.
збувати (-аю, -аєш) *I vt*; (збути *P*) 제거하다.
збудження *n*, **~ість** (-ности) *f* 일어남, 깨우침.
збуджувати (-джую, -уєш) *I vt*: (збудити *P*) 깨다.
збудувати (-дую, - уєш) *P vt* 만들다, 건설하다.
збут (-ту) *m* 시장, 판매, 물건의 처분.
зваб́ливий (-ва, -ве)* 유혹하는, 유인하는.
зважати (-жаю, -аєш) *I vi*: (на що): 주의하다.
зважити (-жу,-жиш) *P vt*; зважувати(-ую, -уєш) *I vt* 누르다, 압박하다.
звалити (-алю, -алиш) *P vt*: (звалювати *I*) 끌어내리다, 잘라내다, 타도하다.
званий (-на, -не) 호명된; 초대된.
зварити (-арю, -ариш) *P vt* 조리를 끝내다.
зварювати (-рюю, -рюєш) *P vi* W.U. 미치다.
зварятіти (-ію, -ієш) *P vi* = зварювати.
звати (зову, -веш 또는 зву, звеш) *I vt* 부르다.
зведений (-на, -не) 타락하다.
зведення *n* 맺어주는, 화해시키는, 연결.
звеличати (-аю, -аєш) *P vt*: (звеличувати *I*) 높이다.
звеличувати (-ую, -уєш) *I vt*: (звеличати *I*). звеліти (-лю, -лиш) *P vt* 주문하다, 명령하다.
звертання *n* 돌림.
зверх *adv.* 위에.
зверху *adv.* 위에서. 정상에, 표면에.
звужати (-аю, -аєш), звужувати (-жую, -уєш) *I vt*;

звужа́ти

звузи́ти (-у́жу, -у́зиш) *P* 더 좁게 만들다.
звук (-ка, 또는 -ку) *m* 소리, 음성, 반향.
звукови́й (-ва, -ве) 소리의.
звуча́ти (-чу́, -чи́ш) *I vi* 울리다.
звучни́й (-на́, -не́) 선율이 아름다운, 소리나는.
зв'я́заний (-на, -не) 묶인, 꾸려진.
зв'яза́ти (-яжу́, -я́жеш) *P vt* : (зв'я́зувати *I*) 묶다 (같이), 엮다.
зв'язь (-зі) *f* 묶음, 연결, 결속.
зв'яли́ти (-лю́, -лиш) *P vt* 약해지다, 약화시키다.
згада́ти (-да́ю, -а́єш) *P vt*: (зга́дувати *I*) 언급하다.
зга́дка (-ки) *f* 언급, 회고, 회상.
зга́дувати (-ую, -уєш) *I vt*: (згада́ти *P*) 솔직히 말하다.
зганя́ти (-я́ю, -я́єш) *I vt*: (зігна́ти *P*) 함께 모이게 하다.
згаса́ння *n* 죽어감, 잃음(존재).
згаса́ти (-са́ю, -а́єш) *I vi*: (зга́снути *P*) 나가다, 죽어서 사라지다, 소멸되다.
згин (-ну) *m* 구부러짐, 굴곡, 이은자리.
згина́ти (-а́ю, -а́єш) *I vt*: (зігну́ти *P*) 구부리다.
зги́нути (-ну, -неш) *P vi* = згибнути, 사라지다, 죽다.
згі́ддя *n* 재산, 동산, 자산, 세간.
зговори́ти (-ворю́, -о́риш) *P vt*; зговорюва́ти (-рюю, -рюєш) *I vt* ~을 통해 말하다, 말하다.
зго́да (-ди) *f* 동의, 승낙, 찬성; 협정, 이해, 화합.
зго́джатися (-а́юся, -а́єшся), згоджува́тися (-уюся, -уєшся) *vi*: (зго́дитися *P*) 동의하다, 승인하다.
згоди́ти (-оджу́, -о́диш) *P vt* 고용하다.
згоди́тися (-оджу́ся, -о́дишся) *P vi*: (згоджа́тися, ~уватися *I*); *Prov.*, не плюй в колодязь - згоди́ться води́ напитися, 벽에 침을 뱉지 마라.
зго́дом *adv.* 나중에, 후에, 다음에.
згодува́ння *n* 양육함.
зголо́джений (-на, -не)* 배고픈, 굶은, 굶주린.
зголодні́ти (-і́ю, -і́єш) *P vi* 배고파지다, 굶주리다.
зго́рда *adv.* 거만하게, 우아하게.
зго́ри *adv.* 최상에서부터.
згорну́ти (-орну́, -о́рнеш) *P vt*: (згорта́ти *I*) 같이 긁어모으다, 모으다.

згортка (-ки) *f* 묶음.
згоряння *n* 타는 (완전히).
згострити (-острю, -остриш) *P vt* 갈다, 날카롭게 하다.
зготовити (-влю, -виш) *P vt*; **зготовляти** (-яю, -яєш) *I vt* 준비하다, 시작하다.
зграя (-аї) *f* 떼, 군중, 무리.
згребти (-бу́, -беш) *P vt*: (згрібати *I*) 긁어모으다 (확실히).
згрубіти (-ію, -ієш) *P vi* 뚱뚱해지다 (날씬해).
згрупувати (-пую, -уєш) *P vt* 모이게 하다.
згубити (-ублю, -убиш) *P vt* 분실하다.
згубний (-на, -не)* 파괴적인, 치명적인.
здавати (-даю, -аєш) *I vt*: (здати *P*) 항복시키다.
здавна *adv.* 오래전에, 과거에, 옛날의, 이전에.
здалека, ~у *adv.* 멀리서부터, 조금 떨어져.
здивований (-на-не) 감탄하다 놀라다 당황하게 하다.
здивовувати (-ую, -уєш) *I vt*; **здивувати** (-ую,-уєш) *P* 놀라게 하다.
здивування *n* 놀람 감탄
здихати (-аю, -аєш) *I vi*; **здихнути** (-ну, -неш) *P vi dial.* 갈망하다.
здіб (здобу) *m* 거동 행동 외부.
здіймати (-аю, -аєш) *I vt*; **здійми́ти**, ~няти (-ійму́, -іймеш) *vt* 벗다.
здійсненні (-на, -не) 깨닫다. 영향을 받게하다 ~енний (-нна, -нне) 깨달은.
здійснити (-ійсню, -ійсниш) *P vt*; **здійснювати** (-нюю, -нюєш), ~яти (-яю, -яєш) *I vt* 깨닫게 하다 이행.
здобич (-чі) *f* 전리품, 이익, 약탈품.
здобувати (-аю, -аєш) *I vt*; **здобути** (-уду, -удеш) *P vt* 얻다.
здогадливий (-ва, -ве) 추측하는.
здолати (-аю, -аєш) *P vt* ~할 수 있다.
здоров = здоровий, 건강한, 건전한.
здоровий (-ва, -ве)* 건강한, 건전한.
здоров'я *n* 심신의) 건강, 건전.
здружити (-жу, -жиш) *P vt* 결혼하다.
здувати (-аю, -аєш) *I vt* : (здути *P*) (바람에) 흩날리다.

здуріти (-ію, -ієш) *P vi* 이성을 잃다, 바보가 되다.

зебра (-ри) *f Zool.* 얼룩말.

зебу *m indecl. Zool.* 제부.

зекономити (-млю, -миш) *P vt* 경제적으로 벌다.

зелений (-на, -не)* 녹색의, 초록색의, 풀빛의.

зелень (-ні) *f* (초목의) 푸름, 신록.

земельний (-на, -не) 농업의, 농사의.

землевласник (-ка) *m* = земельник; ~ість (-ности) *f* 토지 소유.

земле́водний (-на, -не) 수륙 양서의.

земля́ (-лі) *f* (암석에 대하여) 토양, 흙; 뭍, 육지.

земля́к (-ка) *m* 동포, 동향인; *Zool*; 두꺼비.

зе́мний (-на, -не) 흙의, 토양의, 토질의.

земноводний (-на, -не)* 양서 동물의.

зеніт (-ту) *m* 〈천문〉 천정(天頂).

зерна́к (-ка) *m dial*. ~астий, ~истий (-та, -те)* 곡물이 가득한, 낱알이 많은.

зе́рно (-на) *n* (식물의) 씨, 종자; 《집합적》 씨앗.

зефір (-ру) *m* 미풍, 산들바람.

з'єднаний (-на, -не)* 결합된, 조합된.

з'єднати (-аю, -аєш) *P vt*; з'єднувати (-ую, -уєш) *I vt* 연합하다, 결합하다.

зжурити (-урю, -уриш) *P vt* 괴롭히다.

ззаду *adv*. 뒤로부터.

зигзаг (-гу) *m* 지그재그.

зима́ (-ми) *f* 겨울.

зимо́вий (-ва, -ве) 겨울의.

зимувати (-ую, -уєш) *I vi* 겨울이오다.

зичити (-чу, -чиш) *I vt* 바라다, 갈망하다.

зібрання *n* 회중, 집단, 모임, 집합.

зігну́тий (-та, -те) 구부러진, 만곡한.

зігріва́ти (-аю, -аєш) *I vt*; 따뜻해지다.

зізнавати (-наю, -аєш) *I vt*; зізнати (-аю, -аєш) *P vt* 고백, 증언하다.

зійти́ (зійду, зійдеш) *P vi*: (зіходити, сходити *I*) 하강, 내려가다

зілля *n* 목초, 풀잎

зіниця (-ці) *f* 눈동자, 동공.

зіпсо́ваний (-на, -не) 해를 입은, 망한, 다친.

зіпсувати (-ую, -уєш) *P vt* 망치다, 해를 끼치다.
зір (зору) *m* 힐긋 보다.
зірка (-ки) *f Dim.*: зоря, 작은 별, 새벽 별.
зіскакувати (-ую, -уєш) *I vi*: (зіскочити *P*) 뛰어내리다.
зіставити (-влю, -виш) *P vt*; зіставляти (-яю, -яєш) *I vt* 떠나다, 포기하다.
зіткнення *n* 충돌, 진동, 격돌.
зіхати (-аю, -аєш) *I vi*; зіхнути (-ну, -неш) *P vi* 하품하다.
з'їдати (-аю, -аєш) *I vt*: (з'їсти *P*) 먹어치우다.
з'їжджати (-аю, -аєш) *vt*: (з'їздити *P*) 오래 타다.
з'їзд (-ду) *m*, ~ини (-дин) *pl* 회의, 미팅.
з'їздити (-джу, -диш) *vi*: (з'їхати *P*) 하강하다.
з'їздити (-жджу, -здиш) *P vt* : (з'їжджати *I*) -ся *I vt* 차를 너무 오래타 지치다.
злагода (-ди) *f* 동의, 화유, 연합.
злаДжувати (-ую, -уєш) *I vt*; зладити (-джу, -диш) *P vt* 만들다, 수선하다, 수리하다.
злазити (-ажу, -азиш) *I vi*: (злізти *P*) 기어가다, 포복하다, 내려가다, 하강하다.
злам (-му) *m* 부서짐, 깨짐, 파열.
зламати (-аю, -аєш) *P vt*: (зламувати *I*) 위배, 위반, 범하다, 깨다.
зледащіти (-ію, -ієш) *P* 게을러지다, 나태해지다.
зледеніти, ~іти (-ію, -ієш) *P* 얼다, 추위로 얼다.
злий (зла, зле) 나쁜, 사악한.
злинялий (-ла, -ле) 변색, 퇴색시키다.
злиняти (-яю, -яєш) 퇴색되다.
злити (злю, злиш) *I vt* 화가 나다.
злиття *n* 접합점, 연합, 결합, 연락.
зліпити (-плю, -пиш) *P vt*: (зліплювати *I*) 주형을 만들다.
злісний (-на, -не)* = злісливий; ~ик (-ка) *m* 사나운 괄괄한.
злість (злості) *f* 화, 악, 노여움.
зліт (-ту, 또는 зльоту) *m* 쏟아져 나오다.
зло (зла) 악.
злоба (-би) *f* 원한을 품다.
злобливий (-ва, -ве)*, ~ний (-на, -не)* 악의 있는.
злободенний (-нна, -нне) 현실의, 실제상의.

зловживати (-аю, -аєш) *I vt*; **зловжити** (-иву, -веш) *P vt* 오용, 학대하다.

зловити (-овлю, -овиш) *P vt* 붙잡다.

зловісний (-на, -не), ~щий(-ща, -ще), ~щуватий (-та, -те) 불길한, 나쁜 징조의.

зловмисний (-на, -не) 악의의.

злодій (-ія) *m* 강도, 도둑.

злопам'ятний (-на, -не) 개탄할만한 기억.

злочин (-ну) *m* 범죄, 악행.

злочинець (-нця) *m* 범죄의, 악행의.

злоякисний (-на, -не) 저질의.

злущити (-щу, -щиш) *P vt*; **злущувати** (-щую, -уєш) *I vt* 껍질을 벗기다.

злюка (-ки) *m, f* 나쁜 사람.

змагати (-гаю, -гаєш) *I vi* 어떠한 상태에 있다.

змазати (змажу, -ажеш) *P vt*; **змазувати** (-ую, -уєш) *I vt* (잉크•먹 따위로) ...을 더럽히다.

змалку *adv.* 어릴 때부터.

змарнілий (-ла, -ле) 쇠약해지는, 수척한, 소멸된.

змарніти (-ію, -ієш) *P vi* 야위다, 메마르다.

змахнути (-ну, -неш) *P vt*; **змахувати** (-ую, -уєш) *I vt* (먼지•티끌 따위)를 쓸다.

зменшати (-аю, -аєш) *I vt*: (**зменшити** *P*) ...을 줄이다.

зменшений (-на, -не)* 작아진; 감소된.

змерзлий (-ла, -, -ле) 언, 얼음이 언, 결빙한.

змерзнути (-ну, -неш) *P vi* 추위로 고생하다.

змивати (-аю, -аєш) *I vt*: (**змити** *P*) ...을 씻다, 세탁하다, 세척하다.

змикати (-аю, -аєш) *I vi*: (**змикнути** *P*) 달아나다, 도망하다; 탈출[탈주]하다.

змилуватися (-уюся, -уєшся) *P vi* = амілосердитися; ...을 불쌍히 여기다.

змій (-ія) *m* 뱀, 용.

зміна (-ни) *f* 바꾸는 것.

змінити (-іню, -іниш) *P vt*: (**змінювати**, ~яти *I*) 바꾸다, 고치다, 변경하다.

змінний (-нна, -нне) = змінливий; -нна валюта, 작은.

зміряти (-рю, -риш) *P vt* 측정을 끝내다.

зміст (-ту) *m* 찾아보기, 색인; 목록.

змістовний (-на, -не) (말·문체 따위가) 간결한, 간명한.

зміцнений (-на, -не) 강화된, 증강된.

зміцнити (-ню, -ниш) *P vt*: (зміцнювати, ~яти *I*) 증강하다, 강화하다.

змішаний (-на, -не) 섞인, 혼합된, 뒤섞인.

змішати (-аю, -аєш) *P vt* : (змішувати *I*) 재료 따위] 를 (...와) 섞다, 혼합하다.

змішка (-ки) *f* 혼합물.

змія (-ії) *f* 큰 뱀; ~як(-ка) *m* ~яра (-ри) *f* 광대한, 거대한.

змова (-ви) *f* 모의(謀議), 공모, 음모.

змовкати (-аю, -аєш) *I vi*: змовкнути (-ну, -неш) *P vi* (...을) 그만두다, 중지하다.

змовник (-на) *m*, ~иця (-ці) *I* 음모자, 공모자.

змовчати (-чу, -чиш) *P vt*; змовчувати (-ую, -уєш) *I vt* 조용히 넘기다.

змога (-ги) *f* 힘, (...하는, ...을 향한) 능력.

змогти (зможу, зможеш) *P vi* 할 수 있다.

змокати (-аю, -аєш) *I vi*: (змокнути, ~ти *P*) 젖다, 축축해지다.

змолоти (змелю, змелеш) *P vt* [칼 따위]를 갈다.

змолотити (-лочу, -лотиш) *P vt*; змолочувати (-ую, -уєш) *I vt* 곡물 따위를 도리깨로 두드리다.

змонтувати (-ую, -уєш) *P vt* [산·단상 따위] 에 오르다.

зморений (-на, -не) 소모된, 기진맥진한.

зморшка (-ки) *f* (피부의) 주름 (살); (천의) 주름.

зморщений (-на, -не) 주름진, 주름이 있는, 골진.

змотати (-аю, -аєш) *P vt*; змотувати (-ую, -уєш) *I vt* 환상(環狀)[나선상]으로 나아가다.

змочити (-чу, -чиш) *P vt*; змочувати (-ую, -уєш) *I vt* ...을 축이다.

змужнілий (-ла, -ле): 성년 남자의, 한창때 남자의.

змужніти (-ію, -ієш) *P vi* 남성적이 되다.

змучений (-на, -не) (정신적·육체적으로) 지친.

змучити (-чу, -чиш) *P vt* ....을 지치게 하다.

знавець (-вця) *m* 숙련자.

знвдливий (-ва, -ве)* 꾀어내는, 유인적인.

знайо́мець (-мця) *m*, ~а (-мо́ї) *f*, ~ий (-мого) *m* 면식(이 있음), 아는 사이.
знайо́мити (-млю, -миш) *I vt* [남]에게 (...을) 알려주다.
знайо́мість (-мость) *f*, ~ о́мство (-ва) *n* 면식(이 있음), 아는 사이.
знак (знаку) *m* 표, 자국.
знамени́тий (-та, -те) 뛰어난, 우수한.
знаме́нний (-ниа, -ние) 중요한, 중대한.
знаменува́ти (-у́ю, -у́єш) *I vt* 나타내다, 표시하다, 밝히다, 흔적을 남기다.
зна́ння *n* 지식, 학문, 기술.
знаря́д (-ду) *m*, **знаря́ддя** *n Coll.* 도구, 기구, 용구.
зна́ти (-а́ю, -а́єш) *I vt* 알다, 알게 되다.
зна́тний (-на, -не)* 주목할 만한, 구별된, 뛰어난.
знахабні́лий (-ла, -ле)* 건방진, 거만한. 오만한.
знаха́р (-ря)*m* 마법사, 마술사, 점쟁이, 예언가.
знахі́д (-ходу) *m*, ~ка (-ки) *f* 발견, 습득물.
знахо́дити (-джу, -диш) *I vt*: (знайти́ *P*); -ся *I vi* 자기의 천분을 깨닫다.
зна́чення *n* 의미, 의의, 중요성.
зна́чити (-чу, -чиш) *I vi* 의미하다, 나타내다.
зна́чити (-чу, -чиш) *I vt* 표시하다; 낙인을 찍다; (동물의)임신을 표시하다 ; -ся *I vi* 표시되다.
значі́ння *n* 표시.
знеба́рвити (-влю, -виш) *P vt*; **знебарвлюва́ти** (-люю, -люєш) *I vt* 변색시키다, 표백하다.
знева́га (-ги) *f* 모욕, 치욕, 무례, 경멸, 냉소.
знева́жати (-жа́ю, -а́єш) *I vt*: (знева́жити *P*) 창피주다, 모욕하다.
знева́жливий (-ва, -ве), ~ний (-на, -не)* 모욕 하는.
звеві́р|а (-ри) *f* 절망, 낙심, 자포자기, 낙망; 회의.
зневі́ритися (-рюся, -ришся)*P vi*; **зневі́рюватися** (-рююся, -рюєшся) *I vi* 환상에서 깨어나다.
знедо́лений (-на, -не)* 비참한, 가엾은.
знезара́жувати (-ую, -уєш) *I vt*; **знезарази́ти** (-ражу, -рази́ш) *P vt* 소독하다.
знемага́ти (-га́ю, -а́єш) *I vi*: (знемогти́ *P*) 약하게 되다.
знемо́га (-ги) *f* 소진, 약화, 피로.

знеможений (-на, -не)* 닳아진, 싫증난.
зненавидіти (-джу, -диш) *P vt* ~에 대해 혐오감을 가지다.
знеособити (-блю, -биш) *P vt*; **знеособлювати** (-люю, -люєш) *I vt* 개성을 박탈하다.
знеохотити (-хочу, -отиш) *P vt*: (знеохочувати *I*) 낙담시키다, 낙심시키다.
знепритомніти (-ію, -ієш)*P vi* 기절하다, 졸도하다.
знесил|а (-ли) *f* 유약, 피곤, 피로, 기진맥진, 탈진.
знесилити (-лю, -лиш) *P vt*; **знесилювати** (-тою, -люєш) *I vt* 약화시키다, 탈진시키다, 힘을 빼앗다.
знесиліти (-ію, -ієш) *P vi* 약화되다, 연약해지다.
знеславити (-влю, -виш)*P vt*: (знеславл|ювати, ~яти *I*) 명예를 훼손하다.
знехтати (-аю, -аєш) *P vt*: (знехтувати *I*) 태만히 하다.
знехтуван|ий (-на, -не)* 무시당한, 경멸하는.
знецінен|ий (-на, -не) 경시당하는; ~ня *n* 경시.
знецінити (-ню, -ниш) *P vt*; **знецінювати** (-нюю, -нюєш) *I vt* 경시하다; -ся *vi* 경시당하다, 가치를 잃다.
знешкоджувати (-ую, -уєш) *I vt*; **знешкодити** (-джу, -диш) *P vt* 무해하게 만들다.
знижен|ий (-на -не)* 낮아진.
знизати (-ижу, -ижеш) *P vt*: (знизувати *I*) 입(히)다, (구슬 등을)꿰다.
знизу *adv.* 아래, 아래로부터.
зникати (-аю, -аєш) *I vi*: (зникнути *P*) 희미해지다.
знищен|ий (-на, -не) 파괴된.
знищити (-щу, -щиш) *P vt*: (знищувати, знищити *I*) 파괴하다, 망치다, 근절시키다.
знівечити (-чу, -чиш) *P vt* 패배시키다, 좌절시키다.
знімати (-аю, -аєш) *I vt* = здіймати: (зняти *P*) 무너뜨리다, 쇠약하게 하다.
зніяковіти (-ію, -ієш) *P vi* 당황하다.
знов *adv.* 다시 한 번, 새로이.
зносити (-ошу, -осиш) *I vt*; (знести *P*) 가지고 오다.

зноси́ти (-ошу́, -о́сиш) *P vt*: (зно́шувати *I*) 소진하다, 고갈시키다.

знуща́ння *n* 잔학, 혹사, 냉대, 고문, 고통.

знуща́тися (-а́юся, -а́єшся) *I vi* (з ко́го): 무정하게 (무례하게, 잔인하게) 고문하다.

зобов'я́зан|ий (-на, -не)* 구속된, 어쩔 수 없는.

зобов'яза́ти (-яжу́, -я́жеш) *P vt*: (зобов'язувати *I*) 강요하다, 의무를 지우다, 묶다.

зобра́ження *n* 초상화, 영상, 반사, 그림자, 투영.

зо́внішн|ій (-ня, -нє)* 외부의, 외향적인, 바깥의.

зо́всім *adv.* 완전히, 모두, 꽤, 제법.

зозу́лен|я (-я́ти) *n* 뻐꾸기 새끼.

зозу́л|енька, ~ечка(-ки) *f Dim.*: ~я; ~енько (-ка) *m Dim.*: зозу́ль; ~ин (-на, -не) 뻐꾸기의.

зойк (-ку) *m* 비명, 울부짖음, 신음, 탄식, 절규.

зо́йкати (-аю, -аєш) *I vi*; **зо́йкнути** (-ну, -неш) *P vi* 비명을 지르다, 울부짖다.

зокре́ма *adv.* 따로, 그밖에, 개별적으로, 떨어져서.

золот|а́вий (-ва, -ве)* 금과 같은.

золоти́ти (-очу́, -о́тиш) *I vt* 금을 입히다.

зо́лото (-та) *n* 황금.

зо́на (-ни) *f* 구역.

зонд (-да) *m*, ~а (-ди) *f* 추, 측연.

зоогра́фія (-ії) *f* 동물지학.

зо́палу *adv.* 열정으로; 맹목적으로.

зоро́вий (-ва́, -ве́) 가시의, 시력의, 보이는.

зоруду́вати (-дую, -уєш) *P vt* 하다, 수행하다.

зор|я́ (-рі́) *f* 별.

зосере́джен|ий (-на не)* 집중된, 한 곳에 모인.

зосере́джувати (-ую, -уєш) *I vt*; **зосере́дити** (-джу, -диш) *P vt* 집중시키다, 모이게 하다.

зотліва́ти (-а́ю, -а́єш) *I vi*: (зотлі́ти *P*) 썩다, 못쓰게 되다.

зо́шит (-та) *m* 연습장, 공책.

з -під *prep.* 생각과 함께, 아래로부터.

зра́д|а (-ди) *f* 배신, 배반, 반역, 불신.

зра́джувати (-ую, -уєш) *I vt*; **зра́дити**(-джу, -диш) *P vt* 배신하다, 거짓증언하다.

зраді́ти (-і́ю, -і́єш) *P vi* 기뻐하다, 즐거워하다.

зрадли́в|ий (-ва, -ве)* 배반하는, 심술궂은.

зрадн|ий (-на, -не)* 믿을 수 없는, 안정되지 않은.
зраз|ець (-зця) *m* = зразок; **~ковий** (-ва, -ве)* 예시의, 본보기가 되는.
зран|ку, **~ня** *adv.* = зрана, 매우 일찍.
зрештою *adv.* 무엇보다도, 게다가.
зрив (-ву) *m* 폭발, 자극; *W.U.* 대혼란, 격변, 반란, 봉기; 틈.
зрівнювати (-нюю, -нюєш) *I vt*; **зрівняти** (-яю, -яєш) *P vt* 균일하게 만들다.
зрідка *adv.* 거의, 좀처럼.
зрізати (-аю, -аєш) *I vt*; **зрізати** (-іжу, -іжеш) *P vt* 자르다, 잘라내다, 위부분을 자르다.
зрілий (-ла, -ле)* 익은, 성숙한.
зріст (зросту) *m* 성장, 크기, 발전.
зробити (-облю, -обиш) *P vt* 만들다, 준비하다; 하다, 수행하다, 실행하다.
зрозумілий (-ла, -ле)* 알기 쉬운, 분명한.
зрозуміти (-ію, -ієш) *P vt* 이해하다, 알다.
зронити (-оню, -ониш) *P vt* 떨어뜨리다, 낙하시키다.
зростання *n* 성장.
зростати (-аю, -аєш) *I vi*; **зрости** (-ту, -теш) *P vi* [함께]자라다, 길러지다.
зрош|ення *n* 적시는 것, 급수, 살포.
зруб (-ба or -бу) *m* 건물의 구조물, 뼈대.
зрубати (-аю,-аєш) *P vt*; **зрубувати** (-бую, -уєш) *I vt* 베다, 자르다.
зруйнувати (-ную,-уєш) *P vt* 페허로 만들다, 파괴하다; 파산상태에 빠뜨리다.
зручн|ий (-на, -не)* 손재주가 있는, 영리한.
зрушити (-шу,-шиш) *P vt*; **зрушувати**(-шую, -уєш) *I vt* 움직이다, 옮기다, 제거하다.
зрячий (-ча, -че) 보는; (장님이 아닌) 보는 사람.
зсаджувати (-ую,-уєш) *I vt*; **зсадити**(-джу, -диш) *P vt* 내리다, 내려놓다, 내리게 하다.
зсередини *adv.* 안으로부터.
зсипати (-плю, -плеш) *P vt*; **зсипати** (-аю, -аєш) *I vt* 축적하다; **-ся** *vi* 모이다.
зсідати (-аю, -аєш) *I vi*; **зсісти** (зсяду, -ядеш) *P vi* 내리다, 하강하다.
зсовувати (-ую, -уєш) *I vt*: (зсунути *P*) 아래로

미끄러지다, 가라앉게 하다.
зсув (-ву) *m* 미끄러짐, 가라앉음, 무너짐.
зуб (-ба) *m*, зуби (-бів) *pl* 이, 치아.
зуб|ань (-ня)*m* 큰 이를 가진 사람.
зуб|ець (-бця) *m*, зубці (-ів) *pl* 톱니, 날.
зубр (-ра) *m Zool.* 야생 소.
зубчак (-ка) *m* 톱니바퀴.
зуміти (-ію, -ієш) *P vi* 할 수 있다.
зумов|ити (-влю, -виш) *P vt*; зумовлювати (-люю, -люєш) *I vt* 조절하다, 약정하다.
зупинити (-пиню, -иниш) *P vt*: зуиняти (-яю, -яєш) *I vt* 멈추게 하다, 체포하다, 머물다.
зупинка (-ки) *f* = зупин; 짧은 정지, 보류, 방해.
зусил.ля *n* 노력, 시도.
зустрівати (-аю, -аєш) *I vt*; зустр|інути, ~іти (-ну, -неш) *P vt* 만나다, 만나러가다, 환영하다.
зустріч (-чі) *f* 만남.
зухвалій (-ла, -ле)* 건방진, 무례한, 주제넘은.
зцілити (-ілю, -іліш) *P vt*: (зціл|ювати, ~яти *I*) 통합하다; 하나로 만들다, 붙이다.
зчинити (-иню, -иниш) *P vt*; зчин|ювати (-нюю, -нюєш), ~яти (-яю, -яєш) *I vt* 청소하다.
зчистити (зчищу, -истиш)*P vt*: (зчищати *I*) 깨끗하게 하다; 버리다.
зяб (-бу) *m* 겨울 전 경작, 가을에 경작된 땅.
зяблик (-ка) *m Orn.* 멋쟁이 새.
зябра (-ри) *f* 아가미.
з'явитися (з'явлюся, з'явишся) *P vi*: (з'являтися) 나타나다.
зят|енько (-ка) *m Dim.*: зять; ~в (-тева, -ве) 사위가 되는.

И

И, и (우크라이나어의 11번째 철자, 거의 "e"로 발음된다)

І

І, і (으크라이나어의 12번째 철자, meet에서 "ee"로 발음된다).
і *conj*, (모음 і 뒤에서 й가 된다) : 그리고, 또한.
ігр'а (-ри) *f* = гра, 게임, 경기, 스포츠.
ігнор|ант (-та) *m* 무지한 사람, 바보, 병신.

ідеа́л (-пу) *m* 이상.
іде́й|ка (-ки) *f* 대수롭지 않은 (하찮은), 몽상가의.
ідентифіка́ція (-ціі) *f* 동일하다는 증명.
ідентичн|ий (-на, -не)* 동일한.
ідео́л|ог (-га) *m* 관념론자.
іде́я (-еї) *f* 생각, 관념, 아이디어.
іділі́чний (-на, -не)* 목가적인.
іди́л|ія (-ії) *f*, ~ля (-ллі) *f* 목가, 전원시.
ідіо́ма (-ми) *f* 관용구, 숙어.
ідіо́т (-та) *m* 바보, 백치.
і́дол (-ла) *m* 우상; 사신; 물신.
іє́рарх (-ха) *m* 성직자.
із prep. = з (두 자음 사이나 자음 뒤, 또는 자음으로 시작하는 단어 앞에 사용).
ізолюва́ти (-люю, -люєш) *I vt* 격리하다. I.
ізраї́ль (-ля) *m* 이스라엘.
іко́н|а (-ни) *f* 이콘, 성상화.
ікр|а́ (-ри́) *f* 알; 캐비어.
ілюзіоні́ст (-та) *m* 요술, 속임수.
ілю́з|ія (-ії) *f* 환상, 환각.
ілю́зорний (-на, -не)* 환각의, 착각의.
ілюмін|а́тор (-ра) *m* 등대.
ілюстр|а́тор (-ра) *m* 삽화가, 설명가.
імен|и́ни (-енин) *pl* 세례일, 명명일; 생일, 기념일.
іме́нний (-нна, -нне) 이름의.
іміт|а́тор (-ра) *m* 모방자.
імові́р|ливий (-ва, -ве)*, ~ний (-на, -не)* 가능한.
імора́льність (-ности) *f* 부도덕(성), 악덕.
імперати́в (-ва) *m Gram.* 명령형.
імпера́т|ор (-ра) *m* 황제, 제왕.
імпе́р|ія (-ії) *f* 제국.
імпондерабі́лії (-лііїв) *pl* 불가량물.
імпо́рт (-ту) *m* 수입; ~ер (-ра) *m* 수입업자.
імпоте́н|т (-та) *m* 무력한 사람.
імпреса́ріо *m indecl.* 감독.
імпресіон|і́зм (-му) *m* 인상주의.
імприма́тура (-ри) *f* 인쇄 허가; 인쇄준비.
імпровіз|а́тор (-ра) *m* 즉흥시인.
і́мпульс (-су) *m* 자극.
імуніз|а́ція (-ії) *f* 면제.
ім'я́ (і́мени) *n* 이름, 명성.

іна́к *adv.* 달리, 반면에; 다른.
інвалі́д (-да) *m* 환자.
інвента́р (-ря́) *m* 재산 목록.
інве́рсія (-ії) *f* 전도, 도치.
інвестува́ти (-у́ю, -у́єш) *I vt* 투자하다.
інгаля́|тор (-ра) *m* 흡입기.
інгредіє́нт (-та) *m* 성분.
і́ндекс (-су) *m* 색인, 스케줄.
індиві́д (-да) *m* 개인.
інди́к (-ка) *m* 칠면조; 건방진 사람.
інді́|янин (-ина) *m*, ~я́нка (-ки) *f* 인도인.
і́ндо|германі́ст (-та) *m* 인도유럽인.
індосаме́нт (-ту) *m* 어음 배서.
інду́к|тор (-ра) *m* 유도회로.
індульге́нція (-ії) *f* 탐닉.
інду́с (-са) *m.* ~ка (-ки) *f* 힌두 사람.
індустрі́я (-ії) *f* 산업.
іне́р|тний (-на, -не)* 둔한.
ін'є́кція (-ії) *f* 주입; ~тор (-ра) *m* 주사기.
інжене́|р, ~ір (-ра) *m* 기술자.
ініціюва́ти (-ці́юю, -ці́юєш) *I vt* 시작하다, 첫자극을 주다, 처음으로 사용하게 하다.
ініціа́л (-ла) *f* = ініціа́л|я (-лі) *f* 첫글자.
ініці|яти́ва (-ви) *f* 창시.
інкас|а́тор (-ра) *m* 회계원, 출납원.
інквіз|и́тор (-ра) *m* 조사관.
інкогні́то *m, f indecl., adv.* 익명으로.
і́нколи *adv.* 때때로, 가끔.
інкримін|а́ція (-ії) *f* 고소.
інкруст|а́ція (-ії) *f* 외피로 덮음.
інкуб|а́тор (-ра) *m* 인큐베이터.
і́ногді, і́ноді *adv.* 때때로, 가끔.
інозе́м|ний (-на, -не) 외국의, 기이한, 외국풍의, 외딴; ~щина (-ни) *f* 외국풍습과 관습.
інсин|уа́ція (-ії) *f* 암시.
інспе́ктор (-ра) *m* 감독자, 관리자.
інспектува́ти (-у́ю, -у́єш) 면밀하게 살피다, 검사한다.
інспе́кція (-ії) *f* 정밀검사, 조사, 시찰.
інспір|а́тор (-ра) *m* 격려자.
інста́нція (-ії) *f* 판례, 경우.

інстинкт (-ту) *m* 본능.
інститут (-ту) *m* 설립, 대학.
інституція (-ії) *f* 설립, 창설, 확립, 제정.
інструктор (-ра) *m* 교수.
інструмент (-та) *m* 기구, 악기.
інсулін (-ну) *m*, ~а (-ни) *f* 인슐린.
інсценізація (-ії) *f* 연출법.
інтеграл (-ла) *m*, ~я (-лі) *f Math.* 적분.
інтеграція (-ії) *f* 통합.
інтелект (-ту) *m* 지력, 지성.
інтелігент (-та) 지성, 지식인 계급에 속한 사람.
інтендант (-та) *m* 감독자, 감독관.
інтенсивний (-на, -не)* 강한, 격렬한.
інтенсифікація (-ії) *f* 강화.
інтервал (-лу) *m* 간격, 틈, 막간, 거리.
інтервеніювати (-іюю, -іюєш) *I vt* 방해하다.
інтерв'ю *n* 면접.
інтерес (-су) *m* 관심, 이익, 사업; 흥미, 이득.
інтерлюдія (-ії) *f*, ~медія (-ії) *f* 간주곡.
інтермеццо *n indecl.* 간주곡.
інтернат (-ту) *m* 기숙학교.
інтернаціонал (-лу) *m* 국제노동자동맹.
інтерпретація (-ії) *f* 통역; ~атор (-ра) *m* 통역가; ~ування *n* 통역.
інтимний (-на, -не)* 친밀한, 친교가 있는, 내재하는; ~ість (-ности) *f* 친밀, 친교, 우정.
інтоксикація (-ії) *f* 중독.
інтонація (-ії) *f* 억양.
інтрига (-ти) *f* 음모, 줄거리, 도당; 비밀결사.
інтуїтивний (-на, -не)* 직관의; ~їція (-ії) *f* 직관.
інфекційний (-на, -не) 전염성의.
інфінітив (-ва) *m Gram.* 부정사.
інфляція (-ії) *f* 인플레이션.
інформативний (-на, -ие) 유익한.
інцидент (-ту) *m* 사건; 변명.
інший (-ша, -ше) 다른, 또 다른.
іподром (-му) *m* = гіподром, 경마장.
іпотека, (-ки) *f* = гіпотека, 저당.
іприт (-ту) *m Chem.* 이페릿, 독.
іран (-ну) *m NP* 이란, 페르시아.
іржа (-жі) *f* (자음 뒤) = ржа, 녹, 녹씀.

іржа́ти (-жу́, -же́ш) *I vi* (말이) 울다.
іриґаці́йний (-на, -не) 관개의, 물을 댈 수 있는.
і́рис (-су) *m* 무지개.
ірля́нд|ець (-дця) *m* 아일랜드인; **і~ія** (-ії) *f NP* 아일랜드; **~ка** (-ки) *f* 아일랜드 여성.
іроні|зува́ти (-у́ю, -у́єш) *I vi* 반어적으로 말하다.
іро́нія (-ії) *f* 비꼼.
і́скра (-ри) *f* 불꽃, 불빛.
ісля́м (-му) *m* 이슬람; **~ський** (-ка, -ке) 이슬람의.
ісля́ндець (-дця) *m* 아이슬란드인.
існува́ння *n* 존재; **~а́ти** (-у́ю, -у́єш) *I vi* 존재하다, 있다, 살아있다.
існу́ючий (-ча, -че) 존재하는.
і́спит (-ту) *m* 시험.
істер|и́чний (-на, -не)*, **~гістери́чний**, 광란의.
істе́рія *f* = гісте́рія, 히스테리.
і́стина (-ни) *f* = і́ста; 진실, 실제, 진리.
істо́р|ик (-ка) *m* 역사학자.
істо́та (-оти) *f* 존재, 피조물; 본질, 물질, 자연.
істо́тн|о *adv.* 정말, 진실로, 사실, 참으로; 자연스럽게.
італі́єць (-і́йця) *m.* **~і́йка** (-ки) *f* 이탈리아인.
іта́лія (-ії) *f NP* 이탈리아.
іти́ (іду́, іде́ш) (모음 뒤: йди, йдеш) *vi*: (піти́ *P*) 가다, 걷다.
іти́ся (йде́ться, *3rd pers. sing.*) *impers.* 운이 있다, 잘 되다.
ішія́с (-су) *m Med.* 좌골 신경통, 엉덩이 통증.

Ї

Ї, ї (우크라이나어의 13번째 철자, year에서 "ye"로 발음된다).

ї́д|а (їди́) *f* = їжа, 음식, 식사, 먹을 것.
ї́дк|ий (-ка, -ке́) 날카로운, 신랄한.
ї́жа|к (-ка́) *m Zool.* 고슴도치, 호저.
ї́жити (ї́жу, ї́жиш) *I vt* 어지럽히다, 헝클어 놓다.
ї́зд|а́ (-ди́) *f* 운전, 타기.
ї́здити (ї́жджу, ї́здиш) *I vi* 운전하다, 타다, 가다, 차로 오다; 여행하다.
її́ *Gen. of* вона́, 그녀의.
ї́сти (їм, їси́, їсть, їмо́, їсте́, їдя́ть) *I vt* 먹다, 저녁을 먹다, 식사하다.
їх *Gen. of* вони́, 그들의; *Acc. of* вони́, 그들을.
ї́хати (ї́ду, ї́деш) *I vi* = ї́здити, 운전하다, 타다; 가다, 차로 오다.

Й

Й, й (우크라이나어의 14번째 철자, boy에서 "y"로 발음된다).

й *conj.* = і (모음 뒤에 사용) вона й він, 그녀와 그; (강조할 때) 너무, 역시: невже́ й вона́ там? 그녀도 거기에 있을 수 있니?

його́ *Gen.* апа *Acc. sing.*: він.

йод (йо́ду) *m*, ~и́на (-ни) *f* 요드.

йод|ний (-на, -не), ~о́вий (-ва, -ве) 옥소의.

йон (-ну) *m* 이온.

йорда́н|ка (-ки) *f* 축일에 축복받은 물이 있는 장소.

йорж (-жа́) *Ich.* 농어류의 작은 물고기.

йо́та (-ти) *f* 요트, 요타; 글자 й: — в йо́ту, 하나하나, 가장 작은 부분까지.

йота́ція (-ії) *f* 요테이션.

К

К, к (우크라이나어의 15번째 철자, cook에서 "c"로 발음된다).
кабала́ (-ли) *f* 노예, 종.
каба́н (-на) *m Zool.* 수퇘지, 멧돼지; 돼지; 뚱뚱한 사람.
ка́бель (-бля) *m* 전선; ~ний (-на, -не) 전선의; ~ня (-ні) *f* = кабелярня.
кабі́на (-ни) *f* 오두막집.
кабіне́т (-ту) *m* 내각; 연구실.
каблу́ч (-ча) *m* (몇 개의 가지로 꼬아 만든) 고리; ~ка (-ки) *f* 결혼반지; 고리, 매듭.
кабота́ж (-жу) *m* 항해, 해변을 따라 무역하는.
ка́ва (-ви) *f* 커피.
кавале́р (-ра) *m* 기사, 조신; *W.U.* 미혼남자, 독신자.
кавалька́да (-ди) *f* 기마행렬.
ка́верз|а (-зи) *f* 속임수, 간계, 음모, 장난.
каве́рна (-ни) *m* 동굴; *Med.* 공동.
кавка́з|ець (-зця) *m*, ~ка (-ки) *f* 카프카즈인.
кавн|и́к (-ка) *m*, ~и́чна (-ки) *f* 커피포트.
ка́вовий (-ва, -ве) 커피의.
каву́н (-на) *m* 수박.
кав'я́р (-ру) *m* 캐비어.
каде́т (-та) *m* 유년학교 생도, 입헌민주당원.

кади́л|о (-ла) *n* 향로; 향; 아첨가, 아첨쟁이.
кади́ти (-джу́, -ди́ш) *I vi* 향을 피우다, 분향하다; 아첨하다, 굽실거리다; *Colloq.* 악취를 풍기다; **~ся** *I vi* 분향되다.
ка́дмій (-ію) *m Chem.* 카드뮴.
кадр (-ру) *m*, **~а** (-ри) *f* 구조물, 막대기.
кадров|и́й (-ва́, -ве́) 구조물의 ; **~и́к**(-ка́) *m* 공무원.
каж|а́н (-на́) *m*, **~ка** (-ки) *f Zool.* 박쥐; **~о́к**(-нка́) *m Dim.*; 가죽 자켓.
каза́н (-на́) *m* 큰 솥, 특수 가마, 포트.
каза́рма (-ми) *f* 병영, 병사, 숙사.
каза́ти (кажу́, ка́жеш) *I vi* 말하다, 연설하다, 이야기하다; 주문하다, 명령하다, 야기시키다.
казе́нн|ий (-нна, -нне) 국고의, 재정상의.
казино́ *n indecl.* 카지노.
ка́зк|а (-ки) *f* 이야기, 동화.
кайда́н|и (-нів) *pl* 사슬, 족쇄.
кака́о *n* 코코아; **~вий** (-ва, -ве) 코코아의.
ка́ктус (-су) *m Bot.* 선인장.
каламу́т|ити (-у́чу, -у́тиш) *I vt* 불투명하게 하다; 방해하다, 휘젓다.
каланч|а́ (-чі́) *f* 망루; 매우 큰 사람.
калата́ти (-та́ю, -а́єш) *I vi*, 덜컹거리다.
кала́ч (-ча́) *m* 흰빵, 원호형 흰빵.
калейдоско́п (-па) *m* 만화경.
календа́р (-ря́) *m* 달력, 역법.
калі́бр (-бру) *m* 직경, 기준; **~омі́р** (-ра) *m* 측정기.
калігр|а́ф (-фа) *m* 서예가.
ка́лій (-ію) *m Chem.* 포타슘.
калі́к|а (-ки) *m* 앉은뱅이.
калм|и́к (-ка́) *m* **~и́чка** (-ки) *f* 깔믹.
калю́ж|а (-жі) *f* 진흙, 흙탕물 웅덩이.
ка́льк|а (-ки) *f* 카본지.
калькул|юва́ння *n* 계산, 산출.
ка́льцит (-ту) *m Chem.* 탄산칼슘.
ка́мбала (-ли) *f Zool.* 넙치, 가자미.
каме́лія (-ії) *f Bot.* 동백나무.
каменя́р (-ра́) *m* 석공; 채석공.
ка́мер|а (-ри) *f* 사진기; 방.
камерто́н (-на) *m* 율관, 음차, 표준적인 높이의

음.
каме́я (-еї) *f* 까메오.
камі́н (-на) *m* 난로, 벽난로.
камі́н|ня *n Coll.* 돌, 바위.
ка́мінь (-меню) *m Coll.* 돌, 바위.
кампа́нія (-ії) *f* 캠페인.
камфор|а́ (-ри) *f* 장뇌.
кам'яни́й (-на́, -не́) = камінний, 돌의, 바위로 된, 딱딱한.
кам'яні́ти (-і́ю, -і́єш) *I vi* 석화되다.
кан|а́ва (-ви) *f* 개울, 운하, 참호, 수로.
кана́д|ський (-ка, -ке), ~і́йський (-ка, -ке) 캐나다의.
кана́л (-ла) *m* 운하, 해협, 송수관.
кана́па (-пи) *f* 소파.
кандида́т (-та) *m*, ~а́тка (-ки) *f* 후보자, 지원자.
каніба́л (-ла) *m* 식인종.
канка́н (-ну) *m* 캉캉, 격렬한 춤.
кано́н (-ну) *m* 법률, 법칙, 법.
кано́н|а (-ни) *f W.U.* 대포; ~а́да (-ди) *f* 연속포격.
канонізація (-ії) *f* 시성식.
кано́нік (-ка) *m* 사제, 주교, 성직자.
Каноні́р (-ра) *m* 포수, 포병; ~ка (-ки) *f* 포선.
каноні́чний (-на, -не) 교회법의.
канта́та (-ати) *f* 칸타타, 성가곡.
канцеляр|ю́ра (-ри) *f Augm.*: канцелярист; ~я́жка (-ки) *m* канцелярист, 일반 점원.
канцел|яри́ст (-та) *m*, ~яри́ста (-ти) *m* 점원, 서기.
ка́нцлер (-ра) *m* 장관.
каолі́н (-ну) *m Min.* 카오린, (중국) 점토.
капел|и́на (-ни) *f*, ~и́нка (-ки) *f*, ~и́ночка (-ки) *f Dim.*: капля, 작은 물방울.
капел|ю́х (-ха) *m*, ~ю́ха (-хи) *f* 모자.
капі́ляр (-ра) *m* 모세혈관.
капіта́л (-лу) *m* 자본, 주식, 재정.
капіта́н (-на) *m* 선장.
капіте́ль (-лю) *m Arch.* 기둥머리, 대문자형만을 쓴 어구.
капітул|юва́ти (-лю́ю, -лю́єш) *I vi* 항복하다.
капка́н (-на) *m* 덫, 함정, 궤계.

капл|и́ця (-ці) *f* 소예배당, 기도실.
капловух|а (-хи) *f* 돼지.
капра́л (-ла), **~ь** (-ля) *m* 육체.
капри́з (-зу) *m* 변덕.
ка́пс|ель (-сля) *m* 캡슐.
капту́р (-ра) *m* 두건, 모자; 베레모.
капу́с|та (-ти) *f* 양배추.
ка́ра (-ри) *f* 벌, 벌칙.
карабі́н (-на) *m* 총, 머스킷총.
карава́н (-ну) *m* 영구차; 마차; 와인 점포; 직외원.
карава́нсара́й (-аю) *m* 대상 숙박지.
караве́ля (-лі) *f* 소형범선.
каракати́ця (-ці) *f Ich.* 뼈오징어.
караку́ль (-ля) *m* 페르시아 양.
караме́л!я (-лі) *f* 캐러멜.
кара́сь (-ся) *m Ich.* 붕어.
кара́т (-та) *m* 캐럿.
кара́ти (-раю, -аєш) *I vt* 벌하다, 징벌하다.
караФі́а (-фи) *f* 대형포도주병, 술병.
карбо́ваний (-на, -не) 베인, 자에 새겨진.
карбо́лка (-ки) *f*, **~оль** (-лю) *m Chem.* 석탄산.
карбува́ти (-ую, -уєш) *I vt* 선을 긋다, 새기다.
карбу́нкул (-ла) *m Min.* 홍옥, 루비; *Med.* 부스럼, 종기, 여드름; 탄저열.
карбю́ратор (-ра) *m* 탄화물.
кардина́л (-ла) *m* 추기경.
кардіогра́ма (-ми) *f* 심전도.
каре́ *n indecl.* 방진, 갖추어진 4장의 패.
каре́т|а (-ти) *f* 마차.
кар'є́р (-ру) *m* 채석장; 모래채취장.
кар'є́р|а (-ри) *f* 직업.
ка́рий (-ра, -ре) (말)갈색의, 밤색의; (눈) 갈색의.
карикату́р|а (-ри) *f* 풍자화.
ка́рл|ик (-ка) *m*, **~иця** (-ці) *f*, **~ичка**(-ки) *f* 난쟁이.
карнава́л (-лу) *m* 카니발, 참회의 3일간.
ка́рн|ий (-на, -не)* 벌칙의, 범죄의.
кароо́кий (-ка, -ке) 갈색 눈의.
карпа́т|ський (-ка, -ке) 까르빠찌야의.
ка́рта (-ти) *f* 지도.
карта́ти (-аю,-а́єш) *vt* 야단치다, 비난하다.

карт|а́тий (-та, -те), **~а́цький** (-ка, -ке) 체크무늬의.
карти́н|а (-ни) *f* 그림, 광경, 묘사.
ка́ртка (-ки) *f* 노트, 표, 잎, 카드.
картко́вий (-ва, -ве) 카드로 만들어진; 카드의.
карто́гр|аф (-фа) *m* 제도사.
картоп|е́лина (-ни) *f* 작은 감자.
картоп|ля (-лі) *f* Coll. 감자.
карту́з (-за) *m* 모자, 베레모; 카르투지오회 수사.
карузе́ль (-лі) *f* W.U. = карусе́ля, 회전목마.
ка́рцер (-ра) *m* 감금소.
ка́са (-си) *f* 금전 등록기. 금고.
кас|аці́йний (-на, -не) 폐기의, 최후의.
касе́т|а (-ти) *f* 강한 상자.
каси́р (-ра) *m* = W.U. касіє́р, **~ка** (-ки) 출납계.
ка́сов|ий (-ва, -ве) 보물의, 금고의.
ка́ста (-ти) *f* 계급, 신분제.
касте́т (-та) *m* 가락지.
кастр|а́т (-та) *m* 거세한, 거세한 남자.
кастру́л|я (-лі) *f* 손잡이 달린 속 깊은 냄비.
кат (-та) *m* 교수형 집행자.
катаклі́зм (-му) *m* 홍수, 지각대변동.
катако́мби (-бів) *pl* 지하묘지.
катало́г (-га) *m* 목록.
катапу́льт|а (-ти) *f* 투석기.
ката́р (-ру) *m* 카타르; W.U. 감기.
катара́кта (-ти) *f* 큰 폭우, 홍수; *Med.* 뿌옇게 흐린 눈, 백내장, 녹내장.
катастро́ф|а (-фи) *f* 대이변, 재난.
ката́ти (-а́ю, -а́єш) *I vt* 치다, 때리다; 속이다; *vi* 가버리다.
катафа́ль|к, **~ок** (-лька) *m* 영구차; 장례식 장관.
катего́р|ичний (-на, -не)* 절대적인.
катего́рія (-її) *f* 범주.
ка́тер (-ра) *m* Naut. 거룻배, 짐배, 유람선.
катер|и́нка (-ни) *f* 배럴 오르간; 감옥의 수세식 변소; **~и́нник** (-на) *m* 오르간 연주자.
ка́тет (-та) *m* Math. 직각삼각형의 두 변.
катехі́|зис (-су) *m*, **~и́зм**, **~і́зм** (-му) *m* 교리 문답서.
като́д (-ду) *m* Phys. 음극.
като́л|ик (-ка) *m* 카톨릭.

ка́тор|га (-ги) *f* 징역, 강제 노동, 고역.
катува́ти (-у́ю, -у́єш) *I vt* 고문하다, 괴롭히다; **-ся** *I vi* 괴로워하다, 참다.
каучу́к (-ку́) *m* 탄성고무, 인도산 고무.
кафе́ *f indecl.* 다방; 커피.
ка́хель (-хля) *m* = кахля; **~ний** (-на, -не) = кахляний, **-на піч**, 타일로 된 스토브.
кача́лк|а (-ки) *f* 밀방망이, 롤러.
кача́н (-на) *m* 둥근덩이, 양배추대.
кача́ти (-а́ю, -а́єш) *I vt* 밀다, 펼치다.
кача́тина (-ни) *f* 오리고기.
ка́ч|ур (-ра) *m* 수오리.
ка́ша (-ші) *f* 묽은 죽, 탄 옥수수가루, 탄일, 곡물.
ка́шель (-шлю) *m* 기침.
кашке́т (-та) *m* 모자.
кашлю́к (-ка) *m Med.* 백일해.
ка́шляти (-яю, -яєш) *I vi* 기침하다.
кашта́н (-на) *m* 밤(나무); 적갈색 말.
каю́та (-ти) *f* (선박의) 선실; 선미.
ка́ятися (ка́юся, ка́єшся) *I vi* 후회하다.
каяття́ *n* = ка́яння, 후회, 뉘우침, 개심.
ква́др|а (-ри) *f* 부분, 현.
ква́к|ання *n* (개구리) 울음소리; (오리) 울음소리.
кваліфік|аці́йний (-на, -не)* 자격을 부여하는
ква́пити (-плю, -пиш) *I vt* 서두르다.
ква́рт|а (-ти) *f* 쿼트, 4분의.
кварти́р|а (-ри) *f* 아파트, 셋방
кварц (-цу) *m Min.* 석영.
квас (-су) *m* 신맛; 산; 발효; 크바스.
ква́сити (-ашу, -асиш) *I vt* 신맛나게 하다.
квасо́ля (-лі) = фасоля, 콩.
квати́рка (-ки) *f* 작은 새시창.
квач (-ча́) *m* 한대치기; 기름칠하는 붓.
квит (-ту) *m*, **~а́нція** (-ії) *f*, **~о́к** (-тка́) *m* 영수증.
квінте́т (-ту) *m* 5중주.
кві́тень (-тня) *m* 4월.
кві́тк|а (-ки) *f* 꽃; 리본 매듭; 신부가 쓰는 화관.
кві́тневий (-ва, -ве) 4월의.
кві́тн|ий (-на, -не) 꽃의, 꽃무늬의.
кві́т|чати (-а́ю, -а́єш) *I vt* 장식하다.
квокта́ти (-а́ю, -а́єш), **квокта́ти**(-кчу́, -чеш) *I vi*

꼬꼬 울다; 울다, 계속 불평하다.
кво́лий (-ла, -ле)* 가냘픈, 연약한, 약한.
кво́рум (-му) *m* 정족수.
кво́та (-ти) *f* 양, 총량.
кво́чечка (-ки) *f Dim.*: кво́чка (-ки) *f* 암탉.
кефала́ (-ли́) *f* = кефаля́ (-лі́) *f Ich.* 숭어.
кефі́р (-ру) *m* 발효유.
кива́ти (-а́ю, -а́єш) *I vi*: (кивну́ти *P*) 끄덕이다, (손가락을) 흔들다.
киво́к (-вка́) *m* 끄덕임, 윙크, 손짓.
кида́ти (-а́ю, -а́єш) *I vt*; (ки́нути *P*) 던지다, 발사하다.
кип'ятило (-ла) *n* 보일러.
кип'ято́к (-тку́) *m*, ~п'я́ч (-чу́) *m* 끓는 물.
кирги́з (-за) *m*, ~ка (-ки) *f* 끼르끼즈인.
кири́лиця (-ці) *f* 끼릴문자.
ки́сень (-сня) *m* 산소.
кисе́т (-та) *m*, ~и́на (-ни) *f* 담배 주머니.
кисі́р (-ря) *m dial.* 새끼 양을 가진 양.
кисі́ль (-селю́) *m* 과일 스프, 신 맛의 스프.
кисле́нький (-ка, -ке)* *Dim.*: ~ні́й; ~е́ць (-цю́) *m* = ки́сень; ~и́й (-ла, -ле)* 신, 산성의.
кислиця (-ці) *f* 돌능금.
кисне́вий (-ва, -ве) 산소의.
ки́снути (-ну, -неш) *I vi* 시어지다.
кисть (-ти) *f Russ.* 붓; 손목.
кит (-та́) *m Ich.* 고래.
китає́ць (-а́йця) *m* 중국남자, 중국어
кита́йка (-ки) *f* 중국여자; 내한성사과; 흰 점토.
китиця (-ці) *f* 부케, 장식; 술; 빨대, 눈 덮인 산.
кише́нька (-ки) *f Dim.*: кише́ня, 시계주머니.
кишіти (-шу́, -ши́ш) *I vi* 떼를 짓다, 소란해지다.
ки́шка (-ки) *f Anat.* 장; 위.
кишка́тий (-та, -те) 머리에 붉은 점이 있는.
княни́н (-ина)*m*. ~ка (-ки) *f* 끼예프인; 성지순례.
ківш (ковша́) *m* 국자.
кі́готь (-гтя) *m* 발톱. 독아. 손아귀.
кіл (кола́) *m* 말뚝.
кі́ло (-ла) *n* 킬로.
кіло́к (-лка́) *m* 작은 나무마개.
кіломе́тр (-ра) *m* 킬로미터.

кіль (-ля) *m* 선저.
кі́лька (-ки) *f Ich.* 정어리.
кі́лька (-о́х, -о́ма) 조금, 약간.
кі́лькіс|ний (-на, -не)* 양으로 셀 수 있는.
кільце́ (-ця́) *n* 가시; 작은 바퀴; 연결고리; 고리.
кімна́т|а (-тн) *f* 방, (주로 침실).
кінематогр|а́ф (-у) *m* 영화.
кіне́тика (-ки) *f Phys.* 운동, 동력학, 체육.
кіне́ць (-нця́) *m* 끝, 종말, 결론; 한계, 지점.
кі́нн|ий (-нна, -нне)* 말의.
кіно́ (-на) *n* 영화, 영화관.
кі́нський (-ка, -ке) 말의.
кінце́в|ий (-ва, -ве)* 최종의, 최후의, 마지막의.
кінці́|вка (-ки) *f Typ.* 삽화; 한 단어의 마지막 철자.
кінча́ти (-а́ю, -а́єш) *I vt*: (скінчи́ти *P*) 끝내다, 닫다, 해결 짓다.
кінь (коня́) *m* 말.
кіо́ск (-ка) *m* 키오스크; 작은 예배당.
кіо́т (-та) = киво́т.
кіпті́|ти (-пчу́, -пти́ш) *I vi* 매연으로 그을리다.
кір (ко́ру) *m Med.* 홍역.
кі́рка (-ки) *f Dim.*: кора́; 얇은 껍질, 표피.
кі́сник (-ка) *m* 머리 리본; 낫을 파는 사람.
кі́ст|ка (-ки) *f* 뼈; 발목; 핵.
кіст|я́к (-ка) *m* 뼈 구조, 해골; (과일)씨, 핵; 가재, 게.
кіт (кота́) *m* 고양이.
кі́ш|ка (-ки) *f* 고양이 암컷; 작은 닻.
кла́дка (-ки) *f* 인도교.
кла́д|овисько (-ка) *n*, ~о́вище (-ща) *n* 묘지.
кла́нятися (-яюся, -яєшся) *I vi* 인사하다, 경배하다: 아첨하다; 칭찬하다.
кла́п|оть (-птя) *m* 작은 조각, (머리) 뭉치.
клас (-су) *m* = кля́са, 수업, 교실.
кла́стися (-аду́ся, -де́шся) *I vi* 눕다.
клац! 감탄사. (이가 딱딱 소리를 내는).
кле́ї|ти (-ю, -їш) *I vt* 접착하다; -ся *vi* 접착되다.
клей (-е́ю) *m*: столя́рський —, 목수용 접착제.
клейк|и́й (-ка́, -ке́) 끈적끈적한.

клекіт (-коту) *m* 재잘거림, 졸졸 소리, 덜컥거림; 소음, 소란.

клекот|ати (-очу́, -о́чеш) *vi* 고함치다, 소리내다.

клен (-на) *m* 식물. 단풍나무: *Ich.* 검은 물고기.

клепати (-плю́, -пле́ш, 또는 -аю, -а́єш) *I vt* 망치질 하다, 세게 치다; 평평하게 하다.

кле́п|ка (-ки) *f* 막대기; (울타리의) 나무판.

клептоман (-на) *m* 도박에 미친 사람.

клерикал (-ла) *m* 성직자.

клерк (-ка) *m* 서기; 지식인.

клеща́ (-ші́) *f* 마개용 구멍.

кли́кати (-ичу, -ичеш) *I vt*; **кли́кнути** (-ну, -неш) *P vt* 부르다.

клин (-на) *m* 쐐기, 못.

клич (-чу) *m*, 신호소리, 명성.

клиш|а (-ші) *m, f* 걸으면서 다른 사람의 발목을 치는 사람.

клієнт (-та) *m*, ~ка (-ки) *f* 고객, 손님.

ковпа́|к (-ка) *m* 높은(끝이 뾰족한) 모자, 저녁모자.

ковтати (-аю, -аєш) *I vt* (**ковтнути** *P*) 삼키다, 넘기다, 게걸스럽게 먹다.

ковток (-тка) *m* 단번에 마시기, 마시기.

когорта (-ти) *f* 대대.

код (-ду) *m* 코드(전보의, 외교적 메신저의).

кодеїн (-ну) *m* 코데인.

кодекс (-су) *m* 사본; 법률 조항; 고대 문자.

кодифікатор (-ра) *m* 법전 편찬자.

коефіцієнт (-та) *m* 공동작인.

кожний (-на, -не) *pron.* 각각, 모든, 모두, 모든 사람.

кожух (-ха) *m* 펠트, 털코트, 양털코트.

коза́ (-зи) *f* 염소.

козак (-ка) *m* 코작족, 우크라이나 군인.

козац|тво (-ва) *n* 코자크 군대; *Coll.* 코사크인들.

козел (-зла) *m* 염소, 수컷.

козеня́ (-яти), -тко (-ка) *n Dim.*: коза, 염소새끼.

козиний (-на, -не), -ячий (-ча, -че) 염소의.

козир (-ря) *m* 트럼프 (카드에서).

козу́ля (-лі) *f Dim* : коза; 노루의 수컷; 새끼 염소 (뿔이 뒤로 난); 더블 낚시 갈고리.

коїти (кою, коїш) *I vt* 하다, 만들다, 꾀하다.
кокаїн (-ну) *m*, -а (-ни) *f* 코카인.
кокарда (-ди) *f* 활, 꽃 모양의 모표, 로제트.
кокетка (-ки) *f* 정복자.
коклюш (-ша) *m* 기침.
кокон (-на) *m* 고치, 골돌과; 보빈, 얼레.
кокос (-са) *m* 코코아 나무.
кокс (-су) *m* 코크스.
колега (-ти) *m* 동료.
колектив (-ву) *m* 집단으로 하는 사업.
колектор (-ра) *m* 수집가, 모으는 사람.
колекціонер (-ра) *m* 수집가 (다양한 종류의).
колекція (-ії) *f* 수집물, 수집.
колесо (-са) *n.* –есва (коліс) *pl* 원; 링, 디스크; 의자.
коли *adv*. 그리고 *conj*. 언제, 만약; 언제 갑자기.
коливальний (-на, -не)* 망설이는, 머뭇거리는.
коливати (-аю, -аєш) *I vt* 세차게 움직이다, 흔들리다.
Коли-небудь *adv*. 언제든지, 항상.
коли-не-коли *adv*. 때때로, 거의 ~않다.
колисати (-ишу, -ишеш) *I vt* 흔들다; 흔들어 재우다; 잔잔해지다 (희망이나 장래 등); 칭찬하다.
колиска (-ки) *f* 흔들침대, 요람; 그네.
колись *adv* 언젠가는, 이전에는, 옛날에는.
колихати (-аю, -аєш, 또는 -лишу, -ишеш) *I vt*; **колихнути** (-ну, -неш) *P vt* 흔들어 움직이다.
колишній (-ня, -не) 과거의, 사라진.
колібрі *m indecl. Orn*. 코리브리, 벌새.
колізія (-ії) *f* 충돌, 충격, 치기, 구타.
коліно (-на) *n* 무릎.
колір (-льору) *m* 색깔; 페인트.
колія (-ії) *f* 바퀴자국; 지나간 자취, 기차 길.
коло (-ла) *n* 원, 구형.
коло ргер. (생격과 사용) 가까이에, 근처에.
колода (-ди) *f* 큰 통나무, 족쇄.
колодка (-ки) *f* 어둑한, 희미한.
колодязь (-зя) *m* 샘, 우물.
коломиєць (-ийця) *m* 사는 곳; 콜로미아의 도시.
колона (-ни) *f* 기둥.

колоніз|а́тор (-ра) *m* 식민지 개척자.
кол|оні́ст (-та) *m* 식민지 주민, 정착자.
коло́нка (-ки) *f* колона, 작은 기둥.
коля́с|а (-си), -ка (-ки) *f* 포장, 탈것.
кольчу́га (-ги) *f* 우편물 포장천.
ко́ма (-ми) *f* 콤마.
кома́нд|а (-ди) *f* 명령하다, 주문하다; 기병대, 군단.
комерса́нт (-та) *m* 상인, 중개인, 거래인.
комерці́йний (-на, -не) 상업의.
комерція (-ії) *f* 상업.
коме́т|а (-ти) *f* 혜성.
ко́мин (-на) *m* 굴뚝, 통풍구멍.
коми́ш (-шу) *m* 큰고랭이, 골풀.
комівояже́р (-ра) *m* 외판원, 판매인.
ком|і́зм (-му) *m* 희극배우, 코믹.
ко́мір (-ру) *m* 칼라, 깃.
комі́рка (-ки) *f* 작은 방; 수세식 변기; 벌집모양의 구멍; 심장의 심실.
комі́сар (-ра) *m* 판매부, 매점, 병참부; 인민 위원; -ят(-ту) *m* 식량 경리부원.
комі́с|ійний (-на, -не)* 위임의, 임무의.
комі́сія (-ії) *f* 위원회.
коміте́т (-ту) *m* 위원회.
комо́р|а (-ри) *f* 식료품 저장소; 창고.
компа́ктн|ий (-на, -не)* 치밀한, 두꺼운.
компа́н|ія (-ії) *f* 모임, 협회, 조합, 단체.
конверса́ція (-ії) *f* 대화.
конве́рт (-та) *m*, -а (ти) *f* 봉투.
конв|ої́р (-ра) *m* 에스코트, 보호, 안내.
конвульсі́йний (-на, -не)* 경련성의, 경련의.
конгльомера́т (-ту) *m* 모임.
конгре́с (-су) *m* 국회.
конденс|а́тор (-ра) *m* 요약자.
конди́ція (-ії) *f* 상태.
конду́ктор (-ра) *m* 안내자, 지도자.
коне́чне *adv.* 전혀, 전적으로, 확실하게, 틀림없이.
ко́н|ик (-ка) *m Dim.*: кінь, 작은 말, 조랑말; 메뚜기; 말의 머리 모양.
коні́чний (-на, -не) 원뿔의.
конкр|етизува́ти (-ую, -уеш) *I vt* 구체화하다,

실현하다.
конкуре́н|т (-та) *m* 경쟁자, 라이벌.
ко́нкурс (-су) *m* 경쟁.
конкурува́ти (-ру́ю, -ру́єш) *I vi* 경쟁하다, 겨루다 (다른 사람들과), ~을 본뜨다.
конопе́льки (-льок) *pl Dim.*: коно́плі, 대마.
консерв|ати́вний (-на, -не)* 보수적인, 보존하는.
консе́рв|и (-ерв) *pl* 저장 식료품.
консервува́ти (-у́ю, -у́єш) *I vt*, 보존하다, 보호하다.
консилі|ум, -юм (-ма) *m*, -я (-ії) *f* 콜실리움, 상담 (내과의, 외과의).
конси́ляр (-ра) *m* 상담자 *W.U.* 내과의사.
консисте́нція (-ії) *f* 단단함; 병사들이 자유롭게 생활하기 위한 방.
консолід|а́ція (-ії) *f* 합병.
консо́ля (-лі) *f* 콘솔, 선반, 선반받이(벽에).
консо́рціюм (-му) *m* 사회; 공동, 기업 조합.
конспе́кт (-ту) *m* 개론, 줄거리.
конспір|ати́вний (-на, -не)* -аці́йний(-на, -не) 음모의, 비밀의, 은밀한.
констат|о́ваний (-на, -не) 확인된, 확정된.
конститути́вний (-на, -не) 구성하는, 성분이 되는.
констр|укти́ві́зм (-му) *m* 건설주의.
ко́нсул (-ла) *m* 영사.
консульт|а́нт (-та) *m* 상담, 협의.
конта́кт (-ту) *m* 연락, 접촉.
конте́кст (-ту) *m* 문맥, 관련, 연결.
континге́нт (-ту) *m* 분담; 공유.
контине́нт (-ту) *m* 대륙, 육지.
конто́р|а (-ри) *f* 사무실; 연구, 연구실.
контрабанд|а (-ди) *f* 밀매매, 밀수; 금지된 상품.
контраба́с (-су) *m* 남성의 저음부.
контра́кт (-ту) *m* 계약, 합의.
контра́льт (-та) *m*, -о (-та) *n* 콘트랄토.
контрама́рка (-ки) *f* 우대권, 초대권.
контрапу́нкт (-ту) *m Mus.* 대위법, 대위 선율.
контр|ата́ка (-ки) *f* 역습.
контрибу́ція (-ії) *f* 기부, 기증, 공헌, 보상.
контроле́р (-ра) *m* 검사관, 체크인.
контро́л|я (-лі) *f* = контро́ль (-лю) *m* 통제.

контрреволю́ція (-ії) *f* 반혁명.
контррозві́дка (-ки) *f* 반 스파이 활동.
контрфо́рс (-су) *m* 부벽, 지지.
конту́з|ити (-ужу, -узиш) *I vt* 멍들게 하다, 타박상 입히다.
ко́нтур (-ру) *m* 윤과, 외곽.
конфедера́т (-та) *m* 동맹국, 연합국.
конфер|анськé *m* 논평자, 강의자.
конфе́с|ія (-ії) *f* 고백, 자백.
конфігура́ція (-ії) *f* 상대적 배치, 형상, 윤곽.
конфронта́ція (-ії) *f* 만남, 조우; **-увати** (-ую, -уеш) *I vi* 직면하다.
конфу́з (-зу) *m*, **-́ія** (-ії) *f* 혼란, 당황스러움.
конья́к (-ку) *m* 꼬냑; **-овий** (-ва, -ве) 꼬냑의.
кооперати́в (-ву) *m*, **-а** (-ви) *f* 협동적인.
коопер|а́тор (-ра) *m* 협력자, 협동자.
координ|а́та (-ти) *f* (수학) 좌표.
копа́л|ина (-ни) *f* 화석; 광물.
копа́льний (-на, -не) 굴착의; 광물의.
копа́ти (-аю, -аєш) *I vt* 파다, 깊이 파고들다.
копи́т|о (-та) *n* 말굽; 제화공의 구둣골.
копи́ця (-ці) *f* (건초의) 무더기.
копі́й|ка (-ки) *f* 코펙; 돈; 자본.
копіюва́льний (-на, -не) 복사의, 카피의.
ко́пія (-ії) *f* 카피, 베끼기, 사본.
копті́ти (коптить, 3인칭 단수) *I vi* 담배를 피우다; 그을음투성이로 하다.
копу́н (-на) *m W.U..* 축구선수.
кора́ (-ри) *f* 나무껍질, 외피.
кора́б|ель (-бля) *m* 함선, 배, 선박.
Кора́н (-ну) *m* 코란.
кордебале́т (-ту) *m* 코르드 발레.
кордо́н (-ну) *m* 국경 지방; 초병선.
корегува́ти (-ую, -уєш) *I vt* 세우다.
користува́ти (-ую, -уєш) *I vi*; **-ся** *I vi* 이득이 되다.
ко́ристь (-ти) *f* 이익, 이윤, 이자, 이용, 유용.
кори́ти (-рю, -риш) *I vt* 구속하다, 정복하다.
кори́т|о (-та) *n* 그릇; 속이 깊은 쟁반.
кори́ця (-ці) *f Dim.*: кора; 계수나무.
кори́чневий (-ва, -ве) *Russ.* Брунатний 브라운의.

корін|ець (-нця) *m Dim.*: корінь, 적은 뿌리.
корін|ний (-нна, -нне) 근본적인; 기초적인.
корін|ня *n Coll.* 식물 뿌리; 익혀 먹는 채소.
корінь (-реня) *m* 뿌리.
корм (-му) *m* 음식, 영양분, 급식.
корма (-ми) *f* 선미, 선미루.
корнет (-та) *m* 코넷.
короб|ка (-ки) *f* 상자, 바구니, 장바구니.
корова (-ви) *f* 암소.
коров|ай (-аю) *m* 결혼 케익.
коров'ячий (-ча, -че) 암소의.
короґв|а (-ви) *f*, -ов (-гви) *f* 기, 군기.
корок (-рка) *m* 코르크; 구두 굽.
корол|ева (-вої) *f* 여왕.
король (-ля) *m* 왕.
коромисло (-ла) *n* 저울대, 들보; 평형기.
корон|а (-ни) *f* 왕관, 소관; 최고의 권력.
коронувати (-ую, -уеш) *I vt* 왕관을 씌우다; -ся *I vi* 왕위에 오르다.
короп (-па) *m* 잉어.
коротк|ий (-ка, -ке)* 짧은, 잠깐의.
коротшати (-аю, -аєш) *I vi* 작아지다.
коротш|ий (-ша, -ше) *Comp.*: короткий, 더 작은.
корпус (-су) *m* 군단, 병단.
корсаж (-жу) *m* 여성복의 상반신부, (작은 다발) 보디스(여자 드레스의).
корсет (-та) *m.* -ка (-ки) *f* 코르셋. 보디스.
корт (-ту) *m* 코트 (테니스등의 게임을 위한).
кортеж (-жу) *m* 행렬, 호위자, 호송자, 수행원.
кортик (-ка) *m* 해군 사관의 검.
корупція (-ії) *f* 타락, 부패; 뇌물행위.
корчити (-чу, -чиш) *I vt* 구부리다, 축소하다.
корчувати (-ую, -уєш) *I vt* 뿌리째 뽑다, 파내다.
кос|а (-си) *f* 꼬리(머리의); 모래 언덕; 큰 낫.
косий (-са, -се)* 기울어진, 비스듬한, 비탈진; *adv.* 비스듬하게.
косинус (-са) *m* , *Math.* 코사인.
косити (кошу, косиш) *I vt* 풀을 베다; -ся *I vi* 힐끔보다, 노려보다.
котел (-тлі) *m* 주전자, 끓이는 그릇.
кот|ик (-ка) *m Dim.*: 동물의 새끼; 이음새.

коти́ти (кочу, котиш) *I vt* 감다, 회전시키다.
котле́та (-ти) *f* 커틀렛.
кото́вий (-ва, -ве) 고양이의, 고양잇과의.
кото́рий *Archaic* = котрий (-ра -ре) *pron.* 누구, 어떤, 무엇; 약간, 다른 것들, 어떤 것.
котри́й|будь, ~небудь *pron.* 누구든지, 누구의 것이든지, 어떤 것이든지.
котя́ (-яти) *n* 고양이.
ко́х|аний (-на, -не) 귀염 받는 사람, 교육하는.
коха́ти (-аю, -аєш) *I vt* 사랑하다, 좋아하다.
коцюба́ (-би) *f* 오븐 갈퀴, 포트.
кочі́вля (-лі) *f* 유목민의 생활; 유목민 야영지.
кочо́вий (-ва, -ве) 유목민의.
кочува́ння *n* 이주민의 생활.
коша́ра (-ри) *f* 펜.
кошеня́ (-яти) *n* 고양이 새끼, 고양이.
ко́шик (-ка) *m* 바구니, 장바구니.
ко́шл|ання *n* (행동의) 헝클어진(머리카락이).
кошма́р (-ру) *m* 악몽.
коштува́ти (-ую, -уєш) *I vi* 비용이 들다, 가격이 나가다, 가치가 있다.
краб (-ба) *m* 게, 변절자.
крава́тка (-ки) *f* 넥타이.
краве́цтво (-ва) *n* 옷 만드는 사람들의 거래.
кравч|и́ня (-ні), -и́ха (-хи) *f* 재단사의 부인.
крад|емці́ *adv. dial.* = крадькома́, 비밀스럽게, 살그머니.
краді́ж (-дежі) *f* 또는 **крадіж** (-дежу) *m* 도둑, 훔침, 강도; 도난당한 물건.
краєви́д (-ду) *m* 배경, 풍경, 장면.
краї́на (-ни) *f* 땅, 지역.
край (краю) *m* 나라, 땅.
край *prep.* with *Gen.* 가까운, 근처에; *adv.* 매우, 거대하게, 지나치게.
кра́йн|ій (-ня, -не)* 마지막의, 최대한의, 극적인, 가장 먼, 궁극적인.
крам (-му) *m* 상품, 물건, 제품, 어떤 종류의 품목.
крама́р (-ря) *m* 상점 점원, 가게 점원, 판매인, 소매인, 거래인, 매매인.
крамни́ця (-ці) *f* 가게, 상점.

крамо́ла (-ли) *f* 정치적인 음모, 파괴적인 움직임: -ьник (-ка) *m* 음모자, 계획자.

кран (-на) *m* 꼭지, 마개.

кра́пати (-плю, -плеш, or -паю, -аєш) *I vi*: (крапну́ти *P*) 떨어뜨리다, 흘리다.

кра́пка (-ки) *f* 지점, 점, 마침표.

кра́пля (-лі) *f* 물방울.

краса́ (-си) *f* 미, 사랑스러움.

кра́сти (-аду, -адеш) *I vt* 훔치다, 좀도둑질 하다 -ся *I vi* 완전히 다 뺏기다.

красува́тися (-уюся, -уешся) *I vi* 점잔빼며 걷다, 과시하다; 좋아 보이다, 빛나다, 장식되다.

крас|у́ня (-ні) *f* 미인, 아름다움, 미녀.

кра́тер (-ра) *m* 분화구.

крах (-ху) *m* 붕괴, 멸망, 파괴.

краш|а́нка (-ки) *f* 부활절 계란.

краш|а́ти (-щаю, -аєш) *I vi* 점점 더 예뻐지다, 잘생겨지다; 더 나아지다, 개선되다.

кра́яти (-аю, -аєш) *I* 자르다, 조각하다, 채치다.

креди́т (-ту) *m* 신용, 믿음, 신뢰.

кре́до *n indecl.* 크레도, 개인의 믿음, 신조.

крейді́а (-ди) *f* 분필.

крем (-му) *m*, -а (-ми) *f* 크림(연고).

кремато́р|ій (-ію) *m*, -ія (-ії) *f* 화장터.

крем|і́нець (-нця) *m Dim.*: -інь, 작은 부싯돌 조각; -інка (-ки) *f* 부싯돌.

кре́мовий (-ва, -ве) 크림색의, 밝은 노랑.

креозо́т (-ту) *m.* 크레오소테.

крес|ка (-ки) *f* 줄; 작은 홈.

крети́н (-на) *m* 크레틴병자, 바보.

крива́вий (-ва, -ве) 다소 굽은, 피의.

кри́вда (-ди) *f* 나쁜, 해로운, 상처입은.

кри́вдити (-джу, -диш) *I vt* 해를 끼치다, 다치게 하다, 상처 입히다, 잘못되게 하다.

криви́й (-ва, -ве) 굽은, 얼굴 찌푸린, 비스듬한.

крив|и́ти (-влю, -виш) *I vt* 구부리다, 굽히다, 꺽다; 불공정하게 취급하다(해롭게).

кри́га (-ги) *f* 얼음 조각.

крижани́й (-на, -не) 얼음의, 얼음이 있는.

кри́жі (-ів) *pl* 등뼈, 척추, 허리.

криз|а (-зи) *f* 위기.

крик (-ку) *m* 소음, 울음, 충격, 비명, 절규.
крикет (-ту) *m* 크리켓.
крик|ливий (-ва -ве)* 시끄러운, 떠들썩한.
крикнути (-ну, -неш) *P vi*: (кричати *I*) 울다.
крил|астий, -атий (-та -те)* 날개의, 날개가 있는.
крило (-ла) *n* 피니언; 핀 (물고기의).
кримінал (-лу) *m W.U.* 교도소, 감옥; 범죄, 공격.
криниця (-ці) *f* 샘, 발생, 근원, 소스.
крислатий, -луватий (-та, -те)* 가지가 많은, 가지가 있는, 가지가 우거진.
кристал (-ла) *m* 수정.
критерій (-ію) *m* 크리테리움.
крити (-ию, -иєш) *I vt* 덮다, 위에 놓다, 펼쳐놓다.
критик (-ка) *m* 비평, 비난 하는 사람.
критицизм (-му) *m* 비평, 평론.
крих|кенький (-ка, -ке) *Dim.*: крихкий (-ка, -ке)* 부서지기 쉬운, 깨지기 쉬운.
кричати (-чу, -чиш) *I vi, t*: (крикнути *P*) 소리치다, 비명을 지르다.
криши|ти (-шу, -шиш) *I vt* 부수다.
кришка (-ки) *f Dim.*: крихта, 작은 조각, 부스러기.
кришт|алик (-ка) *m Dim.*: ~аль, 렌즈.
крізь prep. (대격과 함께), ~의해서.
крій (крою) *m* 자른; 모양, 형태.
крілик (-ка) *m Dim.*: кріль, 토끼.
крім prep.(생격과 함께). 예외적으로, 제외하고, 그밖에.
кріп (кропу) *m Bot.* 딜(미나리과 식물).
кріпак (-ка) *m* 힘센 사람.
кріпити (-плю, -пиш) *I vt* 강화하다, 부흥시키다, 고무하다; -ся *I vi* 강하게 되다, 증진하다.
кріт (крота) *m Zool.* 사마귀.
кров (-ви) *f* 혈액, 피.
кровний (-на, -не)- 혈액을 나르는, 혈액 운반의.
кроїти (крою, -оїш) *I vt* = краяти, 자르다, 잘라 내다.
крок (-ку) *m* 단계, 페이스.
крокв|а (-ви) *f* -вина (-ии) *f* 서까래, 지붕틀.
крокодил (-ла) *m Zool.* 악어.

кро́лик (-ка) *m* = крілик; -ячий(-ча, -че) 토끼의 (새끼 토끼의).
кро́на (-ни) *f* 은화.
кропива́ (-ви) *f Bot.* 쐐기풀.
кропи́ти (-плю, -пиш) *I vt* 악담을 퍼붓다, 뿌리다.
крохма́лити (-лю, -лиш) *I vt* 풀을 먹이다.
крохма́ль (-лю) *m* 녹말, 전분.
кру́глий (-ла, -ле)* 둥근, 원형의.
кругови́д (-ду) *m* 수평선; 풍경.
круго́м *adv.* 주변에, 도처에.
кругосві́т (-ту) *m* 수평선; 세계 도처에.
кружля́ти (-яю, -неш) *I vi* 돌게 하다, 회전하다.
крук (-ка) *m Zool.* 갈가마귀.
крупи́ (круп 혹은 -пів) *pl* 거칠게 빻은 밀가루; 연어알, 청어알.
крути́ти (-учу, -утиш) *I vt*: (крутіну́ти, -ону́ти *P*) *I* 돌다, 꼬다, 감다, 짜다, 비틀다.
круті́й (-ія) *m*, -і́ка (-ки) *f* 사기, 거짓말, 악당.
кру́ча (-чі) *f* 가파름; 골짜기; 강의 깊은 곳.
круши́ти (-шу, -шиш) *I vt* 부스러기를 내다.
кряж (-жа) *m* 산정상; 등뼈, 등 뼈; 원통 형태의 나무 조각.
кря́кати (-аю, -аеш) *I vi*; кря́кнути (-ну, -неш) *P* 꽉꽉 울다, 개굴개굴 울다.
ку́зня (-ні) *f* 대장장이의 작품, 대장장이의 날조.
куйо́вдити (-джу, -диш) *I vt* 헝클어트리다.
кукурі́кати (-аю, -аеш) *P vi*; кукурі́кнути (-ну, -неш) *P vi* 까마귀가 울다.
кукурі́ку! *Interj.* (까마귀 울음소리를 따라할 때) 쿠아둘두!
кукуру́дз|а (-дзи) *f Bot.* 옥수수.
кула́к (-ка) *m* 주먹, 꽉 주먹 쥔 손.
кулеме́т (-та) *m* 기계 총.
кули́к (-ка) *m Orn.* 도요새.
кулі́нарний (-на, -не)* 주방의.
кулі́ш (-лешу) *m* 묽은 옥수수 죽.
кулуа́р (-ра) *m*, -и́(.рів) *pl* 복도, 로비.
кульба́ба (-аби) *f Bot.* 사자의 이빨; 식은 죽.
кульміна|ці́йний (-на, -не)* 절정에 오른.
культ (-ту) *m* 의식, 동경.

культива́тор (-ра) *m* 재배자.
культовий (-ва, -ве) 의식의.
культу́ра(-ри) *f* 경작.
кум(**-ма**) *f* 대부; 옛 친구, 소문(사람에 관한), 가까운 친구.
кума́ (-ми) *f* 대모; 옛 친구, 가십거리(사람)
куме́д|ія (-ії) *f* 코미디, 웃긴(호기심, 웃긴) 상황이나 사건; 꼭두각시 쇼; 우스운 행동.
куми́р (-ра) *m* 우상.
куни́ця (-ці) *f Zool* 담비, 담비의 털.
куня́ти (-яю, -яєш) *I vi* 선잠을 자다, 졸다.
ку́па (-пи) *f* 엉덩이, 더미, 저장; 많은; 군중, 인파.
купа́льн|ий (-на, -не) 쿠폴라의; 목욕의(목욕탕).
куп|а́нина (-ини) *f* 잦은 목욕.
купа́ти (-аю, -аєш) *I vt* 목욕하다; **-ся** *I vi* 스스로 목욕하다.
купе́ць (-пця) *m* 상인, 거래자, 취급업자.
купі́вля (-лі) *f* 구매, 삼, 매매.
купі́ль (-пелю) *m* 목욕, 씻기.
купле́т (-та) *m* 한 쌍.
купо́н (-на) *m* 쿠폰.
купува́ти (-пую, -уєш) *I vt*: (купити *P*): – молоду, 그녀의 오빠에게 뇌물을 사주는 관습.
купю́ра (-ри) *f* 자르기, 오려내기, 벤 자국.
кура́нти (-тів) *pl* 시계, 진자(음악과 함께).
кура́теля (-лі) *f W.U.* 후견, 신탁통치, 보호.
курни́й (-на, -не) 매우 많은 연기를 내는, 자욱한; 먼지낀, 먼지로 자욱한.
курни́к (-ка) *m* 닭집(새우리), 가금류 집.
куро́к (-рка) *m* 총의 발사 준비, 방아쇠를 당김.
куро́рт (-ту) *m* 터미널 역; 건강 리조트.
курс (-су) *m* 과정: – лекцій, 강의의 과정.
курса́нт (-та) *m*, **-ка** (-ки) *f* 수업에 참석한 학생.
курси́в (-ву) *m Typ.* 이탤릭체.
курсови́й (-ва, -ве) 과정의.
курсува́ти (-сую, -уєш) *I vi* 운행하다, 현재가 되다, 돌다; 뛰다(지점 사이에서).
ку́рява (-ви) *f* 눈사태; 연기.
куря́т|ина (-ини) *f* 닭고기.
куря́чий (-ча, -че) 암탉의.

куса́ти (-а́ю, -а́єш) *I vt*: (куснути *P*) 깨물다; 찌르다(곤충을); 태우다(종의).
куста́р (-ря́) *m* 집 기술자.
; -ні вироби, 수공예, 직접 만든 물건.
кут (-та́) *m* 모퉁이, 각.
ку́тати (-аю, -аєш) *I vt* 싸다, 동봉하다, 부치다; 돌보다, 양육하다.
ку́тній (-ня, -нє) 각의, 모퉁이의.
куто́вий (-ва, -ве) 각의(모퉁이의).
куто́к (-тка́) *m Dim.*: кут, 각, 마을의 부분.
ку́хар (-ря) *m* 요리사.
ку́хн|я (-ні) *f* 부엌.
ку́х|онний (-нна, -нне) 주방의, 요리의.
ку́ций (-ца, -це)* 짧은; 어린 아이들의.
ку́чер (-ра) *m* 마부.
кучеря́вий (-ва, -ве)* 곱슬의, 곱슬진 머리의.
кучугу́ра (-ри) *f* 언덕 바위, 흙둔덕.
кушні́р (-іра́) *m* 모피 상인, 모피 파는 사람.
куштува́ти (-у́ю, -у́єш) *I vt* = кушати; -всякі борщі, 숙박을 자주 바꾸다, 여행을 많이 하다.
кущ (-ща́) *m* 숲, 관목.

Л

Л, л (우크라이나의 16번째 철자, 영어의 'l' 처럼 발음되며 단어의 중간이나 끝에 나타난다)
лабе́ти (-тіо, 또는 -бет) *pl* 꽉 잡기.
ла́ва (-вн) *f* = лява, 용암.
ла́в|иця (-ці) *f* = пава: сена́торська -, 상원의원 의회, 상원의원 석.
лавр (-ра) *m Bot.* 월계수, 월계수 나무.
ла́вра (-ри) *f* 라브라 수도원, 수녀원.
лавр|еа́т (-та) *m* 저명한 사람.
лагі́дне́нький (-ка, -ке)* *Dim*: ла́гідний (-на, -не)* 부드러운, 약한. 친절한, 연약한.
ла́годити (-джу, -диш) *I vt* 준비하다, 정리하다, 준비시키다.
лад (-ду) *m* 순서, 조화, 하모니, 일치: 상황, 기구.
ладе́н (-дна, -дне) 준비된, 적절한, 적당한, ~할 마음이 있는.
ладна́ти (-наю, -аеш) *I vt* 맞추다, 적응하다, 적용하다; 문제를 인식하다, 합의점을 찾다, 동의하다; -ся *I vi* 스스로 준비를 하다, 준비를 시키다, 준비를 하다.
лазаре́т (-ту) *m* 병원, 검역소.
ла́зити (ла́жу, ла́зиш) *I vi* 기다, 득실거리다, 오르다; 쭈그리다; 어려워하며 걷다; 네 살로

움직이다 (어린이의).

ла́зн|ик (-ка) *m*, **-иця** (-ці) *I* 탕치객, 목욕탕에서 일하는 사람.

лазу́р (-ру) *m* 청색(그림자).

ла́йка (-ки) *f* 꾸짖음, 책망; 가혹한 말(사나운), 저주; 에스키모 개; 장갑을 위한 좋은 가죽.

лайли́вий (-ва, -ве)* 모욕, 독설; 책망, 꾸짖음, 싸움.

лак (-ку) *m* 니스, 래커, 옻칠.

лаке́й (-ея) *m* 하인, 아첨꾼, 추종자.

лебе́д|ик (-ка) *m Dim.*: лебідь; (남자의): 달링.

лебе́д|ка (-ки) = лебідка; ~онько, -очко (-ка) *m Dim.*: лебідь; -я (-яти) *n* 어린 백조.

лебі́д|ка (-кн) *f* 백조; (여자의): 달링, 내 사랑.

ле́бідь (-бедя) *m* 백조; (남자의): 달링, 내 사랑.

лев (-ва) *m* 사자; 루마니아 동전.

лева́да (-ди) *f* 초원(나무로 둘러 쌓여진).

левеня́ (-яти) *n* 사자새끼.

ле́вик (-ка) *m Dim*: лев; -иний (-на, -не) 사자의.

леге́не|евий (-ва,-ве), -ний(-нна.-нне) 폐의, 폐에 관한.

леге́нький, -есенький (-ка, -ке) - *Dim.*: легкий, 다소 가벼운 (편안한).

ле́гкий (-ка, -ке)* 가벼운, 쉬운: 민첩한.

легкова́ж|ити (-жу, -жиш) *I vt* 무시하며 다루다; 가볍게(무관심하게) 여기다.

легкові́р (-ра) *m* . **-ка** (-ки) *f* 쉽게 잘 속는 사람.

лементува́ти (-ую, -уеш) *I vi* 울부짖다, 신음하다; -ся *I vi* 법석을 떨다, 고통을 주다.

леопа́рд (-да) *m Zool.* 표범.

лести́ти (лещу, лестиш) *I vt* 아첨하다; 부추기다.

лет|і́ти (лечу, летиш) *I vi* 날다, 날고 있다.

леща́та (-ат) *pl* 얇은 널조각, 나사, 집게. 콤파스.

лива́р (-ри) *m*. **-ник** (-ка) *m* 제련업자(일꾼), 주철공장 주인.

ли́жв|а (-ви) *f* 스케이트; -и (-жов) *pl* 스케이트.

лиза́ти (лижу, лижеш) *I vt*: (лизнути *P*) 핥다.

лик|о (-ка) *n* 인피; 존재하지 않음, 무효.

лима́н (-ну) *f* 하구, 후미; 큰 호수, 땅에서 갈라진 바다 만.

лин (-на) *m* 잉어.

ли́нути (-ну, -неш) *I vi* 날다, 날고 있다, 비행하다.

линя́ти (-яю, -яєш) *I vi* 색이 바래다, 색이 연해지다; 머리를 흩날리다.

ли́па (-пи) *f Bot.* 린덴. 라임나무.

ли́пень (-пня) *m* 7월.

ли́пкий (-ка, -ке) 끈적거리는, 축축한, 아교 같은, 끈끈한, 점착성의.

липне́вий (-ва, -ве) 7월의; **-ик** (-ка) *m* 린덴 나무 꿀; 린덴 숲.

ли́пнути (-ну, -неш) *I vi* 고수하다, 집착하다, 부착되다; 호감을 갖다.

лис (-са) *m Zool.* 여우.

ли́сий (-са, -се) 대머리의, 대머리 사람의.

лиси́ця (-ці) *f* 수컷 여우; 여우 털.

лисі́ти (-ію, -ієш) *I vi* 대머리가 되다.

лиск (-ку) *m* 플래쉬, 반짝이, 눈부신 빛, 섬광, 광택; 칼의 측면 부분.

лиску́чий (-ча, -че)* 빛나는, 반짝거리는, 광채가 나는, 화려한.

лисни́тися (-нюся, -нишся) *I vi*, **-іти**(-ію, -ієш) *I vi* 빛나게 되다; 반짝거리다.

лист (-та) *m* 편지, 서한, 신서.

листі́вка (-ии) *f* 엽서.

листо́но́ш (-ша) *m*, **-а**(-ші) *m*, **-оношка** (-ки) *f* 집배원.

листопа́д (-да) *m* 11월.

листува́ти (-ую, -уеш) *I vt* 페이지를 넘기다 (책이나 신문); **-ся** *I vi* 서신 교환하다(편지로).

ли́стя *n Coll.* 무성한 잎, 잎.

ли́сячий (-ча, -че) 여우의, 교활한.

ли́ти (лля, ллеш) *I vt* 쏟아지다, 붓다, 발산하다.

ли́тий (-та, -те) 던진, 용해 된; 단단한, 거대한: **-тий пояс**, 금으로 수놓아진 벨트.

ли́тка (-ки) *f* 송아지(다리의).

лито́вець (-вця) *m*, **-овка** (-ки) *f* 리투아니아 사람; **-овський**(-ка, -ке) 리투아니아인.

ли́хва (-ви) *f* 고리대업.

лихи́й (-хого) *m* 악마, 정신.

ли́хо (-ха) *n* 불행, 불운, 해, 손해, 대 재해, 비애.

лихов|ина (-ни) *f* 불행.
лиход|ій (-ія) *m* 범죄자, 악인, 마녀, 죄인.
лихоліття *n* 어려운 시대; 혼란, 무정부 상태.
лихоманка (-ки) *f* 열, 학질.
лиц|ар (-ря) *m* 기사, 영웅.
лицемір (-ра) *m* 위선자, 위장하는 사람.
лицювання *n* 천의 접은 부분 (코트의); -ати (-цюю, -цюеш) *I vt* 천을 접다(코트); 맞다, 적합하다, 알맞다, 어울리다.
личин|а (-ни) *f* 창조물, 괴물.
личити (личить, 3)rd pers. sing.) *I vi* 잘되다, 알맞다, 되다.
лишай (-аю) *m* 마른 딱지, 누더기, 버짐; *Bot.* 태선.
лишати (-аю, -аеш) *I vt*: (лишити *P*) 떠나다, 버리다, 버리다; 포기하다, 단념하다; **-ся** *I vi* 남다, 머무르다; 빼앗다.
лише, лишень, *adv.* 단지, 그러나, 거의: 막.
лишок (-шку) *m* 유품, 나머지.
ліберал (-ла) *m* 자유당(사람, 당원).
лівий (-ва, -ве) 왼쪽의; 기초의.
ліворуч *adv.* 왼손으로.
ліврея (-еї) *f* 제복.
лігв|исько (-ка) *n* 침대.
ліга (-ги) *f* 리그, 연합체: Ліга Народів (Націй), 국가 동맹.
лігар (-ря) *m* 목재(바닥 아래에), 기초 지지대.
лігатура (-ри) *f* 합금; *Med.* 결찰사.
лід (леду, 혹은 льоду) *m* 얼음.
лідер (-ра) *m* 리더, 안내원, 파티의 장.
ліж|енько, -ечко (-ка) *n Dim*.: ліжко (-ка), -исько (-ка), ~ще (-ща) *n Augm*.: ліжко (-ка) *n* 침대.
лізти (-зу, -зеш) *I vi* 오르다, 기다.
лійка (-ки) *f* 깔때기, 물뿌리개.
лік (-ку) *m* 치료법, 약제, 약; 숫자, 셈.
лікар (-ря) *m* 내과의사.
лікарник (-ка) *m* 의학에 관한 책.
лікарство (-ва) *n* 약, 치료, 치료법.
ліквідатор (-ра) *m* 청산인.
лікер (-ру) *m* 리큐어.
ліки (-ків) *pl* 의학적인 치료.

лікоть (-ктя) *m* 팔꿈치.
лікув|а́льний. (-на, -не)- 치료의, 약의, 치료법의.
лікува́ти (-ую, -уєш) *I vt* 치료하다, 고치다; -ся *I vi* 스스로 치유하다; 치료를 겪다(의학적인 방법으로).
ліле́я (-еї) *f Bot.* 백합.
ліліпу́т (-та) *m* 난쟁이.
лімітаці́йний (-на, -не) – 제한된.
лі́мфа (-фи) *f Med.* 림프.
лінгві́ст (-та) *m* 언어학자.
ліни́вий (-ва, -ве) 게으른.
лі́нія (-нії) *f* 선; – прямовисна, -вертикаль 직선; –поземна, -平행선; доти́чна –, 접선; рівнобі́жна –, 평행선; бі́чна –, 평행 선.
лі́нощі (-ів) *pl* 게으름, 우둔함.
лінув|а́ння *n* 게으름, 태만.
лінч (-чу) *m* 사형.
ліпи́ти (-плю, -пиш) *I vt* 풀로 붙이다, 고정하다, 형태를 잡다, 같이 묶다.
лі́плення = **ліпі́ння**; **-янка** (-ки) *f* 싸구려 오두막.
лі́пний (-на, -не) 플라스틱.
лі́р|а (-ри) *f* 라이어.
ліс (-су, 혹은 -са) *m* 나무, 숲, 숲 속.
лісни́й (-на, -не) 나무의, 숲의; 우거진.
лісови́й (-ва, -ве) 숲의; 숲에서 살고 자라는.
літ (лету) *m* 비행, 날기.
лі́та (літ) *pl Coll.* 나이, 해.
літа́к (-ка) *m* 비행기.
літа́ти (-аю, -аєш) *I vi* 날다, 달리다(빠르게).
лі́тера (-ри) *f* 글씨, 특징, 형태.
літера́т (-та) *m* 임대인, 작가.
лі́тній (-ня, -нє) 여름의.
лі́то (-та) *n* 여름, 해.
лі́та (літ) *pl* 해; 나이.
лі́топис (-су) *m* 연대기, 연보, 역사.
літочи́слення *n* 연대학.
літр (-ра) *m*, -а (-ри) *f* 쿼트
ліф (-фу) *m* 보디스.
ліфт (-та) *m* 엘리베이터.
ліце́нція (-ії) *f* 면허.
лічба́ (-би) *f* 셈하기, 수세기, 계산.

лі́чений (-на, -не) 계산된; 치료된.
лічи́льник (-ка) *m* 셈하는 사람, 계산기.
лічи́ти (-чу, -чиш) *I vt* 세다, 계산하다, 수를 세다; 고치다, 치료하다; -ся *I vi* 셈되다; 치료되다, 다뤄지다.
лляни́й (-на, -не) = льняни́й, 아마, 린넨.
лоб (-ба) *m* 이마, 앞 부분; 머리, 국수, 머리.
ло́бзик (-ка) *m* 실톱의 프레임.
лобови́й (-ва, -ве) 이마의, 관상의.
лобода́ (-ди́) *f Bot.* 명아주류의 잡초, 갯능쟁이; -ина (-ни) *f* 명아주류 잡초의 뿌리.
ловецтво (-ва) *n* 사냥, 체이스의 예술.
лови́ти (-влю́, -виш) *I vt* 잡다, 이해하다.
ло́вкий (-ка, -ке) 좋은, 멋진, 능숙한.
ло́гік (-ка) *m* 논리학자.
ло́жа (-жі) *f* = льожз, 칸막이 좌석; *W.U.* 침대.
ло́же (-жа) *n* 침대, 침대바닥, 소파.
ло́жка (-ки) *f* 스푼.
лоза́ (-зи́) *f* 잎이 긴 버드나무.
ло́зунг (-га) *m* 신념, 슬로건.
локомоти́ва (-ви) *f* 원동력, 엔진.
локомото́р (-ра) *m* 이동 발동기.
ло́кон (-на) *m* 컬.
ло́кша (-ші), -и́на (-ни) *f* 국수, 버미첼리.
лом (-ма) *m* 곡괭이, 곡괭이의 일종; 구부러짐, 휘어짐.
ломба́рд (-ду) *m* 전당포.
ломи́ти (-млю́, -миш) *I vt* = лама́ти, 부수다, 골절하다.
ло́но (-на) *n Anat.* 무릎, 가슴.
лопа́та (-ти) *f* 삽, 국자.
лопа́тка (-ки) *f Dim.*: лопа́та; 어깨뼈, 견갑골.
лопу́х (-ха́) *m Bot.* 가시 돋힌 겉껍질.
лорд (-да) *m* 왕: Пала́та Ло́рдів, 왕의 집.
лоскі́т (-ко́ту) *m* 간지르기.
лоскота́ння *n* 간질이기, 간질임.
лососи́на (-ни) *f* 연어 고기; -ось (-ся) *m Ich.* 연어.
лось (-ся) *m Zool.* 엘크; -овий (-ва, -ве) 엘크의.
лот (-та) *m* 반 온스; 측연, 다림추.
лот (-та) *m PN* 제비.

лотері́йний (-на, -не) 복권의: -не колесо, 회전식 추첨기.

лоті́к (-тока) *m* 도랑, 시궁창; -оки (-ків) *pl* 도랑, 시궁창, 배수구.

ло́то, ло́тто *n indecl.* 로또.

ло́тос (-са) *m Bot.* 로토스.

лоцма́н (-на) *m* 조종사.

лоша́ (-ати) *n* 망아지, 말.

лощи́на (-ни) *f* 언덕에 움푹 파인 곳.

лоя́льний (-на, -не)* 왕의.

луг (-гу) *m* 숲으로 무성한 평원.

луди́ти (-джу, -диш) *I vt* 꼬득이다, 유혹하다; 속이다; 주석으로 덮다.

лу́за (-зи) *f* 도매업자의 막대기.

луза́ти (-аю, -аєш) *I vt* 껍질에 싸다, 껍질을 벗기다; -ся *I vi* 껍질을 벗기다.

лук (-ка) *m* 활, 아치.

лука́ (-ки) *f* 초원; 범람한 평원.

лука́вий (-ва, -ае) 교활한, 사악한, 사나운.

луна́ (-ни) *f* 섬광, 불길, 화염; 울림, 리포트, 폭발, 울림.

луна́ти (-аю, -аєш) *I vi* 소리를 다시 내다, 퍼지다(소리의).

лунки́й (-ка, -ке) 낭랑한, 반항하는; -о *adv.* 낭랑하게.

лунь (-ня) *m*, - (-ні) *f Orn.* 대머리 솔개.

лу́па (-пи) *f* 확대경.

лу́па (-пи) *f* 비듬; 비늘 (물고기의); 바늘; 껍질, 피부.

лупи́ти (-плю, -пиш) *I vt* 껍질을 벗기다.

лупцюва́ти (-цюю, -цюєш) *I vt* 치다, 두드리다; 세게 때리다.

луска́ (-ки) *f* 비늘(물고기의); 껍질, 외피, 꼬투리, 비듬.

лу́скати (-аю, -авш) *I vi*: (лу́снути *P*) 껍질을 벗기다.

лут (-ту) *m dial.* 인피, 인피 섬유.

лу́чний (-на, -не) = влу́чний; 아치 모양의; 곡선진.

лущи́ти (-щу, -щиш) *I vt* 껍질을 벗기다; 세게 때리다, 치다; 완패시키다; -ся *I vi* 벗겨내다,

분리시키다(껍질을).
любий (-ба, -бе) 친애하는, 사랑하는, 귀여운, 예쁜, 잘생긴.
любитель (-ля) *m*, ...-ка (-ки) *f* 연인, 아마추어, 딜레탕트; -ський (-ка, -ке) 아마추어의.
любити (-блю, -биш) *I vt* 좋아하다, 관심이 있다.
любов (-ви) *f* 사랑, 애정, 관심.
люб'язний (-на, -не)* 친애하는, 친절한, 기쁜, 칭찬할 만한, 환영하는
люди (-дей) *pl* 사람들, 민족, 인류.
людина (-ни) *f* 여자 혹은 남자, 사람, 인간, 개인.
людство (-ва) *n* 인간성, 인류.
люк (-ка) = ляда.
люлька (-ки) *f* 담배 파이프.
люстерко (-ка) *f Dim.*: люстро, 작은 거울.
лютеранин (-ина) *m* 루터주의.
лютий (-того) *m* = лютень, 2월.
лютий (-та, -те)* 사나운, 잔인한, 흉포한, 공격적인.
лютість (-тости) *f* 격노, 분노, 열정, 잔인함.
лютня (-ні) *f* 류트.
лютувати (-ую, -уеш) *I vi* 화가 나다, 점점 더 사나워지다, 잔인해지다; -ся *I vi* 화나게 되다, 사나워지다.
лють (-ті) *f* 화, 격노, 분개, 사나움.
люцерія (-її) *f*, ~ерна (-нн) *f Bot.* 자주개자리.
лягати (-аю, -аеш) *I vi*: (лягти *P*) 내려놓다.

M

M, м (우크라이나어의 17번째 철자, 영어의 "m" 과 같이 발음).
ма: мати, 어머니.
мабу́тній (-ня, -нє) 어림직한.
мабу́ть *adv.* 아마도.
ма́вка (-ки) *f* 물의 요정.
ма́вп|а (-пи) *f Zool.* 원숭이.
маг (-га) *m* 마술사.
ма́гік (-ка) *m* 마술사.
магістра́т (-ту) *m* 자치회의.
магна́т (-та) *m* 거물, 왕, 부호.
магне́з|ій (-ія) *m Chem.* 마그네슘.
магне́т (-ту) *m* 자석, 자석광.
магн|ети́зм (-му) *m* 자기, 자력.
магни́тий (-та, -те) 아픈.
магу́ра (-ри) 높은 산.
маге́рка (-ки) *f* 갭을 느끼다.
магл|і́вниця (-ці) *f dial.* 압착 롤러.
ма́да (-ди) *f* 진흙산의 일종.
мадмуазе́ль (-лі) *f* 마드모아젤, 아가씨.
маєста́т (-ту) *m* 정중함. 고귀함.
маєт (-ту) *m* = маєток; **-нний** (-на, -не) 부자인, 부유한.
мажо́р (-ру) *m Mus.* 장음조.
ма́зати (мажу, -жеш) *I vt:* (мазну́ти *P*) -에 유성 액체를 바르다.
мазгли́вий (-ва, -ве)* 코를 훌쩍거리는.

мазе́па (-пи) *m, f* 멍청이, 얼간이.
мазе́пський (-ка, -ке) 나쁜, 불상한.
маз|зя́ *n dial.* 연고, 화장품의 크림.
ма́зка (-ки) *f Colloq.* 피.
маз|ки́й (-ка́, -ке́) 별명, 닉네임.
мазну́ти (-ну́, -не́ш) *P vt:* (ма́зати *I*) 바르다, 칠하다, 더럽히다.
мазо́к (-зка́) *m* 작은 그림 붓.
мазу́н (-на́) *m* = мазі́й; 총애하는 아이.
мазу́рка (-ки) *f* 마주르카(춤).
мазу́рок (-рка) *m* 부드러운 고기가 있는 비스킷.
мазю́кати (-аю, -аєш) *I vi* 그림을 잘 못 그리다.
мазя́ (-я́ти) *n dial.* 버릇이 없는 아이.
мазь (-зі) *f* 연고, 화장용 크림.
май (ма́я) *m* = тра́вень, 5월.
майбу́тн|ій (-ня, -нє) 미래의.
майв|а́ (-и) *f dial.* 깃발.
майда́лати (-лаю, -лаєш) *I vi dial.* 흔들다.
майда́н (-ну) *m* 공공장소.
майда́ти (-аю, -аєш) *I vi* 흔들다, 꼬리치다.
майне́р (-ра) *m* 광부.
майн|о́ (-на́) *n* 재산, 자산, 소유물.
майну́ти (-ну́, -не́ш) *P vi* 나타났다 갑자기 사라지다.
майови́й (-ва, -ве) = травне́вий, 5월의.
майоне́з (-зу) *m* 마요네즈.
майора́н (-ну) *m Bot.* 마조람.
ма́йстер (-тра) *m* 주인, 명인.
майстр|и́ня (-ні) *f* 기술력 있는 여성노동자.
майструва́ння *n* 기술적으로 잘하는 것.
майструва́ти (-у́ю, -у́єш) *I vt* 기술적으로 잘하다.
ма́йський (-на, -не) 5월의.
мак (-ку) *m Bot.* 양귀비.
мака́т|а (-ти) *f W.U.* 비단 천.
маке́та (-ти) *f* (건축의 축소 모형).
макі́нтош (-шу) *m* 매킨토시.
макі́три|тися (-рюся, -ришся) *I vi* 혼란스러워 하다.
макіявеллі́зм (-му) *m* 마키야벨리즘.
ма́клер (-ра) *m* 중개자.
макогі́н (-го́на) *m* 움직이는 핀.
макого́ник (-на) *m* 넌센스.
макро|ко́см (-му) *m* 대우주, 전체.
ма́кса (-си) *f* 물고기의 간.
ма́ксимум (-му) *m* 최대, 극점.
макулува́тий (-та, -те)* 꼴사나운, 어색한.

мала́ (-ло́і) *f* 작은 소녀.
мала́й (-а́я) *m* 옥수수.
маламу́р|а (-ри) *m, f* 칠면조.
малаха́й (-а́ю) *m* 매질, 채찍질.
малахві́я (-ії) *f dial.* 자위, 수음.
малахі́т (-ту) *m* 공작석.
мал|е́зний (-на, -не) 대수롭지 않은, 하찮은.
мализна́ (-ни́) *f* 작은 것, 하찮은 것.
мали́й (-ла, -ле) 작은, 하찮은.
мали́й (-ло́го) *m* 작은 소년.
мали́н|а (-ни) *f Bot.* 나무 딸기.
мали́ти (-лю́, -ли́ш) *I vt* 줄이다, 작게 하다.
мали́шко (-ка) *m* 꼬마 녀석.
малі́сть (-лости)* *f* 작음.
малі́ти (-і́ю, -і́єш) *I vi* 작게 되다.
малі́ч (-лечі) *f* 작은 모든 것.
ма́ло *adv.* 작게, 소량의.
малова́ж|ення *n* 존경, 중히 여김.
малова́ртн|ий (-на, -не)* 가치가 적은.
малов́живанний (-на, -не) 가치가 없게 사용된.
малові́ддя *n* 가뭄, 부족, 결핍.
малові́р (-ра) *m* 가치가 적은 사람.
малові́чний (-на, -не)* 짧은 생애.
мало|врожа́йний (-на, -не)* 작은 수확의.
ма́ло-пома́лу *adv.* 점점.
мало|поту́жний (-на, -не) 힘이 약한.
малоро́с (-са) *m* 작은 러시아인.
мало|ро́слий (-ла, -ле) 키가 작은
ма́лощо *adv.* 거의, 대부분.
малп|а́ (-пи) *f* = ма́впа, 원숭이.
малюва́ти (-лю́ю, -лю́єш) *I vt* 그림을 그리다.
малю́к (-ка́) *m* 젊은 사람.
малю́нок (-нка) *m* 그림.
мал|ю́та (-ти) *f* 어린이, 소년.
маля́ (-я́ти) *n* 작은 소년.
маля́р (-ра́) *m* 화가.
маля́рія (-ії) *f* 말라리아.
мальо́ван|ий (-на, -не)* 그려진.
мальови́ло (-ла) *n* 그림 붓.
ма́льство (-ва) *n* 어린이 같은.
ма́ма (ма́ми) *f* 어머니.
ма́мин (-на, -не) 어머니의.
мамк|а́ти (-а́ю, -а́єш) *I vi* 어머니라고 부르다.
мамо́на (-ни) *f* 부, 재물.
маму́л|а (-ли) *m, f* 게으른 사람.
маму́лити (-лю, -лиш) *I vt dial.* 더럽히다.

мамун (-на) *m* 악마의 일종.
мамут (-та) *m* 맘모스.
мана (-ни) *f* 악마.
манатка (-ки) *f dial.* 손수건.
манго (-та) *n Bot.* 망고.
маніж|ення *n.* 영향.
маніжити (-жу, -жиш) *I vt* 치다, 때리다.
маніжн|ий (-на, -не)* 영향이 미친.
манійка (-ки) *f Chem.* 연단.
манірка (-ки) *f* 나무로 된 그릇.
манісінький (-ка, -ке)* *Dim.:* малий, 아주 작은.
манія (-ії) *f* 매니아.
манкувати (-ую, -уєш) *I vi* 무시하다.
манливий (-ва, -ве)* 환상적인.
мантиля (-лі) *f* 망토.
мантиляти (-яю, -яєш) *I vi dial.* 파도치다.
мантити (-нчу, -нтиш) *I vt* 얻다.
манускрипт (-та) *m* 원고.
манушечка (-ки) *f dial.* 작은 것.
марати (-раю, -аєш) *I vt* 더럽히다.
маргінес (-су) *m* 여백.
марина (-ни) *f* 잠수함.
марити (-рю, -риш) *I vt* 꿈꾸다, 상상하다.
маркитан (-на) *m* 매점의 상인.
маркітний (-на, -не)* 불쾌한, 기분 나쁜.
маркота (-ти) *f* 불만, 불평.
маркотка (-ки) *f* 값싼 담배.
марн|е *adv.* 헛되이.
марник (-ка) *m* 악마.
марніти (-ію, -ієш) *I vi* 기대다.
марно|вірство (-ва) *n* 미신, 미신적 행위.
марнощі (-ів) *pl* 헛됨, 쓸데 없음.
марнувати (-ую, -уєш) *I vt* 소비하다, 쓰다.
Марс (-са) *m* 금성.
март (-та) *m* = березень, 3월.
маседуан (-ну) *m*, -а (-ни) *f* 야채 샐러드.
маск|а (-ки) *f* 마스크.
масувати (-ую, -уєш) *I vt* 메시지를 전달하다.
масштаб (-бу) *m* 측정.
мата (-ти) *f* 동료, 친구.
матадор (-ра) *m* 투우사.
математ|ик (-ка) *m* 수학자
матерас (-су) *m* 매트리스.
материн (-на, -не) 어머니의.
матерія (-ії) *f* 재료.
матеріял (-лу) *m* 재료.

матір|ний (-на, -не)* 삼으로 만든.
матк|а (-ки) *f* 여왕 벌.
матовий (-ва, -ве) 무딘.
матувати (-у́ю, -у́єш) *I vt* 외통장군을 부르다.
мату́ра (-ри) *f* 졸업.
мацання *n* 만지는 행위.
мацапу́ра (-ри) *m, f* 어색한 사람, 불편한 사람.
маца́ти (-аю, -аєш) *I vt*: (мацну́ти *P*) 만지다, 건들다.
мача́ти (-ча́ю, -ча́єш) *I vt* 담그다, 담가서 물들이다.
ма́чка (-ки) *f* 고양이.
ма́яти (ма́ю, ма́єш) *I vi* 흔들리다.
ма́ятий (-та, -те) *dial.* 고려심이 있는.
ма́яч|ити (-чу, -чиш) *I vi*; -ся *I vi* 먼 거리에서 언뜻 보이다.
мгла (-ли) *f* 안개.
ме́бель (-елі) *f*, -лі (-ів) *pl* 가구.
мед (-ду) *m* 꿀.
медов|ий (-ва́, -ве́)* 꿀로 만든.
меду́за (-зи) *f Bot.* 메두사.
мед|я́ (-ді) *f Inf* 꿀.
мертви́ти (-влю́, -виш) *I vt* 억제하다, 극복하다.
мертві́сть (-вости)* *f* 죽은 상태.
мертві́ти (-і́ю, -і́єш) *I vi* 죽은 상태가 되다.
мертв|о́та (-ти) *f* 죽은 상태.
месть (-ти)* *f* 복수.
метео́р (-ра) *m* 유성체, 운석.
ме́тер (-тра) *m* = метр, 미터.
мети́л (-лу) *m Chem.* 메틸.
метк|и́й (-ка́, -ке́) 빠른.
ме́то (-та) *n dial.* 소음.
мето́д|а (-ди) *f* 방법, 길.
методо́лог (-га) *m* 방법론자.
метр (-ра) *m* 미터.
мечта́ (-ти́) *f* 담, 담장.
мешка́льний (-на, -не) 집의.
мешка́ти (-а́ю, -а́єш) *I vi* 살다, 거주하다.
ми *pron.* 우리, 우리의.
миг (-та) *m* 즉시, 순간, 찰라.
мигиќати (-аю, -аєш) *I vi* 중얼거리다.
ми́гцем *adv.* 즉시.
мили́ця (-ці) *f* 목다리, 협장.
милі́сінький (-ка, -ке)* *Dim.*: ми́лий, 지나치게 친절한.
ми́лість (-лости)* *f* 우아함, 친절함.
ми́ло 비누.

милова́р (-ра) *m* 비누제조업자.
миловид (-дого) *m*, -а (-доі) *f* 외모가 좋은 사람.
милоли́ций (-ця, -це) 기쁜, 사랑스러운.
милосе́рдитися (-джуся, -дишся) *I vi* 동정하다, 불쌍히 여기다.
ми́мрити (-рю, -риш) *I vi* 1. 천천히 하다, 2. 중얼거리다.
ми́н|ний (-нна, -нне) 광산의.
минту́с (-са) *m dial.* 빵 조각.
мину́та (-ти) *f* = хвили́на, 순간.
мир (-ру) *m* 평화, 세계.
миря́вий (-ва, -ве)* 느린, 게으른.
ми́слезда́тний (-на, -не) 생각할 수 있는, 지적인.
мислоньќа (-ки) *f Dim.*: 생각, 아이디어.
миш (-ші) -а (-ші) *f* 쥐.
мишува́тий (-та, -те)* 쥐 같은.
мізер|а́к (-ка) *m* 불쌍한 놈.
мізи́льний (-на, -не) 가장 작은.
мізкови́й (-ва́, -ве́) 두뇌의.
мі́льй|он (-на) *m* 백만.
мі́льярд (-да) *m* 10억.
мім (мі́ма) *m* 흉내를 잘 내는.
мімо́з|а (-зи) *f Bot.* 미모사.
мі́на (-ни) *f* = ми́на, 광산.
мінаре́т (-ту) *m* 첨탑.
міне́р (-ра) *m* 광산업자.
мінера́л (-лу) *m* 미네랄.
міни́ти (-ню́, -ниш) *I vt* 바꾸다, 변형시키다.
мінімальний (-на, -не)* 미네랄의.
мі́німум (-му) *m* 최소한.
мініст|ер (-тра) *m* 장관.
міськи́й (-ка́, -ке́) 도시의.
міт (-ту) *m* 요정의, 님프의.
мі́та (-ти) *f* 기호, 표시.
мі́тити (мі́чу, мі́тиш) *I vt* 표시를 하다.
мля́скати (-аю, -аєш) *I vt dial.* 계속해서 키스하다.
мно́г|ий (-га, -ге) 많은, 숫자가 많은.
много|бі́чний (-на, -не)* 많은 측면의
могу́тн|ій (-ня, -не) 힘 있는, 권력의.
мо́да (-ди) *f* 유행, 패션.
модальн|ий (-на, -не) 양식의, 형식의.
мод|е́ля (-лі) *f*, -е́ль (-лю) *m* 모델.
модера́то *adv. Mus.* 모데라토(빠르게).
моде́ратор (-ра) *m* 중재자, 조절자.
моде́рн|ий (-на, -не)* 현대의.
мо́дло (-ла) *n* 모델.

модлува́ти (-у́ю, -у́єш) *I vt* 조절하다, 맞추다.
мод|ни́й (-на́,-не́) 유행의.
молоди́|ця (-ці) *f* 젊은 아내.
моло́д|іж (-дежі) *f* 젊은이, 젊은 사람.
молоді́ти (-і́ю, -і́єш) *I vi* 다시 젊어지다.
молодо́ *adv.* 젊게.
молоко́ (-ка́) *n* 우유.
морд (-ду) *m* 살인자.
мордува́ти (-у́ю, -у́єш) *I vt* 살인하다.
мо́ре (-ря) *n* 바다, 해양.
мо́рем *adv.* 해안가에.
море́ний (-на, -не)* 고단한, 힘을 다 쓴.
морепла́в|ець (-вці) *m* 뱃사람, 선원.
мо́р|ець (-рця) *m* 선원.
морж (-жа́) *m* 해안선.
мори́ти (-рю́, -риш) *I vt* 죽이다.
мори́ще (-ща) *n Augm.*: 바다.
москали́тися (-лю́ся, -лишся) *I vi* 러시아화 하다.
москалі́в (-ле́ва, -ле́ве) 러시아의.
моска́ти (-а́ю, -а́єш) *I vt* 때리다, 부수다.
Москва́ (-ви́) *f NP* 모스크바.
москі́т (-та́) *m* = кома́р, 모기.
моско́в|ка (-ки) *f* 러시아 여인.
мо́ст|ик (-ка) *m Dim.*: міст, 작은 다리.
мотуша́ти (-а́ю, -а́єш) *I vt* 조금씩 움직이게 하다.
мохов|и́й (-ва́, -ве́) 이끼의.
моціо́н (-ну) *m* 움직임, 동작.
моція (-ії) 힘, 권력.
мудр|о́ваний (-на, -не)* 재간있는, 영리한.
муж|и́к (-ка́) *m* 땅콩.
му́з|ика (-ки) *f* 음악.
музика́льн|ий (-на, -не)* 음악의.
му́з|икант (-та) *m* 음악가.
му́скул (-ла) *m* 근육.
му́скус (-су) *m* 이끼.
мусо́н (-ну) *m* 몬순.
мусува́ти (-су́ю, -у́єш) *I vi* 발효시키다..
мута́ція (-ії) *f* 돌연변이.
му́ха (-хи) *f* 파리.
муштрува́ти (-у́ю, -у́єш) *I vi* 구멍을 뚫다 .
мши́ти (мшу, мшиш) *I vi* 이끼로 덮다.
м'я́кнути (-ну, -неш) *I vi* 부드럽게 되다.
м'якува́тий (-та, -те)* 뭔가 부드러운.

Н

Н, н (우크라이나어의 18번째 철자)
нане́сти (-су́, -се́ш) *P vt*: (**наноси́ти** *I*) 많은 것을 모아 가져오기, 쌓아올리다, 축적하다.
наниза́ти (-ижу́, -и́жеш) *P vt*; **нани́зувати** (-ую, -уеш) *I vt* 끈 위로 행진하다.
наноси́ти (-о́шу, -о́сиш) *P vt*: (**нано́шувати** *I*) 물건을 가져오다(많이).
нано́сний (-на́, -не́) 어느 것이 표류했는지.
наодинці *adv.* 전부의, 혼자서.
нао́паш, ~ки *adv.* 어깨 너머로.
насо́сліп *adv.* 맹목적으로, 부주의하게.
нао́чне *adv.* 분명하게.
на́пад (-ду) *m* 공격, 착수.
напа́дка (-ки) *f* 트집 잡다, 중상, 틀리다, 고발.
напа́м'ять *adv.* 암기하여.
напа́сть (-ти) *f* 유인, 트집, 침략, 폭력, 불법.
напе́вно *adv.* 확실히, 물론, 확실히.
напереби́й, ~гі́н, ~го́ни *adv.* 경쟁하는.
наперед *adv.* 첫째로, 처음에.
напередо́дні *adv.* 그 이브에 있는, 하루 전에.
напереві́р *adv.* 악의에 찬, 도전에 있는, 정반대.
напе́рсток (-тка) *m* 골무; 큰 낫을 핸들에 고정하기 위한 철의 고리.
напи́лок (-лка) *m* 줄 (연장).

напина́ти (-а́ю, -а́еш) *I vt*: (напну́ти, нап'ясти́ *P*) 줄이다, 긴장하다.
на́пис (-су) *m* 비명, 표서.
напі́в *adv.* 이분의 일, 반.
напі́й (-по́ю) *m* 음료수, 마실 것.
напі́р (-по́ру) *m* 압력.
наплив (-ву) *m* 유입.
наплу́тати (-аю, -аєш) *P vt*: наплу́тувати (-тую, -уєш) *I vt* 데리고 가게 하다.
напо́внити (-ню, -ниш) *P vt*; напо́внювати (-нюю, -нюєш), ~я́ти (-я́ю, -я́єш) *I vt* 가득 차다, 과식하다.
наполегли́вий (-ва, -ве)* 귀찮게 조르다, 끈질기다.
наполови́ну *adv.* 이분의 일에서.
наполяга́ти (-а́ю, -а́єш) *I vi*; наполегти́ (-ля́жу, -я́жеш) *P vi* 압박하다, 주장하다.
напоу́мити (-млю, -миш) *P vt*; напоу́млювати (-люю, -люєш), ~я́ти (-я́ю, -я́єш) *I vt* 권고하다.
напохапці́ *adv.* 몹시 서두르면서.
напра́вити (-влю, -виш) *P vt*: (направля́ти *I*) 지도하다.
напри́кінці *adv.* 결국.
напри́клад *adv.* 예를 들어.
на провесні́ *adv.* 봄의 바로 그 처음에.
напроси́ти (-ошу́, -о́сиш) *P vt*; (напро́шувати *I*) 대중들을 초대하다.
напру́га (-ги) *f* 긴장, 강도, 노력.
напру́жений (-на, -не)* 긴장하다, 잡아당기다.
напру́жити (-жу, -жиш) *P vt*; напру́жувати (-жую, -уєш) *I vt* 힘을 다해 잡아당기다.
на́прям (-му) *m* 방향, 경향.
на́прямок (-мку) *m* = на́прям: політи́чні на́прямки, 정치적인 경향들.
напу́катися (-аюся, -аєшся) *P vi W.U. dial.* 입구에서 차고, 많은 바람을 내보낸다.
нара́да (-ди) *f* 상담, 숙고, 회의.
нара́з *adv.* 갑자기, 걸치고.
нарахо́вувати (-ую, -уєш) *I vt*; нарахува́ти (-у́ю, -у́єш) *P vt* 다량으로 번호를 매기다.
наре́чений (-ного) *m* 약혼자 (약혼하게 되는) 의.
наре́шті *adv.* 마침내, 마지막으로.

нари (нар) *pl* 두꺼운 널판지 침대.
нарив (-ву) *m* 비등.
нарис (-су) *m* 밑그림, 계획, 제일, 초안.
нарівні *adv.* 같은 수준에.
наріжний (-на, -не) 그것이 모퉁이 (각도)에 있다.
наріз (-зу) *m* 새긴 금, 절개.
нарізати (-іжу, -іжеш) *P vt:* (нарізувати *I*) 새긴 금에 절개를 만들다
нарікати (-аю, -аєш) *I vi* 불평을 하다.
наркоза (-зи) *f* (마취에 의한) 혼수상태.
наркотик (-ка) *m* 마취제.
наробити (-облю, -обиш) *P vt*; наробляти (-яю, -яєш) *I vt* 만들다.
народ (-ду) *m* = нарід, 사람들, 국민 ; 인구.
народжений (-на, -не) 태어난; ~ня *n* 생일.
народжувати (-ую, -уєш) *I vt*; (народити *P*) 출산하다. 생성하다.
народній (-ня, -не)* 국가의.
народньоправний (-на, -не)* 주권자.
наростати (-аю, -аєш) *I vi*; нарости (-ту, -теш) *P vi* 성장하다, 부풀다.
нарцис (-за) *m Bot.* 수선화; нарциз (-за) *m PN Myth.* 나르시스.
наряд (-ду) *m* 복장, 드레스, 복장.
наряджати (-аю, -аєш) *I vt*; нарядити (-яджу, -ядиш) *P vt* 준비하다.
нарядний (-на, -не)* 꽤 입힌다(돌보게 되고), 훌륭하게 공급한다.
нас, *pron.* 우리들의 Pl.: ми, us: нас це не обходить, 즉 우리의 것의 관심이 아니라; про нас мова, 우리들이 대화의 화제인 것은 우리들의 안에서 말하게 된다.
насаджений (-на, -не) 심다.
насамперед *adv.* 첫째로.
насвистати (-ищу, -ищеш) *P vt*; насвистувати (-ую, уєш) *I vt* 함께 휘파람을 불다.
населений (-на, -не) 사는, 거주하는.
населити (-елю, -елиш) *P vt*; населювати (-люю, -люєш), ~яти (-яю, -яєш) *I vt* 사람들이 살다.
насилка (-ки) *f* 사로잡힘.
насильний (-на, -не)* 과격하다, 강요하다.

насип (-пу) *m* 제방, 쌓아 올린 지구.
насипати (-аю, -аєш) *I vt*; насипати (-плю, -плеш) *P vt* (흘러 나오다, 위에 쌓아 올리다.
наситити (-сичу, -итиш) *P vt*: (насичувати, насищати *I*) 배부르게 하다, 만족하게 하다.
насідати (-аю, -аєш) *I vi*: (насісти *P*) 앉다.
насініна (-ини) *f* 씨.
насінний (-нна, -нне) 견디는.
насіння *n* 씨앗; 해바라기 씨앗.
наскакати (-скачу, -ачеш) *P vi*; наскакувати (-ую, -уєш) *I vi* 뛰고 움직이다.
наскільки *adv.* 그 만큼.
наскрізь *adv.* 완전히.
наслідок (-дку) *m* 결과, 효과, 결과, 결과.
наслідувати (-ую, -уєш) *I vt*: (наслідити *P*) (кого): (하나의 것) 모방하다.
насмілитися (-люся, -лишся) *P vi*; насмілюватися (-лююся, -люєшся) *I vi* 위험을 당하다.
настанова (-ви) *f* 조정; 끝나는 것.
настигати (-аю, -аєш) *I vt*; настигнути, ~ти (-гиу, -неш) *P vt* 추월하다.
настилати (-аю, -аєш) *I vt*; (наслати *P*) 한 바늘 수를 놓다.
настирливий (-ва, -ве)*, ~ний (-на, -не)* 지치게 하다.
настійливий, ~чивий (-ва, -ве)* 완고하다, 끈질기다.
настільки *adv.* 이와 같이 대단히, 한층 많이.
настільний (-на, -не) 탁자.
настінний (-нна, -нне) 벽의, 어느 벽 위에.
насторожати (-аю, -аєш) *I vt*; насторожити (-рожу, -ожиш) *P vt* 갑자기 경보를 울리다.
настоювати (-оюю, -оюєш) *I vi*: (настояти *P*) 주장하다.
настрій (-рою) *m* 감각, 배열, 마음의 일반의 상태.
настромити (-омлю, -омиш) *P vt*; настромлювати (-люю, -люєш) *I vt* 찌르다.
наступ (-пу) *m* 오는 것, 방법; 공격, 공세.
наступати (-аю, -аєш) *I vi*; наступити (-уплю, -упиш) *P vi* 걷다.

настýпний (-на, -не)* 뒤이어 계속되는, 다음의.

насувáти (-áю, -áєш) *I vt*: (насýнути *P*) 더 가까이에 누르다.

насýпити (-уплю, -упиш) *P vt*; насýплювати (-люю, -люєш), ~яти (-яю, -яєш) *I vt* 짜깁다, 오그라들다.

насýплений (-на, -не) 눈살을 찌푸리는.

насýхо *adv.* 건조하게.

насýщний (-на, -не) 나날의.

натерпíтися (-éрплюся, -éрпишся) *P vi* 많은 불행들을 경험하다.

натéрти (-трý, -трéш) *P vt*: (натирáти *I*) 공격하다.

нáтиск (-ку) *m* 압력; 군중, 군중, 집합.

натискáти (-áю, -áєш) *I vi*; натиснути (-ну, -неш) *P vi* 압박하다.

натóвп (-пу) *m* 군중, 군중, 떼, 다수.

натомíсть *adv.* 더욱이.

натопити (-топлю, -óпиш) *P vt*: (натóплювати *I*) 쿵쾅쿵쾅 걷다.

наточити (-очý, -óчиш) *P vt*; наточувати (-ую, -уєш) *I vt* 물을 가만히 따르다.

натрáпити (-плю, -пиш) *P vi*; натрапляти (-яю, -яєш) *I vi* 우연히 찾다.

нáтрій (-ію) *m Chem.* 나트륨, 소듐.

натужáти (-áю, -áєш) *I vt*; натужити (-жу, -жиш) *P vt* 잡아당기다.

натужитися (-ужуся, -ужишся) *P vi* 대단히 몹시 슬퍼하다.

натýра (-ри) *f* 자연.

натуралізáція (-ії) *f* 귀화.

натурáльний (-на, -не)* 자연의.

натýрник (-ка) *m*, ~иця (-ці) *f* 변덕스러운 사람.

нáтще, ~сéрце *adv.* 쓸데없게.

натюр мóрт (-та) *m* 정물 (그림).

натягáти (-áю, -áєш) *I vt*: (натягти, натягнути *P*) 밖으로 뻗다, 굳은 긴장을 펴다.

натя́к (-ку) *m*, ~áння *n* 힌트, 통고, 능숙하게 아첨하는 것, 제안, 암시: тонкий натяк, 충분치 않은 암시.

натякáти (-áю, -áєш) *I vi*; натякнýти (-ну, -неш) *P vi* 힌트를 주다.

наука (-ки) *f* 학습, 학교 교육.
науковий (-ва, -ве)* 학구적인.
науково-дослідницький (-ка, -ке), ~ний (-на, -не), ~чий (-ча, -че) 과학적인 (학자의) 조사의.
наФта (-ти) *f* 석유.
нахаба (-би) *m, f* 몰염치한 사람.
нахвалитися (-алюся, -алишся) *P vi*: (нахвалюватися, ~ятися *I*) (кого, чого): 매우 칭찬하다.
нахил (-лу) *m* 경사.
нахилити (-хилю, -илиш) *P vt*; нахиляти (-яю, -яєш) *I vt* 경사.
нахильний (-на, -не)* 기운, 고개 숙이는.
нахлібник (-ка) *m*, ~иця (-ці) *f* 하숙생.
нахмарити (-рю, -риш) *P vt* 구름으로 가리다.
находити (-джу, -диш) *I vt*: (найти *P*); -ся *I vi*.
націлити (-ілю, -іліш) *P vt*: (націлювати, ~яти *I*) 암시하다.
націонал (-ла) *m* 국민.
нація (-ії) *f* 국민, 사람들.
начальний (-на, -не)* *W.U.* 최고의 장.
наче *conj.* 있었던 것처럼.
начерк (-ку) *m* 밑그림, 아우트라인, 계획.
начинка (-ки) *f* 채우기.
начиння *n* 배 ; 도구 (용구들,접시들).
начисто *adv.* 전부, 완전하게, 바로.
начитаний (-на, -не) 박식한.
начорно *adv.* 검게.
наш (-ша, -ше) *pron.* 우리, 우리의.
нашатир (-ру) *m* 암모니아 화합물.
нашвидку *adv.* 성급하게.
нашивати (-аю, -аєш) *I vt*: нашити *P*) 봉재하다.
нашивка (-ки) *f* 봉재되는 부분.
нашийний (-на, -не) 목이 움직이다.
наштовхати (-аю, -аєш) *P vt*; наштовхувати (-ую, -уєш) *I vt* 가볍게 누르다.
нащадок (-дка) *m* 자손.
нащо? *adv.* 왜? 어떤 이유로? 어떤 목적을 위해?
наявний (-на, -не)* 명백한, 보이는.
не *adv.* 아무것도 아닌.
не- 않다, 부정적인.

неактуа́льний (-на, -не)* 비실제적인.
неакура́тний (-на, -не)* 부정확한.
неа́польський (-ка, -ке) 나폴리 사람.
неба́гатий (-та, -те)* 부유하지 않은.
неба́жаний (-на, -не) 바라지 않는.
небалаку́чий (-ча, -че)* 과묵한, 검소한.
неба́чений (-на, -не) 눈에 보이지 않는.
небезпе́ка (-ки) *f* 위험.
небезпідста́вний (-на, -не)* 기초가 없는.
небеса́ (-бес) *pl*: небо (-ба) *n* 천국들, 천공.
небили́ця (-ці) *l* 결코 존재하지 않았던 물건.
небі́ж (-божа) *m* 조카.
небі́жка (-ки) *f* 가난한 여성.
небі́й (-боя) *m* 두려워하지 않은사람.
не́бо (-ба) *n* = небеса *pl*., 천국, 하늘, 천공.
небозві́д (-воду) *m* 천공 (지평선).
небоя́зкий (-ка, -ке)* 두려워하지 않다.
небува́лий (-ла, -ле)* 이상한, 유별나게 뛰어난.
неваго́мий (-ма, -ме) 무게가 (거의) 없는.
нева́жкий (-ка, -ке) 무겁지 않은.
нева́рт, ~ий (-та, -те) 가치가 없는.
невблага́нний (-нна, -нне)* 달래기 어려운.
невва́га (-ги) *f* 빠뜨림.
невві́чливий (-ва, -ве)* 무례한.
невда́лий (-ла, -ле)* 실패의, 실패하는.
невда́тний (-на, -не) = невдалий; 다른, 비슷하지 않는.
невдово́лений (-на, -не)* 불만스러운.
невдя́ка (-ки) *f* 배은 망덕함.
невели́кий (-ка, -ке) 너무 크지 않은.
невже́? невже́ ж? *Impers.*, 그것은 가능하다? 정말로?
невжи́ваний (-на, -не) 사용되지 않는.
невиба́гливий (-ва, -ве)* 겸손한, 자만하지 않는.
невивчений (-на, -не) 미숙한, 훈련되지 않은.
невига́дливий (-ва, -ве)* 상상력이 부족한.
невигі́дний (-на, -не)* 불쾌한, 불편한.
невизна́чений (-на, -не) 명기하지 않은; 불명확한.
невикона́ння *n* 승낙하지 않음.
невилі́ковний (-на, -не) = невилічимий (-ма, -ме)*

невнмірний

불가능한.
невимірний (-на, -не)* 헤아릴 수 없는.
невимовний (-на, -не)* 신성한, 말로 표현할 수 없는.
невимогливнй (-ва, -ве)* 조심성 있는.
невимушений (-на, -не)* 자발적인, 억제되지 않는.
невинний (-нна, -нне)* 무구한, 무해한, 죄가 없는.
невинність (-нности) f 무죄, 무해성, 결백.
невиправданнй (-на, -не)* 정당화되지 않는.
невиразний (-на, -не)* 불명료한, 분명치 않은.
невихований (-на, -не) 부족한 교육의.
невичерпкальний, ~аний = **невичерпний** (-на, -не)* 무진장한.
навід (-вода) m 어망. 저인망, 구속물.
невіддільний (-на, -не)* 분리할 수 없는.
невідкладний (-на, -не)* 압박하는.
невідмінний (-нна, -нне)* 되부를 수 없는.
невідомий (-ма, -ме) 미지의.
невідповідний (-на, -не)* 부적당한.
невідступний (-на, -не)* 떨어지기 어려운.
невідчепний (-на, -не)* 그것은 떼어놓게 될 수 없는.
невільний (-на, -не) 노예의, 비굴한.
невіра (-ри) m, f = **невір**; 의심 깊은 것. 불신심.
невіста (-ти) f 고대의 여성, 여성.
невловимий (-ма, -ме)* = **~овий** (-на, -не)* 이해할 수 없는, 인지를 초월한.
невмирака (-ки) m, f 불사의 사람, 영웅.
невмілий (-ла, -ле)* 서투른.
невміння n 지식의 부족.
неволя (-лі) f 노예 제도.
невпинний (-нна, -нне)* 풀리지 않는, 휴식 시간 없이.
невпізнаний (-на, -не) 인정받지 못한.
невпорядкований (-на, -не)* 주문하는 걱정시키지 않는.
невралгія (-ii) f Med. 신경통.
неврожай (-аю) m 실패, 흉작.
невроза (-зи) f Med. 신경증; **~олог** (-га) m

신경과 의사; ~ологія (-ії) *f* 신경학; ~ологічний (-на, -не) 신경학의; ~ома (-ми) *f Med.* 신경종.

невропа́т (-та) *m*, ~олог (-га) *m* 신경 병리학자; ~ичний (-на, -не) 신경 병리학의; ~ія (-ії) *f* 신경 장해; ~ологія (-ії) *f* 신경 병리학.

невсипу́щий (-ща, -ще)* 끊임없이 경계를 게을리 하지 않는.

невсити́мий (-ма, -ме)* 고대의 싫증나는 것을 모르는.

невті́шний (-на, -не)* 위로할 길이 없는.

невтри́мний (-на, -не)* 저항할 수 없는, 제지할 수 없는.

невтруча́ння *n* 비간섭, 중립.

невча́с *adv.* 기회가 나쁜.

нега́йний (-на, -не)* 아주 빠른, 급한, 화급의.

нега́рний (-на, -не)* 추한, 멋지지 않은.

негові́ркий (-ка, -ке) 터놓지 않는, 과묵한.

него́да (-ди) *f* 나쁜 (폭풍우의, 불결한) 날씨.

него́же *adv.* 보기 흉하게, 면목 없이; 나쁘게, 부당하게; ~ий (-жа, -же) 부적절한, 천한, 창피한.

негр (-ра) *m* 흑인, 유색의 남자.

неграмо́тний (-на, -не)* 무학의.

негритя́нка (-ки) *f* 유색의 여성.

неда́вній (-ня, -не) 최근의, 새로운.

недале́кий (-ка, -ке)* 멀지 않은.

неда́рмо, ~ом *adv.* 이유없이.

недба́йливий (-ва, -ве) = недбалий (-ла, -ле)* 태만한, 부주의한.

недвозна́чний (-на, -не)* 명백한.

неди́вний (-на, -не)* 보통의.

недієзда́тний (-на, -не)* 움직임 (행위들) 이 가능하지 않은.

неді́йсний (-на, -не) 사실의, 중요하지 않은, 재미없는.

неді́ля (-лі) *f* 일요일, 안식일.

недоба́чати (-чаю, -чаєш) *I vi*; недобачити (-чу, -чиш) *P vi* 잘 안 보이다.

недобі́р (-бору) *m* 적자.

недо́бре *adv.* 차갑게, 나쁘게, 좋지 않은.

недо́вгий (-та, -те)* 길지 않은, 짧은.

недовговіќий (-ка, -ке), **~вічний** (-на, -не)* 짧은기간 동안, 몸이 약한, 늙은.

недовіра (-ри) *f* 신뢰, 의심하지 않는.

недогадливий (-ва, -ве)* 날카롭지 않은.

надогарок (-рка) *m* 양초-끝, 담배, 양초 조각.

недогляд (-ду) *m* 빠뜨림, 걱정의 결핍.

недогризок (-зка) *m* 부분적으로 물어 끊게 되는 부분.

недозволений (-на, -не) 금지하다, 허가하지 않다.

недоїдати (-аю, -аєш) *I vi*: (недоісти *P*) 음식을 충분히 주지 않다, 영양을 충분하게 주지 않다.

недоконаний (-на, -не)* 미완성의; *Gram.* минулий -ний час, 미완료 시제.

недокрів'я, ~ов'я *n* 피의 부족, 빈혈증.

недокурок (-рка) *m* 담배.

недолад (-ду) *m* 어색함.

недолік (-ку) *m* 총계의 부족 (계산) ; 결함, 부족.

недолічитися (-чуся, -чишся) *P vi*; недолічуватися (-уюся, -уєшся) *I vi* 적자를 내다.

недолюблювати (-блюю, -люєш), **~яти** (-яю, -яєш) *I vt* 그다지 사랑하지 않다.

недоля (-лі) *f* 비통함, 고뇌, 고난, 불행, 불운.

недонос (-су) *m* 유산.

недопуст (-ту) *m* 승인하지 않는 것.

недоречний (-на, -не)* 기회를 놓치는, 모순되는, 무분별한.

недорід (-роду) *m* 실패한 수확물, 유산.

недорогий (-га, -ге) 친애하지 않는, 싸게.

недорого *adv.* 싸다, 싸게.

недорозвинений (-на, -не)*, **~утий** (-та, -те)* 개발하지 못하는.

недосвід (-ду) *m* 미숙.

недосконалий (-ла, -ле)* 불완전한, 부족한.

недостатній (-ня, -не) 결여된, 궁핍한, 가난한.

недоступа (-пн) *m, f* 친하게 지내기 어려운 사람.

недосяжний (-на, -не)* 도달하지 않는.

недотика (-ки) *m, f* 매우 민감한 사람.

недоук (-ка) *m* 어느 정도 박식한 사람.

недоум (-ма), **~умок** (-мка) *m* 어이없는 사람.

неодружений

недоці́льний (-на, -не)* 소용없는, 무익한.
недочува́ти (-аю, аеш) *I vt*; **недочути** (-ую, -уеш) *P vt* 잘 듣지 않는다.
не́друг (-га) *m* 적; **~ужній** (-ня, -не)* 적의가 있는, 불친절한.
неду́га (-ги) *f* 병, 노쇠.
неду́жий (-жа, -же) 아픈, 나쁜.
неети́чний (-на, -не)* 비윤리적인.
нежда́ний (-нв, -не)* 예상외인.
неживи́й (-ва, -ве), **~отний** (-на, -не) *dial.* 죽은, 생명이 없는.
незаба́вки, **~ом** *adv.* 곧, 즉시, 짧은 시간에.
незаба́ром *adv.* 곧, 이윽고, 곧.
незабезпе́чений (-на, -не)* 보증되지 않은.
незабу́тий (-та, -те), **~ній** (-ня, -не) 잊혀지지 않는.
незави́дний (-на, -не)* 부럽지 않은.
незадо́вго *adv.* 곧, 짧은 시간에.
незадові́льний (-на, -не)* 아주 만족하게 하지 않는.
незадово́лений (-на, -не)* 불만스러운.
незайма́нець (-нця) *m* = недотика; **~ий** (-на, -не) 매우 민감한.
незайня́тий (-та, -те) 비어 있는, 바쁘지 않은.
незако́нний (-нна, -нне)* 불법의.
незале́жний (-на, -не)* 독립한 사람.
незалю́днений, **~мешканий** (-на, -не) 거주하게 되는.
незамі́жня́ (-ньої) *f* 미혼의 여성.
незамі́нний (-нна, -нне)* 바꿀 수 없는.
незамо́жний (-на, -не) 가난한.
незапере́чений (-на, -не) 부정하지 않은.
незаслу́жений (-на, -не) 가치가 없는.
незба́гнений (-на, -не)*, **~утий** (-та, -те)* 잘 이해되지 않는.
незби́раний (-на, -не): ~не молоко, 순수한 우유.
незвича́йний (-на, -не)* 드문, 이상한, 드문.
незго́да (-ди) *f* 불일치, 변화.
незгра́ба (-би) *m, f* 다루기 어려운 (솜씨 없는) 사람.
незда́ра (-ри) *m, f* 할 수 없는 사람.

нездібний (-на, -не)* 할 수 없는, 부적당한.
нездійснений (-на, -не) 실현되지 않은.
нездоланний (-нна, -нне)* 무적인.
нездоров, *Abbr.*: **нездоровий** (-ва, -ве)* 건강이 좋지 않은.
нездужати (-аю, -аєш) *I vi* 나쁘다고 느끼다.
незлагідний (-на, -не)* 고집스러운, 투정부리는.
незламний (-на, -не)* 깨지지 않는.
незлічений (-на, -не)* 세지 않은.
незмінний (-нна, -нне)* 일정의, 불변의.
незнайомець (-мця) *m* 미지의 사람, 낯선 사람.
незнаний (-на, -не) 미지의, 미정의.
незначний (-на, -не) 재미없는.
незначущий (-ща, -ще) 의미가 없는.
незримий (-ма, -ме)* 보이지 않는.
незрівняний (-на, -не)* 비교되지 않는.
незрозумілий (-ла, -ле)* 이해하기 어려운.
незручний (-на, -не)* 서투른, 어색한, 불편한게.
незрячий (-ча, -че)* 보고 있지 않는, 눈먼.
незчутися (-уюся, -уєшся) *P vi* 주의하다.
неїстівний (-на, -не) 먹게 되지 않는.
неймовіра (-ри) *m, f* 신용하지 않는.
некомпетентний (-на, -не)* 무능력의, 무자격의.
некролог (-га) *m* 사망 기사.
нектар (-ру) *m* 과즙.
некультурний (-на, -не)* 교양 없는, 조잡한.
нелегальний (-на, -не)* 불법 입국자.
нелогіка (-ки) *f* 논리의 부족.
нелюбий (-ба, -бе), **~лений** (-на, -не) 사랑하지 않은.
нелюдський (-ка, -ке) 비인간적인, 잔인한, 야만적인, 짐승 같은.
нелюдяний (-на, -не)* 사교적이지 않은.
нема, **немає** *adv.* with *Gen.*; *impers.* -нікого (нічого), 아무도 (아무것도) 없다; його -вдома, 그는 집에 없다; -сумніву, 의심이 없다; нема коли, 시간이 없다, 바쁘다; нема чого (чому), 그것은 소용없다; нема що багато говорити, 그렇게 대단히 말하는 것은 소용없다.
немалий (-ла, -ле) 충분히 작지 않은.

неметалі (-ів) *pl* 비금속들.
немилосердний (-на, -не)* 무자비한, 동정심이 없는.
минуче, ~ще *adv.* 필연적으로; ~чий (-ча, -че), ~щий (-ща, -ще) 임박한, 필연적인; ~чість (-чости) *f* 필연성.
неміч (-мочі) *f* 약함, 병, 병, 무력.
немов *conj.* 말하자면.
немовля (-яти) *n* 유아.
неможливий (-ва, -ве)* 불가능한.
немолодий (-да, -де) 젊지 않은.
ненавидіти (-джу, -диш) *I vt* 미워하다, 몹시 싫어하다.
ненависний (-на, -не)* 불쾌한, 불길한.
ненависть (-ти) *f* 미움, 증오, 증오, 혐오.
ненавмисне *adv.* 의도하지 않게, 우연히.
ненадійний (-на, -не)* 낙심하는, 필사적인.
ненадовго *adv.* 긴 시간이 아니라 동안.
ненажера (-ри) *m, f* 대식가, 탐욕스러운 사람.
ненароком *adv.* 의도하지 않게, 뜻밖에, 우연히.
ненасит (-ту) *m* 만족할 줄 모름, 탐욕.
неначе *conj.* = наче, 만일으로서.
ненормальний (-на, -не)* 불규칙한, 비정상의.
неня (нені) *f* 엄마; ~ьна (-ки) *f Dim.*: ~я; ~ьчин (-на, -не) 엄마의.
необачка (-ки) *f* = ~ність; ~ний (-на, -не)* 경솔한, 부주의한, 생각이 모자란.
необґрунтований (-на, -не)* 전부 이유가 없는.
необдуманий (-на, -не)* 동정심 없는, 사려 부족의.
необережний (-на, -не)* 경솔한, 부주의한.
необов'язковий (-ва, -ве)*, ~в'язуючнй (-ча, -че)* *W.U.* 옵션의, 선택적인.
необхідний (-на, -не)* 긴급의.
неоглядний (-на, -не)* 헤아릴 수 없는, 무한한, 무제한의.
неодмінне, ~о *adv.* 꼭 틀림없이.
неоднаковий (-ва, -ве)*, ~ий (-ка, -ке)* 다른, 비슷하지 않은, 다양한.
неодружений (-на, -не) 미혼의.
неозначений (-на, -не)* 불명확한, 미정의.

неолі́т (-ту) *m Geol.* 신석기 시대.
неологі́зм (-му) *m* 신어; 현대 사상(말에서).
нео́н (-ну) *m Chem.* 네온; **~овий** (-ва, -ве) 네온의.
неопла́тний (-на, -не)* 값을 헤아릴 수 없는.
неорганічний (-на, -не)* 비유기적인.
неосві́тлений (-на, -не) 분명치 않은, 점화하지 않는.
неосу́дливий (-ва, -ве)* 무책임한.
неосягне́нний (-нна, -нне)*, **~я́жний** (-на, -не)* 거대한, 친하게 지내기 어려운.
неоте́са (-си) *m, f* 다루기 어려운 사람.
неофіці́йний, ~я́льний (-на, -не)* 비공식의.
неоха́йний (-на, -не)* 게으른, 더러운, 깔끔하지 않은.
неохо́та (-ти) *f* 본의가 아닌 것.
неоці́нений (-на, -не)* 가치가 없는 가격.
непари́стий (-та, -те)* 이상한.
непе́вне *adv.* 불확실하게.
неперебо́рний (-на, -не)* 무적의.
непередба́чений (-на, -не)* 뜻밖의.
неперекла́дний (-на, -не)* 번역할 수 없는.
непереможний (-на, -не)* 무적의, 정복 수 없는.
непереxідни́й (-на, -не)* 지나갈 수 없는, 통과할 수 없는.
непи́саний (-на, -не)* 구두의, 구전의.
непи́сьме́нний (-нна, -нне)* 문맹의; **~ість** (-нности) *f* 문맹.
непиту́щий (-ща, -ще) 전혀 술을 하지 않은 사람.
непла́та (-ти) *f,* **~іж** (-жу) *m* 무급.
неплатоспромо́жний (-на, -не)* 지불 불능자.
непова́га (-ти) *f* 실례 (불손).
непо́вний (-на, -не)* 충분한.
неповнолі́тній (-ня, -не)* 미성년자.
неповоро́ткий (-ка, -ке)* **~отли́вий** (-ва, -ве)*, **~отний** (-на, -не)* 느린, 무딘, 서투른, 어색한.
неповто́рний (-на, -не)* 두 번 할 수 없는, 유일한.
непога́ний (-на, -не)* 충분한, 멋진.

непо́гідь (-годі) *f,* ~ода (-ди) *f,* ~одь (-ді) *f* 나쁜 (불결한, 폭풍우의) 날씨.
неподі́льний (-на, -не)* 분할할 수 없는.
неподо́ба *adv.* 보기 흉하게 (부조화하게); *impers.,* 그것이 나쁜 것은 창피하다.
непока́зний (-на, -не)* 참하지 못한, 재미없는.
непокі́р (-кору) *m* = ~ливість, ~ність; ~ливий (-ва, -ве)*, ~ний (-на, -не)* 순종하지 않는.
непоко́їти (-кою, -коїш) *I vt* 문제, 불쾌감, 괴롭힘, 어지럽힘.
непоміркований (-на, -не)* 절도가 없는, 과대한, 절제하지 않은.
непомі́рний (-на, -не)* 제한한.
непомі́тний (-на, -не)* 중요지 않는.
непопра́вний (-на, -не)* 교정할 수 없는.
непорозумі́лий (-ла, -ле)* 이해력이 없는.
непору́шений (-на, -не)* 언급하지 않는.
непоря́дний (-на, -не)* 무질서한, 게으른.
непосидю́чий (-ча, -че)*, ~ющий (-ща, -ще)* 침착성이 없는.
непослідо́вний (-на, -не)* 모순된.
непості́йний (-на, -не)* 변하기 쉽고, 불안정하고, 변하기 쉬운.
непотрі́бен = непотрі́бний (-на, -не)* 불필요한, 소용없는.
непохи́тний (-на, -не)* 흔들리지 않는, 벗어나지 않는.
непоча́тий (-та, -те) 시작하게 되지 않는.
непошко́джений (-на, -не)* 손대지 않는.
непра́вда (-ди) *f* 거짓.
неправдоподі́бний (-на, -не)* 있을 것 같지도 않는.
непра́вий (-ва, -ве)* 불공평한, 틀린, 부정한.
непра́вильний (-на, -не)* 불규칙한, 변칙의.
непрацезда́тний (-на, -не)* 병약한 사람.
неприві́тливий (-ва, -ве)*, ~ний (-на, -не)* 실례의, 환영하는.
неприда́тний (-на, -не)* 소용없는, 부적당한.
неприє́мний (-на, -не)* 불쾌한, 용인할 수 없는.
неприйня́тний (-на, -не) 용인할 수 없는.
неприка́яний (-на, -не)* 포기하지 않는,

후회하는.
непримирений (-на, -не)* 진정시킨, 화해하지 않는.
неприродний (-на, -не)* 자연스럽지 않은.
непристойний (-на, -не)* 적절하지 않는, 품위 없는.
неприступний (-на, -не)* 접근하기 어려운.
непритомний (-на, -не)* 의식 불명의.
неприхований (-на, -не)* 아주 숨기게 되지 않는.
неприязний (-на, -не)* 적대하는, 적의가 있는.
непробудний (-на, -не)* 깨지 않는: -ний сон, 깊은 잠.
непроглядний (-на, -не)* 꿰뚫을 수 없는(시력의); -на товпа народу, 사람들의 거대한 군중.
непродуктивний (-на, -не)* 비 생산적인.
непрозорий (-ра, -ре)*, ~ний (-на, -не)* 불투명체.
непромокальний (-на, -не)* 방수의.
непроникливий (-ва, -ве)*, ~ний (-на, -не)* 꿰뚫을 수 없는, 방수의.
непрохáний (-на, -не)* = непрошений.
непрохідний (-на, -не)* 실행 불가능한.
непрошенний (-на, -не)* 초청받지 않은.
непрощений (-на, -не)* 용서받을 수 없는.
непрямий (-ма, -ме)* 간접적인.
нерв (-ва) *m* 신경.
нервувати (-ую, -уеш) *I vt* 잃어버리게 하다, 흔들다.
нерегулярний (-на, -не)* 불규칙한.
нерест (-ту) *m*, ~ь (-ти) *f* 조류.
нержавний (-на, -не)*, ~кий (-ка, -ке) 녹슨.
нерівень (-вня) *m* 동등하지 않은 계급의 사람.
нерішучий (-ча, -че)* 우유 부단한.
нерод (-ду) *m* = нерід, 수확물들.
нерозбір (-бору) *m* 태만.
нерозважений (-на, -не)* 우유 부단한.
нерозвинений (-на, -не)*, ~утий (-та, -те)* 미발달의.
нерозв'язний (-на, -не)* 풀수 있는.
нерозгаданий (-на, -не)* 예기하지 않은.
непозлучний (-на, -не)* 떨어지기 어려운.

нерозри́вний (-на, -не)* 뿔뿔이 흩어진.
нерозу́м (-му) *m* 우둔, 어리석음, 판단의 부족.
нерозчи́нний (-нна, -нне)* 불용해성인.
нерухли́вий (-ва, -ве), ~о́мий (-ма, -ме)* 정지한, 부동의.
несамови́тий (-та, -те)* 미친, 산만한, 맹렬한.
несвідо́мий (-ма, -ме)* 의식 불명의.
несказа́нний (-нна, -нне)* 말로 표현할 수 없는, 신성한.
нескі́нчений (-на, -не)* 미완성.
нескла́дний (-на, -не)* 서투른, 꼴사나운, 조리가 서지 않은.
не́слух (-ху) *m* 불복종, 순종하지 않는 사람.
несма́к (-ку) *m* 싫증, 불쾌함, 혐오.
несмі́ливий (-ва, -ве)*, ~і́лий (-ла, -ле)* 내성적인, 수줍어하는.
неспла́та (-ти) *f* 지불하지 않음; ~ний (-на, -не)* 지불 불능자; ~ність (-ности) *f* 채무 초과.
несподі́ваний (-на, -не)* 예상외의, 갑작스러운, 뜻밖의.
неспоко́й (-кою) *m* 침착성이 없음, 방해. 평화.
несправедли́вий (-ва, -ве)* 불공평한.
несправжній (-ня, -не)* 거짓의, 틀린, 비현실적인.
неспра́вний (-на, -не)* 부정확한, 태만한, 서투른.
несприйня́тливий (-ва, -ве)* 허가하지 않는.
несприя́тливий (-ва, -ве)* 적합하지 않은, 반대의.
неспромо́га (-ти) *f* 불가능.
неспроста́ *adv.* 어떤 이유없이라도 매우 단순한.
неста́ток (-тку) *m*, ~а́ча (-чі) *f* 부족, 필요물.
несте́рпний (-на,-не)*, ~у́чий (-ча,-че)* 견딜 수 없는, 자제할 수 없는.
нести́ (-су, -сеш) *I vt* 가지고 오다.
нестійки́й (-ка, -ке) 불안정한.
нестри́маний (-на, -не)* 억제할 수 없는; ~ний (-на, -не)* 억제되지 않는, 충동적인, 구속이 없는: ~а́ність (-ности) *f* 충격성 (과도).
нестя́м (-му) *m*, ~а (-ми) *f* 당황: падати в нестяму, 의식을 잃어버리다; ~е́нний (-нна, -нне)* 혼란스러운, 당황한; 미치는, 발광하는.

нестя́мний (-на, -не)* 당황하게 하는.

несудноплáвний = **несудноxiдний** (-на, -не)* 항행 불능의.

несумíсний (-на,-не)* 불협화음의, 부조화의.

несумлíнний (-нна, -нне)* 부정직한; ~ість (-нности) f 부정직 (양심의 부족).

несхóжий (-жа, -же)* 다른, 비슷하지 않은.

нетáкт (-ту) m, ~овність (-ности) f 무뚝뚝함; ~овний (-на, -не)* 기지가 없는, 무례한.

нетерпи́мий (-ма, -ме)* 편협하다; ~ість (-мости) f 참을 수 없음.

нетерпíй (-ія) m 성급함.

нетовари́ський (-ка,-ке) 사교적이지 않은; ~ість (-кости) f 비사교성.

нето́чний (-на, -не) 부정확한; ~ість (-ности) f 부정확.

нетривáлий (-ла, -ле)*, ~кий (-ка, -ке) 불안정한; ~алість (-лости) f 불안정성 (짧은 지속).

нéтруд (-да) m 게으름뱅이.

нéтто n 그물.

нетутéшній (-ня -не) 외국의.

нетя́мний (-на, -не) 냉혹한, 무감각한, 불가해인.

неугáвний (-на, -не)* 침착성이 없는, 휴식시간 (연속의) 없는.

нéук (-ка) m 무지한 (무학의, 글자를 모르는) 사람.

неуспíшний (-на, -не)* 실패의.

неухи́льний (-на, -не)* 굽힐 수 없는.

нефри́т (-ту) m *Med.* 신장염.

нéхіть (-хоти) f 혐오, 본의가 아닌 것, 나쁜 의지.

нéхотя, ~чи *adv.* 엉겁결에, 의도하지 않게 (마지못해): хотя-нехотя, 억지로.

нехтувáти (-ую, -уєш) *I vi*, 태만한, 경멸하는, 주의를 기울이지 않는, 대단치 않은.

нечéмний (-на, -не)* 무례한, 실례의, 예의 바르지 않은; ~ість (-ности) f 무례, 나쁜 방법들.

нечепýра (-ри) m, f 우아하지 않은 사람; ~ний (-на, -не)* 우아하지 못한.

нечéсаний (-на, -не) 빗질하지 않는.

нече́сний (-на, -не)* 부정직한, 불명예스러운; ~ість (-ности) *f* 부정직 (불명예).

нечи́сленний (-нна, -нне) 다수가 아닌.

нечи́стий (-та, -те)* 더러운, 불결한: -та сила, 나쁜 정신, 악마; ~ий (-того) *m* 악마. 미친 사람의; ~ість (-тости) *f*, ~ота (-ти) *f* 불순, 불결.

нечи́сть (-ти) *f* 더러움, 낚시찌, 불순.

нечі́ткий (-ка, -ке) 명백하지 않은, 막연하지 않은, 불명료하지 않은, 보기 흉하지 않은.

нечу́валий (-ла, -ле)* = ~уваний (-на, -не)* 지금까지 들은 적이 없는, 이상한.

нечу́тний (-на, -не)* 알아들을 수 없는; ~утно *adv.* 말없이.

нещади́мий (-ма, -ме)*, ~адний (-на, -не)* 일말의 가치가 없는.

неща́сний (-на, -не)* 불행한, 가망이 없는, 불운한.

нещи́рий (-ра, -ре)* 불성실한, 속이는, 치장하는; ~ість (-рости) *f* 위선.

нещо́ *adv.* 매우.

не я́сний (-на, -не) 분명치 않은, 어둑한, 어두운.

ни́ва (-ви) *f* 들판 (명백한).

ни́жній (-ня, -не) 아래의, 그 이하, 열등한.

ни́жче *adv. Comp.*: низько, 더 낮은, 아래에서.

ни́жчий (-ча, -че) *Comp.*: низький, 더 낮은, 더 작은.

низ (-зу) *m* 더 낮은.

низа́ти (нижу, нижеш) *I vt* 감소하다, 내려가게 하다.

низхідни́й (-на, -не) 내려가는 사람.

низьки́й (-ка, -ке) 낮은, 하계의, 숏 (작은).

низькоді́л (-долу) *m* 낮은 위치 (상황); ~окий (-ка, -ке)* 근시의; ~пробний (-на, -не)* 싸게, 적은 가치; ~рослий (-ла, -ле)* 작은 키의, 난쟁이가 같은, 짧은.

ни́кнути (-ну, -неш) *I vi* 사라지다, 창백해지다.

ни́ні *adv.* = сьогодні, 오늘.

ни́рка (-ки) *f Anat.* 신장.

ниро́к (-рка) *m* 다이빙 선수.

ни́ти (нию, ниеш) *I vi* 몹시 슬퍼하다.

ни́тка (-ки) *f* 스레드, 실.
ниць, ~ма *adv.* 고개 숙이는.
ни́шком *adv.* 낮은 목소리로, 부드럽게.
нищи́ти (-щу, -щиш) *I vt* 몹시 황폐하다.
нищівни́й (-на, -не) 파괴적인.
ні *conj.* 그리고 ; 어느 쪽인가, 또한, 도: ні за, ні проти, 에 반대하여도; ні з цього ні з того, 어떠한 이유도 없이; ні сіло ні впало, 아주 뜻밖에 (갑자기); ні риба ні м'ясо, or ні кіт ні пес, 이것도 저것도; ні сяк ні так, 이것도 저것도; ні початку ні кінця, 머리도 꼬리도; ні взад ні вперед, 앞에 또는 뒤쪽으로 움직이는 것이 불가능하다; нікотрий, (아무도) ; ні за що купити хліба, 아무도 빵을 사지 않는다; ні про що говорити, 무엇인가에 대해 이야기 하는 사람은 아무도 없다.
ні *adv., neg. part.,* 아니다.
ні́би *conj.* 만일, 말하자면: він ніби її чоловік, 그가 그녀의 남편일 것 같다, 그가 그녀의 남편 같아 보인다.
нівелюва́ння *n* (행동에서) 수평하게 되는 것; ~ати (-люю, -люєш) *I vt* 수준에.
ні́вечити (-чу, -чиш) *I vt* 파괴하다, 파멸시키다, 훼손하다.
нігілі́зм (-му) *m* 허무주의.
ні́готь (-гтя) *m* 손가락-못 (발끝-못).
ні́де *impers.,* 가능성이 없다, 장소가 없다.
нідерля́ндець (-дця) *m,* ~ка (-ки) *f* 네덜란드인; ~ський (-ка, -ке) 네덜란드 말.
ніж *conj.* ~보다: він вищий, ніж ти, 그는 당신보다 키가 크다; краще, ніж коли, 이제까지보다 잘.
ніж (ножа) *m* 칼.
ні́жити (-жу, -жиш) *I vt* 부드럽게 하다.
ні́жка (-ки) *f Dim.*: нога; 발, 다리.
ні́жний (-на, -не)* 부드러운, 섬세한, 기분 좋은 ; 좋아하는; -ні барви, 부드러운 색상; ~енький (-ка, -ке)* *Dim.*: ~ий; ~ість (-ності) *f* 유연함, 애호심, 온후, 섬세함.
ніза́що, ~віщо *adv.* 어떠한 가격도 아닌.
нікеле́вий (-ва, -ве) 니켈의; ~ювати (-люю,

-люеш) *I vt* 니켈 (니켈을 가진 표지) 에; ~ьований (-на, -не) 니켈로 덮여 있다.
нікель (-клю) *m* 니켈.
ніколи *impers.*, 시간이 없다: мені -, 나는 시간이 없다, 바쁘다.
ніко́ли *adv.* 결코: краще пізно, кіж (як) -, 늦어도 안하느니보다는 낫다.
нікчеьний 나쁜, 불쾌한.
німець *m* 독일인.
німецький 독일의.
ніскільки 몇몇의.
ніхто́ *pron* 누구의.
ніч *m* 칼.
нічий *f* 누구의 것.
нічний 밤의.
ніяк 결코 - 할 수 없다, 불가능하다.
ніяковий 손재주가 없는.
нова́тор *m* 혁신자.
новий 새로운.
новина́ *f* 새로운 것.
новорічний 새해.
нога́ *f* 다리.
ножиці 가위.
но́мер *m* 번호.
нормальний 정규적인, 표준의.
носити 가지고 가다.
носо́к *m* 작은 코.
но́та *f* 음부, 음성, 음.
но́ша *f* 짐, 무거운 짐.
нудний 무료한, 재미 없는.
нудьга́ 지루함, 권태.
нуль 제로.
нюх 후각.

O

O o (우크라이나어 알파벳의 19번째 철자).
оа́зис *m* 오아시스.
оба́біч 두 측면의.
оба́чний 세심한, 주의 깊은.
обби́ти 두들겨 떨어뜨리다.
о́берт *m* 회전, 원운동.
об'є́кт *m* 대상, 목표.
об'єкти́вний 객관적인.
оби́два 양쪽의.
о́біг *m* 순환, 유통.
обли́чко́вувати (-ую, -уєш) *I vt*; обличкува́ти (-ую, -уєш) *P vt* 거창한 옷으로 치장하다.
обли́ччя *n* 표정, 얼굴, 얼굴, 모습.
обли́ша́ти (-аю, -аєш) *I vt*; обли́ши́ти(-шу, -шиш) *P vt* 남기다. 그만두다, 단념하다.
о́блік (-ку) *m* 계산, 계산, 평가.
обліпи́ти (-іплю, -іпиш) *P vt*; обліпто́вувати (-люю, -люєш) *I vt* 덮다; мухи обліпили м'ясо, 간단히 파리는 고기를 덮었다.
обло́га (-ги) *f* 포위 공격..
облу́да (-ди) *m* 위선적인 말투, 위선.
облямо́вувати (-ую, -уєш) *I vt*; облямува́ти (-ую, -уєш) *P vt* 애매하게 하다, 모호하게 하다.
обма́зати (-ажу, -ажеш) *P vt*; обма́зувати (-ую,

-уєш) *I vt* 칠하다, 흙으로 덮다.

обман (-ну) *m* 속임, 사기, 교활.

обманити (-аню, -аниш) *P vt*: (обманювати *I*) 사기 치기 위해 속이다, 현혹시키다.

обманути (-ану, -аниш) *P vt* = обманити.

обмахнути (-ну, -неш) *P vt*: (обмахувати *I*) 흔들다.

обмахувати (-ую, -уєш) *I vt*: (обмахнути *P*); -ся *I vi*: - від мух, 파리를 내쫓다.

обмацати (-цаю, -аєш) *P vt*: (обмацувати *I*) 만지다, 느끼다.

обмежений (-на, -не)* 제한된, 제지하는: -на влада, 제한된 권위; -на людина, 한정된 지식의 사람; ~ість (-ности) *f* 한계; ~ня *n* 제한, 절단, 제지: без обмежень, 무제한으로.

обмежити (-жу, -жиш) *P vt*; обмежувати (-ую, -уєш) *I vt* 제지하다, 한정하다.

обмивати (-аю, -аєш) *I vt*: (обмити *P*) 모든 것을 씻다, 목욕하다.

обминати (-аю, -аєш) *I vt*; обминути (-ну, -неш) *P vt* 피하다, 능숙하게 피하다.

обмін (-ну) *m*, ~іна (-ни) *f* 교환, 물물 교환, 변화.

обмінити (-іню, -іниш) *P vt*: (обмінювати *I*) 교환하다, 바꾸다.

обмірювати (-рюю, -рюєш) = обміряти (-яю, -яєш) *I vt*; (обміряти *P*), обміряти (-яю, -яєш) *P vt* 원을 측정하다.

обмова (-ви) *f* 욕, 비방, 잡담, 중상.

обмовити (-влю, -виш) *P vt*; обмовляти (-яю, -яєш) *I vt* 욕하다, 불건전하게 말하다.

обмолот (-ту) *m* 탈곡.

обмолотити (-лочу, -лотиш) *P vt*; обмолочувати (-ую, -уєш) *I vt* 탈곡을 마치다, 철저하게 의논하다; -ся *vi* 탈곡하다.

обморожувати (-ую, -уєш) *I vt*; обморозити (-рошу, -озиш) *P vt* 얼게 하다.

обмотати (-аю, -аєш) *P vt*; обмотувати(-ую, -уєш) *I vt* 원을 감는다; -ся *vi* 보호해서 데리고 가다.

обмундирування *n* 서비스, 설비.

обмундиро́вувати (-ую, -уєш) *I vt*; обмуидирувати (-ую, -уєш) *P vt* 준비를 하다.

обно́ва (-ви) *f* 회복, 혁신, 회복.

обнови́ти (-влю, -виш) *P vt*; обновляти (-яю, -яєш) *I vt* 본래 상태로 되돌리다, 갱신하다.

обню́хати (-аю, -аєш) *P vt*; обнюхувати (-ую, -уєш) *I vt* 도처에 냄새가 나다.

обов'язко́вий (-ва, -ве)* 강제적인, 의무적인, 구속력이 있는; ~ість (-вости) *f* 의무, 필요성, 강제.

обов'я́зок (-зку) *m* 공공의 의무; виконавець обов'язків, дестин, 조수, 대리.

обо́є (обох, обом, обома) *Coll. Num. both*; обое, 남편과 아내.

обо́жнюваний (-на, -не) 숭배하다, 참배하다; ~ання *n* 숭배; ~ач (-ча) *m*, ~ачка (-ки) *f* 숭배자

оболо́на (-ни) *f* 창문 창유리; *Anat.* 막, 얇은 막, 필름, 외피; - черевна, 복막; - мозкова, 뇌막, 수막; - серцева (околосердна), 심낭, 심막; -ока, 망막; райдужна-, 홍채.

обопі́льний (-на, -не)* 상호 관계의.

обпекти́ (-ечу, -ечеш) *P vt* : (обпікати *I*) 모두 태우다.

обплести́ (-ету, -етеш) *P vt* : (обплітати *I*) 울타리를 둘러싸다.

обплу́тати (-аю, -аєш) *P vt* ; обплутувати (-тую, -уєш) *I vt* 데리고 가다.

обрива́ти (-аю, -аєш) *I vt*: (обірвати *P*); -ся *I vi*.

обрида́ти (-аю, -аєш) *I vi*: (обриднути *P*) 싫어지게 되다 .

обри́дливий (-ва, -ве)* 싫은, 불길한, 구역질을 나게 하는, 불쾌한 ; ~ість (-вости) *f* 싫어함, 증오, 혐오, 혐오, 구역질.

о́брис (-су) *m* 아웃트라인, 실루엣, 프로필, 윤곽.

о́бріз (-зу) *m* 싹뚝 자르다.

обріза́ти (-іжу, -іжеш) *P vt*: (обрізувати *I*); обрізати (-аю, -аєш) *I vt* 자르다.

обрізни́й (-на, -не) 자르기 위한.

обрі́зок (-зка) *m* 절단, 가위로 자르기, 껍질

벗기기 : говорити без обрізків, 분명히 말하는 것.

обрій (-ію) *m* 지평선: появитися на обрії, 시야에 나타나다.

обробити (-роблю, -обиш) *P vt* : (оброблювати, ~яти *I*) 경작하다.

обробка (-ки) *f* = обрібка: - землі, 땅, 솜씨.

обробний (-на, -не) 경작하는, 만드는: -на промисловість, 완결한 제품의 산업.

обростати (-аю, -аєш) *I vi*; обрости (-ту, -теш) *P vi* 넘쳐 나오다.

обруч (-ча) *m* 고리, 타이어.

обручення *n* 약혼.

обряд (-ду) *m* 의식, 습관.

обсвистати (-ищу, -ищеш) *P vt*; обсвистувати (-ую, -уєш) *I vt* 떨어져서 휘파람을 불다.

обсерватор (-ра) *m* 관찰자.

обсипати (-аю, -аєш) *I vt*; обсипати (-плю, -плеш) *P vt* 주위에 뿌리다.

обсихати (-аю, -аєш) *I vi*: (обсохнути *P*) 마르다.

обсліджувати (-ую, -уєш) *I vt*; обслідити (-джу, -диш) *P vt* 연구하다, 찾다, 조사하다.

обслідувати (-ую, -уєш) *I vt* = обсліджувати.

обслуга (-ги) *f* 서비스, 출석 (하인들의); *Coll.* 하인들.

обслуговувати (-ую, -уєш), обслугувати (-гую, -уєш) *I vt*; обслужити (-ужу, -ужиш) *P vt* 근무하다.

обставина (-ни) *f* 상황 (조건절) : стосуватися до обставин, 상황들에 따르다.

обставити (-влю, -виш) *P vt*; обставляти (-яю, -яєщ) *I vt* 굳어진.

обстанова (-ви) *f* = обстава; 환경, 무대 설정.

обстоювати (-оюю, -оюєш) *I vt*; обстояти (-ою, -оїш) *P vt* 방어하다.

обстріл (-лу) *m* 발사, 일제 사격, 연속 포격.

обстрілювати (-люю, -люєш) *I vt*: (обстріляти *P*) 쏘다, 포격하다 (사방에서).

обстругати (-аю, -аєш, or -ужу, -ужеш) *P vt*; обстругувати (-гую, -уеш) *I vt* 모두 끝내다.

обструкція (-ії) *f* 장해.

обступа́ти (-аю, -аєш) *I vt*; обступити(-уплю, -упиш) *P vt* 둘러싸다.

о́бсяг (-гу) *m* 음량.

о́бшук (-ку) *m* 찾다.

обшука́ти (-аю, -аєш) *P vt*; обшукувати (-кую, -уєш) *I vt* 뒤지다, 찾아내다; 시험하다(면밀히); 속이다, 기만하다.

общипа́ти (-аю, -аєш) *P vt*; общипувати (-ую, -уєш) *I vt* 죄다, 물다, 집다.

об'яви́ти (-явлю, -явиш) *P vt* ; об'являти (-яю, -яєш) *I vt* 드러내다, 명시하다, 폭로하다; 선언하다, 알리다, 발표하다, 공시하다; -ся *vi* 나타나다, 드러내다.

ова́л (-лу) *m* (얼굴형의): 달걀 모양, 타원형.

ова́льний (-на, -не). 타원형의.

овація (-її) *f* 큰 갈채; ,-ійний (-на, -не). 큰 갈채의, 열렬한, 열광적인.

овдові́ти (-ію, -ієш) *P vi* 과부가 되다(홀아비).

ове́с (вівса) *m Bot.* 귀리.

овеча́ (-ати) *n* 새끼 양, 암양.

ове́ч|ечка (-ки) *f Dim.*: вівця, нове́ч새끼 양; ~ий (-ча, -че) 양의: -ча шкура, 양의 가죽; -чий кожух, 양 가죽 코트; вовк в овечій шкурі, 위선자, 양의 탈을 쓴 이리 <온순을 가장한 위험 인물>; ~ина (-ни) *f* 양고기; -ка (-ки) *f Dim.* : вівця; 새끼 양, 암양; -ник (-ка) *m* 양우리.

о́воч (-чу) *W.U.* 과일; *E.U.* 채소; ~евий (-ва, -ве) 과일의, 과일 수확의: -едерево, 과일나무; ~ар (-ря) *m*, ~арка (-ки) *f* 과일 판매상; ~арство(-ва) *n* 과일 재배; ~арня (-ні) *f* 과일 창고; ~івка (-ки) *f* 과일실주; ~ний (-на, -не) 과일의; 채소의.

оги́да (-ди) *f* 혐오, 증오, 싫음; 불명예, 굴욕; бути огидою своєї сім'ї, ~의 가문을 더럽히다; ǁ 비위에 맞지 않는, 아주 싫은 사람 (수치스러운).

оги́д|ливий (-ва, -ве)*, -ний (-на, -не) 메스꺼운, 지긋지긋한, 혐오스러운; -ливість (-вости) *f*, -ність (-ности) *f* 혐오, 비열; ,-ник(-ка) *m*, -ниця (-ці) *f* 역겨운 사람; -но *adv.* 기분 나쁜, 싫은; *impers.*, 메스껍다.

огір|ковий (-ва, -ве) 오이의; -ок(-рка) *m Bot.*

오이: кислий (квасний) –, 오이 절임, 작은 오이; -очок (-чка) *m Dim.*

оглух|нути, ~ти (-ну, -неш) *P vi* 귀머거리가 되다.

оглушити (-ушу, -ушиш) *P vt*; оглушувати (-шую, -уєш) *I vt* 귀머거리로 만들다, (귀를) 멍멍하게 하다.

огляд (-ду) *m* 검사, 시험; 회고, 추억: медичний –, 건강 진단; добрий на –, 외관상으로 좋은; купити за три огляди, 훔치다; піти в огляди, 신랑의 집을 방문하다, 신부의 지참금을 일일이 조사하다; без огляду, 뒤쪽은 주의하지 않고; з огляду на його старість, 그의 나이 때문에; -'ання *n* = огляд; 시험, 실험, 검사.

оглядати (-аю, -аєш) *P vt*: (огледіти, оглянути *P*); оглядіти(-джу,-диш)*P vt* 시험하다, 실험하다, 조사하다 ; -ся *vi* 뒤돌아보다, 회고하다; 의지하다: – на задні колеса, 경제적으로 살다, 돈을 조심스럽게 쓰다(미래를 생각하며); – на кого, ~를 불쌍하게 여기다, ~에게 동정을 가지다.

оглядач (-ча) *m* 시험자, 검사자.

огляд|ини (-дин) *pl* 시험, 수색, 조사; 방문, 시찰, 관찰; ,-ний (-на, -не). 조심성있는, 신중한.

оголош|ка (-ки) *f* 통지, 공고, 발표; 결혼예고; ~ошення *n* 선언, 발표, 광고, 선전; 경고.

огорож|а (-жі) *f* 담, 울타리; ~ений (-на, -не) 둘러싼, 에워싼.

огрівати (-аю, -аєш) *I vt* : (огріти *P*) 데우다, 따뜻하게 하다.

огрівник (-ка) *m* 히터.

огріти (-ію, -ієш) *P vt* : (огрівати *I*).

огріх (-ху) *m* 잘못, 실수, 위반; 결점.

огрішитися (-шуся, -шишся) *P vi* 넘다, 벗어나다; 어기다, 위반하다(법률, 규칙등을).

огрубіти (-ію,-ієш) *P vi* = огрубнути(-ну,-неш) *P vi* 뚱뚱해지다(큰); 무례해 지다(거친).

огрудди *n Anat.* 흉부, 흉곽.

огрядн|ий (-на, -не). 힘센, 기운찬, 뚱뚱한, 비만한, 건장한: -ний парубок, 체지가 온전한 젊은이; -енький (-ка, -ке): -ка дівчина, 영리해 보이는 소녀; ~ість(-ности) *f* 비만, 비대.

огу́да (-ди) *f* 비난, 책망; 비방, 중상.

огуди|на (-ни) *f*, **-ня** *n Coll.* 줄기(오이, 호박, 멜론 등의).

огу́дити (-джу, -диш) *P vt* 책망하다, 비난하다; 비웃다, 중상하다.

огу́дн|ик (-ка) *m*, **-иця** (-ці) *f* 잔소리꾼, 트집쟁이, 혹평가.

огу́зка (-ки) *f* 후면, 후부.

огули́ти (-лю, -лиш) *P vt* 속이다, 기만하다; **-ся** *P vi* 큰 실수를 하다, 우물쭈물하다.

огу́лом *adv.* 도매로, 대량으로, 대강, 전반적으로 보면; 일반적으로: говорячи (мовлячи) ~, 대체로 (말하자면); **-ьний** (-на, -не) 도매의; 일반의.

огу́ритися (-рюся, -ришся) *P vi*: (огурятися *I*) 완고해지다, (고집 센).

огу́рний (-на, -не) 완고한, 고집 센, 감당할 수 없는; 다루기 힘든, 제멋대로 하는; **~ність** (-ности) *f*, **- ство**(-ва) *n* 완고, 고집.

о́да (о́ди) *f* 송시.

ода́йник (-ка) *m* 농부.

ода́рений (-на, -не). 재능있는, 유능한.

ода́я (-аї) *f* 농장.

одве́ртий (-та, -те) 열린; 솔직한, 터놓은, 숨김 없는; **-ість** (-тости) 솔직, 터놓음.

о́двір *adv.* 문 가까이(바로 뒤).

одві́т (-ту) *m* 대답.

одві́тити (-і́чу, і́тиш) *P vi*: (одвіча́ти *I*) *dial.* 대답하다; ~에 대답하다, ~에 답할 수

одвіча́льн|ий (-на, -не) *W.U.* 책임이 있는; **-ість** (-ности) *f* 책임감.

одві́чний (-на -не)* 영원한.

оде́ж|а (-жі) *f* 옷, 의상, 복; **~и́на** (~ни) *f Dim.*; 의복(한 점).

о́дек|а, **-и** *adv. dial.* 바로 여기, 바로 이곳에.

оде́нок (-нка) *m*: **- збіжжя**, 곡식더미; **- сіна**, 건초더미.

оде́н|ки, **-ьки** (-ків) *pl* 침전물, 폐물, 찌꺼기

оде́ржаний (-на -не) 받아들여진, 믿어지고 있는, 획득된.

оде́ржати (-жу, - жиш) *P vt*; **оде́ржувати** (-ую,

-уєш) *I vt* 얻다, 손에 넣다, 획득하다
одержувач (-ча) *m.* 받는 사람, 수취인.
Одеса (~си) *f NP* 오데사.
одеський (-ка, -ке) 오데사의.
один (одна́, одне́ or одно́) *num., pron.* 1, 하나; 어떤; 단 하나의, 단독의, 혼자의
одина́ (-ни́) *f* 고독, 외로움.
одина́дцят|**еро** (-рох, -ром, -рома́) *Coll. num.* 11, 열하나; ~ий (-та, -те) 열한번째의.
одина́|**к** (-ка́) *m* 외동아들; ~а́чка (-ки) *f* 외동딸.
один|**чик** (-ка) *m*, -чичок (-чка) *m Dim.*: одинак; -юсінький (-ка, -ке) * *Dim.*: -окий, 완전히 홀로, 외로이.
одичавіти (-їю, -їєш) *P vi* 거칠게 되다, 비사교적으로 되다, 내성적으로 되다.
о́дів (-ву) *m* = о́діва (-ви) *f* 옷, 의복.
оді́в|**а** (-ви) *f*, -а́ння *n* 의류, 옷입기.
одіва́ти (-а́ю, -а́єш) *I vt* = одяга́ти: (оді́ти *P*) 입다, 착용시키다, 입히다; -ся *I vi* 옷을 입다, 옷차림을 하다.
оді́дичення *n* 계승, 상속, 유산.
оді́дичити (-чу, -чиш) *P vt* 상속하다, 물려받다 (재산, 질병).
о́діж (оде́жі) *f* 옷, 의상, 복장, 옷차림새.
оді́жний (-на, -не) 옷의; 잘 차려입은.
оді́ння *n* 옷, 옷차림, 복장.
одіо́зний (-на, -не) 증오할, 밉살스러운, 싫은.
Одіссе́я (-еї) *f* 오디세이.
оді́т|**ий** (-та, -те). = одя́гнений, 옷을 입은; -ний (-на, -не) *W.U.* 잘 차려입은.
одна́ (одніє́ї) *f* один.
одна́к *conj.* 그러나, 하지만, 그렇지만, 그래도, 역시.
одна́к|**ий** (-ка, -ке), -овий (-ва, -ве) 동일한, 꼭 같은, 닮은; -овість (-вости) *f* 동등, 동일성, 같음; 일치, 합치; -о, -ово *adv.* 똑같게, 동등하게, 같이; -овісінький (-ка, -ке) *Dim.*: -овий, 완전히 똑같은.
однина́ (-ини́) *f Gram.* 단수(형).
одніс|**інький** (-ка, -ке), -ький (-ка, -ке) *W.U.* 단 하나의, 단독의.

о́дність (-ности) *f* = є́дність, 단일성, 동일성, 일치.

одно́ (-но́го) *n* оди́н.

одно́звук (-ка) *m* Gram. 단모음; 단선율.

одно|зву́к (-ка) *m* 소리의 동일성; 하모니.

одно|лі́тка (-ки) *f* 동갑인 소녀(여성); -лі́ток (-тка) *m* 동갑, 동년배; 일년생 식물.

одно|мані́тний (-на, -не). 한결 같은, 동형의, 균일한; -мані́тність (-ности) *f* 한결같음, 균일성; -ма́сний (-на, -не), -ма́стий (-та, -те) 같은 색의; -мате́рній, -матірній (-ня, -нє) 모계의; -мі́сний (-на, -не), -мі́сцевий (-ва, -ве) 같은 곳(지역)의; -мо́вець (-вця) *m* 같은 나라 사람, 동향인, 동포; -о́бразний (-на, -не) 같은 형태의 (모양, 외형).

одно|ра́з *adv.* 동시에: -а́зий (-за, -зе) 일제히; -а́зовий (-ва, -ве) 단 한번 일어난.

одно|ра́кий (-ка, -ке) 단 하나의, 단일의; -рі́г (-ро́га) *m*; 일각수 -рі́дний (-на, -не) 동종의, 균등질의, 동족의; -рі́чний (-на, -не) 1년생의; -ру́кий (-ка, -ке) 손이 하나인, 한손만 쓰는.

одноруч *adv.* 한손으로.

одно| ру́чка (-ки) *m, f* 손이 하나인 사람, 핸들이 하나인 기계; -ря́дний (-на, -не) 일렬의; -се́лець (-льця) *m*, -селя́нець (-нця) *m*, ~сельча́нин (-ина) *m* 동향인; -се́рдий (-да, -де), -се́рдний (-на, -не) *n* 합의의, 만장일치의; 전심의; -се́рдне *adv.* 만장일치로; -се́рдя *n* (만장)일치, 합의.

одно|ста́ль *adv.* = водноста́ль, 일렬로.

одно|стате́вий (-ва, -ве) Bot. 단성의; -стебе́льний, -сте́бний (-на, -не),~сте́блий (-ла, -ле) Bot. 줄기가 하나인; -стебли́ця (-ці) *f* 줄기가 하나인 식물; -сторо́нній (-ння, -ннє).일방적인, 일방의, 일부분의; -сторо́нність (-нности) *f* 국부성, 편파, 편견; -стрі́й (-ро́ю) *m* 제복, 정복; -стру́нний (-нна, -нне) 일현금, 줄이 하나인 악기;-су́м (-ма) *m* 동료, 동지; 공범자, 한패.

однотн|ий (-на, -не) 단조로운, 균등한; 일관된; ~і́сть (-ности) *f* 단조로움, 한결같음, 균일성; 일관성.

одно|томний (-на, -не) 한 권의; -то́нний (-нна, -нне) 단조로운, 단선율의; -у́хий (-ха, -хе) 한 귀의; ~хі́дь (-хо́ді) f 느린 걸음(말의); ~цві́тний (-на, -не). 단색의; *Bot* 단색인, 한 색의; ~ці́льний (-на, -не) 나눌 수 없는, 완전한, 연속된, 단단한; ~ці́льність (-ности) f 굳음, 고체성, 균등성, 일관성; -ча́сний (-на, -не) 동시에 일어나는, 같은 시대의; -ча́сник (-ка) m 동시대인, 현대인; -ча́сність (-ности) f 동시성, 동시발생; -член (-на) m *Math.* 단항식; -чле́новий (-ва, -ве) 단일의, 단순한; -шаро́вий (-ва, -ве) 홑겹의, 단층의; -шлю́бний (-на, -не) 한번 결혼했던.

одо́брен|ий (-на, -не) = схва́лений, 입증된, 공인된, 인가된, 승인된; -ня n = схва́лення, 허가, 인증, 공인, 승인.

одо́брити (-до́брю, =о́бриш) *P vt* = схвали́ти; одобря́ти (-я́ю, -я́єш) *I vt* = схваля́ти, 인정하다, 승인하다, 인가하다, 승낙하다.

одолі́вати (-а́ю, -а́єш) *I vt*: (одолі́ти *P*) *Archaic* 정복하다, 극복하다, 넘어서다.

одолі́ння n *Archaic* : 정복, 극복; 우월, 우위(힘).

одолі́ти (-і́ю, -і́єш) *P vt*: (одолівати *I*).

одоля́н (-ну) m *Bot.* 길초근.

одома́ш (-ша) m *dial.* 서비스 요금을 지불하다.

одома́шнити (-ню, -ниш) *P vt*; одома́шнювати (-нюю, -нюєш) *I vt* 길들이다.

одонто́л|ог (-га) m 치과 의학자; -огі́чний (-на, -не) 치의학의; -о́гія (-ії) f 치과학.

о́дор (-ру) m 냄새, 악취.

одоро́б|ало, -айло (-ла) n 거대한 물체; 키가 큰(꼴사나운) 사람.

одр (-ра) m *Archaic* 침대; -и́на (-ни) f 작은 침대.

о́дрі́бки (-бок) *pl* 조그마한 것; 작은 조각, 부스러기.

о́дрі́к (-ку) m 답, 대답.

одро́бина (-ни) f 작은 조각, 부스러기, 조금.

одро́ді́ння n = відро́дження, 재생, 부활.

одру́жений (-на, -не) 결혼한; -ня n 결혼.

одружи́ти (-ужу́, -у́жиш) *P vt*: (одру́жувати *I*) 결혼시키다; -ся *P vi* 결혼하다.

одружíння *n* 결혼, 결혼생활.

одрýжуванець (-нця) *m* 결혼 상대로 적합한 사람.

одрýжувати (-жую, -уєш) *I vt*: (одружити *P*); -ся *I vi*.

одрядити (-яджу, -ядиш) *P vt* 준비하다, 챙겨놓다.

одряпувати (-ую, -уєш) *I vt*; одряпати(-аю, -аєш) *P vt* 떼어내다, 긁어 지우다.

одряхнути (-ну, -неш) *P vi* 약해지다(병적으로).

одсíч (-чі) *f* 구출, 구제; 저항.

одубенíти (-íю, -íєш) *P vi* 뻐근해지다, 마비되다, 딱딱해지다; 경직시키다, 얼리다; 죽다, 멸망하다.

одубíлий (-ла, -ле) 딱딱해진, 굳은; 마비된.

одужання *n* 건강 회복, 차도, 회복기.

одужати (-аю, -аєш) *P vi*; одужувати (-жую, -уєш) *I vi* 회복하다, 나아지다.

одукалий (-ла, -ле) *dial.* 뚱뚱한, 용감한.

одукований (-на, -не) *Archaic* 교육받은, 훈련된; 훈육된; 박식한.

одуматися (-аюся, -аєшся) *P vi* 잘 생각하다, 숙고하다; 마음을 바꾸다.

óдур (-ру) *m* 무기력, 마비, 마취, 혼수; 광기, 정신착란; 중독.

одýрений (-на, -не) 속은, 현혹된; 바보짓을 하는.

одурити (-урю, -уриш) *P vt*: (одурювати *I*) 속이다, 현혹시키다, 기만하다,.

одурíлий (-ла, -ле) * 인사불성이 된, 당황한, 어리둥절한, 어지러워진.

одурíти (-íю, -íєш) *P vi* 미치다, 이성을 잃다.

одурливий (-ва, -ве)* 취하게 하는; 깜짝 놀라게 하는; 최면성의.

одурманити (-ню, -ниш) *P vt* 기절시키다, 귀머거리로 만들다, 무감각하게 만들다; 무디게 만들다.

одýтий (-та, -те) 부어오른, 과장된.

одýтися (одмуся, -мешся) *P vi* 부어오르다, 과장하다.

одухови́ти (-влю, -виш), -нити (-ню,-ниш) *P vt*; одуховляти (-яю, -яєш) *I vt* 정신적(영적)으로 하다, 정화하다, 고무하다, 활기를 띠게 하다.

одушеви́ти (-влю́ -ви́ш) *P vt*: (одушевля́ти *I*) 불어넣다, 고무하다, 높이다, 자극하다, 암시하다; -ся *P vi* 열광하다, 활기를 띠다, 고무되다.

одуше́влен|ий (-на, -не) 영감을 받은, 활기를 띤, 열광적인: -ня *n.* 생기, 활기, 열광.

одушевля́ти (-я́ю, -я́єш) *I vt*: (одушеви́ти *P*); -ся *I vi*.

одча́й (-а́ю) *m* 절망, 낙담, 의기소침: привести до одчаю, 절망에 빠지다: -душний(-на, -не) 막가는, 절망적인, 무모한, 경솔한: -душність (-ности) *f* 절망, 경솔함, 무모함, 만용.

одча́яний (-на, -не)* 막가는, 절망적인, 가망이 없는.

о́дяг (-гу) *m* 옷, 의복, 의상, 슈트, 복장; -а́ло(-ла) *n* (농담으로): 의상,

одяга́ти (-а́ю, -а́єш) *I vt*: (одяг|ну́ти, -ти *P*) 옷을 입히다; -ся *I vi* 옷을 입다, 옷을 걸치다.

одя́гнений (-на, -не) 옷을 입은, 옷을 걸친, 차려입은.

одяг|ну́ти, -ти (-ягну́, -я́гнеш) *P vt*: (одяга́ти *I*); -ся *P vi*.

ож *Colloq.* 보다, 주시하다, 여기있다; *conj,* 저.

ождиг|а́н (-на) *m* 썰매, 작은 채, 곤봉; ~ти (-а́ю, -а́єш) *I vt* 곤봉으로 때리다, 세게 치다.

ожеле́д|а (-ди) *f*, -иця(-ці) *f* 서릿발, 미끄러운 길(거리); -ець (-дця) *m* 나뭇가지에 쌓인 눈.

ожене́н|ий (-на, -не) 결혼한; -ня *n* 결혼.

ожени́ти (-еню́, -ениш) *P vt* 결혼시키다; -ся *P vi* 결혼하다, 아내를 맞이하다.

ожені́ння *n* 결혼, 결혼생활.

ожереби́тися (-блю́ся, -бишся) *P vi* <말이>새끼를 낳다.

ожере́д (-ду) *m* 건초더미.

ожере́лля *n dial.* = намисто, 목걸이.

ожесточа́ти (-а́ю, -а́єш) *P vt* 딱딱하게 하다, 강철을 입히다.

оже́чати (-а́ю, -а́єш) *I vi* 굳어지다; 강화되다, 딱딱해지다.

ожива́ти (-а́ю, -а́єш) *I vi*: (ожи́ти *P*) 소생하다, 다시 살아나다(용기, 정신); -ся *I vi* 새로운

оживити 208

지역에 익숙해지다, 풍토에 익숙해지다.

оживи́ти (-влю, -виш) *P vt*: (оживля́ти *I*) 소생시키다, 생기를 주다, 활발하게 만들다, 흥분시키다, 빠르게 하다; -ся *P vi* 소생되다, 활기를 띠다.

оживле́н|ий (-на, -не). 소생한, 고무된, 활기를 띤; -ня *n* 생기, 활기, 흥분.

оживля́ти (-яю, -я́єш) *I vt*: (оживи́ти *P*); -ся *I vi*.

оживля́ючий (-ча, -че) 되살아나게 하는, 생기 있게 하는, 활발하게 하는.

ожида́ння *n* 기대, 예상, 기다림.

ожида́ти (-а́ю, -а́єш) *I vi* 기대하다, 기다리다, 고대하다.

ожидови́ти (-овлю́, -о́виш) *P vt* 유대교 신자로 만들다; -і́ти (-і́ю, -і́єш) *P vi* 유대교 신자가 되다.

ожи́н|а (-ни) *f Bot.* 검은 딸기: кущ ожини, 검은 딸기 덤불, 들장미 덤불; -ний (-нна, -нне), -овий (-ва, -ве) 검은 딸기의; -ник (-ка) *m* 검은 딸기 덤불이 자라는 곳.

ожи́ти (-иву́, -ве́ш) *P vi*: (ожива́ти *I*).

о́жіг, ожо́г (ожо́га) *m.* 부지깽이.

ожі́лно (-на) *n* 부지깽이 손잡이.

озада́чений (-на, -не) 당황한, 난처한, 어찌할 바를 모르는.

озада́чити (-чу, -чиш) *P vt*; озада́чувати (-ую, -уєш) *I vt* 어리둥절하게 하다, 난처하게 하다, 곤혹스럽게 하다.

оза́док (-дка) *m* 시체의 후부, 엉덩이.

озари́ти (-арю́, -ари́ш) *P vt*; озаря́ти (-я́ю, -я́єш) *I vt* 조명하다, 비추다, 밝게하다.

озбро́єн|ий (-на, -не). 무장한, 장비한; -ня *n* 장비, 준비, 의장.

озбро́їти (-ро́ю, -ро́їш) *P vt*; озбро́ювати (-о́юю, -о́юєш) *I vt* 무장하다, 장비하다.

озва́тися (-ву́ея, -ве́шея) *P vi*: (озива́тися *I*) 부름에 응답하다; 알리다; 소리를 내다; 반향하다; 말하기 시작하다.

озвіри́тиея (-рю́ся, -ри́шся) *P vi*; озві́рюватися (-рю́юся, -рю́єшся) *I vi* 격노하다.

озвірі́лкй (-ла, -ле) 짐승 같은, 흉포한, 사나운.

о́звук (-ку) *m* 반향, 울림; 메아리
оздо́ба (-би) *f* 꾸밈, 장식, 꾸밈새.
оздо́бити (-блю, -биш) *P vt*; **оздо́блювати** (-люю, -люєш) *I vt* 꾸미다, 장식하다, 아름답게 하다.
оздо́б|лений (-на, -не) 꾸며진, 장식된; -ний (-на, -не) 우아한, 멋진, 아름다운, 말쑥한; -ність (-ности) *f* 우아함, 귀여움, 좋음.
оздоро́в|ити (-ровлю, -овиш) *P vt*: (оздоровлювати *I*) 고치다, 치료하다; ~і́ти (-і́ю, -і́єш) *P vi* 나아지다, 회복되다.
оздоро́вл|ений (-на,-не) 나은, 치유된; -ення *n* -і́ння *n* (건강)치유, 회복, 개선, 증진.
оздоро́влювати (-люю, -люєш) *I vt*: (оздоровити *P*).
оздоровни́й (-на́, -не́) 치유적인, 치료하는, 치료의.
озе́рний (-на, -не) 호수의, 호수가 많은.
о́з|еро (-ра) *n* 호수; -ерце (-ця) *n Dim*.
озива́тися (-а́юся, -а́єшся) *I vi*: (озва́тися *P*).
ози́зти (-зну, -знеш) *P vi* 이완되다, 약해지다, 시들다.
ози́м|ий (-ма, -ме) (밀)겨울, 겨울의: -ма пшени́ця, 가을밀; -мі хлі́ба, 가을에 파종하는 곡물; -ина(-ни) *f* 가을에 파종하는 곡물.
ози́мки (-ків) (봄에 내리는)늦서리
ози́мній (-ня, -не) = озимий, 가을밀의: -ні жнива́, 가을 작물의 수확.
ози́м|ніти (-і́ю, -і́єш) *P vi* 추워지다, 시원해지다; -овий(-ва, -ве) = озимий. **озимо́к**(-мка) *m* 송아지(한 해 지낸).
озира́ти (-а́ю, -а́єш) *I vt*; **озирну́ти** (-ну́ -не́ш) *P vt* 검사하다, 점검하다, 바라보다, 수색하다; -ся *vi* 주위를 둘러보다, 주변을 흘긋 보다.
Озі́в (Озо́ва) *m NP* 아조프: -ський (-ка, -ке) 아조프의: -ке мо́ре, 아조프해.
озі́йний (-на, -не) 거대한, 엄청난, 어마어마한.
озі́|я (-ії) *f* 건물군; -я́ка (-ки) *f Augm*.
о́зл|ість (-лости) *f*, -і́лість (-лости) *f* 노여움, 화, 격노, 격정.
ознайми́ти (-млю́, -ми́ш) *P vt*; **ознаймува́ти** (-у́ю, -у́єш) *I vt Archaic* 알리다, 표명하다, 명시하다, 통지하다.

ознайо́мити (-млю, -миш) *P vt*; ознайомлє́|ювати (-лю́ю, -лю́єш), -я́ти (-я́ю,-я́єш) *I vt* 알리다, 익히 알게 하다; -ся *vi* 정통해지다, 사귀게 되다.

ознайо́млення *n* 정보, 알림, 숙지.

озн|а́ка (-ки) *f* 표, 흔적, 기호, 증상, 징조; -а́чальний (-на, -не) 의미심장한, 징후적인.

означа́ти (-ча́ю, -а́єш) *I vt*; означи́ти (-ачу́, -а́чиш) *P vt* 표시하다, 스케치하다, 윤곽을 그리다; 결정시키다, 결심하다.

озна́чен|ий (-на, -не) 표시된;-ня *n* 표시, 결정(그 행위).

озна́чний (-на, -не)* 의미있는, 중요한.

ознобитися (-облю́ся, -о́бишся) *P vi dial.* 감기 들다(오한).

о́зов (-ву) *m* 부르는 소리.

озолоти́ти (-лочу́, -ло́тиш) *P vt*; озоло́чувати (-ую, -уєш) *vt* 금도금하다, 꾸미다, 치장하다; -ся *vi* 부유해지다; 치장되다.

озо́н (-ну) *m Chem.* 오존.

озонува́ти (-у́ю, -у́єш) *I vt* 오존으로 포화시키다, 오존으로 처리하다.

озо́р (-ру) *m* 소의 혀; ву́джений —, 훈제 혀.

озори́ти (-орю́, -о́риш) *P vt* 비추다, 밝히다.

озува́ти (-а́ю, -а́єш) *I vt* = узува́ти; озу́ти (-у́ю, -у́єш) *P vt* = узу́ти, 신발을 신기다; -ся *vi* 신발을 신다.

озю́м (-му) *m* 건포도.

озяба́ти (-а́ю, -а́єш) *I vi*; озя́бнути (-ну, -неш) *P vi* 오한을 느끼다, 추위를 느끼다.

озя́ви (-я́в) *pl Anat.* 기관, 숨통.

ой! *intej.* 아! 저런!; ой-ой-ой! (갑작스런 고통 이나 실망을 나타냄).

о́йкати (-аю, -аєш) *I vi*; о́йкнути (-ну, -неш) *P vi*: 외치다: "ой", 신음하다, 한숨쉬다; 울부짖다, 비탄하다.

ока́дькуватий (-та, -те)*강건한, 튼튼한.

о́каз (-зу) *m W.U.* 전시, 견본, 모델, 표본; 논증, 전람, 진열, 표명.

оказа́ти (-кажу́, -а́жеш) *P vt*; (ока́зувати *I*) 보여주다, 전시하다, 알리다, 나타내다; ~인 체하다, 주장하다: -що ~인 체하다

оказ|ійний (-на, -не)* -іона́льний (-на, -не)* 우연한, 우발적인; -іоналі́зм (-му) *m Phil.* (데카르트 학파의)기회 원인론, 우인론.

ока́зія (-ії) *f* 경우, 기회; 동기.

оказо́вий (-ва, -ве) *W.U.* 전시를 위한(쇼); 견본으로 사용되는(실례, 모델).

ока́зувати (-ую, -уєш) *I vt:* (оказа́ти *P*); -ся *I vi.*

окалі́чити (-чу, -чиш) *P vt* 불구로 만들다, 부상하게 만들다.

окалі́чіти (-чію, -чієш) *P vi* 불구가 되다, 부상당하다.

Окаля́сом *adv.* 간접적으로.

окамені́ти (-ію, -ієш) *P vi* 석화하다, 굳어지다, 망연자실하다.

окаменува́ти (-ую, -уєш) *P vt.* 돌을 던지다, 돌을 던져서 죽이다.

ока́нь (-ня) *m* 눈이 큰 사람.

о́кап (-пу) *m* (지붕의)홈통, 처마, 도랑.

ока́пинк (-пин) *pl* 촛농.

окаплу́нити (-ню, -ниш) *P vt* 거세하다, 약화시키다.

ока́пник (-ка) *m* 온천 침전물, 규화, 종유석.

окари́на (-ни) *f Mus.* 오카리나.

о́каряч *adv.* 네 발로 기어서.

ока́тий (-та, -те) 눈이 큰.

окацу́бити (-блю, -биш), **окацу́бнути** (-ну, -неш) *P vi* 강화되다, 딱딱해지다, 마비시키다, 마비되다.

окая́н|ний (-нна, -нне)* 저주받은, 운수가 사나운; 신앙심 없는, 경건치 않은; -ець (-нця) *m*, -иця (-ці) *f* 저주받은(방탕한)사람; -ство (-ва) *n* 방탕, 난봉, 불경함.

окві́чений (-на, -не)* 꽃으로 치장된.

океа́н (-ну) *m* 대양.,

океані́да (~ди) *f* 대양의 요정.

океан|і́єць (-і́йця) *m* 오세아니아 거주자; -і́чний (-на, -не) 대양의, 대양성의, 오세아니아어족의; Океа́нія (-ії) *f NP* 오세아니아; -огра́фі́чний (-на -не) 해양학의; -огра́фія (-ії) *f* 해양학; -ський (-ка, -ке) = -і́чний.

о́кид (-ду) *m* 추수 후 논밭에 남은 이삭.
окида́ти (-а́ю, -а́єш) *I vt*: (оки́нути *P*) 이리저리 다니다; 둘러싸다, 포위하다: о́ком, (по́глядом), 대강 훑어보다, 한번 흘긋 보다.
о́кидь (-ді) *f* 자국눈(봄에).
оки́нути (-ну, -неш) *P vt*: (окида́ти *I*)
о́кис (-су) *m. Chem.* 산화물; -а́ння *n* 산화(작용).
окиса́ти (-а́ю, -а́єш) *I vi* 시어지다, 불쾌해지다; *Chem.* 산화하다, 녹슬다.
оки́сн|ений (-на -не) 시어진; 산화된; -юва́ння *n* 산화(작용); -юва́льний(-на -не): -на сполу́ка, 산화성.
окі́л (око́лу) *m* 말뚝, 울; 울타리, 궤도; 지구, 지역, 근처, 인근; -ьний(-на, -не) 지역의, 근교의; -ьня (-ні) *f* 주변지역.
окі́нчення *n* 종결, 완성.
окі́п (око́пу) *m* 흙무더기, 보루, 고분: жиді́вський -, 유대인 묘지.
окі́|ст (око́сту) *m Anat.* 견갑골; -стя *n Anat.* 골막.
о́клад (-ду) *m* 압박붕대, 찜질약; *Med.* 디프테리아.
оклада́ти (-да́ю, -а́єш) *I vt* = обклада́ти; 소리 나게 때리다, 치다; 씌우다, 바르다.
о́кладень (-дня) *m* 캡슐; *Bot.* 피막, 포피, 총포.
окла́дин|а (-ни) *f* 덮개, 상자, 용기: -ножа́. 칼손잡이; ~ка(-ки) *f Dim.*
окла́дкуватий (-та, -те) 강건한, 굳은.
окла́дник (-ка) *m Bot.* 연.
оклевета́ти (-вечу́, -е́чеш) *P vt*; **оклеве́чувати** (-ую, -уєш) *I vt* 비방하다, 중상하다.
оклеї́ти (-є́ю, -є́їш) *P vt*: (окле́ювати *I*) (папе́ром): 종이를 붙여서 덮다; 풀칠을 하다.
окле́панець (-нця) *m* 밀단.
окле́паний (-на, -не) 사방으로 두드려진; 낡은, 진부한, 여러 번 반복됨.
оклепа́ти (-а́ю, -а́єш) *P vt* 두드려서 성형하다; 타작하다; 계속해서 반복하다.
окле́ць|куватий (-та, -те) 굵고 짧은, 땅딸막한; -о́к (-цька) *m* 꼴사납게 뚱뚱한 아이.
окле́ювати (-єюю, -єюєш) *I vt*: (оклеї́ти *P*).

оклигати (-аю, -аєш), **оклигнути** (-ну,-неш) *P vi*; **оклигувати** (-ую, -уєш) *I vi* 건강을 회복하다, 힘을 다시 얻다, 건강해지다.

оклик (-ку) *m* 외침, 부름; 환호, 선언, 공고; знак оклику, 느낌표.

окликати (-аю, -аєш) *I vt*; **окликати** (-ичу, -ичеш), **окликнути**(-ну,-неш) *P vt* 소리쳐 알리다; 부르다, 외치다; -ся *vi* 부름에 답하다.

окликовий (-ва, -ве) 외침의; 선언의.

оклинцювати (-цюю, -цюєш) *P vt*: -стіну, 미장 공사 전 벽에 쐐기를 박다.

окличник (-ка) *m* 전령, 포고자, 공중; *Gram.* 느낌표.

оклонити (-лоню, -ониш) *P vt*; **оклоняти** (-яю, -яєш) *I vt* 축복하다; 보호하다

окнастий (-та, -те) 창문이 많은(큰).

око (ока) *n*, **очі** (очей) *pl* 눈(들);; чорні очі, 검은 눈; блакитні очі, 하늘색 눈.

короткозорі очі, 근시안; зіркі (бистрі) очі, 날카로운 눈, 예리한 시각; вільне око, 맨눈; випулити очі, 바라보다, 응시하다; кинути оком, 흘긋 바라보다; пильнувати, як ока в голові, 어떤 일에 매우 조심스러워지다; поглядати заздрим оком, 탐욕스럽게 바라보다 (시기하며); лупати очима, 눈을 깜빡거리다; судити на око, 외양으로 판단하다; у моїх очах, 내 견해로는, 내 생각에는; око за око, зуб за зуб, 눈에는 눈 이에는 이.

око (ока) *n*, ока (оків) *pl* 그물코, 망; ока в сітях, 그물의 망; - в картах (кістках) 점, 눈; 바늘귀; 틈, 구멍.

окова (-ви) *f* 철 바인딩; -ний(-на, -не) 철을 두른; 매인.

окови (оков) *pl.* 철, 쇠사슬, 굴레, 족쇄.

оковирний (-на,-не) 잘생긴, 미모의.

оковит|а (-ти от -тої), -ка (-ки) *f.* 브랜디, 알코올, 독한 술.

оковувати (-ую, -уєш) *I vt*: (окувати, окути *P*).

околес|а *adv.* 도처에, 빙 돌아서; ,-ити (-ешу, -есиш) *P vt* 반원을 만들다.

околистий (-та, -те) 둘러싼.

око́лиця (-ці) *f* 지역, 근처, 근교, 주위; -ичний (-на, -не) 이웃의, 근처의, 주변의; -ишній (-ня, -нє) = -ичний, 외부의, 밖의.

околі́ти (-і́ю, -і́єш) *P vi dial.* = здо́хнути, 죽다, 멸망하다; 파열하다, 파산하다.

о́кол|о (-ла) *n* 대외적인 관점; -ом *adv.* 반대로, 한편, 도처에, 빙 돌아서.

о́коло = ко́ло, *prep.* with *Gen.* 주변, 가까이; *adv.* 주위에, 둘레의, 그 부근에.

около́т (-ту) *m* 짚다발, 밀단.

околоти́ти (-лочу́, -о́тиш) *P vt* 묶지 않고 타작하다; - ха́ту, 짚단으로 집을 덮다.

околя́с|а = околе́са; -ом = околе́сом.

окома́н (-на) *m* = окономом.

окомі́р (-ру) *m* 눈대중.

окри́вджати (-аю, -аєш) *I vt*; **окри́вдити**(~джу, -диш) *P vt* 성나게 하다, 부당한 짓을 하다, 학대하다.

окриві́ти (-і́ю, -і́єш) *P vi* 절름발이가 되다.

окри́да (-ди) *f Ent.* 메뚜기, 방아깨비.

о́крик (-ку) *m* 절규, 외침, 고함.

окри́кати (-аю, -аєш) *I vt*; **окри́кнути** (-ну, -неш) *P vt* 칭찬하다, 추어올리다, 선언하다, 알리다 (시끄럽게).

окрила́тіти (-і́ю, -і́єш) *P vi.* 촉진되다, 가속도가 붙다.

окрили́ти (-илю́, -и́лиш) *P vt*; **окриля́ти** (-я́ю, -я́єш) *I vt* 촉진하다, 가속도를 붙이다; (새 새끼를) 기르다, 독립시키다; 격려하다(비행)

окри́тий (-та, -те) 덮인, 가려진.

о́криш (-ша) *m* 마지막 빵 조각; 나머지, 잔여, 여분; з о́кришем, 완전히.

окри́шник (-ка) *m* 잔해 더미, 돌더미.

о́кришок (-шка) *m* 조각, 파편; 부스러기.

окрі́вля (-лі) *f* 덮음(뿌리).

окрі́м *prep.* = крім; -ний (-на, -не) 갈라진, 분리된, 사적인.

окрі́п (-ро́пу) *m* 끓는 물; *Bot.* = кріп, 딜

окро́м|е = окре́мо; = крім; -і́шній (-ня, -нє). 갈라진, 분리된, 특수한, 개인의, 사적인.

окропи́ти (-ро́плю, -о́пиш) *P vt*; **окропля́ти** (-я́ю,

-я́єш) *I vt* 흩뿌리다, 살포하다, 분출하다.
окру́г *prep.* 생각과 함께. 주위에, 가까이에; *adv.* = кругом.
окру́га (-ги) *f* 지역, 구역, 지구, 범위: ви́борна -, 선거구.
округи́ *adv.* = кру́гом, 주위에, 주변에.
окру́гл|ий (-ла, -ле) 둥근, 구형의; -ість (-лости) *f* 구형.
округли́ти (-лю́, -ли́ш) *P vt*; округля́ти (-я́ю, -я́єш) *I vt* 둥글게 만들다.
окру́го́вий (-ва, -ве) 지역의; 원형의, 순환성의.
окружа́ти (-а́ю, -а́єш) *I vt*; окружи́ти(-ужу́, -у́жиш) *P vt* 둘러싸다, 에워싸다, 포위하다.
окружля́ти (-я́ю, -я́єш) *I vt* 돌아다니다, 여행하다.
окру́жний (-на, -не). 지역의; 원형의, 순환의; 에움길의, 간접의.
окру́ш|ина (-ни) *f*, -ка (-ки) *f* 조각, 부스러기; -ки (-кі́в) *pl* 조각, 토막, 찌꺼기
окса́м|ит (-ту) *m* 벨벳, 우단; -итка (-ки) *f* 벨벳 리본(의상).
окселентува́ти (-у́ю, -у́єш) *I vi* 노래에 반주를 하다.
окси́д (-ду) *m Chem.* 산화물; -а́ція (-її) *f* 산화(작용); -о́ваний(-на, -не) 산화된; -ува́ти (-у́ю, -у́єш) *I vt* 산화시키다, 녹슬게하다.
оксі́я (-її) *f* 예음 악센트(고대 슬라브).
окта́в (-ву) *m* 8절판(출판).
окта́ва (-ви) *f Mus.* 옥타브.
окт|аго́н (-на) *m* 8각형; -а́едр (-ра) *m Geom.* 8면체, 정8면체 결정체; -е́т (-ту) *m* 8중주.
октро|йо́ваний (-на, -не) 인정된, 승인된; 허가된; -юва́ти (-о́юю, -о́юєш) *I vt* 허가하다, 인정하다, 승인하다.
октруа́ *n indecl.* 허가, 인가, 면허, 관세, 세금, 면허세.
октя́бр (-ря) *m* = жо́втень, 10월.
окубя́|тися (-блю́ся, -бли́шся) *P vi* ; окубяюватися (-лю́юся, -лю́єшся) *I vi* 보금자리를 짓다; 자리 잡다; 주거지를 잡다.
окува́ти (-у́ю, -у́єш) *P vt* = оку́ти: (о́ковувати *I*) 철을 두르다; 편자를 박다(말) ; 사슬로 묶다.

окува́тий (-та, -те) 눈이 큰, 눈을 부릅뜬.

окуко́бити (-блю, -биш) *P vt* 정돈하다, 준비하다; 집을 정리하다; 보금자리를 잡다.

окулі́ст (-та) *m* 안과의사; **-істика** (-ки) *f* 검안, 시력측정; **-я́р** (-ра) *m* 안경알; **-я́рирів**) *pl* 안경.

окули́сом *adv.* 간접적인 방법으로, 피하려고 노력하며.

окульба́чити (-чу, -чиш) *P vt* 안장을 얹다, (책임을) 지우다

окульти́зм (-му) *m* 신비주의; **-и́ст**(-та) *m* 신비주의자.

оку́льт|ний (-на, -не). 숨은, 신비스러운.

о́кунь (-ня) *m Ich.* 농어 무리의 민물고기.

оку́п (-пу) *m* 몸값, 해방, 죄값음.

окуп|а́нт (-та) *m* 점유자, 보유자; **-а́нтський**(-ка, -ке) 점유자의, 보유자의; **-а́ція** (-ії) *f* 점유, 점령

окупа́ти (-а́ю, -а́єш) *I vt*; **окупи́ти** (-плю́, -у́пиш) *P vt* 배상하다, 되찾다, 되사다.

окупля́ти (-я́ю, -я́єш) *I vt* = окупа́ти; **-ся** *I vt*. **окуп|ни́й** (-на́, -не́) 되찾을 수 있는; **-о́ваний** (-на, -не) 점령당한(군대에 의해).

окупува́ти (-пу́ю, -у́єш) *I vt* 차지하다, 점령하다.

о́кур (-ру) *m* 더러움, 그을림.

оку́ти (-у́ю, -у́єш) *P vt*: (окува́ти *I*).

оку́тий (-та, -те) 철을 두른; (말)편자를 박은; 사슬에 묶인.

окциде́нт (-ту) *m* 서양, 서구.

ола́ч (-ча́) *m dial.* 옆구리가 흰 소.

о́ле *interj. dial* 아아!

олеге́ниця (-ці) *f* = **олеге́нниця**(-ці) *f Med.* 늑막염; **-е́ння** *n*, **-о́чна** (-но́ї) *f W.U. Anat.* 늑막.

оледащі́ти (-і́ю, -і́єш) *P vi* 게을러지다, 나태해지다.

оледені́ти (-і́ю, -і́єш) *P vi* 냉담해지다, 차가워지다.

олеї́н (-ну) *m*, **-а** (-ни) *f Chem.* 올레인, 지방의 주성분.

оле́н|евий (-ва, -ве) = **оленя́чий**, 사슴의, 수사슴의: **~ина** (-ини) *f* 사슴고기; **-иця** (-ці) *f*, 암사슴

оленок (-нка) *m Ent.* 사슴벌레, 딱정벌레.
оленя (-яти) *n* 새끼사슴.
оленячий (-ча, -че) 사슴의, 수사슴의.
олень (-ня) *m Zool.* 사슴, 수사슴.
олео|графія (-ії) *f* 유화식 석판화.
олива (-ви) *f* 올리브 나무, 올리브유.
оливити (-влю, -виш) *I vt* 기름을 치다, 기름을 바르다.
оливк|а (-ки) *f Dim.*: олива, 올리브 나무, 올리브; 사과의 품종.
оливний (-на, -не) 올리브 나무의: -на галузка, 올리브 나뭇가지; -овий (-ва, -ве) 올리브의; 올리브색의.
олицетворений (-на, -не) *Archaic* 의인화 된, 인격화 된.
олівець (-вця) *m* 연필.
олігарх (-ха) *m* 과두 정치의 독재자.
оліїти (-їю, -їєш) *I vt* 기름을 치다, 기름을 바르다.
олій (-ію) *m* 기름(식물의 씨에서 짠), 식
Олімп (-пу) *m NP* 올림포스 산.
Олінити (-іню, -іниш) *P vt* 게으르게 만들다.
олія (-ії) *f* = олій, 기름 сім'яна - 식물의 씨에서 짠 기름; машинова - 윤활유; летюча- 휘발성 기름; рослинна - 식물성 기름; олію бити, 기름을 짜다.
олу|х (-ха) *m*, -ша (-ші) *f Archaic*: сула, 창, 작살; 멍청이, 얼간이.
ом (ома) *f Electr.* 옴.
омаліти (-ію, -ієш) *P vi* 작아지다.
оман|а (-ни) *f* 현혹, 사기, 기만; 협잡; ець (-нця́) *m* = манівець, 에움길, 샛길; -ливий (-ва, -не)*, -ний (-нна, -нне)* 유혹하는, 현혹시키는, 속이는.
омар (-ра) *m Ich.* 게, 가재.
омаста (-ти) *f* 그리스, 유지, 식용유, 버터.
омах (-ху) *m.* (넘실거리는)불길.
омаць, -ки *adv.* 암중모색하며.
омеблювати (-люю, -люєш) *P vt*: (меблювати *I*) 잘 공급하다, 완전히 갖추다.
омега (-ги) *f* 오메가, 그리스 알파벳의 마지막

글자; 끝: альфа й-, 시작과 끝.
оме́ла (-ли) *f Bot.* 겨우살이.
омелу́шка (-ки) *f*, **-юх** (-ха) *m Orn.* 대형 지빠귀; 멍청이, 얼간이.
оме́льга (-ги) *f Bot.* 겨우살이.
омерзи́ти (-ржу́, -рзи́ш) *P vt* 역겹게 하다, 정떨어지게 하다; **-ся** *P vi* 역겨워하다, 싫어하다.
омертви́ти (-влю́, -ви́ш) *P vt* : (омертвля́ти *I*) 약하게 하다, 무감각하게 하다, 늦추다.
омертві́лий (-ла, -ле) 굳은, 마비된, 무감각해진, 죽은 듯 창백한; **~іння** *n* 괴사, 탈저, 기절.
омертві́ти (-і́ю, -і́єш) *P vi* 감각을 잃다, 마비되다, 기절하다, 죽은 사람처럼 창백해지다.
оме́т (-та) *m* 단, 주름(코트).
оме́тиця (-ці) *f* 청소, 일소, 소탕.
омили́ти (-илю́, -и́лиш) *P vt*; **омиля́ти** (-я́ю, -я́єш) *I vt* 속이다, 착각하게 하다, 오도하다, 좌절시키다, 실망시키다, 방해하다; **-ся** *vi* 실수하다.
оми́льний (-на, -не)* 잘못된, 틀린; 착각을 일으키는, 기만적인; **~ість** (-ности) *f* 잘못, 실수, 오류를 범하기 쉬움.
омле́т (-ту) *m* 오믈렛.
омліва́ти (-а́ю, -а́єш) *I vi*: (омлі́ти *P*) 까무러치다, 기절하다.
омлі́лий (-ла, -ле). 연약한, 쇠약한, 희미한, 무력한; **~іння** *n* 기절, 졸도, 침체, 음울.
омні́бус (-са) *m* 승합자동차, 버스.
омомі́р (-ра) *m Electr.* 저항 전류계.
омоні́м (-ма) *m* = гомоні́м, 동음 이의어, 동명 이인; **-ний**(-на, -не) 동음 이의어의, 동명의.
омо́шений (-на, -не) 이끼로 뒤덮인.
омра́зний (-на, -не). *dial.* 싫은. 메스꺼운, 혐오스러운, 지긋지긋한.
омра́к (-ку) *m Archaic* 불분명, 불명료, 난해, 흐림.
омра́чити (-чу, -чиш) *P vt Archaic* 흐리게 하다, 어둡게 하다, 가리다; **-ся** *P vi* 어두워지다, 흐려지다.
ому́рати (-а́ю, -а́єш) *P vt* 더럽히다, 손상시키다,

선명치 않게 하다.
о́мут (-та) *m* 깊고 잔잔한 물(강).
омша́р (-ра) *m*, **~и́на** (-ни) *f* 이끼로 덮인 곳.
омши́ти (-шу́, -ши́ш) *P vt* 이끼로 구멍을 막다.
он *interj.* 아! 거봐! 자, 여봐!
онаві́сніти (-ію, -ієш) *I vi* 피곤해지다, 지치다.
она́гр (-ра) *m Zool.* 야생 나귀.
она́к|ий (-ка, -ке) = і́нший; **-ший** (-ша, -ше) = іна́кший, 또 하나의, 다른.
онані́зм (-му) *m* 수음.
она́чити (-чу, -чиш) *I vt W.U.* 변경하다, 바꾸다, 변화시키다.
о́нде, -ки, -чки *adv.* 저쪽에, 저기에.
ондул|юва́ти (-ю́ю, -ю́єш) *I vi* 물결치다, 굽이치다; **-я́ція** (-ії) *f* 파동, 굽이침.
оне́, **онеє** *pron.* 이것, 저것, 그것
онемогти́ (-мо́жу, -о́жеш) *P vi* 연약해지다, 허약해지다.
онемощі́ти (-ію, -ієш) *P vi* 약해지다, 지치다; 가난해지다, 빈약해지다.
о́ник (-ка) *m* 영(0).
о́нікс (-су) *m Min.* 마노.
оні́міти (-мі́ю, -і́єш) *P vt* 침묵하다, 잠자코 있다, 말이 없어지다.
оні|мі́лий (-ла, -ле) 침묵하는, 말이 없어진, 말문이 막힌; 무슨 말을 해야 할지 모르는.
онови́ти (-овлю́, -ови́ш) *P vt*: (онов́ляти *I*) 새롭게 하다, 일신하다, 소생시키다.
онов́л|ений (-на, -не) 새롭게 된, 소생한, 재개된; **-ення** *n* 일신, 회복, 복구, 부활.
о́ногди,-ді *adv. dial.* 최근의, 근래의; 그저께.
онома́ст (-та) *m* 명사 연구자 ; **~ика** (-ки) *f* 어원학(고유명사); **-ичний** (-на, -не) 성명의, 고유명사학의.
ономатоп|еі́чний (-на, -не) 의성의, 의성어의, 성유법의; **-ея** (-еї) *f* 의성, 의성어, 성유법.
онсте́п (-пу) *m* 원스텝(2/4 박자의 사교춤).
онта́м *adv.* 저곳에, 저쪽에.
онтоге́н|еза (-зи) *f* 개체 발생론; **-ети́чний** (-на, -не) 개체 발생의; **-е́нія** (-ії) *f* 개체 발생론.
онто́й (-та́, -те́) 저것.

онтолоѓічний (-на, -не) 존재론적인; -о́гія(-ії) *f* 존재론, 본체론.
онтуди́ *adv.* 저리, 저쪽으로.
онудн́іти (-́ію, -́ієш) *P vi* 지루해지다, 지치다.
ону́к (-ка) *m* = внук, 손자; -а(-ки) *f* 손녀.
онуча́ (-а́ти) *n*, -тко (-ка) *n Dim.*: онук, онука.
онуча́р (-ря́) *m* 넝마주이, 넝마장수.
он́як! *interj.* 어쩐지!
оол́іт (-ту) *m Geog.* 어란상 석회암, 어란석.
о́пад (-ду) *m* 고정, 붙박아 안정시킴; 앙금, 찌꺼기, 나머지; -ання *n* 떨어짐(나뭇잎); 내려앉음(지면, 바닥).
опада́ти (-да́ю, -да́єш) *I vi*: (опа́сти *P*) 떨어지다, 타락하다; 공격하다, 몰아세우다, 덤벼들다; 감소하다, 가라앉다, 경감되다.
о́падка (-ки) *f* 공동, 움푹한 곳, 함몰, 분지.
опа́к *adv.* 잘못, 반대로, 거꾸로.
опако́ваний (-на, -не) 싸인, 포장된.
опа́кови (-ва, -ве) 불투명한: -ве скло, 불투명 유리.
опако́вувати (-ую, -уєш) *I vt*: (опакува́ти *P*) 꾸리다, 포장하다; 꽉꽉 눌러 담다; -ся *I vi* 포식하다, 밀어닥치다.
опа́костити (-ощу, -остиш) *P vi* 더럽히다, 더러워지다.
опакува́ння *n* 짐 꾸리기, 포장; 꾸러미.
опа́л (-лу) *m* 연료, 동력; 열, 가온; 짜증.
опала́ти (-ла́ю, -а́єш) *I vt* (부채 등으로)부치다, 선동하다, 까부르다.
опа́левий (-ва, -ве) 오팔의, 오팔 같은.
опа́лен|ий (-на, -не) 다 타버린; 뜨거워진, 가열된, 햇볕에 탄; ~ня *n* 가열, 데움.
опа́лий (-ла, -ле) 떨어지다, 가라앉다, 움푹 패다; -ле листя, 낙엽.
опа́лини (-лин) *pl* 키질을 하고 나서 분리된 곡식 까지
опа́листий (-та, -те) 가열된, 뜨거워진.
опали́ти (-алю́, -а́лнш) *P vt*: (опа́л|ювати, ~я́ти *I*) 데우다, 가열하다; 살짝 그스르다, 태우다 ;-ся *P vi* 타다, 그을다 ; 햇볕에 타다.
опа́лка (-ки) *f* 막대, 도리깨.

опа́ль (-лю) *m Min.* 오팔.

опаморо́читися (-чуся, -чишся) *P vi*; **опаморо́чуватися** (-уюся, -уєшся) *I vi* 의식을 잃다, 기절하다.

опам'ята́ти (-а́ю, -а́єш) *P vt* ; **опам'ятува́ти** (-ую, -уєш) *I vt* 정신을 차리게 하다; **-ся** *vi* 의식을 되찾다, 제정신을 차리다; 숙고하다.

Опана́с (-са) *m PN* 아타나시오스 (296?-373 (Alexandria 대주교;아리우스 교파(the Arians)를 반대한 신학자).

опано́ваний (-на, -не) 소유한, 점유한.

опано́вувати (-ую, -уєш) *I vt*; **опанува́ти** (-ую, -уєш) *P vt* 지배하다, 지배권을 얻다: 소유하다, 소유권을 얻다.

опанува́ння *n* 체포, 포획, 정복; 소유권 획득.

опанцеро́ваний (-на, -не). 장갑한, 장갑차를 가진, 강화된(유리).

опанцерува́ти (-ую, -уєш) *P vt* 갑옷을 입히다, 장갑시키다.

опанч|а́ (-чі) *f* 짧은 모직 외투.

о́пад (-ду) *m* 고정, 붙박아 안정시킴; 앙금, 찌꺼기, 나머지; **-ання** *n* 떨어짐(나뭇잎); 내려앉음(지면, 바다).

опада́ти (-да́ю, -а́єш) *I vi*: (опа́сти *P*) 떨어지다, 타락하다; 공격하다, 몰아세우다, 덤벼들다; 감소하다, 가라앉다, 경감되다.

о́падка (-ки) *f* 공동, 움푹한 곳, 함몰, 분지.

опа́к *adv.* 잘못, 반대로, 거꾸로.

опако́ваний (-на, -не) 싸인, 포장된.

опа́кови (-ва, -ве) 불투명한: **-ве** скло, 불투명 유리.

опако́вувати (-ую, -уєш) *I vt*: (опакува́ти *P*) 꾸리다, 포장하다; 꽉꽉 눌러 담다; **-ся** *I vi* 포식하다, 밀어닥치다.

опа́костити (-ощу, -остиш) *P vi* 더럽히다, 더러워지다.

опакува́ння *n* 짐 꾸리기, 포장; 꾸러미.

опакува́ти (-ую, -уєш) *P vt*: (опако́вувати *I*); **-ся** *P vi*.

о́пал (-лу) *m* 연료, 동력; 열, 가온; 짜증.

опала́ти (-ла́ю, -а́єш) *I vt* (부채 등으로)부치다,

опалевий 222

선동하다, 까부르다.

опа́левий (-ва, -ве) 오팔의, 오팔 같은.

опа́лен|ий (-на, -не) 다 타버린; 뜨거워진, 가열된, 햇볕에 탄; ~ня *n* 가열, 데움.

опа́лий (-ла, -ле) 떨어지다, 가라앉다, 움푹 패다; -ле листя, 낙엽.

опа́лини (-лин) *pl* 키질을 하고 나서 분리된 곡식 깍지.

опа́листий (-та, -те). 가열된, 뜨거워진.

опали́ти (-алю́, -а́лнш) *P vt*: (опа́л|ювати, ~я́ти *I*) 데우다, 가열하다; 살짝 그스르다, 태우다 ;-ся *P vi* 타다, 그을다 ; 햇볕에 타다.

опа́лка (-ки) *f* 막대, 도리깨.

опа́ль (-лю) *m Min*. 오팔.

опаморо́читися (-чуся, -чишся) *P vi*; опаморо́чуватися (-уюся, -уєшся) *I vi* 의식을 잃다, 기절하다.

опам'ята́ти (-а́ю, -а́єш) *P vt* ; опам'ятувати (-ую, -уєш) *I vt* 정신을 차리게 하다; -ся *vi* 의식을 되찾다, 제정신을 차리다; 숙고하다.

Опана́с (-са) *m PN* 아타나시오스 Saint athanasius (296?-373) (Alexandria 대주교;아리우스 교파(the Arians)를 반대한 신학자).

опано́ваний (-на, -не) 소유한, 점유한.

опано́вувати (-ую, -уєш) *I vt*; опанува́ти (-у́ю, -у́єш) *P vt* 지배하다, 지배권을 얻다: 소유하다, 소유권을 얻다.

опанува́ння *n* 체포, 포획, 정복; 소유권 획득.

опанцеро́ваний (-на, -не). 장갑한, 장갑차를 가진, 강화된(유리).

опанцерува́ти (-у́ю, -у́єш) *P vt* 갑옷을 입히다, 장갑시키다.

опанч|а́ (-чі́) *f* 짧은 모직 외투.

о́пар (-ру) *m* 화상 입은 피부; 증발, 기화; 태움, 찜: ї́сти —, 매우 뜨거운 것을 먹다.

опа́ра (-ри) *f* 발효된 가루 반죽.

опа́рен|ий (-на, -не) 덴, 끓인, 데친; -ня *n* 끓임, 데움.

опа́рити (-рю, -риш)*P vt*: (опа́рювати *I*) 데게 하다, 끓이다; -ся *P vi* 데다.

опарка́нений (-на, -не) 속박당하다, 둘러싸이다.

опарка́нити (-ню, -ниш) *P vt* (판자, 말뚝 등으로) 둘러싸다, 울타리를 두르다.

опарши́віти (-ію, -ієш) *P vi* 비열해지다, 형편없어지다.

о́пас (-су) *m* 작은 목장; **-а́ння** *n* 주위를 둘러쌈, 두름.

опаса́ти (-са́ю, -а́єш) *P vt*: (опасува́ти *I*) 둘러싸다, 두르다, 띠를 매다; **-ся** *vi* 두르다, 띠를 매다; 두려워하다, 겁을 먹다.

опаси́ст|ий (-та, -те) 뚱뚱한, 땅딸막한, 비만한; **-ість** (-тости) *f* 비만, 뚱뚱함.

опа́ска (-ки) *f* 띠, 허리띠, 머리띠; 붕대.

опаску́джений (-на, -не) 더럽혀진, 때 묻은.

опаску́джувати (-ую, -уєш) *I vt*; **опаску́дити** (-джу, -диш) *P vt* 더럽히다, 때 묻히다, 모독하다; **-ся** *vi* 더럽히다, 때 묻히다.

опа́сок (-ска) *m* 멜빵, 견대.

опачи́на (-ни) *f* 장작단, 갈대 다발; 노.

опевня́тися (-я́юся, -я́єшся) *P vi* 안심하다, 확인하다.

опекти́ся (-ечу́ся, -че́шся) *P vi*: (опіка́тися *I*) 스스로 불태우다.

опелі́нок (-нка) *m* 갓난아기, 기저귀 찬 아기.

опе́ньгати (-аю, -аєш) *P vt* 결혼하다, 결혼시키다; **-ся** *P vi* 결혼하다.

опе́ньок (-нька) *m* 식용버섯.

о́пера (-ри) *f* 오페라; 서정극: о́перабуф, 희가극.

опер|ати́вний (-на, -не)* 움직이는, 활동하는; 외과의; **-а́тор** (-ра) *m* 조작자, 기수, 수술자; **-а́торський** (-ка, -ке) *m* 조작자의, 수술자의; **-аці́йний** (-на, -не) 조작상의, 운영상의; 조작의, 외과의: **-на за́ля**, 또는 **-ний зал**, 작업실, 수술실; **-а́ція(ії)** *f* 작업, 수술

опере́заний (-на, -не) 띠를 두른, 둘러싸인.

опере́зати (-ре́жу, -ре́жеш) *P vt*: (опері́зувати *I*) 둘러싸다, 띠를 두르다; 강하게 때리다.

опере́т|а (-ти), **-ка** (-ки) *f* 희가극, 오페레타; , **-овий**, **-ковий** (-ва, -ве) 오페레타의.

опере́читися (-чуся, -чишся) *P vi* 저항하다, 반대하다.

опе́рити (-рю, -риш) *P vt* (새 새끼가) 깃털이 다 날

оперíщити 224

때까지 기르다, 독립시키다; -ся *P vi* 날 수 있을 만큼 성장하다, 다 자라다, 제 구실을 하다.

оперíщити (-щу, -щиш) *P vt* 소리 나게 채찍질 하다.

óперний (-на, -не) 오페라의.

оперóваний (-на, -не) 조종되는, 수술받는.

оперóвий (-ва, -ве) 가극의, 가극조의.

оперти (опрý, опрéш) *P vt*: (опирáти *I*) 놓다, 근거를 두다; 기대다, 의지하다; -лíкті на стіл, 탁자 위에 팔꿈치를 올려놓다; -дýмку на здорóвому рóзумі, 건전한 이유에 근거를 두다; -ся *P vi* 기대다, 의지하다; 놓다, 근거를 두다.

оперувáти (-ую, -уєш) *I vt* 조종하다, 수술하다; 행동하다, 실행하다.

опецьку вáтий (-та, -те) 땅딸막한, 짧은, 튼튼한, 억센; -ок (-цька) *m* 꼴사납게 뚱뚱한 아이.

опечáтати (-таю, -аєш) *P vt*; опечáтувати (-ую, -уєш) *I vt* 메우다, 봉하다.

опéчений (-на, -не) 탄; 구워진.

опи́лий (-ла, -ле) 술에 취한, 술에 젖은; 술취한, 도취한.

опи́л|ки (-ків) *pl* 줄밥; -ок(-лка) *m* 석판, 널판지.

опинáтися (-аюся, -аєшся) *I vi* 고집하다, 우기다, 반대하다.

опини́тися (опиню́ся, -инишся) *P vi* 스스로를 발견하다, 깨닫다; 도착하다, (일이)일어나다, 멈추다.

óпинка (-ки) *f* 앞치마; 방해, 장애, 지장.

óпир (-ря) *m* 뱀파이어, 흡혈귀; 유령.

опирáло (-ла) *n* 받침, 지지.

óпис (-су) *m*. 기술, 서술, 상술, 열거, 목록.

óписаний (-на, -не) 기술된, 서술된, 열거된.

описáти (-ишу́, -ишеш)*P vt*; (опи́сувати *I*) 기술하다, 묘사하다.

описóвий (-ва, -ве) 서술적인, 설명적인.

опи́сувати (-ую, -уєш) *I vt*: (описáти *P*).

óпит (-ту) *m* 시험, 질문, 문제: взя́ти óпита, 심문하다, 질문하다.

опитáти (-áю, -áєш) *P vt*: (опи́тувати *I*) 질문하다, 심문하다; 조사해서 알아내다.

о́питний (-на, -не) 호기심 어린, 따지는, 캐묻는: -на картка, 질문표, 질문 사항, 앙케트.

опи́ханий (-на, -не) 껍질이 있는; 포식한, 채워 넣은.

опиха́ти (-а́ю, -а́єш) *I vt* 벗기다, 껍데기를 벗기다, 탈곡하다; 억지로 집어넣다, 포식시키다; -ся *I vi* 포식하다, 밀어닥치다.

опи́|юс (-ca) *m*, **-я́ка** (-ки) *m, f* 술고래.

опівде́нний (-нна, -нне) 남쪽의, 남향의; 한낮, 정오.

опівдн|і, -я *adv.* 정오에.

опівн|і́чний (-на, -не) 북쪽의, 북향의; 자정의; -о́чі *adv.* 자정에.

опі́знен|ий (-на, -не)* 늦은, 더딘; -ня *n* 지연, 지체, 방해.

опізни́тися (-ізню́ся, -ізни́шся) *P vi*: **опі́зн|юватися** (-нюю́ся, -ню́єшся), **-я́тися** (-я́юся, -я́єшся) *I vi* 늦다, 지각하다, 뒤에 남다, 뒤떨어지다.

опі́й (-ію) *m* 아편.

опі́й (опо́ю) *m* 과음; 뜨거운 것을 마신 동물에게 생기는 병.

опійоні́ст (-та) *m* 아편쟁이.

опі́йство (-ва) *n* 고주망태, 주정; 환락, 술잔치.

опі́к (-ку) *m* 화상, 구움.:

опі́ка (-ки) *f* 보호, 옹호, 두둔, 후견, 보살핌.

опіка́ння *n* 모조리 불태움.

опіку́ватися (-у́юся, -у́єшся) *I vi* 맡다, 담당하다; 지키다, 보호하다, 방어하다.

опіку́н (-на́) *m* 보호자, 수호자, 원조자, 보관인, 후원인; -ка (-ки) *f* 보호자, 원조자, 후원인 (여성); -ство (-ва) *n* 후견, 보호, 감독, 지도; -чий (-ча, -че) 보호자의; 보호하는.

опі́л|ка (-ки) *f* 앞치마; -ки (-лок) *pl* 줄밥.

опі́лок (-лка) *m* 석판, 널판지.

опі́нія (-ії) *f* 의견, 견해.

опі́р (опо́ру) *m* 저항, 반항, 반대; 부정, 모순: ста́вити -, 멈추다, 저항하다.

опі́рен|ий (-на, -не) 깃털이 달린, 깃이 있는, 가벼운.

опі́рити (-рю, -риш) *P vt*: (опі́рювати *I*) 깃털로 덮다, (새 새끼를)깃털이 다 날 때까지 기르다,

독립시키다; -ся P vi 깃털이 다 나다, 다 자라다, 제 구실을 하다.

опі́рка (-ки) f 말뚝, 받침.

опі́рн|ий (-на, -не) 완고한, 완강한, 고집 센; 저항하는, 방지하는, 방해하는; -ість (-ности) f 저항, 반항, 반대, 저항력;; -иця (-ці) f Electr. 가감 저항기, 조광기.

опі́р|ом adv. = опо́ром, 저항하며; -ці adv.: ходити -, 지지대에 의지하여 걷다.

опі́сля adv. 뒤에, 후에, 그 후에, 앞으로.

опіші́л|ий (-ла, -ле) 태만한, 무관심한, 게으른, 부주의한, 느린; -ість (-лости) f 태만, 부주의.

опіші́ти (-шію, -ієш) P vi 느려지다, 활기 없어지다; 속도가 줄어들다.

опі́яка (-ки) m 술꾼, 술고래.

опла́каний (-на, -не) 통탄할, 슬픈, 비참한, 가련한.

опла́кати (-а́чу, -а́чеш) P vt; оплакувати (-ую, -уєш) I vt 비탄하다, 애통하다, 신음하다.

опла́та (-ти) f 지불, 납입, 보수; 세금, 관세.

оплати́ти (-ачу́, -а́тиш)P vt: (опла́чувати I) 지불하다; 결제하다, 갚다.

опла́т|ок (-тка) m 웨이퍼, 얄팍한 것, 봉함지; -ки (-ків) pl 세, 세금.

о́плать (-ті) f 지출, 비용, 지불.

опла́чений (-на, -не) 지불된, 갚은.

опле́нтати (-аю, -аєш) P vt 족쇄를 채우다, 속박하다, 뒤얽히게 하다; 게걸스레 먹다, 먹어 치우다.

опле́скати (-аю, -аєш) P vt: (опліскувати I) 박수 치다, 갈채를 보내다; 털썩 놓다, 세게 내던 지다, 납작하게 때려 펴다, 엎어뜨리다.

о́плески (-ків) pl 박수, 갈채; -увач(-ча) m 박수치는 사람, 팬, 열광자.

оплесну́ти (-ну, -неш) P vt 뿌리다, 산재시키다, 헹구다, 씻다.

оплести́ (-ету́, -те́ш) P vt: (оплі́тати I) 꼬다, 짜다, 엮다; 고리로 만들다, 휘감다.

оплину́ти (-ну, -неш) P vi 뚱뚱해지다, 풍성해 지다.

о́пліт (-ту) m 울타리, 경계, 담.

оплі́тка (-ки) *f* 고리버들 세공.
опове́сні *adv.* 봄에.
опови́ва́ти (-а́ю, -а́єш) *I vt*: (опови́ти *P*) 싸다, 걸치다, 두르다, 휘감다.
опови́вний (-на, -не) 싸인, 휘감긴, 덮인.
опови́тий (-та,-те) 싸인, 감긴.
опові́д|а́льний (-на, -не) 이야기, 화술; -а́нка(-ки) *f*, -а́ння *n* 이야기, 서술, 설화, 진술; -а́нячко (-ка) *n Dim.*:-а́ння.
опові́дати (-а́ю, -а́єш) *I vt*: (опові́сти *P*) 이야기하다, 설명하다; -ся *I vi* 허가를 요청하다.
опові́да́ч (-ча) *m*, -ка (-ки) *f* 나레이터, 이야기하는 사람.
опові́д|ка (-ки) *f* 이야기, 서술; -ний (-на, -не) 이야기의, 서술의.
о́повідь (-ді) *f* 통지, 공고, 보도; 결혼 발표, 청첩장.
опові́сн|ик (-ка) *m*, -иця (-ці) *f* 발표자, 선언자; 사자, 전령; 광고자.
опові́стити (-і́щу, -і́стиш) *P vt*: (опові́ща́ти *I*) 알리다, 발표하다, 선언하다, 통지하다, 표명하다; 말하다, 제시하다, 발표하다; -ся *P vi* 알려지다, 발표되다, 선언되다.
опові́ст|ка (-ки) *f* 정보, 통지, 성고, 고시; -очка (-ки) *f Dim.*; ~ь (-ти) *f* = -ка.
опові́щен|ий (-на, -не) 알려진, 발표된, 선언된, 통지된; -ня *n* 공고, 발표, 선언, 보도.
опога́нений (-на, -не) 추해진, 더럽혀진, 오염된; 불경스러운.
опога́нити (-ню, -ниш) *P vt* ; опога́нювати (-нюю, -нюєш) *I vt* 더럽히다, 오염시키다; 더럽히다, 때묻히다; -ся *vi* 더러워지다, 오염되다.
опо́даль *adv.* 멀리서, 떨어져서, 어떤 거리를 두고.
оподатк|о́ваний (-на, -не) 세금이 부과된, 과세된; ~ову́вання *n* 과세, 징세; -ува́ння *n* 세금을 부과함.
оподатко́вувати (-ую, -уєш) *I vt*; оподаткува́ти (-у́ю, -у́єш) *P vt* 세금을 부과하다.
Опоз|ицíйний (-на, -не) 반대하는, 적대적인;

-иціоне́р (-ра) *m* 반대자, 저항자, 여당 사람; -иція (-її) *f* 반대, 저항, 적대.

опо́листий (-та, -те)* 조밀한, 치밀한, 큰, 널따란, 광대한; 가지가 많은, 가지가 우거진.

ополіку́вати (-у́ю, -у́єш) *I vt* : (ополока́ти *P*) W.U. 헹구다.

оположи́тися (-ожу́ся, -о́жишся) *P vi* = отели́тися, (소, 사슴, 고래 등이) 새끼를 낳다, (빙산, 빙하가) 빙괴를 분리하다.

опо́лоник (-ка) *m* 국자; *Zool.* 올챙이.

опо́л|удень *adv.* 정오, 한낮; -у́дні *adv.* 정오에, 한낮에.

ополче́нець (-нця) *m* 민병, 전사.

ополче́ння *n* 방어, 수비; 무장을 갖춤, 무장.

ополчи́ти (-чу́, -чи́ш) *P vt* 동원하다, 결집하다, 유통시키다; 갖추어주다, 장비하다, 채비하다.

опо́на (-ни) *f* 베일, 덮개, 커튼, 차양.

опоне́нт (-та) *m* 적수, 반대자, 상대.

опонува́ти (-у́ю, -у́єш) *I vt* 반대하다, 대항하다, 반박하다.

опо́р|а (-ри) *f* 지주, 버팀목, 받침; 난간, 울타리, 레일; 후원; -ний (-на, -не) 지지, 후원.

опорожни́ти (-ню́, -ни́ш) *P vt*; опорожню́вати (-ню́ю, -ню́єш) *I vt* 비우다, 공석으로 하다; -ся *vi* 비우다, 용변을 보다, 정화되다.

опороси́тися (-ро́шуся, -о́сишся) *P vi* :(돼지가) 새끼를 낳다.

опоро́ти (опорю́, опоре́ш) *P vt* 세게 치다; 찢다.

опортун|і́зм (-му) *m* 기회주의; -і́ст(-та) *m* 기회주의자; ~і́стичиий (-на, -не)* 기회주의적인, 편의주의적인.

опоряджа́ти (-а́ю, -а́єш) *I vt*; опоряди́ти (-джу́, -ди́ш) *P vt* 정돈하다, 질서를 회복하다.

опочива́льня (-ні) *f* 화장실, 세면실; 침실.

опочива́ти (-а́ю, -а́єш) *I vi* : (опочи́ти *P*) 쉬다, 휴식하다, 휴양하다.

опочи́нок (-нку) *m* = спочи́нок, 휴식, 휴양.

опра́ва (-ви) *f* 틀, 뼈대, 구조; 묶기.

опра́вдан|ий (-на, -не) 정당한, 옳은, 무죄의; -ня *n* 정당화.

оправда́ти (-да́ю, -а́єш) *P vt*; оправдувати (-ую, -уєш) *I vt* 정당하다고 주장하다, 무죄로 하다; 사과하다; - ся *vi* 정당화하다, 납득되다.

опра́вити (-влю, -виш) *P vt*; оправля́ти (-я́ю, -я́єш) *I vt* 묶다, 둘러 감다; 틀을 잡다, 짜맞추다; 새기다, 넣다, 싸다, (보석 등을 박아 넣다); 조절하다, 맞추다, 정리하다: - ся *vi* 묶이다, 짜맞춰지다, 조절되다, 정돈되다.

опра́влений (-на, -не) 묶인; 박힌; -ний (-на, -не) 묶음의: -ник (-ка) *m* (서류)바인더; -ня (-ні) *f* 제책소.

опранцюва́тіти (-ію, -ієш) *P vt* 매독에 걸리다.

опрацюва́ти (-цю́ю, -цю́єш) *P vt*; опрацьовувати (-ую, -уєш) *I vt* 성취하다, 완료하다, 애써 만들다; 신중히 편집하다.

опрацьо́ваний (-на, -не) 완성된, 편집된.

опреділе́ний (-на, -не)* = визначений, 분명히 한정된, 명확한, 고정된, 정해진; ~ня *n* = визначення, 한정, 결정, 고정.

опреділи́ти (-ілю́, -і́лиш) *P vt* = ви́значити; опреділя́ти (-я́ю, -я́єш) *I vt* = визнача́ти, 정의를 내리다, 결심시키다, 표시하다, 지시하다.

оприкрі́лий (-ла, -ле) 귀찮게 구는 사람(것).

оприкрі́тися (-рю́ся, -ришся) *P vi* 귀찮게 굴다, 성가시게 굴다.

опри́ни (-ри́н) *pl dial. Bot.* 검은 딸기, 오디.

о́приск (-ку) *m* 짜증, 성질: говори́ти з опри́ском, 노하여(성나서) 말하다.

оприска́ти (-аю, -аєш) *P vt* 뿌리다, 튀기다, 튀겨 더럽히다, 철벅이다.

оприскли́вий (-ва, -ве)* 성마른, 화를 잘 내는, 정열적인.

опритомні́ти (-ію, -ієш) *P vi* 이성(의식)을 되찾다, 되돌아오다.

опри́чник (-ка) *m* 보디가드, 경호원, (러시아 짜르의)호위대.

опри́ш|ківство (-ва) *n* 약탈, 해적; ,-куватий (-та, -те)* 약탈자의; -ок (-шка) *m* 약탈자, 강도, 도둑, 노상도둑.

опрі́снок (-ка) *m* = опрі́сноковнї хліб, 누룩을

넣지 않은 빵.

опріч, -оче *prep.* 생격과 함께. ~를 제외하고, ~외에는 ~이 아니고: - того 게다가, 더욱이.

опрічн|ий (-на, -не)* 갈라진, 분리된, 개개의, 특별한; -ість (-ность) *f* 특별성, 특수성.

опроваджати (-жаю, -жаєш) *I vt* ; опровадити (-джу, -диш) *P vt* 인도하다, 안내하다; 동행하다, 동반하다; 나르다, 전달하다; -свята, 휴일을 보내다.

опровід (-воду) *m W.U.* 장례(행렬).

опрокидати (-аю, -аєш) *P vt*: (опрокінути *P*) *W.U.* 반박하다, 논박하다, 부정하다; 진압하다, 뒤엎다, 타도하다.

опрокинення *n W.U.* 논박, 반박, 반증.

опростати (-аю, -аєш) *P vt* 구하다, 자유롭게 만들다; -ся *P vi* 자유로워지다; 의식(이성)을 되찾다.

опротивіти (-ію, -ієш) *P vi* 증오스러워지다, 불쾌해지다.

опрощення *n* 용서, 관대; 평이화, 단일화.

опроцент|ований (-на, -не) 일정 비율(수수료 등)을 지불해야 하는; -увати (-ую, -уєш) *P vt* 일정 비율을 지불하게 하다, 부과하다.

опруг (-га) *m* = упруг, 원, 집단; 석양.

опряга (-ги) *f* 죽음; 불명예스러운 죽음.

опрягися (-яжуся, -яжешся) *P vi* (경멸적인): 죽다.

опряд (-ду) *m*, -ок (-дку) *m* 고치.

опрятати (-аю, -аєш) *P vt W.U.* 정돈하다, 정리하다, 배열하다.

опрятний (-на, -не)* 단정한, 산뜻한, 깔끔한, 훌륭한; -ість (-ности) *f* 단정함, 말쑥함.

опт|атив (-ва) *m Gram.* 기원법; -ація (-ії) *f* 선택, 선택권.

оптик (-ка) *m* 안경상, 광학 기계상; -а (-ки) *f* 광학.

оптим|альний (-на, -не)* 가장 좋은, 최적의, 가장 효과적인; -ат (-та) *m* 장, 우두머리, 고관, 귀족; -ізм (-му) *m* 낙천주의, 낙관론; -іст (-та) *m* 낙관주의자; -істичний (-на -не)* 낙천적인, 낙관적인.

оптичний (-на, -не)* 눈의, 시각의: -на омана,

착시, 착각.
оптува́ти (-у́ю, -у́єш) *I vt* 고르다, 선택하다.
опублі́кований (-на, -не) 발표된, 알려진, 출판된; -о́вування, ~ува́ння *n* 발표, 알림, 출판.
опублі́ковувати (-ую, -уєш) *I vt*; опублікува́ти (-у́ю, -у́єш) *P vt* 발표하다, 널리 알리다, 출판하다.
опу́гатися (-а́юся, -а́єшся) *P vi* 옷을 따뜻하게 입다, 옷을 많이 껴입다.
о́пуд (-да) *m* = опу́дало (-ла) *n* 허수아비, 초라한 사람, 허깨비; 얼간이, 멍청이.
опу́дитися (-джуся, -дишся) *P vi* 깜짝놀라다.
опу́дрений (-на, -не)* 온통 분을 바른.
о́пук (-ку) *m* 볼록함, 돌기, 융기.
опу́к (-ку) *m* 크리미아 소금.
опу́к|а (-ки) *f* 돌기; 공; -лий (-ла, -ле)*, -уватий (-та, -те)* 볼록한, 돌출한; -лість (-лости) *f* 볼록함, 돌기, 융기.
опупо́к (-пка) *m Bot.* 씨방, 난소.
опуска́ти (-а́ю, -а́єш) *I vt* : (опусти́ти *P*) 내리다, 낮추다; 빠트리다, 생략하다; 버리다, 그만두다, 방치하다; - ву́ха, 수그리다, 풀이 죽다; - ру́ки, 용기를 잃다, 낙담하다; - з ціни́, 가격을 내리다; -ся *I vi* 태만해지다, 무관심해지다, 게을러지다.
о́пуст (-ту) *m W.U.* 축소, 할인; 경감, 완화; 수문.
опусті́лий (-ла, -ле)* 인적이 끊긴, 사람이 살지 않는.
опусто́шати (-а́ю, -а́єш) *I vt*; опусто́шити (-шу, -шиш) *P vt* 약탈하다, 파괴하다.
опусто́шення *n* 황폐, 폐허, 비참.
опу́тати (-аю, -аєш) *P vt*; опу́тувати (-тую, -уєш) *I vt* 족쇄를 채우다, 뒤얽히게 하다.
о́пух (-ху) *m* 팽창, 증대, 종양.
опуха́ти (-а́ю, -а́єш) *I vi*: (опу́хнути *P*) 부풀다, 팽창하다, 증가하다, 수종처럼 되다.
опу́хл|ий (-ла, -ле)* 부푼, 팽창한, 종양의, 수종의.
о́пуша (-ші) *f dial. Bot.* 우엉.
опуши́ти (-ушу́, -у́шиш) *P vt* 솜털로 테를 두르다.

опу́шка (-ки) *f* 솜털로 안감 대기.
опу́щений (-на, -не) 낮춰진, 방치된; 버려진, 빠진; 인적이 끊긴, 유기된.
о́пція (-ії) *f* 선택.
оп'янити́ (-ню́, -ни́ш) *P vt*: (оп'яня́ти *I*) 술 취하게 하다; -ся *P vi* 술 취하다.
оп'яні́ти (-і́ю, -і́єш) *P vi* 술 취하다.
оп'яня́ти (-я́ю, -я́єш) *I vt*: (оп'янити́ *P*); -ся *I vi*.
оп'ять *adv. dial.* = знов, 다시, 새로이; 다시 한번, 한번 더.
ора́кул (-ла) *m* 신탁, 신의 사도; -ьський (-ка, -ке) 신탁의, 신비적인, 점잔 빼는.
орангута́н (-на), ~а́нг (-га) *m Zool.* 오랑우탄.
оранж|а́д (-ду) *m*, ~а́да (-ди) *f* 오렌지에이드.
оранж|ері́йний (-на, -не) (오렌지)온실의; ~ері́я (-ії) *f* 오렌지 재배 온실, 온실.
орани́|на (-и́ни) *f*, -ця (-ці) *f* 경작지.
ор|а́нка (-ки) *f* 경작; 경작기; -а́ння *n* (토지)갈기, 경작하기.
ора́ти (-орю́, -о́реш) *I vt* 밭을 갈다, 경작하다; -ся *I vi* 경작된.
ора́тор (-ра) *f* 연설자, 화자.
орато́рія (-ії) *f Mus.* 오라토리오, 성담곡; 예배당, 기도실.
ора́торс|тво (-ва) *n* 웅변, 연설; 웅변술; -ький (-ка, -ке) 연설의, 웅변의; ~тувати(-ую, -уєш) 열변을 토하다; 일장연설을 하다.
ора́ч (-ча́) *m* 경작자, 농부.
орбі́та (-ти) *f Astr.* 궤도; *Anat.* 눈구멍, 안와.
орга́зм (-му) *m* 성적 흥분의 최고조, 극도의 흥분.
о́рган (-на) *m Anat.* 기관, 장기; партійний-, 정당 기관지(주로 신문).
орга́н (-на) *m*, ~и (-нів) *pl Mus.* 오르간.
органти́на (-ни) *f* (제책용)모슬린.
організа́тор (-ра) *m* 조직자, 창시자; -а́торський (-ка, -ке) 조직의, 구성의; -аці́йний (-на, -не) 조직, 체계화; -а́ція (-ії) *f* 조직, 구성, 편제.
організ|м (-му) *m* 유기체, 생물, 유기적 조직체; ~о́ваний(-на, -не) 조직된, 계획된, 유기적인; ~о́ваність (-ности) *f* 자제심, 극기심.

організо́вувати (-ую, -уєш), **організува́ти** (-ую, -уєш) *I vt* 조직하다, 구성하다; **-ся** *I vi* 조직되다, 구성되다.

органі́|ст (-та) *m*, ~**ий** (-того) *m* 오르간 연주자.

органі́чн|ий (-на, -не)* 유기체의, 생물의: ~**на хе́мія** (хі́мія), 유기화학.

орга́нний (-нна, -нне) *Mus.* 오르간의.

оргі́нія (-ії) *f Bot.* 달리아, 천축모란.

о́ргія (-ії) *f* 마구 마시고 법석대는 주연.

орда́ (-ди) *f* (유목민의) 무리, 큰 떼거리; 군중, 무리.

Орда́нь (-ні) *f NP* 요단강.

о́рден (-на) *m* 계급장: О~ Півдв'язки, 가터 훈장; -(-ну) *m* 예배; 모임, 회합; ~**ський** (-ка, -ке) 훈장의.

о́рдер (-ра) = **о́рден** *W.U.* 명령, 지휘; ~**овий** (-ва, -ве) 훈장의.

ордина́|нс (-са) *m*, -**арець** (-рця) *m* 차례로 된, 정돈된, 규율이 있는.

ординарія́т (-ту) *m* 관할구.

ордина́рний (-на, -не)* 평상의, 보통의, 범상의; 비열한, 상스러운, 천박한.

ордина́ція (-ії) *f* 서품식, 성직 수임식, 명령, 계율.

орди́н|ка (-ки) *f* 털이 거친(굵은) 양가죽; ~**ський** (-ка, -ке) 유목민 무리의, 떼거리의.

ординува́ти (-ую, -уєш) *I vt* 정하다, 운명짓다.

оректи́ (-ечу, -ечеш) *P vt*: (орі́кати *I*) *Archaic* 발음하다, 선언하다, 표명하다; 결심하다.

оре́л (орла́, 또는 *W.U.* ві́рла) *m Zool.* 독수리.

оре́лія (-лії) *f* 흔들림, 동요, 그네; 시소.

оре́нд|а (-ди) *f* 임대, 계약; -**ар** (-ря) *m* 임차인, 차용자; 여관 주인; 선술집 주인; ~**ува́ти** (-ую, -уєш) *I vt* 임대하다; 선술집(여인숙)을 운영하다.

Оре́ст (-та) *m PN* (그리스 신화)오레스테스.

оригіна́л (-ла) *m* 이상한 사람, 기묘한 사람, 별난 사람; - (-лу) *m* 원고, 초고; 원작, 원문; ~**ьний** (-на, -не)* 독창적인, 독자적인; 별난, 괴벽스러운; ~**ьність** (-ности) *f* 독창성; 남다름, 별남.

Оріо́н (-на) *m PN Astr.* 오리온 자리.

орі́єнт (-ту) *m* 동양, 동방.

орієнт|алі́зм (-му) *m* 동양식, 동양학; ~алі́ст(-та) *m* 동양학자; -а́льний (-на, -не) 동양의, 동양적인.

орієнт|аці́йний (-на, -не) 오리엔테이션의, 적응의; ~а́ція (-ії) *f* 적응, 순응, 오리엔테이션.

орієнтува́тися (-у́юся, -у́єшся) *I vi* 적응하다, 순응하다.

орі́х (-ха) *m* = го́ріх, 견과, 호두나무; ~а́р (-ря́) *m* 호두 까는 기구.

орке́стр|а (-ри) *f* 오케스트라, 관현악단; смичко́ва -, 현악단; симфоні́чна -, 교향악단; ~а́нт (-та) *m* 오케스트라 연주자; ~о́вий (-ва, -ве) 오케스트라의; ~ува́ння *n* 관현악 편곡, 통합, 편성; ~ува́ти (-у́ю, -у́єш) *I vt* 관현악으로 작곡하다, 편성하다, 조정하다.

орл|а́н (-на) *m* 독수리; ~еня́ (-я́ти) *n* 어린 독수리; ~ик (-ка) *m Dim.*: оре́л, ~и́ний (-на, -не) 독수리의, 독수리 부리 같은; ~иця (-ці) *f* = го́рлиця; ~и́ця (-ці) *f* 암컷 독수리.

орна́ме́нт (-ту) *m* 꾸밈, 장식; ~а́льний (-на, -не)* 꾸며진, 장식된, 장식의; ~а́ція (-ії) *f* 장식, 장식물; ~о́ваний (-на, -не) 꾸며진, 미화된; ~ува́ння *n* 꾸미기, 장식; ~ува́ти (-у́ю, -у́єш) *I vt* 꾸미다, 장식하다, 미화하다.

о́рний (-на, -не) 경작할 수 있는, 경작에 알맞은.

орніто́л|ог (-га) *m* 조류학자: ~огі́чний (-на, -не) 조류학자; ~о́гія (-ії) *f* 조류학.

оро|гра́фія (-ії) *f* 산악학, 산악지; ~ме́трія (-ії) *f* 산악 측량, 산악 고도계.

ороси́ти (орошу́, оро́сиш) *P vt* ; ороша́ти (-а́ю, -а́єш) *I vt* 적시다, 축축하게 하다.

ортогр|афі́чний (-на, -не) 정자법의, 철자가 바른; ~а́фія (-ії) *f* 정자법, 철자법.

ортодокса́льний (-на,-не)* 정설의, 정통파의; ~ість (-ности) *f* 정통적 신념, 정통성, 정교.

орто|епі́чний (-на, -не)* 정형외과(학)의; ~е́пія (-ії) *f* 정음학, 바른 발음법.

ортокля́з (-зу) *m Min.* 정장석.

ортоп|еди́чний (-на, -не) 정형외과(학)의; ~е́дія (-ії) *f* 골격의 정형, 정형외과(학).

оруд|а (-ди) *f*, **~ка** (-ки) *f* 방향, 목적, 지시; *W.U.* 직무, 업구, 과업; 구입, 획득; **~дя** *n Coll.* 연장, 도구; 기계, 기구; **~ний** (-на, -не)* 수단이 되는, 동기가 되는, 도움이 되는, 기계의; **~ний** (-ного), **~ник** (-ка) *m Gram.* 조격; **~ник** (-ка) *m* 지도자, 지휘자, 안내자; **~ування** *n* 경영, 관리, 지도.

орудувати (-дую, -уєш) *I vi* 경영하다, 지휘하다, 관리하다, 다스리다; 구입하다, 획득하다.

оруж|жя *n* = **зброя**, *Coll.* 무기, 병기; **~ина** (-ни) *f* 라이플 총, 소총.

оружити (-жу, -жиш) *I vt* 무장시키다; **-ся** *I vi* 무장하다.

оружн|ий (-на, -не)* 무장한, 무기를 몸에 지닌; **~о** *adv.* 무장하여.

Орфей (-ея) *m PN Myth.* (그리스 신화) 오르페우스.

орфічний (-на, -не) 숭배의, 밀교의, 신비적인, 매혹적인.

орхідея (-еї) *f Bot.* 난초.

орчак (-ка) *m Bot.* 튤립 나무, 미국 목련.

орючий (-ча, -че) 쟁기질 하는 사람.

ор|ябка (-ки) *f*, **~ябок** (-бка) *m Orn.* 들꿩.

оса (оси) *f Ent.* 말벌.

осавул (-ла)*m*, **~а** (-ли) *m* 장, 우두머리, 카자흐 수장의 대리인.

осад (-ду) *m* 앙금, 잔재, 찌꺼기; *Chem.* 침전물.

осада (-ди) *f* 영지, 영토, 농장; 식민지, 거류지.

осаджувати (-ую, -уєш) *I vt*; **осадити** (-аджу, -адиш)*P vt* 식민하다, 이주시키다; 몰아대다; 차지하다, 점령하다; (왕위 등에)오르다.

осад|куватий (-та, -те)* 웅크린, 땅딸막한; **-ний** (-на, -не) 침전물의, 침전 작용에 의한; **-ник** (-ка) *m* 식민자, 이주자, 이민자.

осанна! *interj.* 호산나! 만세!

осатанити (-ню, -ниш) *P vt* 격분시키다, 극도로 흥분시키다, 미치게하다.

осатаніти (-ію, -ієш) *P vi* 격노하다, 미치다.

осварюватися (-рююся, -рюєшся) *I vi* 화를 잘 내다, 싸우기 좋아하다; 으르렁거리다, 딱딱거리다, 비틀다.

освідо́мити (-млю́, -миш) *P vt*; освідо́мл|ювати (-лю́ю, -лю́єш), ~я́ти (-я́ю, -я́єш) *I vt* 일깨우다.

освідо́млення *n* 의식, 자각; 의식을 일깨우는 과정.

осві́дчати (-а́ю, -а́єш) *I vt*; освідчити (-чу, -чиш) *P vt* 선언하다, 알리다, 공언하다; -ся *vi* 선언하다, 알리다, 심중을 터놓다.

осві́дчення *n* 선언, 표명.

освіжа́ти (-а́ю, -а́єш) *I vt*; освіжи́ти (-жу́, -жи́ш) *P vt* 신선하게 하다, 원기를 회복시키다.

осві́йчитися (-чуся, -чишся) *P vi*; освійчуватися (-уюся, -уєшся) *I vi* 친숙해지다, 익숙해지다, 편하게 하다.

осві́нути (-ну́, -не́ш) *P vt* 빛을 비추다; *vi* 날이 새다, 밝아지다.

осві́та (-ти) *f* 계발, 개화; 교육, 지식, 배움; 순화, 정화; 개화, 교화.

освіти́ти (-і́чу, -і́тиш) *P vt* = осві́тли́ти: (осві́тлювати, осві́чувати *I*) 밝히다, 조명하다; 계몽하다, 교화하다, 교육하다.

осві́тлен|ий (-на -не) 조명된, 밝혀진; ~ня *n* 조명, 빛나게 함; 해석, 설명: електри́чне -, 전기조명.

осві́тн|ій (-на, -не)* 교육상의, 교육적인; -ик (-ка) *m* 교육자, 계몽가; -ій (-ня, -нє)* = ~ій.

осві́чен|ий (-на, -не)* = осві́тленний; 밝혀진; 계발된, 교육된, 계몽된; ~ість (-ности) *f*, ~ня *n* 계발, 개화.

осві́чувати (-ую, -уєш) *I vt* = осві́тлювати; 교육하다, 가르치다, 교화하다; -ся *I vi* 계발되다, 계몽되다; 교화하다, 계발하다.

освобожда́ти (-а́ю, -а́єш) *I vt*: (освободи́ти *P*) *Archaic* 해방시키다, 놓아주다; 해방하다; -ся *I vi* 해방되다, 자유로워지다.

освобо́джен|ий (-на, -не) 자유로운, 해방된; ~ня *n* 해방, 해제, 석방.

освободи́тель (-ля) *m* 해방자, 석방자.

освободи́ти (-боджу́, -о́диш) *P vt*: (освобожда́ти *I*); -ся *P vi*.

осво́єн|ий (-на, -не)* 길들여진; 친한, 막역한, 익숙한; ~ня *n* 길들이기; 익숙해짐.

освої́ти (-о́ю, -о́їш) *P vt*; освою́вати (-о́юю,-о́юєш)

I vt 길들이다, 익숙하게 하다, 친하게 하다; 길들이다; -ся *vi* 길들다, 익숙해지다, 친해지다.

освяти́ти (-ячу́, -я́тиш) *P vt*; **освяча́ти** (-а́ю, -а́єш) *I vt*, (**освя́чувати** *I*) 신성하게 하다, 정화하다; -ся *vi* 신성해지다, 정화되다.

освя́чен|ий (-на, -не)* 신성한, 정화된; ~ня *n* 신성화, 정화, 축복.

освя́чувати (-ую, -уєш) *I vt* = освяча́ти; -ся *I vi*.

осе́вий (-ва, -ве) = осьови́й, 축의, 축축의.

осе́док (-дку) *m W.U.* 소유지, 영토, 농지.

осе́л (осла́) *m* 당나귀; 얼간이, 바보.

оселе́дець (-дця) *m Ich.* 청어; 조금 남겨둔 앞머리: (카자흐 인처럼)면도한 머리; вимо́чений як -,그는 극도로 창백하고 말랐다.

осе́лений (-на, -не) 확립된, 정착한.

осели́ти (-елю́, -е́лиш) *P vt*: (осе́л|ювати, ~я́ти *I*) 식민시키다, 이주시키다; -ся *P vi* 정착하다, 이주하다.

осе́лість (-лості) *f* 정주지, 정처.

осе́лка (-ки) *f* 시금석, 숫돌.

осе́л|ювати (-люю, -люєш), ~я́ти (-я́ю, -я́єш) *I vt*: (осели́ти *P*); -ся *I vi*.

осе́л|я (-лі) *f* 주거, 거주, 주소; 정착, 이민, ~ьник (-ка) *m* 식민자, 이주민, 개척자; 농부, 시골뜨기; -ьництво (-ва) *n* 정착과정, 개척과정.

осені́ти 3인칭 단수.: -іє) *I vi impers.* 시작하다(가을).

осенува́ти (-у́ю, -у́єш) *I vt* 방목하다, 소에게 풀을 먹이다; 가을을 보내다.

осе́рдитися (-джуся, -дишся) *P vi* 화가 나다.

осе́рд|ниця (-ці) *f Med.* 심낭염, 심막염; ~я *n Anat.* 심낭, 심막; 과심, 고갱이.

осере́д|ок (-дку) *m* 중심, 중앙, 내부; -ній (-ня, -нє)* 중심의, 중앙의, 내부의.

о́середь *adv.* 중심에서, 가운데에서.

осе́т (-ту) *m Bot.* 엉겅퀴.

осет|е́р (-тра́) *m Ich.* 철갑상어; ~ри́на (-ни) *f* 철갑상어 고기.

осети́н (-на) *m*, ~ець (-нця) *m* 소골편, 작은 숫돌.

оси́к|а (-ки) *f Bot.* 포플러, 백양; ~о́вий (-ва, -ве) 미루나무.

осини́ти (-ню́, -ни́ш) *P vt* 파랗게 칠하다.
о́сип (-пу) *m* 곡물세.
о́сипка (-ки) *f* 발진; *Med.* 홍역; 사료, 소 여물; 오트밀, 빻은 귀리.
осироти́ти (-очу́, -оти́ш) *P vt* 고아로 만들다.
осироті́лий (-ла, -ле)* 고아가 된.
осироті́ти (-і́ю, -і́єш) *P vi* 고아가 되다.
о́ситній (-ня, -не) 약간 진부한, 시대에 뒤진, 구식의.
о́сить (-ті) *f* 곡식을 말리는 곳; *adv.* 일전에, 아까.
оси́ч|аний (-на, -не) = оси́ковий; -ина (-ни) *f* 백양목, 포플러 나무.
оси́ще (-ща) *n* 벌집.
осібн|е *adv.* 산산이, 따로따로 떨어져, 별개로; ~ий (-на, -не)* 거리를 둔, 분리된;
홀로, 외로이, 고독한, 단독의; ~ість (-ности) *f* 고립, 고독, 외로움, 사생활; ~о *adv.* = ~е; ~як (-ка́) *m* 개인, 개체; 외딴집, 고립된 사람.
осіда́|льний (-на, -не) 상륙, 착륙, 정착; ~ння *n* 정착함, 상륙함, 착륙함.
осіда́ти (-а́ю, -а́єш) *I vi*: (осі́сти *P*) 이주하다, 정착하다; 내리다, 가라앉다: роса́ осіда́э, 이슬이 내린다; -ся *I vi* 정착되다, 이주하다; 마음을 가라앉히다.
осідла́ти (-а́ю, -а́єш) *P vt*: (сідла́ти *I*) 안장을 얹다, (책임을)지우다.
о́сідок (-дку) *m* 거처; 좌석, 자리.
осіка́ти (-а́ю, -а́єш) *I vt*; осі́кти(-ічу́, -че́ш) *P vt* 자르다, 줄이다; 절단하다, 망쳐놓다.
осі́л|ий (-ла, -ле) 정착한, 정주한, 자리를 잡은; ~ість (-лости) *f* 고정, 정착, 체류, 거처; 소유지, 토지; 안정, 확고.
осіни́ти (-іню́, -і́ниш) *P vt*: (осіня́ти *I*) *Poet.* 어둡게 하다, 그늘지게 하다; 보호하다, 막다.
осі́нній (-ння, -нне)* 가을의, 초로의.
о́сінь (о́сени) *f* 가을.
осі́сти (ося́ду, ося́деш) *P vi*: (осіда́ти *I*); -ся *P vi*.
осі́тник (-ка) *m Bot.* 골풀, 등심초; 골풀이 무성한 곳.
осі́чка (-ки) *f* 부정, 부인, 거부; 단축, 중단; 장애,

방해물; 실망.
осі́янка (-ки) *f* 여왕벌.
осія́ти (-я́ю, -я́єш) *P vt* 밝히다, 조명하다.
оска́лок (-лка) *m* 조각, 동강, 토막; 돌조각, 유리 조각.
оска́рд (-да) *m* ~а(-ди) *f* 곡괭이.
оска́ржений (-на, -не) 고발 당한, 피고측의; ~ня *n.* 고발, 고소.
оска́ржити (-жу, -жиш) *P vt*; оска́ржувати (-ую, -уєш) *I vt* 고발하다, 고소하다, 탄핵하다.
оскверни́ти (-ню, -ниш) *P vt*; оскверня́ти (-я́ю, -я́єш) *I vt Archaic* 더럽히다, 오염시키다; -ся *vi* 더러워지다, 오염되다.
оскі́лок (-лка) *m* 조각, 동강, 토막: оскі́лками диви́тися, 적개심을 갖고 노려보다.
оскі́льки *adv.* ~하는 한, ~까지, 여태까지.
оскіря́тися (-я́юся, -я́єшся) *I vi* 이를 드러내고 싱긋 웃다.
осковзну́тися (-ну́ся, -нешся) *P vi* 미끄러지다, 실수하다.
оско́м|а (-ми) *f,* ~ина (-ни) *f* 모로 세움, 날카롭게 함; 식욕, 욕구, 욕망; справля́ти оско́му, 이를 갈게 하다, 진저리나게 하다.
оско́рб (-бу) *m,* ~а (-би) *f Archaic* 해침, 모욕; 불법, 부정, 학대.
оскорби́ти (-орблю́, -о́рбиш) *P vt*; оскорбля́ти (-я́ю, -я́єш) *I vt Archaic* 성나게 하다, 상처를 입히다, 모욕하다; 부정을 저지르다, 부당한 행동을 하다.
оско́рбний (-на, -не)*. Archaic* 모욕적인, 무례한; 부당한, 불공평한.
оскоро́ма (-ми) *f* 사순절 금식 중단, 사순절 기간에 음식을 먹음.
оскоро́мити (-млю, -миш) *P vi*; оскоро́млювати (-люю, -люєш) *I vi*; -ся *vi* 사순절에 고기를 먹다.
оскре́бки (-ків) *pl* 깎은 부스러기, 긁어모은 것, 먼지.
оскрома́джувати (-ую, -уєш) *I vt*; оскрома́дити (-джу, -диш) *P vt* 긁어내다, 벗겨내다: - ри́бу, 생선 비늘을 벗기다, 내장을 꺼내다.

о́слаб (-бу) *m* = осла́ба (-би) *f* 느슨함, 늘어짐; 약화.

ослаба́ти (-ба́ю, -а́єш) *I vi*: (ослабі́ти, осла́бнути *P*) 약화되다, 연약해지다, 힘을 잃다.

ослаби́ти (-блю́, -би́ш) *P vt*: (ослаблю́вати, ~я́ти *I*) 약화시키다, 쇠약하게 만들다; 늦추다, 완화시키다.

ослабі́ти (-і́ю, -і́єш) *P vi*: (ослаба́ти *I*).

осла́блен|ий (-на, -не)* 약화된, 느슨한, 늘어진; ~ня *n* 약함, 연약함, 쇠약, 희미함; 늦춤, 완화시킴.

осла́блий (-ла, -ле)* 약화된, 연약해진, 쇠약해진.

ослави́ти (-влю, -виш) *P vt*; ославля́ти(-я́ю, -я́єш) *I vt* 유명하게 하다, 격찬하다; 중상하다, 평판을 나쁘게 하다, 비난하다; -ся *vi* 유명해지다.

осла́ти (остелю́, остеле́ш) *P vt* (침대)커버를 씌우다.

ослизли́й (-ла, -ле)* 곰팡이가 난, 케케묵은; 미끄러운, 불안정한; 외설스러운, 추잡한.

ослизну́ти (-ну, -неш) *P vi* 곰팡이가 나다, 축축해지다; 미끄러워지다, 불안정해지다.

осли́ний (-на, -не) = осля́чий, 당나귀의.

ослини́ти (-ню, -ниш) *P vt* 침으로 젖다.

ослі́н (ослону́) *m* 긴 의자.

о́сліп (-пу) *m* 앞을 못 봄.

осліпи́ти (-плю́, -пи́ш) *P vt*: (осліпл|ю́вати, ~я́ти *I*) 못보게 하다, 장님으로 만들다; 시각을 빼앗다.

осліпл́ен|ий (-на, -не)* 앞을 못 보는; ~ня *n* 맹목, 무분별; 공정성 결여, 현혹, 기만, 홀림, 심취.

осліпли́вий (-ва, -ве)* 눈부신, 현혹적인.

осліпну́ти (-ну, -неш) *P vi* 장님이 되다, 시력을 잃다: - на одне́ о́ко, 한쪽 시력을 잃다.

ослобони́ти (-боню́, -о́ниш) *P vt dial.* 놓아주다, 자유롭게 해주다; -ся *P vi* 자유로워지다.

ослона́ (-ни) *f* 베일, 가리개, 덮개; 보호, 옹호.

осл|ю́к (-ка́) *m* 크고 못생긴 나귀; 노새; ~я́ (-я́ти) *n* 당나귀의 새끼, 망아지; ~я́р (-ра́) *m* 당나귀 상인; ~я́тко (-ка) *n Dim.* : осе́л; ~я́чий (-ча, -че) 당나귀의.

осмі́лити (-лю, -лиш) *P vt*: (осміл|ю́вати, ~я́ти *I*)

돋우다, 격려하다; -ся *P vi* 대담해지다, 용감해지다; 도전하다, 모험하다, 과감히 ~하다.

осміши́ти (-шу́, -ши́ш) *P vt*; осмі́шувати (-ую, -уєш) *I vt* 비웃다, 조롱하다; -ся *vi* 웃음거리가 되다, 바보짓을 하다.

осмі́ювати (-́юю, -́юєш) *I vt*; осмія́ти(-ю́, -іє́ш) *P vt* 조소하다, 조롱하다.

осмо́за (-зи) *f* 삼투, 삼투성, 침투.

осмоти́чний (-на, -не) 삼투(성)의.

осмо́трений (-на, -не) *W.U.* ~을 가지고 있는, 설비가 있는.

осмутні́ти (-́ю, -́єш) *P vi* 슬픔에 잠기다, 애통하다, 수심에 차다.

осна́ч (-ча́) *m* 뗏목 타는 사람, 뗏목 만드는 사람, 뗏목.

осно́в|а (-ви) *f* 기초, 근거, 토대; 기초, 기틀; ~а́тель (-ля) *m* 창설자, 창립자, 장본인; ~и́на (-ни) *f* 기초, 토대, 근본 방침; ~ни́й (-на́, -не́)* 기본적인, 근본적인, 기초의, 중요한; *W.U.* 견실한, 기초가 튼튼한; 깊은, 심원한; ~оположник (-ка) *m* 창설자, 창립자.

осно́вувати (-ую, -уєш) *I vt* ; оснува́ти(-ую́, -уєш́) *P vt* 기초를 세우다, 토대를 마련하다, 설립하다; 실을 베틀에 걸다.

осо́ба (-би) *f* 사람, 개인: недоторка́ність осо́би, 인간의 불가침성; урядо́ва -, 공무원; ~ий (-ба, -бе)* *dial.* 특별한; ~истий(-та, -те)* 개인의, 사적인; ~и́стість (-тости) *f* 개성, 성격; ~ли́вий (-ва, -ве)*특별한, 특이한, 독특한: нічо́го особли́вого, 특별할 것이 없다; ~ли́вість (-вости) *f* 특색, 특성, 개성; 희귀, 진귀, 희박; ~ли́во *adv.* 특히, 무엇보다도; ~о́вий (-ва, -ве)* 개인의: -вий по́їзд, *W.U.* 여객 열차; ~о́вість (-вости) *f* 개성, 성격.

осові́л|ий (-ла, -ле)* 낙심한, 우울한, 수심을 띤; 졸린; 밤샘하는; ~іти (-́ю, -́єш) *I vi* 낙심하다, 우울해하다; 올빼미처럼 되다(밤에 나다니다).

осо́ка (-ки́) *f Bot.* 갈대, 사초.

осо́кір (-кору) *m Bot.* 검은 후추 나무; ~о́ревий (-ва, -ве) 검은 후추의.

осокоти́ти (-кочу́, -ко́тиш) *P vt* 보호하다, 방어하다.

осоло́д|а (-ди) *f* 감미료; 위안, 위로; ~жува́ння *n* 달게 함; 달래다, 위로하다; 기쁨, 매력.

осоло́джувати (-ую, -уєш) *I vt*; **осолоди́ти** (-джу́, -ди́ш) *P vt* 달게 하다; 달래다, 누그러지게 하다; 기쁘게 하다, 만족시키다; 슬픔을 덜어주다, 진정시키다.

осолоді́ти (-і́ю, -і́єш) *P vi* 달콤해지다, 즐거워지다.

осо́ння *n* 양달, 밝은 곳.

осоро́мити (-млю, -миш) *P vt*; **осоромл|ювати** (-люю, -люєш), ~**я́ти** (-я́ю, -я́єш) *I vt* 창피를 주다, 비하하다, 무안하게 하다: -**ся** *vi* 창피해하다, 무안해하다.

осору́га (-ги) *f* 싫어함, 혐오, 몸서리.

осору́жити (-жу, -жиш) *P vt* 싫어하다, 혐오하다.

осору́жний (-на, -не)* 불쾌한, 싫은, 메스꺼운, 밉살스러운.

оспа́л|ий (-ла, -ле) 졸리는, 졸린 듯한, 활기 없는; 둔한, 게으른, 나태한; ~**ість** (-лости) *f* 졸음, 게으름, 나태함.

оспі́вати (-а́ю, -а́єш) *P vt*; **оспі́вувати** (-ую, -уєш) *I vt* 크게 칭찬하다, 찬양하다.

о́спіх (-ху) *m* 급함, 신속, 서두름.

оспо́рити (-орю, -ориш) *P vt*; **оспо́рювати** (-рюю, -рюєш) *I vt* 반대하다, 반박하다, 다투다, 부인하다, 거절하다.

ост (-та) *m* = **о́сті**, 낚시.

остава́ти (-таю́, -а́єш) *I vi*: (**оста́ти** *P*); -**ся** *I vi W.U.* 남다, 머무르다.

оста́вити (-влю, -виш) *P vt*; **оставля́ти** (-я́ю, -я́єш) *I vt* 뒤에 남기다, 남겨 두고 가다.

оста́нки (-ків) *pl* 나머지, 잔여; 작은 조각, 빵 부스러기; 잡동사니, 허접 쓰레기.

оста́нній (-ння, -ннє)* 최종의, 맨 나중의; 최후의, 결정적인; 극도의, 최하의, 최악의.

останови́ти (-овлю́, -о́виш) *P vt*; **остановля́ти** (-я́ю, -я́єш) *I vt* 멈추다, 중단시키다; 가로막다, 중지시키다, 방해하다.

оста́нок (-нку) *m* 나머지, 잔여, 여분.

осто́чн|ий (-на, -не)* 최후의, 결국의, 결정적인: ~о adv. 최종적으로, 결정적으로.

остго́ти (-тів) *pl.* 동고트족.

остебнува́ти (-у́ю, -у́єш) *P vt* 사방으로 꿰매다, 누비다.

остентаці́йний (-на, -не)* 자랑하는, 과시하는, 화려한.

остеол|огі́чний (-на, -не) 골학의, 골 해부학의; ~о́гія (-ії) *f* 골학, 골 해부학, 골격.

о́степ (-пу) *m* 황무지, 황야.

остерегти́ (-ежу́, -еже́ш) *P vt*: (остеріга́ти *I*) 경고하다, 조심시키다, 훈계하다, 권고하다; **-ся** *P vi* 조심하다, 경계하다, 주의하다; ~하지 마라.

остере́ж|ення *n* 경고, 훈계, 조심; ~ний (-на, -не)* 경고의.

остива́ти (-а́ю, -а́єш) = остига́ти: (ости́|нути, ~ти *P*) 지루하게 하다, 지긋지긋해지다.

остига́ти (-а́ю, -а́єш) *I vi*; остиг(ну)ти (-гну, -неш) *P vi* 쌀쌀해지다, 냉담해지다.

ости́глий (-ла, -ле)* 싫은, 증오스러운, 혐오스러운; 냉담한.

о́стир (-ра) *m* 울타리 기둥.

ост|исти́й (-та, -те)* (옥수수처럼)수염이 있는; 뼈(가시)가 많은; ~и́ще (-ща) *n* 큰 뼈(가시).

ості́ (-ів) *pl* (보리 등의)까끄라기; (생선)가시.

ості́бка (-ки) *f* 넥타이.

остільки *adv.* ~이므로.

ості́нок (-нка) *m* 벽, 산허리.

остобісі́ти (-сі́ю, -сі́єш: -бішу́, -бі́сиш) *P vi* 몹시 성가시게 굴다; 벌컥 내쿠다.

остовпі́|кий (-ла, -ле)* 깜짝 놀란, 말문이 막힌, 멍한; ~іння *n* 마비, 무감각, 경탄.

остовпі́ти (-і́ю, -і́єш) *P vi* 정신이 횡하다, 얼빠지다.

остогиді́ти (-джу, -диш) *P vi* 증오스러워지다, 조화되지 않다.

остоги́дливий (-ва, -ве)* 싫은, 기분 나쁜, 밉살스러운, 메스꺼운.

остопранцюва́тіти (-і́ю, -і́єш) *P vi* = остобісі́ти.

остор|о́га (-ги) *f* 경고, 경계, 훈계; ~о́жний (-на,

о́сторонь   244

-не)* 조심성 있는, 신중한, 분별 있는; ~о́жність(-ности) *f* 조심, 신중, 경계, 숙고, 고려.

о́сторонь *adv.* 멀리에서.

оторопі́ти (-і́ю, -і́єш) *P vi* 깜짝 놀라다, 간담이 내려앉다, 당황하다, 혼란스러워하다.

осто́я (-о́ї) *f* 받침, 지지, 지주; 멈춤, 정류소.

остоя́ти (-ою́, -ої́ш) *P vt* 받치다, 유지하다; 세우다, 멈추다; -ся *P vi* 멈추어 서다, 견디다, 자기의 입장을 고수하다, 계속해서 저항하다.

остракі́зм (-му) *m* 도편 추방법, 추방, 유형.

о́страх (-ху) *m* 공포, 전율, 두려움.

острахну́тися (-ну́ся, -не́шся) *P vi* 겁을 먹다, 깜짝 놀라다.

остра́шка (-ки) *f* 무서움, 공포; 엄격한 훈계, 충고.

остре́ва (-ви) *f dial.* 마른 나뭇가지.

о́стриця (-ці) *f* 굴, 진주조개; *Bot.* 갈대.

о́стрів (-рова) *m* 섬, 작은 섬; ~ни́й (-на́, -не́) 섬의, 섬 같은.

остр|і́г (-ро́гу) *m* 윗가지로 엮은 울타리; ~і́шник (-ка) *m*, ~і́шниця(-ці) *f* 초가지붕을 지탱하는 들보.

остро|ви́к (-ка́), ~в'яни́н (-ина) *m* 섬사람.

остро́г (-га) *m* = острі́г; 교도소, 감옥.

остро́га (-ги) *f* 박차, 자극; сти́снути острогами, 박차를 가하다.

острожи́ти (-жу́, -жиш) *P vt* 뾰족한 말뚝으로 둘러치다.

острокі́л (-ко́лу) *m* 말뚝, 울짱; ~і́льний (-на, -не) 뾰족한, 날카로운.

острокут (-та) *m Geom.* 예각.

остру́ж|ини (-жин), ~ки (-ків) *pl* 대팻밥, 작은 조각들.

осту́д|а (-ди) *f* 시원함, 차가움, 냉기, 추위; ~и (-дів) *pl* 간반, 기미.

остуджувати (-ую, -уєш) *I vt*; **остуди́ти** (-уджу́, ~у́диш) *P vt* 춥게 하다, 오싹하게 하다; 축축하게 하다, 기를 꺾다; -ся *vi* 오싹하다, 감기 걸리다.

ост|ю́к, ~я́к (-ка́) *m*, ~ь (-ті) *f* 물고기 뼈(가시);

Bot. 까끄라기, 가시; ~юкуватий, ~якуватий (-та, -те) 까끄라기가 있는, 가시투성이의, 다루기 성가신.

осу́в (-ву) *m*, ~а́ння *n* 낙하, 추락, 타락, 함락.

осува́тися (-а́юся, -а́єшся) *I vi* : (осуну́тися *P*) 타락하다, 함락되다, 가라앉다, 무너지다.

осу́г|а (-ги) *f* 고인 물에 있는 균류; 물 표면의 유층; ~ува́тий (-та, -те)*. 수상 유질의.

о́суд (-ду) *m* 유죄 판결, 비난, 규탄; *W.U.* 판단, 재판.

осу́да (-ди) *f* = о́суд; 비난, 책망.

осу́джати (-а́ю, -а́єш) = осу́джувати(-ую, -уєш) *I vt*; осуди́ти (-уджу, -у́диш) *P vt* 판결하다, 형을 선고하다; 비난하다, 책망하다, 비판하다.

осу́д|ливий (-ва -ве)* ~ний (-на, -не)* 비난하는, 비평하는, 수다스러운; ~ник (-ка) *m* 뒷전에서 헐어 말하는 사람, 흠잡는 사람, 잔소리꾼; ~овище(-ща) *n* 추문, 수치, 불명예.

осу́жка (-ки) *f Dim* : осу́га; 크림, 유지.

о́сух (-ха) *m dial.* 버터를 바르지 않은 빵.

осу́шений (-на, -не) 마른, 고갈된.

осцилюва́ти (-лю́ю, -лю́єш) *I vi* 진동하다, 동요하다.

осцил|я́ція (-ії) *f* 진동, 동요; ~о́граф(-фа) *m* 오실로그래프, 진동 기록기.

осю́д|и, ~о́ю *adv.* 이리, 요리.

осяв́ати (-а́ю, -а́єш) *I vt*: (ося́яти *P*) 계몽하다, 교화하다, 밝히다.

осяга́ти (-а́ю, -а́єш) *I vt*; осягну́ти, ~ти́ (-ягну́, -я́гнеш) *P vt* 달성하다, 이루다, 성취하다.

осягнен|ий (-на, -не) 달성한, 이룬, 성취한; ~ня *n* 달성, 도달, 성취; 정복, 성공, 극복.

осяжн|ий (-на, -не) 이룰 수 있는, 도달할 수 있는; ~ість (-ности) *f* 미치는 범위, 성취력.

ося́йний (-на́, -не́) 반짝이는, 빛나는, 찬란한.

ося́кнути (-ну, -неш) *P vi* 흠뻑 젖다.

ося́яний (-на, -не)* 빛나는, 조명 장식을 한, 채색한.

ося́яти (ося́ю, ося́єш) *P vt*: (осява́ти *I*).

ось *adv.* 여기, 저기: (강조하여) ось він, 여기 그가 있다; ось там вгорі, 보다 위에.

осьм|ак (-ка́) *m* 8학년; ~ака́ (-ки) *f* ~у́ха (-хи) *f* 8부.

осьови́й (-ва́, -ве́) 축의, 굴대의.

ось-ось *adv.* 언제라도, 곧, 금방이라도.

от 여기, 저기; 봐라; от тобі́ йна! 어쩐지! (반어적으로): 훌륭하군!

отабо́рити (-рю, -риш) *P vt* 야영시키다; отаборюва́ти (-рюю, -рюєш) *I vt* 야영하다;
-ся *vi* 텐트를 치다, 야영하다.

ота́ва (-ви) *f* 두벌 목초, 두벌 베기.

ота́к *adv.* 이렇게, 이와 같이, 이리하여; ~є́знний (-на, -не)* 매우 거대한, 매우 광대한.

отаксо́вувати (-ую, -уєш) *I vt*; отаксува́ти (-у́ю, -у́єш) *P vt* 세금을 (호되게)부과하다.

ота́м *adv.* 저기, 저 아래.

отам|а́н (-на) *m* 코사크의 수장, 지도자: *Prov.:* терпи́ коза́че, отама́ном бу́деш, 인내심은 기적을 만든다; ~а́ння *n Coll.* 코사크의 수장; ~а́нство (-ва) *n* 수장의 의무, 역할.

отама́нити (-ню, -ниш) = отаманува́ти (-у́ю, -у́єш) *I vi* 코사크족 혹은 같은 일을 하는 집단의 수장이 되다.

отар|а́ (-ри) *f* 떼, 무리; ~ний (-на, -не) 떼 지은, 무리 지은.

ота́ти (ота́ну, -неш) *I vi* 연약해지다, 허약해지다, 희미해지다.

отверді́ти (-і́ю, -і́єш) *P vi* 딱딱해지다, 굳다.

отверези́ти (-режу́, -рези́ш) *P vt* 술을 깨게 하다, 침착하게 하다.

отве́рт|ий (-та, -те)* = одве́ртий, 솔직한, 터놓은, 숨김 없는; ~ість (-тости) *f* = одве́ртість, 개방성, 솔직, 터놓음; *Geom.* 틈, 조리개.

отвира́ти (-а́ю, -а́єш) *I vt*; отвори́ти (-орю́, -о́риш) *P vt W.U.* 열다, 드러내다, 폭로하다; -ся *vi* 열리다, 확 열리다; 스스로를 드러내다.

о́твір (-вору) *m* 개방, 구멍, 출구: лиша́ти две́рі наотві́р, 문을 활짝 열어두다.

отво́рення *n* 시작, 개시.

отели́тися (-едю́ся, -е́лишся) *P vi* (소, 사슴 등이) 새끼를 낳다, (빙산, 빙하가)빙괴를 분리하다.

отемни́ти (-емню́, -емни́ш) *P vt*: (отемня́ти *I*)

시력을 빼앗다.

отемнíлий (-ла, -ле)* 시력을 잃은.

отемнíти (-íю, -íєш) *P vi* 시력을 잃다.

отепéр, ~ки *adv.* 요즈음, 오늘날에는.

отéллення *n* 따뜻하게 함, 가온.

отеплúти (-еплю́, -éплиш)*P vt*; отепл|ю́вати (-лю́ю, -лю́єш), ~я́ти (-я́ю, -я́єш) *I vt* 따뜻하게 하다, 데우다.

отерéб|ини (-бин),~ки (-ків) *pl* 폐물, 찌꺼기, 쓰레기.

отéрпнути (-ну, -неш) *P vi* 감각을 잃다, 둔해지다.

отéрти (отру́, отре́ш) *P vt*: (обтирáти *I*); -ся *P vi*; *fig.*, 품위 있는(우아한) 태도를 지니다.

отерхáти (-áю, -áєш) *I vt dial.* 짐승에게 짐을 지우다.

отетéріти (-íю, -íєш) *P vi* 혼란스러워지다, 당황하다.

отéць (отця́) *m* 아버지; 교부, 신부; хрéсний –대부, 교부; Святíший Отéць, 교황; ~кий (-ка, -ке) 아버지의, 아버지다운: -кий син, 좋은 집안의 아들.

óтже *conj.* 그래서, 그러므로, 그럼, 그렇다면.

отинкóвувати (-ую, -уєш) *I vt*; отинкувáти (-у́ю, -у́єш) *P vt* 회반죽으로 칠하다; 회반죽을 바르다, 애벌칠 하다.

отирлувáти (-у́ю, -у́єш) *P vt* 양들을 쉬게 하다.

отихáти (-áю, -áєш) *I vi* 조용해지다; 가라앉다, 진정되다.

отиши́ти (-шу́, -ши́ш) *P vt* 고요해지다, 안정을 찾다.

отíк (отóку) *m* 상처나 종기의 화농.

отікáти (-áю, -áєш) *I vi* 흐르다, 새다.

отіля́ти (-я́ю, -я́єш) *I vt* 조직화하다, 통합시키다.

отíнений (-на, -не)* 그늘진, 어렴풋한.

отіни́ти (-íню, -íниш) *P vt*; отíн|ювати(-нюю, -нюєш), ~я́ти (-я́ю, -я́єш) *I vt* 그늘지게 하다, 어둡게 하다, 흐리게 하다.

отіпáти (-áю, -áєш) *P vt* 꺾다, 손질하다(대마 또는 아마 등).

отла́с (-су) *m* 견수자, 공단; ~**овий** (-ва, -ве) 공단의, 새틴의, 윤나는.

ото́! *interj.* 보라! 자! ото́ раз! 생각 좀 해봐라!

отодлі́ *adv.* 그 때에; ~**ішній**(-ня, -не) 옛날의.

отой (-та́, -те́) *pron.* 이것, 저것.

от-от *adv.* 어느 때나, 곧.

отома́н|а (-ни), ~**ка**(-ки) *f* 일종의 견직물; 긴 의자의 일종.

отопи́ти (-оплю́, -о́лиш) *P vt*; **отоплюва́ти** (-лю́ю, -лю́єш) *I vt* 데우다, 달구다.

отопка (-ки) *f* 열, 가온, 용해, 융해.

отора (-ри) *f* 발효, 효소, 발효체.

оторопа́тіти (-і́ю, -і́єш) *P vi* 혼란스러워하다, 당황하다, 놀라서 말도 못하다..

оторопи́ти (-оплю́, -о́пиш) *P vt* 놀라게 하다, 곤혹스럽게 하다.

ототожни́ти (-ню́, -ни́ш) *P vt*; **ототожню́вати** (-ню́ю, -ню́єш) *I vt* 확인하다, 동일시하다.

оточен|ий (-на, -не) 둘러싸인, 에워싸인, 포위된; ~**ня** *n* 포위; 둘러싸기.

оточи́на (-ни) *f* 양, 장간막.

оточи́ти (-точу́, -о́чиш) *P vt*; **оточу́вати** (-у́ю, -у́єш) *I vt* 둘러싸다, 에워싸다, 포위하다.

отрим|аний (-на, -не) 받아들여진, 용인된; ~**ання**, ~**ування** *n* 받음, 얻음.

отри́мати (-аю, -аєш) *P vt*; **отри́мувати** (-у́ю, -у́єш) *I vt* 받다, 얻다, 획득하다.

отр|і́б (-бу) *m* 창자, 장; ~**оба́** (-би) *f dial.* 설사.

отро́к (-ка) *m Archaic* 하인, 부하; 씨, 님, 귀하.

отро́ка (-ки) *f* 꼴주머니, 꼴망태.

отруби́ (-бів) *pl dial.* 밀기울, 겨.

отру́|ений (-на, -не) 독 있는, 중독된; ~**і́ння** *n* 중독.

отруї́ти (-у́ю, -у́їш) *P vt*: (**отру́ювати** *I*) 독을 넣다, 독살하다; -**ся** *P vi* 음독하다.

отруй|ли́вий (-ва, -ве)*, ~**ний** (-на, -не)* 유독한, 해로운; 유독한, 맹독의, 해로운.

отру́т|а (-ти) *f* 독, 독물; ~**ний** (-на, -не)* 유독한, 해로운.

отуди́ *adv.* 저리, 저냥, 그쪽에.

отули́ти (-улю́, -у́лиш) *P vt*; **отулю́вати** (-лю́ю,

отуманити (-ню, -ниш) *P vt*: (отуманювати *I*) 속이다, 사기치다.
отуманіти (-ію, -ієш) *P vi* 어리석어지다, 바보짓을 하다, 미치다.
отуманювати (-нюю, -нюєш) *I vt* (отуманити *P*).
отупіння *n* 우둔해짐, 멍청해짐.
отут = оттут; ~ечки *adv. Dim.*: отут, 바로 여기.
отуха (-хи) *f* 격려, 자극, 동기; 위로, 위안; 희망, 기대; 용기, 담력.
отцевбивця (-ці) *m* 아버지 살해(범).
отців|ський (-ка, -ке) 아버지의, 아버지다운;~щина (-ни) *f* 세습재산, 유산; 조상의 땅, 조국.
отченаш (-ша) *m* 주기도문.
отчизн|а (-ни) *f* 조국, 조상의 땅; ~ий (-на, -не) 조국의, 출생지의.
отягати (-аю, -аєш) *I vt* 늘이다, 끌어내다: 질질 끌다, 꾸물거리다, 연기되다: - з дня на день, 차일피일 끌다, 미루다; -ся *I vi* 체류하다, 머무르다; 연기하다, 늦추다.
отяжати (-аю, -аєш) *I vt*: отяжити (-жу, -жиш) *P vt* 짐을 싣다, 짐을 지우다, 압박하다.
отяжілий (-ла, -ле) 무거워진, 둔해진.
отяжіти (-ію, -ієш) *P vi* 무거워지다, 짐을 지다, 둔해지다.
отямитися (-млюся, -мишся) *P vi* 의식(이성)을 회복하다. офензива (-ви) *f* 공격, 활동.
офер|та (-ти) *f* 제안, 건의: ~увати (-ую, -уєш) *I vt* 제안하다, 신청하다.
офір|а (-ри) *f* 제공, 희생: 자발적인 기부; ~ований, ~уваний (-на, -не) 바쳐진, 기부된; ~ування *n* 바침, 제공함.
офірувати (-ую, -уєш) *I vt* 희생하다, 바치다; 헌신하다, 바치다; -ся *I vi* 헌신하다, 바치다.
офіцер (-ра) *m* 장교, 공무원, 관리; ~ня (-ні) *f Coll.* 공무원, 관리, 관료주의; ~ство(-ва) *n* 공무원(관리)의 의무, 역할; ~ський (-ка, -ке) 공무원의, 관리의.
офіцина (-ни) *f* 딴 채, 헛간, 건물의 한쪽 부분.
офіці|йний (-на, -не)* 공무의, 공식의; ~іоз (-зу) *m* 공문기관, 관공서; ~іозний (-на, -не)*

참견하기 좋아하는, 비공식의; **офі́ція** (-ії) *f* 관직, 공무; ~**іял**(-ла) *m* 임원, 대표, 사절; ~**іялі́ст** (-та): *m* 공무원, 사무원; ~**іяльний** (-на, -не)* 공무의, 공식의; ~**іянт** (-та): *m* 집사, 하인 우두머리; ~**іянтка** (-ки): *f* 가정부.

офо́рмити (-млю, -миш) *P vt*: оформлювати (-люю, -люєш) *I vt* 형성하다, 만들다, 형태를 이루다.

оформл|е́ння, ~**ювання** *n* 형성하기, 만들기, 마무리하기.

офо́рт (-та) *m* 양수표, 수위표.

офранко́ваний (-на, -не) 우편 요금이 지불된, 우편 요금이 무료인.

о́фсет (-ту) *m Typ.* 상쇄하는 것, 벌충, 차감 계산.

офталмі́|я (-ії) *f Med.* 안염, 눈의 염증; ~**о́лог** (-га) *m* 안과 의사, 안과 전문의; ~**оло́гія** (-ії) *f* 안과학.

ох! *interj.* 아! 오! 어머나!

оха́б (-ба) *m dial.* 웅덩이, 진구렁; 늪, 수렁; 오래된 강바닥: ~**а** (-би) *f* = оха́б; 단정치 못한 여자, 부주의한 여자.

оха́бити (-блю, -биш) *P vt*; охабля́ти(-я́ю, -я́єш) *I vt* 버리다, 방치하다; 황폐시키다, 소모시키다.

оха́йн|ий (-на, -не)* 산뜻한, 단정한, 깔끔한; ~**ість** (-ности) *f* 산뜻함, 단정함, 깔끔함.

охазя́йнуватися (-уюся, -уєшся) *P vi* 소유자로서 정주하다, 자리잡다.

охандо́жити (-жу, -жиш) *P vt dial.* 깨끗이 하다, 잘 정돈하다.

оханду́жити (-жу, -жиш) *P vt* 속이다, 기만하다; 혼란 시키다, 당황스럽게 하다.

о́хання *n* 신음, 한숨, 탄식 "오".

охара́скуватися (-уюся, -уєшся) *P vi* 핑계를 대다.

о́хати (-аю, -аєш) *I vi*: (о́хнути *P*) 신음하다, 한숨 쉬다, 탄식하다.

охаю́чувати (-аюю, -аюєш) *I vt*: (охаяти *P*). охаю́чити (-чу, -чиш) *P vt* 정돈하다, 닦다.

охвали́ти (-алю́, -а́лиш) *P vt*; охва́лювати (-люю, -люєш) *I vt* 크게 칭찬하다, 격찬하다.

о́хват (-ту) *m dial.* 말의 제엽염.

охвати́ти (-ачу́, -а́тиш) *P vt*; охва́чувати (-у́ю,

-уєш) *I vt* 사로잡다; 말을 넘어뜨리다.
охва́чений (-на, -не) 사로잡히다.
охи́бити (-блю, -биш) *P vt* 놓치다; 못보고 지나치다.
охижі́ти (-і́ю, -і́єш) *P vi* 격노하다, 화가 나서 날뛰다.
охи́за (-зи) *f* 눈이 녹은 진흙탕.
охлокр|ати́чний (-на, -не)* 폭민 정치의; ~а́тія (-ії) *f* 폭민 정치, 중우 정치.
охля́л|ий (-ла, -ле)* 연약해진, 쇠약해진; ~ість (-лости) *f* 쇠약, 소모, 고갈.
охля́|нути. ~сти (-ну, -неш) *P vi* 약해지다, 쇠약해지다; 피곤해지다; 마르다, 수척해지다.
о́хляп *adv.* 안장 없이(말, 자전거 등): сиді́ти - на коні́, 안장 없는 말을 타다.
о́хмання *n dial.* 욕구, 갈망, 희망.
о́хматися (-аюся, -аєшся) *I vi dial.* 애타게 바라다, 열망하다, 갈망하다.
охма́рити (-рю, -риш) *P vt*; **охма́рювати** (-рюю, -рюєш) *I vt* 흐리게 하다, 어둡게 하다.
охмеля́тися (-я́юся, -я́єшся) *I vt* 냉정을 되찾다.
охмирі́ти (-і́ю, -і́єш) *P vi* 슬퍼지다, 비탄에 잠기다, 고통받다.
охмурні́ти (-і́ю, -і́єш) *P vi* 어두워지다, 울적해지다, 우울해지다.
о́хнути (-ну,-неш) *P vi*: (оха́ти *I*) 한숨을 쉬다.
охоло́да (-ди) *f* 냉각; 원기회복.
охоло́джувати (-ую, -уєш) *I vt*; **охолоди́ти** (-оджу́, -о́диш) *P vt* 식히다, 진정시키다; 상쾌하게 하다, 원기를 회복시키다; -ся *vi* 식다, 진정하다; 원기를 회복하다, 상쾌해지다; 덜 열광하다; 무관심하다.
охододі́ти (-і́ю, -і́єш) *P vi* 식다, 진정하다.
охоло́дник (-ка) *m* 냉장고, 냉각기.
охоло́нути (-ну, -неш) *P vi* 냉정해지다; 진정하다; 침착해지다; - з гні́ву, 분노를 가라앉히다; - від стра́ху, 공포감을 가라앉히다.
охопи́ти (-оплю́, -о́пиш) *P vt*; **охо́плювати** (-люю, -люєш) *I vt* 둘러싸다, 포위하다.
охо́плен|ий (-на, -не) 둘러싸인, 포위된, 사로잡힌; ~ня *n* 둘러쌈, 포위함, 사로잡음.

охо́пний (-на, -не)* 포옹, 포위.

охоро́н|а (-ни) *f* 보호, 방어, 수비; 경계, 감시; 방패, 보호물; ~ений (-на, -не) 보호된, 방어된; ~ець (-нця) *m*, ~итель (-ля) *m* 방어자, 보호자.

охорони́ти (-роню́, -о́ниш) *P vt:* (охороня́ти *I*) 방어하다, 보호하다, 지키다; 구하다, 구원하다; 매우 소중히 하다, 조심스럽게 다루다; -ся *P vi* 몸을 아끼다, 몸을 사리다, 경계하다.

охоро́нн|ий (-нна, -нне)* 보호하는, 방어하는, 방어적인, 예방적인: -нна гра́мота, 안전 통행권, 호송, 호위; ~ик (-ка) *m* 보호자, 방어자.

охороня́ти (-я́ю, -я́єш) *I vt:* (охорони́ти *P*); -ся *I vi.*

охо́та (-ти) *f* 욕구, 희망, 열망, 기쁨, 즐거움; з вла́сної охо́ти, 자발적으로; з найбі́льшою охо́тою, 기꺼이 자진하여; набра́тися охо́ти, 열렬해지다, 열중하다.

охо́титися (-о́чуся, -о́тишся) *I vi* ~하려고 하다, 마음에 두다.

охо́т|ливий (-ва, -ве)* 자발적인, 자진해서 하는, 준비가 된; (до чого): 탐욕스러운, 갈망하는; ~ний (-на, -не)* = охо́чий; ~ник(-ка) *m* 지원자, 독지가, 자원봉사자; 사냥꾼, 탐구자; ~у́ха (-хи) *f* 탐욕스러운 여자.

охо́ч|е *adv.* 기꺼이, 열성적으로; ~екомо́нний (-нного) *m Archaic* 지원병, 지원기병; ~ий (-ча, -че) 갈망하는, 열망하는, 채비를 갖춘.

охра́на (-ни) *f* 짜르의 비밀 경찰.

о́хрест *adv.* 엇갈리게, 가로질러; ~и(-тів) *pl* 종교 행렬의 부속물(기, 십자가 등).

охри́плий (-ла, -ле)* 목이 쉰, 귀에 거슬리는.

охри́пнути (-ну, -неш) *P vi* 목이 쉬다.

охристи́ти (-рищу́, -и́стиш) *P vt:* (охри́щувати *I*) 세례를 베풀다, 세례명을 주다; 축복하다; -ся *P vi* 세례를 받다; 성호를 긋다.

охри́щен|ий (-на, -не) 세례를 받은; 축복 받은; ~ня *n* 세례(식).

охро́м|ити (-омлю́, -о́миш) *P vt dial.* 불구로 만들다; ~і́ти (-і́ю, -і́єш) *P vi dial.* 절룩거리다.

о́хтем (-ма) *m* 간절한 기도; ~е́нний (-нна, -нне)*

가엾은, 비참한, 보잘것 없는.
охуднути (-ну, -неш) *P vi* 야위다, 마르다.
оцапіти (-ію, -ієш) *P vi* 멍청해지다, 우둔해지다.
оцаритися (-рюся, -ришся) *P vi* 군림하다; 짜르의 자리에 오르다.
оцарок (-рка) *m* 외양간.
оцвенок (-нка) *m* 나뭇(철)조각.
оце *adv.* 자, 이것으로.
оцей (оця, оце) *pron.* 이것, 저것, 이것들, 저것들.
оцет (оцту) *m* 식초, 초: ~ник (-ка) *m* 식초 제조업자: ~овий (-ва, -ве) 초의, 식초의.
оциганити (-ню, -ниш) *P vt*; **оциганювати** (-нюю, -нюєш) *I vt* (집시처럼)속이다, 사기치다.
оціджалка (-ки) *f* 체, 조리.
оціджати (-аю, -аєш) *I vt*; **оцідити** (-іджу, -ідиш) *P vt* 거르다, 걸러내다.
оцілок (-лку) *m dial.* 스파, 철광석.
ецінений (-на, -не) 가격이 사정된, 평가된; ~ня *n* 평가, 사정, 식별.
оцінити (-іню, -іниш) *P vt*; (оцінювати *I*) 평가하다, 사정하다, 어림하다.
оцінка (-ки) *f* 평가, 사정, 어림, 견적; (비판적) 견해; ~інник (-ка) *m* 사정인, 평가자.
оціпеніти (-ію, -ієш) *P vi* 굳다, 딱딱해지다, 마비되다.
оцтовий (-ва, -ве) 식초의, 초의: -ва кислина, 아세트산.
оцупіти (-ію, -ієш) *P vi* 딱딱해지다, 굳다, 공고해지다.
оцупалок (-лка) *m* = оцупок(-пка) *m* 쐼쇠, 거멀못, 꺾쇠.
оцяпок (-пка) *m* 타고 남은 부분, 꽁초.
очайдушний (-на, -не)* 경솔한, 부주의한, 막가는.
очапатися (-паюся, -аєшся) *P vi* 의식을 되찾다.
очарований (-на, -не)* 매혹된, 홀린.
очаровувати (-ую, -уєш) *I vt*: (очарувати *P*) 매혹시키다, 요술을 걸다.
очарування *n* 매혹, 매력, 요술.
очарувати (-ую, -уєш) *P vt*: (очаровувати *I*).
очевидець (-дця) *m* 목격자, 목격 증인.
очевид|ний (-на, -не)* 명백한, 분명한; ~ник (-ка)

m, ~ниця (-ці) *f* 목격자, 목격 증인; ~ність (-ности) *f* 증거, 물증; ~ячки, ~ьки *adv.* 명백히, 분명히.

очемеріти (-ію, -ієш) *P vi* 의식을 잃다, 기절하다.
оченя (-яти) *n*, оченята (-ят) *pl Dim.:* око, очі, 아름다운 눈.
оченько (-ка) *n Dim.:* око.
очепа (-пи) *f* 갈고리; 낚시.
очепити (-еплю, -епиш) *P vt;* очепляти (-яю, -яєш) *I vt* 혹을 채우다, 연결시키다, 장식물을 걸어서 꾸미다; -ся *vi* 연결되다; 꾸며지다, 장식되다.
очепурити (-рю, -риш) *P vt* 꾸미다, 장식하다, 미장하다.
очервивіти (-влю, -виш) *P vi* 벌레 먹다.
очеревин|а (-ни) *f Anat.* 복막; запалення очеревини, *Med.* 복막염; ~ний (-нна, -нне) 복막의.
очеревити (-влю, -виш) *P vt;* (рибу): 배를 가르다, 내장을 꺼내다.
очередити (-джу, -диш) *P vt* 엄격히 가르치다, 엄하게 키우다.
очереп'я *n Anat.* 두개골막.
очерет (-ту) *m Bot.* 갈대, 갈대밭; ~ина (-ни) *f* 갈대 줄기; ~уватий (-та, -те) 갈대가 우거진; ~івка (-ки) *f Orn.* 검은 방울새; ~яний (-на, -не) 갈대의, 갈대 같은.
очеркати (-аю, -аєш) *I vt;* очеркнути (-ну, -неш) *P vt* 윤곽을 그리다, 초안을 잡다, 개요를 짜다.
очеркнений (-на, -не) 윤곽이 잡힌, 초안이 잡힌.
очерствіти (-ію, -ієш) *P vi* 상쾌해지다, 원기를 회복하다; (빵이)마르다.
очерт (-ту) *m* 원, 집단, 범위; ~ом *adv.* 원형으로, 둘러서, 서리서리.
очесати (-ешу, -ешеш) *P vt* 깔끔하게 빗질하다.
очечко (-ка) *n Dim.:* око.
очисний (-на, -не) 깨끗이 하는, 정화하는.
очистити (-ишу, -истиш) *P vt:* (очищати, очищувати *I*) 깨끗이 하다, 정화하다; (부채를) 갚다, 청산하다, 지불하다; -ся *P vi* 깨끗해지다, 정화되다,

очи́ська (-ськ) *pl Augm.*: о́чі, 매우 큰 눈.
очи́тан|ий (-на, -не) 책을 많이 읽은, 박식한; ~ість (-ности) *f* 배움, 지식, 학식.
очи́щі (-и́ць) *pl Dim.*: о́чі.
очища́ти (-а́ю, -а́єш) *I vt*: (очи́стити *P*); -ся *I vi*. очи́щ|ення, ~ува́ння *n* 깨끗이 함, 정화함, 청소하기; 정화, 정제; 변명, 변호.
очи́щувати (-ую, -уєш) *I vt*: (очи́стити *P*); -ся *I vi*.
о́чі (оче́й) *plof*: о́ко (о́ка) eyes: говори́ти в о́чі (до оче́й), 면전에서 말하다.
очі́куван|ий (-на, -не) 기다려지는, 예상되는; ~ня *n* 기대, 예상.
очі́кувати (-ую, -уєш) *I vt* 기대하다, 예상하다, 바라다, 고대하다.
очі́пок (-пка) *m* 모자, 두건.
очі́пчини (-чин) *pl* 신부에게 면사포를 씌우는 의식.
очі́пчити (-чу, -чиш) *P vt* 모자를 씌우다, 면사포를 씌우다.
очка́р (-ря́) *m* 안경 제조자.
о́чко (-ка) *n Dim.*: о́ко, 작은 눈: стріля́ти о́чками, 추파를 던지다; *Bot.* 눈, 봉오리; 그물코, 망; 꿀벌통의 구멍; (반지의)보석; *Orn.* 되새류; воло́ве -, *Bot.* 데이지.
очкове́ (-во́го) *n* 벌통에 따라 양봉가가 내는 세금.
очкува́ти (-у́ю, -у́єш) *I vt* (백신 등을)접종하다; 접목하다, 눈접하다.
очма́на (-ни) *m, f* 정신이상자, 얼빠진 사람.
очмані́ти (-і́ю, -і́єш) *P vi* 미치다, 발광하다.
о́чний (-на, -не) 눈의, 시각상의: -на я́ма (заглиби́на), 눈구멍, 안구공.
очо́рнен|ий (-на, -не) 검게 된, 어두워진; 누명을 쓴; ~ня *n* 검게함.
очорни́ти (-орню́, -о́рниш) *P vt*; очо́рнювати (-нюю, -нюєш) *I vt* 검게 하다, 어둡게 하다.
очорті́ти (-і́ю, -і́єш) *P vi* 밉살스러워지다, 반감을 갖다; 지치게 하다, 매우 성가시게 굴다.

очува́тися (-а́юся, -а́єшся) *I vi* 절실히 느끼다.
очужі́лий (-ла, -ле) 조화되지 않는, 따돌림 당하는.
очужі́ти (-і́ю, -і́єш) *P vi* 남이 되다, 생소해지다.
очума́тися (-а́юся, -а́єшся) *P vi* 의식을 되찾다; 냉정을 되찾다.
очу́новати (-ную, -нуєш) *I vi*; **очуня́ти** (-я́ю, -я́єш) *P vi* = очума́тися; 건강을 회복하다, 차도가 있다.
очу́тити (-у́чу, -у́тиш) *P vt*; **очуча́ти** (-а́ю, -а́єш) *I vt* 의식을 되살리다, 찾게 하다; -ся *vi* 의식을 되찾다.
ошалапу́тити (-у́чу, -у́тиш) *P vi* 속이다, 혼란시키다, 헛갈리게 하다.
ошалемоні́ти (-і́ю, -і́єш) *P vi* 미치다, 광분하다.
оша́лений (-на, -не)* 미친, 광분한; 얼빠지다.
ошалі́ти (-і́ю,-і́єш) *P vi* 미치다, 광분하다, 격노하다.
ошанува́ння *n* 문안드림, 경의를 표함.
ошанцюва́ти (-цю́ю, -цю́єш) *I vt* 참호로 에워싸다, 요새화하다, 확고히 하다; -ся *I vi* 둘러싸이다, 확고해지다, (자기 몸을)지키다.
ошар|а́ (-и́) *m, f,* ~**па́нець** (-нця) *m,* ~**па́нка** (-ки) *f* 누더기를 걸친 사람, 부랑아.
оша́тний (-на, -не)* 잘 차려 입은, 우아한, 기품 있는.
ошахра́ти (-а́ю, -а́єш) *P vt* = **ошахрува́ти** (-у́ю, -у́єш) : (**ошахро́вувати** *I*) 속이다, 부정을 저지르다.
ошеле́ст (-ту) *m dial.* 고드름, 냉정한 사람.
ошемоні́ти (і́ю, -і́єш) *P vi* 의식(이성)을 잃다.
ошепели́ти (-пелю́, -лиш) *P vt* (육체적, 정신적) 충격으로 기절시키다, 대경실색케 하다.
ошеше́литися (-лю́ся, -лишся) *P vi* (높은 곳에서) 떨어지다.
ошиба́ти (-а́ю, -а́єш) *I vi*; **ошиби́ти** (-блю́, -би́ш) *P vi* 꿰뚫다, 관통하다.
ошиба́тися (-а́юся, -а́єшся) *I vi*: (**ошибну́тися** *P*) *Russ.* 실수하다, 틀리다.
о́шибка (-ки) *f Russ.* 잘못, 실수, 틀림.
оши́й|ник (-ка) *m* 칼라, 깃; 목덜미 부분의 커프스; ~**ок** (-йка) *m* (목)덜미.

ошімок (-мка) *m* 빵조각.

ошоломити (-ломлю, -омиш) *P vt Russ.* 귀를 멍멍하게 하다; 둔하게 하다, 무디게 하다.

ошпарений (-на, -не) 덴, 데워진.

ошпарити (-рю, -риш) *P vt*; **ошпарювати** (-рюю, -рюєш) *I vt* 데게 하다, 가열하다.

ошпетити (-ечу, -етиш) *P vt* 추하게 하다, 볼품없게 만들다.

оштрафований (-на, -не) 가늘어진, 잘아진.

оштрафовувати (-ую, -уєш) *I vt*; **оштрафувати** (-ую, -уєш) *P vt* 가늘게 하다, 잘게 하다.

ошукан|ець (-нця) *m*, **~ка** (-ки) *f* 사기꾼, 협잡꾼; **~ство** (-ва) *n*, **~ня** *n* 사기, 속임, 기만; **~ський** (-ка, -ке) 사기의, 기만의; 사기꾼의.

ошукати (-аю, -аєш) *P vt*: (**ошукувати** *I*) 속이다, 사기 치다, 기만하다; 허를 찌르다; **-ся** *P vi* 속다, 사기 당하다; 틀리다, 착각하다.

ошукувати (-кую, -уєш) *I vt*: (**ошукати** *P*); **-ся** *I vi*.

ошурка (-ки) *f* 줄밥.

ошуста (-ти) *m* 사기꾼.

ощад|а (-ди) *f*, **~ження** *n* 절약, 검약; 절제.

ощаджати (-жаю, -аєш) *I vt* = **ощаджувати** (-ую, -уєш) *vt*; **ощадити** (-джу, -диш) *P vt* 아끼다, 절약하다, 검약하다.

ощадливий (-ва, -ве)* = **ощадн|ій** (-на, -не)* 아끼는, 절약하는, 검약하는; **~ість** (-ности) *f* 절약, 검약. **~ости** (-тей) *pl* 저금, 저축.

ощадок (-дку) *m* 절약, 검약; 잔금, 잔고.

ощедрити (-едрю, -едриш) *P vt*; **ощедряти** (-яю, -яєш) *I vt* 은혜를 베풀다.

оцінитися (-нюся, -нишся) *P vi* (짐승이) 새끼를 낳다.

ощ|еп (-пу) *m* 건물의 뼈대, 골자.

ощипок (-пка) *m* 귀리빵.

ощурбаний (-на, -не)* 해진, 남루한, 여린, 허약한, 깨지기 쉬운, 썩기 쉬운.

ощуп (-па) *m* 감각, 지각.

ощупувати (-пую, -уєш) *I vt* 더듬다, 더듬어 찾다.

П

П, п (우크라이나 알파벳의 20번째 철자; pen 에서의 'P'처럼 발음된다).

п. *Abbr.*: пан,씨, 님, 귀하, 남자분.

па *n indecl.* (프랑스의): 무도(발레)의 스텝.

пабородки (-ків) *pl* (노인들의)주름진 턱살; 칠면조의 주름진 턱.

па́ва (-ви) *f Orn.* 공작의 암컷; 공작의 깃털.

па́вза (-зи) *f* 중지, 중단, 멈춤

павзува́ти (-ую, -уєш) *I vi* 중단하다, 잠깐 멈추다.

пави́дло (-ла) *n* 잼, 자두 잼.

павин|ий (-на, -не), **~ячий** (-ча, -че) 공작(새)의, 공작 같은.

пав|иця (-ці) *f* 공작의 암컷; **~ич** (-ча́) *m* 공작; **~иче́вий** (-ва, -ве) 공작의, 공작 같은.

па́вій (-в'я, -в'є) 공작의, 공작 같은.

павільйо́н (-ну) *m* 누각, 정자.

павія́н (-на) *m Zool.* 비비, 개코 원숭이.

па́влик (-ка) *m* = равлик, *Zool.* 달팽이.

паволо|ка (-ки) *f* 값비싼(호사스러운) 비단 옷감; **~оч** (-чі) *f* = волока, 구두끈, 끈.

павпер|иза́ція (-ії) *f* 빈곤; **~и́зм** (-му) *m* 빈곤상태, 빈민; **~изо́ваний** (-на, -не) 가난한.

паву́к (-ка́) *m Ent.* 거미; шандельє́; воло́ський -,

타란튤라거미; ~овий (-ва, -ве) 거미의, 거미 같은; 샹들리에의; ~ові (-вих), ~овці (-ів) pl 거미과.

павутин|а (-ии) f 거미집, 거미줄; ~ний (-нна, -нне) 거미줄의, 거미줄로 가득한.

павутиця (-.ці) f Bot. 메꽃.

паву|чиха (-хи) f Ent. 암컷 거미.

пагілля n Coll. 잔가지, 곁가지.

паг|ін (-гону) m 눈, 싹, 움.

пагірок (-рка) m 언덕, 고개.

пагність (-ностя) m 닭의 발톱: 손톱, 발톱.

пагоння n Coll. 싹, 움.

пагорок (-рка) m 작은 언덕, 낮은 산.

пагуба (-би) f 파멸, 멸망; (-би) m, f 암살자, 강도, 약탈자.

пагінація (-її) f 페이지 수, 면수, 페이지 매김.

пагода (-ди) f 탑.

пад (-ду) m 추락, 낙하, 전락.

падавка (-ки) f Med. 간질.

падалець (-льця) m dial. Zool. 독사, 살모사, 뱀.

падалиця (-ці) f 너무 일찍 떨어진 과일, 바람이 불어 떨어진 과일.

пад|алина (-ни) f, ~аль (-лі) f 썩은 고기, (짐승의) 시체.

падаличний (-на, -не) 흩뿌려진 씨에서 자란: 사생의, 서출의; 간질성의, 간질 환자의.

падання n 떨어짐, 추락함.

падати (-даю, -аєш) I vi: (упасти P) 떨어지다, 쓰러지다; (머리카락이나 이가) 빠지다.

падачка (-ки) f Med. 간질.

падворок (-рку) m 별장, 시골의 큰 저택.

падина (-ни) f 썩은 고기, (짐승의)시체.

падишах (-ха) m 술탄, 대왕, 제왕.

падіж (-дежу) m 온역(가축의 전염병), 디스템퍼 (강아지의 급성 전염병).

паділ (-долу) m 골짜기, 계곡.

падіння n 낙하, 추락; 저하, 하락(가격, 기온 등).

падкання n 갈망, 열의, 열망.

падкати (-каю, -аєш) I vi 한탄하다, 비탄하다: -ся I vi 대단히 주의하다, 염려하다; 수선을 피우다, 호들갑을 떨다; 불평을 늘어놓다; 슬퍼

падкувáння *n* 비탄함, 한탄함.
пáдл|ина (-ни) *f*, ~о (-ла) *n* 썩은 고기, (짐승의) 시체; 찌꺼기, 쓰레기.
падлю́ка (-ки) *m. f* 악인, 악당, 불량배, 망나니.
падоли́ст (-та) *m* = листопáд, 11월.
пáдоньк|о (-ка) *m* 불운, 불행, 운, 운명: ох пáдоньку! 오, 슬프도다!
паду́чий (-ча, -че)* 떨어지는, 하락하는.
пáдч|ереня (-я́ти) *n* 의붓자식; ~ерка (-ки), ~íрка (-ки) *f* 의붓딸.
пáдь (-ді) *f* 작은 계곡; 단물, 꿀; (곡식의)병; 절벽, 낭떠러지.
паж (-жá) *m* 시동, 사환.
пажéр|а (-ри) *m, f* 대식가, 폭식가.
паз (-за) *m* 홈, 홈통.
пáзати (-аю, -аєш) *I vi*: (кóло кóго): 보살피다, 관심을 갖다, 주의 깊게 지켜보다.
паздíр'я *n Bot.* (보리 등의) 까끄라기.
пáзити (-аю, ~аєш) *I vi* = пáзати; пазь свого́, 참견 마라, 네 일이나 잘 해라.
пазови́тий (-та, -те)* 주의 깊은, 열심인, 틈이 없는.
пáзур (-ря) *m* 갈고리 발톱; (개나 고양이 등의) 발.
пáзу|ха (-хи) *f* 코트나 셔츠 등의 가슴부분: носи́ти за пáзухою, 가슴에 품다.
пай (пáю) *m* 몫, 부분, 일부; 부, 재산, 운.
пáйда (-ди) *f* 선물, 선사품, 사의: 부, 재산, 운.
пайдокрáтія (-ії) *f* 폭민 정치, 중우 정치.
пáйк|а (-ки) *f* 부분, 일부, 할당량.
пай|ови́й (-вá, -вé) 일부분의, 할당량의.
пáйстра (-ри) *f* = вибíйка, 날염한 천.
пак part. 그래서, 그렇지만, 대신에.
пáка (-ки) *f* 꾸러미, 짐짝.
пáкати (-каю, -аєш) *I vt*; пáкнути (-ну, -неш) *P vt* 담배를 피우다.
пакгáвз (-зу) *m* 보세 창고.
пакéт (-та) *m* 소포, 갑.
паківн|и́к (-ка́) *m*, ~и́ця (-ці) *f* 짐 꾸리는 사람, 포장업자.

пакіл (-кола) *m* 기둥, 막대, 말뚝.
пакінь (-коня) *m* 보잘것없는 말.
пакіс|ливий (-ва, -ве)*, ~ний (-на, -не)* 장난이 심한, 개구진; 악의 있는, 심술궂은.
пакоси (-сів) *pl* 그루터기, 그루터기만 남은 밭.
пакостити (-ощу, -остиш) *I vi* = капостити, 장난을 치다, 심술을 부리다.
пакт (-ту) *m* 약속, 계약; 협정, 협약.
пакування *n* 포장하기, 짐 꾸리기.
пакувати (-ую,-уєш) *I vt* 포장하다, 짐을 꾸리다 ; -ся *I vi* 짐을 챙기다, 꾸리다.
пак|унковий (-ва, -ве) 일괄의, 패키지의.
пал (-лу) *m* 열, 뜨거움, 더위: 불, 화염.
паламар (-ря) *m* 교회지기, 성구 보관인.
паланиця (-ці) *f* = паляниця, 둥글 납작한 빵 (케이크).
паланка (-ки) *f* 코사크 연대의 작은 요새; 코사크 사령 본부.
палання *n* 불탐, 타오름.
палата (-ти) *f* 큰 건축물; 방: 공공시설; *W.U.* 궁전, 공관.
Палата Депутатів (*W.U.* Послів), (프랑스)하원; Нижня Палата, (의회의) 하원; Вища Палата Лордів, 상원, 상원의원.
палати (-аю, -аєш) *I vi* 불타다, 타오르다; 흥분하다, 빨개지다.
палатський (-ка, -ке) 궁전의, 궁전 같은, 호화로운.
палахкотіння *n* 타오름, 불탐.
палахкотіти (-очу, -отиш) *I vi* 맹렬히 타오르다, 불타다, 흥분하다.
палахнути (-ну, -неш) *P vi* 불꽃이 솟다; 흥분하다; 빨개지다.
палац (-цу) *m* 궁전, 공관, 전당.
палаш (-ша) *m* 날이 넓은 칼, 기병도, 언월도; ~овий (-ва. -ве) 날이 넓은 칼의.
палаючий (-ча, -че)* 불탐, 타오름, 작열.
пален|ий (-на, -не) 불탐; 성마른, 화를 잘 내는; ~ина (-ни) *f* 타버린(못쓰게 된) 곳; 탄 내.
паленіти (-ію, -ієш) *I vi* 얼굴을 붉히다.
паленка (-ки) *f W.U.* 브랜디, 화주.

па́лення n 태움; Med. 소작, 부식, 뜸질.
палео́гр|аф (-фа) m 고문서학자.
палео|зої́чний (-на, -не) 고생대의.
палеонто́л|ог (-га) m 고생물학자.
Палести́н|а (-ни) f NP 팔레스타인.
пале́стра (-ри) f 레슬링 도장, 체육관.
па́л|ець (-льця) m (손, 장갑의) 손가락; 손가락, 발가락; (톱니바퀴의)이.
пале́чний (-на, -не) 톱니가 있는.
Палея́ (-еї) f 구약성서 모음집.
паливн|е́вий (-ва, -ве) = паливн|и́й (-на, -не) 연료의; 가연성의.
па́ливо (-ва) n 땔감.
паливо́да (-ди) m 물불을 가리지 않는 사람, 성마른 친구.
пали́|га (-ги) f, ~мо́н (-на) m dial. 곤봉, 클럽, 타구봉.
пали́ти (палю́, па́лиш) I vt 태우다, 가열하다.
па́ли|ця (-ці) f 지팡이, 막대기.
палі́й (-ія́) m 방화범, 선동자.
палі́мпсе́ст (-ту) m 고친(지운) 자국이 남아 있는 것.
палінгене́за (-зи) f 신생, 부활, 재생.
палі́ння n 불탐, 타오름.
паліно́дія (-ії) f 취소의 시, 철회.
паліса́д|а (-ди) f 울짱, 말뚝.
паліса́нд|ер (-ру) m Bot. 자단, 브라질 자단; ~ровий (-ва, -ве) 자단의, 자단 같은.
па́літок (-тку) m 추수하기 좋은 날씨.
палі́тра (-ри) f 팔레트, 조색판.
палі́тур|а (-ри), ~ка (-ки) f 묶기, 제책, 표지.
палі́ччя n Coll. 막대, 장대.
паліятив (-ву) m 완화제, 치료제.
па́лка (-ки) f 막대기; 대; 곤봉, 클럽, 타구봉.
палк|и́й (-ка́, -ке́) 열렬한, 열정적인, 열심인; 불타기 쉬운, 가연성의; 성마른, 화를 잘 내는.
Палла́д|а (~ди) f PN Myth. 팔라스.
пало́мн|ик (-ка) m = прочани́н, 순례자, 방랑자.
па́луб|а (-би) f 마차 덮개; 캔버스로 덮인 마차.
па́лука (-ки) f 작은 들판, 초원.
па́лустень (-сня) m 만물, 빵 껍질의 모서리.

палюга́ (-ги) *f Augm.* па́лка, 곤봉, 클럽, 타구봉.
палю́х (-ха) *m* 엄지손가락.
палю́чий (-ча, -че)* 불타는, 뜨거운, 강렬한.
па́ля (-лі) *f* 말뚝, 막대기.
паляди́н (-на) *m* 의협적(영웅적)인 전사.
паля́ни|ця (-ці) *f* 팬케이크, 부침개.
палянкі́н (-на) *m* (1인승)가마, 탈것.
паляталіз|а́ція (-ції) *f* 구개음화.
палята́льний (-на, -не)* 구개의, 구개음의.
паляти́н (-на) *m* 궁내관, [영국사]팔라틴 백작.
пальба́ (-би́) *f* 발사, 발포; гарма́тна ~, 연속 포격.
па́льм|а (-ми) *f* 종려나무, 야자나무.
пальни́й (-на́, -не́) 타기 쉬운, 가연성의.
пальну́ти (-ну́, -не́ш) *P vt* 강타를 날리다, 세게 때리다.
пальови́й (-ва́, -ве́) 손가락의, 막대의.
пальпіта́ція (-ії) *f* (심장의)고동, 두근거림.
пальто́ (-та́) *n* 오버코트, 외투.
паль|цьови́й (-ва́, -ве́) 손가락의.
пальче́ня (-я́ти) *n*, ~ик (-ка) *m Dim:* па́лець, 날씬한 손가락.
па́молод|ок (-дка) *m* 식물의 발아, 눈, 싹, 잔가지; ~ь (-ді) *f* = ~ок; 젊은 세대.
па́морозь (-зі) *f* 가벼운 서릿발, 흰 서리, 무빙.
па́морок|а (-ки) *f* (주로 복수형): ~и (-ків) *pl* 어지럼, 현기; 안개, 어렴풋함.
па́морочити (-чу, -чиш) *I vt* 어지럽게 만들다; 취하게 하다; 대경실색케 하다, 귀를 멍멍하게 하다; 당황하게 하다.
па́морочний (-на, -не)* 현기증 나는, 어지러운; 취하게 하는; 귀청이 터질 것 같은.
памп|у́х (-ха) *m* 파이피, 얇게 썬 과일(고기)의 튀김.
памфі́л (-ла) *m* = паливода; 카드 놀이.
памфле́т (-ту) *m* 팸플릿, 소책자; 풍자하는(중상하는) 소책자.
пам'ята́ння *n* 기억, 추억, 회상.
пам'ята́ти (-а́ю, -а́єш) *I vt* 기억하다; 상기하다, 생각해내다.
пам'ят|ка (-ки) *f* 추억, 회상, 증거; 기념물.
пам'ять (-ті) *f* 기억, 추억, 회상.

пан (-на) *m* 씨, 님, 귀하, 선생:.
Пан (-на) *m Myth.* (그리스 신화) 판, 목신.
пан- *pre f.* 온, 모든, 전.
панагія (-ії) *f* 모든 성인의 축일, 만성절.
Панам|а (-ми) *f NP* 파나마; 파나마 모자: п~ський (-ка, -ке) 파나마의.
панамерик|анізм (-му) *m* 범미주의; ~анський (-ка, -ке) 범미의.
панахати (-хаю, -аеш) *I vt* 갈기갈기 찢다.
панахида (-ди) *f* 망자를 위한 미사.
панацея (-еї) *f* 만병통치약.
Панбіг (-бога) *m PN* 주 하나님.
панва (-ви) *f dial.* 프라이팬.
панва (-ви) *f Coll.* 여러분.
пангерман|ізм (-му) *m* 범게르만주의; ~іст (-та) *m* 게르만주의자.
пандекти (-тів) *pl* 법전, 법전 전서.
пандемічний (-на, -не)* 전국적으로 퍼지는, 일반적인.
Пандора (-ри) *f PN Myth.* 판도라.
паневроп|еїзм (-му) *m* 범유럽주의.
панегірик (-ка) *m* 찬사, 격찬.
панеля (-лі) *f* 판, 벽판.
панен|я (-яти) *n*, ~ятко (-ка) *n Dim.*: пан, 중요 인물(거물, 왕)의 자녀.
пан|исько (-ка) *m Augm.*: пан, (다소 역설적으로): 대왕, 대지주.
пані *f indecl.* 부인, 님, 여사; 마나님, 아씨.
панібрат (-та) *m* 친한 친구.
панів (-нова, -нове) 주인의, 지배자의.
панівка (-ки) *f* 약실.
панівний (-на, -не) 중요한, 제일의.
пан|іїн (-на, -не) 숙녀 여러분.
паніка (-ки) *f* 돌연한 공포, 공황.
панікер (-ра) *m* 공포(공황)을 일으키는 사람.
паніматка (-ки) *I Dim.*: мати, 자애로운 어머니 좋은 아내, 현모양처; 부인, 사모님; 성직자의 아내; ~чин (-на, -не) 여주인의, 주부의.
паністара (~рої) *f Colloq.* 엉덩이.
паніти (-їю, -їеш) *I vi* 부자가 되다; 상전 행세를 하다.

пані́чний (-на, -не)* 공황의, 허둥지둥하는.
панкреати́чний (-на, -не) *Anat.* 췌장의.
па́нн|а (-нни) *f* 양, 씨; 소녀, 처녀, 아가씨.
пано́в|ий (-ва, -ве) = панів, 주인의, 지배자의.
пан|о́к (-нка́) *m Dim.*: пан, 소군주, 시시한 귀족.
паноп|лія (-ії) *f* 화려한 위용, 성대한 의식.
панора́ма (-ми) *f* 파노라마, 회전그림, 전경.
паноте́ць (-тця́) *m* 아버지; 주인, 선생; 성직자.
паноши́тися (-шуся, -шишся) *I vi* 점잔을 빼다, 젠체하다; 부자가 되다.
панруси́зм (-му) *m* 범러시아주의.
пансіо́н (-ну) *m* 하숙집, 하숙식 호텔, 기숙학교; ~е́р (-ра) *m* 기숙생, 하숙인.
панслав|і́зм (-му) *m* 범슬라브주의; ~і́ст (-та) *m* 범슬라브주의자; ~істи́чний (-на, -не) 범슬라브주의의.
па́нство (-ва) *n* 저명, 고귀, 기품이 있음; 제국; 귀족, 통치권.
па́нський (-ка, -ке) 주인의, 지배자의; 영지의, 영주의; 위엄 있는, 품위 있는, 격조 높은.
панталю́ни, ~ьо́ни (нів) *pl* 바지, 남성용 바지.
панта́рка (-ки) *f Orn.* 뿔닭.
панте|ї́зм (-му) *m* 범신론; ~і́ст (-та) *m* 범신론자; ~їсти́чний (-на, -не) 범신론의.
пантели́к (-ку) *m* 분별, 지각, 이성.
пантео́н (-ну) *n* 판테온, 만신전.
панте́ра (-ри) *f Zool.* 표범.
пантли́чка (-ки) *f dial.* 고리, 올가미.
пантомі́м|а (-іми) *f* ~іка (-ки) *f* 무언극, 팬터마임; ~і́чний (-на, -не)* 무언극의.
панто́ф|ель (-фля) *m*, ~ля (-лі) *f* 슬리퍼, 덧신.
пантр|и́ти (-рю́, -риш), ~ува́ти (-у́ю, -у́єш), ~юва́ти (-рю́ю, -рю́єш) *I vt* 돌보다, 간호하다; 주시하다, 지켜보다.
панува́ння *n* 지배, 통치; 귀족다운 삶, 위엄 있는 삶.
панува́ти (-у́ю, -у́єш) *I vi* 통치하다, 다스리다; 우세하다, 압도하다; 귀족적인(위엄 있는) 삶을 살다; - над собо́ю, 스스로를 다스리다.
пану́ючий (-ча, -че)* = панівний, 지배적인, 유력한: -чий дім, 세도가, 명가, 왕가.

па́нцер (-ра) *m* 갑옷, 철갑.
панчі́ш|ка (-ки) *f Dim.*: панчо́ха, 조그만 스타킹.
панчо́ха (-хи) *f* 스타킹, 긴 양말.
панща́нин (-ина) *m* 농노, 노예.
па́нщ|ина (-ни) *f* 농노, 종의 신분.
панюга (-ги) *m Augm.*: пан, (경멸적으로): 대지주.
пан|я́ (-я́ти) *n* 영주(지배자)의 자녀.
паньк|а́ння *n* 야단법석을 떨며 염려함.
па́п|а (па́пи) *f Inf.* 빵.
Па́па (Па́пи) *m* 로마 교황.
папа́ха (-хи) *f* 카프카스 지역의 털모자.
паперо́вий (-ва, -ве) 종이의, 종이로 만든.
па́перть (-ти) *f* 교회 현관, 중앙 홀.
папі́зм (-му) *n* (경멸의 의미로) 천주교(제도).
папільо́тк|а (-ки) *f* 머리카락을 마는 데 쓰는 클립; ~и (-ток) *pl* 컬용 종이.
папі́р (папе́ру) *m* 종이; - (-е́ра) *m* 서류, 중요한 서류.
папі́р|а (-ри) *f*, ~ець (-рця́) *m* 서류, 종이 쪽지.
папі́рус (-са) *m* 파피루스.
папірці́ (-ів) *pl* 궐련용 얇은 종이; 중요하지 않은 종이 쪽지.
папі́ст (-та) *m* 교황 절대주의자, (경멸적으로) 카톨릭 교도.
па́пка (-ки) *f Dim.*: па́па, *Inf.* 빵; 담뱃잎 두루마리; 오트밀 죽.
па́пл|юга (-ги) *m,f* 난봉꾼, 방탕자.
па́пля (-лі) *f* 수다쟁이; 나쁜(비 오는) 날씨; ~ти (-яю, -яєш) *I vt* 수다를 떨다, 재잘거리다.
па́пороть (-ті) *f Bot.* 양치류.
папоро́ша (-ші) *f* 첫눈, 자국눈.
па́прика (-ки) *f Bot.* 고추.
па́п|ство (-ва) *n* 로마 교황직; ~ський (-ка, -ке) 로마 교황의.
папу́|га (-ги) *f Orn.* 앵무새.
папу́ша (-ші) *f* 담뱃잎 두루마리; 이가 없는(빠진) 사람.
па́пушник (-ка) *m* 부활절 빵.
пар (-ру) *m* 휴한지, 휴경, 휴작.
па́ра (-ри) *f* 증기, 김; 숨, 호흡.

па́ра (-ри) *f* 한 쌍.
пара|болі́чний (-на, -не)* 포물선(모양)의.
параван (-ну) *m* 접이식 칸막이.
пара́граф (-фа) *m* 절, 단락.
Парагва́й (-аю) *m NP* 파라과이.
парагв|а́єць (-айця) *m* 파라과이인.
пара́да (-ди) *f* 행렬, 행진; 전시, 쇼, 구경거리; 야외극, 행렬.
паради́гма (-ми) *f* 패러다임, 이론적 틀.
пара́дний (-на, -не)* 행렬의, 행진의; 화려한, 으리으리한, 장엄한, 즐거운.
парадо́кс (-су) *m* 역설.
парадува́ти (-у́ю, -у́єш) *I vi* 과시하다, 자랑삼아 보이다; -ся *I vi* 점잔을 빼다, 젠체하다.
парази́т (-та) *m* 기생충(균), 기생동물.
паракли́с (-су) *m* = моле́бень, 기원 미사(예배).
паралакса (-си) *f Astr.* 시차, 패럴랙스.
паралепі́пед (-да) *m* 평행 6면체.
парале|лі́зм (-му) *m* 평행 관계, 병행.
парале|еля (-лі) *f* 평행선.
паралі́ж (-жу) *m* = паралі́ч, 마비, 중풍.
паралі́жувати (-у́ю, -у́єш) *I vt* 마비시키다; 절름발이로 만들다; 훼방 놓다, 방해하다.
паралі́з|а (-зи) *f* 마비, 중풍.
паралі́т|ик (-ка) *m* 마비 환자, 중풍 환자.
паралі́ч (-чу) *m* 마비, 중풍.
паран|о́я (-о́ї) *f* 편집증, 망상증; ~о́їк (-ка) *m* 편집증 환자.
парапе́т (-ту) *m* 난간.
парасо́л|я (-лі) *f* 우산.
парастас (-су) *m* = панахи́да, 장례 미사.
парафі́н (-ну) *m*, ~а (-ни) *f* 파라핀, 석랍.
параФі́|я (-ії) *f* 교구.
парафра́з|а (-зи) *f* 바꾸어 말하기, 의역; ~ува́ти (-у́ю, -у́єш) *I vt* 바꾸어 말하다, 의역하다.
пара́ша (-ші) *f* (감옥의)옥외 변소, 소변기.
парашу́т (-та) *m* 낙하산; ~и́ст (-та) *m* 낙하산병, 낙하산 강하자.
парвеню́ *m indecl.* 벼락부자.
паргелі́й (-ію) *m Astr.* 환일(햇무리 밖에 나타나는 광륜).

пард (-да) *m Zool.* 표범.
парем|ійник (-ка) *m* 우화 모음; **~ія** (-ії) *f* 우화집.
парений (-на, -не) 가열된; 덴.
парени́на (-ини) *f* 휴한지, 휴작; 끓인 여물(돼지 먹이).
па́рен|ити (-ню, -ниш) *I vt dial.* 묵혀두다.
па́рень (-рня) *m* 젊은이, 젊은 친구.
Пари́ж (-жу) *m NP* 파리.
парижа́н|ин (-ина) *m*, **~ка** (-ки) *f* 파리 사람.
пари́зький (-ка, -ке) 파리의, 파리식의.
перикма́хер (-ра) *m* 미용사, 이발사.
паристий (-та, -те)* 짝지은, 조화된, 어울리는.
паритет (-ту) *m* 동질, 동급, 동등.
па́рити (-рю, -риш) *I vt* 가열하다; 데우다; 때리다, 매질하다.
парі́ *n indecl.* 내기.
парі́вка (-ки) *f* 증기 목욕.
Парі́с (-са) *m PN Myth.* 파리스.
парі́я (-ії) *m, f* 최하층민, 천민.
парк (-ку) *m* 공원.
парка́ (-ки) *m* 파카 (모피 재킷).
па́рка (-ки) *f Dim.*: па́ра: залю́блена -, 두 연인.
Па́рка (-ки) *f PN Myth.* 파르카, (운명의 세 여신 중 하나).
парка́н (-на) *m*, **~ня** *n* 울타리, 울짱.
парке́т (-ту) *m* 마루, 마룻바닥; 영화관의 앞자리.
Па́рки (-рок) *plPN Myth.* 운명의 세 여신 중 하나.
па́рко *adv., impers.*, 날씨가 무덥다.
паркота́ти (-очу́, -оти́ш) *I vi dial.* 재잘거리다, 잡담하다.
парля́мент (-ту) *m* 의회, 국회.
пармеза́н (-ну) *m* 파르마 치즈.
Парна́с (-су) *m NP Myth.* 파르나소스.
па́рн|ий (-на, -не)* 짝지은, 걸맞는; **~о** *adv.* 짝지어서.
парни́й (-на́, -не́) 무더운, 후텁지근한.
парни́к (-ка́) *m* 온실; **~овий** (-ва, -ве) 온실의, 온실 같은. **парни́ще** (-ща) *m Augm.*: па́рень.
па́рн|о *adv.*: парни́й; *impers.*, 날씨가 무덥다.
паровида́тність (-ности) *f* 증발, 발산.

паров|и́й (-ва́, -ве́) 짝을 이루는; 증기의.
паров|і́з = ~о́з (-во́за) *m* 증기 기관, 증기 기관차.
пеня́ти (-я́ю, -я́єш) *I vi* 비난하다, 책망하다; 부주의하다.
пень (пня) *m* 나무줄기; 그루터기; 멍청이, 얼간이.
пео́нія (-ії) *f* = піво́нія, *Bot.* 작약, 모란.
пеперме́нт (-ту) *m* 박하, 박하 기름.
пепси́н (-ну) *m*, ~а (-ни) *f Chem.* 펩신.
пепти́чний (-на, -не) 펩신의, 소화의.
перв|а́к (-ка́) *m* 첫째 아이, 맏물, 햇것.
пе́рвень (-вня) *m Chem.* 원소.
перв|и́й (-ва́, -ве́) = пе́рший, 첫째의, 첫번째의.
перві́сн|ий (-на, -не)* 최초의, 기원의; 초기의; 원시의.
пе́рвіст|ка (-ки) *f* 첫딸, 맏딸; 첫 송아지.
пе́рво *adv. dial.* 첫째로, 우선, 애당초.
перво|взі́р (-зо́ру) *m* 원형, 원조; 전형, 이상.
первого́дн|ик (-ка) *m* = перволі́ток, ~иця (-ці) *f* = перволі́тка, 어린 아이, 어린 동물.
перво|дру́к (-ку) *m* 초기, 여명기, 요람기; ~з да́нний (-нна, -нне)* 처음 만들어진.
перга́ (-ги́) *f* 꽃가루; 꿀 찌꺼기; 곡식가루.
перга́мен (-ну) *m* 양피지; ~о́вий (-ва, -ве) 양피지의.
перга́ч (-ча́) *m* = кажа́н, 배트, 타구.
перд|і́ж (-дежа́) *m Vulg.* 방귀; ~і́ти (-джу́, -ди́ш) *I vi Vulg.* 방귀 뀌다.
пере- *prefix* (다른 곳으로의 이동을 표현함): ~을 넘어, ~을 지나서, ~을 가로질러:.
перебайдикува́ти (-у́ю, -у́єш) *I vt* 잡담하다.
перебала́кати (-каю, -аєш) *I vt*; перебала́кувати (-ую, -уєш) *I vt* ~보다 빨리 이야기하다, 입씨름으로 이기다; ~와 이야기하다, 의논하다.
перебальто́вувати (-ую, -уєш) *I vt*; перебальтува́ти (-у́ю, -у́єш) *P vt* 다시 한 번 투표하다.
перебандажо́вувати (-ую, -уєш) *P vt*; перебандажува́ти (-у́ю, -у́єш) *P vt* 붕대를 새로 감다.
перебани́ти (-ню, -ниш) *P vt*; перебаню́вати

(-нюю, -нюєш) *I vt* 다시 씻다.

перебанува́ти (-у́ю, -у́єш) *P vt W.U.* 실패를 극복하다; 역경을 견디다.

перебара́нча́ти (-а́ю, -а́єш) *I vi* 방해하다, 막다; 만족시키기 어렵다; 까다롭다.

перебача́ти (-ча́ю, -ча́єш) *I vt*; **переба́чити** (-чу, -чиш) *P vt* 꿰뚫어 보다, 간파하다; 용서하다, 관대히 봐주다.

перебга́ти (-а́ю, -а́єш) *P vt* 구부리다, 굽히다.

перебе́нд|ювати (-дюю, -дюєш) *I vi* 변덕을 부리다; 한가하게 어슬렁거리다, 배회하다; 흠잡다, 트집잡다; 낭비하다, 어리석게 소비하다.

перебенкетува́ти (-у́ю, -у́єш) *P vt* 잔치로 시간을 보내다, 연회를 마치다.

перебива́ння *n* 꿰뚫음, 관통함.

перебива́ти (-а́ю, -а́єш) *I vt*: (переби́ти *P*) 돌파하다, 타개하다; 되받아치다, 반격하다; (카드 게임에서) 으뜸패를 내놓다; 차례로 찍어내다; 차례로 절멸시키다; (말하는 것을) 방해하다.

перебийні́с (-но́са) *m* 코가 부러진 사람.

перебира́ння *n* (선택에 있어서) 까다로움; *W.U.* 옷을 갈아입음.

перебира́ти (-а́ю, -а́єш) *I vt*: (перебра́ти *P*) 따다, 뜯다; 조심스럽게 고르다; 가려내다, 선별하다; *W.U.* 옷을 갈아입다; 변장(위장)시키다; *vi* 까다롭다, 변덕부리다; (발로) 빠르게 또닥또닥 소리를 내다; (악기를) 손가락으로 빠르게 연주하다; 까다롭게 굴다.

перебирки (-ків) *pl* 나머지, 찌꺼기.

перебі́г (-гу) *m* 경주, 경쟁; (일의) 발달, 발전, 진전.

перебіга́ти (-а́ю, -а́єш) *P vi* 달리기를 끝마치다; -ся *P vi* 너무 달려서 지치다.

перебіга́ти (-а́ю, -а́єш) *I vt*: (перебі́гти *P*) 관류(貫流)하다, 넘다, 건너가다.

перебі́гом *adv.* 서둘러서, 마구잡이로, 대충; 첫눈에, 잠깐 보아서.

перебі́гти (-біжу́, -жи́ш) *P vt*: (перебіга́ти *I*); -ся *P vi*.

перебіди́ти (-джу́, -ди́ш) *P vt* 비참한 시기를 보내

переб|ієць (-ійця) *m* 권투 선수, 복서; ~ій(-бою) *m* 돌파, 침해; 습격, 급습; 폭포.

перебілити (-ілю, -ілиш) *P vt* 다시 하얗게 만들다.

перебільш|ений (-на, -не)* 과장된, 떠벌린.

перебільшити (-ільшу, -ільшиш) *P vt*; **перебільшувати** (-ую, -уєш) *I vt* 과장하다.

перебір (-бору) *m* 초과, 과잉; 조심스러운(변덕스러운) 선택.

перебірка (-ки) *f* 옷 갈아입음; 변장, 위장; 구분, 분류.

перебір|ливий (-ва, -ве)* 까다로운, 가리는.

переблагати (-гаю, -аєш) *P vt* 애원함으로써 진정시키다, 화해하다.

перебовтати (-аю, -аєш) *P vt*; **перебовтувати** (-ую, -уеш) *I vt* 완전히 흔들어 섞다.

перебоїна (-ни) *f* 대들보, 가로장, 들보, 중간틀.

переболіти (-лю, -лиш) *P vi* 고통을 겪다.

перебороти (-борю, -бореш) *P vt*: (**переборювати** *I*) 이기다, 극복하다, 정복하다, 제압하다.

переборщен|ня *n* 과장, 과대시; ~ий (-на, -не)* 과장된, 떠벌린.

переборщити (-щу, -щиш) *P vt*: **переборщувати** (-ую, -уєш) *I vt* 과장하다, 극단적으로 하다.

переборювати (-рюю, -рюєш) *I vt*: (**перебороти** *P*).

перебраний (-на, -не)* 옷을 갈아입은; 변장한, 위장한.

перебрести (-бреду, -деш) *P vt*: (**перебродживати** *I*) 건너다, 지나다, (개울 등을) 걸어서 건너다.

перебрех (-ху) *m* 사실의 왜곡, 곡해; 거짓말.

перебрехати (-решу, -ешеш) *P vt*: (**перебріхувати** *I*) 거짓말에 있어서 ~를 능가하다.

перебрід (-роду) *m* (개울 등을) 건넘.

перебування *n* 한 곳에 머무름, 남아있음; 체류, 묵음; 신발을 갈아신음.

перебувати (-аю, -аєш) *I vi*: (**перебути** *P*) 머무르다, 눌러앉다, 거주하다; *vt* 시간을 보내다; 신발이나 스타킹을 갈아 신다.

перебудов|а (-ви) *f* 재건, 복구; ~аний (-на, -не) 재건된, 개축된 ~ування *n* 재건하기.

перебудовувати (-ую, -уєш) *I vt*; перебудувати (-дую, ~уєш) *P vt* 재건하다, 복구하다.

перебурхати (-аю, -аєш) *P vt* 흔들림을 멈추다; 사납게 날뛰던 것을 멈추다.

перебурчати (-чу, -чиш) *P vi* 투정을 멈추다.

перетбут|ий (-та, -те) 겪은, 견뎌낸; ~ний (-на, -не), ~ній (-ня, ~нє) 견딜 수 있는, 참을 수 있는; 덧없는, 무상한.

перевабити (-блю, -биш) *P vt*; переваблювати (-люю, -люєш) *I vt* 유인하다, 꾀어내다, 유혹하다; (아첨이나 유혹을 통해) ~를 자신의 편으로 끌어들이다.

перев|ага (-ги) *f* 우월, 우세; 초과 중량, 과중: брати перевагу, 우위를 차지하다.

переважати (-аю, -аєш) *I vt*; переважити (-жу, -жиш) *P vt* ~보다 무겁다, 무게에서 능가하다; 우세하다, 이기다; 다시 무게를 달다; -ся *vi* 몸을 굽히다.

переваж|ений (-на, -не) ~보다 무거운, 압도하는, 우세한.

перевал (-лу) *m* 골짜기, 계곡.

перевалити (-алю, -алиш) *P vt*: (перевалювати *I*) 뒤엎다, 전복시키다; 능가하다, 넘어서다; -ся *P vi* 구르다, 넘어지다; 흔들리다.

перевалля *n* 골짜기, 계곡.

перевалювати (-люю. -люєш) *I vt*: (перевалити *P*); -ся *I vi*.

перевантажен|ий (-на, -не) (짐을) 너무 실은, (부담 등이) 과중한; ~ість(-ности) *f*, ~ня *n* 초과 중량, 너무 많이 실음, 지나치게 부담을 줌.

перевантажити (-жу, -жиш) *P vt*; перевантажувати (-ую, -уєш) *I vt* ~에 짐을 너무 많이 싣다, 지나치게 부담을 주다.

перевар|ений (-на, -не) 너무 익힌(데운); ~и (-рів) *pl* 익은 것들, 데워진 것들.

переварити (-арю́, -ариш) *P vt*; переварювати (-рюю, -рюєш)*I vt* 너무 익히다, 너무 데우다;

-ся *vi* 익다, 데워지다.

переве́дяг (-гу́) *m* (옷으로) 변장하다, 위장하다.

переве́дений (-па, -пе) 진이 빠진, 지친; (행위 등이) 실행된, 실현된.

переве́зення *n* 운반함, 수송함.

перевезти́ (-зу́, -зе́ш) *P vt*: (перево́зити *I*) 운반하다, 수송하다; -ся *P vi* 지나가다, 움직이다, 나아가다; 다른 곳으로 이동하다, 이사하다.

переве́рнений (-на, -не) 뒤집어진, 넘어진.

переверну́ти (-ерну́, -ернеш) *P vt*: (переверта́ти *I*) 뒤엎다, 전복시키다, 넘어뜨리다; 변형시키다, 변화시키다; - догори́ нога́ми, 뒤집다, 혼란시키다; - човна́, (배를) 전복시키다; -ся *P vi* 뒤집히다, 넘어지다; 변형되다.

переве́рт (-ту) *m* 뒤죽박죽, 혼란 상태; 변화: піти́ в переве́рти, 회전하다, 재주넘기를 하다, 구르다; ~а́ння *n* 뒤엎음, 굴림, 재주넘음.

переверта́ти (-а́ю, -а́єш) *I vt* = перегорта́ти: (переверну́ти *P*); - сторі́нки, 페이지를 넘기다; - очи́ма, 눈(알)을 굴리다; -ся *I vi*.

переве́рт|ень (-тня) *m* 변절자, 배반자, 반역자; 괴물, 극악무도한 사람: 늑대인간.

переве́ршен|ий (-на, -не) 대신하는, 압도하는; ~ня *n* 대단히(지나치게) 쌓음; 앞서감, 탁월함.

переверши́ти (-ершу́, -е́ршиш) *P vt*; переве́ршувати (-ую, -уєш) *I vt* 쌓다; ~보다 뛰어나다, 앞서다, 초월하다; 과장하다.

переве́сло (-ла) *n* 짚단을 묶는 끈.

переве́сн|ик (-ка) *m*, ~иця (-ці) *f* 동년배, 동시대인.

перевести́ (-веду́, -де́ш) *P vt*: (перево́дити *I*) 번역하다; 변하게 하다, 전환시키다; 옮기다, 나르다; 낭비하다; 헛되이 쓰다; 파괴하다; ~하게 되다, ~되다; 수행하다, 완수하다.

перев|ибира́ти (-а́ю, -а́єш) *I vt*; перевибрати (-беру́, -бере́ш) *P vt* 재선거하다; 새로이 선거하다.

перевива́ти (-а́ю, -а́єш) *I vt*: (переви[ну́]ти *P*) 싸다, 휘감다; -ся *I vi* 다시 싸이다, 휘감기다; 말리다, 오그라지다.

перевидава́ти (-даю́, -а́єш) *I vt*; перевида́ти (-дам,

перевиса́ти (-а́ю, -а́єш) *I vi*; перевиснути (-ну, -неш) *P vi* 매달리다, 감돌다.

перевислий (-ла, -ле) 걸려있는; 매달린 (공중에) 뜬.

пере|вихова́ти (-а́ю, -а́єш) *P vt*; перевихо́вувати (-ую, -уєш) *I vt* 재교육하다, (훈령에 의하여) 개혁하다, 혁신하다; ~ви́шкіл (-колу) *m W.U.* 재교육, 재훈련.

переви́щати (-а́ю, -а́єш) *I vt*: (переви́щити *P*) 능가하다, 넘다, 빼어나다.

переви́щен|ий (-на, -не) 능가하는, 빼어난; ~ня *n* 초과, 압도, 정복.

переви́щити (-щу, -щиш) *P vt*: (перевища́ти *I*); перевищувати (-ую, -уєш) *I vt* 능가하다, 넘다, 빼어나다.

перевіва́ти (-а́ю, -а́єш) *I vi*: (переві́яти *P*) (바람이) 들이치다; *vt* 공기를 통하다, 환기하다; (곡식을) 까부르다, 키질하다.

переві́д (-во́ду) *m* 끝, 중단, 정지; зайця́м нема́ переводу, 토끼는 절대 멸종되지 않는다.

переві́дати (-а́ю, -а́єш) *P vt*: (переві́дувати *I*); -ся *P vi* 묻다, 조사하다, 문의하다; 방문하다.

переві́дн|ик (-ка) *m*, ~иця (-ці) *f* 중개자, 중매인, 브로커.

переві́з (-во́зу) *m* 운반, 수송.

переві́й (-ію) *m* 길에 쌓인 눈더미; - (-вою) *m* 휘감긴 실.

перевіку́вати (-у́ю, -у́єш) *P vt* 살아남다, 목숨을 부지하다.

переві́рити (-рю, -риш) *P vt*: (переві́р|ювати, ~я́ти *I*) 조사하다, 조회하다, 확인하다; 고치다, 교정하다, 수정하다; -ся *P vi* 경험에 의하여 배우다.

переві́рка (-ки) *f* 확인, 감독, (회계) 감사; 상고, 숙고.

переві́са (-си) *f* 칼자루의 장식끈, 견대, 멜빵.

переві́сити (-і́шу, -і́сиш) *P vt*: (переві́шувати *I*) 가로질러 매다: - кріса, 총을 어깨에 걸어메다.

переві́трити (-рю, -риш) *P vt*; переві́трювати (-рюю, -рюєш) *I vt* 환기하다, 공기를 통하다;

-ся *vi* 바람을 쐬다.

переві́шати (-аю, -аєш) *P vt*; **переві́шувати** (-ую, -уєш) *I vt* 차례로(줄줄이) 걸다.

перево́д|ка (-ки) *f*, **~ня** (-ні) *f* 퇴화된 종(種); 퇴화, 퇴보; **~чик**(-ка) *m* 번역자, 해석자.

перевоз|а́ (-зи́) *f* = переві́з; **~ець** (-зця́) *m* = перевізник; **~ини** (-зин) *pl* 운반, 운송.

перевозлове́ (-во́го) *n* 운송비; **~овий** (-ва, -ве) 운송하는, 운송의.

переволіка́ти (-а́ю, -а́єш) *I vt*: (переволокти́ *P*) 다른 곳으로 끌어넣다; **-ся** *I vi* 한 곳에서 다른 곳으로 끌리다, 휘말리다, 질질 끌리다.

переволо́ка (-ки) *f* (두 수로 사이의) 육운(陸運), 두 수로 사이의 거리, 간격.

переворо́т (-ту) *m* 전복, 혁명, 개혁; *Math.* 역.

перевті́лення *n* 재생, 환생, 윤회.

перевті́лити (-лю, -лиш) *P vt*; **перевті́лювати** (-люю, -люєш) *I vt* 다시 육체를 부여하다, 환생시키다; **-ся** *vi* 환생한.

перевто́м|а (-ми) *f* 극도의 피로, 과로, 피곤; **~лений** (-на -не) 피곤한, 지친.

перевтоми́ти (-омлю́, -о́миш) *P vt*; **перевто́млювати** (-люю, -люєш) *I vt* 피곤하게 하다, 과로시키다.

перевча́ти (-а́ю, -а́єш) *I vt*; **перевчи́ти**(-чу́, -чиш) *P vt* 과잉 교육 하다; (차례차례) 모든 것을 배우다: усі́х не перевчи́ш, 모든 사람을 가르치는 것은 불가능하다; **-ся** *vi* 너무 많이 (지나치게) 공부하다.

перев'я́з|аний (-на, -не) 휘감긴, 묶인, (상처에) 붕대를 감은.

перев'яза́ти (-в'яжу́, -в'я́жеш) *P vt*; **перев'я́зувати** (-ую, -уєш) *I vt* 허리에 두르다, 감다: - ру́ку, 손(팔)에 붕대를 감다.

перегавкати (-каю, -аєш) *P vi* 짖는 소리를 멈추다.

перегайнува́ти (-у́ю, -у́єш) *P vt* 시간을 낭비하다, 하는 일 없이 시간을 보내다.

переганя́ти (-я́ю, -я́єш) *I vt*: (перегна́ти *P*) 지나가다, 통과하다; 흩어버리다, 쫓아버리다; 따라가 앞서다, 뒤에 처지게 하다; (말을)

지나치게 타서 지치게 하다.

перегарто́вувати (-ую, -уєш) *I vt*; **перегартува́ти** (-ую, -уєш) *P vt* 지나치게 흥분시키다, 과열시키다.

перегарува́ти (-ую, -уєш) *P vt* 비참하게 살다, 가련한 삶을 살다.

перегати́ти (-ачу́, -а́тиш) *P vt*; **перега́чувати** (-ую, -уєш) *I vt* 둑으로 막다, 둑(제방)을 쌓다.

перегина́ти (-а́ю, -а́єш) *I vt*: (перегну́ти *P*) 구부리다: - па́лицю, 극단으로 흐르다, 무리하다; -ся *I vi* 구부러지다; 등을 굽히다.

пере́гін (-го́ну) *m* 소몰이; 되갈아놓은 휴경지.

перегі́рклий (-ла, -ле) 아주 쓴, 쓰라린, 지독한.

перегі́р|кнути (-ну, -неш) *P vi* 매우 쓰다, 쓰라리다; ~чити (-чу, -чиш) *P vt* 매우 쓰게 만들다, 쓰라리게 만들다.

переглипува́тися (-уюся, -уєшся) *I vi* 서로 추파를 던지다.

переглода́ти (-а́ю, -а́єш) *P vt* 갉아서(쏠아서) 뚫다.

переглоти́тися (-очу́ся, -о́тишся) *P vi W.U.* 군중을 헤치고 나아가다.

пере́гляд (-ду) *m* 검사, 점검, 감시; 재조사, 재검토.

перегляда́ти (-а́ю, -а́єш) *I vt*; **перегля́нути** (-ну, -неш) *P vt* 대충 훑어보다; 다시 조사하다, 교정하다; 면밀하게 살피다, 빈틈없이 점검하다; -ся *vi* 눈짓을 교환하다, 서로 추파를 보내다.

переглядач (-ча́) *m* 비평가, 평론가, 교정자.

пере́гнаний (-на, -не) 지나간.

перегнива́ти (-а́ю, -а́єш) *I vt*: (перегни[с]ти́ *P*) 완전히 썩다.

перегни́лий (-ла, -ле)* 완전히 썩은, 부패한.

перегні́ватися (-а́юся, -а́єшся) *P vi* 화를 풀다.

перегні́й (-но́ю) *m* 부식토, 거름, 비료.

перегні́тити (-і́чу, -і́тиш) *P vt* (себе́): 극복하다, 강행하다.

перегно́єн|ий (-на, -не) 비료가 주어진; ~ня *n* 비료 주기.

перегноїти (-ою́, -о́їш) *P vt*; **перегно́ювати** (-о́юю, -о́юєш) *I vt* 비료를 주다.

перегну́тий (-та, -те) 구부러진, 굴곡된.
переговóри (-рів) *pl* 협의, 심의, 협상.
переговори́ти (-ворю́, -вори́ш) *P vt*; переговóр|ювати (-рюю, -рюєш). ~я́ти (-я́ю, -я́єш) *I vt* 협상하다, 협정하다; 다루다, 취급하다; 설득하다; 입씨름으로 이기다; -ся *vi* 협의하다, 의논하다; 찬반으로 나누어 이야기하다.
перегóдами *adv.* 때때로, 이따금.
перегоди́ти (-оджу́, -о́диш) *P vi* 잠시 기다리다, 참다.
перегодóвувати (-ую, -уєш) *I vt*; перегодува́ти (-у́ю, -у́єш) *P vt* 너무 먹이다.
перегóд|ом, ~я *adv.* 얼마 후에, 잠시 후에.
переголосóвувати (-ую, -уєш) *I vt*; переголосува́ти (-у́ю, -у́єш) *P vt W.U.* 투표수로 이기다; 재투표 하다.
перегóн|ець (-нця) *m* 경주자, 경주마; ~и (-нів) *pl* 경주, 경마.
перегорíлий (-ла, -ле)* 완전히 타버린.
перегорíти (-рю́, -ри́ш) *P vi*: (перегоря́ти *I*) 완전히 불타다, 다 타다.
перегорну́ти (-орну́, -о́рнеш) *P vt*: (перегорта́ти *I*) 뒤집다, 넘기다; (페이지를) 넘기다; -ся *P vi* 뒤집히다.
перегорóд|а (-ди) *f* 분할, 구획: ~ка (-ки) *f Dim.*; ~жений (-на, -не) 울타리로 분할된, 구획된; ~ження *n* 분리, 분할.
перегорóджувати (-ую, -уєш) *I vt*; перегороди́ти (-роджу́, -ро́диш) *P vt* 울타리로 분할하다, 구획하다; -ся *vi* (다른 사람들과) 관계를 끊다, 은둔하다.
перегорóжа (-жі) *f* 윗가지로 엮은 울타리.
перегóрок (-рка) *m* 언덕, 낮은 산.
перегорюва́ти (-рю́ю, -рю́єш) *P vt* 견디다, 참다, 불행을 겪으며 살다.
перегостюва́ти (-тю́ю, -тю́єш) *P vi* 잠시 손님으로서 머물다, 얼마간 친절한 접대를 받다.
перегра́вати (-ра́ю, -а́єш) *I vt*; перегра́ти (-а́ю, -а́єш) *P vt* 경기를 마치다, 다 놀다; (게임에서) 이기다; 과장하다, 너무 드러내다.

перегребти́ (-бу́, -бе́ш) *P vt*: (перегріба́ти *I*) (다시) 들추어내다, 꾸짖다; 조정으로 운송하다: -ся *P vi* 조정(보트)로 운송되다.

перегриза́ти (-а́ю, -а́єш) *I vt*; перегри́зти (-зу́, -зе́ш) *P vt* 완전히 다 갉다, 쏠다; -ся *vi* 말다툼하다, 다투다, 시비하다.

перегрі́в (-ву) *m* 과열.

перегріва́ти (-а́ю, -а́єш) *I vt* перегрі́ти (-і́ю, -і́єш) *P vt* 과열시키다, 흥분시키다; ~ся *vi* 과열되다.

перегрома́джувати (-ую, -уєш) *I vt*; перегромади́ти (-джу́, -ди́ш) *P vt* 다시 들추어내다.

перегрупо́вувати (-ую, -уєш) *I vt*; перегрупува́ти (-пу́ю, -уєш) *P vt* 재편성하다, 다시 모으다.

перегруп|о́вування, ~ува́ння *n* 재편성함, 다시 모음.

перегука́ти (-а́ю, -а́єш) *P vt* 큰소리로 외치다.

перегукну́тися (-ну́ся, -не́шся) *P vi*; перегу́куватися (-куюся, -уєшся) *I vi* 서로에게 외치다, 서로의 부름에 응답하다.

перегу́кування *n* 서로 부름.

перегуля́ти (-я́ю, -я́єш) *P vt* 유쾌한 시간을 보내다, 기분전환을 하다; *W.U.* 끝까지 춤추다.

перегу́снути (-ну, -неш) *P vi* 너무 빽빽하다, 질다.

перегусти́ (-уду́, -де́ш) *P vi* 윙윙거리는 소리(소음)을 멈추다.

пе́ред prep. (조격과 함께) (передо, переді; 두 개의 연속되는 자음 앞에서.

пе́ред (-реду, 또는 -реду) *m* 앞부분, 전면.

передава́ння *n* 전달, 전송; 건네줌, 전달함.

передава́ти (-да́ю, -а́єш) *I vt*: (переда́ти *P*) 내어주다, 양도하다, 전하다, 보내다, 전달하다; 너무 많이 주다, 초과 지불하다.

перед|ава́ч (-ча́) *m*, **~а́вець** (-вця) *m* 전달자, 양도자, 전달 장치.

передави́ти (-авлю́, -а́виш) *P vt*; передавлювати (-люю, -люєш) *I vt* (차례로) 모조리 짜내거나 뭉개다.

пере́дан|ий (-на, -не) 부쳐진, 전달된, 양도된.

передаро́вувати (-ую, -уєш) *I vt*; передарува́ти

(-у́ю, -у́єш) *P vt* 선물을 (많이, 자주)주다.
переда|тний (-на, -не) 전달의, 전송의; **~а́ток** (-тку) *m* 초과, 초과 지불.
передба́чення *n* 선견, 통찰력.
передба́чити (-чу, -чиш) *P vt*: (передбача́ти *I*); передба́чувати (-ую, -уєш) *I vt* 예견하다, 내다보다.
передбе́сідник (-ка) *m W.U.* 앞선 화자, 연설자.
передвесі́нній (-ння, -ннє) = передвесня́ний, 봄이 오기 전의, 봄이 되기 전에 일어나는.
передвечі́рній (-ня, -не) 저녁 전의.
передви́б|орний (-на, -не), **~орчий** (-ча, -че) 선거 전의, 예비 선거의.
передві́к (-ку) *m* 영원, 영구, 영원한 존재; **~ві́чний** (-на, -не)* 끝이 없는, 영원한, 머나먼.
передвое́нний (-нна, -нне) 전쟁 전의.
передвої́ти (-о́ю, -о́їш) *P vt*; передвойо́вувати (-о́юю, -о́юєш) *I vt* 이등분하다, 반으로 나누다.
передгі́рний (-на, -не) 산기슭(산밑)에 위치한.
переддень (передодня́) *m* 그 전날; (축제일의)전날 밤, 전날.
переде́ржанець (-нця) *m* 장물 취득자.
передержа́ти (-жу, -жиш) *P vt*; переде́ржувати (-ую, -уєш) *I vt* 지속하다, 유지하다; (탈주자, 장물 등을) 숨기다, 감추다.
переде́рж|ання, ~ування *n* 지속함, 유지함, 숨김; 보존, 유지; діста́ти на ~, 담보물로 받다.
передерти́ (-деру́, -дере́ш) *P vt*: (передира́ти *I*) 갈기갈기 찢다; -ся *P vi* 돌파하다, 헤쳐나가다.
переде́ртий (-та, -те) 찢어진.
передешеви́ти (-влю, -виш) *P vt* 너무 싸게 팔다.
переджо́втневий (-ва, -ве) 10월(혁명) 전의; (러시아) 혁명 전의.
передзвені́ти (-ню́, -ни́ш) *P vi* 울리는 소리를 멈추다.
передзві́н (-во́ну) *m* 종소리.
передзвони́ти (-оню́, -о́ниш) *P vi*, 울리는 소리를 멈추다.
передзижча́ти (-чу́, -чи́ш) *P vi* 윙윙거리는 소리를 멈추다.

передзи́мний (-на, -не) = передзимо́вий (-ва, -ве) 겨울을 예고하는(보통은 바람).

передзна́ття *n* 예지, 선견, 통찰.

передиви́тися (-ивлюся, -и́вишся) *P vi*; передивля́тися (-я́юся, -я́єшся) *I vi* 유심히 보다, 일일이 조사하다, 주의 깊게 살펴보다, 재검토하다.

передира́ти (-а́ю, -а́єш) *I vt*: (передерти *P*); -ся *I vi*; 서로 괴롭히다, 말다툼하다.

переди́рка (-ки) *f* 짓궂게 괴롭히는, 농담조의, 귀찮은.

передискутува́ти (-ту́ю, -у́єш) *P vt* 논구(論究)하다, 면밀히 검토하다.

пере́дих (-ху) *m* 휴식, 평온; 전투 중지.

передиха́ти (-а́ю, -а́єш) *I vi*; передихну́ти (-ну́, -не́ш) *P vi* 가끔씩 숨을 쉬다; 한숨 돌리다.

переди́шка (-ки) *f* 휴식, 잠깐 멈춤.

передіву́вати (-ую, -уєш) *P vt* 독신녀로 살다.

переді́л (-лу) *m* 분할, 구획.

переді́лений (-на, -не) 분할된, 갈라진;.

переділи́ти (-і́лю, -і́лиш) *P vt*: переді́лювати (-люю, -люєш), ~я́ти (-я́ю, -я́єш) *I vt* 나누다, 가르다, 분리하다; -ся *vi* 나뉘다, 분리되다.

переді́льний (-на, -не)* 나눌 수 있는, 가분의.

передісторичний (-на, -не) 유사 이전의, 선사의.

передко́м *adv.* 정면으로, 앞장서서.

передмину́лий (-ла, -ле)* 오래 지난; 끝에서 두번째의.

передмі́стя *n* 교외, 근교.

передмо́ва (-ви) *f* 머리말, 서문, 서론.

передму́р'я *n* 성채, 보루.

передні́вок (-вка) *m* ~ка (-ки) *f* 수확(추수)하기 전 시기.

пере́дній (-ня, -не) 앞의, 정면의.

передніюва́ти (-ню́ю, -ню́єш) *P vt* 하루를 보내다.

передня́к (-ка́) *m* 지도자, 인도자; 두드러지는 사람, 으뜸가는 사람.

передобі́ддя *n* 오전; ~ній (-ня, -не) 점심식사 전의.

передови́й (-ва́, -ве́): 선두의, 이끄는, 으뜸의; ~и́к (-ка́) *m* 지도자, 인도자.

передо́всім *adv.* = передусі́м, 특히, 무엇보다도.
передодень (-дня) *m* 전날.
перед|о́к (-дка́) *m Dim.*: пере́д, 사물의 앞부분; (마차의) 마부석.
перед|осі́нній (-ння, -нне) 가을 전의.
передощи́ти (-щить, *3rd pers. sing.*) *P vi*; -ся *P vi impers.* 비가 멈추다.
передпла́т|а (-ти) *f* 기부, 기부금;.
передплати́ти (-ачу́, -а́тиш) *P vt*; передпла́чувати (-ую, -уєш) *I vt* 기부를 약속하다, 기부하다.
передпокі́й (-кою) *m* 현관, 대기실.
перед|полудне́вий (-ва, -ве) 오전의.
пере́кид (-ду) *m*, ~а́ння *n* 건너편으로 던져버림; 군대의 빠른 수송.
перекиди́ст|ий (-та, -те)* 불안정한, 침착하지 못한.
переки́дько (-ка) *m*, ~и́нець (-нця) *m*, ~и́нчик (-ка) *m* 변절자, 배반자, 탈선자.
перекипі́лий (-ла, -ле)* 지나치게 데워진.
переки́слий (-ла, -ле)* 너무 신, 산화된.
переків (-ко́пу) *m* 운하, 해협.
перекі́р (-ко́ру) *m* 심술, 악의, 도발:.
пере́клад (-ду) *m* 번역; 대들보; 횡단, 수송; 과중한 짐, 과적.
перекл|ада́ч (-ча́) *m* 번역자, 해석자.
пере́клик (-ку) *m*, ~а́ння *n* 서로를 부름; 꾀어냄.
перековерса́ти (-аю, -аєш) *P vt*: (по-своєму): (자기 마음대로) 왜곡하다, 곡해하다, 잘못 전하다; (말이나 글을) 손상시키다, 망쳐놓다.
переколо́ти (-колю́, -ко́леш) *P vt*: (переко́лювати *I*) 꿰뚫다; 쪼개다; (찔러서) 모두 죽이다; -ся *P vi* 갈라지다, 쪼개지다.
переколоти́ти (-лочу́, -ло́тиш) *P vt*; переколо́чувати (-ую, -уєш) *I vt* 흔들다, 흔들어 섞다.
переколошка́ти (-аю, -аєш) *P vt* 놀라게 하다, 당황시키다.
переко́н|аний (-на, -не) 확신을 가진, 수긍하는; ~а́ння *n* 설득, 확신.
переконати (-а́ю, -а́єш) *P vt*; переко́нувати (-ую, -уєш) *I vt* 설득하다, 납득시키다; -ся *vi* 확신하다; ~을 확신하다.

переко́н|ливий (-ва, -ве) 확신시키는, 설득력 있는.

перекоржа́віти (-ію, -ієш) *P vi* (가죽이) 오그라들다, 이울다, 바싹 마르다.

перекорі́нення *n* (다른 곳에) 뿌리를 내림, 정착함.

перекорті́ти (-тить, 3인칭 단수) *P vi impers.* 욕구를 잃다.

переко́р|юватися (-рююся, -рюєшся), **я́тися** (-я́юся, -я́єшся) *I vi* 자책하다.

перекоти́поле (-ля) *n Bot.* 비누풀; 명아주과 식물.

переко́тистий (-та, -те) (천둥의) 우르르 소리가 나는.

перекоти́ти (-очу́, -о́тиш) *P vt*; **переко́чувати** (-ую, -уєш) *I vt* 굴러가다; 데굴데굴 구르다; **-ся** *vi* 구르다; 시간을 보내다.

перекошла́ти (-аю, -аєш) *P vt* 구기다, 헝클어 놓다.

перекра́шений (-на, -не) 다시 칠한, 다시 물들인.

перекре́слен|ий (-на, -не) 취소된, 중지된.

перекре́слити (-лю, -лиш) *P vt*; **перекре́слювати** (-люю, -люєш) *I vt* 삭제하다, 취소하다.

перекрі́й (-ро́ю) *m* 가로지르기, 횡단면; 베기, 절단; 측면.

перекрути́ти (-учу́, -у́тиш) *P vt*; **перекру́чувати** (-чую, -уєш) *I vt* 너무 비틀다, 꼬다; 오역하다, 곡해하다, 잘못 전하다; 과장하다; **-ся** *vi* 비틀리다, 꼬이다; 재주 넘기를 하다; 곤두박질치다.

перекру́ч|ений (-на, -не) 비뚤어진, 곡해된, 왜곡된.

переку́п|ень (-пня) *m*, **~ець** (-пця) *m* 소매상, 행상인.

переку́пка (-ки) *f* 소매상, 행상인(여자).

переку́пленій (-на, -не) 매수된; **~ня** *n* 매수함, 뇌물을 줌.

перекупн|и́й (-на́, -не́) 인수가 가능한, 재판매 되는, 뇌물이 통하는, 타락하기 쉬운; 돈으로 좌우되는, 매수에 의한.

переку́п|ник (-ка) *m* 중간 상인, 중매인, 소매상인.

переку́пство (-ва) *n* 뇌물 수수, 부패, 타락.

перекуска (-ки) *f* 간단한 식사, 다과, 맛보기.
перекут (-та) *m* 대각선.
перекутий (-та, -те) 개주된, 다시 단조(성형)된.
перекутня (-ні) *f* 대각선.
переклад (-ду) *m*: немає ні ладу ні перекладу, 어찌된 영문인지 모르겠다.
переладнання *n* 개조함, 수선함, 수리함.
перелазити (-ажу, -азиш) *I vt*: (перелізти *P*) 기어나가다, 넘어가다.
переламаний (-на, -не) 부서진, 망가진.
переламати (-маю, -аєш) *P vt*; переламувати (-ую, -уєш) *I vt* 부수다, 망가트리다; 돌파하다, 극복하다, 이기다.
перелатати (-таю, -аєш) *I vt*; перелатувати (-ую, -уєш) *I vt* (차례차례) 모두 고치다, 수리하다, 수선하다.
перележаний (-на, -не) 오래되어서 망가진; 진부한, 오래된.
перелесн|ик (-ка) *m* 유혹자; 악마, 마귀, 악독한 남자.
переліт (-ту) *m* = переліт, 날아감, 비행:.
перелетний (-на, -не). = перелітний, 이주하는, 어느덧 지나가는, 일시적인.
перелив (-ву) *m*, ~ання *n* 옮김; 옮겨 붓기.
переливки (-вок) *pl* : це тобі не -! 이것은 심각한 문제다!
перелицювання *n* 풍자, 희화화, 패러디; 표정을 바꿈.
перелицьований (-на, -не) 풍자된, 희화화된; 뒤집힌.
переліг (-логу) *m* 휴경지.
перелік (-ку) *m* 열거, 목록; 설명, 기술; 요약, 개요, 색인.
перелім (-лому) *m* 파열, 터짐; 전환기; 위기, 결정적 단계.
переліс (-су) *m* 숲지대, 관목 숲.
переліт (-лету) *m* 날아감, 비행.
перелітний (-на, -не) 이주하는, 어느덧 지나가는, 일시적인.
переліч|ений (-на, -не) 계산된.
перелічити (-ічу, -ічиш) *P vt*; перелічувати (-ую,

-уєш) *I vt* 다시 세다, 일일이 세다; 모두 세다.
перело́ги (-гів) *pl* 경련, 쥐; 휴경지.
перело́м|лення, ~лювання *n* 산산이 부숨, 파쇄함.
переломо́вий (-ва, -ве) 위기의, 결정적 단계.
перел|ю́б (-бу) *m* 간음, 간통.
перелю́бка (-ки) *f* 간음하는 여자.
перелю́бки (-ків, 또는 -бок) *pl* 간통, 불륜.
перелю́бниця (-ці) *f* 간음하는 여자.
перелю́бство (-ва) *n* 간통, 불륜.
перелю́днен|ий (-на, -не) 인구 과잉의.
перел|я́к (-ку) *m* 공포, 놀람, 두려움.
пере́льник (-ка) *m* 진주 캐는 사람.
перемага́ння *n* 정복함, 압도함.
перемага́ти (-га́ю, -а́єш) *I vt*: (перемогти́ *P*) 제압하다, 정복하다, 압도하다: -ся *I vi* 스스로를 다스리다; 서로 다투다, 논쟁하다.
перемальо́в|аний (-на, -не) 다시 칠한.
перемахля́рити (-рю, -риш) *P vt* 낭비하다, 헛되이 보내다.
перемахну́ти (-ну́, -не́ш) *P vi* 재빨리 가로질러 가다; 어떤 일을 재빨리 하다.
переме́т (-ту) *m* (길에 쌓인) 눈더미.
перемива́ння *n* 다시 씻음.
перемина́ти (-а́ю, -а́єш) *I vt*: (перем'я́ти, перемня́ти *P*) 완전히 뭉개다, 찌그러트리다; 잘 씹다.
перемир'я *n* 휴전, 정전.
переми́тий (-та, -те) 다시 씻은, 깨끗이 씻은.
переми́ль (-ме́лі) *f* 강가의 모래 언덕, 모래톱.
перемі́на (-ни) *f* 변화; 변경, 개조; 변형.
перемі́нен|ий (-на, -не) 바뀐, 변화된, 변형된;.
перем|ни́ти (-іню́, -і́ниш) *P vt*: (перемі́н|ювати, ~я́ти *I*) 바꾸다, 변화시키다, 변형시키다; -ся *P vi* 바뀌다, 변하다, 변형되다.
перемі́нн|ий (-нна, -нне) 변하기 쉬운, 가변성의, 변화가 많은.
переміря́ний (-на, -не) 정확히 잰, 다시 잰.
переміст́ити (-іщу́, -і́стиш) *P vt*: (переміщувати *I*) (위치, 순서를) 바꾸어 놓다; 옮기다, 이동시키다; -ся *P vi* 바뀐, 옮겨진.
переміт́ка (-ки) *f* 여성의 두건.

перемі́тний (-на, -не) 여러 가지의, 가지각색의, 다양한.

перемі́ть (-ме́ті) *f* = переме́т; 매듭.

переміша́ний (-на, -не) 섞인, 혼합된.

переміша́ка (-ки) *f* 혼합, 혼합물.

перемі́щен|ий (-на, -не) 바뀐, 옮겨진, 치환된.

перемо́в|а (-ви) *f* 설득, 납득, 확신.

перемо́вн|ик (-ка) *m*, ~иця (-ці) *f* 유혹하는 (꾀어내는) 사람.

перемо́га (-ги) *f* 승리, 정복; 우세, 우위.

перемо́ж|ець (-жця) *m* 승리자, 정복자.

перемо́клий (-ла, -ле) 흠뻑 젖은.

перемоли́тися (-олю́ся, -о́лишся) *P vi* 과하게 기도하다; 기도를 마치다.

переморгну́тися (-ну́ся, -не́шся) *P vi*; **переморгуватися** (-уюся, -уєшся) *I vi* 서로에게 눈짓하다; 서로 추파를 보내다.

переморо́жувати (-ую, -уєш) *I vt*; **переморо́зити** (-о́жу, -о́зиш) *P vt* 얼어붙게 하다; 동사시키다.

перемо́таний (-на, -не) 다시 감긴, 되돌려 감은.

перемочи́ти (-очу́, -о́чиш) *P vt*; **перемо́чувати** (-ую, -уєш) *I vt* 완전히 적시다; 너무 적시다; **-ся** *vi* 젖다.

перемудрува́ти (-гру́ю, -у́єш) *P vt* 꾀로 이기다; 속이다, 교묘하게 피하다.

перему́чен|ий (-на, -не) 과로한, 지친; ~ня *n* 피로, 피곤.

переучи́ти (-чу́, -чиш) *P vt*; **переу́чувати** (-чую, -уєш) *I vt*; **-ся** *vi* 큰 어려움을 겪다, 비참함을 경험하다, 어려운 삶을 살다.

перене́сен|ий (-на, -не) 옮겨진, 이동된; 넘겨진, 이월된; ~ня *n* 이동, 이전; *Comm.* 넘김, 이월시킴.

перенести́ (-несу́, -се́ш) *P vt*: (**перено́сити** *I*) 이월하다, 미루다, 옮기다; 참다, 견디다; **-ся** *P vi* 한 곳에서 다른 곳으로 옮기다, 이사하다.

переніве́чити (-чу, -чиш) *P vt* 망치다, 파멸시키다; **-ся** *P vi* 망가지다, 파멸되다.

переніссся *n* 콧대.

перено́сний (-на, -не) 옮길 수 있는, 이동할 수 있는; 비유적인.

переночувáти (-ýю, -ýєш) *I vt* 밤을 보내다; 밤 동안 잠자다.

переношувá|ння *n* 옮김, 이동시킴; (아이를) 데리고 감; **~ти** (-ýю, -ýєш) *I vt* (아이를) 데리고 가다; 옮기다, 이동시키다, 나르다.

перенýдити (-ýджу, -ýдиш) *P vt* 매우 성가시게 하다, 지치게 만들다; **-ся** *P vi* 완전히 지치다, 넌더리나다.

переня́тій (-та, -те) = перейня́тий, (чим): (어떤 물건에 대해) 인상을 받은, 감명을 받은; 붙잡힌.

переóбраз (-зу) *m* 변형, 변환; 교환, 전환.

переóр (-ру) *m*, **~анка** (-ки) *f* 되갈기, 재경.

переоцíнка (-ки) *f* 재평가, 개정; 과장된 가격.

перепáд|истий (-та, -те) 변하기 쉬운, 변덕스러운; **~ок** (-дку) *m* 격발, 발작.

перепáлений (-на, -не) 완전히 탄, 다 타버린.

перепали́ти (-алю́, -áлиш) *P vt*; **перепáлювати** (-люю, -люєш) *I vt* 불을 지르다, 태우다, 과열시키다; **-ся** *vi* 다 타다; 완전히 타버리다.

перепáрити (-рю, -риш) *P vt*; (перепáрювати *I*) 지나치게 데우다, 너무 가열하다; 심하게 매질을 하다.

перепартáчити (-чу, -чиш) *P vt*; **перепартáчувати** (-ую, -уєш) *I vt* (일을) 망치다.

перепáска (-ки) *f* 묶는 것, 띠, 허리띠; 띠 장식.

пéрепел (-ла) *m. Orn.* 메추라기(수컷).

пéрепело (-ла) *n dial. Anat.* 쇄골.

перепéрчений (-на, -не) 과장된.

перепéчений (-на, -не) 너무 구운.

перепи́ляний (-на, -не) 잘린, 톱질된.

перепи́н (-ну) *m*, **~áння** *n* 장애, 방해, 지장이 되는 것.

перепи́нений (-на, -не) 가로막힌, 중단된.

перепи́нка (-ки) *f* 중단, 방해; 콤마.

перепирáнка (-ки) *f* (수없이 세탁한) 낡은 셔츠.

перепи́с (-су) *m* 인구 조사, 국세 조사; 징병, 모병; (원고의) 사본.

перепи́саний (-на, -не) 베껴진, 모방된, 고쳐서 쓰여진.

перепи́сув|ання *n* 베껴 씀, 필사, 복사함.

пере́пит (-ту) *m* 반복되는 조사, 취조, 심문; 다시 질문함.

перепи́тування *n* 질문함, 조사, 탐구하기.

пере́пих (-ху) *m* 겉치레, 허식.

перепі|є́ць (-і́йця) *m* 작은 결혼 케이크; 신부의 남자형제.

перепла́вний (-на, -не): -на середа́, 부활절 후 넷째 수요일.

перепла́каний (-на, -не) 우는, 눈물을 흘리는.

перепла́чен|ий (-на, -не) 초과 지불된.

переплести́ (-лету́, -лете́ш) *P vt*: (переплі́та́ти *I*) 서로 얽히게 하다, 엮다, 짜다; 제책(장정)하다; 다각화하다, 다양하게 하다; 섞다, 혼합하다; -ся *P vi* 번갈아 일어나다, 교체하다.

переплє́т|ник (-ка) *m*, ~чик (-ка) *m* = палі́турник, 제책업자, 바인더.

перепліва́ти (-а́ю, -а́єш) *I vt*: (переплину́ти, переплисти́ *P*) 헤엄쳐서 건너다, 항해하여 건너가다.

переплу́тати (-аю, -аєш) *P vt*; переплу́тувати (-ту́ю, -ту́єш) *I vt* 뒤얽히게 하다, 혼란시키다, 어지럽히다; -ся *vi* 뒤얽히다, 혼란스러워지다.

перепові́да́ти (-а́ю, -а́єш) *I vt*; перепові́сти́ (-ві́м, -ві́си) *P vt* 다시 말하다, 다시 설명하다; 되풀이하다, 반복하다.

перепо́внен|ий (-на, -не) 넘치도록 가득한; 입추의 여지도 없는.

перепо́вня (-ні) *f* 풍부, 대량, 과잉.

переполі́скувати (-ую, -уєш) *I vt*: (переполоска́ти *P*) 헹구다, 씻어내다.

переполови́нити (-ню, -ниш) *P vt*; переполови́нювати (-нюю, -нюєш) *I vt* 반으로 자르다.

перепо́лох (-ху) *m* 공포, 두려움, 놀람.

переполо́хати (-аю, -аєш) *P vt*; переполо́хувати (-ую, -уєш) *I vt* 깜짝 놀래주다, 겁나게 하다; -ся *vi* 소스라치게 놀라다, 겁먹다.

переполо́шений (-на, -не) 깜짝 놀란, 겁먹은.

переполоши́ти (-лошу́, -ло́шиш) *P vt*; переполо́шувати (-ую, -уєш) *I vt* 깜짝 놀라게 하다; -ся *vi* 깜짝 놀라다, 겁먹다.

перепо́на (-ни) *f* 방해, 장애.

перепорожни́ти (-ню́, -ниш) *P vt*; **перепоро́жнювати** (-нюю, -нюєш) *I vt* 완전히 비우다.

перепочива́ти (-а́ю, -а́єш) *I vi*; **перепочи́ти** (-и́ну, -и́неш) *P vi* 잠깐 쉬다, 휴식하다.

перепочи́нок (-нку) *m* 짧은 휴식.

перепрацюва́тися (-цю́юся, -цю́єшся) *P vi*; **перепрацьо́вуватися** (-уюся, -уєшся) *I vi* 과로로 인해 지치다.

перепріва́ти (-а́ю, -а́єш) *I vi*; **перепрі́ти** (-і́ю, -і́єш) *P vi* 너무 (오래) 끓다; 땀을 많이 흘리다.

перепрова́дження *n* 지도하기, 안내하기, 이끌기.

перепро́д|аж (-жу) *m*, **~ува́ння** *n* 재판매, 재매각, 소매(업).

перепро́д|увач (-ча) *m*, **~увачка** (-ки) *f* 소매상인.

перепро́с (-су) *m*, **~ини** (-син) *pl* 사과, 사죄, 용서; 화해, 조정; 화해 축전.

перепроси́ти (-ошу́, -о́сиш) *P vt*; **перепро́шувати** (-ую, -уєш) *I vt* 사과하다, 용서를 빌다.

перепро́шен|ий (-на, -не) 사과를 받아들이는; **~ня** *n* 사과함, 용서를 구함.

перепу́джений (-на, -не) *dial.* 깜짝 놀란, 겁이 난.

пере́пуск (-ку) *m* 허가증, 면허증.

перепускни́й (-на́, -не́) 통과된, 걸러진.

пере́пуст (-ту) *m Chem.* 레토르트, 증류기; 증류 기계, 응축기, 농축 장치.

пере́пустка (-ки) *f* 허가증; 허가, 허락; 통행증.

перепу́тати (-аю, -аєш) *P vt*; **перепу́тувати** (-тую, -туєш) *I vt* 완전히 뒤얽히게 하다, 혼란시키다, 어지럽히다.

перепу́щений (-на, -не) 통행이 허락된.

перерозли́вий (-ва, -ве) *W.U.* (소리가) 날카로운, 귀에 거슬리는, 귀청을 찢는 듯한; 끔찍한, 소름끼치는.

пере́рва (-ви) *f* 중단, 방해; *Mus.* 휴지, 쉼표.

пере́рв|аний (-на, -не) 부서진, 망가진; 가로막힌, 중단된; **~ання** *n* 중단, 방해, 파괴.

перерва́ти (-ву́, -ве́ш) *P vt*: (перерива́ти *P*) 돌파하다, 반으로 찢다; 끊다, 중단하다.

перере́патися (-аюся, -аєшся) *P vi*: (перере́пуватися

l) 산산조각 내다, 금가게 하다.

перержа́віти (-ію, -ієш) *P vi* 완전히 녹슬다, 부식되다.

перерива́ти (-а́ю, -а́єш)¹ *I vt*: (перерва́ти *P*); -ся *I vi* (건강을 해칠 정도로) 열심히 일하다.

перерива́ти (-а́ю, -а́єш)² *I vt*: (перери́ти *P*) 파다, 파헤치다; 샅샅이 찾다, 뒤지다, 수색하다; 뒤섞다, 늘어놓다.

перери́в|ний (-на, -не) 가로막힌, 중단된, 간헐적인; ~части́й (-та, -те) 변덕스러운, 불안정한.

перері́бка (-ки) *f* 교정, 수정; 변화, 변경; 개조, 개작.

перері́з (-зу) *m* 자름, 횡단; ~аний (-на, -не) 반으로 잘린, 가로질러 둘로 갈린.

перері́к (-ку) *m* 경쟁, 다툼.

перері́ст (-ро́сту) *m* 과도한 성장; 이상 발달, 영양 과도; ~і́чка (-ки) *f* = перері́к.

переробити (-роблю́, -ро́биш) *P vt*; переробл́ювати (-люю, -люєш), ~я́ти (-я́ю, -я́єш) *I vt* 되풀이 하다, 다시 하다, 개조하다, 변형시키다; 바꾸다, 변경하다; 모든 일을 끝마치다.

перероб́лен|ий (-на, -не) 개조된, 바뀐, 다시 한.

перероб́ок (-бку) *m* 개조된 것, 바뀐 것.

перерозподі́л (-лу) *m* 재분배.

перерос́|лий (-ла, -ле) 지나치게 자란, 커진; [고기] 살코기와 기름기가 적당히 섞인.

перероста́ти (-а́ю, -а́єш) *I vt*; перерости́ (-ту́, -те́ш) *P vt* 지나치게 자라다, 빨리 자라다; ~бо́ти 더 커지다.

переса́да (-ди) *f* 과장, 초과, 과잉.

переса́дж|ений (-на, -не) 이식(移植)된.

переса́дн|ий (-на, -не) 과장된, 떠벌린; 도가 지나친; ~і́сть (-ности) *f* 과장.

пересвари́тися (-арю́ся, -а́ришся) *P vi*; пересва́рюватися (-рююся, -рюєшся) *I vi* ~와 사이가 나빠지다; 다투다, 시비하다.

пересві́дчен|ий (-на, -не) 수긍하는, 확신하는.

пересві́дчити (-чу, -чиш) *P vt*; пересві́дчувати (-ую, -уєш) *I vt* 설득하다, 확신시키다; -ся *vi* (в чому): 수긍하다, 확신하다.

переселе́н|ець (-нця) *m*, ~ка (-ки) *f* 이민, 이주자; ~ня *n* 이주, 이민; 거주지의 변화; 망명, 유랑; ~ський (-ка, -ке) 이민의, 거주지 변화의.

пересе́рдя *n* 화, 분노, 격노.

пересила́ння *n* 파견함, 전달함.

пересила́ти (-а́ю, -а́єш) *I vt*: (пересла́ти *P*) 파견하다, 전달하다, 발송하다.

переси́лення *n* 이김, 제압함, 승리.

переси́лити (-лю, -лиш) *P vt*: (переси́лювати, ~я́ти *I*) 이기다, 정복하다; -ся *P vi* (질병의) 위기를 넘기다.

переси́лка (-ки) *f* 발송물, 위탁물.

пере́сип (-пу) *m* 댐, 둑; 누벽, 성벽.

пере́сит (-ту) *m* 물림, 싫증남, 포만.

переси́тити (-сичу, -ситиш) *P vt*: (переси́чувати *I*) 너무 많이 넣다, 폭식(과식)시키다; *Chem.* 포화시키다.

переси́чен|ий (-на, -не) 포화된; 지나치게 채워진, 폭식한; ~ня *n* 포화; 폭식.

переси́дання *n* 자리 바꿈; (기차, 말 등을) 갈아탐.

переси́дка (-ки) *f* 갈아타기, 환승.

пере́січ (-чі) *f* 절단, 부분; ~ка (-ки) *f* 분할, 구획; *Math.* 시컨트, 정할(正割).

пере́скаком *adv.* 후닥닥, 껑충.

перески́к (-ко́ку) *m* 뛰어오르다, 도약하다, 뛰어넘다.

переслави́ти (-влю, -виш) *P vt* 과도하게 칭찬하다; 과한 칭찬으로 망치다.

пересліду|ва́ти (-ка) *m*. ~ниця (-ці) *f* 박해자, 학대자.

пересліду|вати (-ую, -уєш) *I vt* 박해하다, 학대하다; 끊임없이 괴롭히다; 악착같이 따르다.

прослу́хання *n* *W.U.* 조사, 취조, 심문, 심리.

прослу́хати (-аю, -аєш) *P vt*; прослу́хувати (-хую, -уєш) *I vt* 끝까지 듣다; *W.U* 심문하다, 심리하다; 경청하다.

пересмі́ха|тися (-аюся, а́єшся) *I vi*; пересміхну́тися (-ну́ся, -не́шся) *P vi* 미소를 교환하다; 서로 웃다.

пересни́ти (-ню́, -ни́ш) *P vt* 인생을 꿈결같이

пересно́вувати (-у́ю, -у́єш) *P vt*; **переснува́ти** (-у́ю, -у́єш) *P vt*; 짜넣다, 섞어 짜다, 섞다; 다시 짜다.

переспа́ти (-плю́, -пи́ш) *P vt* 한 번도 깨지 않고 자다; 너무 자다, 늦잠 자다; **-ся** *P vi* 한 번도 깨지 않고 자다; 충분히 자다; 낮잠을 자다.

пере́спів (-ву) *m* 역시(譯詩), 바꾸어 쓴(의역한) 노래나 시.

переспіва́ти (-а́ю, -а́єш) *P vt*; **переспі́вувати** (-ую, -уєш) *I vt* (다시) 노래하다, 끝까지 노래하다; 노래를 마치다.

переспі́лий (-ла, -ле) 너무 익은, 지나치게 성숙한.

пересправа (-ви) *f* 교섭, 협상, 거래.

пересправити (-влю, -виш) *P vt*; **пересправляти** (-я́ю, -я́єш) *I vt W.U.* 협상하다, 교섭하다.

пересправник (-ка) *m W.U.* 교섭자, 협상자.

перестава́ти (-та́ю, -та́єш) *I vi*: (**переста́ти** *P*) 멈추다, 중단하다, 그만두다; 남다, 잔존하다, 머무르다.

переста́в|ка (-ки) *f* 바꾸어 놓음, 전위; *Math.* 순열.

переста́в|ний (-на, -не) = **переста́вочний** (-на, -не) 바뀔 수 있는, 옮겨질 수 있는.

перест|а́н (-ну) *m*, **~а́ння** *n* 중지, 중단, 휴지.

перестаре́ння *n* 늙음, 나이 먹음, 구식이 됨.

перестарі́лий (-ла, -ле) 시대에 뒤진, 구식이 된, 쓸모 없어진.

переста́ркуватий (-та, -те) 다소 시대에 뒤진, 쓸모 없는.

перестерегти́ (-режу́, -режеш) *P vt*; **перестеріга́ти** (-а́ю, -а́єш) *I vt* 훈계하다, 권고하다, 경고하다; (명령을) 지키다, 준수하다.

перестигнути (-ну, -неш) *P vi*; **перестига́ти** (-а́ю, -а́єш) *P vi* 차가워지다, 냉랭해지다, 냉정해지다.

пересторо́га (-ги) *f* 경고, 경계, 훈계.

перестоя́|лий (-ла, -ле), 너무 익은; 너무 오래된.

перестра(ж)да́ти (-а́ю, -а́єш) *P vt* 어려움을 겪다, 견디다, 끝까지 참다.

пере́стр|ах (-ху) *m* 공포, 두려움; **~а́шений** (-на,

перестрашити (-шу, -шиш) *P vt*; **перестрашувати** (-ую, -уєш) *I vt* 무섭게 하다, 놀라게 하다; **-ся** *vi* 깜짝 놀라다, 겁을 먹다.

перестріт (-ту) *m* 만남, 면회; 악의에 찬 눈초리, 흉안; 불운, 액운.

перестрочити (-очу, -очиш) *P vt*; **перестрочувати** (-ую, -уєш) *I vt* 개입하다, 간섭하다.

перестуд|а (-ди) *f*, **~ження** *n* 감기, 오한.

переступ (-пу) *m* 위반, 위배; 죄, 범죄; 위법 행위.

переступний (-на, -не) 범죄의, 범죄적인.

пересувний (-на, -не) 밀릴 수 있는, 움직여질 수 있는.

пересуд (-ду) *m* 편견; 미신; 소송 비용.

пересудливий (-ва, -ве) 편견이 강한, 한쪽으로 치우친; 수다스러운.

пересягати (-аю, -аєш) *I vt*; **пересягнути** (-ну, -неш) *P vt* 장애물을 뛰어넘다; 약진하다, 진보하다.

перетворен|ий (-на, -не) 변형된, 개조된; 고쳐 만든; **~ня** *n* 변형, 변모, 변태.

перетворити (-орю, -ориш) *P vt*; **перетворювати** (-рюю, -рюєш) *I vt* 변형시키다, 다시 만들다, 개조하다; 고쳐 만들다, 바꾸다.

перетика (-ки) *f* 방해, 장애, 장애물; 경계, 한계.

перетин (-ну) *m* 중지, 중단; 멈춤, 차단.

перетин|ка (-ки) *f* (얇은) 막, 막 조직; 콤마.

перетік (-току) *m* 곡수(谷水).

перетом|а (-ми) *f* 피로, 피곤.

перетомити (-омлю, -омиш) *P vt*; **перетомлювати** (-люю, -люєш) *I vt* 피곤하게 하다, 극도로 지치게 만들다.

перетончений (-на, -не) 미묘한, 예리한, 정교한.

перетоплений (-на, -не) 다시 녹인, 개주(改鑄)한.

перетор́г (-гу) *m* 경매, 공매; 마법, 요술.

перетравити (-авлю, -авиш) *P vt*; **перетравлювати** (-люю, -люєш) *I vt* 소화하다.

перетравлен|ий (-на, -не) 소화된.

перетріпати (-аю, -аєш) *P vt* 먼지를 털다; 때리다.

перетрощити (-ощу, -ощиш) *P vt* 조각조각 부수

다.
перетруха́ти (-а́ю, -а́єш) *I vi*; перетрух(ну́)ти (-ну́, -не́ш) *P vi* (나무가) 썩다, 부패하다.
перетяжа́ти (-а́ю, -а́єш) *I vt*: (перетя́жити *P*) 너무 싣다, 지나치게 부담을 주다.
перетя́жен|ий (-на, -не) 너무 많이 실은, 부담이 지워진; ~ня *n* 너무 실음, 지나치게 부담을 줌.
переу́лок (-лка) *m* 좁은 길, 골목, 옆길.
переу́чений (-на, -не) 너무 박식한, 학구적인.
перехарама́ркати (-каю, -аєш) *P vi* 중얼거리다, 웅얼거리다.
перехвал|а́ (-ли́) *f* 자랑, 허풍.
перехвали́ти (-алю́, -а́лиш) *P vt*; перехва́лювати (-люю, -люєш) *I vt* 크게 칭찬하다, 격찬하다; -ся *vi* 자랑하다, 허풍을 떨다, 과시하다.
перехиби́ти (-блю́, -би́ш) *P vt*; перехибля́ти (-ля́ю, -ля́єш) *I vt* 실수하다, 겨냥이 빗나가다.
перехибну́тися (-ну́ся, -не́шся) *P vi* 안정을 잃다, 균형을 잃다 (넘어지다); 뒤집히다.
перехи́лений (-на, -не) 구부린, 꺾인, 쏠린.
перехи́льцем *adv.* (걸음이) 좌우로 흔들리며.
перехі́д (-хо́ду) *m* 통행, 이행; *Med.* 간질.
перехма́рити (-рить, *3rd pers. sing.*) *P vi impers.* ; -ся *P vi* (하늘이) 맑아지다.
пере́хов (-ву) *m*, ~а́нка (-ки) *f* 보존, 보호, 간수.
перехова́ти (-а́ю, -а́єш) *P vt*; (перехо́вувати *I*) 유지하다, 간직하다; 감추다, 숨기다; (도둑 등을) 숨겨주다, 품다.
перехо́джений (-на, -не) (옷이) 낡은, 닳아 해진.
перехо́дом *adv.* 말이 난 김에, 그런데.
перехо́до́вий (-ва, -ве) 일시적인, 덧없는, 무상한; *Gram.* 타동사의.
перехо́ж|ий (-жа, -же) 행인의, 지나가는 사람의; ~ий (-жого) *m* 행인, 보행자.
перехо́чливий (-ва, -ве)* 변덕스러운, 변하기 쉬운.
перехре́сн|ий (-на, -не)* 십자형으로, 엇갈리게; 횡단의, 교차의.
перехре́сток (-тка) *m* = перехре́стя, 교차로.
перехре́щний (-на, -не)* 횡단하는, 횡단선의.
перехри́щений (-на, -не) 다시 명명된, 세례 받은;

개종한.

перецідж|ений (-на, -не)* 여과된, 걸러진.

переціджувати (-ую, -уєш) *I vt*; **перецідити** (-іджу, -ідиш) *P vt* 다시 거르다, 여과하다.

переціінений (-на, -не)* 재평가된; 과대 평가된.

перецінити (-іню, -іниш) *P vt*; **перецінювати** (-нюю, -нюєш) *I vt* 재평가하다; 과대 평가하다.

перечасувати (-ую, -уєш) *P vt* 잠시 기다리다; 인내심을 갖다, 끈기 있게 기다리다.

перечепа (-пи) *f* 방해, 장애.

перечесати (-чешу, -чешеш) *P vt*: (перечісувати *I*) 다시 빗질하다; (차례차례) 다 빗다; (삼이나 양모 등을) 빗질하다; -ся *P vi* 머리를 다시 빗다, 머리를 다시 꾸미다.

перечикати (-аю, -аєш), **перечикнути** (-ну, -неш) *P vt* 자르다, 쪼개다.

перечикрижити (-жу, -жиш) *P vt*; **перечикрижувати** (-ую, -уєш) *I vt* 자르다, 쪼개다.

перечимчикувати (-ую, -уєш) *P vi* 재빨리 건너다, 지나가다.

перечислення *n* 계산함, 집계함; (차례차례) 계산함.

перечистити (-чищу, -чистиш) *P vt*: (перечищати, перечищувати *I*) 청결하게 하다, 깨끗이 하다.

перечити (-чу, -чиш) *I vt* 부정하다, 부인하다, 반대하다.

перечіс (~чосу) *m* 머리 빗기; 머리 모양.

переч|ка (-ки) *f* 대들보; 언쟁, 격론.

перечухрати (-аю, -аєш) *P vt* 세게 때리다, 호되게 치다.

перешастати (-таю, -аєш) *P vt* 낭비하다, 허비하다.

перешепт (-ту) *m* 속삭임, 속삭임을 주고 받음.

перешивання *n* 바느질, 재봉.

перешкода (-ди) *f* 방해, 장애, 장애물; 반대, 저항.

перешкодж|ати (-аю, -аєш), **~увати** (-джую, -уєш) *I vi*; **перешкодити** (-джу, -диш) *P vi* 막다, 방해하다.

перешкоджений (-на, -не) 막힌, 방해 받는.

перешкодн|ик (-ка) *m*, **~иця** (-ці) *f* 방해자, 방해

물.
перешпи́рати (-а́ю, -а́еш) *P vt* 찾아 헤매다, 샅샅이 찾다.
перешу́кати (-а́ю, -а́еш) *P vt*; **перешу́кувати** (-кую, -уєш) *I vt* 수색하다; 사방으로 찾아다니다; 다시 찾다.
переякий (-ка́, -ке́) *pron.* 누군가; 가장 훌륭한, 매우 아름다운(좋은).
переярок (-рка) *m* 좁은 골짜기, 협곡.
перикардит (-ту) *m Med.* 심낭염, 심막염.
перило (-ла) *n dial.* = пору́ччя, 난간.
периметр (-тра) *m* 한계, 한도.
перина (-ни) *f* 깃털 침대(요); 깃펜.
перипатетик (-ка) *m* 걸어 돌아다니는 사람, 행상인.
перископ (-па) *m* 잠망경, 전망경.
перистий (-та, -те) 깃털 같은.
перифер|ичний (-на, -не), **-ійний** (-на, -не) 주위의, 주변의; **~ія** (-ії) *f* 주위, 주변.
перифраз|а (-зи) *f* 완곡법, 우언법.
період (-ду) *m* 기간, 시기; 시대; 복잡한 문장.
перістий (-та, -те) 얼룩의, 얼룩진; 줄무늬가 있는.
перкусійний (-на, -не) 충격의, 충돌의, 충격적인.
перла (-ли) *f* = пе́рло, 진주.
перл|астий (-та, -те) 진주로 치장된.
перлівни|ця (-ці) *f* 진주 조개.
перлюстр|ація (-ії) *f* 가로챔, 차단
перманентн|ний (-на, -не) 영속하는, 영구적인.
перн|атий (-та, -те) 깃털이 있는, 깃털로 덮인.
перо́ (-ра́) *n*, **пе́ра** (пер) *pl* 깃털; 철필, 펜촉, 깃펜.
перон (-ну) *m* 플랫폼, 승강장.
перс (-са) *m* 페르시아인.
перса, ~и (перс) *pl* 가슴, 흉곽.
персик (-ка) *m* 복숭아.
персник (-ка) *m Dim.*: пе́рстень, 고리, 바퀴.
персон|а (-ни) *f* 개인.
персоніфік|ація (-ії) *f* 인격화, 의인화.
перспектив|а (-ви) *f* 원근법, 투시 화법.
перстене́вий (-ва, -ве) 고리의, 반지의.

перст|ене́ць (-нця́) *m*, ~е́ник (-ка) *m*, ~ени́на (-ни) *f Dim.*: пе́рстень (пе́рсня) *m* 고리, 반지.

перстъ (-ти) *f Archaic* 대지, 땅.

пе́рський (-ка, -ке) 페르시아의.

пертракт|а́ція (-її) *f* 심의, 협상.

пертурба́ція (-її) *f* 동요, 불안, 근심.

Перу́ *f indecl. NP* 페루.

перу́к|а (-ки) *f* 가발; ~а́р (-ря́) *m* 가발 제조업자; 이발사, 미용사.

перу́н (-на) *m* 번개, 벼락.

перфе́к|тний (-на, -не)* 완전한, 완벽한.

перфі́д|ія (-її) *f* 배반, 위약.

перфор|а́тор (-ра) *m* 구멍 뚫는 기계.

перхки́й (-ка́, -ке́) 부서지기 쉬운, 깨지기 쉬운.

перце́|пція (-її) *f* 지각, 인식, 이해.

перш, ~е *adv.* 첫째로; 그전에, 종전에.

пе́ршенство́ (-ва́) *n W.U.* 앞섬, 상위, 우위.

пе́рший (-ша, -ше) 처음의, 전자의.

перш|и́на (-ни́) *f* 새로운 것; 얼갈이; 첫 열매; 처음.

першодру́к (-ку) *m*, ~и (-ків) *pl* 초기, 여명기, 요람기; 원형, 원문, 초판.

першоря́д|ний (-на, -не)* 1류의, 최상의; 첫 줄의.

пес (пса) *m* 개.

песеня́ (-я́ти) *n* 강아지.

песі́й (-ся, -сє) 개의, 개 같은.

пест|и́вий (-ва, -ве) 부드러운, 연한, 고운.

пе́стрий (-ра, -ре)* *W.U.* 잡색의, 얼룩덜룩한.

пестрота́ (-ти́) *f* 잡색, 얼룩덜룩함, 여러 색으로 물들임.

пестря́вий (-ва, -ве)* 다소 얼룩덜룩한.

пе́стування *n* 귀여워함.

пес|ю́га (-ги) *m Augm.*: пес, 큰 개.

пета́рда (-ди) *f* 지뢰, 폭발 기구.

пете́нт (-та) *m* 청원자, 원고.

Петербу́рг (-га) *m NP* 페테르부르크.

пети́ція (-її) *m* 청원, 탄원.

петля́ (-лі́) *f* 풀매듭, 당기면 풀리는 고; 올가미; 한 바늘, 한 땀; 단춧구멍, 작은 구멍.

пех (-ха) *m W.U.* 불운, 불행, 징크스.

печа́литий = **печа́ло́витий** (-та, -те)* 슬픈, 우울한,

비탄에 잠긴.
печалування (-ня) *n* 슬픔, 비애, 비탄.
печаль (-лі) *f Archaic* 슬픔, 비애, 비탄.
печатка (-ки) *f* 인장, 인지, 우표.
печений (-на, -не) 구워진.
печеня (-ні) *f* 구운 것, 굽기.
печер|а (-ри) *f* 굴, 동굴, 지하실.
печ|иво (-ва) *n* 제빵, 가루 반죽; 한 솥, 한 차례 굽는 양.
печін|ка (-ки) *f Anat.* 간장, 간.
печовий (-ва, -ве) 스토브의, 난로의; 화로에서 구워진.
пе|щений (-на, -не)* 지나치게 귀여움을 받는, 귀여움 받아서 망가진; 부드러운, 섬세한, 고운.
п'єса (-си) *f* 연극, 희곡.
пиво (-ва) *n* 맥주.
пивовар (-ра) *m* 양조자.
пивота (-ти) *f* 음료, 마실 것.
пик|а (-ки) *f* 코, 주둥이.
пил (-лу) *m* 먼지, 티끌.
пилин|а (-ни) *f* 티끌, 미량.
пил|юга (-ги) *f* 흙먼지, 진연.
пиляр (-ра) *m* 톱질꾼.
пильн|енький (-ка, -ке), ~**есенький** (-ка, -ке) *Dim.*: пильний, 매우 근면한, 끈기 있는.
пильн|ий (-на, -не)* 근면한, 부지런한; 긴급한, 절박한.
пильн|о *adv.* 부지런히, 근면하게; 긴급하게.
пильнувати (-ую, -уєш) *I vt* 지켜보다, 주의하다.
пинд|а (-ди) *f* 자존심, 자긍심, 자랑.
пиндитися (-джуся, -ддишся) *P vi* 자부심을 갖다, 거만해지다.
пиндючливий (-ва,-ве)* 도도한, 고상한, 자부심이 있는.
пиняв|ий (-ва, -ве) *W.U.* 우물쭈물하는, 느린, 더딘, 느슨한.
пипка (-ки) *f* 젖꼭지; (주전자의) 주둥이; 귓불.
пир (-ру) *m* 연회, 향연, 잔치.
пир|іг (-рога) *m* 파이, 타트; *W.U.* 고기 만두, 과일 푸딩.
пирський (-ка, -ке) *dial.* 빠른, 신속한; 열렬한,

맹렬한.
пис|ак (-ка́), ~а́ка(-ки) *m* 필기자; 저자; 삼류 시인.
писа́ти (пишу́, пи́шеш) *I vt*: (написа́ти *P*) 적다, 기록하다, 받아 적다; 짓다, 작문하다.
писе́м|ний (-на, -не) 글자로 쓰는, 글자의, 대본의.
писка́тий (-та, -те) *W.U.* 토실토실한 얼굴을 가진; 떠들썩한, 시끄러운.
пискли́вий (-ва, -ве)* 삑삑 우는, 쇳소리를 지르는: -вий го́лос, 날카로운(귀에 거슬리는) 목소리.
пискля́ (-я́ти) *n* 칭얼거리는 아이; 병아리, 새 새끼.
пи́сок (-ска) *m* (경멸적으로) 입; 짐승의 주둥이.
пистолъ (-ля) *m* 권총.
пису́лька (-ки) *f* 기록, 메모; 소문자.
письме́н|ник (-ка) *m* 저자, 작가; 필기자, 서기.
письм|о́ (-ма) *n* 편지, 서한; 활자; 읽기와 쓰기.
пит|а́льний (-на, -не)* 의문의, 질문의.
пита́ти (-а́ю, -а́єш) *I vt* (кого́): 묻다, 질문하다.
питво́ (-ва́) *n* 음료, 마실 것.
пи́ти (п'ю, п'єш) *I vt* 마시다 (물이나 술).
пити́мий (-ма, -ме) 적절한; = питни́й, 마실 수 있는, 마시기에 적합한.
питли́вий (-ва, -ве) 호기심이 강한, 탐구적인.
питлъо́в|аний (-на, -не) 걸러진, 세밀히 조사된.
питни́й (-на́, -не́) 마실 수 있는, 마시기에 적합한.
питоме́нний (-нна, -нне) = пити́мий = пито́мий (-ма, -ме) 고유의, 특유의, 독특한.
пито́мець (-мця) *m* 학생.
пих|а́ (-хи́) *f* 거만, 자만, 오만; ~а́тий (-та, -те) 오만한, 건방진.
пиша́ння *n* 자만, 교만.
пи́шний (-на, -не) 거만한, 오만한; 웅장한, 장엄한.
пи́шно *adv.* 자랑스럽게, 당당하게, 거만하게, 오만하게.
пи́щ|авка, ~а́лка (-ки) *f* 피리, 풀피리.
пи́щик (-ка) *m* 플래절렛, 음관.
півбо́г (-га) *m* 반신반인(半神半人), 숭배 받는 인물.
пів|го́дний (-на, -не)* *dial.* 반년의, 연 2회의.

підбива́ти (-аю, -аєш) *I vt* ; підбити (підіб'ю, -іб'єш) *P vt* 허를 찌르다, 기습하다: 상대보다 비싼 값을 매기다: (눈을) 멍들게하다: 마음을 사로잡다.

підбира́ти (-аю, -аєш) *I vt* : (підібрати *P*) 숙고해서 선택하다: 걷어 올리다: 주름을 잡다; -ся *I vi* 익숙해지다, 받아들이다.

підбіга́ти (-аю, -аєш) *I vi* ; підбігти (-іжу-іжиш) *P vi* 뛰어가다, 뛰어서 따라잡다, 뛰어서 접근하다.

підбі́р (-бору) *m* 선택; 선발: 뒤꿈치.

підборі́ддя *n* 턱.

підбури́ти (-рю, -риш) *P vt* ; підбурювати (-рюю, -рюєш) *I Vt* 자극하다, 고무시키다, 소란을 일으키다.

підбу́|рювання *n* 자극, 선동, 부추김.

підва́л (-лу) *m* 지하실, 지하 저장고.

підва́лина (-ни) *f* 기반, 토대, 기본; 나무 벽으로 지지된 빔; 토대, 하층, 기층.

підви́щен|ий (-на, -не) 올려진, 상승된, 높아진.

підви́щити (-щу, -щиш) *P vt* ; підвищувати (-ую, -уєш) *P vt* 높이다, 상승시키다; 격찬하다, 칭찬하다; 늘리다, 등대하다; -ся *vi* 증대되다, 높아지다; 스스로를 높이다.

підвіко́н|ник (-ка) *m,* -ниця (-ці) *I.f* -ня *n* 창문 문지방.

підвла́дний (-ні -не)* 굴복한, 종속의.

підво́да (-ди) *f* 운반, 수송.

підво́дний (-на -не)* 해수면 아래의, 물 속의.

підворі́т|ній (-ня, -не) 대문과 현관 사이의 공간의, 문 앞의; -тя *n* 문 앞의 공간.

підв'яза́ти (-в'яжу, в'яжеш) *P vt* ; підв'язувати (-ую, -уєш) *I vt* 아래로 묶다; 가터로 묶다; -ся *vi* 스스로 묶다.

підв'я́зка (-ки) *f* 가터.

підганя́ти (-яю, -яєш) *I vt* ; (підігнати *P*) 조종하다, 빠르게 만들다, 자극하다, 격려하다.

підгина́ти (-аю, -аєш) *I vt:* (підігнути *P*) 쑤셔넣다, 구겨넣다; -ся *I vi* 접다.

підгляда́ти (-аю-аєш) *I vt;* підглядіти(-джу-диш), підглянути (-ну, -неш) *P vt* 몰래 관찰하다;

엿보다; 몰래 엿봐서 배우다.

підгодовувати (-ую, -уєш) *I vt* ; підгодувати (-ую, -уєш) *P vt* 사료를 주다.

підготовлений (-на, -не)* == підготований, 준비된, 대비된.

підготовувати (-ую, -уєш) *I vt* ; підготувати (-ую, -уєш) *P vt* 준비하다, 준비시키다; -ся 준비하다.

піддавати (-даю, -аєш) *I vt* : (піддати *P*) 무거운 짐을 드는 것을 돕다; 제안하다; -ся *I vi* 포기하다, 내주다.

піджак (-ка) *m* 목장의 풋내기.

підзаголовок (-вка) *m* (책 등의) 부제.

підземел|ля *n* 동굴, 지하 저장실, 지하, 지하의 장소: -ьний (-на, -не) 지하의; 비밀히 행하여지는.

підзем|ка (-ки) *f* 지하 철도.

підзір (-зору) *m dial.* = підозра. 의심, 의혹.

підігрівати (-аю, -аєш) *I vt* . підігріти (-рію-ієш) *P vt* 따뜻하게 하다.

під'їзд (-ду) *m* 입구; 대문.

підйом (-му) *m* 발등; 상승. *W.U.* 격려, 고무, 열광.

підказати (-кажу, -ажеш) *P vt* ; підказувати (-ую, -уш) *I vt* 속삭이다, 유발시키다, 재촉하다.

підкидати (-аю, -аєш) *I vt* : (підкинути *P*) 아래로 혹은 위로 던지다.

підкладати (-даю, -аєш) *I vt*: (підкласти *P*) 아래에 놓다, 깔다.

підкладень (-дня) *m* = ~адка (-ки) *I* 기반; 단층; 안감.

підклеїти (-ею, -еїш) *P vt* ; підклеювати (-єюю, -єюєш) *I vt* 붙이다, 그림을 걸다.

підкликати (-ичу, -ичеш) *P vt* ; підкликати (-аю, -аєш) *I vt* ~를 곁으로 부르다; 잠시 부르다.

підкова (-ви) *f* 편자; -ний (-на, -не). 편자의.

підковувати (-ую, -уєш) *I vt* : (підкути *P*), підкувати (-ую, -уєш) *P vt* 편자를 씌우다

підкоп (-пу) *m* 광산, 참호; 지하 통로.

підкрадати (-даю, -аєш) *I vt* : (підкрасти *P*) 조금씩 훔치다; -ся *I vi* 살금살금 빠져나가다 발 끝으로 걷다, 남몰래 다가가다.

підкре́слений (-на, -не). 예고된; 강조된, 역점의; -ня *n* 예고; 강조.

підкре́слити (-е́слю, -е́слиш) *P vt* ; підкре́слювати (-лю́ю, -лю́єш) *I vt* 명시하다, 예고하다; 강조하다.

підкріпи́ти (-плю́, -пи́ш) *P vt* ; підкрі́пл|ювати (-лю́ю, - лю́єш), -яти (-я́ю, -я́єш)*I vt* 강화하다, 보강하다; 충전하다: -ся *vi* 스스로 보강하다, 강화하다: 충전하다.

пі́дкуп (-пу) *m* 뇌물, 뇌물 수수; 싸게 입찰.

підку́плен|ий (-на, -не) 매수된, 등록된.

підку́п|ний (-на, -не). 매수할 수 있는, 부패하기 쉬운; 매수되기 쉬운, 뇌물로 움직이는.

підлабу́зник (-ка) *m* 아첨군, 좀도둑, 굽신거리는 사람.

підлама́ти (-ма́ю, -а́єш) *P vt* ; підла́мувати(-ую, -уєш) *I vt* 조금 부수다.

підлегл|и́й (-ла, -ле). 복종하는, 순종하는, 유순한; 썩은, 부패한, 곰팡이 낀.

підле́слив|ий (-ва, -ве). 아첨하는, 알랑거리는: 비위를 맞추는, 추켜세우는.

підлести́ти (-ещу́, -ести́ш) *P vt* : (підле́щувати *I*) 아첨하다, 알랑거리다, 감언으로 꾀다 *P vi* 환심을 사다, 호의를 얻다.

підли́ва (-ви) *f* = пі́длева 소스, 그레이비.

підлива́ти (-а́ю, -а́єш) *I vt* : (підл|и́ти, -я́ти *P*) 물을 조금 주다, 뿌리다; 살수하다:- пече́ню, 고기에 양념을 바르다.

підли́за (-зи) 아첨꾼, 알랑거리는 사람.

підлиза́ти (-и́жу, -и́жеш) *P vt* ; підли́зувати (-ую, -уєш) *I vt* 바닥에서부터 핥다,: -ся *vi* (кому́, до кого́): 알랑거리다, 비위를 맞추다.

пі́длий (-ла, -ле). 나쁜, 가난한, 절망적인, 극빈한.

підлі́ток (-тка) *m* 청춘기, 청소년기.

підляга́ти (-а́ю, -а́єш) *I vi* ; підля́гти (-я́жу, -я́жеш) *P vi* 지배받다, 복종하게 되다 굴복하다.

підма́йстер (-тра) *m* 견습공.

підмальо́вувати (-лю́ю, -лю́єш) *P vt* ; підмальо́вувати (-ую, -уєш) *I vt* 착색하다, 염색하다.

підмани́ти (-аню́, а́ниш) *P vt:* (підма́нювати *I*) *P*

підмет (-та) *m Gram.* 주어.

підмет|ок (-тка) *m,* -ка (-ки) *f* 신발의 밑창.

підмізинний (-нна, -нне): -нний палець, 네번째 손가락.

підм|іна (-ни) *f,* -інка (-ки) *f* 비밀 교환, 은밀한 거래.

підмінити (-іню́, -і́ниш) *P vt* : **підмін|ювати** (-ню́ю, -ню́єш), -я́ти (-я́ю, -я́єш) *P vt* 은밀하게 교환하다; 바꾸다, 거래하다.

підміша́ти (-а́ю, -а́єш) *P vt* ; **підмі́шувати**(-ую, -уєш) *P vt* 섞어 넣다, 불순물을 섞다, 합금하다.

підмо́вити (-влю́, -виш) *P vt* ; **підмовля́ти** (-я́ю, -я́єш) *vt* 선동하다, 일으키게 하다, 설득하다, 독려하다; -ся *vi* = підле́щуватися, (아첨 등으로) 환심을 사다, 아부를 하다.

підмо́га (-ги) *f* 도움, 지원, 조력, 구조.

підм|уро́вок (-вка) *m,* у́рок(-рка) *m* 기초 벽, 석공일의 보조.

піднебі́|ння *n* 구개; -і́нний (-нна, -нне) 구개의.

піднесений (-на, -не) 들어올려진, 올라간.

підні́ж|жя *n* 기초; 발판, 기반; 주춧돌.

підозр|а (-ри) *f* 혐의, 의혹.

підозр|і́лий (-ла, -ле). 수상한, 미심쩍은; 믿음이 가지 않는.

підо́йма (-ми) *f* 레버, 스크류-잭.

підо́шва (-ви) *f* 신발 바닥, 발바닥의.

підпада́ти (-да́ю, -а́єш) *I vi:* (підпа́сти *P*) 아래로 떨어지다; 겪다, 경험하다; 닮다, 비슷해지다.

підпа́л (-лу) *m* 불을 붙이는 것, 불쏘시개: 방화범, 방화.

підпали́ти (-алю́, -а́лиш) *P vt* : (підпа́лювати *I*) 불을 붙이다; 불을 밝히다; 흥분시키다, 자극하다; 빵 등을 조금 태우다; -ся *I vi* 조금 타다; 불이 붙다

підпа́л|ювач (-ча), -яч (-ча) *m* 방화범, 방화광.

підпереза́ти (-ре́жу, -ре́жеш) *P vt* : (підпері́зувати *I*) 졸라 매다, 벨트를 두르다; -ся *P vi* 스스로 매다, 허리에 벨트를 두르다, 거들을 입다.

підпирáння *n* 조력, 원조, 도움, 보호.

підп|ис (-су) *m* 서명, 사인; 비문, 기입, 헌제.

підписáти (-ишý, -и́шеш) *P vt* ; **підпи́сувати** (-ую, -уєш) *I vt* 서명하다; -ся *vi* ...의 이름을 서명하다.

підп|исни́й (-на. -не) 서명의.

підпі́лля *n* 막사에서 병사가 잠을 자는 곳의 아래 공간; 지하; *Coll.* 공모자, 음모자; 지하의 움직임.

підпі́рка (-ки) *f* 받침, 지지.

підполко́вник (-ка) *m* 부관 대령.

підпо́ра (-ри) *f* 지지대, 지지, 억제.

підпорядк|о́ваний (-на-не). 의지하고 있는, 조력을 받는, 종속을 당한.

підпорядко́вувати (-ую, -уєш) *I vt* ; **підпорядкувáти** (-у́ю, -у́єш) *P vt* 복종시키다, 종속시키다; -ся *vi* 복종하다, 굴복하다, 종속하다.

підприє́м|ець (-мця) *m*, **-ник** (-ка) *m* 청부인, 계약인; 기업가: 주최자.

підпускáти (-áю, -áєш) *I vt* ; **підпусти́ти** (-ущу́, -у́стиш) *P vt і* 접근을 허용하다.

підрахо́вувати (-ую, -уєш) *I vt* ; **підрахувáти** (-у́ю, -у́єш) *P vt* 세다, 계산하다.

підраху́нок (-нку) *m* 계산, 결산, 셈, 결과물.

підри́в (-ву) *m* 은밀한 공격; 사보타주; 손해, 손실.

підривáти (-áю, -áєш) *I vt* ; **підри́ти** (-и́ю, -и́єш) *P vt* 아래부터 파다; 노출시키다, 드러내다; 약화 시키다, 쇠약하게 하다.

підривáти (-áю, -áєш) *I vt* : (**підірвáти** *I*); -довір'я (авторитéт), 명예를 실추시키다, 명성을 공격하다.

підрі́зати (-і́жу, -і́жеш) *P vt* : **підрі́зувати** (-ую, -уєш) *vt* 자르다(아래를). 잘라내다.

підро́бка (-ки) *f* 변조, 위조; 가짜, 모조.

підро́бл|ений (-на, -не)* 위조된, 곡해된, 가짜의; 상급의, 숙련된.

підростáти (-áю, -áєш) *I vt* ; **підрости́** (-ту́, -те́ш) *P vt* 확대시키다, 키우다, 증대시키다; 돈을 불리다.

підруби́ти (-ублю́, -у́биш) *P vt* ; **підру́блювати** (-люю, -люєш) *I vt* 꿰매다.

підру́чний (-на, -не)* 곁의, 근처의; 종속된, 예속된.

підру́чник (-ка) *m* 교과서, 매뉴얼; 지배를 받는 사람, 낮은 지위에 있는 사람.

підря́д *adv.* 일렬로, 연달아서, 잇따라; 끊임없이.

підрядко́вий (-ва, -ве)* 행간의.

підря́дн|ий (-на, -не) 종속된; 하위의, 다음의; 성과급 작업, 도급 일.

підсвідо́м|ий (-ма, -ме) 무의식적인, 잠재적인; -ість(-мости) *f* 무의식

підси́лен|ий (-на, -не). 강화된, 증강된, 철근이 보강된; -ня *n* 강화, 증강; 강화하는 행위.

підсиха́ти (-а́ю, -а́єш) *I vt*: (підсо́х|ти, -нути *P*) 조금 말리다, 말리기 시작하다.

підсіда́ти (-а́ю, -а́єш) *I vi* : (підсі́сти *P*) (на кого́): -를 기다리는 처지에 있다; 매복을 하다.

підска́кувати (-ую, -уєш) *I vi* : (підскочи́ти *P*) 뛰어오르다, 점프하다, 시작하다.

підсма́жити (-жу, -жиш) *p vt* ; підсма́жувати (-ую, -уєш) *I vt* 조금 굽다, 튀기다.

підсоло́джувати (-ую, -уєш) *I vt* ; підсолоди́ти (-лоджу, -лодиш) *P vt* 달게 하다.

підста́ва (-ви) *f* 토대, 기초, 기반, 기초.

підста́вка (-ки) *f* 스탠드, 가대; 바이올린 브릿지; 받침 접시.

підста́вл|ений (-на, -не) 대체된; 아래에 놓다.

підставни́й (-на, ..не) 아래에 놓여진, 대체된, 교체된: -иіконі, 대체용 말.

підстерегти́ (-режу́, -реже́ш) *vt* ; підстеріга́ти (-а́ю, -а́єш) *I vt* 염탐하다, 스파이 짓을 하다; 감시 하에 있다; 주시하다.

підстре́лити (-лю, -лиш) *P vt* 경미하게 총상을 입다.

підстрибну́ти (-ну́, -не́ш) *P vi* : підстри́бувати (-ую, -уєш) *I* 점프하다 뛰어오르다.

підстрига́ти (-а́ю, -а́єш) *I vt* ; підстри́гти(-ижу́, -ижеш) *P vt* 조금 깎다, 오리다, 자르다; 머리를 자르다; -ся *vi* 머리를 잘라주다.

пі́дступ (-пу) *m* 사기, 기만, 속임수, 간사함; 전략, 기술, 교활함.

підступа́ти (-а́ю, -а́єш) *I vt* ; підступи́ти(-уплю́,

-упиш) *P vt* 다가가다, 진보하다, 진행하다.

підсту́п|ний (-на, -не) 교활한, 간교한, 배반하는, 간사한.

підсу́д|ний (-на, -не) 고소된.

підсумо́вувати (-ую, -уєш) *I vt* ; підсумува́ти (-му́ю, -у́єш) *P vt* 요약하다, 개괄하다.

підсу́мок (-мку) *m* 요약; 개괄.

підсуши́ти (-ушу́, -у́шиш) *P vt*; підсу́шувати (-ую, -уєш) *I vt* 조금 말리다; -ся *vt* 스스로 말리다.

підтасо́вувати (-ую, -уєш) *I vt* ; підтасува́ти (-ую, -уєш) *P vt* (카드놀이에서): 카드를 바꿔치기 하다, 사기를 치다.

підточи́ти (-очу́, -о́чиш) *P vt* ; підто́чувати (-ую, -уєш) *I vt* 밑을 뚫다; 아래에서 갉아먹다; 잘게 부수다: 가루를 만들다.

підт́р|им (-му) *m*, -имання *n* = підтри́мка, 지지, 유지, 보수.

підт|у́щем, -ю́пцем *adv*. 달리면서, 속보로 달리며.

підтяга́ти (-а́ю, -а́єш) *vt* ; підтяг|ну́ти, -ти́ (-ягну́, -я́гнеш) *P vt* 끌어내다, 밀어내다; 졸라매다; -ся *vi*.

підучи́ти (-учу́, -у́чиш) *P vt* : піду́чувати (-чую, -уєш) *I vt* 조금 가르치다; 어느 정도의 교육을 마치게 하다; -ся *vi* 조금 더 배우다, 지식이 조금 늘다, 점점 교육을 마쳐가다

підфарбо́вувати (-ую, -уєш) *I vt* ; підфарбува́ти (-ую, -уєш) *P vt* 조금 화장하다, 루주를 바르다.

підхі́д (-хо́ду) *m* 접근; 엑세스; 테마, 주제 등을 다루는 것.

підхо́дити (-джу, -диш) *I vi* : (підійти́ *P*) 닮다, 비슷해지다.

підхо́жий (-жа, -же). 적당한, 잘 맞는.

підчи́стити (-чи́шу, -чи́стиш) *P vt* : підчища́ти (-а́ю, -а́єш), підчи́щувати (-ую-уєш) *I vt* 깨끗이 치우다; 지우다; (나뭇가지 등을) 쳐내다; 훔치다, 뺏다.

підше́фний (-на, -не) 모시는 사람이 있는, 조직이나 부서에 속한; 후견을 받고 있는.

підшива́ти (-а́ю, -а́єш) *I vt* : (підши́ти *P*) 밑을 꿰매다.

підшивка (-ки) *f* 안감; 피복물; 제화공의 실.
підшкірний = підшкурний (-на, -не) 피하의, 피하에 놓는(주사).
підштовхнути (-ну, -неш) *P vt* ; підштовхувати (-ую, -уєш) *I vt* 팔꿈치로 살짝 찌르다, 치다.
підшукати (-аю, -аєш) *P vt* ; підшукувати(-кую, уєш) *I vt* 적당한 사람 또는 사물을 찾다, 적절한 것을 구하다, 찾다.
піжама (-ми) *f* 파자마.
пізн|авальний (-на, -не)* 알아챌 수 있는.
пізнавати (-наю, -аєш) *I vt* ; (пізнати) 인식시키다, 다시 알다; 숙지시키다: 알리다; -ся 인식하다, 다시 알다, 숙지하다, 알다
пізн|аний (-на -не). 인식한, 알고있는.
пізний (-на, -не). = пізній (-ня, -нє). 늦은.
пізніше *adv. Comp.:* пізно, 늦게.
пійло (-ла) *n* 구유, 여물통.
піймати (-аю, -аєш) *P vt* 잡다, 쥐다, 체포하다.
пікантн|ий (-на, -не) 짜릿한 맛; 얼얼하게 매운, 날카로운.
пікет (-та) *m* (카드놀이) : 피케트.
піклування *n.* 주목, 주의, 보호.
піклуватися (-уюся, -уєшся) *I vi* 보호를 받다.
пікнік (-ка) *m* 소풍, 나들이.
пілігрим (-ма) 순례자, 나그네; ство (-ва) *n* 순례, 성지참배.
пілот (-та) *m* 파일럿.
пілястра (-ри) *f* 벽기둥.
пільг|а (-ги) *f* 완화, 경감. 진정, 짐을 덜어주는 것;:: -овий (-ва, -ве) 편의를 주는; 경감시키는.
піна (-ни) *f* 거품, 포말.
пінгвін (-на) *Orn.* 펭귄.
пінистий (-та, -те). 거품이 있는.
пінити (-ню, -ниш) *f vt* 거품을 내다; -ся *I vi* 거품이 나다.
пінцет (-та) *m* а (-ти) *f* 작은 펜치
піпетка (-ки) *f* 흡입관; 피펫.
піраміді|а (-ди) *f* 피라미드.
пірат (-та) *m* 해적, 약탈자, 사기꾼, 해적선.
пір'їн|а (-ни) *f* 깃털.
пірнати (-аю, аєш)*I vi* = поринати: (пірнути *P*)

다이빙하다, 뛰어들다, 잠수하다.
піро|ме́тр (-ра) *m* 고온계.
піруе́т (-ту) *m* -а (-ти) *f* (발레, 스케이트의) 피루엣, 발끝으로 돌기.
пір'я́ *n* 깃털.
піско́в|атий (-та, -те) 모래의.
після *adv.* 후에, 따라서, 나중에, 다음에, 이후에; 때문에; *prep.* 생각과 함께. –에 따라.
після|воє́нний (-нна, нне) 전후의(전쟁 후의).
пісни́й (-на, -не) 부족한, 빈약한, 음식의 부족분의, 무지방의, 고기가 들어있지 않은.
пі́сня (-ні) *f* 노래:.
пісо́к (-ску) *m* 모래.
піски́ (-ків) *pl* 모래가 많은 지역.
піст (посту) *m* 단식.
пісто|ле́т (-та), –,о́ль (-ля) *m* 권총.
піт (поту) *m* 땀, 발한.
піти́ (піду́, пі́деш) *P vi*: - іти́ *I*): - за́між,(여성이): 결혼하다.
пітн|и́й (-на, -не) 땀을 흘리는.
пітні́ти (-ні́ю, -і́єш) *I vi* 땀이 흐르다, 땀이 나다.
пі́тьма (-ми) *f* 어둠, 짙은 안개.
піхо́т|а (-ти) *f* 보병.
піч (пе́чі) *f* 화덕, 오븐.
піч|ни́й (-на, не) 화덕의.
пішак (-ка́) *m* 보병; 보행자.
пі́ший (-ша, -ше)* 걸어가는, 보행하는.
пішки́, -ом *adv.* 걸어서.
пішохі́|д (-хо́ду) *m* 보도, 인도.
піщ|а́нець (-нцю́) *m* 몰래가 깔린 토양.
плав (-ву) *m* 흐름, 유입; 수렁; 떠있는 섬; 유목 (流木); 물의 흐름에 옮겨진 것; 수영; *adv.* 헤엄쳐서.
пла́вати (-ваю, -ваєш) *I vi* 수영하다; 유영하다.
плавн|и́й (-на, -не́) = плавки́й, 흐름이 풍부한, 술술 미끄러지는.
плагія́т (-ту) = плягія́т, 표절, 도작.
пла́зм|а (-ми) *f* 플라즈마.
плазо́м *adv.* 평로로: пусти́ти що-, 눈감아주다.
плазува́ти (-у́ю, -у́єш) *I vi* 기다, 기어가다; 쭈그리다, 웅크리다, 비위맞추다.

плазу́н (-на́) *m* 기는 것, 기는 동물, 비위를 맞추는 사람.
плака́т (-та) *m* = пляка́т, 플랜카드, 포스터.
пла́кати (пла́чу, -а́чеш) *f vi* 울다, 흐느끼다, 눈물을 흘리다; 애처롭게 낑낑거리다.
план (-ну) *m* = плян, 계획, 기획, 안.
планéр (-ра) *m* 글라이더.
плане́т|а (-ти) *f* 행성.
пла́нка (-ки) *f dial.* 야생 사과, 야생 사과나무.
пла́н|овий (-ва, -ве) = пля́новий, 계획된, 질서정연한.
план|та́тор (-ра) *m* = плянта́тор, 심는 사람, 경작자.
планува́ти (-у́ю, -у́єш) *I vt* = плянува́ти, 계획하다.
пла́ст|ика (-ки) *f* 플라스틱.
пласті́вець (-вця) *m* 얇은 조각 모양의 눈.
пласту́н (-на́) *m* 보이스카우트.
пла́та (-ти) *f* 월급, 급여, 급료.
плата́н (-на) *m* = плята́н 플라타너스.
плати́н|а (-ни) *f* = пля́тина, 린넨 천 조각; 백금.
плати́ти (-ачу́, -а́тиш) *I vt* 지불하다, 보상하다; 지급하다(돈).
платі́вка (-ки) *f* 판; 레코드 판; 감광판.
платі́ж (-тежу́) *m* 급료, 임금.
плат|ний (-на, -не) 지급된, 임금을 받은.
платфо́рма (-ми) *f* = плятфо́рма, 무대, 단.
плац (-цу) *m* = пляц, 공공광장. 장터.
плаце́нта (-ти) *f* = пляце́нта, 태반.
плач (-чу) *m* 울음, 흐느낌. 한탄:.
плащ (-ща) *m.* 망토. 큰 코트: підбитий хутром, 털망토; дощовий-, 레인코트.
плебе́й (-е́я) *m*-к (-ки) *f* 평민; -ство (-ва) *n* 천민, 평민; *Coll.* 고대 로마의 평민.
пле́вр|а (-ри) *f Anat.* 늑막.
плед (-да) *m* 격자 무늬.
плека́ти (-а́ю, -а́єш) *I vt* 교육시키다. 경작하다.
племі́нн|ик (-ка) *m* 조카; -иця (-ці) *f* 조카딸
плем'я́ (-мени) *n* 씨족, 일족;가문.
плена́рний (-на, -не) 충분한.
пле́нтати (-а́ю, -а́єш) *I vi* 기어가다.

пле́нум (-му) *m* 총회.

плеска́ти (-ещу́, -е́щеш) *I vt* :(плесну́ти *P*) 박수를 보내다, 박수를 치다; 철썩거리다.

пласка́тий (-та, -те) 평평한, 납작한.

плести́ (-ету́, -ете́ш) *I vt* 꼬다, 비틀다;엮다; 뜨다, 짜다; 재잘거리다.

плет|е́ний (-на, -не)- 꼬인, 엮인, 짜인, 뜨게질한.

плече́|е (-ча́) *m*, -і (плече́й, 또는 пліч) *pl* 어깨; 등의 윗 부분.

Плея́да (-ди) *f Astr.* 그리스 신화의 플레이아데스.

плига́ти (-а́ю, -а́єш) *I vi* ; плигну́ти (-ну́, -не́ш) *P vi* 뛰다, 뛰어오르다, 점프하다.

плин (-ну) *m* 유체, 액체.

плі́нта (-ти) *f* = плі́нтус, 기둥의 대좌.

плід (плоду́) *m*, плоди́ (-ді́в) *pl* 과일; 자손; 수확물, 생산물; *Med.* 불안증세.

плі́снявіти (-ію, -ієш) *I vi* 곰팡이가 슬다, 진부해지다.

пліт (плота́ 또는 плоту́) *m* 울타리, 담, 팬스.

плі́тка (-ки) *f* 소문이야기, 가십; *Ich.* 바퀴벌레 .

плі́чо́-плі́ч *adv.* 가까이서, 어깨를 맞대고.

плоди́ти (-оджу́, -о́диш) *I vt* 낳다, 생성하다 (아이를) 낳다; -ся *I vi* (새끼를) 낳다, (알을) 까다 증식되다, 번식하다.

плод|ли́вий (-ва, -ве)*, -ни́стий(-та, -те)* 기름진; 다산의, 잘 낳는.

плодю́ч|ий (-ча, -че)* 기름진, 다산의.

плоско|гі́р'я *n* 고원.

пло́ща (-щі) *f* 평평한 지역, 평지, 평평한 표면.

плуг (-га) *m* 쟁기.

плуг|а́р (-ря́), -ата́р (-ря́) *m*, -а́тир (-ря) *m* -а́ч (-ча́) *m* 쟁기질 하는 사람.

плу́тан|ий (-на, -не)* 당황한, 혼란한.

плу́тати (-а́ю, -а́єш) *I vt* 곤란하게하다, 혼란스럽게 하다, 복잡하게 만들다; 방해하다, 훼방 하다; -ся *I vi* 말려들다, 얽히다.

плюв|а́льниця (-ці) *f* 침 뱉기.

плюва́ти (плюю́, плює́ш) *I vt* : (плю́нути *P*) 침을 뱉다; 경멸하다.

плюндрува́ти (-у́ю, -у́єш) *I vt* 약탈하다, 빼앗다; 샅샅이 뒤지다, 뒤집어 찾다.

плюралі́зм (-му) *m* 다원론;.
плюс (-са) *m* 덧셈, 더하기 표시: 긍정의 상징.
плю́ск|іт (-коту) *m*, -ота (-ти) *f* 철벅거리는 소리.
плюш (-шу) *m* 플러시 천.
плющ (-ща) *m Bot.* 담쟁이.
пляж (-жу) *m*, -а (-жі) *f* 해변, 물가, 바닷가.
пля́м|а (-ми) *f* 반점, 얼룩.
пля́мкати (-аю, -аєш) *I vi* 우적우적 먹다, 우두둑 우두둑 씹다.
пля́ш|ечка (-ки) *f Dim.:* пля́шка (-ки) *f* 병, 유리병.
пневма́тика (-ки) *f* 공기역학.
по *prep.* with *Acc.* (특정 방향으로의 움직임을 나타낼 때) : 위로, 아래로, 멀리: -로: 안에, 도처에, -에 대해, 곳곳에, 뒤에, 옆에.
по *prefix* (미완료상 동사를 완료상 동사)로 바꾸는 역할.
побажа́ння *n* 기원, 징조.
побажа́ти (-жаю, -аєш) *P vi* 소원을 빌다: -ся *P vi* 소원을 갖다.
поба́чення *n* 약속, 회합, 집합: до -, 안녕히 가세요.
поба́чити (-чу, -чиш) *P vt* 주목하다, 알아채다, 관찰하다, 찾아내다: -ся *P vi* 마주보다, 서로 만나다; 약속을 하다, 회합하다; 자신을 보다(거울).
побива́ти (-аю, -аєш) *I vt* : (поби́ти *P*) 때리다. 두들기다; (자주) 치다; 극복하다, 정복하다 (점진적으로); 덮다(덮개로).
поби́ти (-б'ю, -б'єш) *P vt* : (побива́ти *I*) 죽이다. 학살하다, 하나씩 죽이다; 때리다, 패다; 물리치다.
побі́гти (-іжу, -жи́ш) *P vi* 뛰어가다, 달려가다.
побі́жн|ий (-на, -не)* 순간적인, 순식간의, 찰나의.
побі́чн|ий (-на, -не)* 측면에 있는, 나란한, 옆의; 인접해있는; 부가의; 규칙위반의, 사생의, 적출의.
побла́жливий (-ва, -ве) 관대한, 응석을 받아주는.
поблизу́ *adv.* 주변에, 근처에.
побо́рн|ик (-ка) *m*, -иця (-ці) *f* 지지자, 옹호자.
поборо́ти (-борю́, -о́реш) *P vt* : (побо́рювати *I*)

정복하다, 압도하다, 굴복시키다; -ся *P vi* 격투하다, 투쟁하다.

по-бра́терському *adv.* 형제와 같이.

побрати́м (-ма) *m*, -ець (-мця) *m* 친한 친구, 의형제.

побрехе́нька (-ки) *f* 지어낸 이야기.

побува́ти (-а́ю, -а́єш) *I vi* : (побу́ти *P*) 잠시 머물다.

побудува́ти (-ду́ю, -у́єш) *P vt* 세우다, 짓다; -ся *P vi* 스스로 집을 짓다.

по́бут (-ту) *m* 생활방식, 주거양식; *W.U.* 거주, 거처.

побуто́в|ий (-ва, -ве) 방식 또는 양식과 관련한.

пова́га (-ги) *f* 무게, 중력; 권력; 세간, 평판.

пова́жан|ий (-на, -не)* 훌륭한, 존경받을만한, 존경받는.

поважа́ти (-жа́ю, -а́єш) *I vt* 존경하다, 존중하다, 경의를 표하다; -ся *I vi* 자신을 높게 여기다.

повали́ти (-алю́, -а́лиш) *P vt* ; **повалюва́ти**(-лю́ю, -лю́єш) *I vt* 뒤엎다, 쓰러트리다; 대중 속에서 활약하다; -ся *vi* 쓰러지다; 굴러 떨어지다.

пове́рнення *n* 돌아서는 행위.

пове́рх (-ху) *m* 층(건물의), 표면.

пове́рхн|я (-ні) *f* 표면, 외관, 외부의.

повести́ (-еду́, -еде́ш) *P vt* : (поводи́ти *I*) -로 이끌다; -를 향하다.

повз *prep.* with *Gen.* -따라, -에서.

повза́ти (-а́ю, -а́єш) *I vi* 천천히 다가가다, 기어가다; 알랑거리다.

пови́дл|о (-ла) *n* 자두잼.

пови́нн|ий (-нна, -нне). 강제된, 의무가 있는.

по́від (-вода) *m* 굴레, 고삐.

повідо́м|ити (-млю, -миш) *vt* ; **повідомл|юва́ти** (-лю́ю, -лю́єш), -я́ти (-я́ю, -я́єш) *I vt* 알리다.

по́відь (-воді) *f* 수위, 물의 높이.

по́відь (-ді) *f* 이야기, 꾸며낸 이야기.

повік *adv.* 영원히, 일생동안.

пові́ка (-ки) *f* 눈꺼풀.

пові́льн|ий (-на, -не). 느린, 더딘, 굼뜬.

по́вінь (-вені) *f* 홍수, 범람.

пові́рити (-рю, -риш) *P vi* : (повіри́ти *I*) 신용

повір'я

하다 , 믿다; 신임하다.
повір'я *n* 미신.
повісити (-ішу, -ісиш) *P vt* 매달다; -ся *P vi* 매달리다.
повістка (-ки) *f* 이야기, 단편.
повістка (-ки) *f* 공지, 공고, 권고.
повість (-ти)t *f* 이야기, 소설, 허구.
повітро|база (-зи) *f* 공군기지.
повітря *n* 대기, 기상; *dial.* 유행, 만연, 역병; 회오리바람. 폭풍.
повний (-на -не). 가득찬; 전부의, 완전한.
повновлад|а (-ди) *f* 주권, 최고의 힘.
повнота (-ти) *f* 많음, 풍부함, 충만.
повноцінний (-нна, -нне) 정평 있는, 훌륭한.
поводження *n* 행위, 처신, 품행, 행동.
поводитися (-джуся, -дишся) *I vt* 행동하다; 잘해나가다.
повоєнний (-нна, -нне) 전쟁 후의, 전후의.
повороз (-зу) *m,* -ка (-ки) *f* 얇은 끈, 줄.
поворот (-ту) *m* 반환, 반송, 귀환.
поворотн|ий (-на, -не)* = поворотки́й; ~ий (-на, -не) 재빠른, 기민한, 다루기 쉬운.
повставати (-таю, -аєш; -таємо, -аєте) *P vi* 일어서다; 탈 것에서 내리다, 하차하다.
повставати (-аю, -аєш) *I vt* : (повстати *P*) 반항하다, 봉기하다, 생기다, 기인히다.
повст|анець (-ця) *m* 반란자, 반역자.
повсякден|ний (-нна, -нне)* 매일의, 나날의; 흔한, 평범한, 개성없는; 하찮은, 사소한.
повторення *n* 반복, 되풀이.
повч|альний (-на, -не)* 교육적인, 유익한.
пов'язати (-яжу, -яжеш) *P vt* 모두 묶다, 차례로 묶다, 잇다, 연결하다; -ся *P vi* 서로 묶다; 결혼한 여자가 손수건으로 머리를 감싸다.
поган|ець (-нця) *m* 추잡한 사람, 나쁜 놈,; 무일푼인 사람; 이교도.
поган|ка (-ки) *f* 이교도 여자; 불결한 여자, 나쁜 짓; 발열, 신열.
погіршати (-аю, -аєш) *P vi* 다소 나쁘게 되다; -ення *n* 악화, 저하.
поглибити (-блю, -биш) *P vt* ; поглиблювати

поденн|ий

(-лю́ю, -лю́єш), -я́ти (-я́ю, -я́єш) *I vt* 깊게 하다.

поглина́ти (-а́ю, -а́єш) *I vt* ; **поглину́ти** (-ну́, -не́ш) *P vt* 삼켜버리다.

по́гляд (-ду) *m* 시선; 시야.

погляда́ти (-а́ю, -а́єш) *I vi* : (**погляну́ти** *P*); -ся *I vi* (на кого, на що); 가끔씩 바라보다, 응시하다.

погна́ти (пожену́, -е́неш) *P vt* ; -ся *P vi* 뒤쫓다, 추적하다; *vi* 재빨리 뛰다, 빨리 자라다.

погові́р (-во́ру) *m*, -ка (-ки) *f* 소문이야기, 가십.

поговори́ти (-ворю́, -ори́ш) *P vi* : (**говори́ти** *I*) (з ким); 잡담하다; 잠시 이야기하다.

пого́д|а (-ди) 좋은 날씨: зано́ситься на пого́ду, 날씨가 좋을 것이다.

пого́джен|ий (-на, -не)* 조정된, 합의에 도달한.

поголи́ти (-голю́, -о́лиш) *P vt* 면도하다, 깎다.

пого́лос (-су) *m*, -ка (-ки) *f* 소문, 풍문, 루머.

пого́н (-на) *m* 견장.

пого́н|ич (-ча) *m* 마부, 운전사.

пого́рд|а (-ди) *f*, -ува́ння *n* 경멸, 모멸, 멸시.

пограбува́ти (-у́ю, -у́єш) *P vt* 완전히 강탈하다, 약탈하다, 빼앗다; 벗기다.

по́гріб (-ре́ба) *m* 지하 저장실.

по́гріб (-ре́бу) *m* 장례, 매장.

погро́жувати (-у́ю, -у́єш) *I ci:* (**погрози́ти** *P*) 위협하다; 비난하다, 질책하다.

погро́за (-зи) *f* 위협, 협박.

погро́м (-му) *m* 대학살, (유태인에 대한)테러, 무서운 재난, 대량 살육; 유린, 박멸.

подава́льн|ий (-на, -не) 이야기체의.

подава́ти (-да́ю, -а́єш) *I vt* : (**пода́ти** *P*) 주다, 넘기다, 제공하다, 손을 뻗어 닿다.

подагр|а́ (-ри́) *f Med.* 통풍(팔다리 관절의 염증으로 아픈 병)

по́д|аний (-на, -не) 제공된, 받은.

подарува́ти (-у́ю, -у́єш) *I vt* 선물하다; -ся *vi* 선물을 교환하다.

подару́йко (-ка) *m* 선물 주는 것을 좋아하는 사람.

пода́ток (-тку) *m* 세금, 관세:.

подба́ти (-а́ю, -а́єш) *P vi* 돌보다.

по́двиг (-гу) *m* 업적, 공적.
поде́нн|ий (-нна, -нне) 매일의.
поде́рти (-еру́, -ере́ш) *P vt* 조각조각 부시다, 찢다; -ся *P vi* 부셔지다, 찢어지다.
подзвони́ти (-оню́, -о́ниш) *P* 잠시 종을 울리다.
по́див (-ву) *m* 칭찬, 감탄.
подиви́тися (-дивлю́ся, -ди́вишся) *P vi* 잠시 바라보다.
по́дих (-ху) *m* 숨, 호흡.
поді́бн|ий (-на, -не). 유사한, 비슷한, 닮은; 잘생긴.
поді́л (-до́лу) *m* 저지대; 여자의 스커트 밑자락.
поді́л (-лу) *m* 분할, 분리.
поділи́ти (-ілю́, -і́лиш) *vt* : (поділ|юва́ти, -я́ти *I*) 나누다, 분할하다; -ся *P vi* (з ким, чим): 나누어 갖다.
поді́льн|ий (-на, -не)* 나눌 수 있는.
поді́ти (-і́ну, -і́неш) *P vt* : (поді́вати *I*); -ся *pvi* : куди мені -? 어디로 가야하는가?
поді́я (-ії) *f* 사건
подо́бати (-а́ю, -а́єш) *P vi* 닮다, 유사하다, 비슷하다.
по́довж *adv.* 길게, 길게 세로로.
по́довжити (-жу, -жиш) *P vt* 길게 하다
подола́ти (-а́ю, -а́єш) *P vt* 압도하다, 정통하다.
подоро́ж (-жі) *f* 여행.
подоро́ж|ній (-ня, -нє) 여행의.
подорожува́ти (-у́ю, -у́єш) *I vi* 여행하다
подроби́на (-ни) *f* 세부.
подру́га (-ги) *f* 배우자, 아내, 여자친구.
подру́ге *adv.* 둘째로, 다음으로.
подру́жній (-ня, -нє) 결혼의, 혼인의.
подря́пати (-а́ю, -а́єш) *P vt* 긁다.
по́дув (-ву) *m* 바람의 산들거림.
поду́жати (-а́ю, -а́єш) *P vt* ; подужува́ти(-жу́ю, -у́єш) *I vt* 극복하다, 압도하다.
поду́мати (-а́ю, а́єш) *P vt* 숙고하다, 고심하다.
поду́шк|а (-ки) *f* 베개, 쿠션.
подя́к|а (-ки) *I* 감사: з подя́кою, 감사히.
подя́кувати (-у́ю, -у́єш) *P vi* 감사하다, 보은하다.
поезі́йка (-ки) *I Dim.*: поезі́я (-ї) *I* 시

поема (-ми) *f* 포에마, 시인.
поет (-та) *m* 시인.
поетизувати (-ую, -уєш) *I vt* 시화하다.
поетичн|ий (-на, -не) 시적인.
поєдинок (-нку) *m* 결투, 논쟁.
поєдна́ти (-аю, -аєш) *P vt* 통일하다, 통합하다, 조화시키다, 동의하게 하다; 계약하다, 의무를 지우다, 결속하다; -ся *P vi* 기꺼이 감수하다.
пожадлив|ий (-ва, -ве)* 탐욕스러운, 열망하는, 호색의; -ість (-вости) *f* 호색; 열망, 탐욕.
пожартувати (-ую, -уєш) *P vt* 조롱하다, 희롱하다; - з кого, (사람을) 놀리다.
пожвавити (-влю, -виш) *P vt*; **пожва́влювати** (-люю, -люєш) *vt* 약간 서두르게 하다; 격렬하게 하다; -ся *vi* 다소 활기를 띠게 되다.
поже́ж|а (-жі) *f* 불, 화염.
поже́ртвувати (-ую, -уєш) *P vt* 헌신하다, 제물을 바치다.
пожи́ва (-ви) *f* 음식, 자양분; 소득물, 이득, 번성.
пожи́в|ний (-на, -не)* 건강에 좋은, 영양이 풍부한.
пожина́т|и (-а́ю, -а́єш) *I vt* : (пожа́ти *P*) 소량 수확하다; 수확을 마치다; 벌다, 상이나 표창을 받다.
по́за (-зи) *f* 자세, 포즈, 태도.
по́за *P vi* with *Instr.*: -의 저쪽에, -후에.
позавчо́р|а *adv.* 그저께에; -ашній (-ня, -нє) 그저께의.
поза́ду *adv.* -뒤에.
позаочі, -и́ма, -но *adv.* 사람의 뒤에서, 사람이 없을 때.
позатор|ік *adv* 2년 전에, 재작년에.
позачерго́вий (-ва, -ве). 무분별한, 규칙적이지 않은, 별도의.
позашкі́льний (-на, -не). 학교 바깥의, 교외의, 학교 수업 과정에 포함되지 않은.
позашта́тний (-на, -не). 계획, 스케줄, 소개서, 목록 등에 없는, 특별한 ; 체계적이지 않은.
позба́влен|ець '(-нця) *m* 권리 박탈, 추방.
поздоро́вити (-ровлю, -овиш) *P vi*: (поздоровля́ти)

поздоров|ний (-на, -не) 인사의, 인사말의.
позива́ч (-ча́) *m* 원고, 고소인.
пози́ка (-ии) *f* 빚, 부채.
позити́в (-ву, о́ -ва) *m* 실증적.
пози́ція (-ії) 위치, 자리, 선; 태도, 자세; 품행, 행동.
позича́ти (-а́ю, -а́єш) *I vt* ; **пози́чити** (-чу -чиш) *P vt* (від кого, у кого): (한 사람으로부터)빌리다; (한 사람에게) 빌려주다.
пози́чк|а (-ки) *I* 대부; 차용.
позіха́ти (-а́ю, -а́єш) *I ci*; **позіхну́ти** (-ну́, -не́ш) *P vi* 하품하다.
познайо́мити (-млю, -миш) *P vt* ; **познайо́млювати** (-люю, -люєш) *I vt* (кого з ким): (사람에게) 소개하다, (사람이 다른 사람을) 친숙하게 하다; **-ся** *vi* 친숙하게 되다, 소개받다.
позначати (-ча́ю, -а́єш) *P vt* = **позначи́ти** (곳곳에) 표시를 하다; **-ся** *I vi* 표시되다; 구별되다, 두드러지다, 중요해지다.
позна́чка (-ки) *f* 작은 표시(부호).
по́зов (-ву, 또는 -зву) *m* 호출, (법정으로의) 소환; (고발인에 의한) 재판; **-ник** (-ка) *m* 고소인, 고발인.
позоло́т|а (-ти) 금을 입히는, 도금하는, **истий**(-та, -те) 도금된, 금박이 입혀진.
позолоти́ти (-лочу́, -о́тиш) *P vt* : (**позоло́чувати** *I*) 도금하다, 금박을 입히다.
позол|о́тка (-ки) *i* 도금하는; **~о́тник** (-ка) *m* 도금장이;.
позува́ти (-у́ю, у́єш) 자세를 잡다; 가장하다.
поіме́нн|ий (-нна, -нне). 알파벳의, 이름 목록의.
поінформ|о́ваний (-на, -не) 알려진; **-ува́ти** (-у́ю, -у́єш) *P vt* 알리다.
пої́з|дка (-ки) *f* 여행, 항해.
пої́сти (-і́м, -ї́си) *P vt* : (**поїда́ти** *I*); **-ся** *P vi* (두 사람이) 서로 심하게 다투다.
пої́ти (пою́, пої́ш) *I vt* 마실 것을 주다.
пої́хати (-і́ду, -і́деш) *P vi* (무언가를 타고, 싣고) 가다, 출발하다.

пойнте́р (-ра) *m Zool.* 사냥감을 발견하면 그 소재를 알려주는 개.

пока́жчик (-ка) *m* 표시, 지표, 지시.

пока́з (-зу) *m* 표시, 보여주기, 전시.

показа́ти (-кажу́, -а́жеш) *P vt :* (пока́зувати *I*) 보이다, 전시하다, 예시하다, 지시하다; -ся *P vi* 자신을 드러내다, 나타내다; 보이다, 나타나다.

пока́зний (-на, -не) 보기 좋은, 말쑥한; 당당한, 위엄 있는.

покалі́чений (-на, -не) 상처 입은, 불구가 된.

покалі́чити (-чу, -чиш) *P vt* 상처를 입히다, 불구로 만들다.

пока́р|а (-ри) *f,* -а́ння *n* 처벌, 천벌, 보복.

покара́ти (-ра́ю, -а́єш) *P vt* 처벌하다, 훈련시키다.

пока́яний (-нна, -нне) 죄를 뉘우치는.

пока́ятися (-а́юся, -а́єшся) *P vi* 자신의 죄를 뉘우치다; 후회하다.

по́ки *conj.* -하는 한, -하기만 하면, -까지, 동안.

покида́ти (-а́ю, -а́єш) *I vt :* (поки́нути *P*) 멀리 내던지다; 버리다, 용서하다 ; 포기하다.

поки́нутий (-та, -те) 버려진, 용서된.

покі́йн|ий (-на, -не) 사망한, 늦은.

покі́нча́ти (-а́ю, -а́єш) = покі́нчити (-чу, -чиш) *P vt* 결론짓다, 종료하다.

покі́рлив|ий (-ва, -ве). 겸손한, 비굴한 ; 온순한, 친절한.

покі́с (-ко́су) *m* 풀을 베는, 풀 베는; 건초를 모으는.

покла́д (-ду) *m Ceol.* 층, 지층; (선박의) 갑판; 똥, 오물.

поклада́ти (-да́ю, -а́єш) *I vt :* (покла́сти *P*) 두다, 위치하다, 놓다.

по́клик (-ку) *m* 호출, 초대 ; 절규.

поклика́ти (-и́чу, -и́чеш) *P vt ;* покликати(-а́ю, -а́єш) *I vt* 불러들이다, 호출하다; -ся *vi* 호소하다, 언급하다.

покло́н (-ло́ну) *m* 어떻게; 인사말, 칭송; 숭배 (몸을 굽혀서).

поклони́ти (-лоню́, -о́ниш) *P vt :* (поклоня́ти *I*) 기울이다, 굽게 하다; -ся *P vi* 휘다; (고개 숙여)인사하다 ; 칭송하다, 숭배하다.

поклясти (-яну́, -яне́ш, *or* -лену́, -не́ш) *P vt* 저주하다; -ся *P vi* 맹세하다.

поколі́ння *n* 세대, 민족, 가족, 부족.

поко́ра (-ри) *f* 겸손, 체념, 사임.

покори́ти (-орю́, -ори́ш) *P vt* : (покоря́ти *I*) 낮추다, 천하게 하다; 정복하다, 지배 하에 두다; -ся *P vi* 겸손하다.

покоти́ти (-очу́, -о́тиш) *P vt* 아래로 구르다, 신속히 나르다; 급류를 타다; -ся *P vi* 굴려지다: (탈것으로) 빨리 움직이다.

покоха́ти (-а́ю, -а́єш) *P vt* (사람을, 사물을) 좋아하게 되다, 사랑에 빠지다; -ся *P vi* 서로 사랑에 빠지다.

покра́щати (-щаю, -аєш) *P vi* 더 예쁘게 성장하다.

покрива́ти (-а́ю, -а́єш) *I vt* : (покри́ти *P*) 덮다, 가리다 ; 숨기다 ; 극복하다 ; (죄를) 덮다, 구실을 찾다, 용서하다.

покри́тий (-та, -те) 덮인, 가려진.

покриття́ *n* 덮개, 지붕; 은닉; 옷 입기.

покри́шка (-ки) *f* 뚜껑, 주전자 뚜껑; *fig.* 변장, 가장, 핑계, 가면.

покрі́в|ець (-вця) *m* 덮개. 베일, 상자; ля (-лі) *f* 지붕: соло́м'яна-, 지붕 잇기; чере́п'яна -, 기와 지붕.

покрі́й (-ро́ю) *m* 재단

покру́чений (-на, -не)* 비틀린.

покупа́ти (-а́ю, -а́єш) *P vt* : 목욕시키다, 목욕을 끝나게 하다; -ся *P vi* : 목욕하다.

покупе́ць (-пця) *m* 구매자, 소비자.

поку́пка (-ки) *f* 구매; 거래.

покушту́вати (-у́ю, -у́єш) *P vt* (음식의) 맛을 살짝 보다.

пола́ (-ли́) 외투 끝자락; 치마; 판석(도로의); 월경.

пола́годити (-джу, -диш) *P vt ;* пола́годжувати (-ую, -уєш) *I vt* (문제, 차이, 다툼을) 해결하다, (사업을) 정리하다, 결론을 내다; 싸움을 조정하다 ; 수리하다, 고치다.

пола́м|аний (-на, -не). (여기저기) 부러진.

по́ле (-ля) *n* 들; 땅; 시계(보이는 범위).

полегш|ення, -іння *n* 안심, 안도, 경감.
полегш|ити (-шу́, -ши́ш) *P vt*; **полегшувати** (-ую, -уєш) *I vt* 경감하다, 가볍게 하다, 쉽게 하다.
поле́м|іка (-ки) *f* 논쟁; ~іст (-та) *m* 논객.
полеті́ти (-ечу́, -ети́ш) *P vi* 멀리 날다.
полива́ (-ви) *f* 유약, 도공이 사용하는 도료.
полив|аний (-на, -не) 관개된; 반짝이는.
полив|а́ти (-а́ю, -а́єш) *I vt*: (полити *P*) 물을 뿌리다, 물을 주다, 관개하다, 물을 대다; 반짝거리게 하다, 유약을 바르다.
поли́н (-ну́) *m* 다북쑥.
поли́|ця (-ці) *f* 선반, 책꽂이; 쟁기의 납작한 부분; **-чка** (-ки) *f Dim*.
поліга́м|ія (-ії) *f* 일부다처제.
полі|го́н (-ну) *m* 다각형.
поліклі́н|іка (-ки) *f* 종합진료소.
полі́но (-на) *n* 통나무.
полі́пшення *n* 개량, 개선.
полі́пшити (-шу, -шиш) *P vt*; **поліпшувати** (-ую, -уєш) *I vt* 좋게 하다, 개량하다; **-ся** *P vt* 더 좋아지다, 개량되다.
полір|о́ваний (-на, -не) 윤기나는, 반짝이는, 부드러운.
полі́с (-са) *m* 경찰.
полі́т (-льо́ту) *m* 비행, 활강.
політе́хн|ік (-ка) *m* 공예인.
полі́т|ик (-ка) *m* 정치가.
політи́чний (-на-не). 정치의, 정치적인; 예의 바른, 행실이 좋은.
полі́цай (-ая) *m* 경찰관.
полі́чити (-ічу́, -і́чиш) *P vt* 세다, 계산하다; (다량을) 치료하다.
полк (-ку́) *m* (군대에서의) 연대, 큰 무리.
полови́на (-ни) *f* 절반.
полови́н|ний (-нна, -нне)* 절반인, 절반의.
поло́ги (-гів) *pl* 강둑의 저지대.
поло́жен|ий (-на, -не) *W.U.* 위치하고 있는.
по́л|оз (-за) *m* 썰매의 바닥면, 스케이트; 덧나막신; 우크라이나 보아뱀.
поло́н (-ну) *m* 포로 신세, 속박.
полони́н|а (-ини) *f* 고원.

полони́ти (-оню́, -о́ниш) *P vt* 죄수를 받다 ; 감옥에 넣다, 매혹하다.
полоска́ння *n* 헹구는 행위; 양치질
полоска́ти (-ощу́, -о́щеш) *I vt* 헹구다: горло, 목구멍을 가글하다; -ся *I vi* 튀다, 튀어서 더럽혀지다; (씻는 도중에) 물이 튀겨지다.
поло́ти (-лю́, -леш) *I vt* 잡초를 뽑다.
полотн|о́ (-на) *n* 옷; 아마 옷; 캔버스.
поло́ття *n* 제초하기.
полоха́ти (-а́ю, -а́єш) *I vt* 놀라게 하다; -ся *I vi* 놀라다; (말이) 겁이 많은.
полох|ки́й (-ка́, -ке́), **-ли́вий** (-ва, -ве) 겁많은, 소심한.
полу́д|енок (-нка) *m* 점심 식사, 저녁 식사.
полум|і́ння -і́нь(-ме́ню) *m. f* -я *n* 불, 화염.
полюби́ти (-юблю́, -ю́биш) *P vt* ; **полюбля́ти** (-я́ю, -я́єш) *I vt* 사랑에 빠지다; 좋아하다; -ся *vi* 서로 사랑에 빠지다; 좋아하게 되다.
полюва́ння *n* 사냥, 수렵.
по́люс (-са) *m* = бі́гун, (땅에 박은) 막대기.
поляга́ти (-а́ю, -а́єш; -а́ємо, -а́єте) *P vi* 눕다, 잠자리에 들다.
поляга́ти (-а́ю, -а́єш) *I vi* 구성되다, 이루어지다.
поля́ка (-ки) *f* 일반적인 공포.
поля́рн|ий (-на, -не) 극지방의.
по́льк|а (-ки) *f* 폴란드 여자; 폴카(춤).
польови́й (-ва́, -ве́) 대지의, 들판의.
по́льськ|ий (-ка, -ке) 폴란드의.
пома́д|а (-ди) *f* 포마드.
пома́лу *adv.* 천천히, 점차적으로.
помандрува́ти (-у́ю, -у́єш) *P vi* 떠나다, 출발하다; 여행을 시작하다.
помара́нч|а (-чі) *f* 오렌지 (과일).
по́мах (-ху) *m* (손이나 깃발의) 흔들림.
пома́цки *adv.* 더듬더듬, 암중모색으로.
поме́рлий (-ла, -ле)* 죽은, 사멸한.
поме́шкання *n* 주택, 사는 집, 오두막, 아파트.
поми́ї (-ий) *pl* 개숫물.
поми́лк|а (-ки) *f* 잘못, 실수, 실책.
поми́лування *n* 용서, 자비, 사죄, 관대함 : проха́ння -, 죄과에 대한 탄원.

поми́лувати (-ую, -уєш) *P vt* 용서하다, 사죄하다, 목숨을 살려주다.

помі́н (-ну) *m* 기념 예배; 기념식.

помира́ти (-а́ю, -а́єш) *I vt:* (поме́рти *P*): (점차로) 죽다.

помири́ти (-ирю́, -и́риш) *P vt* 화해하다, 다시 우정을 회복하다; -ся *P vt* 차분하게 되다, 다시 우정이 회복되다, 화해되다.

помідо́р (-ра) *m Вое.* 토마토.

помі́ж *ртер.* with *Instr.* : -사이에, -가운데.

помірко́ван|ий (-на, -не) 온순한, 온화한, 동정심 많은, 사려 깊은, 합리적인, 절제하는; -ня 온화, 사려, 신중.

помі́рн|ий (-на, -не) 온화한.

помі́ряти (-яю, -яєш) *P vt* (차례대로) 재다, 측량하다, 조사하다; -ся *P vi* (з ким): 다른 사람의 도움으로 자신의 힘을 가늠하다.

помі́ст (-мо́сту) *m* 목조로 된 층.

помі́тн|ий (-на, -не) 명백한, 지각할 수 있는: 적절한, 상당한, 주목할 만한.

помі́ч (-мо́чі) *f* 도움, 원조, 보조.

помічн|и́й (-на́, -не́) 도움이 되는, 유용한; 보조적인; 효과가 있는: 치료하는.

поміша́ти (-а́ю, -а́єш) *P vt* 섞다, 뒤섞다; 카드를 섞다; 혼란케 하다, 어지럽게 하다.

помі́щ|ик (-ка) *m,* -иця (-ці) *f* 지주, 영지의 주인.

помножа́ти (-а́ю, -а́єш) *I vt;* **помно́жити** (-жу, -жиш) *P vt* 증대시키다; 증가시키다, 더하다; -ся *vi* 증가되다, 늘어나다, 증대되다.

по-мо́єму *adv.* 내 생각으로는.

по́мпа (-пи) *f* 펌프.

помст|а́ (-и́) *f* 복수, 앙갚음.

помсти́ти (-мщу́, -мсти́ш) *P vt* 앙갚음하다, 복수하다; -ся *P vi* 복수하다.

пом'якши́ти (-шу́, -ши́ш) *P vt* 부드럽게 하다; 건드리다, 움직이다, 감동을 끼치다.

пона́д *ргер.* -위에, -을 따라.

понево́лен|ий (-на, -не). 정복된, 탄압을 받는, 노예가 된.

понево́лити (-лю, -лиш) *P t:* **понево́лювати** (-люю, -люєш) *I vt* 복종시키다, 노예화하다; 강압하다,

강제하다.

понеділковий (-ва, -ве) 월요일의, 월요일에.

понижати (-áю, -áєш), **понижувати** (-ую. -уєш) *I vt* : (понизити) 줄이다, 감소시키다; 굴욕을 주다: -ся *I vi* 겸손해 하다; 몸을 구부리다; 겁이 나서 움츠리다.

пониж|ення *n* 감소; 제거; 저자세.

поникати (-áю, -áєш) *P vi* 할일 없이 어슬렁거리다, 놀러 다니다.

поновлен|ий (-на, -не) 복구된, 재개된.

по-новому *adv.* 새로운 방식으로, 새로운 요구에 따라.

понур|а (-ри) *m, f* 무뚝뚝한(의기소침한, 우울한) 사람.

понурити (-рю, -риш) *P vt* (голову): (우울하여) 머리를 수그린.

поняття *n* 생각, 사고, 개념; 이해력; 지력.

поодинок|ий (-кз, -ке)* 단순한, 분리된, 그것 자체로 의미 있는, 외로운.

поодинці *adv.* 하나씩, 따로따로.

попадати (-даю, -áєш) *I vt:* (попасти *P*) 적중시키다.

поперед *ртер.* with *Gen.* ~전에, ~앞에; 제일 먼저 : 우선적으로.

попереджати (-áю, -áєш) *I vi:* (попередити *P*) 앞서다, 길을 인도하다 ; 경고하다; 방해하다; 예견하다.

попередж|ений (-на, -не) 사전 경고된, 주의를 받은.

поперед|ник (-ка) *m* 전임자; 선조, 조상; 선례.

попередні|й (-ня, -нє) 앞서는; 전례의; 서두의.

попереду *adv.* ~앞에, 전에(모든 것들의).

поперек (-ка) *m* 허리, 엉덩이.

попереч|ка (-ки) *f* 가로대, 가로막대.

поперше *adv.* 제일 먼저, 첫째로.

попит (-ту) *m* 요구; 문의.

попід *ртер.* with *Instr. and Acc.* 아래.

попіл (-пелу) *m* 재.

поплавець (-вця) *m* 찌(낚싯대의), 코르크로 된 찌.

попліч *adv.* 팔짱을 끼고, 나란히 .

попо́вн|ений (-на, -не) 채워진, 가득 찬.
попо́внити (-ню, -ниш) *vt;* **поповнюва́ти**(-нюю, -нюєш) *I vt* 완료하다; *W.U.* 하다, 실행하다, 범하다.
попо́на (-ни) *f* 말에 입히는 옷, 마의.
прикме́та (-ти) *f* 속성, 특질, 질, 징후, 증상, 특성.
прико́вувати (-ую, -уєш) *vt:* (прикува́ти, прику́ти *P*) 사슬로 묶다, 감금하다, 구속하다.
прикордо́нний (-нна, -нне) 가장자리의, 연속된, 연결된.
прикуси́ти (-ушу́, -у́сиш) *P vt:* (прику́шувати *I*) 가볍게 물다: - язика́, 혀를 깨물다, 조용히 하다.
прила́вок (-вка) *m* 작은 가게의 계산대, 카운터.
прила́д (-ду) *m* 장치, 기계, 도구, 설비.
прила́джувати (-ую, -уєш) *I vt;* **прила́дити** (-джу, -диш) *P vt* 배열하다, 정리하다, 조정하다; -ся *vi* 준비하다, 순응하다.
приле́глий (-ла, -ле)* 인접한, 부근의, 인근의.
прилину́ти (-ну, -неш) *P vi* 날아오다; 서둘러 달려오다.
прилипа́ти (-а́ю, -а́єш) *I vi;* **прили́пнути** (-ну, -неш) *P vi* 싫증나게 하다, 괴롭히다.
приляга́ти (-а́ю, -а́єш) *I vi;* **прилягти́** (-я́жу, -я́жеш) *P vi* 1) (잠시) 옆에 눕다, 옆에서 자다; 적합하다, 알맞다, 어울리다; (치수•모양 따위가) ; 2) 누르다, 밀다; 몰려들다, 밀어닥치다 3) (걱정•슬픔 따위가) 압박하다, 무겁게 짓누르다 4) (시간이) 절박하다, 촉박하다 5) 조르다, 간청하다, 강요하다 6) 급히 가다, 간청하다, 육박하다 7) 몸을 구부리다, 굽히다, 뒤로 젖히다 8) 기울다, 경사지다 9) (사상•감정이) ~한 쪽을 좋아하다, ~에 기울어지다, ~의 경향이 있다 10) 기대다, 의지하다.
примани́ти (-аню́, -а́ниш) *P vt;* **прима́нювати** *I*) 1) 꾀다 (미끼로); 후리어 들이다, 유인하다 2) 매혹하다, (마음을) 사로잡다.
прима́ра (-ри) *f* 1) 유령, 망령, 환영(幻影), 허깨비; 귀신, 요괴(妖怪) 2) 무서운 것.

примарний (-на, -не)* 1) 유령의[같은]; 괴기한; 공허한.

применшати (-аю, -аєш) *I vt* = применшувати; **применшити** (-шу, -шиш) *P vt* 1) 줄이다, 감소시키다; 축소하다, 삭감하다 2) (지위 등을) 낮추다, 내리다; (어려운 지경에) 빠뜨리다; -ся *vi* 1) 줄다, 감소하다 2) <온도계 등이> 내리다 3) 축소되다; <힘 등이> 줄다.

примирення *n* 화해; 조정; 조화, 강화 조약.

примирити (-мирю, -ириш) *P vt*; **примиряти** (-яю, -яєш) *I vt* 1) ~에 만족하게 하다, 스스로 체념[만족]케 하다 2) 화해시키다, 융화시키다 3) <분쟁 등을> 중재하다, 조정하다.

примірн|ий (-на, -не)* 1) 본이 되는, 모범적인; 훌륭한; 징계적인; 전형적인, 대표적인 2) 이상의, 이상적인, 더할 나위 없는, 전형적인 3) 관념적인, 상상의, 가공적인, 비현실적인.

примітив (-ву) *m* 원시 그림(조각); ~ізм (-му) *m* 원시주의.

прим|ітка (-ки) *f* (짧은) 기록; 각서, 수기, 비망록; [보통 *pl*.] 원고, 초고, 문안.

приміщення *n* (행위): 1) 순위; 위치; 상황 2) 플레이싱 방식 주식 공개 발행 (런던 증권 거래소에서 공모 주식의 대부분을 기관 투자자에게 판매하고 일부분만을 일반 투자자에게 판매하는 방식).

примовити (-влю, -виш) *P vt*; **примовляти** (-яю, -яєш) *I vt* 1) 되풀이하다, 반복하다; 다시 경험하다; 되풀이하여 말하다 2) 복창[암송]하다.

приморський (-ка, -ке) 1) 바다(위)의, 해상 무역의 2) 해안 가까이 사는, 연해(沿海)의 3) 선원 특유의, 뱃사람다운.

примус (-су) *m* 강제.

примус (-са) *m* 프라이머스 (휴대용 석유 난로; 상표명).

примусити (-ушу, -усиш) *P vt*; (**примушувати** *I*) 억지로 시키다, 강요하다.

примусн|ий (-на, -не)* 발명의 (재능이 있는), 창의력이 풍부한, 독창적인.

примх|а (-хи) *f*, ~и (примх) *pl* 변덕; 제멋대로의

행동; 뜻밖의 급변.

примх|ливий (-ва, -ве)*, **~уватий** (-та, -те)* 마음이 잘 변하는, 변덕스러운.

принад|а (-ди) *f* 미끼.

принаджувати (-ую, -уєш) *I vt*; **принадити** (-джу, -диш) *P vt* 꾀다 (미끼로).

принад|ливий (-ва, -ве)*, **~ний** (-на, -не)* <사람 등이> 매력 있는.

прин|аймєнше, ~аймні *adv.* 가장 적게.

принести (-су, -сеш) *P vt*; (**приносити** *I*) (물건을) 가져오다, (사람을) 데려오다.

принижен|ий (-на, -не)* 줄인, 축소한, 감소한; 할인한.

принижування *n* (행위) 창피 줌[당함].

принц (-ца) *m* 왕자, 태자, 세자, 대군(大君).

принцип (-пу) *m* 원리, 원칙, 법칙, 공리(公理).

припас (-су) *m* (수요에 대한) 공급, 지급, 보급.

припасати (-саю, -аєш) *I vt*; (**припасти** *P*) 준비하다; 공급하다.

припасований (-на, -не) 잘 어울리는, 알맞은; 잘 조화되는.

припасувати (-ую, -уєш) *P vt*; (**припасовувати** *I*) (의지•목적•시기 등이) 꼭 맞다, 적합하다.

припинен|ий (-на, -не)* 멈춘, 중단한, 그만둔; 정지한, 저지된.

припинити (-пиню, -иниш) *P vt*; **припин|ювати** (-нюю, -нюєш), **~яти** (-яю, -яєш) *I vt* (스스로) 멈추다, 중단하다; 그만두다.

припис (-су) *m* (의사가 약사에게 써 주는) 처방, 약방문; 처방약.

приписати (-пишу, -ишеш) *P vt*; **приписувати** (-ую, -уєш) *I vt*, 명령하다, 지시하다.

приплід (-лоду) *m*, **~ок** (-дку) *m* [집합적] 한 배 병아리, 한 배 새끼.

приплющити (-щу, -щиш) *P vt*; **приплющувати** (-ую, -уєш) *I vt* 실눈을 뜨다.

припускати (-аю, -аєш) *I vt*; (**припустити** *P*) ~에 넣다, 들이다, 삽입하다; <비밀 등을> 가르쳐 주다, 일러주다; **-ся** *I vi* 1) 탐욕스럽게 먹다(마시다) 2) 의존하다.

припустим|ий (-ма, -ме)* 들어갈 자격이 있는;

<생각•증거 등이> 용인 될 수 있는.
припу́щен|ий (-на, -не)* 공인된.
прирі́внювати (-нюю, -нюєш) *I vt*; **прирівня́ти** (-я́ю, -я́єш) *P vt* (둘을) 비교하다, 견주다.
прирі́ст (-ро́сту) *m* 증가, 증대, 증진.
приробити (-облю́, -о́биш) *P vt*; **приробл|ювати** (-люю, -люєш), **~я́ти** (-я́ю, -я́єш) *I vt* 더하다, 보태다.
приро́д|а: (-ди) *f* 자연; 본성, 속성.
приро́дн|ий (-на, -не)* 자연[천연]의; 자연 그대로의.
приручати (-а́ю, -а́єш) *I vt*; **приручи́ти** (-учу́, -у́чиш) *P vt* <책임•임무 등을> 맡기다, 위임하다.
приса́д|истий (-та, -те)*, **~куватий** (-та, -те)* 쪼그리고 앉은, 농밀한, 무성한; 올이 촘촘한.
присві́йн|ий (-на, -не)* 가정적인.
присво́їти (-о́ю, -о́їш) *P vt*; **присво́ювати** (-о́юю, -о́юєш) *I vt* <동물을> 길들이다.
при́свят (-ту) *m dial.* 신성화, 정화.
присвя́чувати (-ую, -уєш) *I vt*; (**присвяти́ти** *P*) 봉납[헌납]하다.
присила́ти (-а́ю, -а́єш) *I vt*; (**присла́ти** *P*) 보내다, 발송하다.
присилити (-лю, -лиш) *P vt*; (**приси́лювати** *I*) 억지로 시키다, 강요하다.
приси́пати (-плю, -плеш) *P vt*; **присипа́ти** (-а́ю, -а́єш) *I vt* 흩뿌리다, 흩어버리다, 뿌리다; 낭비하다.
присіда́ти (-а́ю, -а́єш) *I vi*; (**присі́сти** *P*) 웅크리다, 쪼그리고 앉다.
прискі́патися (-а́юся, -а́єшся) *P vi* 달라붙다; 집착하다; <친구•결심•약속 등에> 충실하다.
приско́рен|ий (-на, -не)* 속도가 붙은, 가속된.
приско́рити (-рю, -риш) *P vt*; **приско́рювати** (-рюю, -рюєш) *I vt* <발걸음 등을> 빠르게 하다; 서두르게 하다.
прислі́вник (-ка) *m* [문법] 부사.
прислі́в'я *n* 속담, 격언, 금언, 교훈.
прислуго́вувати (-вую, -уєш) = **прислугувати** (-гу́ю, -у́єш) *I vi*; **прислужи́ти** (-ужу́, -у́жиш) *P*

vi 봉사하다, 섬기다, 모시다.

прислуха́тися (-а́юся, -а́єшся) = **прислухо́вуватися** (-уюся, -уєшся) *I vi*; прислуха́тися (-а́юся, -а́єшся) *P vi* 듣다, 경청하다, 청취하다.

присм|а́к (-ку) *m* 조미, 양념함; 간을 맞춤; 양념, 조미료.

присма́лити (-алю́, -а́лиш) *P vt*; **присма́лювати** (-люю, -люєш) *I vt* 표면을 태우다.

присма́чити (-ачу, -а́чиш) *P vt*; **присма́чувати** (-ую, -уєш) *I vt* <음식에> 맛을 내다, 맛들이다, 양념하다.

при́смерк (-ку) *m* 어스름, 박명 (해뜨기 전해진 후의); 여명, 황혼.

присни́тися (-ню́ся, -ни́шся) *P vi* 꿈에 나타나다, 꿈꾸다: мені́ присни́лося, 나는 꿈에서 보았다.

приспі́в (-ву) *m* 후렴, 반복구.

пристава́ти (-таю́, -аєш) *I vi*; (приста́нути *P*) 멈추다, 서다, 정지하다; 그만두다.

приста́вити (-влю, -виш) *P vt*; (приставля́ти *I*) 두다, 놓다, 앉히다; 자리를 잡아 주다, 배치하다.

пристано́в|исько (-ка) *n*, ~ище (-ща) 피난, 도피; 보호.

при́стань (-ні) *f* 항구.

присто́йн|ий (-на, -не)* (사회 기준에) 맞는, 남부럽잖은, 어울리는, 의젓한.

пристосо́ваний (-на, -не)* 적용된, 응용의; 알맞은, 적합한; 개작된.

пристосо́вувати (-ую, -уєш) *I vt*; **пристосува́ти** (-у́ю, -у́єш) *P vt* <언행•풍습 등을 환경•목적 등에> 적응[조화, 순응]시키다.

пристос|о́вування, ~ува́ння *n* (특정의 용도•목적에) 적용, 응용, 이용.

пристра́с|ний (-на, -не)* <사람•말 등이> 열렬한, 정열적인; 갈망하는.

пристрі́й (-ро́ю) *m* (한 벌의) 기구(器具), 기계, 장치.

при́ступ (-пу) *m* (장소•사람 등에의) 접근, 면회, 출입.

приступа́ти (-а́ю, -а́єш) *I vi*; **приступи́ти** (-уплю́, -у́пиш) *P vi* (사람•사물•때 등이) 다가오다,

접근하다.

приступн|ий (-на, -не) (장소·사람 등이) 접근하기 쉬운, 출입할 수 있는, 면접하기 쉬운.

присувати (-аю, -аєш) *I vt*; (**присунути** *P*) 밀다, 밀치다, 밀어서 움직이다, 밀어 내다.

прис|уд (-ду) *m* 판단, 심사, 감정, 평가, 추정; 판단[비판]력, 분별력, 사려 분별.

присуджувати (-жую, -уєш) *I vt*; **присудити** (-уджу, удиш) *P vt* 유죄를 입증[선고]하다.

присудок (-дка) *m* [문법] 술부, 술어.

присутн|ій (-ня, -нє) <사람이> 있는, 존재하는; 출석한, 참석한.

присяг|а (-ги) *f* 맹세, 서약; 서언(誓言).

присягати (-аю, -аєш) *I vi*; (**присяг|нути, ~ти** *P*) 맹세하다, 선서하다, 엄숙히 선언하다.

притаманн|ий (-нна, -нне)* 진정한, 진짜의.

притискати (-аю, -аєш) *I vt*; (**притис|нути, ~ти** *P*) <사물·사람 따위를> 내리누르다, 밀다.

притомн|ий (-на, -не)* <고통·감정·추위 등을> 의식[자각]하고 있는.

притулок (-лку) *m* 피난, 도피; 보호.

притупити (-уплю, -упиш) *P vt*; **притупл|ювати, ~яти** *I*) ~을 무디게 하다, ~을 들지 않게 하다.

притча (-чі) *f* 비유(담), 우화(寓話).

притягати (-аю, -аєш) *I vt*; (**притяг|нути, ~ти** *P*) (자력 등으로) 끌어당기다.

прихильн|ий (-на, -не)* 친절한, 상냥한, 동정심 있는, 인정 있는.

прихід (-ходу) *m* 도착, 등장, 입항, 임석, 출현.

приходити (-джу, -диш) *I vi*; (**прийти** *P*) (말하는 사람쪽으로) 오다; (상대방이 있는 곳 또는 어떤 목적지로) 가다;.

приходитися (-иться, *3rd pers. sing.*) *I vi* 무인칭: (**прийтися** *P*) 필요하다.

приціл (-лу) *m* 과녁, 표적; (공격) 목표.

прицінитися (-інюся, -інишся) *P vi*; **прицінюватися** (-нююся, -нюєшся) *I vi* 가격에 대해서 질문 하다.

причал (-лу) *m* 피난, 도피; 보호.

причепливий (-ва, -ве)* 성가신, 끈질긴, 귀찮게.

причепурити (-рю, -риш) *P vt*; **причепурювати**

(-рюю, -рюєш) *I vt* <아름다운 사람·사물을 더욱 아름다운 것으로> 꾸미다, 장식하다.

причет (-ту) *m* 관여, 참가, 참여.

причина (-ни) *f* 원인.

причинити (-чиню, -иниш) *P vt*; (причиняти *I*) 결합하다, 맞붙이다, 단단히 고정시키다, 접합하다.

причин|ний (-нна, -нне) 미친, 격노한, 몹시 흥분한.

причіпка (-ки) *f* 트집잡기.

пришл|ий (-ла, -ле) = прийшлий, 미래의, 장래의; 내세의.

прищ (-ща) *m* 구진(丘疹), 여드름, 뽀루지.

приязн|ий (-на, -не)* 친절한, 상냥한, 동정심 있는, 인정 있는.

приятель (-ля) *m*, ~ка (-ки) *f* 동료, 반려; 친구, 벗, 동무.

прізви|сько (-ка) *n*, ~ще (-ща) *n* 성(姓); 별명, 닉네임.

прїл|ий (-ла, -ле) 부패한, 악취가 나는.

пріор (-ра) *m* 소(小)수도원장, 수도원 부원장.

прірва (-ви) *f* 소용돌이.

прісний (-на, -не) 무미건조한, 재미없는, 활기 없는.

пріти (-ію, ієш) *I vi* 땀 흘리다, 땀나다.

про 대격 지배 전치사 ~에 대해여.

про- 접두사(동사 앞에서 '~를 가로질러'의 의미를 지적함).

проба (-би) *f* 시험, 검사, 고사(考査), 테스트.

пробачати (-чаю, -аєш) *I vt*; пробачити (-чу, -чиш) *P vt* <사람·죄 등을> 용서하다, 관대히 봐주다; 눈감아 주다.

пробач|ення *n* 용서, 허용, 관대.

пробивати (-аю, -аєш) *I vt*; (пробити *P*) 꿰뚫다, 꿰찌르다; 관통하다, 돌입하다.

пробив|ач (-ча) *m*, ~ачка (-ки) *f* 구멍을 뚫는 사람.

пробиратися (-аюся, -аєшся) *I vi*; (пробратися *P*) 꽂히다, 꿰뚫다, 관통하다.

пробігати (-аю, -аєш) *I vt*; пробіг|нути, ~ти (-їжу, -іжиш) <차가 사람·물건을> 치다.

пробі́р|ка (-ки) *f* = пробі́вка; 시험용 유리컵.
пробле́ма (-ми) *f* 문제; 의문, 난문제.
про́блиск (-ку) *m* 번개.
про́б|ний (-на, -не)* 시험의, 테스트의:.
пробува́ти (-ую, -уєш) *I vt* 시험하다, 테스트하다, 실험하다.
пробу́дження *n* 각성, 눈뜸.
пробу́джувати (-жую, -уєш) *I vt*; **пробуди́ти** (-уджу, -у́диш) *P vt* ~을 잠에서 깨우다, 일으키다.
прова́дити (-джу, -диш) *I vt* 인도하다, 안내하다; 데리고 가다[오다], (손을 잡고) 이끌고[끌고] 가다.
прова́л (-лу) *m* (거의 수직의 가파른) 절벽, 낭떠러지.
прова́лля *n* 절벽, 낭떠러지.
провести́ (-еду́, -е́деш) *P vt*; (**проводи́ти**, **провожа́ти** *I*) <물건·승객 등을> 나르다, 운반하다.
прови́на (-ни) *f* (도덕적인) 죄, (법률·규칙 등의) 위반, 반칙, 위법 행위, 범죄.
про́від (-воду) *m* 안내, 지도, 길잡이, 지시.
провідн|и́й (-на, -не) 이끄는, 선도하는, 지도[지휘]하는, 지도적인.
провізі́я (-ії) *f* [법] 조항, 규정, 조관(條款).
прові́нці|я (-ії) *f* 주(州), 성(省), 도(道) (캐나다·오스트레일리아·스페인·한국 등의).
прові́сн|ий (-на, -не)* 예견하는, 예지하는, 선견지명이 있는.
прові́трити (-рю, -риш) *P vt*; **прові́тр|ювати** (-юю, -юєш), **~яти** (-яю, -яєш) *I vt* <의복 등을> 바람에 쐬다, 널다; <방을> 환기하다.
прові́трюв|ання *n* 공기의 유통, 통풍, 환기.
провіща́ти (-а́ю, -а́єш) *I vt* 예고하다; 예언하다.
провок|а́тор (-ра) *m*, **~а́торка** (-ки) *f* (경찰의) 앞잡이, 미끼.
прову́лок (-лка) *m* (산울타리·집 등의 사이의) 좁은 길; 골목길.
прога́л|ина (-ни) *f* (지면·바위 등의) 깊게 갈라진 넓은 틈; 깊은 수렁; (벽·돌담의) 금, 균열.
прога́няти (-я́ю, -я́єш) *I vt*; (**прогна́ти** *P*) 내쫓다,

쫓아버리다, 구축하다; <해충 등을> 구제하다.

прогле́діти (-джу, -диш) *P vt* = прогля́діти, прогля́нути: (прогляда́ти *I*) 못 보고 지나치다, 빠뜨리고 못 보다.

прогляда́ти (-а́ю, -а́єш) *I vi*; (прогле́діти *P*), прогля́нути (-ну, -неш) = прогля́діти (-джу, -диш) *P vi* ~을 통하여 보다.

прогно́за (-зи) *f* 예언, 예측, 예상, 예지.

проговори́ти (-ворю́, -о́риш) *P vt*; проговорюва́ти (-рюю, -рюєш) *I vt* (일정 시간 동안) 말하다, 이야기하다.

проголоси́ти (-лошу́, -о́сиш) *P vt*; проголо́шувати (-ую, -уєш) *I vt* 선언하다; 공포[선포]하다.

проголо́шен|ий (-на, -не) 선언된, 선포된, 공포된.

прогоні́ч (-ча) *m* 볼트, 나사[죔]못.

програва́ти (-ра́ю, -а́єш) *I vt*; (програ́ти *P*) (놀이, 게임, 콘테스트, 전투에서) 패배하다.

програ́м|а (-ми) *f* 계획, 예정, 스케줄, 일정, 행사 계획.

про́гран|а (-ної) *f* 진 게임(전쟁).

прогу́лювати (-люю, -люєш) *I vt*; прогуля́ти (-я́ю, -я́єш) *P vt* 낭비하다.

прогуля́нка (-ки) *f*, ~я́ння *n* 소풍, 짧은 여행, 유람.

продава́ти (-даю́, -аєш) *I vt*; (прода́ти *P*) 팔다, 매도(賣渡)하다, 매각하다.

прод|а́вець (-вця) *m*, ~а́вниця, ~а́вчиця (-ці) *f* 파는 사람, 판매인.

про́д|аж (-жу) *m* 판매, 매각, 매도; 매매.

проді́л (-лу) *m*, ~ь (-ля) *m* 매우 가는 선.

продо́вж|ений (-на, -не)* 연속된, 연속적인, 계속된, 불변의.

продо́вжити (-жу, -жиш) *P vt*; (продовжа́ти *I*), продо́вжувати (-ую, -уєш) *I vt* 계속하다, 연기하다, 연장하다.

проду́кт (-ту) *m* 산물(産物), 생산품.

проду́ман|ий (-на, -не)* 숙고한, 신중한.

проду́мати (-аю, аєш) *P vt*; проду́мувати (-мую, -уєш) *I vt* 숙고하다; 고찰하다; 생각하다.

продуце́нт (-та) *m* 생산자, 제작자.

прое́кт (-ту) *m* 계획, 기획, 설계.

прожи́т|ок (-тку) *m*, ~тя́ *n* 생존; 생활, 생활 양식.
прожо́г (-гу) *m* 격렬, 맹렬; 열렬; 성급함.
про́з|а (-зи) *f* 1) 산문; 산문체.
прозва́ти (-зву́, -зве́ш) *P vt*; (прозива́ти *I*) 이름을 붙이다, 명칭을 붙이다.
проїда́ти (-а́ю, -а́єш) *P vt*; (проїсти *P*) 먹는데 소비하다; 먹어들어 가다.
проїжджа́ти (-а́ю, -а́єш) *I vi*; (проїхати *P*) (교통 수단으로) 지나가다, 횡단하다, 빠져 나가[오]다.
проїзд (-ду) *m* (인용한) 일절(一節), 한 구절.
прийма́ти (-а́ю, -а́єш) *I vt*; прийми́ти, прийня́ти (-йму́, -ймеш) *P vt* 꿰뚫다, 꿰찌르다; 관통하다.
прока́т (-ту) *m* 임대료, 사용료; 임금; 세내고 빌리기; 고용.
прокида́ти (-а́ю, -а́єш) *I vt*; прокида́ти (-а́ю, -а́єш), проки́нути (-ну, -неш) *P vt* 제거하다, 치워 없애다.
проки́сати (-а́ю, -а́єш) *I vi*; проки́снути (-ну, -неш) *P vi* 완전히 시어지다.
прокладати (-а́ю, -а́єш) *I vt*; прокла́сти (-аду́, -адеш) *P vt* 성취하다; 꿰뚫다; (법안 등을) 통과시키다.
проклина́ти (-а́ю, -а́єш) *I vt*; (прокля́сти *P*) 저주하다, 재앙을 빌다.
проклі́н (-лону 또는 -льону) *m* 저주.
прокля́т|ий (-та, -те)* 저주 받은, 천벌 받은.
проковтну́ти (-ну́, -не́ш) *P vt* (꿀떡) 삼키다, (꿀꺽) 들이켜다.
проколо́ти (-колю́, -о́леш) *P vt*; проко́лювати (-люю, -люєш) *I vt* 꿰뚫다, 꿰찌르다; 관통하다, 돌입하다.
прокра́датися (-а́юся, -а́єшся) *I vi*; прокра́стися (-аду́ся, -аде́шся) *P vi* 은밀하게 지나가다, 횡단하다.
прокуро́р (-ра) *m* 검사, (소송) 대리인.
пролази́ти (-а́жу, -а́зиш) *I vt*; (пролі́зти *P*) 기다, 포복하다.
пролама́ти (-ма́ю, -а́єш) *P vt*; прола́мувати (-ую, -уєш) *I vt* 강행 돌파하다, ~을 헤치고 나아가다.

пролета́р (-ри) *m* 프롤레타리아, 무산 계급, 무산자.

пролива́ти (-а́ю, -а́єш) *I vt*; (проли́ти *P*) <액체·가루 등을> 엎지르다.

про́ліс (-су) *m* = пра́ліс; ~ок (-ска) *m* = прога́лина, 숲속의 빈터.

проло́г (-гу) *m* 서언(序言), 머리말.

проло́м (-му) *m* = проло́мі; ~ина (-ни) *f* 총의 개머리.

проломи́ти (-омлю́, -о́миш) *P vt*; проло́млювати (-люю, -люєш) *I vt* 강행 돌파하다, 헤치고 나아가다.

промайну́ти (-ну́, -не́ш) *P vi* 흘끗 보다.

про́мах (-ху) *m W.U.* 결점, 흠, 단점, 결함.

промахну́тися (-ну́ся, -не́шся) *P vi* 과녁에서 빗나가다; 실패하다.

промени́стий (-та, -те)* 빛[열]을 내는; 빛나는, 밝은, 찬란한; 반짝이는; 눈부신.

промерза́ти (-а́ю, -а́єш) *I vi*; проме́рзнути (-ну, -неш) *P vi* 얼음이 얼다, 얼 정도로 춥다.

промива́ти (-а́ю, -а́єш) *I vt*; (проми́ти *P*) 씻다, 빨래하다, 세탁하다.

промина́ти (-а́ю, -а́єш) *I vt*; промину́ти (-ну́, -не́ш) *P vt* 지나다, 경과하다; 끝나다.

про́мис|ел (-слу) *m* 산업, 공업; 제조업, 생산업; 사업, 기업.

про́між 전치사. 생격, 조격 지배, 1) ~의 사이에, ~의 가운데에, ~에 둘러싸여 2) ~의 사이에서; ~의 사이에서 분배하여; ~의 사이에서 서로.

про́між|жя *n* 틈, 틈새; 갈라진 데, 금; 구멍.

про́мінь (-меня) *m* 들보, 도리.

промо́в|а (-ви) *f* 말, (일반적으로) 언어.

промо́вити (-влю, -виш) *P vt*; промовля́ти (-я́ю, -я́єш) *I vt* <소리·말·신음·탄식 등을> 입 밖에 내다; 발언하다; 발음하다.

промовча́ти (-чу́, -чи́ш) *P vt*; промо́вчувати (-ую, -уєш) *I vt* 숨기다, 감추다; 비밀로 하다, 내색하지 않다.

промока́ти (-а́ю, -а́єш) *I vi*; промо́кнути (-ну, -неш) *P vi* 젖다, 잠기다; 흠뻑 젖다.

промочи́ти (-мочу́, -о́чиш) *P vt*; промо́чувати

проникати

(-ую, -уеш) *I vt* 적시다, 축이다.

пронизливий (-ва, -ве)* 귀에 거슬리는, 소리가 불쾌한.

проникати (-аю, -аєш) *I vt*; (проникнути *P*) <탄알•창 등이> 꽂히다, 꿰뚫다, 관통하다; <빛•목소리 등이> 통과하다.

проникливий (-ва, -ве)* 꿰뚫는.

пропаганда (-ди)° *f* 선전, 선전 방법.

пропагандист (-та)° *m* 선전원, 포교자.

пропагувати (-ую, -уєш)° *P vt* 1) 번식시키다.

пропадати (-даю, -даєш) *I vi*; (пропасти *P*) (갑자기) 죽다, 비명 횡사하다.

пропажа (-жі) *f* (게임, 콘테스트에서) 실패, 패배.

пропасний (-на, -не) 열이 있는, 열띤; 열병의.

пропелер (-ра) *m* 프로펠러, 추진기.

пропивати (-аю, -аєш) *I vt*; (пропити *P*) <돈을> 쓰다, 소비하다.

прописати (-ишу, -ишеш) *P vt*; прописувати (-ую, -уєш) *I vt* 명령하다, 지령하다; 규정하다, 정하다.

пропливати (-аю, -аєш) *I vi*; (пропливнути, проплисти *P*) 헤엄치다, 수영하다.

проповідь (-ді) *f* 설교, 강론, 설법, 교훈.

пропозиція (-її) *f* 제의, 건의 제안.

пропонувати (-ую, -уєш) *I vt* 움직이다, 위치를 옮기다, 이동시키다.

пропорційний, ~ональний, ~яльний (-на, -не)* 비례하는, 어울리는, 균형이 잡힌.

пропорція (-її) *f* 비율, 비(比).

пропуск (-ку) *m*, ~ання *n* (인용한) 일절(一節), 한 구절.

прорив (-ву) *m* (적진) 돌파.

пророк (-ка) *m* 예언.

проростати (-аю, -аєш) *I vi*; проростú (-росту, -теш) *P vi* 싹트다; 나기 시작하다.

просвердлити (-лю, -лиш) *P vt*; просвердлювати (-люю, -люєш) *I vt* (송곳 따위로) (구멍을) 뚫다.

просвіт (-ту) *m* 트인 구멍, 틈, 통로.

просвітлення *n*, ~лість (-лості) *f* 설명; 해석; 해명, 변명.

просити (-ошу́, -о́сиш) *I vt* 묻다, 질문하다.
просиха́ти (-а́ю, -а́єш) *I vi*; (**просо́хнути** *P*) 마르다, 물기가 빠지다; 고갈되다, 바싹 마르다.
прослу́хати (-аю, -аєш) *P vt*; **прослу́хати** (-а́ю, -а́єш) *I vt* (일정 시간 동안) 듣다.
про́с|о (-са) *n* [식물] 기장.
просо́д|ія (-ії) *f* 작시법.
проспе́кт (-ту) *m* 전망.
простáк (-ка́) *m* 예의를 모르는.
простéжити (-ежу, -ежиш) *P vt* 묻다; 질문하다; 조사하다, 수사하다, 연구하다.
прости́й (-та, -те)* 곧은, 일직선의, 똑바로 선, 수직의.
прості́й (-то́ю) *m* 멈춤, 중지, 휴지; 정지.
про́ст|ір (-тору) *m* 공간.
про́сто *adv.* 똑바로 (서서), 직립하여, 꼿꼿이; 올바른 자세로.
просто|ви́сний (-на, -не)* 수직의, 곤추선.
простоду́шн|ий (-на, -не)* 순진한, 천진난만한; 우직한, 속기 쉬운, 어리석은.
просто́рий (-ра, -ре)* 넓은, 훤히 트인.
просто́р|о *adv.* 기분 좋게, 편안하게; 안락하게; 부족함이 없이.
прост|о́та (-ти) *f* 간단, 평이; 단순, 단일.
простроми́ти (-ромлю́, -о́миш) *P vt*; **простро́млювати** (-лю́ю, -лю́єш) *I vt* 1) 구멍을 내다 .
простяга́ти (-а́ю, -а́єш) *I vt*; **простяг|ну́ти**, ~ти́, (-ягну́, -я́гнеш) *P vt* 잡아 늘이다, 잡아당기다, 팽팽히 치다.
проте́ *conj.* 그리고.
протеже́ *m, f* [불변] 피보호자, (정치상의) 부하.
проте́з|а (-зи) *f* [문법] 첨두음(添頭音),.
протекторáт (-ту) *m* 보호 관계, 보호 정치, 보호권.
проте́ст (-ту) *m* 이의의 제기, 항의.
про́ти 전치사. 생격 지배..
противáга (-ги) *f* 균형, 평형, 안정.
проти́витися (-влюся, -вишся) *P vi* 반대하다, 부인하다.
проти́вн|ий (-на, -не)* 모순된, 양립하지 않는,

протикáти

протигáз (-за) *m*, ~ник (-ка) *m* 방독면.

протизакóнний (-нна, -нне)* 불법의, 위법의, 비합법적인.

протикáти (-áю, -áєш) *I vt*; (проткнýти *P*) 꿰뚫다, 꿰찌르다.

протилéжн|ий (-на, -не)* 반대의; ~에 반대되는.

проти|отрýта (-ти) *f* 해독제.

протистáвити (-влю, -виш) *I vt* 반대하다, 이의를 제기하다.

проти|тáнковий (-ва, -ве) 대전차의.

протікáти (-áю, -áєш) *I vt*; (протектú *P*) 새게 하다, 누출(누입)시키다.

прото|диякóн (-на) *m Rel.* 부 감독.

протóка (-ки) *f* [지리] 해협.

протокóл (-ла) *m* (외교상의) 의전, 의례, 의식 2) 원안.

протоплáзма (-ми) *f* [생물] 원형질.

прóтяг (-гу) *m* 신장, 뻗음; 확장.

протягáти (-áю, -áєш) *I vt*; (протяг|нýти, ~ти *P*) 잡아 늘이다, 잡아당기다, 팽팽히 치다, 펴다.

прóтягом *adv.* (특정 기간의) ~동안 (내내).

професíя (-її) *f* 직업 (주로 두뇌를 쓰는), 전문직.

профéс|ор (-ра) *m*, ~орка (-ки) *f* 교수.

профілáкт|ика (-ки) *f* [의학] (병 등의) 예방(법).

прóфіль (-вя) *m* 1) 옆 얼굴, 반면상.

проф|союз (-за) *m*, ~спíлка (-ки) *f* 직업 신디케이트, 직업 동맹.

прох|áльний (-на, -не)* 요구하는, 간청하는.

прохáти (-áю, -áєш) *I vt* 구걸하다, 빌다.

прохáч (-чá) *m* 청원자.

прохолóда (-ди) *f* 차가움, 냉정, 침착.

прохолóдн|ий (-на, -не)* <식품 등이> 신선한, 싱싱한; 날것의.

прохопúтися (-хоплюся, óпишся) *P vi W.U.* 갑자기 깨다.

процедýра (-ри) *f* (행동·상태·사정 등의) 진행, 경과.

процéс (-су) *m* (만드는) 방법, 순서, 공정, 처리, 조작.

проці́джувати (-ую, -уєш) *I vt*; **проціди́ти** (-іджу́, -ідиш) *P vt* 거르다, 여과하다.

прочита́ти (-а́ю, -а́єш) *P vt*; **прочи́тувати** (-ую, -уєш) *I vt* ~을 통독하다; ~을 다시 읽다.

прошива́ти (-а́ю, -а́єш) *I vt* = прошиба́ти; **проши́ти** (-ию, -иєш) *P vt* = прошибну́ти; 수놓다, <이야기 등을> 윤색하다, 과장하다.

проща|́льний (-на, -не)* 이별의, 헤어지는, 작별의, 최후의; 임종의.

проя́в (-ву) *m* 표명, 명시; 나타남, 징후, 조짐.

прояви́ти (-явлю́, -я́виш) *P vt*; **проявля́ти** (-я́ю, -я́єш) *I vt* 명백하게 하다, 명시하다.

проясни́ти (-ню́, -ни́ш) *P vt*; **проясн|ювати** (-нюю, -нюєш), ~я́ти (-я́ю, -я́єш) *I vt* 정돈하다; 결제하다.

пруг (-гу) *m*, ~а́ (-ги́) *f* 줄, 줄무늬, 선.

прудки́й (-ка́, -ке́) 빠른, 급속한, 신속한.

пруж|и́вий (-ва, -ве)* 탄력 있는, 탄성의, 신축성이 있는; 휘기 쉬운.

прут (-та́) *m* (금속・목제의 곧은) 막대(기), 장대, 지팡이.

пруча́тися (-а́юся, -а́єшся) *I vi* 저항하다; 방해하다; 참다.

пря́жа (-жі) *f* 실; 바느질 실; 꼰 실.

пря́жений (-на, -не) 구운.

пря́жка (-ки) *f* 걸쇠, 죔쇠, 버클.

пря́ник (-ка) *m* 생강 빵.

прясти́ (-яду́, -де́ш) *I vt* <면・양털 등을> 잣다; <실을> 잣다.

псало́м (-лма́) *m* 찬송가, 성가, 성시.

псевдоні́м (-ма) *m* (작가의) 필명, 아호, 익명.

псих|і́na (-ии) *f* 정신, 심리; 정신상태.

психія́тр (-ра) *m* 정신병 의사.

психоаналі́за (-зи) *f* 정신 분석.

психо́за (-зи) *f* 정신병, 정신 이상.

психо́л|ог (-га) *m* 심리학자.

психопа́т (-та) *m* 비정상적인 사람.

псува́ння *n* 악화(가치의) 하락.

псува́ти (-у́ю, -у́єш) *I vt* 망치다, 상하게 하다, 못쓰게 만들다.

птах (-ха́) *m*, ~а́ (-хи́) *f* 새; ~а́р (-ря́) *m*, ~івни́к

(-ка) *m W.U.* 애조가, 새 기르는 사람.
пти|ця (-ці) *f* 새.
публі́ка (-ки) *f dial.* 불명예, 망신, 치욕.
публіка́ція (-ії) *f* 출판, 간행, 발행.
публіци́ст (-та) *m* 정치 평론가.
публі́чн|ий (-на, -не)* 공공의, 공중의; 일반 국민의, 국민 대중의.
пу́голов|а́тиця (-ці) *f*, ~а́ч (-ча́) *m*, ~иця (-ці) *f*, ~ок (-вка) *m* 올챙이.
пу́дель (-ля) *m* 푸들.
пу́динг (-гу) *m* 푸딩 (밀가루 등에 과일·우유·달걀 등을 섞어 단맛[향료]을 들여 구운 과자 또는 요리).
пу́дра (-ри) *f* (화장)분; (베이비) 파우더.
пу́зо (-за) *n* 배, 복부.
пульвериза́тор (-ра) *m* 분쇄기; 분무기.
пульс (-су) *m* 맥락, 고동.
пу́льт (-ту) *m* 설교단, 강단; 연단.
пу́ма (-ми) *f* [동물] 퓨마.
пункт (-ту) *m* 뾰족한 끝, 칼 끝, 바늘 끝 2) 점(點), 반점.
пунш (-шу) *m* 펀치.
пуп (-па) *m* 배꼽 .
пуп'я́|нок (-нка) *m*, ~шок (-шка) *m* 꽃봉오리, 싹.
пуритан|ець (-нця) *m*, ~а (-ки) *f* 청교도.
пурпу́р (-ру) *m*, ~у́ра (-ри) *f* 자줏빛.
пуска́ти (-а́ю, -а́єш) *I vt*; (пусти́ти *P*) 해방하다, 놓아주다.
пусте́л|я (-лі) *f* 황무지, 황야, 미개지.
пусти́й (-та́, -те́) 빈, 없는.
пусти́р (-ря́) *m* 황무지, 사막.
пу́стка (-ки) *f* 불모지.
пу́сто *adv.* 보람 없이, 헛되이.
пуст|о́та (-ти́) *f* 나쁜 짓, 사기; 장난.
пу́стощі (-ів) *pl* 농담, 희롱, (짓궂은) 장난.
пустува́ти (-ту́ю, -у́єш) *I vi* 조롱하다, 장난치며 놀다.
пу́та (пут) *pl* 족쇄, 차꼬, 수갑; 속박, 구속.
путі́в|ець (-вця) *m* = путивець; ~ник (-ка) *m* 안내자, 길잡이, 가이드.
пу́то (-та) *n* 족쇄, 속박, 구속.

путя́щий (-ща, -ще) 통행할 수 있는.
путь (-ті́) *f* 길, 도로, 가로.
пух (-ху) *m* (새의) 솜털.
пух|и́р, ~і́р (-ря́) *m* 물집, 수포.
пухка́ти (-а́ю, -а́єш) *I vi* 헐떡거리다, 숨차다; 심장이 마구 뛰다, 몹시 두근거리다.
пухк|е́нький (-ка, -ке)* *Dim.*: пухк|и́й (-ка́, -ке́) 부드러운, 연한.
пухл|ени́на (-и́ни) *f* 팽창, 부풀기, 부음, 부어오름; 증가, 증대.
пу́хнути (-ну, -неш) *I vi* 부풀다, 붓다, 팽창하다.
пухови́й (-ва́, -ве́) 깃털이 들어있는.
пучо́к (-чка́) *m* (식물의) 눈; 꽃봉오리.
пу́ща (-щі) *f* 사막; 황야; 불모지대.
пшени́ця (-ці) *f* [식물] 밀; 소맥.
пшон|о́ (-на́) *n* 기장(벼과의 1년초).
пюпі́тр (-ра) *m* (서서 읽기 위해 표면이 경사진) 독서대.
п'я́вка (-ки) *f* 거머리.
п'я́н|ий (-на, -не) 술취한.
п'я́та (-ти́) *f* (발)뒤꿈치.
п'я́тий (-та, -те) [수사] 5번째.
п'яти|кля́сник (-ка) *m* 5학년 학생.
п'ятна́дцять (-тьо́х 또는 -ти) [수사] 15.
п'я́тни|ця (-ці) *f* 금요일.
п'ятсо́т (п'ятьо́х 또는 п'яти́ сот, 또는 п'ятиста́) [수사] 500; ~ий (-та, -те) 500번째; ~лі́тній (-ия, -не), ~рі́чний (-на, -не) 500년의; ~лі́ття *n*, ~рі́ччя *n* 500년; ~ти́сячний (-на, -не) 500,000의.
п'ять (-тьо́х, 또는 -ти́) [수사] 5.

Р

Р, р (우크라이나어의 21번째 철자로 영어의 'r'과 같이 발음됨).

раб ... = граб ...
раб (-ба́) *m* 노예, 남자 노예; 농노.
раби́н (-на) *m* 랍비, 율법학자.
раби́нин (-бинина, -нине) 노예의, 농노의.
раби́нів (-нова, -нове) 1) 랍비의, 랍비식의.
раби́ня (-ні) *f* 여자 노예; 농노.
рабівни́|к (-ка) *m W.U.* = грабі́жник, 강도, 도둑; 노상 강도; 약탈자.
ра́бс|тво (-ва) *n* 1) 노예 상태, 노예의 신분 2) 노예 제도: ~ький (-ка, -ке) 1) 노예의; 노예적인 <노동 등> 2) 노예 근성의; 비굴한, 굴종적인, 자주성 없는.
рабува́ння *n W.U.* = грабува́ння, 약탈, 강탈, 착취.
рабува́ти (-у́ю, -у́єш) *I vt* =грабува́ти, <사람에게서> <물건을> 강탈하다, 약탈하다, 빼앗다.
рабу́нок (-нку) *m* = грабі́ж, 강도(질), 도둑질, 약탈, 강탈; 강도 사건.
равелі́н (-ну) *m* [군사] V자형 보루 (해자로 둘러싸인 외곽 보루).
ра́влик (-ка) *m* [동물] 달팽이.
ра́глик (-ка) *m* [곤충] 사슴벌레.
рагля́к (-ка) *m* 수사슴.

раглян (-на) *m* 래글런형 외투 (소매가 곧장 목덜미까지 뻗었으며 헐렁함).

рагу *n* [불변] 라구(고기·야채를 넣은 일종의 스튜), 스튜(요리).

рад. *Abbr.*: радянський, 소비에트.

рада (-ди) *f* 상담, 의논, 협의, 평의.

раде|нький, ~сенький (-ка, -ке)* *Dim.*: радий, 매우 행복한.

раджа (-джі) *m* (옛날 인도의) 왕[영주].

ради 전치사 생격 지배. [목적] ~을 위하여, ~을 목적으로; ~을 노리고, ~이 되려고, ~을 하려고.

радий (-да, -де)* 기쁜, 반가운, 즐거운, 기꺼이 (~하는).

радикал (-ла) *m* ~ка (-ки) *f* 과격론자, 급진분자.

радити (-джу, -диш) *I vt* (кому) 충고[조언]하다.

радій (-ію) *m Chem.* 라듐 (방사성 금속 원소; 기호 Ra, 번호 88.

радіння *n* 숙고, 곰곰이 생각함.

радіо (-ія) *n* 라디오.

радіоактивн|ий (-на, -не) 방사성이 있는, 방사성의.

радіо|апарат (-та) *m* 라디오 수신기.

радіолог (-га) *m* 방사능 연구자.

радіометр (-ра) *m* [물리] 라디오미터.

радіо|передавання *n* 라디오 방송.

радісний (-на, -не)* 기쁜, 기쁨에 찬, 반가운, 즐거운.

радість (-дости) *f* 기쁨; 즐거움, 환희.

радіти (-ію, -ієш) *I vi* 기뻐하다, 좋아하다, 축하하다.

радіюс (-са) *m* 반경, 반지름; 반경 범위, 반지름의 길이.

раді|яльний (-на, -не)* 광선의.

радо *adv.* 자진해서, 기꺼이, 쾌히.

радощ (-щі) *f* (일반적으로 복수): радощі (-ів) 기쁨, 즐거움, 행복, 환희.

радув|ання *n* 전문적 조언, 전문적 지원.

радувати (-ую, -уєш) *I vt* <소식 등이> 기쁘게 하다.

радше *adv.* = скоріше, радніше, 오히려.

раж (-жу) *m* 격노, 분노, 노발 대발.
раз (-зу) *m* [수사] 한 번: —, два, три, 하나, 둘, 셋.
рази́ти (ражу́, рази́ш) *I vt* 눈부시게 하다.
ра́з|ком *adv. Dim.*: разом, 전적으로, 완전히; 전혀.
разли́вий (-ва, -ве)* 눈부신, 휘황찬란한; 현혹적인.
ра́з|ом *adv.* 전적으로, 완전히; 전혀.
раз|ю́чий, ~я́чий (-ча, -че)* <빛 등이> 번쩍번쩍 빛나는, 눈부신.
рай (раю́) *m* 천국, 낙원, 파라다이스.
ра́йдерево (-ва) *n* [식물] 라일락.
ра́йд|уга (-ги) *f* 무지개.
райо́н (-ну) *m* 지방, 지역; 지대.
райсфе́дер (-ра) *m* = рисник, 제도용 펜.
ра́йський (-ка, -ке) 천국의.
райту́зи (-зів) *pl* 승마 바지.
Райх (-ху) *m* 독일.
ра́йхс|вер (-ру) *m* 독일군.
рак (-ка) *m Ich.* [동물] 가재; 그 살.
ра́ка (-ки) *f Rel.* 성인의 무덤.
ра́к|авка (-ки) *f*, ~аня (-ні) *f* [동물] 청개구리.
раке́т (-та) *m* 배틀 도어.
раке́та (-ти) *f* 로켓.
ракло́ (-ла) *m* 방랑자, 정처 없는 나그네.
ра́ков|ий (-ва, -ве) 게의.
ра́ком *adv.* 네 발로 기어.
ракоти́ця (-ці) *f* 돼지의 갈라진 발굽.
ракува́ті (-тих) *pl* [동물] 갑각류(甲殼類).
рала́ (-ли́) *m* 경작자; 재배자.
ра́лець (-льця́) *m* 선물, 선사; 예물, 경품.
ра́л|ити (-лю, -лиш) *I vt* 괭이질하다; 제초기로 <잡초를> 파내다.
ра́ма (-ми) *f* (종종 복수로 사용됨): ра́ми (рам) 창 틀, 테두리.
рама́т (-ту) *m*, ~ка (-ки) *f dial.* 넝마, 누더기; 누더기 옷.
рамено́ (-на́) *n* 어깨; 견갑 관절.
ра́мк|а (-ки) *f*, ~и (-ків) *pl Dim.*: ра́ма, 작은 틀.
ра́мпа (-пи) *f* 무대; 연극 배우의 직업.
ра́мці (-ів) *pl Dim.*: ра́ми; = ра́мки, 사진틀, 액자.

рам'я *n* 넝마; 넝마 조각, 헝겊; [*pl.*] 누더기.
рам'я (рамени) *n* 어깨.
рана (-нн) *f* (큰) 상처, 부상.
ранг (-ту) *m*, ~а (-ти) *f* 계급, 계층, 등급, (사회적) 지위, 신분.
рандеву *n* (시간과 장소를 정한) 회합(의 약속), 회동, 랑데부.
ранений (-на, -не) 부상한, 다친; <명예 등이> 상처를 입은, 훼손된.
ран|енько, ~есенько *adv. Dim.*: рано. 다소 (너무) 일찍, 동틀녘에.
ранець (-нця) *m* (병사•여행자 등의) 배낭, 등에 지는 자루.
ранити (-ню, -ниш) *I vt* 부상하게 하다.
раніш, ~е *adv.* [비교급]: рано, 이른, 먼저, 전에, 이전에(는), 지난날(에), 옛날에(는).
ран|ішній (-ня, -нє), ~ковий (-ва, -ве) 아침의.
ранньо- [접두사] 미리; ~이전의; ~의 앞쪽에 있는; 우선해서, 선행해서; 예비의」의 뜻.
рано *adv.* 일찍이, 일찍부터, 일찌감치; 초기에.
ранок (-нку) *m* 아침, 오전.
рантьє *m* [불변] 자본가, 자본주; 자본주의자 .
рапавий (-ва, -ве)* 거칠거칠한, 껄껄한; 울퉁불퉁한, 험한.
рапавка (-ки) *f* [동물] 두꺼비.
рап|ак (-ка), ~ач (-ча) *m W.U.* [조류] 메추라기.
рапіра (-ри) *f* 가늘고 긴 쌍날칼 (주로 결투용) .
рапорт (-ту) *m* 보고(서), 리포트.
рапсод (-да) *m* [음악] 광상곡, 광시곡.
рапт|овий (-ва, -ве)* 돌연한, 뜻밖의.
раптянка (-ки) *f dial.* 갑작스러운 (시끄러운) 급류 (急流).
рапуття *n* [집합] 쓰레기, 찌꺼기, 폐물; 소용없는 물건.
раритет (-ту) *m* 아주 드묾, 희박; 진귀.
рарі́г (-рога) *m* 말똥가리.
рас|а (-си) *f* 인종; 인류; 민족; 국민.
распря (-рі) *f O.S.* 불일치, 불화; 알력, 의견 충돌.
рата (-ти) *f* 분할 불입.
ратай (-ая) *m* 농부; 시골뜨기.

ратифік|ація (-її) *f* (조약 따위의) 비준, 승인, 재가.

ра́тиця (-ці) *f* 갈라진 발굽, 우제.

ра́тн|ий (-на, -не)* 전투적인, 호전적인; 도전적인.

рать (-ті) *f O.S.* (일련의) 전투.

раф (-фу) *m* [기계] 피대[벨트] 바퀴; 띠톱 바퀴.

рафін|ад (-ду) *m*, ~а́да (-ди) *f* 정제된 설탕.

рахівн|и́к (-ка́) *m*, ~и́чий (-чого) *m* 계산인, 계산계.

ра́хкати (-аю, -аєш) *I vi* 까악까악[개굴개굴] 울다.

раху́б|а (-би) *f* 계산(함), 계산의 결과.

рахува́ння *n* (과정): 계산, 집계.

рахува́ти (-у́ю, -у́єш) *I vt* (총수를 알기 위해) 세다, 계산하다; 산출하다.

рахунко́в|ий (-ва, -ве) 회계의, 계산의, 산수의.

рахун|о́к (-нку) *m* 계산, 집계.

раціо́н (-ну) *m* (식료품·연료 등의) 일정한 배급량, 할당량, 정량.

раціоналіза́ція (-ії) *f* 합리화.

раціона́льн|ий (-на, -не)* 이성의[있는], 도리를 아는, 이성적인; 제정신인, 정신이 멀쩡한.

ра́ція (-ії) *f* 이유, 까닭, 동기.

ра́чити (-чу, -чиш) *I vt* = зволя́ти, 허락하다, 허가하다; 묵인하다.

рачкува́ти (-у́ю, -у́єш) *I vi* 기다, 포복하다.

раш|ку́ль (-ля́) *m*, ~пі́ль (-ля) *m* 이가 굵은 줄; 강판.

раюв|а́ння *n* 지복, 경사.

ра́яти (ра́ю, ра́єш) *I vt* = ра́дити, 충고하다, 조언하다; 권하다.

рва́ти (рву, рвеш) *I vt* 잡아 뜯다, 뽑다; 따다.

рвач (-ча́) *m* (경멸): 치과의사.

рвучк|и́й (-ка́, -ке́) = рвачки́й; ~о *adv.* 신경질적으로.

рджо́к (-ка́) *m dial.* [동물] 들쥐.

реабіліт|а́ція (-sï) *f* 복직, 복위, 복권; 명예 회복.

реаліза́тор (-ра) *m* 실현자, 실행자; 생산자, 프로듀서.

ре́бус (-са) *m* 글자 맞추기[수수께끼].

рев (-ву) *m* 으르렁거리는 소리, 포효.

реванж (-жу) = **реванш** (-шу) *m* (같은 수단으로의) 앙갚음, 보복.

реверанс (-су) *m* 경외하는 마음, (~에 대한) 숭상, 존경; 경의, 경외.

ревербер (-ра) *m* 반사물.

реверсія (-ії) *f* 전도, 반전, 역전; 전환.

ревізійний (-на, -не)* 수정의, 정정의.

ревізія (-ії) *f* 개정, 교정, 정정, 수정; 교열.

ревіння *n* (행위): 으르렁거림, 포효.

ревінь (-веню) *m* [식물] 대황(大黃); 대황의 잎자루 (식용).

ревіти (-ву, -веш) *I vi*; (ревнути *P*) <사자 등이> 으르렁거리다.

ревія (-ії) *f* 리뷰, 비유(담), 우화(寓話).

ревкати (-аю, -аєш) *I vi*; ревкнути (-ну, -неш) *P vi* 소리치다; 엉엉 울다.

ревком (-му) *m* 소비에트.

ревматизм (-му) *m* [병리] 류머티즘.

ревне *adv.* 상냥하게, 친절하게; 유약하게; 상하기 쉽게, 예민하게, 진실로, 거짓없이, 사실대로; 올바르게, 정당하게.

ревнивий (-ва, -ве)* 질투가 많은, 투기하는; 시샘하는, 선망하는.

ревний (-на, не)* 성실한, 참된, 진신의, 성직[진지]한, 거짓 없는, 진심의, 표리 없는.

ревнути (-ну, -неш) *P vi*; (ревіти *I*) 큰 소리로 울다, 으르렁거리다.

ревнява (-ви) *f* (특히 불쾌하고 비음악적인) 소리, 소음; 소란.

революційний (-на, -не)* 혁명의; 혁명적인, 대변혁, 대변혁[전환]을 가져오는.

революція (-ії) *f* (정치상의) 혁명.

револьвер (-ра) *m* (탄창 회전식) 연발 권총.

регіт (-готу) *m* 으르렁거리는 소리, 포효.

регнути (-ну, -неш) *I vi dial.* 동경하다, 사모하다; 그리워하다, 사모의 정을 품다.

реготати (-очу, -очеш) *I vi*; -ся *I vi* 실컷 웃다.

реготливий (-ва, -ве)* 1) 웃을 수 있는; 잘 웃는; 우스운.

регалії (-лій) *pl* 왕권, 왕의 특권.

регата (-ти) 레카타, 보트 레이스, 요트 레이스.

реґенер|а́тор (-ра) *m* 재생[갱생]자; 개심자; 개혁자.

реге́нт (-та) *m* 섭정(攝政), 통치자, 지배자.

регіме́нт (-ту) *m* [의학] (식사·운동 등에 의한) 섭생, 양생법.

регі́стр (-ра) *m* 등록[등기]부; (특정인의) 명부, (생사 등의 공적인) 기록, 등기, 등록; 표, 목록.

регля́мент (-ту) *m* 규칙, 규정; 법규.

регре́с (-су) *m* 후퇴, [생물] 퇴화.

ре́ґула (-ли) *f* 규칙.

ре́ґули (-гул) *pl.* [의학] 월경, 월경 기간.

регулюва́ння *n* 규칙, 규정; 법규.

регулямі́н (-ну) *m* 규칙, 규정; 법규.

реґуля́рн|ий (-на, -не)* 질서정연한; 계통[조직]적인; 균형 잡힌.

реґуля́тивний (-на, -не) 규정할 수 있는, 규정하는.

редаґува́ння *n* 편집.

реда́ктор (-ра) *m* 편집자.

реда́кція (-ії) *f* 1) 편집; 교정, 개정 2) 개정판 3) 편집실.

рединго́т (-та) *m* 프록 코트 (19세기에 신사의 정복이었으나 요즘은 거의 입지 않음); 레딩고트 (앞이 트인 긴 여성용 코트).

редколе́гія (-ії) *f* 편집 위원회.

редук|о́ваний (-на, -не)* 줄인, 축소한, 감소한; 할인한.

реду́кція (-ії) *f* 축소, 삭감; 감소; 할인.

реду́та (-ти) *f* [군사] 사각형 보루; (임시의 작은) 보루, 요새.

ре́дька (-ки) *f* [식물] 무, 양고추냉이; 그 뿌리를 간 양념.

рее́нт (-та) *m* (교회 성가대의) 선창자, 선영자 (先詠者), 음악 감독.

рее́стр (-ра) *m* 1) 등록[등기]부; (특정인의) 명부 2) (생사 등의 공적인) 기록, 등기, 등록; 표, 목록 3) (속도·수량 등의) 자동 기록기, (금전) 등록기, 기록 표시기.

режи́м (-му) *m* 1) 제도; 정체, 체제, 통치 방식; 통치[지배] 기간 2) 정권.

режисе́р (-ра) *m*, **~е́рка** (-ки) *f* 1) [발레] 연출가,

레지쇠르 2) [영화•연극] 영화[무대] 감독; 연출가.

резеда́ (-ди́) *f* 1) [식물] 목서초(木犀草); 회록색 2) 미뇨네트 (가는 실로 뜬 프랑스 레이스의 일종).

резе́рв|а (-ви) *f* 예비, 비축; 예비 부대.

резервуа́р (-ра) *m* 저수지; 저장소, (지식•부 등의) 저장, 축적; 보고.

резигна́ція (-ії) *f* 사직, 사임.

резиде́н|т (-та) *m* 거주자, 살고 있는 사람; 거류민.

резолюти́вний (-на, -не)* 결심의; 결정의.

резо́н (-ну) *m* 이유, 까닭, 동기.

резона́нс (-су) *m* 반향, 울림, 여운.

резоне́р (-ра) *m*, ~ка (-ки) *f* 학자티를 내는 사람, 현(衒)학자.

резо́нн|ий (-нна, -нне)* <사고•감정•의견 등이> 도리에 맞는, 논리적인, 조리가 서는, 정당한.

результа́т (-ту) *m* 결과, 성과, 귀착, 결말; (시험•경기 등의) 성적, 최종 득점.

резюме́ *n* [불변] 요점을 되풀이함; 개요.

рей (ре́я) *m* 배의 돛대, 선도, 솔선, 지휘.

ре́йвах (-ху) *m* [구어] 야단 법석; 소란, 소동, 혼란.

рейд (-ду) *m* 습격, 급습, 기습.

ре́йдити (-джу, -диш) *I vi, t dial.* (어린애처럼) 말을 더듬거리다, 쓸데없는 말을 하다.

ре́йк|а (-ки) *f* 레일; 가로대.

реймент (-ту) *m Archaic* [군사] 연대.

рейс (-су) *m* 항해, 횡단; 교차.

рейта́р (-ра) *m* 기병.

рекапітул|юва́ти (-люю, -лю́єш) *I vt* 요점을 되풀이하다, 요약하다.

ре́квієм (-му) *m* [가톨릭] 망자를 위한 미사(곡), 위령곡, 레퀴엠.

реквізи|т (-ту) *m* 필수품, 필요물, 요소, 요건, 필요 조건.

рекла́м|а (-ми) *f* 대중 광고.

рекомендаці́йний (-на, -не) 추천의, 천거의.

реконвалесце́нт (-та) *m* 회복기의 환자.

реконстру|йо́ваний (-на, -не)* 재구성된, 재건된.

рекорд (-ду) *m* 기록, 등록, 등기; 증거, 증언, 설명.

рекреаційний (-на, -не)* 휴양의, 오락의.

рекрут (-та) *m* 신병, 보충병, 신회원, 풋내기; 신입생, 신입 사원.

ректор (-ра) *m* [영국국교] 교구 목사.

рекурс (-су) *m* 애원, 간청, (여론•무력 등에의) 호소.

релігійн|ий (-на, -не)* 종교의, 종교(상) 의.

релігія (-ії) *f* 종교.

реліквія (-ії) *f* 유해, 성골[유물]함.

реля (-лі) *f* [음악] 우크라이나 류트(기타와 비슷한 14-17세기의 현악기).

релят|ивізм (-му) *m* [철학] 상대론[주의]; [물리] 상대성 이론.

реляція (-ії) *f* 관계, 관련; 연관.

рельєф (-фа, 또는 -фу) (고통•걱정•곤궁 등의) 제거, 경감; 안심.

рельси (-сів) *pl* = рейки, 레일, 궤조(軌條); 울타리.

ремгати (-мжу, -жеш) *I vt dial.* = шепотати, 속삭이다, 작은 목소리로 말하다.

рем|ез (-за) *m*, **~еза** (-зи) *f* [조류] 박새과(科)의 여러 새; 물총새.

рем|енар (-ря) *m W.U.* 마구 제조인, 마구 판매인.

реме|сло (-ла) *n*, **~ство** (-ва) *n* 무역, 교역, 통상; 상업, 장사, 매매, 거래.

реместувати (-ую, -уєш) *P vi* 열심히 장사를 하다.

ремигання *n* 심사 숙고, 숙고의 결과.

реміз (-зу) *m*, **~а** (-зи) *f* 마차 차고.

ремінгтон (-на) *m* 레밍턴 타자기.

ремінець (-нця) *m Dim.*: ремінь, 가죽의 작은 조각.

ремінісценція (-ії) *f* 회상, 추억, 기억.

ремін|ний (-нна, -нне) 가죽의, 가죽으로 만든; 혁질(革質)의.

ремінь (-меню) *m* 가죽.

реміснjик (-ка) *m* 장인(匠人), 숙련공.

ремонт (-ту) *m* 수리, 수선.

ремст (-ту) *m*, **~во** (-ва) *n* 불평, 불만, 푸념,

туде́лгирим; 불평거리.
ре́мстити (-мщу́, -мстиш) = ре́мствувати (-ую, -уєш) *I vi* 투덜거리다, 불평하다.
Рен (-ну) *m NP* (독일의) 라인강.
ренега́т (-та) *m*, ~ка (-ки) *f* 탈당자, 변절자, 배신자.
ренеса́нс (-су) *m* 문예 부흥, 르네상스; 르네상스식 미술[건축] 양식.
реноме́ *n* 평판, 세평.
ре́нське (-кого) *n* 라인 백포도주.
ре́нський (-ка, -ке) 라인 강 지방[유역]의.
ре́нт|а (-ти) *f* 지대, 소작료; 집세.
рентге́н|івський (-ка, -ке) 뢴트겐선의, X-선의.
реорганіз|а́тор (-ра) *m* 재편성(재조직, 개편)하는 사람.
ре́п|а (-пи) *f* [동물] 두꺼비.
ре́па|нець (-нця) *m* 금이 간 과일, 쪼개진 과일.
репар|аці́йний (-на, -не)* 수선의.
ре́пати (-аю, -аєш) *I vi*; (ре́пнути *P*); -ся *I vi* <추위·서리가 살갗을> 트게 하다.
репатріа́ція (-ії) *f* 본국 송환, 귀환.
репертуа́р (-ру) *m* (연극의) 레퍼토리 방식.
ре́пет (-ту) *m* (공포·고통의) 절규, 쇳소리.
репети́рувати (-ую, -уєш) *I vt* 되풀이하다, 반복하다.
репет|и́тор (-ра) *m*, ~и́торка (-ки) *f* 보조 교사, 가정 교사.
репетува́ння *n* = ре́пет; 되풀이.
репетува́ти (-у́ю, -у́єш) *I vi* 소리치다, 새된 소리[외침]를 지르다.
ре́пик (-ка) *m* [식물] 짚신나물 속(屬).
репі́жити (-жу, -жиш) *I vt* 호되게 때리다, 들입다 패다.
репліка (-ки) *f* 원작의 모사(模寫).
репорт|а́ж (-жу) *m* 뉴스 서비스.
репрезент|а́нт (-та) *m*, ~а́нтка (-ки) *f* 1) 대표자, 대리인 2) 국회 의원 3) 대표물; 견본, 표본; 전형.
репр|еси́вний (-на, -не)* 제지하는, 억압적인, 진압의.
репрод|уко́ваний (-на, -не)* 재생된, 재연된, 재판

된.

рептил|ія (-ії) *f* 파충류.

репута́ція (-ії) *f* 1) 평판, 세평 2) 명성, 덕망.

реп'я́х (-ха) *m* 우엉.

рескри́пт (-ту) *m* 로마 황제 칙재서(勅裁書); 가톨릭 로마 교황의 답서(答書)(교서).

ресо́р|а (-ри) *f* 1) 뛰기, 튀기, 도약 2) 용수철, 스프링, 태엽 3) 반동; 탄성(彈性), 탄력.

респе́кт (-ту) *m* 주의, 관심, 고려.

респіра́тор (-ра) *m* 마스크.

респу́блік|а (-ки) *f* 공화국; 공화 정체: Украї́нська Наро́дна Р~, 우크라이나 인민공화국; Радя́нська Р~, 소비에트 공화국.

реставра́тор (-ра) *m* 원상 복구시키는 사람(것).

реституція (-ії) *f* (정당한 소유자에게의) 반환, 상환; 손해 배상.

рестор|а́н (-ну) *m*, **~а́ція** (-ії) *f* 요리점,. 레스토랑, 음식점; 식당.

ресу́рс (-су) *m*, **~и** (-сів) *pl* 1) (한 나라의) 자원, 재원, 자력(資力), 자산.

рете́льне *adv.* 정확하게(는), 엄밀 하게(는), 꼭, 바로, 조금도 틀림없이.

рети́на (-ни) *f* [해부] (눈의) 망막.

ретира́да (-ди) *f* (수세식) 변소.

ре́тор (-ра) *m* 수사학자, 웅변술 교사.

рето́рта (-ти) *f* [화학] 레토르트, 증류기.

ретроакти́вний (-на, -не)* 반동하는; <효력이> 소급하는.

ретрогра́д (-да) *m* 1) 반동주의자, 보수주의자 2) 배교자(背敎者), 타락자.

ретроспекти́вний (-на, -не)* 회고의, 회구의; <경치가> 배후에 있는.

ретуш|е́р (-ра) *m* 사진을 수정하는 사람.

ре́тязь (-зя) *m* (사슬이 달린) 차꼬, 족쇄; 굴레; 속박; 구금.

рефе́кто|р (-ра) *m*, **~о́рій** (-ія) *m* (특히 수도원·수녀원·대학 등의) 식당; 다실, 휴게실.

рефера́т (-ту) *m* (조사·연구의) 보고(서), 리포트.

рефле́кс (-са) *m* 반사 행동, 반사 작용.

рефл|екти́вний (-на, -не)* 반사하는; 반영하는.

рефо́рма (-ми) *f* (사회·제도·정치 등의) 개정,

개혁, 개선.

рефра́к|тор (-ра) *m* 굴절 매체(媒體); 굴절 렌즈; 굴절 망원경.

рефре́н (-ну) *m* 후렴, 반복구.

рефриджера́тор (-ра) *m* 냉각[냉동] 장치, 냉장고.

рецензе́нт (-та) *m* 비평가, 평론가; 평론 잡지 기자.

реце́нз|ія (-ії) *f* 비평, 평론.

реце́піс (-су) *m dial.* 영수증.

реце́пт (-та) *m*, ~а (-ти) *f* 처방, 약방문.

рециди́в (-ву) *m* [의학] (원래의 나쁜 상태로) 되돌아감; 타락, 퇴보.

рецита́тор (-ра) *m* 암송자, 낭송자.

рече́вий (-ва, -ве)* = речови́й, 구체적인, 구상적인, 유형(有形)의.

рече́нець (-нця) *m* (일정한) 기간, 기한; 임기, 학기, 형기.

ре́чення *n* [문법] 문장, 글, [법] (형사상의) 판결, 선고, 처형, 형벌, 처벌.

речитати́в (-ву) *m* [음악] 서창(敍唱), 레치타티보.

ре́чі (-чей) = рі́чи, *pl* 말하기, 발언, 언사.

речі́вник (-ка) *m* [문법] 명사; 명사 상당어[구].

речн|и́к (-ка) *m*, ~и́ця (-ці) *f* 대표자, 대리인; 재외(在外) 사절; 후계자.

речов|и́на (-ни) *f* [화학] 물질, 성분.

решети́на (-ни) *f* 돼지 홍역; 작은 체.

ре́шето (-та) *n* 체.

решетува́ти (-у́ю, -у́єш) *I vt* 지나가다, 횡단하다, 빠져 나가[오]다.

реші́т|ка (-ки) *f Dim.*: ре́шето; 창살, 격자, 격자 세공; 나무[쇠] 격자 뚜껑.

ре́шт|а (-ти) *f* 휴식, 휴양; 수면.

рештов́ан|ий (-на, -не) 준비[각오]가 되어 있는; <의자 따위> (인체에 맞게) 설계되어 있는.

рж|а́ (ржі) *f* = іржа́, (금속의) 녹.

рж|а́ння *n* = ірж́áння, 울음.

ри́ба (-би) *f* 물고기, 어류.

риба́|к (-ка) *m*, ~а́лка (-ки) *m* 어부, 어민; 낚시꾼; 어선.

ривалізува́ти (-у́ю, -у́єш) *I vi* (з ким): ~와 경쟁하다, 서로 겨루다; ~와 맞먹다, 맞겨루다, 호적

수가 되다, 필적하다; ~을 닮다.
Ри́га (-ги) *f NP* 리가 (옛 소련의 라트비아 공화국의 수도).
риг|а́ння *n* (행위) 구토, 게우기, 토하기.
рига́ти (-а́ю, -а́єш) *I vi*; **ригну́ти** (-ну́, -не́ш) *P vi* 게워내다, 토하다.
риг|а́чка (-ки) *f*, ~и (-гів) *pl*, ~овина (-ни) *f* 토함, 게움; (용암·연기 등의) 분출.
ригори́зм (-му) *m* 엄격[엄정, 엄숙] 주의.
ригува́ти (-у́ю, -у́єш) *I vt* 갈겨쓰다, 아무렇게나 쓰다, 되는 대로 마구 쓰다; 낙서하다.
рида́ння *n* 1) 비탄, 애도 2) 비탄의 소리; 애가.
рида́ти (-а́ю, -а́єш) *I vt* <눈물을> 흘리다.
ридва́н (-на) *m* 여행용 차량.
ридикю́ль (-ля) *m* 부인의 작은 핸드백.
риж (-жу) *m Bot.* 쌀; 밥.
рижови́й (-ва, -ве) 쌀의; 밥의; 벼의.
рижо́к (-жка́) *m* 식용버섯의 일종.
ри́за (-зи) *f* (포장·장막 등의) 부드러운 피륙의 우아한 주름; (주름 잡힌) 포장(장막, 옷 등).
ри́ззя *n* [집합] 넝마; 넝마 조각, 헝겊; [*pl.*] 누더기.
ри́зи (риз) *pl* 성직(聖職)의 복장, 사제(제도)의 의복.
ри́зик|о (-ка) *n* 위험(성); 모험, 도박.
ризн|и́к (-ка́) *m* 재단사, 재봉사 (교회의상); 성구(聖具) 보관인.
ри́зький (-ка, -ке) 리가의.
ри́йка (-ки) *f* (돼지 등의) 코, 주둥이.
рик (-ку) *m* 으르렁거리는 소리, 포효.
ри́кати (-а́ю, -а́єш) *I vi*; **рикну́ти** (-ну́, -не́ш) *P vi* <사자 등이> 으르렁거리다.
рикоше́т (-ту) *m* 튀며 날기 (탄환 등이 물이나 땅의 표면을).
ри́л|о (-ла) *n* 돼지의 코, 돼지의 주둥이.
Рим (-му) *m NP* 로마 (이탈리아의 수도; 고대 로마 제국의 수도).
рим (-му) *m*, ~а (-ми) *f* 운, 각운(脚韻), 압운(押韻).
рима́р (-ря́) *m* 마구(馬具) 제작자.
римл|я́нин (-ина) *m*, ~я́нка (-ки) *f* 로마인.

римо-католицький (-ка, -ке) 로마 가톨릭의.
римований (-на, -не)* 운각이 있는.
римський (-ка, -ке) 1) 로마의; (고대) 로마(사람)의.
римування *n* (행위) 작시.
ринда (-ди) *f* 돼지, 비열한 놈.
риндзя (-зі) *f* 송아지의 위.
риндя (-ді) *f dial*. 돼지, 비열한 놈.
ринка (-ки) *f* (스튜용) 냄비 (긴 손잡이와 짧은 발이 달린).
риновка (~ки) *f Dim*.: ринва; 화분, 꽃병.
ринковий (-ва, -ве) 시장의.
ринути (-ну, -неш) *I vi* 여럿이 달리다; 여럿이 일시에 쏟아져 나오다.
ринь (-ні) *f* [집합적] 자갈.
рип *interj*.; — (-пу) *m* [의성어] 삐걱거리는 소리, 키익키익[삐걱삐걱] 울리는 소리, 삐걱거림.
рипа (-пи) *f* 절벽, 낭떠러지.
рипати (-аю, -аєш) *I vi*; **рипнути** (-ну, -неш) *P vi*; — дверима, 문을 삐걱거리게 하다.
рипіти (-плю, -пиш) *I vi* 삐걱거리다, 삐걱거리게 하다.
рип|ливий (-ва, -ве)* 삐걱거리는, 찍찍거리는; ~отня (-ні) *f* 계속적인 삐걱거림(찍찍거림).
ришу-рипу *interj*, 삐걱거리고 찍찍거리는 소리 흉내.
рис (-са) *m* 갈라진 틈, 금.
риса (-си) *f* 얼굴 모양, 생김새; 외형, 윤곽.
рисівник (-ка) *m* 제도공; 도안가.
риск (-ку) *m* 위험, 모험; 위험요소.
рискаль (-ля) *m* 가래, 삽.
рискован|ий (-на, -не)*, ~итий (-та, -те)* 위험한; 모험적인.
рискувати (-ую, -уєш) *I vi* (чим) 과감히 나아가다, 위험을 무릅쓰고 가다.
рисник (-ка) *m* 제도용 펜, 오구(烏口), 가막부리.
рисов|аний (-на, -не)* 그려진; 본을 뜬; 의장 도안에 의한.
ристь (-ті) *f* 빠른 걸음, 속보 (말 등의); 총총 걸음 (사람의); 그 소리.
рисування *n* 그리기, 데생, 스케치.

рисувати (-ую, -уєш) *I vt* 그림을 그리다.
рисунок (-нку) *m* 그림, 데셍, 스케치.
рись (-сі) *f* [동물] 스라소니.
ритв|а (-ви) *f*, ~ина (-ни) *f* 물이 괸 곳.
рити (рию, риєш) *I vt* <땅•밭을> 파다, 파헤치다; <굴•묘를> 파다; 파내다, <광물을> 채굴하다.
рит|ина (-ни) *f* 조각(술), 조판술.
ритм (-му) *m* 율동, 리듬.
ритовник (-ка) *m* 조각사, 조판공(彫版工).
риття *n* (여우•토끼•두더지 등이 판) 굴; 피신처, 은신처.
ритуал (-лу) *m* 종교적인 의식.
риф (-фа) *m* 초(礁), 암초; 모래톱.
рихва (-ви) *f* 쇠고리.
рихта (-ти) *f* 증대.
рихтик *adv. dial.* 꼭 그대로.
рихтувати (-ую, -уєш) *I vt* 준비하다, 마련하다, 채비를 갖추다; 준비시키다.
рицин|а (-ни) *f* 아주까리 기름, 피마자유.
ричання *n* 소의 울음 소리.
ричати (-чу, -чиш) *I vi* <소가> 큰 소리로 울다.
ришляк (-ка) *m* 어린 소의 작은 뿔.
риштак (-ка) *m* 하수(도), 하수 본관, 하수구.
ришт|ований (-на, -не)* 장치되어 있는, 장비를 갖춘.
риштувати (-ую, -уєш) *I vt* <건물에> 발판[비계]을 설치하다.
риштунок (-нку) *m* 준비, 채비.
рів (рова or -рову) *m* (U 또는 V자형의) 도랑, 배수구(溝), 천연의 수로.
рівень (-вня) *m* (사회적•정신적) 표준, 수준, 정도.
рівець (-вця) *m* *Dim.*: рів; 홈, 홈통; 활자 (등)에 패인 홈.
рівнання *n* = рівняння, 평평하게 함, 땅을 고름; 평등화.
рівн|енький, ~есенький (-ка, -ке)* *Dim.*: рівний (-на, не)* 수평의, 요철[기복]이 없는, 평평한.
рівник (-ка) *m* (지구의) 적도.
рівнило (-ла) *n* [기계] 수준기; (통신•측량의) 레벨 수준 측정.
рівнина (-инн) *f* 평지, 평원, 벌판, 광야.

рі́вність (-ности) *f* 동등, 같기; 대등; 평등.
рі́вно *adv.* 똑바로, 일직선으로.
рівобі́жн|ий (-на, -не)* 평행의, 나란한.
рівобі́чний (-на, -не)*, ~о́кий (-ка, -ке)* 등변의.
рівова́г|а (-ги) *f* 평형, 균형.
рівова́жити (-жу, -жиш) *I vt* 균형잡히게 하다, 평형시키다, 평형을 유지하다.
рівова́жн|ий (-на, -не)* (무게에서) 같은, 동등한.
рівова́рт|ий (-та, -те), ~і́сний (-на, -не), ~ний (-на, -не)* (가치에서) 같은, 동등한.
рівно|відда́льній (-ня, -нє) 등거리의.
ріводе́нн|ий (-нна, -нне) 주야 평분의; 적도의.
ріводу́шн|ий (-на, -не)* 무관심한, 흥미를 느끼지 않는; 냉담한, 무감동의.
рівозна́чн|ий (-на, -не)* 동의어의, 같은 뜻의.
рівоку́тн|ик (-ка) *m* 등각 삼각형; ~ій (-ня, -нє) 등각(等角)의.
ріволе́жн|ий (-на, -не)* 평행의, 나란한.
рівомі́рн|ий (-на, -не)* 같은, 동등한.
рівораме́нний (-нна, -нне)* [수학] 이등변의, 등각(等脚)의.
рівоча́сний (-на, -не)* 동시에 일어나는, 동시에 존재하는, 동시의.
рі́вня (-ні) *f* 동등, 같기; 대등; 평등.
рі́вня́ва (-ви) *f* 평지.
рі́вня́ння *n* (행위): 평평하게 함, 땅을 고름; 평등화.
рівня́ти (-я́ю, -я́єш) *I vt* <표면 등을> 평평하게 하다; 고르다.
рівча́к (-ка́) *m Dim.*: рів, 시내, 실개천, 작은 개천[시내], 개울.
ріг (ро́га, or ро́гу) *m* (동물의) 뿔; [음악] 호른.
рід (ро́ду) *m* 가계(家系), 혈통.
ріди́ти (-джу́, -ди́ш) *I vt* 희박하게 하다.
ріді́ти (-і́ю, -і́єш) *I vi* 희박하게 되다.
ріді́шати (-а́ю, -а́єш) *I vi* = рі́дшати, 더 희박하게 되다.
рідке́|ий (-ка́, -ке́) 묽게 한, 희석한; 묽은, 심심한.
рі́дко *adv.* 얇게, 가늘게; 얇게 옷을 입고.
рі́дн|ий (-на, -не)* 같은 부모[조부모]에서 난.
рідо́та (-ти) *f* = рі́дкість, 유동(성); 유체; 변형하

рі́дшати기 쉬움; (말•문장 따위가) 유창함.
рі́дшати (-аю, -аєш) *I vi* 희박하게 되다.
рі́ж|ечок (-чка) *m Dim.*: 작은 뿔.
різа́к (-ка́) *m* 큰 칼, 작은 낫.
рі́занець (-нця) *m* 거세된 남자.
рі́зан|ий (-на, -не) 벤, 벤 자리가 있는.
різани́на (-и́ни) *f* 도살, (대)학살, 살육, 대량 학살.
рі́занка (-ки) *f* 1) 2분의 1 배럴 2) 베르미첼리 (스파게티보다 가는 국수 식품).
рі́зати (рі́жу, -жеш) *I vt*; (різну́ти *P*) 베다, 자르다; 상처를 입다.
різа́чка (-ки) *f* 복통; 이질; 설사.
рі́звий (-ва, -ве)* 활발한, 기운찬, 원기 있는; (장사 따위가) 활기 띤, 호황의.
Різдво́ (-а́) *n Rel.* 그리스도 탄생의 그림[조각]; 성모 마리아의 탄생 (축일) (9월 8일); 세례자 요한 탄생 축일 (6월 24일), 크리스마스, 성탄절.
різдв'я́ний (-на, -не) 크리스마스의, 성탄절의.
різе́ць (-зця́) *m* [집합적] 자갈.
рі́ззя *n* [집합] 작은 가지.
різки́й (-ка́, -ке́) (성격•태도 따위가) 엄격한, 가혹한, 무자비한.
рі́зний (-на, -не)* 딴, (~와) 다른, 별개의; 같지 않은.
різни́к (-ка́) *m* 푸주한; 정육점 주인; 도살자.
різни́ти (-ню́, -ни́ш) *I vt* 바꾸다, 변경하다, 고치다.
різн|и́ці (-и́ць) *pl* 도살장; 정육점, 푸줏간.
різни́ця (-ці) *f* = рі́жниця, 다름, 상위; 차이, 차이점.
різничко́вий (-ва, -ве)* [수학] 미분의.
рі́зно *adv.* 다르게, 같지 않게.
рі́зно|ба́рвний (-на, -не)*, ~ба́рвий (-ва, -ве) 다양한 색깔의.
різну́ти (-ну́, -не́ш) *P vt*; (рі́зати *I*) 깊이 베다, 썩 베다, 내리 베다.
рі́зня́ (-ні́) *f* 도살장.
рі́зов|ини (-ви́н) *pl*, ~и́ння *n* 톱밥; 줄밥.
рі́зочка (-ки) *f Dim.*: рі́зка, 접붙이기, 접지(接枝);

접목(법).

різу́н (-на́) *m* 악한, 무법자, 깡패.

різь (-зі) *f* 복통(腹痛), 극심한[발작적] 복통.

різьб|а́ (-и́) *f* [집합적] 조상(彫像).

різьби́ти (-блю́, -би́ш) *I vt* (금속·돌 등에) <문자· 도안 등을> 새기다.

різьбле́н|ий (-на, -не) 조각된, 새겨진; ~ня *n* 조각, 조각술.

рій (ро́ю, or ро́я) *m* (벌·개미 등의) 무리, 떼; (특히 분봉하는) 벌떼.

рік (ро́ку) *m* 해, 년.

ріка́ (-ки́) *f* 강, 하천.

рілля́ (-ллі́) *f* 경작지, 논밭.

рільн|и́й (-на́, -не́) 경작지의, 논밭의.

ріп|а (-пи) *f* [식물] 순무 (뿌리); ~а́к (-ка́) *m* [식물] (서양) 평지, [식물] 평지(의 씨); ~а́ковий (-ва, -ве).

ріп'я́к (-ка́) *m*, ~'я́х (-ха) *m* = реп'я́х.

рі́са (-си) *f W.U.* 주름; 접은 자리.

рі́сити (рі́шу, рі́сиш) *I vt W.U.* 접다; 꺾다, 접어 포개다.

рі́ска (-ки) *f* (액체의) 방울.

рісни́ця (-ці) *f* (복수): рісни́ці (-иць) 속눈썹.

ріст (ро́сту) *m* 성장, 생장, 발육.

рі́т (ро́та) *dial.* = рот.

річ (ре́чі) *f* (유형의) 것, 물건, 사물; (생물과 대조하여) 무생물, 물체.

рі́чевий (-ва, -ве)* 진짜의, 진정한.

рі́че|нька, ~чка (-ки) *f Dim.:* ріка́, 작은 시내, 개울.

рі́чн|ий (-на, -не)* 매년의.

ріша́льний (-на, -не)* <문제·논쟁 등이> 결정적 인, 중대한.

ріша́ти (-а́ю, -а́єш) *I vt*; (ріши́ти *P*) 결심[결의] 하다.

ріша́ючий (-ча, -че)* *W.U.* = ріша́льний, <문제· 논쟁 등이> 결정적인, 중대한.

рі́шен|ий (-на, -не)* 결정적인; 결연한, 단호한, 과단성 있는.

рі́ш|уче *adv.* 확실히, 명백히, 단연.

рі́ща (-щі) *f dial.* = рі́щя *n* 잘라 낸 곁가지;

관목숲.

роб (-ба) *m Archaic* 노동자, 인부; 임금 노동자, 육체 노동자.

роб|а́к (-ка́) *m* = хроба́к, 벌레.

роби́ти (роблю́, ро́биш) *I vt*; (зроби́ти *P*) <기계•장치 등을> 움직이게 하다, 조작하다, 취급하다, 사용하다.

робі́|ння *n* = робо́та; ~ітли́вий (-ва, -не). = ~і́тний; ~і́тка (-ки) *f Dim.*: робо́та, 수공, 수세공(手細工), 바느질 (제품); (특히) 자수.

ро́б|лений (-на, -не) 인조의, 인공적인, 인위적인; 모조의.

робо́та (-ти) *f* (심신의) 노동, 노력.

робо́т|изна (-ни) *f* 힘들고 따분한 일.

роб|о́чий, ~у́чий (-ча, -че) = робітни́чий; 일의, 노동의: ~чий день, 근무일, 취업일.

ро́вер (-ра) *m dial.* 자전거.

ровесн|и́й (-на, -не) 동년배의, 같은 때의, 같은 시대의.

рога́|ль (-ля́), ~а́нь (-ня́) *m* 큰 뿔이 있는 황소.

рогі́жник (-ка) *m* 매트 제작자.

рогі́з (-го́зу) *m* [식물] 골풀, 등심초 (멍석•바구니 등을 만듦).

роговий (-ва, -ве) 각질(角質)의; 각모양의.

рого́ж|а (-жі) 매트; ~ка (-ки) *f Dim.*; 골풀 매트.

рогоз|а́ (-зи́) *f* = рогі́з, 골풀, 갈대.

рода́к (-ка) *m* 일가[친척]의 남자.

рода́чка (-ки) *f* 여자 친척, 친척, 인척, 일가.

ро́день (-дня) *m* = роді́вник; [화학] 염기성 원소.

роджа́ти (-а́ю, -а́єш) *I vt* = роди́ти, ~을 낳다, ~의 원인이 되다.

родзи́н|ки (-нок) *pl* 건포도; малі́ —, 알이 작은 씨없는 건포도.

ро́д|иво (-ва) *n* (심신의) 노동, 노력.

роди́мець (-мця) *m* 마비, 중풍, 불수.

роди́мий (-ма, -ме) 출생지의, 본래의.

роди́на (-ни) *f* 가족6 친척, 인척, 일가, 일족.

роди́ни (-дин) *pl* = роди́во; 생일 파티.

роди́н|ка, ~о́нька, ~о́чка (-ки) *f Dim.*: роди́на: ~ний (-нна, -нне) 가족의.

роди́те|ль (-ля) *m Archaic* 아버지; ~і (-лів) *pl*

부모; ~ька (-ки) *f* 어머니; ~ський (-ка, -ке) 부모의.

роди́ти (роджу́, ро́диш) *I vt*; (вро́дити *P*) ~을 낳다, 산출(産出)하다.

ро́дич (-ча) *m* 남자 친척, 친척, 인척, 일가; 아버지.

ро́дичів (-чева, -чеве) 부모의; ~ка (-ки) *f* 여자 친척.

роді́вник (-ка) *m* [문법] 관사.

родови́й (-во́го) *m* [문법] 생격; ~ий (-ва́, -ве́) 출생의.

родові́д (-во́ду) *m* 족보, 가계(家系), 혈통; (동식물·언어의) 계통.

родонача́льник (-ка) *m* (생물학적인) 선조; 어버이; (동·식물의) 원종(原種).

родону́ти (-ну́, -не́ш) *P vt dial*. 낳다, 산출(産出)하다.

родю́чий (-ча, -че) <토지가> 기름진, 비옥한.

рожа́ний (-на, -не) = рожевий, 붉은 장미빛의.

рожде́нець (-нця) *m* 토착민.

роже́вий (-ва, -ве)* 붉은, 장미빛의.

ро́жина (-ни) *f* 장미.

роз- 접두사. 분리, 이탈, 떨어짐을 의미함.

ро́за (-зи) *f* = рожа, 장미(꽃).

розбала́кати (-каю, -каєш) *P vt*; розбала́кувати (-ую, -уєш) *I vt* (설득하여) 그만두게 하다, 말리다, 단념시키다.

розбелькота́ти (-очу́, -о́чеш) *P vt* <비밀 등을> 누설하다; ~을 폭로하다; 공표하다.

розбе́стити (-ещу, -естиш) *P vt*; (розбе́щувати *I*) <사람·품성 등을> 타락시키다.

розбе́щений (-на, -не)* 방자한, 방종한, 무엄한; 무자비한, 잔인한.

розбива́ти (-а́ю, -а́єш) *I vt*; (розби́ти *P*) 깨(뜨리)다, 부수다.

розбира́ти (-а́ю, -а́єш) *I vt*; (розібра́ти *P*) 옷을 벗기다.

розбі́тий (-та, -те) 난파된, 조난된, 부서진, 부러진, 꺾인.

розбиша́ка (-ки) *m* (무장한) 산적, 강도, 도적.

розбия́ка (-ки) *m*. = розбишака; 악한, 무법자,

깡패.

розбі́г (-гу) *m* 힘, 기세, 자극, 기동력; 충동.

розбіга́тися (-а́юся, -а́єшся) *m vi*; розбі́гтися (-і́жуся, -і́жишся) *P vi* 흩뜨리다, 흩어지게 하다; <적을> 패주시키다.

розбі́жн|ий (-на, -не)* 분기하는; 발산하는, 산개(散開)하는, 끝이 퍼지는.

розбі́й (-бо́ю) *m* 노상강도행위; 산적 행위, 약탈.

розбі́йн|ий (-на, -не)* 강도 행위의, 약탈의.

розбі́р (-бо́ру) *m* 선택, 선발.

розбі́рливий (-ва, -ве)* 특유의, 특수한.

розбі́рний (-на, -не)* 뚜렷한, 명백한, 분명한.

розбісну́ватися (-у́юся, -у́єшся) *P vi* 격노하다; 욕하다, 고함지르다.

розблягу́зкати (-аю, -аєш) *dial.* = розбо́вкати (-аю, -аєш) *P vi*; розбо́вкувати (-ую, -уєш) *I vt* <비밀 등을> 누설하다; 폭로하다.

розбо́втати (-аю, -аєш) *P vt*; розбо́втувати (-ую, -уєш) *I vt* 섞다, 혼합하다.

розболі́ти (-ію, -і́єш) *P vi* 아프기 시작하다.

розборони́ти (-роню́, -о́ниш) *P vt*; розборон|ювати (-нюю, -нюєш), ~я́ти (-я́ю, -я́єш) *I vt* 가르다, 떼다, 분리하다, 잘라서 떼어 놓다.

розбо́рсати (-аю, -аєш) *P vt* 풀다, 놓다, 놓아주다.

ро́збрат (-ту) *m* 불일치, 불화; 알력, 의견 충돌.

розбреха́ти (-ешу́, -е́шеш) *P vt*; (розбрі́хувати *I*) 펴다, 펼치다, 뻗다, 벌리다.

розбри́зкати (-аю, -аєш) *P vt*; розбри́зкувати (-ую, -уєш) *I vt* (물•흙탕)을 튀기다, 튀겨 끼얹다; 튀겨서 더럽히다(적시다).

розбри́каний (-на, -не)* 활발한, 뛰어 돌아다니는, 까부는, 장난치는.

розброди́тися (-о́джуся, -о́дишся; -димося, -дитеся) *P vi*; розбро́джуватися (-уюся, -уєшся; -уємося, -уєтеся) *I vi* <군중 등이> 흩어지다, 분산[해산]하다.

розбро́єний (-на, -не)* 무장 해제된, 진정된.

розброї́ти (-о́ю, -о́їш) *P vt*; розбро́ювати (-о́юю, -о́юєш) *I vt* 무기를 빼앗다, 무장을 해제하다.

розбубня́віти (-ію, -і́єш) *P vi* 물이 많이 붇다.

розбу́джати (-а́ю, -а́єш) = розбу́джувати (-ую,

-уєш) *I vt*; розбудити (-уджу, -удиш) *P vt* 잠에서 깨우다, 일으키다.

розбудний (-на, -не)* 잠에서 깨우는; 깨닫게 하는, 각성하는.

розбудова (-ви) *f* 확대, 증대, 확장.

розбудовувати (-ую, -уєш) *I vt*; розбудувати (-дую, -уєш) *P vt* 완료하다, 끝마치다.

розбурити (-рю, -риш) *P vt*; (розбурювати *I*) 파괴하다; <문서 등을> 파기하다; 훼손하다.

розбуркати (-аю, -аєш) *P vt*; розбуркувати (-кую, -уєш) *I vt* 깨우다.

розбуркотітися (-очуся, -отишся) *P vi* 투덜거리다, 불평하다.

розбурханий (-на, -не)* <머리카락이> 흐트러진, 헝클어진, 빗질 안한.

розбутий (-та, -те)* = роззутий, 맨발의.

розбухикатися (-аюся, -аєшся) *P vi* (심하게) 1) 기침하다, 기침 소리를 내다, 헛기침 하다 2) <내연 기관이> 불연소음을 내다.

розбуялий (-ла, -ле)* 억제되지 않은; 제어되지 않은; 거리낌 없는; 삼가지 않는.

розбуятися (-яюся, -яєшся) *P vi* 무성하다, 우거지다; <세포 등이> 증식하다.

розв|ага (-ги) *f* 고려, 숙고; 고찰, 연구.

розважати (-аю, -аєш) *I vt*; розважити (-жу, -жиш) *P vt* 위안하다, 위로하다.

розваж|ливий (-ва, -ве)*, ~ний (-на, -не)* 신중한, 생각이 깊은, 사려 깊은.

розважувати (-ую, -уєш) *I vt* = розважати; 달아서 나누다, 저울로 일정량을 달아 배분하다.

розвал (-лу) *m* 해체, 분열; 혼란.

розвалити (-алю, -алиш) *P vt*; розвалювати (-люю, -люєш) *I vt* <건축물을> 헐다.

розвантажити (-жу, -жиш) *P vt*; розвантажувати (-ую, -уєш) *I vt* (함께) <차•배 등의> 짐을 내리다, <짐을> 부리다.

розведений (-на, -не)* 묽게 한, 희석한.

розвеза (-зи) *m, f* 입을 딱 벌리고 멍하니 바라보는 사람, 하품하는 사람.

розвезти (-зу, -зеш) *P vt*; (розвозити *I*) (차량

розвереджувати

з): нарда, унрыхаты.
розвереджувати (-ую, -уєш) *I vt*; **розвередити** (-реджу, -едиш) *P vt* 짜증나게[초조하게] 하다, 화나게 하다, 안달하게 하다.
розверещатися (-щуся, -щишся) *P vi* 계속해서 울다, (끊임없이) 소리치다; 엉엉 울다.
розвернути (-ерну, -ернеш) *P vt*; **розвертати** (-аю, -аєш) *I vt* 펼치다, 퍼지다.
розвертіти (-рчу, -ртиш) *P vt*; (**розвірчувати** *I*) 나사를 빼다.
розвеселити (-лю, -лиш) *P vt*; **розвеселяти** (-яю, -яєш) *I vt* 재미있게 하다, 웃기다.
розвесеління *n* 명랑함, 흥겹게 떠듦.
розвести (-еду, -едеш) *P vi*; (**розводити** *I*) 갈라지다, 끊어지다; 떨어지다.
розвивати (-аю, -аєш) *I vt*; (**розви|нути**, ~ти *P*) 풀다, 포장을 끄르다.
розвиднітися (-иться, 3인칭 단수) *P vi* 무인칭.; **розвидн|юватися** (-юється, 3인칭 단수), ~ятися (-яється, 3인칭 단수) *I vi* 무인칭. 날이 새다, <하늘이> 밝아지다.
розвилина (-ии) *f* 가지, 분지.
розвинений (-на, -не)* 펼쳐진; 진열된.
розвиток (-тку) *m* 발달, 성장; 발전, 진전.
розвихати (-аю, -аєш) *I vt* 흔들다, 뒤흔들다.
розвівати (-аю, -аєш) *I vt*; (**розвіяти** *P*), 흩뿌리다, 흩어버리다.
розвід (-воду) *m* 번식, 생식, 부화.
розвідати (-аю, -аєш) *P vt*; (**розвідувати** *I*) 묻다; 질문[문의]하다; 조사하다.
розвідач (-ча) *m* 조사자, 검사자.
розвідчий (-ча, -че) (실지) 답사의, 탐험(상)의.
розвій (-вою) *m* 발달, 성장; 발전, 진전.
розвільнити (-ільню, -ільниш) *P vt*; **розвільняти** (-яю, -яєш) *I vt* <매듭 등을> 풀다, 끄르다, 늦추다.
розвінчати (-аю, -аєш) *P vt*; **розвінчувати** (-ую, -уєш) *I vt* 왕관[왕위, 왕좌]를 빼앗다.
розвіт|лення *n* (가지가) 퍼짐, 우거짐.
розвішати (-аю, -аєш) *P vt* = **розвісити**; **розвішувати** (-ую, -уєш) *I vt* 매달다.

розві́яний (-на, -не)* 흩뿌려진.

розво́дка (-ки) *f* 톱날 세우는 기구.

розво́д|ний (-на, -не)*, **~овий** (-ва, -ве)* (법원 판결에 따른 법률상의) 이혼의.

розволіка́ти (-а́ю, -а́єш) *I vt*; (розволокти́ *P*) (여러 방향으로) 끌다; 질질 끌다.

розволо́кнювати (-нюю, -нюєш) *I vt*; розволокни́ти (-ню́, -ни́ш) *P vt* <얽힌 실 등을> 풀다.

розво́р|а (-ри) *f*, **~ина** (-ни) *f* 입을 딱 벌리고 멍하니 바라보는 사람, 하품하는 사람.

розворса́ти (-а́ю, -а́єш) *P vt* 짜증나게(초조하게) 하다, 화나게 하다, 안달하게 하다.

розворухну́ти (-ну́, -не́ш) = розвору́шити (-ушу́, -у́шиш) *P vt*; розвору́шувати (-шую, -у́єш) *I vt* 움직이다, 위치를 옮기다, 이동시키다.

розв'юч́ити (-чу, -чиш) *P vt*; розв'ю́чувати (-ую, -уєш) *I vt* <차•배 등의> 짐을 내리다.

розв'я́зан|ий (-на, -не)* 묶이지 않은; 제한되지 않은.

розв'яза́ти (-яжу́, -я́жеш) *P vt*; (розв'я́зувати *I*) 풀다, 끄르다, 매듭을 풀다.

ро́зв'язк|а (-ки) *f* (문제 등의) 해결, 해석, 설명.

розга́д|аний (-на, -не)* 결심한; 단호한; 깊이 생각한, 숙고한.

розгада́ти (-да́ю, -а́єш) *P vt*; розга́дувати (-ую, -уєш) *I vt* <문제 등을> 풀다, 해석하다; 설명하다.

ро́згад|ка (-ки) *f* (문제 등의) 해결, 해석, 설명.

розгаю́читися (-чуся, -чишся) *P vi* 격노하다; 욕하다, 고함지르다.

розгайнува́ти (-у́ю, -у́єш) *P vt* <시간•돈 등을> 낭비하다, 탕진하다.

розгалу́жен|ий (-на, -не)* 분지된, 분기된.

розгалу́жуватися (-жуюся, -уєшся) *I vi*; розгалузи́тися (-у́жуся, -у́зишся) *P vi* 펼쳐지다, 뻗다, 미치다; 전개되다.

розгаму́за (-зи) *m, f dial.* 멍청이, 얼간이, 아둔패기.

розганя́ти (-я́ю, -я́єш) *I vt*; (розігна́ти *P*) 흩뜨리다, 흩어지게 하다.

розгарді́я (-ії) *f*, **~іяш** (-шу) *m* 혼동; 혼란; 지리

멸렬, 뒤죽박죽.

розгарикатися (-аюся, -аєшся) *P vi* 투덜거리다, 불평하다.

розгарний (-на, -не)* 아주 아름다운.

розгарячити (-чу, -чиш) *P vt* 흥분시키다, 자극하다.

розгасати (-ає, 3인칭 단수) *I vi*; розгаснути, ~ти (-сне, 3인칭 단수) *P vi* <눈•얼음 등이> 녹다; 눈[얼음]이 녹는 날씨가 되다.

розгатити (-ачу, -атиш) *P vt*; розгачувати (-ую, -уєш) *I vt* 방해물을 제거하다.

розгидити (-джу, -диш) *P vt* 망치다, 상하게 하다, 못쓰게 만들다.

розгинати (-аю, -аєш) *I vt*; (розігнути *P*) 똑바르게 하다.

розгін (-гону) *m* 뛰기, 달리기; 경주, 경마.

розглеџжувати (-ую, -уєш) *I vt*; розгледіти (-джу, -диш) *P vt* 검사(조사, 심사)하다, 검토하다; 고찰하다.

розгляд (-ду) *m*, ~ання *n* 조사, 수사, 연구.

розглядати (-аю, -аєш) *I vt*; (розглянути *P*), розглядіти (-джу, -диш) *P vt* 검사(조사, 심사)하다, 검토[검열]하다.

розгляд|ач (-ча) *m* 조사자, 검사자.

розгниватися (-аюся, -аєшся) *I vi*; розгнитися (-июся, -иєшся) *P vi* 썩기 시작하다.

розгнівати (-аю, -аєш) = розгнівити (-влю, -виш) *P vt* 화나게 하다.

розгніжджуватися (-уюся, -уєшся) *I vi*; розгніздитися (-джуся, -дишся) *P vi* 편안하게 드러눕다, 기분 좋게 자리 잡다.

розгноїтися (-оюся, -оїшся) *P vi*; розгноюватися (-оююся, -оюєшся) *I vi* <상처가> 곪다, 화농하다.

розгнуздати (-аю, -аєш) *P vt*; розгнуздувати (-дую, -уєш) *I vt* <말에서> 말굴레를 벗기다.

розговір (-вору) *m* 회화; 담화, 대화, 좌담.

розговорити (-ворю, -ориш) *P vt*; розговорювати (-рюю, -рюєш) *I vt* 담화를 나누다, 함께 이야기하다.

розгойданий (-на, -не)* 흥분한; 동요한.

ро́зголос (-су) *m* 메아리, 반향.

розголоси́ти (-лошу́, -оси́ш) *P vt*; (розголоша́ти, розголо́шувати *I*) <비밀 등을> 누설하다; ~을 폭로하다; 공표하다.

розголо́шен|ий (-на, -не)* 폭로된, 공표된.

розгомоні́тися (-нюся, -ни́шся) *P vi* 말하기 시작하다.

розго́нистий (-та, -те)* 맹렬[격렬]한.

розго́нити (-ню, -ниш) *I vt* = розганя́ти; (розігна́ти *P*) (여러 방향으로) 몰아내다, 구축하다; <번거로움 등을> 없애다; 차를 몰고 가버리다.

розгопцюва́тися (-цю́юся, цю́єшся) *P vi* 단지 춤만 추다, 춤추는데 열중하다.

розгорди́тися (-горджу́ся, -орди́шся) *P vi* = розгорді́ти (-і́ю, -і́єш) *P vi* 우쭐대다, 뽐내다.

розго́рити (-рю, -риш) *P vt* 많은 어려움을 극복하고 획득하다.

розгорі́тися (-рю́ся, -ри́шся) *P vi*; (розгоря́тися *I*) 불이 붙다, 발화하다.

розго́рнений (-на, -не)* <의복·구두 등을> 벗은.

розгорну́ти (-орну́, -о́рнеш) *P vt*; (розгорта́ти *I*) 가르다, 떼다, 분리하다, 잘라서 떼어 놓다.

розгороди́ти (-роджу́, -о́диш) *P vt*; розгоро́джувати (-ую, -уєш) *I vt* 가르다, 떼다, 분리하다, 잘라서 떼어 놓다.

розгорта́ння *n* 발달, 성장; 발전, 진전; (자원 등의) 개발, (재능 등의) 계발; 확장; 전개.

розгорячи́тися (-чу́ся, -чи́шся) *P vi* 격노하다; 욕하다, 고함지르다.

розгоспода́|ритися (-рюся, -ри́шся), ~рюва́тися (-рю́юся, -рю́єшся) *P vi* 재산의 가치를 높이다.

розграба́ти (-ба́ю, -а́єш) *P vt* = розгребти́: (розгріба́ти *I*) 문지르다, 문질러 깨끗이하다; 닦다.

розгра́бити (-блю, -биш) = розграбува́ти (-у́ю, -у́єш) *P vt*; розгра́бувати (-ую, -уєш) *I vt* 약탈하다, 노략질하다; 강탈하다, 빼앗다, 훔치다.

розграни́чити (-чу, -чиш) *P vt*; розграни́чувати (-ую, -уєш) *I vt* 경계를 짓다.

розгриза́ти (-а́ю, -а́єш) *I vt*; розгри́зти (-зу, -зеш)

P vt 물다; 물어 뜯다.

розгріматися (-аюся, -аєшся) *P vi* (на кого) 잔소리하다, 꾸짖다.

розгрішати (-аю, -аєш) *I vt*; **розгрішити** (-ішу, -ішиш) *P vt* 죄를 사면하다, 죄를 용서하다.

розгрішення *n* 면제; 무죄 선고.

розгром (-му) *m* 파괴; (대량) 살인; (문서의) 파기 (죄).

розгромаджувати (-ую, -уєш) *I vt*; **розгромадити** (-джу, -диш) *P vt* 문지르다, 문질러 깨끗이 하다; 닦다.

розгромити (-омлю, -омиш) *P vt*; **розгромляти** (-яю, -яєш) *I vt* 끌어내리다, 뒤엎다, 꺼꾸러 뜨리다; 타도하다, 정복하다.

розгружувати (-жую, -уєш) *I vt*; **розгрузити** (-ужу, -узиш) *P vt* <배에서> 짐을 부리다, <짐을> 내리다, 양륙하다; <차량이 승객을> 내리다.

розгрясти (-зне, 3rd pers. sing.) *P vi* (진흙이) 녹다; 녹는 날씨가 되다.

розгублен|ий (-на, -не)* 잃은, 분실한; 행방 불명의.

розгудець (-дця) *m* 비난하는 사람.

розгуджувати (-жую, -уєш) *I vt*; **розгудити** (-джу, -диш) *P vt* (설득하여) 그만두게 하다, 말리다, 단념시키다, (~하지 않도록) 권하다; 반대하다.

розгульн|ий (-на, -не)* 현기증 나는, 어지러운; 아찔한, 어질어질한.

розгульт|аїти (-аю, -аєш), ~**яїти** (-яю, -яєш) *P vt* 타락시키다.

розгвалтуватися (-уюся, -уєшся) *P vi* 끊임없이 소리치다; 엉엉 울다.

розгвинтити (-нчу, -нтиш) *P vt*; **розгвінчувати** (-ую, -уєш) *I vt* 나사를 빼다, 나사를 늦추어서 떼다.

розгедзгатися (-аюся, -аєшся) = **розгедзитися** (-джуся, -дзишся) *P vi* (소가) 우루루 달아나다, 앞을 다투어 달아나다.

роздабарювати (-рюю, -рюєш) *I vi* 연설을 끝맺다.

роздавальник (-ка) *m* 분배[배급, 배포, 배달]자; 영화 배급업자.

роздава́ти (-даю́, -а́єш) *I vt*; (розда́ти *P*) 분배하다, 배분하다.
роздава́|ч (-ча́) *m*, ~ець (-вця́) *m* 분배[배급, 배포, 배달]자.
роздави́ти (-авлю́, -а́виш) *P vt*; розда́влювати (-люю, -люєш) *I vt* 눌러 부수다, 뭉개다, 짜부라뜨리다; <물건을> (압력 등을 가하여) 평평하게 하다, 고르게 하다.
розда́влений (-на, -не)* 부서진, 구겨진.
роздаро́ваний (-на, -не) 배분된, 배당된, 할당된, 분배된.
роздарува́ти (-у́ю, -у́єш) *P vt*; роздаро́вувати (-ую, -уєш) *I vt* 분배하다, 배분하다, 배당하다.
розда́ча (-чі) *f* 분배, 배급, 배포, 배달; 배급품, 몫.
ро́здв|ій (-вою) *m* 분리, 분열.
роздво́їти (-о́ю, -о́їш) *P vt*; роздво́ювати (-о́юю, -о́юєш) *I vt* 나누다, 쪼개다, 분할하다.
роздима́ти (-а́ю, -а́єш) *I vt*; (розду́ти *P*) 불어 일으키다; 부풀리다.
роздіва́ти (-а́ю, -а́єш) *I vt* = роздяга́ти: (розді́ти *P*) 옷을 벗기다.
розді́л (-до́лу) *m* 골짜기, 산골짝, 계곡, 산협.
ро́зд|іл (-лу) *m* 분할, 분배, 구획, 배분.
розділи́ти (-ілю́, -́ілиш) *P vt*; (розді́л|ювати, ~я́ти *I*) 나누다, 쪼개다, 분할하다.
роздму́хати (-аю, -аєш) = роздмухну́ти (-ну́, -не́ш) *P vt*; роздмуха́ти (-а́ю, -а́єш) = роздмуху́вати (-у́ю, -у́єш) *I vt* 흩뿌리다, 흩어버리다; 흩뜨리다.
роздоби́ча (-чі) *f* = до́бич, 전리품, 노획물; 벌이, 이득.
роздобува́ти (-а́ю, -а́єш) *I vt*; роздобу́ти (-у́ду, -у́деш) *P vt* (노력하여) 얻다, 손에 넣다, 획득하다.
роздобу́ток (-тку) *m* 벌기, 일하여 벌기, 벌이함.
роздо́р (-ру) *m* 불일치, 불화; 알력, 의견 충돌.
роздорі́ж|жя *n* 교차로; 골목길, 샛길.
роздо́рний (-на, -не)* 다수 의견에 반대하는.
роздра́жнен|ий (-на, -не)* 신경질이 난.
роздражни́ти (-ажню́, -а́жниш) *P vt*;

роздражнювати (-нюю, -нюєш) *I vt* 성나게 하다, 격분시키다.

роздратован|ий (-на, -не)* 신경질이 난.

роздратовувати (-ую, -уєш) *I vt*; роздратувати (-ую, -уєш) *P vt* 짜증나게 하다, 화나게 하다, 안달하게 하다.

роздратування *n* 격분, 분노; 격화, 악화.

роздріб (-робу) *m* 소포 꾸리기.

роздріматися (-аюся, -аєшся) *P vi* 졸리다, 졸음이 오다.

роздробити (-облю, -обиш) *P vt*; роздроблювати (-люю, -люєш), ~яти (-яю, -яєш) *I vt* 나누다, 분배하다.

роздроблення *n* (행위): 소포 꾸리기.

роздрочити (-очу, -очиш) *P vt*; роздрочувати (-ую, -уєш) *I vt* 짜증나게(초조하게) 하다, 화나게 하다, 안달하게 하다.

роздрухати (-аю, -аєш) *P vt*; роздрухувати (-хую, -уєш) *I vt* 깨우다.

роздряпати (-аю, -аєш) *P vt*; роздряпувати (-ую, -уєш) *I vt* 할퀴다, 할퀴어 상처를 내다.

розд|ум (-му) *m*, ~ума (-ми) *f* 반사, 반향; 반영, 투영; 반사 작용.

роздумати (-аю, -аєш) *P vt*; роздумувати (-мую, -уєш) *I vt* 꾀하다, 계획하다, 기도하다.

роздути (-зідму, -меш) *P vt*; (роздимати, роздувати *I*) 날려버리다, 날리다; 휩쓸어 버리다; 가버리다.

роздухати (-аю, -аєш) *I vt*; роздухати (-аю, -аєш) *P vt* 날려버리다, 날리다; 휩쓸어 버리다; 가버리다.

роздушений (-на, -не)* 부서진, 구겨진.

роздушити (-ушу, -ушиш) *P vt*; роздушувати (-шую, -уєш) *I vt* 눌러 부수다, 뭉개다, 짜부라뜨리다.

роздягати (-аю, -аєш) *I vt*; роздяг|нути, ~ти (-ягну, -ягнеш) *P vt* 옷을 벗기다.

роздягнений (-на, -не)* 옷 입지 않은, 벌거벗은.

роз'єдн|аний (-на, -не)* 분리된, 분열된.

роз'єднати (-аю, -аєш) *P vt*; роз'єднувати (-ую, -уєш) *I vt* 분리[분열]시키다; 불화하게 하다.

роз'єм (-му) *m* 1) 휴전(협정), 정전(停戰) 2) 휴지(休止), 중단, 경감.

розжалувати (-ую, -уєш) *P vt* 짐을 부리다, <짐을> 내리다, 양륙하다.

розжарений (-на, -не)* 백열(白熱)의, 빨갛게 단.

розжвакати, ~якати (-каю, -аєш) *P vt* 잘 씹다.

розжертий (-та, -те)* 노하여 펄펄 뛰는, 성내어 날뛰는, 격노한.

розжовувати (-ую, -уєш) *I vt*; **розжувати** (-ую, -уєш) *P vt* 잘 씹다, 이해하다, 알아듣다.

роззброєний (-на, -не)* 무장 해제된.

роззів (-ву) *m* 틈, 구멍, 균열.

роззіпатися (-аюся, -аєшся) *I vi* 소리치다; 엉엉 울다.

роззлостити (-лощу, -остиш) *P vt* <사람·동물을> 화나게 하다; 약올리다.

роззлощений (-на, -не)* 몹시 화난, 몹시 성난.

роззнавати (-наю, -аєш) *I vt*; (**розізнати** *P*) 묻다; 질문[문의]하다; 조사하다; **-ся** *I vi* 서로 묻다.

роззутий (-та, -те)* 맨발의.

роззумбелати (-аю, -аєш) *P vt dial.* <말에서> 말굴레를 벗기다.

роззява (-ви) *m, f* 입을 딱 벌리고 멍하니 바라보는 사람, 하품하는 사람.

розібгати (-аю, -аєш) *P vt* <굽은 것을> 곧게 펴다; 평평하게 늘이다.

розігнаний (-на, -не)* 흩뿌려진; 산재해 있는.

розійтися (-йдуся, -йдешся) *P vi*; (**розходитися**, **розходиться** *I*) 갈라지다, 끊기다.

розімлівати (-аю, -аєш) *I vi*; **розімліти** (-лію, -ієш) *P vi* 땀을 흘리다, 발한하다; 발산시키다, 증발하다, 분비하다; 배어 나오다.

розімчати (-чу, -чиш) *P vt* 와락 붙잡다, 잡아 채다, 잡아 뺏다, 움켜쥐다, 강탈하다.

розіпнути (-ну, -неш) *P vt*; (**розпинати** *I*) 펴다, 펼치다, 뻗다, 벌리다.

розіпнутий (-та, -те)* 퍼져 있는, 평면의.

розірвати (-ірву, -ірвеш) *P vt*; (**розривати** *I*) 산산이 부수다, 분쇄하다.

розіритований (-на, -не)* 매우 신경질이 난.

розіритувати (-ую, -уєш) *P vt* 짜증나게 하다,

화나게 하다.

розісла́ти (-зстелю́, -е́лиш) *P vt*; (розстила́ти *I*) 펴다, 펼치다, 뻗다, 벌리다.

розіспа́ний (-на, -не)* 졸리는; 졸린 듯한, 꾸벅꾸벅 조는.

розітлі́тися (-лі́юся, -і́єшся) *P vi* 불이 붙다.

розіхо́дитися (-джуся, -дишся) *I vi*; (розійти́ся *P*).

роз'їда́ння *n* 부식(침식) 작용.

роз'їда́ти (-а́ю, -а́єш) *I vt*; (роз'ї́сти *P*) 부식(腐蝕)하다, 침식하다.

роз'ї́д|ина (-ни) *f* 부식된 지점.

роз'ї́здити (-джу, -диш) *P vt*; (роз'їжджа́ти, роз'їжджува́ти *I*) 망치다, 상하게 하다.

ро́зказ (-зу) *m* = нака́з, 명령, 분부.

розказа́ти (-кажу́, -а́жеш) *P vt*; розка́зувати (-ую, -уєш) *I vt W.U.* 명령하다, 지시하다.

розкаря́чити (-чу, -чиш) *P vt*; розкаря́чувати (-ую, -уєш) *I vt* 펴다, 펼치다, 뻗다, 벌리다.

розкача́ти (-ча́ю, -а́єш) *P vt*; розка́чувати (-ую, -уєш) *I vt* 난도질하다, 토막토막 내다.

розка́шлятися (-яюся, -яєшся) *P vi* (심하게) 기침하다, 기침 소리를 내다, 헛기침 하다.

розка́юватися (-а́юююся, -а́юєшся) *I vi*; розка́ятися (-а́юся, -а́єшся) *P vi* 진실하게 후회하다, 뉘우치다, 회개하다.

ро́зквас (-су) *m* 효소; 발효.

розква́сити (-а́шу, -а́сиш) *P vt*; розква́шувати (-ую, -уєш) *I vt* 발효시키다.

розквита́ння *n* 정산(精算), 결산(決算).

розквита́тися (-а́юся, -а́єшся) *P vi* 정산하다, 결산하다.

ро́зквіт (-ту) *m* 꽃.

розквітну́ти (-ну, -неш) *P vi* 꽃이 피다, 개화하다.

розквітча́ти (-а́ю, -а́єш) *P vt* 아름다움을 빼앗다, 더럽히다, 신선미 등을 해치다; 처녀성을 빼앗다.

розкива́тися (-а́юся, -а́єшся) *P vi* (머리 등으로) 끊임 없이 부르다; 신호하다.

розки́дан|ий (-на, -не)* 흩뿌려진; 산재해 있는.

розкида́ти (-а́ю, -а́єш) *P vt* = розки́нути; розкида́ти (-а́ю, -а́єш) *I vt* 흩뿌리다, 흩어버리다.

розки́нений (-на, -не)* 흩뿌려진; 산재해 있는; 드문드문 있는; 뿔뿔이 헤어진.

розкиса́ти (-а́ю, -а́єш) *I vi*; **розкис|ну́ти**, ~ти (-ну, -неш) *P vi* 발효하다.

ро́зкіп (-копу) *m* 길다랗게 베인 상처.

ро́зкіш (-ко́ші) *f* 즐거움, 유쾌; 만족, 쾌감; 기쁨, 영광.

розкі́ш|ний (-на, -не)* 매우 기쁜, 즐거운, 몹시 유쾌한; <사람·성격이> 매혹적인, 귀염성 있는.

ро́зклад (-ду) *m* 분배, 배급, 배포, 배달; 배급품, 몫.

розклада́ти (-да́ю, -а́єш) *I vt*; (розкла́сти *P*) 펴다, 펼치다, 뻗다, 벌리다.

розклада́чка (-ки) *f* 해먹 (달아매는 그물[범포] 침대).

розклевета́ти (-вечу́, -ве́чеш) *P vt* 펴다, 펼치다, 뻗다, 벌리다.

розкле́єний (-на, -не)* 벗겨진, 잡아뗀.

розкле́їти (-е́ю, -е́їш) *P vt*; (розкле́ювати *I*) 접착제를 분해하여 <우표 등을> 떼다; (강한 집착에서) 떼어놓다.

розко́ваний (-на, -не)* 사슬에서 풀린, 해방된.

розко́л (-лу) *m* 쪼개짐, 쪼갬, 갈라짐, 가름.

розко́лина (-ни) *f* 쪼개짐, 쪼갬, 길라짐, 가름.

розколи́саний (-на, -не)* 흥분한; 동요한.

розколо́ти (-ко́лю, -о́леш) *P vt*; (розко́лювати *I*) 찢다, 쪼개다, 째다, 세로로 빠개다.

розколо́тий (-та, -те)* 갈라진, 쪼개진; 분리한, 분열한.

розкома́шувати (-ую, -уєш) *P vt dial.* <시간·돈 등을> 낭비하다, 탕진하다.

ро́зкоп (-пу) *m* 굴, 구덩이.

розкорени́тися (-ню́ся, -ни́шся) *P vi*; **розкорі́н|юватися** (-нююся, -нюєшся), ~я́тися (-я́юся, -я́єшся) *I vi* 뿌리를 박다.

розкорко́вувати (-ую, -уєш) *I vt*; **розкоркува́ти** (-у́ю, -у́єш) *P vt* (병의) 마개를 뽑다.

розкорчо́вуватися (-уюся, -уєшся) *I vi*; **розкорчува́тися** (-у́юся, -у́єшся) *P vi* 펼쳐지다, 뻗다, 미치다; 전개되다.

розко́тистий (-та, -те)* 경사진, 비탈진, 비스듬한.

розкоти́ти (-очу́, -о́тиш) *P vt*; (розко́чувати *I*) (мал́ин것을) 풀다, 펴다.
розкошелю́б (-ба) *m* 방탕아, 쾌락에 빠진 사람.
розкоши́тися (-шуся, -шишся) *P vi* 즐겁게 시간을 보내다.
роокóшич (-ча) *m* 돈을 헤프게 쓰는 사람, 낭비가.
розко́ші (-ів) *pl cf.* ро́зкіш, 사치, 호사.
розкóш|кати, ~лати (-аю, -аєш) *P vt* 물결이 일게 하다; 헝클어뜨리다; 깃털을 곤두세우다.
розкошува́ти (-у́ю, -у́єш) *I vi* 사치스럽게 살다.
розкрада́ння *n* (행위) 훔침, 절도.
розкрада́ти (-да́ю, -а́єш) *I vt*; (розкра́сти *P*) 훔치다.
розкрамарюва́тися (-рю́юся, -рю́єшся) *P vi* 소매상으로 성공하다.
розкра́сити (-а́шу, -а́сиш) *P vt*; (розкр|а́шати, ~а́шувати *I*) 채색하다, 색칠하다; 물들이다; <얼굴·볼 등을> 붉어지게 하다.
розкра́ювати (-а́юю, -а́юєш) *I vt*; розкра́яти (-а́ю, -а́єш) *P vt* (칼로) 둘로 자르다, 베다.
розкрехта́тися (-е́хчуся, -е́хчешся) *P vi* (개구리가): 개굴개굴 울기 시작하다.
розкрива́ти (-а́ю, -а́єш) *I vt*; (розкри́ти *P*) 폭로하다, 털어놓다, 적발하다.
розкрива́вити (-а́влю, -а́виш) *P vt*; розкрива́влювати (-лю́ю, -лю́єш) *I vt* 몹시 가슴 아프게 하다, 연민을 느끼게 하다.
розкри́лити (-лю, -лиш) *P vt* 펴다, 펼치다, 뻗다, 벌리다.
розкри́лля *n* (새·곤충·비행기의) 날개 폭.
розкри́тий (-та, -те)* 열린, 연.
розкрича́тися (-чу́ся, -чи́шся) *P vi* 끊임없이 소리치다; 엉엉 울다.
розкриши́ти (-ришу́, -и́шиш) *P vt*; розкри́шувати (-ую, -уєш) *I vt* 산산조각 내다, 부수다.
розкріпа́чен|ий (-на, -не)* 농노에서 해방된.
розкріпа́чити (-чу, -чиш) *P vt*; розкріпа́чувати (-ую, -уєш) *I vt* 농노에서 해방하다.
розкрі́слити (-лю, -лиш) *P vt* <손·발 등을> 뻗다, 뻗치다, 내밀다.

розкрути́ти (-учу́, -у́тиш) *P vt*; розкру́чувати (-чую, -уєш) *I vt* 꼬인 것을 풀다, <감겨 있는 것을> 풀다, 펴다.

розкру́чений (-на, -не)* (감긴 것이) 풀린; 감지 않은; 나사가 빠진.

розкувака́тися (-каюся, -аєшся) *P vi dial.* <어린 아이 등이> 흐느껴 울다, 훌쩍훌쩍 울다, 울먹이다.

розку́дланий (-на, -не)* <머리카락이> 흐트러진, 헝클어진, 빗질 안한.

розку́длати (-аю, -аєш) *P vt*; розку́длувати (-лую, -уєш) *I vt* 물결이 일게 하다; <머리털 등을> 헝클어뜨리다; <새가> 깃털을 곤두세우다.

розкуйо́вджений (-на, -не) <머리카락이> 흐트러진, 헝클어진, 빗질 안한.

розкуйо́вджувати (-ую, -уєш) *I vt*; розкуйо́вдити (-джу, -диш) *P vt* 물결이 일게 하다; <머리털 등을> 헝클어뜨리다; <새가> 깃털을 곤두세우다.

розкульба́чити (-чу, -чиш) *P vt*; розкульба́чувати (-ую, -уєш) *I vt* <말의> 안장을 벗기다.

розкуси́ти (-ушу́, -у́сиш) *P vt*; (розку́шувати *I*) 물다, 물어 뜯다.

розку́тати (-аю, -аєш) *P vt*; розку́тувати (-тую, -уєш) *I vt* 풀다, 포장을 끄르다.

розку́щитися (-щуся, -щишся) *P vi* 펼쳐지다, 뻗다, 미치다.

розл|а́д (-ду) *m* 불일치, 의견의 차이.

розладо́вувати (-ую, -уєш) *I vt*; розладува́ти (-у́ю, -у́єш) *P vt* (함께) <차・배 등의> 짐을 내리다, <짐을> 부리다.

розла́зитися (-а́жуся, -а́зишся) *I vi*; (розлі́зтися *P*) 기다, 포복하다.

розла́маний (-на, -не)* 산산이 부서진.

розлепет|а́тися, ~і́тися (-печу́ся, -пе́чешся) *P vi* = розбалакатися, 재잘거리다.

розлеті́тися (-ечу́ся, -ети́шся) *P vi*; (розліта́тися *I*) 흩뿌리다, 흩어버리다, 뿌리다; 낭비하다; <재산을> 탕진[낭비]하다.

ро́злив (-ву) *m* = ро́злива (-ви) *f* (하천의) 넘쳐 흐름, 범람.

розли́нутися (-ну́ся, -не́шся) *P vi* = розлеті́тися; 흩뜨리다, 흩어지게 하다; <적을> 패주시키다.
розли́тий (-та, -те) 흘린, 쏟은.
розлі́злий (-ла, -ле)* 느슨한, 늦은, 완만한.
розлі́м (-лому) *m* 갈라진 틈; 깨짐, 파괴, 파손; 골절(骨折); 분열; 정치 당의 분열.
розліні́йовувати (-ую, -уєш) *I vt*; розліні́ювати (-іюю, -іюєш) *P vt* 나누다, 쪼개다, 분할하다.
розлічи́ти (-ічу́, -і́чиш) *P vt*; розлі́чувати (-ую, -уєш) *I vt* 계산하다, 산정하다, 추산하다.
розло́гий (-га, -ге)* 광대한, 넓은.
розложе́ння *n* 절개; 해부, 해체.
розломи́ти (-омлю́, -о́миш) *P vt*; розло́млювати (-люю, -люєш) *I vt* 깨(뜨리)다, 부수다, 부수고 열다.
розлу́ка (-ки) *f* 분리, 분할, 독립, 이탈, 떨어짐.
розлупи́ти (-уплю́, -у́пиш) *P vt*; розлу́плювати (-люю, -люєш) *I vt* 찢다, 쪼개다, 째다.
розлуча́ння *n* 작별, 이별, 헤어짐.
розлуча́ти (-а́ю, -а́єш) *I vt*; розлучи́ти (-учу́, -у́чиш) *P vt* 가르다, 떼다, 분리하다, 잘라서 떼어 놓다.
розлучн|и́й (-на́, -не́)* 뗄 수 있는, 분리할 수 있는.
розлю́блений (-на, -не)* 사랑에 번민하는, 상사병의.
розлюти́ти (-ючу́, -ю́тиш) = розлютува́ти (-у́ю, -у́єш) *P vt* 성나게 하다, 격분시키다.
розлютьо́вувати (-ую, -уєш) *I vt*; розлютува́ти (-у́ю, -у́єш) *P vt* ~의 낯땜을 떼어내다.
розлю́чений (-на, -не)* 격분한, 격앙된.
розляга́тися (-а́юся, -а́єшся) *I vi*; розлягти́ся (-я́жуся, -же́шся) *P vi* 기지개켜다.
розля́пати (-аю, -аєш) *P vt*; розля́пувати (-ую, -уєш) *I vt* 튀기다, 튀겨 끼얹다.
розмага́ти (-а́ю, -а́єш) *I vt* <적 등을> 이기다, 패배시키다; 압도하다, 정복하다.
розма́ї́ти (-а́ю, -а́їш) *P vt*; (розма́ювати *I*) 꾸미다, 장식하다.
розма́ї́т|ий (-та, -те)*, ~ний (-на, -не)* 각종의, 개개의, 별개의, 서로 다른.

розманта́чити (-чу, -чиш) *P vt* <시간•돈 등을> 낭비하다, 탕진하다.

розмари́н (-ну) *m*, **~ія** (-ії) *f* [식물] 로즈메리.

ро́змах (-ху) *m Tech.* 진동.

розмаха́ти (-ха́ю, -а́єш) *P vi, vt*; (розма́хувати *I*) 흩뜨리다, 흩어지게 하다.

розма́щувати (-ую, -уєш) *I vt*; (розмасти́ти *I*) <기름 등을> 바르다, 칠하다.

розмежо́вувати (-ую, -уєш) *I vt*; розмежува́ти (-у́ю, -у́єш) *P vt* 가르다, 떼다, 분리하다, 잘라서 떼어 놓다.

розме́лений (-на, -не)* 부서진, 구겨진.

розме́лювати (-люю, -люєш) *I vt*; (розмоло́ти *P*) 눌러 부수다, 뭉개다.

розмерза́тися (-а́юся, -а́єшся) *I vi*; розме́рз|нутися, ~тися (-нуся, -нешся) *P vi* <눈•얼음 등이> 녹다.

розмета́ти (-а́ю, -а́єш) *P vt* 흩뜨리다, 흩어지게 하다.

розметикува́ти (-у́ю, -у́єш) *P vt* 숙고하다.

розмина́ти (-а́ю, -а́єш) *I vt*; (розі|мня́ти, ~м'я́ти *P*).

ро́змисел (-слу) *m* 고려; 숙고, 곰곰이 생각함; (정식의) 심의, 토의.

розми́слити (-слю, -слиш) *P vt*; (розмишля́ти *I*) 반사하다, 반향하다.

розмі́жчити (-чу, -чиш) *P vt* 눌러 찌그러뜨리다, 짓누르다, 짜다, 납작하게 만들다.

ро́змін (-ну) *m* 교환; 주고 받음, 교역.

розмі́нювати (-нюю, -нюєш) *I vt*; розміня́ти (-я́ю, -я́єш) *P vt* 바꾸다, 변화시키다, 변경하다, 고치다.

ро́змі|р (-ру) *m* 잼, 측정.

розмі́рити (-рю, -риш) *P vt* = розмі́ряти: (розміря́ти *I*) 재다, 측정하다.

розмірко́вувати (-ую, -уєш) *I vt*; розміркува́ти (-у́ю, -у́єш) *P vt* 숙고하다; 고찰하다.

розмі́р|ний (-на, -не)* *W.U.* 비례하는.

розміша́ти (-а́ю, -а́єш) *P vt*; розмі́шувати (-ую, -уєш) *I vt* 섞다, 혼합하다.

розмно́ження *n* 재생, 재현.

розмно́жити (-жу́, -жи́ш) *P vt*; **розмно́жувати** (-ую, -уєш) *I vt* 늘리다, 불리다, 증가시키다.

розмо́в|а (-ви) *f* 회화; 담화, 대화, 좌담.

розмо́витися (-влюся, -вишся) *P vi*; (**розмовля́тися** *I*) 담화를 나누다, 함께 이야기하다.

розмовля́ти (-я́ю, -я́єш) *I vi* 담화를 나누다, 함께 이야기하다.

розмо́в|ний (-на, -не)* 말이 많은, 이야기하기 좋아하는, 수다스러운.

розмока́ти (-а́ю, -а́єш) *I vi*; **розмо́к|нути, ~ти** (-ну, -неш) *P vi* 젖다, 잠기다; 흠뻑 젖다.

розмордува́ти (-у́ю, -у́єш) *P vt* 초조하게 하다, 성가시게 굴다, 성나게 하다, 괴롭히다.

розморо́зити (-ро́жу, -ро́зиш) *P vt*; **розморо́жувати** (-ую, -уєш) *I vt* <눈·얼음 등을> 녹이다.

розмота́ти (-а́ю, -а́єш) *P vt*; **розмо́тувати** (-ую, -уєш) *I vt* <얽힌 것을> 풀다.

розмо́чений (-на, -не)* 흠뻑 젖은.

розмочи́ти (-очу́, -о́чиш) *P vt*; **розмо́чувати** (-ую, -уєш) *I vt* (액체에) 적시다, 담그다; 깊이 배어들게 하다.

розм'якуши́ти (-шу́, -ши́ш) *P vt* 눌러 부수다, 뭉개다.

розм'я́кшен|ий (-на, -не) 진정된, 달래진.

розм'якши́ти (-шу́, -ши́ш) *P vt*; **розм'я́кшувати** (-ую, -уєш) *I vt* 고통·감정 등을 누그러뜨리다, 완화시키다, 달래다; 진정시키다, 경감하다.

рознести́ (-су́, -се́ш) *P vt*; (**розно́сити** *I*) 나르다, 운반하다.

розниза́ти (-ни́жу, -ни́жеш) *P vt* 째다, 찢다, 비틀어 뜯다; 잘게 부수다.

розні́жений (-на, -не)* 여자 같은, 나약한.

розні́жити (-жу, -жиш) *P vt*; **розні́жувати** (-ую, -уєш) *I vt* 욕망을 한껏 채워주다.

розніма́ти (-а́ю, -а́єш) *I vt*; (**розня́ти** *P*) 드러내다, 노출시키다.

розно́щик (-ка) *m* 분배[배급, 배포, 배달]자.

розну́зданий (-на, -не)* = **розгну́зданий**, 말굴레를 매지 않은, 굴레를 벗긴.

рознузда́ти (-а́ю, -а́єш) *P vt* = **розгнузда́ти**, <말에서> 말굴레를 벗기다.

розобтя́жити (-жу, -жиш) *P vt*; розобтя́жувати (-ую, -уєш) *I vt* 짐을 내리다.

розоді́тися (-і́нуся, -і́нешся) *P vi* 옷을 벗다.

розо́нька (-ки) *f Dim.*: ро́за, 작은 장미.

розо́р (-ру) *m* 파멸, 멸망; 파산.

розора́ти (-зорю́, -о́реш) *P vt*; (розо́рювати *I*) 가르다, 떼다, 분리하다.

розо́рва (-ви) *f dial.* 불일치, 불화; 알력, 의견 충돌.

розори́ти (-орю́, -о́риш) *P vt*; (розоря́ти *I*) 파멸시키다.

розору́жити (-жу, -жиш) *P vt*; розору́жувати (-жую, -уєш) *I vt* 무기를 빼앗다, 무장을 해제하다.

ро́зпад (-ду) *m* 분해.

розпада́тися (-да́юся, -а́єшся) *I vi*; (розпа́стися *P*) (세로로) 쪼개지다, 찢어지다, 빠개지다.

розпа́дина (-ни) *f* 쪼개진 틈, 갈라진 틈.

розпако́вувати (-ую, -уєш) *I vt*; розпакува́ти (-у́ю, -у́єш) *P vt* <꾸러미•짐을> 풀다, 끄르다.

ро́зпал (-лу) *m* 불쏘시개, 점화, 발화; 흥분, 선동.

розпали́ти (-алю́, -а́лиш) *P vt*; розпа́лювати (-люю, -люєш) *I vt* 태우다, 불을 붙이다.

ро́зпари (-рів) *pl* 해동; 해빙; 온난; 해빙기.

розпа́рити (-рю, -риш) *P vt*; (розпа́рювати *I*) (뜨거운 물•김 따위로) 데게 하다.

розпаро́вувати (-ую, -уєш) *I vt*; розпарува́ти (-у́ю, -у́єш) *P vt* 가르다, 떼다, 분리하다, 잘라서 떼어 놓다.

розпаса́ти (-са́ю, -а́єш) *P vt* 풀다, 끄르다, <꾸러미 등의> 매듭을 풀다.

розпаску́джений (-на, -не)* 타락한, 퇴폐한, 부도덕한, 사악한; 부정한.

розпаску́джувати (-жую, -уєш) *I vt*; розпаску́дити (-джу, -диш) *P vt* 망치다, 상하게 하다, 못쓰게 만들다.

розпа́тланий (-на, -не)* (머리카락): 털이 많은, 텁수룩한.

розпа́тлати (-лаю, -аєш) *P vt*; розпа́тлувати (-ую, -уєш) *I vt* <머리카락을> 부수수하게 늘어뜨리다.

ро́зпач (-чу) *m*, 또는 *W.U.* (-чі) *f* 절망.

розпачувати (-ую, -уєш) *I vi* 절망적이다, 절망적인 상태에 있다.

розпа́шистий (-та, -те)* 가지가 많은.

розпащикува́тися (-уюся, -уєшся) *P vi* 끊임없이 귀에 거슬리는 소리로 외치다.

розпекти́ (-ечу́, -ече́ш) *P vt*; (розпіка́ти *I*) 뜨겁게 하다, 가열하다.

розпере́заний (-на, -не) 허리띠를 푼.

розпереза́ти (-режу, -режеш) *P vt*; розпері́зувати (-ую, -уєш) *I vt* 띠를 풀다; 띠를 풀어 늦추다; 대한 통제를 풀다.

розпе́рти (-зіпру́, -і́преш) *P vt*; (розпира́ти *I*) 잡아 늘이다, 잡아당기다, 팽팽히 치다.

розпе́стити (-ещу, -естиш) *P vt*; (розпе́щувати *I*) 망치다, 상하게 하다, 못쓰게 만들다.

розпеча́таний (-на, -не)* 날인[봉인]되지 않은.

розпеча́тати (-таю, -аєш) *P vt*; розпеча́тувати (-ую, -уєш) *I vt* 개봉하다, <봉인한 것을> 열다.

розпе́чений (-на, -не)* 불타는 듯한; 열렬한, 열심인.

розпина́ння *n* (행위) 고문, 고문 방법, 가책.

розпина́ти (-а́ю, -а́єш) *I vt*; (розіпну́ти, розіп'ясти́, розп'ясти́ *P*) 펴다, 펼치다, 뻗다, 벌리다.

ро́зпис (-су) *m* (상품·재산 등의) 목록, 재고품 목록; 표.

розпи́саний (-на, -не) 쓰여진.

розписа́ти (-ишу́, -и́шеш) *P vt*; розпи́сувати (-ую, -уєш) *I vt* 여러 장소에 쓰다, 분배하다, 배분하다.

ро́зписка (-ки) *f* 영수증.

ро́зпит (-ту) *m* 연구, 탐구.

розпита́ти (-а́ю, -а́єш) *P vt*; (розпи́тувати *I*) 질문하다, 묻다.

розпі́шнитися (-нюся, -нишся) *P vi* 반짝이다, 빛나다, 밝아지다.

розпища́тися (-щу́ся, -щи́шся) *P vi* 소리치다, 새된 소리[외침]를 지르다, 비명을 지르다.

розпізнава́ння *n* (행위) 구별, 식별.

розпізнава́ти (-наю́, -а́єш) *I vt*; розпізна́ти (-а́ю, -а́єш) *P vt* 인정하다, 인지하다, 알아보다.

розпіка́ння *n* (과정): 점화(點火), 발화; 연소.
ро́зпірка (-ки) *f* 길게 베인 상처.
розпла́катися (-ла́чуся, -чешся) *P vi* 갑자기 울다, 갑자기 울기 시작하다, 끊임없이 울다.
розпла́та (-ти) *f* 지불, 지급.
розплата́ти (-та́ю, -а́єш) *P vt* 찢다, 쪼개다, 째다, 세로로 빠개다.
розплати́тися (-ачу́ся, -а́тишся) *P vi*; розпла́чуватися (-уюся, -уєшся) *I vi* 전액을 지불하다.
розпле́нтати (-аю, -а́єш) *P vt*; розплентува́ти (-у́ю, -у́єш) *I vt* <얽힌 것을> 풀다.
розплеска́ти (-а́ю, -а́єш) *P vt*; (розплі́скувати *I*) 납작하게 때려 펴다.
розплести́ (-ету́, -ете́ш) *P vt*; (розплі́тати *I*) 주름을 펴다, <땋은 머리 등을> 풀다.
розплива́тися (-а́юся, -а́єшся) *I vi*; розпливти́ся (-ву́ся, -ве́шся) *P vi*, (розплину́тися, розплисти́ся *P*) (여러 방향으로) 수영하다; 흐르다.
розпливча́стий (-та, -те)* <말•관념•감정 등이> 막연한, 모호한, 애매한.
розплига́тися (-а́юся, -а́єшся) *P vi*; розплига́тися (-а́юся, -а́єшся) *I vi* 뛰다, 뛰어오르다, 도약하다; (갑자기 또는 빠르게) 이동하다, 움직이다; <동물이> 장애물을 뛰어넘다.
ро́зплід (-лоду) *m* 재생, 재현.
розпло́джування *n* (과정) 번식, 생식, 부화.
розпло́джувати (-ую, -уєш) *I vt*; розплоди́ти (-джу, -диш) *P vt* 번식[증식(增殖)]시키다.
розпло́довий (-ва, -ве) 낳는, 자라는, 번식하는.
розплу́таний (-на, -не) 풀린, 해방된.
розплу́тати (-аю, -а́єш) *P vt*; розплу́тувати (-тую, -у́єш) *I vt* 풀다.
розплюва́ти (-лю́ю, -лю́єш) *P vt*; розпльо́вувати (-ую, -уєш) *I vt* 가르다, 떼다, 분리하다, 잘라서 떼어 놓다.
розплю́скати (-аю, -а́єш) *P vt*; розплю́скувати (-ую, -уєш) *I vt* (물•흙탕을) 튀기다, 튀겨 끼얹다; 튀겨서 더럽히다(적시다).
розплю́скнути (-ну, -неш) *P vi* 찌부러지다, 납작해지다.

розплющати (-аю, -аєш) = **розплющувати** (-ую, -уєш) *I vt*; **розплющити** (-ду, -щиш) *P vt* 눌러 찌그러뜨리다; 짓누르다, 짜다.

розповзатися (-аюся, -аєшся) *I vi*; **розповзтися** (-зуся, -зешся) *P vi* 기다, 기어가다, 포복하다; (식물의 덩굴 따위가) 기다.

розповивати (-аю, -аєш) *I vt*; **розповити** (-в'ю, -в'єш) *P vt* <꾸린 것을> 풀다, <소포 등의> 포장을 끄르다.

розповід|альний (-на, -не) 서술하는, 기술하는.

розповідати (-аю, -аєш) *I vt*; **розповісти** (-ім, -іси) *P vt* 말하다, 진술하다, 서술하다, 설명하다.

розповідач (-ча) *m* 나레이터, 이야기꾼.

розповістити (-іщу, -істиш) *P vt*; **розповістувати** (-ую, -уєш) = **розповіщати** (-аю, -аєш) *I vt* 펴다, 펼치다, 뻗다, 벌리다.

розповсюджен|ий (-на, -не)* 퍼져 있는, 평면의.

розповсюджувати (-ую, -уєш) *I vt*; **розповсюдити** (-джу, -диш) *P vt* 펴다, 펼치다, 뻗다, 벌리다.

розподібнення *n* 시치미 뗌, (감정의) 위장; 위선; [정신의학] 질환 은폐.

розподіл (-лу) *m* 분배, 배급, 배포, 배달; 배급품, 몫.

розподілити (-ілю, -ілиш) *P vt*; **розподіляти** (-яю, -яєш) *I vt* 분배하다, 배분하다, 배당하다, 벼르다; 배포하다, 배급하다.

розподіль|ний (-на, -не)*, ~чий (-ча, -че)* 분배의.

розполовинити (-ню, -ниш) *P vt* 2등분하다; 반씩 나누다.

розположен|ий (-на, -не)* ~할 생각이 있는, 마음이 내키는.

розполонитися (-лонюся, -онишся) *P vi*; **розполонюватися** (-нююся, -нюєшся) *I vi* 1) 넘치다, 넘쳐 흐르다.

розполохати (-аю, -аєш) *P vt*; **розполохувати** (-ую, -уєш) *I vt* 깜짝(흠칫) 놀라게 하다, 겁먹게 하다.

розполошений (-на, -не)* (소, 말이): 깜짝 놀란.

розпороти (-порю, -ореш) *P vt*; (**розпорювати** *I*) 째다, 찢다, 잡아찢다.

розпорошен|ий (-на, -не)* 흩뿌려진; 산재해 있는;

드문드문 있는; 뿔뿔이 헤어진.

розпоро́шити (-рошу́, -о́шиш) *P vt*; **розооро́шувати** (-у́ю, -у́єш) *I vt* 가루로 만들다, 부수다.

розпоро́ш|ний (-иа, -не) 분쇄하는; ~**ни́к** (-ка́) *m* 가루로 만드는 사람[것].

розпо́рпати (-аю, -аєш) *P vt*; **розпо́рпувати** (-ую, -уєш) *I vt* 할퀴다, 할퀴어 상처를 내다.

розпо́рскати (-аю, -аєш) *P vt*; **розпо́рскувати** (-ую, -уєш) *I vt* 가루로 만들다, 부수다.

розпо́рскув|альний (-на, -не) 분쇄하는: ~**ання** *n* 분쇄.

розпо́рскувач (-ча́) *m* 가루로 만드는 사람[것].

розпоряджа́ти (-а́ю, -а́єш) *I vt*; **розпоряди́ти** (-джу́, -диш) *P vt* 가지런히 하다, 정돈하다, 정리하다; 배열하다.

розпоря́д|ження *n* 배열, 배치; 작전 계획.

розпотвори́ти (-рю́, -риш) *P vt dial.* <사람·품성 등을> 타락시키다; (뇌물로) 매수하다.

розпра́ва (-ви) *f* 소송, 고소.

розпра́вити (-влю, -виш) *P vt*; **розправля́ти** (-я́ю, -я́єш) *I vt* 똑바르게 하다.

розпрасува́ти (-у́ю, -у́єш) *P vt* 평탄하게 하다, 고르다.

розприн́дитися (-джуся, -дишся) *P vi* 젠체하다, 점잔빼다, 뽐내다.

розпри́скати (-аю, -аєш) *P vt*; **розпри́скувати** (-ую, -уєш) *I vt* (액체 따위를) 뿜어내다.

розпрода́ж (-жу) *m* 판매, 매각, 매도; 매매, 거래.

розпроста́ти (-а́ю, -а́єш) *P vt*; (**розпро́стувати** *I*) 똑바르게 하다.

розпросте́рти (-тру́, -тре́ш) *P vt*; **розпростира́ти** (-а́ю, -а́єш) *I vt* 펴다, 펼치다, 뻗다, 벌리다.

розпросте́ртий (-та, -те)* 펼친, 쭉 뻗은, 내민.

розпросторе́ння *n* 신장(伸長), 뻗음.

розпросто́рити (-рю, -риш) *P vt*; **розпросто́рювати** (-рюю, -рюєш) *I vt* 펴다, 펼치다, 뻗다, 벌리다.

розпроща́ння *n* 작별, 이별, 헤어짐.

розпроща́тися (-а́юся, -а́єшся) *P vi* (з ким): 작별하다, 작별 인사를 하다.

ро́зпруд (-ду) *m Tech.* 짐부리기, 양륙.

розпру́жність (-ности) *f* 탄력; 신축성; [물리]

탄성.

розпрягати (-аю, -аєш) *I vt*; розпрягти (-яжу, -яжеш) *P vt* <말 등의> 장구(裝具)를 끄르다, 마구를 풀다.

розпружність (-ности) *f* 탄력.

розпрямити (-ямлю, -ямиш) *P vt*; розпрямлювати (-люю, -люєш) *I vt* 해결하다; 똑바르게 하다[되다]; 분명히 하다, 정리하다; -ся *vi*.

розпуджувати (-ую, -уєш) *I vt*; розпудити (-джу, -диш) *P vt* 몰아내다, 구축하다; <번거로움 등을> 없애다; 차를 몰고 가버리다.

розпука (-ки) *f* 절망.

розпукати (-аю, -аєш) *I vi* = розпукувати; розпукнути (-ну, -неш) *P vi dial*. <폭탄 등이> 터지다, 파열하다; 폭발하다.

розпуклина (-ни) *f* 쪼개진 틈, 갈라진 틈.

розпуск (-ку) *m* 해산, 분해, 해체, 분리.

розпускати (-аю, -аєш) *I vi*; (розпустити *P*) 용해하다; 분해하다.

розпусний (-на, -не)* 방탕한, 난봉[품행 불량]의.

розпутаний (-на, -не)* 족쇄가 풀린.

розпутати (-аю, -аєш) *P vt*; (розпутувати *I*) <위험·곤란에서> 구해내다, 탈출시키다.

розпуття *n* 교차로.

розпухання *n* (과정) 팽창; 부풀기, 부음, 부어오름; 증가, 증대.

розпухати (-аю, -аєш) *I vi*; розпухнути (-ну, -неш) *P vi* 부풀다, 붓다, 팽창하다; <손·발 등이> 부어오르다.

розпухлий (-ла, -ле)* 부푼, 팽창한; 부은; 물이 불은.

розпучливий (-ва,-ве)*, ~ний (-на,-не)* 자포자기의.

розпущений (-на, -не)* 묽게 한, 희석한.

розпхикатися (-аюся, -аєшся) *P vi* <어린아이 등이> 흐느껴 울다, 훌쩍훌쩍 울다, 울먹이다.

розп'ялити (-ялю, -ялиш) *P vt*; розп'ялювати (-люю, -люєш) *I vt* 펴다, 펼치다, 뻗다, 벌리다.

розп'ятий (-та, -те) 십자가에 못박힌; ~тя *n* 그리스도 수난상(像).

розрабування *n* = розграбування (행위): 약탈,

강탈; 횡령; 표절.

розрабува́ти (-у́ю, -у́єш) *P vt* = розграбува́ти, 약탈하다, 노략질하다.

розра́да (-ди) *f* 위로, 위안.

розра́джати (-жаю, -аєш) = розра́джувати (-ую, -уєш) *I vt*; розра́дити (-джу, -диш) *P vt* 위안하다, 위로하다.

розра́жати (-а́ю, -а́єш) *I vt*; розрази́ти (-ажу́, -ази́ш) *P vt* 초조하게 하다, 성가시게 굴다, 성나게 하다, 괴롭히다.

розра́нити (-аню, -аниш) *P vt*; розра́нювати (-нюю, -нюєш) *I vt* 짜증나게 하다, 화나게 하다, 안달하게 하다.

розрахо́ван|ий (-на, -не)* 잘 계산된, 심사숙고된.

розрахо́вувати (-ую, -уєш) *I vt*; розрахува́ти (-у́ю, -у́єш) *P vt* 계산하다, 산정하다, 추산하다.

розрах|унко́вий (-ва, -ве) 지불의, 보상의; ~у́нок (-нку) *m* (행위) 청산.

розра́ювати (-а́юю, -а́юєш) *I vt*; розра́яти (-а́ю, -а́єш) *P vt* (설득하여) 그만두게 하다, 말리다, 단념시키다.

розрев|і́тися, ~ти́ся (-ву́ся, -ве́шся) *P vi* <사자 등이> 으르렁거리다.

розрида́тися (-а́юся, -а́єшся) *P vi* 눈물을 흘리다, 울다.

розрі́джен|ий (-на, -не)* 묽게 한, 희석한; 묽은, 심심한.

розрі́днитися (-нюся, -нишся) *P vi*; розрі́днюватися (-нююся, -нюєшся) *I vi* 갈라지다, 끊어지다.

ро́зрі́з (-зу) *m* 길다랗게 베인 상처.

розрізни́ти (-і́зню, -і́зниш) *P vt*; розрізн|юва́ти (-ню́ю, -ню́єш), ~я́ти (-я́ю, -я́єш) *I vt* 식별하다, 분별하다.

розрі́знювання *n* 차이, 구별, 차별.

розрі́зування *n* 절단.

ро́зріст (-ро́сту) *m* 성장, 생장, 발육.

розроби́ти (-о́блю, -о́биш) *P vt*; (розробл|юва́ти, ~я́ти *I*) 섞다, 혼합하다.

розро́б|ка (-ки) *f* 공들여 만듦, 정성들임, 면밀한 마무리.

ро́зродень (-дня) *m* [식물] 소포자(小胞子).

розроджуватися (-уюся, -уєшея) *I vi*; розродитися (-оджуся, -одишся) *P vi* 새끼를 낳다; 태어나다; 자라다; 번식하다.

розрубаний (-на, -не)* 갈라진, 쪼개진; 분리한, 분열한.

розрубати (-аю, -аєш) *P vt*; розрубувати (-бую, -уєш) *I vt* 베다, 자르다; 상처를 입다.

розруйновувати (-ую, -уєш) *I vt*; розруйнувати (-ную, -уєш) *P vt* 파괴하다; <문서 등을> 파기하다.

розрум'янитися (-нюся, -нишся) *P vi* 얼굴을 붉히다, <얼굴이> 빨개지다.

розрунтати (-аю, -аєш) *P vt* 던지다, 팽개치다, 투척하다.

розрух (-ху) *m* 움직임.

розрухати (-аю, -аєш) *P vt* 골고루 뒤섞다.

розрюмсатися (-аюся, -аєшся) *P vi* 눈물을 흘리다, 울다.

розряд (-ду) *m* 종류, 분류, 부문, 구분.

розсаджувати (-ую, -уєш) *I vt*; розсадити (-аджу, -адиш) *P vt* 가르다, 떼다, 분리하다, 잘라서 떼어 놓다.

розсвіт (-ту) *m* 새벽, 동틀녘, 여명.

розсвітати (-ає, 3인칭 단수), *I vi* 무인칭; (розсвінути *P*); -ся *I vi* (날이) 새다, 밝아지다.

розсвітити (-ічу, -ітиш) *P vt*; розсвічувати (-ую, -уєш) *I vt* 반짝이게 하다, 빛내다, 밝게 하다.

розселення *n* 식민지화[건설].

розселити (-елю, -елиш) *P vt*; розсел|ювати (-люю, -люєш), ~яти (-яю, -яєш) *I vt* 식민지로서 개척하다.

розсерджувати (-ую, -уєш) *I vt*; розсердити (-джу, -диш) *P vt* <사람•동물을> 화나게 하다.

розсилити (-сило, -илиш) *P vt*; розсилювати (-люю, -люєш) *I vt* 풀다, 끄르다.

розс|ип (-пу) *m* 흩뿌리기, 분산.

розсипати (-аю, -аєш) *I vt*; розсипати (-плю, -плеш) *P vt* <모래•꽃•씨 등을> (표면에) 뿌리다, 흩뿌리다.

розс|ипний (-на, -не) 흩뿌려진; 산재해 있는; 드문드문 있는; 뿔뿔이 헤어진.

розсити́ти (-сичу́, -и́тиш) *P vt* 물로 희석하다, 물로 묽게 하다.

ро́зсів (-ву) *m*, **~а́ння** *n* 흩뿌리기, 분산.

розсіва́ти (-а́ю, -а́єш) *I vt*; (**розсі́яти** *P*) 흩뿌리다, 흩어버리다, 뿌리다.

розсіда́тися (-а́юся, -а́єшся) *I vi*; (**розсі́стися** *P*) 편안하게 앉다, 편안하게 자리 잡다.

розсідла́ти (-а́ю, -а́єш) *P vt*; **розсі́длувати** (-ую, -уєш) *I vt* 안장을 내리다.

розсіка́ти (-а́ю, -а́єш) *I vt*; **розсікти́** (-іку́, -іче́ш) *P vt* 조각조각 자르다.

розсі́л (-со́лу) *m* 묽은 수프.

розсі́чений (-на, -не)* <짐승의 발굽이> 갈라진.

розсі́ян|ий (-на, -не)* 흩뿌려진.

розскака́тися (-а́юся, -а́єшся) *P vi* = **розско́читися**; **розскаку́ватися** (-уюся, -уєшся) *I vi* 뛰다, 뛰어오르다, 도약하다.

розски́глитися (-люся, -лишся) *P vi* <어린아이 등이> 흐느껴 울다, 훌쩍훌쩍 울다, 울먹이다.

розско́читися (-чуся, -чишся) *P vi* = **розскака́тися**, 갈라지다, 끊어지다.

розскуба́ти (-а́ю, -а́єш) = **розскубти́** (-бу́, -бе́ш) *P vt*; **розкубува́ти** (-бу́ю, -уєш) *I vt* 잡아뜯다, 뽑다, 따다.

розсла́бити (-а́блю, -а́биш) *P vt*; (**розсла́бл|ювати**, **~яти** *I*) 약화시키다.

розсла́вити (-влю, -виш) *P vt*; **розсла́вл|ювати** (-люю, -люєш), **~яти** (-яю, -яєш) *I vt* 펴다, 펼치다, 뻗다, 벌리다.

розслебезува́ти (-у́ю, -у́єш) *P vt* 이해하다, 알아듣다.

ро́зслід (-ду) *m* 조사, 수사, 연구.

розслі́д|жувати, **~увати** (-ую, -уєш) *I vt*; **розслі́дити** (-джу, -диш) *P vt* 조사하다, 수사하다, 연구하다.

розслони́ти (-оню́, -о́ниш) *P vt*; **розсло́нювати** (-ню́ю, -ню́єш) *I vt* 폭로하다.

розсмаро́вувати (-ую, -уєш) *I vt*; **розсмарува́ти** (-у́ю, -у́єш) *P vt* <기름 등을> 바르다.

розсмі́лити (-і́лю, -і́лиш) *P vt*; **розсмі́лювати** (-люю, -люєш) *I vt* 용기[기운]를 북돋우다;

격려하다.

розсміятися (-іюся, -ієшся) *P vi* 폭소하다, 웃기 시작하다, 계속해서 웃다.

розсновувати (-ую, -уєш) *I vt*; **розснувати** (-ую, -уєш) *P vt* 풀다, 펴다.

розсобачений (-на, -не) (특히 정신적으로) 부패한, 타락한; 사악한.

розсокотатися (-очуся, -очешся) *P vi*: (여자나 어린이) 재잘거리다.

розсортований (-на, -не) 분류된, 가려진.

розсортувати (-ую, -уєш) *P vt* 분류하다; 가려내다, 추려내다; <우체국에서 우편물을> 배달구별로 나누다.

розсотувати (-ую, -уєш) *I vt dial.* = розмотувати.

розсох|а (-хи) *f* (굵은 목재를 고정시키는) 대못.

розсохач (-ча) *m* [동물] 수사슴.

розсохуватий (-та, -те)* 두 갈래의, 가랑이진, 갈래진, 분지한, 포크 모양의.

розставання *n* 작별, 이별, 헤어짐.

розставатися (-таюся, -аєшся) *I vi*; (розстатися *P*) 갈라지다, 끊어지다.

розставити (-влю, -виш) *P vt* = розстановити; **розставляти** (-яю, -яєш) *I vt* 두다, 놓다, 앉히다; 자리를 잡아 주다, 배치하다, 정돈하다, 배열하다, 늘어놓다.

розстайний (-на, -не)*: ~на дорога, 교차 도로.

розст|ань (-ні) *f*, ~аньки (-ків) *pl dial.* 교차로.

розстебнути (-ебну, -ебнеш) *P vt*; (розстібати *I*) 단추를 끄르다.

розстелити (-елю, -елиш) *P vt* = розіслати; **розстеляти** (-яю, -яєш), **розстилати** (-аю, -аєш) *I vt* 펴다, 펼치다, 뻗다, 벌리다.

розстріляний (-на, -не)* 흩뿌려진.

розстроєн|ий (-на, -не)* 혼란한, 흩뜨러진.

розстроїти (-ою, -оїш) *P vt*; **розстроювати** (-оюю, -оюєш) *I vt* 가락을 어긋나게 하다, 가락을 망쳐놓다.

розтрясати (-аю, -аєш) *I vt*; **розтрясти** (-су, -сеш) *P vt* 흩뿌리다, 흩어버리다, 뿌리다.

розтукатися (-аюся, -аєшся) *P vi* 쉬지 않고 노크하다.

розсуд (-у) *m* 판단, 심사, 감정, 평가; 추정.

розсуджувати (-жую, -єш) *I vt*; **розсудити** (-уджу, -удиш) *P vt* 재판하다, 심리[심판]하다; 재결하다, 판결하다.

розсудлив|ий (-ва, -ве)* 조심성 있는, 세심한.

розсуд|ний (-на, -не)* = розсудливий; ~ок (-дку) *m* 감각.

розсуканий (-на, -не)* 풀린.

розсукати (-аю, -аєш) *P vt*; **розсукувати** (-кую, -уєш) *I vt* 꼬인 것을 풀다.

розсумуватися (-муюся, -уєшся) *P vi* 깊이 슬퍼하다, 비탄에 잠기다, 한탄하다.

розсупонитися (-нюся, -нишся) *P vi*; **розсупонюватися** (-нююся, -нюєшся) *I vi* 벨트를 풀다; 단추를 끄르다, 벗기다.

розтавати (-таю, -аєш) *I vi*; (розт|анути, ~ати, ~аяти *P*) 녹이다, 용해시키다.

розтасканий (-на, -не) 흩어진, 분산된.

розтвір (-вору) *m* 틈, 구멍, 균열.

розтворений (-на, -не)* 열린, 개방된.

розтворити (-орю, -ориш) *P vt*; **розтворяти** (-яю, -яєш) *I vt* (문•창문을) 열다.

розтектися (-ечуся, -ечешся) *P vi*; (розтікатися *I*) 갈라지다, 끊어지다; 떨어지다.

розтепірчити (-чу, -чиш) *P vt*; **розтепірчувати** (-ую, -уєш) *I vt dial.* 펴다, 펼치다, 뻗다, 벌리다.

розтин (-ну) *m* [의학] 절개(술).

розтинати (-аю, -аєш) *I vt*; (розітнути, розтяти *P*) 베다, 자르다; 상처를 입다.

розтирхати (-аю, -аєш) *P vi dial.* 뿔뿔이[사방으로] 흩어지다.

розтискати (-аю, -аєш) *I vt*; **розтиснути** (-ну, -неш) *P vt* 잡아 늘이다.

розтік (-току) *m* 분기(分岐).

розтіп|аний (-на, -не)* <머리카락이> 흐트러진, 헝클어진, 빗질 안한.

розтіч (-течі) *f* 흩뜨림, 산포(散布).

розтовкати (-аю, -аєш) *I vt*; (розтовкти *P*) 눌러 부수다, 뭉개다.

розтовкмачити (-чу, -чиш) *P vt*; **розтовкмачувати**

(-ую, -уєш) *I vt* 해석하다, 설명하다; 해몽(解夢)하다.

розтлумачити (-ую, -уєш) *P vt* 설명하다; 명백하게 하다, 확실히 하다, 알기 쉽게 하다.

розтопи́рюватий (-та, -те)* 부은, 비대해진, 거만한.

розтопи́ти (-оплю́, -о́пиш) *P vt*; **розто́пл|ювати** (-люю, -люєш), ~**я́ти** (-я́ю, -я́єш) *I vt* <물건을> (액체로) 용해하다; <물질·물체 등을> 분해하다.

розто́п|лений (-на, -не) 용해된, 해산된; ~**ний** (-на, -не) 용해할 수 있는.

розто́птаний (-на, -не)* 부서진, 구겨진.

розтопта́ти (-опчу́, -о́пчеш) *P vt*; **розто́птувати** (-ую, -уєш) *I vt* 눌러 부수다, 뭉개다.

розто́ргнути (-о́ргну, -о́ргнеш) *P vt* = розторга́ти, 흩뿌리다, 흩어버리다, 뿌리다.

розторо́па (-пи) *m, f* 이해력이 있는 사람, 이성적인 사람; 지적인 사람.

розторо́пати (-аю, -аєш) *P vt* (노력해서) 이해하다, 파악[인식]하다.

розторо́чити (-чу, -чиш) *P vt*; **розторо́чувати** (-ую, -уєш) *I vt* <기워 붙인 것을> 따내다.

розторощи́ти (-ощу́, -о́щиш) *P vt*; **розторо́щувати** (-ую, -уєш) *I vt* 산산이 부수다, 분쇄하다.

розторо́чити (-очу́, -о́чиш) *P vt*; **розторо́чувати** (-ую, -уєш) *I vt* 부식(腐蝕) (침식)하다.

розтра́та (-ти) *f* 낭비, 허비; <기회 등을> 이용하지 않음.

розтра́тити (-а́чу, -а́тиш) *P vt*; (розтра́чувати *I*) 낭비하다.

розтра́тн|ий (-на, -не)* 낭비하는.

розтра́чений (-на, -не)* 낭비된.

розтри́нькати (-аю, -аєш) *P vt*; **розтри́нькувати** (-ую, -уєш) *I vt* 낭비하다, 탕진하다.

розтрі́пати (-аю, -аєш) *P vt*; **розтрі́пувати** (-ую, -уєш) *I vt* 꼬인 것을 풀다.

розтрі́скати (-аю, -аєш) *P vt* 산산이 부수다, 분쇄하다.

ростроюджувати (-ую, -уєш) *I vt*; **розтроюдити** (-джу, -диш) *P vt* 깨우다, 눈뜨게 하다.

роотруби́ти (-ублю́, -у́биш) *P vt*; розтру́блювати (-люю, -люєш) *I vt* 나팔로 알리다.

розтруди́ти (-джу́, -диш) *P vt* 짜증나게[초조하게] 하다, 화나게 하다, 안달하게 하다.

розтруси́ти (-ушу́, -у́сиш) *P vt*; (розтру́шувати *I*) (표면에) 뿌리다, 흩뿌리다.

розтру́шений (-на, -не) 흩뿌려진.

розтря́вання *n dial.* 분리, 분할, 독립, 이탈, 떨어짐; 분류, 구분; 선별.

розтря́ватися (-аюся, -аєшся) *I vi dial.* 갈라지다, 끊어지다.

розтряса́ти (-аю, -аєш) *I vt*; розтрясти́ (-ясу́, -ясе́ш) *P vt* 흩뿌리다, 흩어버리다.

розтули́ти (-улю́, -у́лиш) *P vt*; розту́л|ювати (-люю, -люєш), ~я́ти (-я́ю, -я́єш) *I vt* 열다, 풀다.

розтурбува́ти (-бу́ю, -у́єш) *P vt* 경보를 전하다, 위급을 알리다; 놀라게 하다.

розтя́г (-гу) *m* 신장(伸長), 뻗음; 확장.

розтяга́ти (-а́ю, -а́єш) *I vt*; розтя́г|нути, ~ти́ (-я́гну, -я́гнеш) *P vt* 잡아 늘이다, 잡아당기다, 팽팽히 치다, 펴다.

розтя́гл|ий (-ла, -ле)* 광대한, 넓은.

розтя́пака (-ки) *m, f* 입을 딱 벌리고 멍하니 바라보는 사람, 하품하는 사람.

розтя́тий (-та, -те)* 잘린, 베인.

ро́зум (-му) *m* 이유, 까닭, 동기.

розумі́ння *n* 이해, 양해, 납득, 파악, 지식, 식별, 정통.

розумі́ти (-і́ю, -і́єш) *I vt* 이해하다, 알아듣다.

розу́мн|ий (-на, -не)* 이해력이 있는, 이성적인; 지적인.

розу́м|но *adv.* 눈에 띌 만큼, 느낄 수 있을 만큼, 상당히.

розфальдува́ти (-у́ю, -у́єш) *P vt* 주름을 펴다, <땋은 머리 등을> 풀다.

розфу́катися (-аюся, -аєшся) *P vi* 격노하다.

розхапа́ти (-па́ю, -а́єш) *P vt*; розха́пувати (-ую, -уєш) *I vt* 와락 붙잡다, 잡아채다, 잡아뺏다, 움켜쥐다.

розхвали́ти (-алю́, -а́лиш) *P vt*; розхва́лювати

(-люю, -люєш) *I vt* 칭찬하다; 찬미하다.
розхвилюва́ти (-люю, -люєш) *P vt* 깨우다, 눈뜨게 하다.
розхвильо́ваний (-на, -не)* 흥분한; 동요한.
розхві́йниця (-ці) *f dial.* 돈을 헤프게 쓰는 사람.
розхвія́ти (-і́ю, -і́єш) *P vt dial.* <구름·안개 등을> 흩뜨리다.
розхили́ти (-хилю́, -и́лиш) *P vt*; розхиля́ти (-я́ю, -я́єш) *I vt* <굽은 것을> 곧게 펴다; 평평하게 늘이다.
розхи́льчастий (-та, -те)* 분기하는.
розхлю́пати (-аю, -аєш) *P vt*; розхю́пувати (-ую, -уєш) *I vt* (물·흙탕)을 튀기다, 튀겨 끼얹다.
розхо́дження *n* 뻗침, 팽팽하게 폄; 확장; 늘어나는 성질, 신축성.
розхо́джувати (-ую, -уєш) *I vt*; розходи́ти (-оджу́, -о́диш) *P vt* 잡아 늘이다, 잡아당기다, 팽팽히 치다, 펴다.
розходи́тися (-джу́ся, -ди́шся) *P vi* = розхо́джуватися; 화나다.
розхопи́ти (-оплю́, -о́пиш) *P vt*; розхо́плювати (-люю, -люєш) *I vt* 와락 붙잡다, 잡아채다, 잡아 뺏다, 움켜쥐다, 강탈하다.
розхриста́ти (-а́ю, -а́єш) *P vt* 단추를 끄르다, 풀다; -ся *P vi* 단추를 끄르다, 벗다.
розхря́паний (-на, -не)* 갈라진, 쪼개진; 분리한, 분열한.
розцвірі́нькатися (-аюся, -аєшся) *P vi* <새가> 지저귀다; <여자가> 목소리를 떨며 노래하다.
розцвісти́ (-іту́, -іте́ш) *P vi*; (розцвіта́ти *I*); -ся *P vi*.
ро́зцвіт (-ту) *m* 번영, 번창, 융성, 성공; 부유.
розцвіта́ти (-а́ю, -а́єш) *I vi*; (розцвісти́ *P*); -ся *I vi* 번영하다, 번창하다.
розцілува́ти (-у́ю, -у́єш) *P vt* 여러 번 키스를 하다; -ся *P vi* 서로 키스하다.
розціни́ти (-іню́, -і́ниш) = розціну́вати (-у́ю, -у́єш) *P vt*; = розці́нювати (-нюю, -нюєш) *I vt* (금전으로) 평가하다, 값을 매기다.
розціпи́ти (-іплю́, -і́пиш) *P vt*; розціпля́ти (-я́ю, -я́єш) *I vt* 걸쇠를 벗기다.

розцокота́тися (-очу́ся, -о́чешся) *P vi* 재잘거리다; <원숭이 등이> 깩깩거리다.

розцура́тися (-а́юся, -а́єшся) *P vi* 갈라지다, 끊어지다; 떨어지다, 관계를 끊다, 탈퇴하다.

розчави́ти (-авлю́, -а́виш) *P vt*; **розча́влювати** (-люю, -люєш) *I vt* 눌러 찌그러뜨리다; 짓누르다.

розча́влений (-на, -не)* 짓눌린, 진압된.

розчаро́ваний (-на, -не)* 실망한, 기대(희망)가 어긋난, 낙담한.

розчаро́вувати (-ую, -уєш) *I vt*; **розчарува́ти** (-у́ю, -у́єш) *P vt* 환상에서 깨어나게 하다.

розчарува́ння *n* 실망, 실의, 낙담, 실의(실망)의 상태, 기대가 어긋난 상태.

ро́зчах (-ху) *m* 쪼개진 틈, 갈라진 틈; 쪼개진 조각.

розчахну́ти (-ну́, -не́ш) *P vt* 찢다, 쪼개다, 째다, 세로로 빠개다.

розчепи́ти (-еплю́, -е́пиш) *P vt*; **розчі́плювати** *I*) 갈고리에서 벗기다, <의복 등의> 혹을 끄르다.

розчепі́рений (-на, -не)* (다리, 팔이): 퍼져 있는, 평면의.

розчепі́рити (-рю, -риш) *P vt* 잡아 늘이다, 잡아당기다, 팽팽히 치다, 펴다; <양탄자 등을> 깔다.

розчервоні́тися (-і́юся, -і́єшся) *P vi* 얼굴을 붉히다, <얼굴이> 빨개지다.

розчетвертува́ти (-у́ю, -у́єш) *P vt* 4(등)분하다.

ро́зчин (-ну) *m* [화학] 용액, 용해제.

ро́зчина (-ни) *f* 효소.

розчини́ти (-чиню́, -и́ниш) *P vt*; (**розчиня́ти** *I*) 발효시키다.

розчи́нн|ий (-нна, -нне) 녹는, 용해할 수 있는.

розчи́слений (-на, -не) 조심스럽게(철저히) 계산된.

розчи́слити (-лю, -лиш) *P vt*; **розчисля́ти** (-я́ю, -я́єш) *I vt* 계산하다, 산정하다, 추산하다.

розчи́стити (-и́щу, -и́стиш) *P vt*; (**розчища́ти** *I*) 조심스럽게(철저히) 청소하다, 씻어 내다.

розчита́тися (-а́юся, -а́єшся) *P vi*; **розчи́туватися** (-уюся, -уєшся) *I vi* (끊임없이) 많이 읽다.

розчиха́тися (-а́юся, -а́єшся) *P vi* (중단없이) 종종 재채기하다.

розчи́щення *n* (행위): 청소.

розчле́н|ений, ~о́ваний (-на, -не)* 절단된.

розчлено́вувати (-ую, -уєш) *I vt*; **розчленува́ти** (-у́ю, -у́єш) *P vt* ~의 팔다리를 절단하다.

розчленува́ння *n* (과정) 절단, 분할.

розчо́впати (-аю, -аєш) = **розчовпну́ти** (-ну́, -не́ш) *P vt*; **розчо́впувати** (-ую, -уєш) *I vt* 이해하다, 알아듣다.

розчу́лений (-на, -не)* 영향을 받은.

розчу́лити (-лю, -лиш) *P vt*; **розчу́лювати** (-люю, -люєш) *I vt* 움직이다, 위치를 옮기다.

розчу́хати (-аю, -аєш) *P vt*; (**розчу́хувати** *I*) 할퀴다, 할퀴어 상처를 내다.

розчу́храний (-на, -не)* <머리카락이> 흐트러진, 헝클어진, 빗질 안한.

розчу́храти (-аю, -аєш) *P vt* <머리카락을> 부수수하게 늘어뜨리다.

розшарі́тися (-і́юся, -і́єшся) *P vi* 붉어지다.

розшаро́вувати (-ую, -уєш) *I vt*; (**розшарува́ти** *P*) 층을 형성시키다, 층상(層狀)으로 하다.

розша́стати (-аю, -аєш) *P vt* = **розшахвува́ти** (-у́ю, -у́єш) *P vt* 낭비하다, 탕진하다.

розшве́ндятися (-яюся, -яєшся) *P vi* (정처없이) 돌아다니다, 걸어다니다, 헤매다.

розшелесті́тися (-лещу́ся, -лести́шся) *P vi* (나뭇잎 등이): 살랑살랑 소리내다; 살랑살랑 소리내며 움직이다, 옷 스치는 소리를 내며 걷다.

розшива́ти (-а́ю, -а́єш) *I vt*; (**розши́ти** *P*) 나사를 빼다, 나사를 늦추어서 떼다.

розшикува́ти (-у́ю, -у́єш) *I vt* 가지런히 하다, 정돈하다, 정리하다.

розши́рен|ий (-на, -не)* 펼친, 쭉 뻗은, 내민.

розши́рити (-рю, -риш) *P vt*; **розши́р|ювати** (-рюю, -рюєш), ~я́ти (-я́ю, -я́єш) *I vt* 넓히다, 펴다, 펼치다, 뻗다.

розшифро́ваний (-на, -не)* 해석된, 번역된, 판독된.

розшифро́вувати (-ую, -уєш) *I vt*; **розшифрува́ти** (-у́ю, -у́єш) *P vt* <암호・수수께끼를> 풀다, 해독

[번역]하다; <고문서 등을> 판독하다; <상황을> 확실하게 하다.

розшморгну́ти (-ну́, -не́ш) *P vt*; **розшмо́ргувати** (-ую, -уєш) *I vt* 풀다, 늦추다; 놓아주다, 해방하다.

розшнуро́ваний (-на, -не) 묶이지 않은; 제한되지 않은.

розшнуро́вувати (-ую, -уєш) *I vt*; **розшнурува́ти** (-ру́ю, -ру́єш) *P vt* 풀다.

розшпили́ти (-пилю́, -и́лиш) *P vt*; **розшпи́лювати** (-люю, -люєш) *I vt* 핀을 뽑아 늦추다[벗기다, 열다], <문의> 빗장을 벗기다, 핀을 빼다.

розшпі́нкува́тися (-уюся, -уєшся) *P vi dial.* 단추를 끄르다, 벗기다.

розшпо́ртати (-аю, -аєш) *P vt*; **розшпо́ртувати** (-ую, -уєш) *I vt* 문지르다, 문질러 깨끗이하다.

розшру́бник (-ка) *m Tech.* 나사 돌리개, 드라이버.

розшрубо́ваний (-на, -не) 나사가 빠진.

розшрубо́вувати (-ую, -уєш) *I vt*; **розшрубува́ти** (-бу́ю, -у́єш) *P vt* 나사를 빼다, 나사를 늦추어서 떼다.

розштовха́ти (-а́ю, -а́єш) *P vt*; **розшто́вхувати** (-ую, -уєш) *I vt* 옆으로 밀쳐내다.

розшу́|к (-ку) *m* 수색, 추구.

розшука́ти (-а́ю, -а́єш) *P vt*; **розшу́кувати** (-кую, -уєш) *I vt* 찾다, 수색[탐색]하다.

розшумува́тися (-му́юся, -у́єшся) *P vi* 많은 거품이 생기게 하다, 많은 거품을 만들다.

розщебета́ти (-ечу́, -е́чеш) *P vt* 짹짹 울다.

розщепа́ти (-а́ю, -а́єш) *I vt dial.* = розщіба́ти; **розщепи́ти** (-еплю́, -е́пиш) *P vt* = розщібну́ти, 단추를 끄르다; 걸쇠를 벗기다.

розщиба́ти (-а́ю, -а́єш) *I vt W.U.* 찢다, 쪼개다, 째다.

розщіба́ти (-а́ю, -а́єш) *I vt*; **розщібну́ти** (-ібну́, -ібне́ш) *P vt* 단추를 끄르다; 풀다, 늦추다.

розщі́лина (-ни) *f* 쪼개진 틈, 갈라진 틈.

розщо́т (-ту) *m* (사건 등에 대한) 기술(記述), 기사(記事).

роз'ю́шений (-на, -не)* 몹시 화난, 몹시 성난.

роз'юши́ти (-шу́, -ши́ш) *P vt* 몹시 성나게[화나게]

하다, 격노시키다.
роз'я́рен|ий (-на, -не)* 노하여 펄펄 뛰는, 성내어 날뛰는, 격노한.
роз'яри́ти (-рю́, -ри́ш) *P vt*; **роз'я́рювати** (-рюю, -рюєш), **роз'яря́ти** (-ря́ю, -я́єш) *I vt* 몹시 성나게[화나게] 하다, 격노시키다.
роз'яси́ти (-яшу́, -яси́ш) *P vt* 발견하다; ~을 알다, 깨닫다.
роз'я́сний (-на́, -не́) 설명적인, 해석상의.
роз'ясни́ти (-ню́, -ни́ш) *P vt*; **роз'я́сн|ювати** (-нюю, -нюєш), ~**яти** (-я́ю, -я́єш) *I vt* 반짝이게 하다, 빛내다, 밝게 하다.
роз'я́трений (-на, -не)* 신경질이 난; 격노한, 화난.
роз'ятри́ти (-рю́, -ри́ш) *P vt*; **роз'я́трювати** (-рюю, -рюєш) *I vt* 성나게 하다, 격분시키다.
ро|ї́вня (-ні́) *f* (꿀벌의) 벌집[벌통]; 사람들이 붐비는 장소.
рої́ти (рою́, рої́ш) *I vt* 떼로 나오다; 무리지어 나오다.
ройов|и́й (-а́, -е́) 굴벌 떼의, 둘벌 무리의.
роки́т|а (-ти) *f*, ~**ина** (-ни) *f*, ~**ник** (-ка) *m* [식물] 버드나무; 버드나무 재목.
роко́ваний (-на, -не)* 유죄 선고를 받은; 사형수의.
роков|и́й (-а́, -е́) 연 1회의; 매년의.
рококо́ *n* [불변] 로코코식 (18세기 프랑스의 건축·미술의 양식).
ро́кот (-ту) *m* 으르렁거리는 소리, 포효.
рокота́ти (-очу́, -о́чеш) = **рокоті́ти** (-очу́, -оти́ш) *I vi* 천둥치다.
рокува́ти (-у́ю, -у́єш) *I vt* 예고하다; 예언하다.
ро́лик (-ка) *m* 롤러 스케이트.
ро́л|я (-лі) *f* (배우의) 배역.
ром (-му) *m* 럼 술 (당밀이나 사탕수수로 만듦).
рома́н (-ну) *m* [식물] 등대풀속(屬); 카모밀라 (꽃은 건위·흥분제).
романіз|а́ція (-ії) *f* 로마자화.
романі́ст (-та) *m* 소설가.
романі́чний (-на, -не) 로망스어의.
рома́нс (-су) *m* [음악] 로맨스 (형식에 구애되지

않는 서정적인 소곡(小曲)).
романтизм (-му) *m* 낭만주의.
ромб (-ба) *m* 마름모꼴.
ромен (-ну, or -мну) *m* [식물] 등대풀속(屬).
Рона (-нн) *f NP* 론 강 (프랑스 동부에서 지중해로 흐르는 강).
ронд|ель (-для) *m* 소스 냄비, 스튜 냄비 (긴 손잡이가 달리고 뚜껑 있는 깊은 냄비).
рондо́ *n* [불변] [음악] 론도, 회선곡(回旋曲) (주선율이 여러 번 반복되는).
роніти (роню́, ро́ниш) = **роня́ти** (-я́ю, -я́єш) *I vt* 똑똑 떨어뜨리다, 방울져 듣게 하다, 엎지르다, 흘리다.
ро́па (-пи) *f* 고름, 농즙(膿汁).
ропа́вка (-ки) *f* [동물] 개구리.
ропи́ти (-плю, -пиш) *I vt* 소금물을 끼얹다, 소금물을 뿌리다; 고름이 생기게 하다.
ропи́ще (-ща) *n* 유전(油田).
ропі́т (-поту) *m* 투덜거림, 불평하기, 중얼거리기.
роп|ля́ний (-на, -не) 소금물을 끼얹은, 소금물을 뿌린.
ропоті́ти (-почу́, -о́чеш) = **ропта́ти** (-опчу́, -о́пчеш) *I vt* 중얼거리다.
ропта́ння *n* 속삭임, 투덜거림, 불평하기.
ропу́х|а (-хи) *f*, **~аня** (-ні) *f* [동물] 두꺼비.
роса́ (-си́) *f* 이슬.
роси́стий (-та, -те)* 이슬에 젖은, 이슬이 맺힌, 촉촉히 젖은.
роси́ти (рошу́, ро́сиш) *I vt* (이슬[눈물]로) 적시다.
Росі́я (-ії) *f* 러시아.
росія́н|ин (-ина) *m*, **~ка** (-ки) *f* 러시아인.
ро́слий (-ла, -ле)* 키가 큰; 높은.
росли́н|а (-ни) 식물.
росома́ха (-хи) *m, f* 대식가, 독식가.
ростбі́ф (-фа) *m* 소고기 구이, 로스트 비프.
рости́ (-ту́, -те́ш) *I vi* 자라다, 성장하다:.
ростин|а (-ни) *f* 식물; 야채, 채소.
ростови́тий (-та, -те)*, **~ю́чий** (-ча, -че) 빨리 자라는, 빨리 성장하는; **~ь** (-ти) *f* 초목.
ро́сяний (-на, -не)* 이슬에 젖은, 이슬이 맺힌, 촉촉히 젖은.

рот (-та) *m* 입.
рота (-ти) *f* 동료, 친구들, 벗.
ротатий (-та, -те)* 떠들썩한, 시끄러운; 시끄럽게 요구하는, 불평을 말하는.
рота́тор (-ра) *m* 회전.
ро́тер (-ра) *m* 회전.
рото́нда (-ди) *f* (지붕이 둥근) 원형 건물.
ро́тор (-ра) *m* [기계] 축차(軸車).
рочистий (-та, -те) 1년의, 1년에 걸치는.
рочитися (-чуся, -чишся) *I vi dial.* 맹세하다, 선서하다.
рощ (-щі) *f dial.* = рость, [집합적] 초목.
роялізм (-му) *m* 왕정주의.
рояль (-ля) *m* 그랜드 피아노.
ртуть (-ті) *f* 수은; ~ний (-на, -не) 수은의.
руб (-ба) *m* 솔기, 꿰맨 줄.
руба́ти (-аю, -аєш) *I vt* 베다, 자르다; 상처를 입다.
руба́тка (-ки) *f* 누더기 셔츠.
руба́ч (-ча) *m* 나무꾼, 벌목꾼.
рубе́ль (-бля) *m* 루블 (러시아 화폐단위).
рубе́ць (-бця) *m* 솔기, 꿰맨 줄.
руби́ти (рублю́, ру́биш) *I vt* 가장자리를 감치다, 옷단을 대다.
рубі́ж (-бежу́) *m* 베기, 일격; 펜싱 내리쳐 베기, 한번 치기.
рубі́н (-на) *m* 루비, 홍옥(紅玉).
рубле́вий (-ва, -ве) 루블의.
ру́брика (-ки) *f* (책 등의 장·절의) 제명, 제목; 항목, 부문.
руб'я *n* [집합] 누더기 옷.
рува́ти (рую, руєш) *I vi W.U.* 눈물을 흘리다, 울다; 슬퍼하다, 한탄하다.
руда́вий (-ва, -ве)* 불그스름한, 불그레한, 붉은 빛을 띤.
рудиме́нт (-ту) *m* 기본, 기초 (원리).
ру́дка (-ки) *f* 진창, 수렁, 소(沼), 진흙 구덩이, 진구렁.
рудни́к (-ка) *m* 광산업자; 광부, 갱부.
рудні́й (-ію) *m* [광물] 황철광(黃鐵鑛).
рудні́й (-ня, -нє) 광산업자의; 광부의.

руї́н|а (-ни) *f* 폐허, 옛터; 파괴된 것, 황폐한 것.
руйн|а́ція (-ії) *f* 파멸(시킴, 상태); 파괴, 황폐.
руйнува́ти (-у́ю, -у́єш) *I vt* 파멸시키다, 황폐케 하다, 못쓰게 만들다.
рука́ (-ки́) *f* 손, 팔.
рука́в (-ва́) *m* (복수): рукави́, 또는 рука́ва (-ві́в) *pl* 소매.
рунав|иця (-ці) *f* 벙어리장갑 (엄지손가락만 떨어져 있는).
рукі́в'я *n* 깃대.
рукови́ни (-вин) *pl* 약혼.
рукво́дити (-джу, -диш) *I vt* 인도하다, 안내하다; 데리고 가다[오다].
рукоді́лля *n* 수세공, 수공예, 수예, 손으로 하는 일.
рукоді́ль|ний (-на, -не)* 손의; 손으로 하는, 수동의.
руком|есло́ (-ла́) *n* = ремесло́, реме́ство, 무역, 교역, 통상; 상업, 장사, 매매, 거래.
рукоми́я (-ії́) *f dial.* 세면기, 세숫대야.
руко́п|аш *adv.* 맨손으로.
руко́п|ис (-су) *m* 원고.
рукополага́ти (-га́ю, -а́єш) *I vt Archaic* 신성하게 하다, 정화하다.
рукостиска́ння *n* 악수.
рукотво́рний (-на, -не)* 수작업로 만든, 수작업으로 제작한.
рукоя́т|ка (-ки) *f*, ~ь (-ті) *f* 손잡이, 핸들, 자루.
рула́да (-ди) *f* [음악] 장식음으로서 삽입된 신속한 연속음.
руле́т|а (-ти), ~ка (-ки) *f* 룰렛 (도박의 일종; 그 도구).
ру́л|ка (-ки) *f dial.* <총의> 공이치기.
рум (-му) *m W.U.* = ром, 1)럼주, 2) 육로 여행.
рума́к (-ка́) *m* (특히 승마용·) 말, 군마(軍馬).
румеґа́ти, румиґа́ти (-а́ю, -а́єш) *I vt* <소 등이 먹이를> 반추하다.
румо́вище (-ща) *n* 부스러기, (파괴물의) 파편.
руму́н (-на) *m*, ~ка (-ки) *f* 루마니아 사람; 루마니아말.
Руму́нія (-ії) *f* 루마니아.

рум'ян|ець (-нця) *m* 불그스름함, 빨개짐.
рум'янити (-ню, -ниш) *I vt* 진홍색으로 하다.
рум'яність (-ности) *f* = рум'янець, 불그스름함, 빨개짐.
рум'яніти (-`ію, -`ієш) *I vi* 진홍색이 되다; 새빨개지다.
рум'янок (-нку) *m* [식물] 카모밀라 (꽃은 건위·흥분제).
рунд|ук (-ка) *m* (본건물에서 달아낸 지붕 딸린) 현관, 포치.
руни (рун, 또는 -нів) *pl* 룬 문자, 북유럽 고대 문자 (고대 게르만인의 문자).
руно (-на) *n* (양·알파카 등의) 피모(被毛), 양털.
рунтати (-аю, -аєш) = рунтувати (-тую, -уєш) *I vt dial.* <마음·일 등을> 방해하다, 어지럽히다.
рупор (-ра) *m* 메가폰, 확성기; 대변자.
руптура (-ри) *f* [의학] 탈장, 헤르니아.
рур|а (-ри) *f* (담배) 파이프; 담뱃대.
русифікація (-ії) *f* 러시아화.
русло (-ла) *m* 강바닥, 하상(河床).
русти (реву, -веш) *I vi dial.* = ревти, <소가> 큰 소리로 울다.
русяв|ець (-вця) *m* 금발 남자.
русявка (-ки) *f* 블론드색.
русь (-си, 또는 -сі) *f* 루시, 우크라이나의 고대 이름.
рут|а (-ти) *f* [식물] 루타 (지중해 연안 원산의 귤과(科)의 상록다년초).
рутин|а (-ни) *f* 판에 박힌 일, 일상의 일.
рутен (-на) *m*, ~ій (-ію) *m* [광물] 루테늄 (백금류의 금속 원소; 기호 Ru, 번호 44).
рутити (ручу, рутиш) *I vi dial.* 빨리 잠들다.
рух (-ху) *m* 운동, 움직임; 동요; 이동.
рухати (-аю, -аєш) *I vt*; (рухнути *P*) 움직이다, 위치를 옮기다.
рухлив|ий (-ва, -ве)* 힘찬, 활기찬, 활발한.
рухлий (-ла, -ле)* 부서지기 쉬운, 가루가 되기 쉬운, 무른.
руч = рука; у праву (ліву) —, 우측(좌측)으로.
ручай (-аю) *m* 시내, 실개천, 작은 시내, 개울.
ручати (-аю, -аєш) *I vt* (за кого, за що):

<피고가> 보석금을 내다.
ручен|я́ (-я́ти) *n* 작은 손.
ру́ч|енька (-ки) *f*, **~ечка** (-ки) *f Dim*.: рука́; **~ий** (-ча, -че) 솜씨 좋은, 능란한, 숙련된, 교묘한.
ручи́тель (-ля) 보증인.
ру́ч|иця (-ці) *f Dim*.: рука́, 작은 손.
руша́ння *n* (행위): 작별, 이별, 헤어짐.
руша́ти (-а́ю, -а́єш) *I vt*; (рушити *P*) 움직이다, 위치를 옮기다.
ру́шен|ий (-на, -не) 이동한, 움직인, 이사한.
рушення́ *n* 지역 시민군, 비정규군.
руші́й (-ія́) *m* 모터, 전동기(電動機), 발동기.
ру́шний (-на́, -не́)* 민첩한, 날랜, 활발한, 기운찬.
рушни́к (-ка́) *m* = ручни́к, 타월, 수건.
рушн|и́ця (-ці) *f* [군사] 대포, 포.
ру́шно *adv*. [술어부사] 이동이 많다: на ву́лиці —, 거리는 (사람들로) 번잡하다, 거리에 교통량이 많다.
рушт (-ту) *m* (종종 *pl*.): ру́шти (-тів) 난로의 쇠살 대.
ру́щина (-ни) *f* 러시아식 관습(문화).
рюм (-му) *m*, **~о́к** (-мка́) *m* 비탄, 한탄; 울부짖음, 통곡, 울음.
рю́мса (-си) *m, f* 우는 사람, 슬퍼하는 사람.
рю́мсати (-аю, -аєш) *I vi* 슬퍼하다, 애도하다.
рябе́ць (-бця) *m* [조류] 솔개.
ряби́й (-ба́, -бе́) 얼룩덜룩한, 반점이 있는.
ряби́на (-ни) *f* [식물] 마가목; 얽은 자국.
ряби́ти (-блю́, -би́ш) *I vt* 더럽히다; 때를 묻히다, 점을 찍다.
рябі́сінький (-ка, -ке) *Dim*.: рябий, <꽃·잎 등이> 잡색의, 얼룩덜룩한, 여러 가지 색으로 물들인.
рябі́ти (-і́ю, -і́єш) *I vi* <꽃·잎 등이> 얼룩덜룩하게 되다.
рябкани́стий (-та, -те)* *dial.* <꽃·잎 등이> 잡색의, 얼룩덜룩한, 여러 가지 색으로 물들인.
рябко́ (-ка́) *m* 옥수수로 만든 포리지; 랴브코(점이 있는 개의 이름).
рябо́к (-бка́) *m* 주근깨, 기미; 햇볕에 탄 얼룩; 얼룩, 티.
рябо|кри́лий (-ла, -ле) 반점이 있는 날개를 가진;

~мізний (-на, -не) *dial.* 반점이 있는 코(주둥이, 입)를 가진; ~тиння *n* 천연두 자국, 얽은 자국; 임산부 얼굴에 있는 반점들; ~уха (-хи) *f* = рябуха-рябушечка (-хи -ки) *f* 반점에 있는 물건(새, 동물).

ряд (-ду) *m* 열, 줄.

рядити (-джу, -диш) *I vt* <나라•국민을> 다스리다, 통치하다, 지배하다.

рядковий (-ва, -ве) 줄의, 선의.

рядло (-ла) *n dial.* 과일 씨.

рядна (-ної) *f* 계약(서), 약정; 청부; 계약법; (정치상) 뇌물 수수.

рядний (-на, -не)* 평상의, 보통의, 정규의, 정상의.

ряднина (-нини) *f* 결이 거친 천.

рядно (-на) *n* 두꺼운 삼 직물.

рядно *adv.* 말쑥(산뜻)하게; 멋지게.

рядняний (-на, -не) 결이 거친 천으로 만든.

рядовий (-ва, -ве) 공통의, 공동의, 공유의; 단결한, 일치된.

рядом *adv.* 나란히; 협력하여, (옆으로) 나란히, ~와 병행하여.

ряд|ужка (-ки) *f*, ~юга (-ги) *f*, ~южка (-ки) *f Augm.*: рядно, 질긴 삼베.

ряжа (-жі) *f* 대야, 수반(水盤), 세면기, 물통, 들통; 목욕통; 세면기.

ряжанка (-ки) *f* 응유(凝乳).

ряжка (-ки) *f Dim.*: ряжа; 대야, 수반(水盤), 세면기.

рямено (-на) *n dial.* 창살.

рямця (-ці) *f* 처마 장식.

рям'я *n* = ряндя *n W.U.* 넝마, 누더기; 누더기 옷.

ряндавий (-ва, -ве) *W.U.* 누더기의, 너덜너덜한.

ряса (-си) *f* 일상 성직복; [식물] 왕포아풀 (벼과).

рясистий (-та, -те)* 주름진, 주름이 지기 쉬운.

рясити (ряшу, рясиш) *I vt* 접다; 꺾다, 접어 포개다.

рясиця (-ці) *f* 주름.

ряска (-ки) *f* [식물] 왕포아풀 (벼과); 개구리밥.

рясн|енький (-ка, -ке)* *Dim.*: рясн|ий (-на, -не)

두꺼운.
ряс|но *adv.* 풍부하게; 충분히, 많이.
ряст (-ту) *m* [식물] 앵초.
рятівни|к (-ка) *m*, ~иця (-ці) *f* 구조자, 구출자, 구세주, 구원자.
рятув|а́льний (-на, -не)* = рятівничий; ~а́ння *n* (행위): 구조, 구출, 구원, 해방.
рятува́ти (-у́ю, -у́єш) *I vt* 구출하다, 구조하다, 구하다; <사람을> 해방하다.
рятунко́вий (-ва, -ве) 구조의, 구제의.
ряту́нок (-нку) *m* 구출, 구원, 해방.
ря́хатися (-аюся, -аєшся) *I vi* 출발 준비를 하다.
ряхті́ти (-хчу́, -хти́ш) *I vi W.U.* 반짝이다, 반짝 반짝 빛나다.
ряхтяни́й (-на́, -не́) *W.U.* 반짝이는, 반짝거리는.

С

С, с (우크라이나어의 22번째 철자).
сабани́ти (-ню, -ниш) *I vt* <아이•고용인 등을> 꾸짖다, 잔소리하다.
са́баш (-шу) *m* = ша́баш, 안식일.
сабота́ж (-жу) *m* 사보타주 (쟁의중인 노동자에 의한 공장 설비•기계 등의 파괴, 생산 방해).
са́ван (-на) *m* 수의(壽衣).
саботува́ти (-у́ю, -у́єш) *I vt* <계획•정책 등을> 고의로 파괴하다.
сава́н|а (-ни) *f*, ~и (-ан) *pl* 대초원, 사바나 (열대 지방 등의 나무 없는 대평원).
Савао́ф (-фа), ~т (-та) *m* [성서] 만군(萬軍).
Саво́я (-о́ї) *f NP* 사보이 왕가(1861-1946)(의 사람); 사부아 (프랑스 남동부의 지방, 본래는 공국(公國).
саву́р (-ру) *m* [항해] 밸러스트, 바닥짐.
са́га (-ги) *f* 강의 만(灣).
сагайда́|к (-ка́) *m* (등에 메는) 화살통, 전동(箭筒).
сага́н (-на) *m* 솥, 탕관; 주전자.
сагани́стий (-та, -те) (말이) 다리가 긴.
Сага́ра (-ри) *f* 사하라 사막.
са́го (-ги) *f* (중세 북유럽의) 전설.
сад (-ду) *m* 뜰, 정원; 화원, 과수원, 채소밭, 공원, 유원지.

саддук|е́й (-е́я) *m*, ~е́ї (-їв) *pl* 사두개교도 (부활•천사 및 영혼의 존재 등을 믿지 않는 유대교의 일파).

са́джа (-жі) *f W.U.* = са́жа, 그을음, 매연(煤煙).

са́джавка (-ки) *f* = са́жавка, (주로 인공적인) 못, 연못.

саджа́ти (-а́ю, -а́єш) *I vt* 착석시키다, 앉히다.

са́джен|ий (-на, -не) 심은, 뿌린; ~ня *n* (행위): 심기.

сади́ба (-би) *f* 시골의 큰 저택.

сад|и́зм (-му) *m* [정신•의학] 사디즘.

сади́ти (-джу́, -диш) *I vt* <식물을> 심다.

саді́бня (-ні) *f* 묘상(苗床), 모판.

саді́вн|ик (-ка) *m* 정원사; 과수원 경영자(소유자), 종묘원 주인.

садко́вий (-ва́, -ве́) 과수원의.

садно́ (-на́) *n* 타박상, 멍.

садо́в|ий (-ва́, -ве́) 정원(과수원)의.

садови́ти (-овлю́, -о́виш) *I vt* 착석시키다, 앉히다.

сад|о́к (-дка́) *m*, ~о́чок (-чка) *m Dim.*: сад, 작은 정원.

са́єт (-ту) *m*, ~а (-ти) *f* 소모사(梳毛絲).

са́жа (-жі) *f* 그을음, 매연(煤煙).

са́жа|вка (-ки), ~лка (-ки) *f* (주로 인공적인) 못.

са́жень (-жня) *m* 길 (길이의 단위; 6피트; 1.83m; 略 *f.*, *fm.*, *fath*, 2)야드.

са́ж|ка (-ки) *f Dim.*: са́жа; [식물] 맥각병(麥角病).

сажотру́с (-са) *m* 굴뚝 청소부.

саза́н (-на) *m* [어류] 잉어, 잉어과(科)의 물고기.

сайг|а́ (-и́) *f*, ~а́к (-ка́) *m* [동물] 영양.

сайда́к (-ка́) *m* = сагайда́к; 잡은 물고기를 담는 주머니.

сак (-ка́) *m*, ~а (-ки́) *f* 저인망, 예인망, 후릿그물.

сакраме́нт (-ту) *m* [그리스도교] 성례전(聖禮典) (세례와 성찬의 두 예식).

сакри́стія (-ії) *f* (교회의) 성구실, 성기실(聖器室).

саксага́н (-ну) *m* 끝.

Саксо́нія (-ії) *f NP* 독일의 작센 지방.

саксо́н|ець (-нця) *m*, ~ка (-ки) *f* 색슨 족 (독일 북부의 고대 민족).

саксофо́н (-на) *m* [음악] 색소폰 (대형 목관

салабáй 악기).

салабáй (-áя) *m* 멍청이, 얼간이, 아둔패기.

саламáха (-хи) *f* 혼동; 혼란.

салáт|а (-ти) *f* [식물] 상추, 양상추.

салáш (-шá) *m* 북아메리칸 인디언의 오두막집.

салашúтися (-шýся, -шúшся) *I vi* 오두막에 거주하다.

салашувáти (-ýю, -ýєш) *I vi* 오두막(텐트)에서 살다.

салгáн (-нá) *m* 짐승 기름(수지(獸脂), 우(牛)지) 보일러.

салгáнка (-ки) *f* (털의) 숱이 많은 꼬리를 가진 양.

салдáт (-та) *m* = солдáт, 육군 군인, 군인 (장교에서 사병까지 전부).

салíтр|а (-ри) *f Chem.* [화학] 초석(硝石).

саліцúл (-лу) *m* [화학] 살리실기(基).

сáло (-ла) *n* 돼지 유지(油脂).

салóл (-лу) *m* [화학] 살롤 (원래 상품명; 방부제).

салом'я́к (-ку) *m* [화학] 암모니아고무.

салóн (-ну) *m* = сальóн, (프랑스 등지의 큰 저택의) 객실, 응접실.

салотóвка (-ки) *f* 나무 모르타르; 멍청이, 얼간이, 아둔패기.

салтáн (-на) *m* = султáн, 술탄.

салфéтка (-ки) *f* = сервéтка, 냅킨.

салю́т (-ту) *m* 군인 경례.

сáля (-лі) *f* = зал, зáля, 현관의 넓은 방, 홀; (보통 집의) 현관 마루.

салямáндра (-ри) *f* [동물] 도롱뇽.

салямí *f* [불변] 살라미 (향미가 강한 소시지).

салятúрка (-ки) *f W.U.* 샐러드 접시.

сáльва (-ви) *f* 일제 사격.

сáльд|о *n* [불변] 균형, 평균, 평형, 조화.

сáльм|а (-ми) *f* [어류] 연어.

сáльний (-на, -не)* 빛나는, 반짝이는, 반짝반짝하는.

сáльний (-на, -не)* 부적당한, 부적절한, 어울리지 않는.

сальóн (-ну) *m* 객실, 응접실.

сальтéріо (-ія) *n* = цимбáли, [음악] 심벌즈

(타악기).

сальтомортáле *n* [불변] 공중제비, 재주넘기.

сальцесóн (-ну) *m* 크고 굵은(짧은) 소시지; 고기로 채워진 돼지의 배.

сам (самá, самó) 자기, 자신, 몸소, 스스로.

Самáра (-ри) *f* 사마라.

самáрати (-раю, -єш) *I vi dial.* (на когось): 닮다.

самаритя́н|ин (-ина) *m*, ~ка (-ки) *f* 사마리아 사람.

Самáрія (-ії) *f* 사마리아(옛 팔레스타인의 북부 지방).

самáрно *adv. dial.* 아마, 대개는, 십중팔구.

самбíр (-бóру) *m* 자줏빛 버드나무; 버드나무 재목; 버드나무 가지.

Самбíр (-бора) *m* 삼비르(우크라이나 서부 도시).

сáме *adv.* = якрáз, влáсне, 즉, 다시 말해서.

самéць (-мця) *m* 남자, 남성; 수컷.

сáм|ий (-ма, -ме) 같은, 똑같은, 동일한, 한가지의.

самий (-ма, -ме) 홀로, 외로이; 다만 ~만, ~뿐.

сам|и́ця (-ці) *f* (남성에 대하여) 여성, 여자.

самíтн|ий (-на, -не)* 혼자의, 혼자만의.

сáмка (-ки) *f* = самиця; 아이들의 질병.

сам-на-сáм *adv.* 비밀리에; 숨어서.

сáмо *adv.* 마찬가지로, 똑같이.

самоаналíз (-зу) *m* = самоаналíза (-зи) *f* 자기 분석.

самобýтн|ій (-ня, -нє)* 최초의, 원시의, 기원의, 근원의; 본래의, 원래의.

самовáр (-ра) *m* 사모바르 (러시아의 차 끓이는 주전자), (많은 차를 끓이기 위한) 차탕관.

самовб|и́вець (-вця) *m* 자살자, 자살한 남자.

само|вдовóлення *n* 자기 만족, 독선.

самови́дець (-дця) *m* 목격자, 목격 증인.

самовизнáчен|ий (-на, -не)* <국가·조직이> 독립, 자치적인, 자주의, 자유의.

самовизначáтися (-чáюся, -áєшся) *I vi*; самовизначитися (-чуся, -чишся) *P vi* (국가가): 독립(의지)을 표명하다.

самовистачáльн|ий (-на, -не)* 자급 자족할 수 있는.

самовіддáн|ий (-на, -не)* 자기 부정적인, 극기심

있는.
самовíль|ний (-на, -не)* 계획적인, 일부러의, 고의의.
самовлад|а (-ди) *f* 독재 정치; 독재권.
самов|о́лець (-льця) *m* 고집 센 사람, 변덕스러운 사람, 완고한 사람.
само|впра́ва (-ви) *f* = самоупра́ва, 자치, 민주 정치; 자주 관리.
само|гíн (-го́н -го́ну) *m* 자가 양조주.
само|гра́й (-а́ю) *m* = самова́р; **~гре́бка** (-ки) *f* 갈퀴, 써레, 고무래.
самогу́б|ець (-бця) *m*, **~ка** (-ки) *f* 자살자.
самоде́ржець (-жця) *m* 독재[전제] 군주.
самодія́льний (-на, -не)* <국가·조직이> 독립한, 자치적인, 자주의, 자유의.
само|допомо́га (-ги) *f* 자조(自助), 자립; 자립심.
само|жа́тка (-ки) *f* 수확기(機).
самозва́нець (-нця) *m* 강탈자.
самозвели́ч|ення *n* 자화 자찬, 자기 자랑; 호언 장담, 허풍, 허세; **~ник** (-ка) *m* 허풍선이, 자랑꾼.
самозву́к (-ну) *m* [문법] 모음.
само|зре́чення *n* 거절; 기권; 자제, 극기; **~зрозумíлий** (-ла, -ле)*.
самоí́д (-да) *m*, **~ка** (-ки) *f* 인육을 먹는 사람.
самоí́лка (-ки) *f* (그레고리오 성가 등의) 단선율 (單旋律) 성가.
само|ки́сь (-сі) *f*, **~ки́сся** *n*, **~ки́ш** (-шу) *m*, **~ки́ша** (-ші) *f* 신 우유, 부패한 우유, 응고된 우유.
самоко́ска (-ки) *f* 풀 베는 기계; 잔디 깎는 기계.
самокри́тика (-ки) *f* 자기 비판.
самолю́б (-ба) *m*, **~ець** (-бця) *m* 이기적인 사람, 자기 중심주의자, 이기주의자.
само|навча́ння *n* 독학주의.
самопа́л (-ла) *m* 권총, 머스켓총(라이플의 전신; 총강(銃腔)에 선조(線條)가 없음).
самопа́с, **~ки** *adv.* 단독으로, 독력으로.
самопе́вн|ість (-ности) *f* 자신.
самопе́рше *adv.* 우선 첫째로, 무엇보다도.
самопи́с|ка (-ки) *f* 타자기; **~ний** (-на, -не).
самопи́хом *adv.* 억지로, 강제적으로.

само|пізна́ння *n* 자각, 자기 인식.
само́р|уч *adv.* 자기 자신의 손으로.
самосвідо́м|ий (-ма, -ме)* 자의식이 강한; 사람.
самоси́л (-ла) *m* 독재[전제] 군주.
самосі́й (-і́ю) *m* 자가 수정 번식(증식(增殖)하는 식물.
самості́|йний, ~і́йний (-на, -не) <국가·조직이> 독립한, 자치적인, 자주의, 자유의.
самострі́л (-лу) *m* 용수철 총[포(砲)], 석궁(石弓) (중세의 무기); [병리] 요통; 졸중.
самосу́д (-ду) *m* 폭력 행위.
самот|а́ (-ти́) *f*, ~ина́ (-ни́) *f* 고독, 독거(獨居); 외로움.
самоті́ти (-і́ю, -і́єш) *I vi* 고독한 생활을 하다, 외로이 살다.
самотка́ний (-на, -не)* 집에서 짠.
самото́ка (-ки) *f* 외딴 곳에 있는 지류, 이름없는 지류.
само|ту́жки, ~тя́ж *adv.* 스스로의 힘으로.
самоубі́й|ник (-ка) *m* 자살, 자해.
самоу́к (-ка) *m* 독학한 남자.
самоупра́в|а (-ви) *f* 자치.
самохвальба́ (-би́) *f* 자화 자찬, 자기 자랑.
самохі́д (-хо́ду) *m* 자동차.
самохі́|тний (-на, -не)* 자발적인.
самоцві́т (-ту) *m* 보석, 보옥.
свмочи́нн|ий (-нна, -нне)* 자발적인, 임의의.
самочуття́ *n* 자의식; 수줍음.
са́мчик (-ка) *m Dim.*: саме́ць, 작은 수컷(새).
сан (-ну) *m* 존엄, 위엄, 품위.
санато́рі|я (-ії) *f* 새너토리엄, (특히 결핵 환자) 요양소.
сангві́|иннк (-ка) = сангві́нік (-ка) *m* 명랑한 사람, 낙천적인 사람.
санда́л (-ла) *m* [식물] 백단(白檀); 백단 재목.
санда́л|я (-лі) *f* 샌들, 슬리퍼.
са́ндвіч (-ча) *m* 샌드위치.
санджа́к (-ка) *m* 터키 지배자.
санд|о́ва (-ви), ~о́ля (-лі) *f* (고래잡이용) 작살.
са́н|и (-не́й) *pl* (대개는 말이 끄는) 썰매.
саніта́р (-ра) *m* 보조 의사, 위생 개선가.

са́нк|а (-ки) *f*, ~и (-но́к) *pl* 썰매 들보.
санкува́тися (-у́юся, -у́єшся) *I vi* 썰매를 타다.
санкці|я (-ії) *f* 재가(裁可).
санкюло́т (-та) *m* 상퀼로트.
са́нний (-нна, -нне́) 썰매의: -нна́ доро́га, 썰매용 도로.
сано́вник (-на) *m* 고위 인사, 고관; (특히) 고위 성직자.
санскри́т (-ту) *m* 산스크리트, 범어(梵語); ~о́лог (-та) *m* 산스크리트[범어] 학자; ~ський (-на, -не) 산스크리트[범어]의.
сантигра́м (-ма) *m* 센티그램(1/100 gram; 略 cg).
санти́м (-ма) *m* 상팀(프랑스의 화폐 단위.
сантиме́нт (-ту) *m* (고상한) 감정, 정서, 정감.
сантиме́тр (-ра) *m* 센티미터 (1/100 *m*eter; 略 cm).
сантоні́н (-ну) *m*, ~а (-ни) *f* [화학] 산토닌 (구충제).
санува́ти (-у́ю, -у́єш) *I vt* 위생적으로 하다; ~에 위생 시설을 하다; 개량하다, 개선하다.
санча́та (-ча́т) *plDim.*: са́ни, 작은 썰매.
сап (-пу) *m* 호흡 곤란.
са́п|а (-пи́) *f* (자루가 긴) 괭이.
са́пання *n* 호흡 곤란.
са́пати (-паю, -аєш) *I vi*; (сапну́ти *P*) 힘들게 숨을 쉬다, 힘들게 호흡하다; 헐떡이다.
сапа́ти (-па́ю, -а́єш) *I vt* 괭이질하다.
сапа́чка (-ни) *f* 잡초 제거용 갈고리, (자루가 긴) 괭이; (괭이 꼴의) 제초기(除草器).
сапе́р (-ра) *m* [군사] 공병(工兵); ~ний (-на, -не).
сапе́т (-та) *m* 버들가지 바구니.
сапи́лно (-на) *n* 괭이 손잡이.
сапі́на (-ни) *f* 임학자(산림 전문가, 산림 노동자)가 사용하는 철제 갈고리.
са́пка (-ни) *f Dim.*: са́па.
сапки́й (-ка́, -ке́) 부서지기 쉬운.
сапну́ти (-ну́, -не́ш) *P vi*; (са́пати *I*) <바람이> 불다.
сапон|і́н (-ну) *m*, ~і́на (-ни) *f* [화학] 사포닌 (식물 배당체(配糖體)로서 비누처럼 거품이 생김).
сапу́га (-ги) *f dial.* 채찍 손잡이.
сапу́н (-на) *m* 힘들게 호흡하는 사람.

сапу́ха (-хи) *f* = са́жа, 그을음, 매연(煤煙).

сапфі́р (-ру) *m* [광물] 사파이어.

сап'я́н (-ну) *m* 모로코 가죽.

сараба́нда (-ди) *f* [음악] 사라반드 춤 (3박자의 스페인 춤); 그 무곡.

сара́й (-а́ю) *m* 오두막.

сара́ка (-ки) *m, f* 불쌍한 사람.

саран|а́ (-ни́) *f*, **~ча́** (-чі́) *f* (종종 집합적으로 사용): [곤충] 베짱이, 메뚜기, 황충, 여치.

сараци́н (-на) *m* 사라센 사람 (시리아, 아라비아의 사막에 사는 유목민).

сард|е́ля (-лі) *f*, **~инка** (-ки) *f* [어류] 정어리.

сардін|ець (-нця) *m*, **~ка** (-ки) (이탈리아의) 사르디니아 사람.

Сарді́нія (-ії) *f NP* (이탈리아의) 사르디니아 섬.

сардо́нікс (-са) *m* [광물] 붉은 줄무늬 마노(瑪瑙).

сардоні́чний (-на, -не)* 냉소적인, 조롱[야유]하는; 비꼬는.

са́ржа (-жі) *f* 서지.

сарка́зм (-му) *m* 비꼬는[빈정대는] 말.

сарка́ти (-каю, -аєш) *I vt*; **са́ркнути** (-ну, -неш) *P vt W.U.* 헐떡이다.

сарко́ма (-ми) *f* [병리] 육종(肉腫).

саркофа́г (-га) *m* [고고학] (정교하게 조각된 대리석의) 석관(石棺).

са́рн|а (-ни) *f* [동물] 암사슴.

сас (саса) *m* = саксо́нець, 색슨 족.

сатан|а́ (-ни́) *m*, **~аї́л** (-ла) *m* 사탄.

сатані́ти (-і́ю, -і́єш) *I vi* 화내다, 화가 나다, 격노하다.

сателі́т (-та) *m* [천문] 위성; 인공 위성.

сати́н (-ну) *m*, **~а** (-ни) *f* 수자(數子), 공단, 새틴; **~овий** (-ва, -ве).

сати́р (-оа) *m* [그리스신화] 사티로스.

сати́р|а (-ри) *f* [집합적] 풍자 문학.

сатисфа́кція (-ії) *f* 만족.

сатра́п (-па) *m* 태수(太守).

сатура́ція (-ії) *f* 침윤(浸潤), 삼투.

Сату́рн (-на) *m* [천문] 토성.

сатуона́лії (-ій) *pl* [옛로마] 농신제(農神祭) (12월 17일 경의 추수를 축하하는).

сафанду́ла (-ли) *f* 바보, 얼간이, 돌대가리.

са́хар (-ру) *m* = цу́кор, 설탕.

саха́рня (-ні) *f* = цукрова́рня, 제당소, 설탕 정제소.

саха́тися (-ха́юся, -а́єшся) *I vi* (의식적·의도적으로) 피하다, 비키다, 회피하다.

сачо́виця (-ці) *f* = сочеви́ця, [식물] 렌즈콩.

сваві́л|ля *n* = сваво́ля; ~ьний (-на, -не)* 무정부(상태)의.

сваво́ля (-лі) *f* 성마름.

сва́дьба (-би) *f* 약혼식; 결혼식, 혼례.

свар (-ру) *m, Archaic.,* 남용, 악용, 오용.

свари́ти (-арю́, -а́риш) *I vt* 꾸짖다.

сварі́ння *n* = сва́рка (-ки) *f* 말다툼.

сва́р|кий (-ка́, -ке́), ~ли́вий (-ва, -ве)* 싸우기 좋아하는.

сва́стика (-ки) *f* 만(卍)자 (십자가의 변형).

сват (-та) *m* 일가[친척]의 남자.

сват|а́ч (-ча́) *m* 신랑.

сва́х|а (-хи) *f* 중매하는 사람.

сваш|е́нька, ~е́чка (-ки), **~ка** (-ки) *f Dim.:* сва́ха; 신부 들러리.

свек|о́р (-ра́) *m* 시아버지, 장인 (종종: 시아버지).

сверб (-бу) *m* 가려움.

свербигу́з (-за) *m* [식물] 들장미의 일종.

сверблі́ти (-блю́, -би́ш) *I vi* 가렵다, 근질근질하다.

сверб|ля́чий (-ча, -че)* 옴에 걸린, 가려운.

сверготі́ти (-очу́, -оти́ш) *I vi* 짹짹 울다.

сверда́н (-на) *m dial.* [곤충] 귀뚜라미.

свердел (-дла) *m*, ~ло (-ла) *n* 송곳.

свердли́льн|ий (-на, -не)* 구멍을 뚫는.

свердли́ти (-лю́, -лиш) *I vt* [기계] (송곳 따위로) (구멍을) 뚫다.

свердлі́ння *n*, ~ува́ння *n* (행위): [기계] 구멍 뚫기, 천공(작업), 보링.

сверщ|о́к (-щка́) *m*, ~у́к (-ука́) *m dial.* = цвірку́н, [곤충] 귀뚜라미.

све́тер (-тра) *m* 스웨터; (운동 경기용의) 두꺼운 털 셔츠.

свина́р (-ря́) *m* 양돈가, 돼지 기르는 사람.

свине́ць (-нцю́) *m* [광물] 납.

свин|и́й (-на́, -не́) 돼지의(같은).
свини́ти (-ню́, -ни́ш) *I vi* (명예•명성 등을) 더럽히 다.
свинка (-ки) *f Dim.*: свиня́, 새끼 돼지.
свино|гри́з (-за) *m* 들개; 잡종개.
свин|ота́ (-ти) *f* [집합] 돼지.
свин|я́ (-ні́) *f* 돼지.
свиріл|ка (-ки) *f Dim.*: ~ь (-ре́лі) *f dial.* (담배) 파이프.
свиріп|а (-пи) *f*, ~иця (-ці) *f* [식물] 겨자.
сви́снути (-ну, -неш) *P vi*; (свист|а́ти, ~і́ти *I*) 휘파람을 불다.
свист (-ту) *m* 휘파람.
свиста́ти (-и́щу́, -и́сти́ш or -и́щеш) *I vi, t*; (сви́снути *P*) 휘파람 불다.
свист|ик (-ка) *m*, ~і́лка (-ки) *f* 휘파람.
свисто́к (-тка́) *m* 휘파람.
свисту́н (-на́) *m* 휘파람을 부는 사람.
сви́та (-ти) *f* 한 벌, 한 줄, 한 조.
свищ (-ща́) *m* = свисту́н: 여왕벌의 벌집 구멍.
свідер (-ра) *m Tech.* 송곳, 끌, 천공기; 착암기.
свід|ка (-ки) *f* 목격자.
свідо́м|ий (-ма, -ме)* 의식[자각]하고 있는.
свід|о́цтво (-ва) *n* 증거.
сві́дчити (-чу, -чиш) *I vt* 증명하다, 입증하다; (법정에서) 증언하다.
сві́ж|ий (-жа, -же)* 새로운.
свіжи́ти (-ту́, -жи́ш) *I vt* 신선하게 하다.
свіж|і́сінький, ~і́ський (-ка, -ке)* *Comp.*: сві́жий, 아주 신선한.
свіжі́ти (-жі́ю, -і́єш) *I vi* 신선해지다, 새로워지다.
сві́жо *adv.* 새로이, 새로; 요즈음, 최근에.
свій (своя́, своє́) *pl* свої́, 재귀 대명사 자기 자신의, 자신의.
свійня́ (-ні́) *f* [집합] 친족[친척] 관계, 연고; 친척.
свійство (-ва) *n Russ.* 특색, 특성, 버릇.
сві́йський (-ка, -ке) 가정의, 가사의.
свіну́ти (-ну́, -не́ш) *P vi* = світа́ти, (날이) 새다, 밝아지다.
свірґу́н (-на́) *m* =цвіркун, [곤충] 귀뚜라미.
свір|ло (-ла) *n* = све́рдел; ~не́вий (-ва, -ве)*

송곳의, 천공기의.

свість (-ти) *f* 형[제]수, 처형[제], 시누이, 올케.

світ (-ту) *m* 세계, 지구.

світан|ня *n*, ~ок (-нку) *m* 새벽,.

світати (-ає, *3rd pers. sing.*) *I vi* 무인칭. (날이) 새다, 밝아지다.

світ|ач (-ча) *m* 성상 옆에 있는 작은 촛대.

світ-зоря (-рі) *f* 새벽, 동틀녘.

світи|лень (-льня) *m* [집합적] 낚시 도구 (낚시•낚싯줄•낚싯대 등).

світильн|ий (-на, -не)* 빛의, 불빛의.

світити (-ічу́, -ітиш) *I vi, t* 조명하다, 비추다.

світич (-ча) *m* = світи́льник, 램프.

світлий (-ла, -ле)* 빛나는.

світли|на (-ни) *f W.U.* 사진, 그림.

світл|иця (-ці) *f* 방.

світлість (-лости) *f* 빛.

світліти (-лію, -ієш) *I vi* 반짝이다, 빛나다.

світло (-ла) *n* 빛.

світло *adv.* 밝게.

світло|мет (-та) *m* 발광체.

світло|чутливий (-ва, -ве)*, ~чуйний (-на, -не)* 빛에 민감한.

світляк (-ка́) *m* [곤충] (빛을 내는) 반딧불이의 유충.

світл|яний (-на, -не)* 빛을 발하는.

світовий (-ва, -ве) (이른) 아침의, 이른.

світогляд (-ду) *m* 관점, 견해, 견지, 입장.

світ|ок (-тка) *m Dim.*; світ, 작은 세계.

світоправний (-на, -не)* 세계를 지배하는.

світота (-ти) *f* 광활(廣闊).

світоч (-ча) *m* 발광체.

світський (-ка, -ке) 세상의, 현세의; 속세의.

світун (-на) *m* [곤충] (빛을 내는) 반딧불이의 유충.

свіча́ (-чі) *f* = свічка, 큰 양초.

свіч|адний (-на, -не) 거울의, 반사경의.

свіч|ар (-ря́) *m*, ~ник (-ка) *m*, ~ниця (-ці) *f* 상인(商人).

свіч|ка (-ки) *f Dim.*; свіча́, 양초.

свобідн|ий (-на, -не)* 자유스러운.

свобóда (-ди) *f* 자유.
свободи́ти (-джу́, -ди́ш) *I vt* 자유의 몸으로 하다, 석방[해방]하다.
свободолю́бний (-на, -не)* 자유를 사랑하는.
своєві́льн|ий (-на, -не)* 억제 받지 않은, 제한 없는, 거리낌 없는.
своєрі́дн|ий (-на, -не)* 최초의, 원시의, 기원의, 근원의; 본래의, 원래의.
своєча́сн|ий (-на, -не)* 때에 알맞은, 시기적절한.
свої́ (-ї́х) *pl*: свій, [소유의 뜻을 강조하여] 자기 자신의.
своїна́ (-ни́) *f* 동산(動産), 인적(人的) 재산.
своїти́ (-ою́, -ої́ш) *I vt* (종종 부정적으로, 불법적으로) <공공물을> 전유(專有)하다.
сво́лок (-ка) *m* 들보, 도리.
своло́та (-ти) *f* 어중이떠중이, 오합지졸.
своя́|к (-ка) *m* 일가[친척]의 남자.
свят = святи́й, 신성한, 성스러운.
святе́нник (-ка) *m* 완고한.
свят|и́й (-та́, -те́) 신성한.
святи́ти (-ячу́, -я́тиш) *I vt* 신성하게 하다.
святи́ця (-ці) *f* 여자 성인.
святі́сть (-тости) *f* 신성함; 고결.
святкува́ти (-у́ю, -у́єш) *I vt* 축제를 축하하다.
свя́то (-та) *n* 휴일, 공휴일, 휴업일.
святокра́д|ець (-дця) *m* 성물을 훔치는 도둑.
свято|ку́пство (-ва) *n* 성물(聖物) 매매에 의한 이득; 성직 매매(죄).
свято́чний (-на, -не)* *W.U.* = святко́вий, 축제의.
свято́щі (-ів) *pl* 성스러운 유물(유품, 유적).
свя́чений (-на, -не) 신성화한.
свя́чення *n* (행위): (하느님의) 은총, 은혜.
свяще́н|ик (-ка) *m* 성직자, 교역자.
сеа́нс (-су) *m* 집회.
себе́ 재귀대명사 생격, 대격, 전치격 (여격: собі́; 조격: собо́ю), 자신.
себелю́б (-ба) *m*, ~ець (-бця) *m* 자기 중심주의자.
сє́бто *adv*. 즉, 말하자면, 바꾸어 말하면.
севрю́к (-ка) *m* 지키는 사람, 보호자.
сеге́льба (-би) *f dial.* 숲속에 있는 들판.
сего́дня = сього́дні, 오늘, 금일.

сегме́нт (-та) *m* (자연히 생긴) 구획, 단편, 조각, 구분, 부분.

сегрег|а́ція (-ії) *f* 분리, 격리.

седиме́нт (-ту) *m* 침전물, 앙금.

седля́к (-ка́) *m dial.* (소규모 농사를 짓는) 농부, 영세 농민; 소작인, 소작농.

седми́ця (-ці) *f O.S.* 주(週); 7일간, 1주간 (일요일부터 토요일까지의).

седно́ (-на́) *n* 엉덩이.

сезо́н (-ну) *m* 철, 계절.

сей, ся (сяя), се (сеє) = цей, ця, це, [대명사] (여전히 종종 사용되는 표현).

сейсмі́чиий (-на, -не)* 지진의.

сейф (-фа) *m* 금고(金庫).

сейча́с *adv. W.U.* 동시에.

се́к|анс (-са) *m*, **~а́нта** (-ти) *f* [기하학] 시컨트, 정할(正割), 할선.

Секва́на (-ни) *f NP W.U.* 센 강(프랑스 북부를 흘러 파리 시내를 지나서 영국 해협에 이름).

секве́нція (-ії) *f* 연달아 일어남, 연속.

секве́стр (-ру) *m*, **~а́ція** (-ії) *f* 격리, 제거, 추방; 은퇴, 은둔.

секре́т (-ту) *m* 비밀, 은밀한 일, 기밀.

секрета́р (-ря́) *m*, **~ка** (-ки) *f* 서기, 비서.

секре́тн|ий (-на, -не)* 비밀의, 은밀한, 기밀의; 살그머니 하는.

секре́ція (-ії) *f* 숨김, 은닉.

сексагона́льний (-на, -не)* [기하학] 6각형의; [광물] 6방정계(六方晶系)의.

се́кста (-ти) *f* [음악] 6도 음정.

секста́нт (-та) *m* [천문] 육분의(六分儀) 자리 (별자리).

сексте́рень (-рня) *m* 아무렇게나[되는 대로] 쓴 것.

сексте́т (-ту) *m* [음악] 6중창[주](곡).

сексу|алі́зм (-му) *m* 남녀[암수]의 구별.

се́кт|а (-ти) *f* 분파, 종파.

се́ктор (-ра) *m* 부문, 분야, 영역.

сектя́р (-ра) *m*, **~ка** (-ки) *f* 당파[종파]에 속하는 사람.

секуляриз|а́ція (-ії) *f* (세)속화.

секулярний (-на, -не)* 세상의, 현세의.
секунда (-ди) *f* 초, 초시(秒時).
секундант (-та) *m* (결투 등의) 입회자, 보조자.
секунд|ний (-на, -не) 초의.
секц|ійний (-на, -не)* 부문적인.
селедець (-дця) *m* = оселедець, 청어.
селезень (-зня) *m* [조류] 수오리.
селезінка (-ки) *f* [해부] 비장(脾臟), 지라.
селезнистий (-та, -те)* 색채의.
селективний (-на, -не)* = ~ційний (-на, -не)* 선택하는.
селекція (-ії) *f* 선발, (신중한) 선택.
селера (-ри) *f* [식물] 셀러리.
селити (селю, селиш) *I vt* 식민지로서 개척하다.
сел|итьба (-би) *f* 주소, 거처; 빌라.
селіт|ній (-ня, -нє) 금년에 태어난.
сел|о (-ла) *n* 마을, 촌락, 시골.
сельдерей (-рею) *m* [식물] 셀러리.
сель|ський (-ка, -ке) = сільський, 시골의.
семант|ика (-ки) *f* [언어] 의미론.
семасіол|огічний (-на, -не) 의미론적, 의미론의.
семафор (-ра) *m* 수기(手旗) 신호.
сем|ейка (-ки) *f* = сімейка, *Dim.*: сім'я, 작은 가정.
семенастий (-та, -те)* 얼룩덜룩한, 반점이 있는.
семено (-на) *n* 씨, 열매, 종자.
семеро (-рох) [집합수사] 7.
семестр (-ра) *m* 반년간, 6개월간.
семий (-ма, -ме) = сьомий, 7)번째.
семиця (-ці) *f dial.* 7일간, 1주일.
семін|ар (-ру) *m*, ~арій (-ію) *m* 신학교.
семіотика (-ки) *f* [의학] 증후학(症候學).
семірко [집합수사] 7.
семіт (-та) *m* 1) [성서] 셈족.
сенат (-ту) *m* 의회, 입법 기관.
сенес (-су) *m* [식물] 센나 (차풀•석결명 무리).
сенс (-су) *m* 감각.
сенсуал|ізм (-му) *m* 관능[육욕]주의.
сент|енційний (-на, -не)* 금언적인.
сеньйор (-ра) *m* 선임자, 고참자, 선배, 상급자.
сепарат|ивний (-на, -не)* 독립적인.

сепара́т|ка (-ки) *f W.U.* 별개의 방.
сепар|а́ція (-ії) *f* 분리, 분할, 독립.
сепарува́ти (-у́ю, -у́єш) *I vt* 가르다, 떼다, 분리하다, 잘라서 떼어 놓다.
се́пія (-ії) *f* [동물] 오징어, (특히) 뼈오징어.
септе́т (-ту) *m* [음악] 7중주[창](곡), 7중주[창]단; 7인조.
се́пт|ика (-ки) *f* [의학] 부패.
сер (-ра) *m* 님, 씨, 귀하, 선생, 각하 (손윗사람 또는 의회에서 의장에 대한 경칭).
сер|а́йль, ~а́ль (-лю) *m* 회교국의 궁전.
сер|афи́м (-ма) *m* [성서] 세라핌.
сер́бати (-аю, -аєш) *I vt* = сьо́рбати: (сербну́ти *P*) 미끄러지게 하다; 술술 끼우다.
се́рб|ин (-на) *m*, **~ка** (-ки) *f* 세르비아 사람.
серве́т|а (-ти) *f* 냅킨; **~ка** (-ки) *f Dim.*: ~а; **~овий** (-ва, -ве), **~яний** (-на, -не) 냅킨의.
сервіл|і́зм (-му) *m* 노예 상태.
сервіл́ьний (-на, -не)* 노예의.
сервіс (-са) *m* 봉사, 진력(盡力), 노고, 수고, 돌봄.
сервіту́т (-у́ту) *m* 노예임, 노예 상태.
сервітува́ти (-у́ю, -у́єш) *I vt* <사람을> 섬기다.
сергі́й (-ія́) *m* 채찍의 휘청거리는 부분.
серде́чне *adv.* = серде́шне, 마음으로부터, 충심으로.
серд|е́чний (-на, -не)* 마음에서 우러난, 마음이 따뜻한.
се́рдити (-джу, -диш) *I vt* 짜증나게 하다.
серди́т|ий (-та, -те)* 성난, 노한.
серді́ння *n* 격노, 분노; 복수, 천벌.
сердолі́к (-ку) *m* [광물] 홍옥수(紅玉髓) (보석으로 이용).
сердопи́шний (-на, -не)* 오만한, 거만한, 건방진, 도도한, 불손한.
серд|ю́к (-ка́) *m* 근위병, 보디가드.
сере́бр|еник (-ка) *m O.S.* = срібня́к, 은화.
се́ред 전치사 생격 지배. 1) ~의 사이에, ~의 가운데에, ~에 둘러싸여.
середа́ (-ди́) *f* 수요일.
середзе́мний (-на, -не) 지중해의.
серед|и́на (-ни) *f* 중심; 중심점.

Середньові́ччя *n* 중세 시대(500-1450 A.D.).
середо́вий (-ва, -ве) 내부의.
середо|пі́стя, ~по́стя *n* 사순절(四旬節) 기간의 중간.
серед|у́льний (-на, -не), ~у́щий (-ща, -ще) 한가운데의, 중앙의, 중간의.
сере́ж|ечка (-ки) *f*, ~ка (-ки) *f Dim*.: се́рга, 작은 이어링, 작은 귀고리.
серена́да (-ди) *f* 세레나데.
сержа́нт (-та) *m* [군사] 하사관 (상사, 중사, 하사).
сері́я (-ії) *f* 일련, 연속.
серйо́зн|ий (-на, -не)* 진지한, 엄숙한; 깊이 생각하는; 향락에 빠지지 않는.
се́рн|а (-ни) *f* [동물] = са́рна, 암사슴.
серп (-па́) *m* 낫.
серпа́н|ок (-нку) *m* 모슬린, 메린스.
се́рпень (-пня) *m* 8월.
серпне́вий (-ва, -ве) 8월의.
серп|о́к (-пка́) *m Dim*.: серп; ~ува́тий (-та, -те) 초승달 모양의.
се́рум (-му) *m* [생리] 장액(漿液).
се́рце (-ця) *m* 심장, 염통.
серцебиття́ *n* 심장의 고동, 심장 박동, 동계(動悸), 심박(에 요하는 시간).
серце́вий (-ва, -ве) 심장의.
серцюва́тий (-та, -те)* 심장[하트] 모양의.
се́сія (-ії) *f* 법정(의 개정).
сесте́рцій (-ія) *m* 세스테르티움.
сестра́ (-ри́) *f* 여자 형제, 언니, 누이.
сестр|и́н (-на, -не) 자매(관계)의.
се́тер (-ра) *m* 세터(종) 사냥개.
сецесі́я (-ії) *f* 탈퇴, 탈회, 탈당.
сеч (-чі) *f*, ~а́ (-чі) *f* 오줌, 소변.
сибари́т (-та) *m* 방탕아, 쾌락에 빠진 사람.
Сибі́лля (-ллі) *f* = Сіві́лля, *PN* 시빌, 여자 예언자.
Сибі́р (-ру) *m NP* 시베리아.
сибі́р|ка (-ки) *f* 짧은 시베리아 모피코트.
си́вий (-ва, -ве)* 회색의, 회색빛의.
сивина́ (-ни́) *f* 회색, 회색 머리칼.

сивісінький (-ка, -ке) 아주 회색인.
сиві́ти (-і́ю, -і́єш) *I vi* 회색으로 바뀌다, 회색으로 변하다.
сивови́й (-ва, -ве) 회색빛이 도는, 우중충한.
сиво|бородий (-да, -де) 반백의 수염이 있는.
сивува́т|ий (-та, -те)* 회색빛이 도는.
сиву́ха (-хи) *f* 정제되지 않은 위스키.
сига́р|а (-ри) *f* 시가, 엽궐련, 여송연.
сигна́л (-лу) *m* 신호, 암호, 경보.
си́день (-дня) *m* 앉아 있는 사람.
сидер|а́льний (-на, -не) 별의.
сид|же́ння, ~і́ння *n* (행위) 착석.
сиді́ти (-джу́, -ди́ш) *I vi* 앉다.
сид|я́чий (-ча, -че) 앉은.
сиз = **си́зий** (-за, -зе)* 짙은 남빛.
сик (-ку) *m* 분출, 뿜어 나오기.
си́кавка (-ки) *f* 세척기.
си́кати (-аю, -аєш) *I vi*; (**си́кнути** *P*) <증기・뱀・거위 등이> 쉿 하는 소리를 내다.
сикі́р (-ко́ру) *m dial.* [조류] 박새과에 속하는 작은 새.
сикл|и́вий (-ва, -ве)* 자다가 (이불에) 오줌을 싼.
сикофа́нт (-та) *m* 아첨꾼, 추종자, 아부꾼.
си́ла (-ли) *f* 세기, 힘, 완력, 체력.
си́ла 많은, 충분한.
силаб|а (-би) *f* = **силя́ба**, [음성] 음절, 실러블.
сила́ч (-ча́) *m* 경기자, 운동가.
сил|е́нний (-нна, -нне)* *Augm.*: си́льний, 매우 강력한.
сили́ти (-лю́, -ли́ш) *I vt* (바늘에) 실을 꿰다.
силіка́т (-ту) *m* [광물] 규산염.
силі́цій (-ію) *m* [화학] 규소.
силк|о́вий (-ва́, -ве́) 세력이 있는, 유력한.
силови́й (-ва́, -ве́) -ва́ ста́нція, 발전소; ~о́вня (-ні) *f* 전기 발전소.
силогі́зм (-му) *m* [논리] 삼단 논법; 연역(법).
сило́м *adv.* 우격다짐으로.
силомі́р (-ра) *m* 검력계(檢力計).
силомі́ття *n* (자연 현상・행위 등의) 격렬(함), 맹렬(함), 사나움.
си́лос (-су) *m* = **си́льос**, 사일로.

си́л|очка (-ки) *f* = силонька; ~ою *adv.* = силам; ~уваний (-на, -не)* 강요된.

силува́ти (-ую, -уєш) *I vt* 억지로 시키다, 강요하다.

силуе́т (-та) *m* = сильве́та (-ти) *f* 실루엣.

силурі́йський (-ка, -ке) [지질] 실루리아계(系).

сило́щий (-ща, -ще) 거대한, 막대한, 엄청난.

силя́нка (-ки) *f* 목 장식.

сильве́т|а (-ти) *f*, ~ка (-ки) *f* 실루엣.

си́лька (-ки) *f* (잡아당기면 곧 풀어지는) 풀매듭.

си́льне *adv.* = сильно, 세게, 억세게.

си́льний (-на, -не)* 정력적인, 기운찬.

си́льос (-су) *m* (저장용) 지하실, 사일로.

сильфі́да (-ди) *f* 작은[어린] 공기의 요정.

си́льце (-ця) *n* 올가미, 덫.

симбіо́з (-зу) *m*, ~a (-зи) *f* 공생(共生), 공동생활.

си́мвол (-ла) *m* 상징, 표상.

симво́ліка (-ки) *f* 상징적 표현.

симетри́чний (-на, -не)* (좌우) 대칭적인.

симе́трія (-ії) *f* (좌우의) 대칭, 균형.

симпатизува́ти (-ую, -уєш) *I vi* 공명하다, 동감하다.

симпа́т|ик (-ка) *m* sympathizer; ~ичний (-на, -не)* 동정심 있는, 동정적인.

симпто́м (-му) *m* 징후, 조짐, 전조.

симулюва́ти (-люю, -люєш) *I vt* 흉내내다.

симул|я́нт (-та) *m*, ~я́нтка (-ки) *f* 위선자.

симф|оні́чний (-на, -не)* [음악] 심포니(교향곡)의.

син (-на) *m* 아들, 자식; 사위, 양자.

синаго́га (-оги) *f* 유대 교회당.

синдик|алі́зм (-му) *m* 신디칼리즘.

сине́кдоха (-хи) *f* [수사학] 제유(법).

синеку́ра (-ри) *f* (명목뿐이며 책무(責務)가 별로 없는) 한직.

син|есе́нній, ~е́нький (-на, -не)* *Dim.*: си́ній, 푸른.

сини́ло (-ла) *n* 파란색.

сини́ти (синю́, си́ниш) *I vt* 파랗게 하다, 푸른빛을 띠게 하다.

сини́ха (-хи) *f* 며느리.

син|и́ця (-ці) *f Orn.* [조류] 박새과에 속하는 작은 새, 박새.
син|і́в (-нова, -нове) 아들의.
син|і́й (-ня, -нє)* 파란, 푸른.
синкрети́зм (-му) *m* [철학•종교] 제설(諸說) 혼합주의.
синов|а́ (-во́ї) *f* 며느리.
сино́д (-ду) *m* 교회 회의.
сино́н|ім (-му) *m* 동의어, 유의어.
сино́псис (-су) *m* 개요, 개관, 대요, 적요.
сино́пт|ика (-ки) *f* 기상도.
синт|а́кса (-си) *f*, ~а́ксис (-су) *m* 구문론.
си́нтез (-зу) *m* = синте́з|а (-зи) *f* 종합, 통합.
синтети́чний (-на, -не)* 종합의, 통합적인.
синтон|і́зм (-му) *m* [전기] 동조, 합조(合調).
си́нус (-са) *m.* [수학] 사인, 정현(正弦).
синхроні́зм (-му) *m* 동시성.
син|я́ва (-ви) *f* 하늘빛.
синь (-ні) *f* 흑빛, 납빛.
си́нька (-ки) *f* 청색, 하늘색, 남색; 파랑 물감, 남색 염료 (등).
си́ньо *adv.* 파랗게, 푸르게.
сип (-пу) *m W.U.* 쓸어 모은 것, 쓰레기.
си́пати (-плю, -плеш) *I vt*; (си́пнути *P*) <모래•꽃•씨 등을> (표면에) 뿌리다.
сипки́й (-ка́, -ке́) 부서지기 쉬운, 가루가 되기 쉬운.
сир (-ру) *m* 치즈.
сирва́сер (-ру) *m* [화학] 질산.
сирва́тка (-ки) *f* = сирова́тка, 유장(乳漿) (치즈 만들 때 엉킨 젖을 거르고 난 물).
сире́на (-ни) *f* 사이렌, 호적(號笛), 고동.
Сире́на (-ни) *f* [그리스 신화] 사이렌.
сири́й (-ра́, -ре́) 날[생]것의.
сир|і́єць (-і́йця) *m* ~і́йка (-ки) *f* 시리아 사람.
сирі́т|ка (-ки) *f*, ~о́нька, ~о́чка (-ки) *f Dim.*: сирота́, 작은 (가난한) 고아.
Си́рія (-ії) *f NP* 시리아.
сирн|и́й (-на, -не) 치즈 (모양[질])의.
сирня́к (-ка́) *m*, ~я́ччя *n* 푸른 숲.
сир|ова́тиця (-ці) *f*, ~ова́ть (-ті) *f* [해부] 혈장

(血漿).
сироват|ка (-ки) *f* 유장.
сировець (-вця) *m* = сирівець, 원료, 소재.
сировий (-ва́, -ве́) 날[생]것의.
сиров|ина́ (-ни) *f* 원료, 소재.
сировиця (-ці) *f* = сириця, 소금물; 바닷물; 바다.
сироїжка (-ки) *f* 주름버섯.
сироко *n* [불변] 시록코.
сиро́п (-пу) *m* 시럽.
сир|ота́ (-ти) *m, f* 고아.
сироти́ти (-очу́, -оти́ш) *I vt* 고아로 만들다.
сирот|і́ти (-і́ю, -і́єш) *I vi* 고아가 되다.
сирот|ю́к (-ка́) *m Augm.*: сирота, 고아.
сир|я́к (-ка́) *m* = сирняк, ~я́ччя *n* = сиреня́ччи.
сиря́ний (-на, -не)* 치즈질(質)의.
сис|а́к (-ка́) *m* 빠는 사람[것], 흡수자.
систе́м|а (-ми) *f* (통일된) 체계, 조직.
системати́з|ований (-на, -не)* 조직화된.
системати́к (-ка) *m* 조직[체계화]하는 사람.
си́стол|я (-лі) *f* [의학] 심장 수축.
сис|у́н (-на́) *m* 빠는 사람[것], 흡수자.
си́та *adv.* 도 сита, 충분히, 충족하게.
си́т|ець (-тцю) *m* 자갈.
си́тий (-тв, -те)* 충분히 만족한.
сити́ти (сичу́, сити́ш) *I vt* 충분히 만족시키다.
ситкі́в|ка (-ки) *f* 론 테니스.
си́тко (-ка) *n Dim.*: сито, 작은 체.
си́тн|ий (-на, -не)* 자양분이 있는.
си́тник (-ка) *m* 체를 제작하는 사람.
си́тність (-ности) *f* 물림, 싫증남.
си́то (-та) *n* (고운) 체.
си́тощ|і (-щів) *pl* 기름진 음식.
ситуа́ція (-ії) *f* 위치, 장소.
си́тце (-ця) *n Dim.*: сито, 작은 체.
сичати (-аю, -аєш) *I vi* 살찌다; 비옥해지다; 크게 되다.
сить (-ті) *f* 지방, 비계, 기름기.
сифі́л|іс (-су) *m* [의학] 매독.
сифо́н (-на) *m* 사이펀, 흡수관.
сич (-ча́) *m Orn.* [조류] 가면올빼미.
сичаві́ти (-і́ю, -і́єш) *I vi* 줄다, 오그라들다.

сича́ти (-чу́, -чи́ш) *I vi* <증기•뱀•거위 등이> 쉿 하는 소리를 내다.
січі́вник (-ка́) *m* = сечівни́к, [해부] 방광.
сия́ти (-я́ю, -я́єш) *I vi* = ся́ти, 빛나다, 반짝이다.
сів (-ву) *m* 씨 뿌리기, 파종.
сі́вер (-ру) *m* 겨울 추위.
сід|а́вка (-ки) *f*, ~а́к (-ка́) *m*, ~а́лка (-ки) *f*; ~а́ло (-ла) *n* 가금(家禽).
сіда́ти (-а́ю, -а́єш) *I vi*; (сі́сти *P*) 앉다, 착석하다.
сіда́тися (-а́юся, -а́єшся) *I vi* <손•발•살갗 등이> 트다, 거칠어지다.
сіде́ць (-дця́) *m* 좌석, 자리; 걸상, 의자.
сідла́ння *n* (행위) 안장 얹기.
сідла́ти (-а́ю, -а́єш) *I vi* 말에 안장을 얹다.
сідла́тий (-та, -те) 승용마의.
сідл|о́ (-ла́) *m* 안장 (말 등의).
сідн|а́ (-ни́х) *f*, ~и́ця (-ці) *f* [해부] 엉덩이 뼈.
сідо|боро́дий (-да, -де) 흰 수염의.
сідуха́ (-хи́) *f* (야채•과일 등의) 여자 행상인.
сієні́т (-ту) *n* [광물] 섬장암(閃長巖).
сіє́ста (-ти) *f* (스페인•라틴아메리카 등지에서) 점심 뒤에 자는 낮잠.
сі́єць (сі́йця) *m* 씨 뿌리는 사람(기계).
Сізі́ф (-фа) *m* [그리스신화] 시시포스.
сій|ба́ (-би́) *f* = сівба́; ~во́ (-ва́) *n* 씨, 열매, 종자; ~ни́й (-на́, -не́); ~ни́к (-ка́) *m* 씨 뿌리는 사람.
сік (со́ку) *m* (과일•야채•고기 등의) 즙, 주스.
сі́кавка (-ки) *f* 분무기, 흡입기.
сі́к|анка (-ки) *f* 채찍(의 소리).
сіка́ти (-а́ю, -а́єш) *I vt*; (сікну́ти *P*) (코 등을) 풀다.
сіка́тися (-а́юся, -а́єшся) *I vi*; (сікну́тися *P*) (до чо́го): 억지로 ~하다.
сіка́ч (-ча́) *m* 잘게 써는 식칼.
сі́кти (січу́, -че́ш) *I vt*; (сікну́ти *P*) 베다, 자르다.
Сіле́н (-на) *m* [그리스신화] 실레노스.
сі́ло (-ла) *n* 올가미, 덫.
сіль (со́ли) *f* 소금.
сі́лький (-ка, -ке) 소금기 있는, 짠; 맛이 없는.
сі́льк|ісь, ~ось *adv. dial.* 매우 잘, 아주 좋은.
сі́льний (-на, -не) 소금의.

сільни́|ця (-ці) *f* 소금 그릇.
сільськи́й (-ка́, -ке́) 시골의, 마을의.
сільра́да (-ди) *f Abbr.*: сільська́ ра́да, 지방 위원회.
сільце́ (-ця́) *f Dim.*: сіло, 작은 덫.
сім (-мох 또는 семи́) [수사] 7.
сімдеся́т (-тьох 또는 -ти́) [수사] 70; ~еро (-ро́х) [집합] 70; ~ий (-та, -те) 70번째.
сіме́йний (-на, -не)* 가족의, 가정의.
сімен|а́стий (-та, -те)* 다색(多色)의.
сіме́нитися (-нюся, -нишся) *I vi* 아이들을 낳다.
сімено́ (-на́) *n* 씨, 열매, 종자.
сі́мка (-ки) *f* [수사] 7 (카드에서).
сімна́дця|ть (-тьо́х 또는 -ти́) [수사] 17; ~теро (-ро́х) [집합수사] 17.
сімря́га (-ги) *f* = сермя́га, 농부의 허름한 코트.
сімсо́т (сімо́х сот, 또는 семи́ сот) [수사] 700.
сім'я́ *n* 씨, 열매, 종자.
сім'я́ (-м'ї́) *f* [집합] 가족.
сім'яни́й (-на́, -не́) 씨의, 삼씨의.
сім'ян|и́н (-ина) *m* 가족 구성원.
сі́ни (-не́й) *pl* 로비.
сі́нний (-нна, -нне) 건초의.
сі́но (-на) *n* 건초, 꼴.
сіно|жа́тка (-ки) *f*, ~жа́ття *n*, ~жа́ть (-ті) *f* 목초지, 초원.
сіня́нка (-ки) *f* 매트리스 커버.
Сіо́н (-ну) *m NP* [성서] 시온의 언덕.
сіоні́зм (-му) *m* 시온주의.
сіпа́ка (-ки) *m* = посіпа́ка, (명령을 어김없이 수행하는) 사나운 부하.
сіпани́на (-ини) *f* 트집 잡기.
сі́пати (-аю, -аєш) *I vt*; сіпну́ти (-ну́, -не́ш) *P vt*, (сіпону́ти *P*) 끌다, 당기다, 끌어당기다, 잡아끌다.
сіпону́ти (-ну́, -не́ш) *P vt*; (сі́пати *I*) 갑자기 움직이다.
сіра́к (-ка́) *m* = сіря́к, 거칠고 검은 천으로 만든 따뜻한 코트.
сі́р|ий (-ра, -ре)* 회색의, 쥐색의, 납빛의.
сірі́ти (-і́ю, -і́єш) *I vi* (날이) 새다, 밝아지다.

сірка (-ки) *f* [화학] (유)황.
сірковий (-ва, -ве) = сірчаний, 유황의.
сірман (-на) *m* 회색 늑대.
сірник (-ка) *m* 성냥.
сірома (-ми) *m, f* 가련한 사람, 비참한 사람.
сіроман (-на), ~ець (-нця) *m*, ~ок (-нка) *m* 회색 늑대.
сіром|аха (-хи) *m, f* = сірома; ~ашний (-на, -не)* 불쌍한, 비참한, 불행한.
сіруватий (-та, те)* 회색[쥐색]이 도는.
сірч|ан (-на) *m* [화학] 황산염.
сітк|а (-ки) *f Dim.*: сіть, 그물, 네트.
сітнити (-ню, -ниш) *I vi dial.* 이슬비[가랑비]가 내리다.
сіт|ничка (-ки) *f* [해부] (눈의) 망막.
сіть (-ті) *f* 올가미, 덫.
сіцілі|єць (-лійця) *m*, ~ійка (-ки) *f* 시칠리아 섬 사람.
Сіцілія (-ії) *f* 시칠리아.
січень (-чня) *m* 1월.
січневий (-ва, -ве) 1월의.
січний (-на, -не) 수액(樹液)이 많은, 물기 많은.
сія|льник (-ка) *m* 씨 뿌리는 사람, 파종기.
сіян|ий (-на, -не) 파종된; ~ня *n* (행위) 파종.
сіяти (сію, сієш) *I vt* <씨를> 뿌리다.
сіяти (-яю, -яєш) *I vi* = сяяти, 빛나다.
сіяч (-ча) *m* 씨 뿌리는 사람, 파종기(機).
скаба (-би) *f* 동체 갑옷.
скабка (-ки) *f* 찢어진 조각.
скавт (-та) *m* [군사] 정찰병.
скавуліти (-лю, -лиш) *I vi* (개가) 낑낑거리다.
скав(у)чати (-чу, -чиш) *I vi* 구슬피 울다.
скажен|ий (-на, -не)* 노하여 펄펄 뛰는, 성내어 날뛰는.
скаженіти (-ію, -ієш) *I vi* 미치다; 격노하다.
скажен|куватий (-та, -те)* 약간 미친.
сказ (-зу) *m* 격노, 분노, 노발대발.
сказа (-зи) *f* 얼룩, 때, 녹.
сказан|ий (-на, -не) 발언된, 언급된; 진술된.
сказати (скажу, -ажеш) *P vt* 말하다, 이야기하다.
сказити (-ажу, -азиш) *P vt* 몹시 성나게[<화나게]

하다, 격노시키다.

скак|а́вка (-ки) *f dial.* 개구리.

скака́ти (скачу́, -аєш) *I vi*; скакну́ти (-ну́, -не́ш) *P vi* (скокну́ти, скочи́ти *P*) 껑충 뛰다, 날뛰다, 뛰어오르다, 도약하다.

скакону́ти (-ну́, -не́ш) *P vi* 뛰다, 뛰어오르다, 도약하다.

скаку́н (-на́) *m* 뛰는 사람; 도약 선수.

скала́ (-ли́) *f dial.* = ске́ля, 바위, 암석.

скаламу́тити (-у́чу, -у́тиш) *P vt* 진흙으로 더럽히다, 혼탁하게 하다.

скализу́б (-ба) *m* 조롱하는 사람.

скалине́ць (-нця́) *m* [광물] 장석(長石).

скали́стий (-та, -те)* *dial.* = скеля́стий, 바위가 많은, 바위 투성이의.

скалі́чен|ий (-на, -не) 부상한, 불구의.

скалі́чити (-чу, -чиш) *P vt* 상처를 입히다, 다치게 하다.

скалічі́ти (-чі́ю, -і́єш) *P vi* 상처를 입다, 부상하다.

ска́л|ка (-ки) *f* [의학] 부목(副木).

ска́ля (-лі) *f* 저울눈.

скаля́ти (-я́ю, -я́єш) *P vt* ~을 더럽히다.

скальни́й (-на́, -не́) 바위가 많은.

скальп (-па) *m* 머릿가죽.

скам|на́ (-ни́) *f*, ~и́ця (-ці) *f*, ~'я́ (-м'я́) *f dial.* (등이 없는) 걸상.

скам'яни́ти (-ню́, -ни́ш) *P vt* <동·식물 등을> 석질(石質)로 만들다.

скам'яні́лий (-ла, -ле)* (정신을 잃을 정도로) 술에 취한, 곤드레만드레 취한.

скам'яні́ти (-і́ю, -і́єш) *P vi* 석화하다.

сканда́л (-лу) *m*, 불명예, 치욕, 수치.

скандзю́бити (-блю, -биш) *P vt* 꼬다, 꼬아 합치다.

ска́ндій (-ія) *m* [화학] 스칸듐 (희토류(稀土類) 원소; 화학 기호 Sc; 번호 21).

скандіна́в|ець (-вця) *m*, ~ка (-ки) *f* 스칸디나비아 사람.

скандува́ти (-у́ю, -у́єш) *I vt* 자세히 조사하다.

скантува́тися (-у́юся, -у́єшся) *P vi* 구부러지다,

скап (-пу) *m* (차도와 인도 사이의) 도랑.

скапарати (-раю, -аєш) = **скапарити** (-рю, -риш) *P vt* 쓸모없게 만들다, 버려놓다, 망치다.

скапати (-паю, -аєш) *P vi*; (**скапувати** *I*) <액체가> 똑똑 떨어지다.

скаплунити (-ню, -ниш) *P vt* (수탉을) 거세하다, 난소를 제거하다.

скапостити (-ощу, -остиш) *P vt* 더럽히다.

скаправіти (-ію, -ієш) *P vi* 눈이 잘 안보이게 되다, 눈이 흐려지다.

скапутитися (-учуся, -утишся) *P vi* (갑자기) 죽다, 비명횡사하다.

скапщаніти (-ію, -ієш) *P vi* 약해지다, 기력이 없어지다, 쇠하다.

скаралупа (-пи) *f*, ~уща (-щі) *f* (호두, 계란 등의) 껍질.

скараний (-на, -не) 벌 받은, 처벌된.

скараскатися (-каюся, -аєшся) *P vi* <원치 않는 것을> 면하다.

скарати (-раю, -аєш) *P vt* [사람·죄 따위]를 처벌하다.

скарб (-бу) *m* 부(富), 금전, 재산.

скарга (-ги) *f* 불평, 불만, 푸념.

скаржити (-жу, -жиш) *I vt* <용기에> 채우다, 가득 채우다.

скарлючений (-на, -не)* 꼬인, 비틀어진.

скарлючити (-чу, -чиш) *P vt* 꼬다, 꼬아 합치다.

скарлятина (-ни) *f* = **шкарлятина**, [의학] 성홍열.

скарпетка (-ки) *f* 삭스, 짧은 양말.

скартати (-аю, -аєш) *P vt* 꾸짖다.

скасований (-на, -не)* 취소된.

скасувати (-ую, -уєш) *P vt* 되풀이하다.

скателичити (-чу, -чиш) *P vt dial.* = **скатоличити**, 가톨릭교로 개종시키다.

скатертка (-ки) *f*, ~ина (-ни) *f Dim.*: **скатерть** (-ти) *f* 테이블보, 식탁보.

скатувати (-ую, -уєш) *P vt* 고문하다.

скафандер, ~андр (-дра) *m* [항해] 코르크 재킷 (구명조끼), 다이빙 장비.

скачаніти (-ію, -ієш) *P vi* 추위 때문에 얼다,

마비되다.

скаятися (-аюся, -аєшся) *P vi* = покаятися, 후회하다, 뉘우치다, 회개하다.

скваіпливий (-ва, -ве)*, ~апний (-на, -не)* 빠른, 급속한, 신속한.

сквар (-ру) *m* 타는 듯한 열.

скварчати (-чу, -чиш) *I vi* = шкварчати, 열기로 우지직우지직(딱딱) 소리를 내다.

скваснiти (-ію, -ієш) *P vi* 완전히 시어지다.

сквер (-ру) *m* (시가지의 네모난) 광장(廣場).

скверний (-на, -не)* *Archaic* 불결한, 더럽혀진.

сквернити (-ню, -ниш) *I vt Archaic* ~을 더럽히다.

сквернiсть (-ности) *f Archaic* 오물, 쓰레기.

сквилiти (-лю, -лиш) *I vi* <어린아이 등이> 흐느껴 울다.

сквира (-ри) *f* 눈보라.

сквирк (-ку) *m* (개 등의) 낑낑거림.

сквиритися (-рюся, -ришся) *I vi* 구슬피 울다.

скелет (-та) *m* 골격.

скелистий (-та, -те)* 바위가 많은.

скеля (-лі) *f* 바위, 암석, 반석.

скемiти (-млю, -миш) *I vi* <이•머리•마음 등이> (약하게) 아프다.

скепіса (-си) *f*, ~сис (-су) *m* = ~тицизм; ~тик (-ка) *m* 회의론자.

скервавлений (-на, -не) *dial.* = скривавлений, 피로 더럽혀진.

скервавити (-влю, -виш) *P vt dial.* = скривавити, 피로 뒤덮다(얼룩지다).

скергеля (-лі) *f* 병난 사람, 환자.

скерцо *n indecl.* [불변] [음악] 스케르초, 해학곡.

скетинг (-гу) *m* 롤러 스케이트 타기.

скибіа (-би) *f* 토지.

сквкнути (-ну, -неш) *P vi* 끄덕이다.

скиг (-гу) *m*, ~ління *n* 흐느낌, 흐느껴 우는 소리.

скиглити (-лю, -лиш) *I vi* 구슬피 울다.

скидання *n* (행위) 전복.

скидати (-аю, -аєш) *I vt*; (скинути *P*) 치우다.

скидати (-аю, -аєш) *P vt* = скинути, <작품 등을> 그려 모으다.

скиксувати (-ую, -уєш) *P vi* 실수하다, 착각하다.

скимник (-ка) *m* = схимник, 수도사, 수사.

скинбеї (-їв) *pl* 동물의 내장(창자).

скинд|як (-ка) *m* 리본, 장식띠.

скинія (-ії) *f O.S.* 유대 신전.

скипа (-пи) *f* 쪼개진[부서진] 조각.

скипати (-аю, -аєш) *I vi*; (скипіти *P*) (끓는 동안에) 넘치다.

скипень (-пня) *m* (바람 없는) 된서리.

скипетро (-тра) *n O.S.* = скіпетр, 왕권, 왕위, 주권.

скипілий (-ла, -ле) 화가 불같이 난.

скипіти (-плю, -пиш) *P vi*; (скипати *I*) 끓다.

скиргикати (-аю, -аєш, 또는 -тичу, -чеш) *I vi* 장단이 틀리게 노래하다.

скирготіти (-очу, -отиш) *I vi dial.* = скреготати, (분노·유감 등으로) 이를 갈다.

скир|да (-ди) *f,* ~та (-ти) *f* =стирта, 건초 시렁(대).

скисати (-аю, -аєш) *I vi*; (скиснути *P*) 시어지다.

скислий (-ла, -ле)* 신, 시큼한.

скит (-та) *m* 스키타이 사람.

скит|алець (-льця) *m* 유랑자.

скитатися (-аюся, -аєшся) *I vi* (정처없이) 돌아다니다.

Скитія (-ії) *f NP* 스키타이 (흑해 북부의 옛 지방).

скитник (-на) *m* 은둔자.

скитський (-ка, -ке) 은둔자의.

скитувати (-ую, -уєш) *I vi* 금욕 생활을 하다.

скік (скоку) *m* 뜀, 뛰어오름, 도약.

скікнути (-ну, -неш) *P vi*; (скакати *I*) 뛰다.

скілька (-кох, -ком, -кома) 얼마간의, 조금의.

скільки *adv.* (양·값이) 얼마, 어느 정도, 몇 개.

скількість (-кости)† *f* = кількість, 양.

скільк|о = скільки; ~ось *adv*, = скількись: ~оро [집합] (두셋은 아니고) 몇몇의, 수개의, 몇 개의.

скільчити (-чу, -чиш) *P vt* 싹트게 하다(발아시키다).

скімлити (-лю, -лиш) *I vi* <어린아이 등이> 흐느껴 울다.

скін (скону) *m* 죽음, 사망.

скінчи́ти (-чу, -чиш) *P vt* (з ким, чим): 끝내다.

скі́п|а (-пи) *f* = скалка, 조각.

скіпа́ти (-а́ю, -а́єш) *I vt* (나뭇결•벽개면을 따라) 쪼개다.

скі́петр (-ра) *m* 왕권, 왕위.

скіпе́ць (-пця́) *m* 경계 표시용 구멍.

скі́пиця (-ці) *f* 슬개골(膝蓋骨).

скі́п|лина (-ни) *f,* ~щина (-ни) *f* (토지 임대료로) 농작물 상환.

скі́сн|ий (-на, -не) 비스듬한.

скит (-ту) *m* = скит, 은둔자의 집.

скі́тний (-на, -не) 소의.

скі́т|ник (-ка) *m* = скитник, 은둔자.

скі́цнути (-ну, -неш) *P vi* 뛰다.

скла (скел) *pl* 렌즈.

склад (-ду) *m* 창고, 저장소.

склад|а́нець (-нця) *m* 접는 칼.

склада́ти (-а́ю, -а́єш) *I vt*; (скла́сти, зложи́ти *P*) 조립하다.

склад|а́ч (-ча́) *m* 접는 사람[기구].

склє́сний (-на, -не) 아교로 붙인, 아교를 바른, 풀을 바른.

склє́їти (-е́ю, -е́їш) *P vt*; (склє́ювати *I*) 아교 [접착제]로 붙이다.

склє́йнити (-ню, -ниш) *P vt* 채점하다.

склє́н|ий (-на, -не) 에나멜(도료)을 입힌.

склеп (-пу) *m* [건축] 둥근[아치] 천장.

склепа́тися (-а́юся, -а́єшся) *I vi*; склепи́тися (-плю́ся, -пи́шся) *P vi* (눈이): 닫히다.

склепи́ти (-плю́, -пи́ш) *P vt*; (склепля́ти *I*) 아치형 천장으로 덮다.

склеп|і́ння *n* [건축] 둥근[아치] 천장, 아치형 지붕.

склеро́з (-зу) *m,* ~а (-зи) *f* [의학] 경화(硬化)(증).

склизну́ти (-ну, -неш) *P vi* 인사도 없이 떠나가다.

склик|а́нець (-нця́) *m* 초인종.

склика́ти (-а́ю, -а́єш) *I vt*; склика́ти (-и́чу, -и́чеш) *P vt* <사람을> 법정에 소환하다.

силимако́ваний (-на, -не) *dial.* <머리카락이>

흐트러진.

склина́ти (-а́ю, -а́єш) *I vt* = проклина́ти, 저주하다.
склис́тий (-та, -те)* 유리 모양의.
склити (склю, склиш) *I vt* 유리를 끼우다.
склиця (-ці) *f* 에나멜, 법랑.
склі́вочка (-ки) *f* 작은 잔.
склін (-ло́ну) *m* = схил, 비탈, 사면(斜面); 경사지; (내리받이의) 경사.
скліти (-і́ю, -і́єш) *I vi* 생기가 없어지다, 멍청해지다, 무표정해지다, 냉담해지다.
скліщитися (-щуся, -щишся) *P vi* 연결되다.
скло (-ла) *n* 유리; (안경의) 렌즈.
скло́нення *n* (특히 기질적인) 경향, 기질.
склони́ти (-оню́, -о́ниш) *P vt*; (склоняти *I*) 구부러지다, 휘다.
скло́нн|ий (-нна, -нне)* ~하고 싶어 하는.
склопота́ти (-почу́, -о́чеш) *P vt* <마음•일 등을> 방해하다.
скло́читися (-чуся, -чишся) *P vi*; склочуватися (-уюся, -уєшся) *I vi* 뒤얽히다; 분규를 일으키다.
склубо́чити (-чу, -чиш) *P vt*; силубо́чувати (-ую, -уєш) *I vt* 감다, 동이다, 칭칭 감다.
склува́тий (-та, -те)* 유리 같은.
склюва́ти (-люю́, -люєш) *P vt* 쪼아내다.
склян|ий (-на́, -не́) 유리 같은.
скляр (-ра́) *m* 유리 끼우는 직공.
скнар (-ра́) *m*, ~а (-ри) *m, f* 구두쇠.
скні́ти (-і́ю, -і́єш) *I vi* == ниді́ти, 쇠약해지다.
скоб|а́ (-би́) *f* 갈고리.
ско́блик (-ка) *m dial.* [어류] 모샘치(미끼로 쓰는 잉어과(科)의 작은 물고기), 연준모치 무리.
скобли́ти (-лю́, -лиш) *I vt* 할퀴다.
скобота́ти (-а́ю, -а́єш; or -бочу́, -о́чеш) *I vt* 1) 간질이다 2) 따끔거리다; 자극하다, 고무하다 3) 기쁘게 하다, 만족시키다; 재미나게 하다, 웃기다 4) (~을) 부추겨서 하게 하다.
ско́бот|ень (-тня) *m dial.* [해부] 음핵.
ско́ваний (-на, -не)* 사슬로 매인.
ско́вз|авка, ~алка, ~анка (-ки) *f* 스케이트장.

сковзатися (-аюся, -аєшся) *I vi* 미끄러지다.
сковзький (-ка, -ке)* <길 등이> 미끄러운.
сковизнути (-ну, -неш) *I vi* (갑자기) 죽다.
сков|ина (-ни) *f* 납땜한 곳.
сковорода (-ди) *f* 프라이팬.
сковувати (-ую, -уєш) *I vt*; (скувати *P*) <동물 등을> 사슬로 매다.
скожушитися (-шуся, -шишся) *P vi* (털이) 곤두서다; 털을 곤두세우다.
скозуватися (-уюся, -уєшся) *I vi* 말다툼하다.
скоїти (-ою, -оїш) *P vt* 만들다, 짓다, 제작하다, 조립하다, 건설하다.
скойка (-ки) *f* [패류] 굴.
скок (-ку) *m* 뜀, 뛰어오름, 도약, 점프 경기.
скоком *adv.* 껑충껑충 뛰듯 빨리, 급속도로, 급히, 서둘러.
сколихнути (-ну, -неш) *P vt* 흔들다.
сколоти (-колю, -олеш) *P vt*; (сколювати *I*) 꿰뚫다.
сколотити (-лочу, -отиш) *P vt*; сколочувати (-ую, -уєш) *I vt* 섞다, 혼합하다.
сколочений (-на, -не)* 혼란스러운.
сколошкати (-аю, -аєш) *P vt*; сколошкувати (-ую, -уєш) *I vt* ~을 깜짝(흠칫) 놀라게 하다.
скомбінований (-на, -не)* 결합된.
скомбінувати (-ую, -уєш) *P vt* 결합시키다.
скомезитися (-ежуся, -езишся) *P vi* 완고해지다; 변덕스러워지다.
скоморох (-ха) *m*, ~а (-хи) *m Archaic* 농담하는 사람.
скомпілювати (-люю, -люєш) *P vt* 편집을 마치다.
скомплект|ований (-на, -не)* 완성된, 완료된.
скомплік|ований (-на, -не)* 복잡한; 뒤얽힌.
скомпон|ований (-на, -не)* 침착한, 차분한.
скомпрес|ований (-на, -не)* 압축(압착)된; 간결한.
скомпроміт|ований (-на, -не)* 타협한, 화해한.
скомтати (-аю, -аєш) *I vi dial.* 가렵다, 근질근질하다.
скомшити (-шу, -шиш) *P vt* (뭉쳐) 구기다.
сконання *n* 죽음, 사망; 파멸, 멸망, 종말.
сконати (-аю, -аєш) *P vi* (갑자기) 죽다.
сконденс|ований (-на, -не)* 농축한.

сконкретиз|о́ваний (-на, -не)* 구체화된, 실현된.
сконсолід|о́ваний (-на, -не)* 굳혀진.
сконстат|о́ваний (-на, -не) 정해진.
сконстр|уйо́ваний (-на, -не)* 건설된, 세워진, 작성된.
сконфіск|о́ваний (-на, -не)* 몰수된, 압수된.
сконцентр|о́ваний (-на, -не)* (정신•노력 따위가) 집중적인.
скоординува́ти (-у́ю, -у́єш) *P vt* 대등하게 하다.
скоп (-па́) *m* 거세된 양.
скопа́ти (-а́ю, -а́єш) *P vt*; (скопувати *I*) (완전히) (구멍 따위를) 파다.
скопе́ць (-пця́) *m* 거세된 남자.
скопи́лити (-лю, -лиш) *P vt* 입을 삐쭉 내밀다; 뿌루퉁하다, 토라지다.
скоп|ійо́ваний (-на, -не)* (완전히) 베낀.
скопоти́ти (-очу́, -о́тиш) *P vt* 먼지를 일으키다.
ско́пувати (-ую, -уєш) *I vt*; (скопати *P*).
скорб (-бу́) *m Archaic* 슬픔, 비애, 비판, 애도.
скорби́ти (-блю́, -би́ш) *I vt Archaic* 슬프게 하다.
скорбі́ти (-блю́, -би́ш) *I vi Archaic* 고생하다.
скорб|ни́й (-на́, -не́)* *Archaic* 슬퍼하는.
скорбу́т (-ту) *m* [병리] 괴혈병.
скорени́ти (-ню́, -ни́ш) *P vt*; скореня́ти (-я́ю, -я́єш) *I vt* 뿌리째 뽑다.
скор|е́нький, ~е́сенький (-ка, -ке) *Dim.*: ско́рий, 매우 빠른.
ско́рий (-ра, -ре)* 빠른, 급속한, 신속한.
скори́н|а (-ни) *f* 빵 껍질; 굳어진 빵 한 조각.
скориста́ти (-а́ю, -а́єш) *P vi* (з чо́го): 이익을 얻다, 득을 보다.
скористува́тися (-у́юся, -у́єшся) *P vi* = скориста́ти, (чим, з чо́го): 이익을 얻다.
скори́ти (-рю, -риш) *I vi, t* 급속하게 진행하다.
скори́ти (-рю́, -ри́ш) *P vt*; (скоря́ти *I*) <남을> 비하하다.
ско́рість (-рости) *f* 속력, 속도.
скор|і́ше *adv. Comp.*: ско́ро, 더 빨리.
скорня́ти (-я́ю, -я́єш) *P vt dial.* 깨우다.
ско́ро *adv.* 빨리, 급속히, 서둘러.
скоро|бага́тько (-ка) *m* 벼락부자가 되고자 하는

사람.
скородження *n* (행위) 써레질.
скородити (-джу, -диш) *I vt* 써레질하다.
скородільник (-ка) *m* 써레질하는 사람.
скорозідра (-ри) *f* 이른 과일(야채).
скороліски (-ків) *pl* [식물] 푸른 스노드롭, 푸른 아네모네.
скороминущий (-ща, -ще) 지나가버리는, 일시의 순간의; 덧없는.
скоропадний (-на, -не)* 빠른, 급한, 신속한.
скороп|ис (-су) *m* 속기.
скороспішний (-на, -не)* 즉시[쾌히, 선뜻] 하는.
скорострі|л (-ла) *m W.U.* 기관총, 기총.
скоротити (-рочу, -отиш) *P vt*; (скорочувати *I*) 짧게 하다.
скорох|ід, ~ода (-хода) *m* 빨리 걷는 사람.
скорочен|ий (-на, -не)* 요약된, 단축된, 축약된.
скорпати (-аю, -аєш) *P vt* <황무지를> 손으로 일구다, 개간하다; 파내다.
скорпіо́н (-на) *m* [동물] 전갈.
Скорпіо́н (-на) *m* [천문] 전갈자리.
скортіти (-ить, 3인칭 단수.) *P vi* 무인칭. 애타게 바라다; 열망[갈망]하다.
скорувати (-ую, -уєш) *P vt* 나무껍질을 벗기다.
скор|ух (-ха) *m*, ~ушина (-ни) *f dial.* [식물] 마가목.
скорчений (-на, -не)* 수축한; 찌푸린.
скорчити (-чу, -чиш) *P vt* 오그라뜨리다.
скос|а *adv.* 비스듬히, 뒤틀려, 굽어서.
скосити (-ошу, -осиш) *P vt*; (скошувати *I*) <풀·보리 등을> 베다.
скособо́читися (-чуся, -чишся) *P vi* 웅크리다.
скосо|гі́р (-гору) *m* 비탈.
скот (-ту) *m* = худоба, 소, 축우(畜牛).
ско́та (-ти) *f* (들짐승의) 굴, 집, 동굴; (동물원의) 우리.
скота́р (-ря) *m* 소 치는 사람.
скотарити (-рю, -риш) *I vi* 소치는 사람이 되다.
скота́р|ство (-ва) *n* 목축(업).
скотин|а (-ни) *f* 소.
скотисто *adv.* 경사져서, 기울어져서.

скотище (-ща) *n* = скота: вовче —, 늑대굴.

скот|ок (-тка) *m*, **~очок** (-чка) *m Dim.*: скот; **~ячий** (-ча, -че) 소의, 가축의.

скохатися (-аюся, -аєшся) *P vi* 서로 사랑에 빠지다.

скоцюрбитися (-блюся, -бишся) *P vi* 주름지다.

скочистий (-та, -те)* 기울어진, 경사진.

скочити (-чу, -чиш) *P vi*; (скакати *I*) 껑충 뛰다, 날뛰다, 뛰어오르다, 도약하다.

скочки *adv.* 전속력으로, 갤럽으로.

скра (скри) *f* = іскра, 불꽃, 불티.

скравок (-вка) *m* 조각, 단편, 파편; (나무) 토막; 대팻밥, 무늬목.

скраґоль (-гля) *m* 나인핀즈, 구주희(九柱戲) (9)개의 핀을 사용하는 볼링).

скрадатися (-даюся, -аєшся) *I vi* 살며시 들어가다.

скрайній (-ня, -нє)* 극도의, 극심한.

скрасити (-ашу, -асиш) *P vt*; **скрашати** (-шаю, -аєш) *I vt* 꾸미다, 장식하다.

скраю *adv.* 밖에, 바깥에.

скраювати (-аюю, -аюєш) *I vt*; **скраяти** (-аю, -аєш) *P vt* <가지를> 베다.

скреб|ачка (-ки) *f* 긁는 기구.

скребнути (-ну, -неш) *P vt*; **скребтати** (-ебчу, -ебчеш), **скребти** (-бу, -беш) *I vt* 문지르다, 문질러 깨끗이 하다.

скрегіт (-готу) *m*, **~отання** *n* 빻기, 찧기, 갈기.

скреготати (-очу, -очеш), **скреготіти** (-очу, -отиш) *I vi* (зубами): (분노·유감 등으로) 이를 갈다.

скрегот|ня (-ні) *f* = скрегіт; **~уха** (-хи) *f dial.* 개구리.

скрекотати (-очу, -очеш) *I vi* 재잘거리다.

скрепенник (-ка) *m* (꿀)벌집.

скрива *adv.* 의심[불신]의 눈으로.

скривати (-аю, -аєш) *I vt*; (скрити *P*) <성격·감정 등을> 숨기다.

скривити (-ивлю, -ивиш) *P vt* 구부러지다, 휘다.

скригулець (-льця) *m dial.* [조류] 새매.

скрикнути (-ну, -неш) *P vi, t*; **скрикувати** (-ую, -уєш) *I vi, t* 소리치다.

скрип (-пу) *m* 삐걱거리는 소리.
скрип|а́к (-ка́) *m*, ~а́ль (-ля́) *m* 바이올린 연주자.
скри́пати (-аю, -аєш) *I vi*; (скри́пнути *P*) <쥐 등이> 찍찍 울다.
скрип|а́ч (-ча́) *m* = скрипа́к; ~а́чка (-ки) *f* 여자 바이올린 연주자.
скоипі́ти (-плю́, -пи́ш) *I vi*; (скри́пнути *P*) <쥐 등이> 찍찍 울다.
скри́пка (-ки) *f* 바이올린.
скрипли́вий (-ва, -ве)* 삐걱거리는, 찍찍거리는.
скри́пник (-ка) *m* = скрипа́к; 바이올린 제작자.
скрипт (-ту) *m* 손으로 쓰기.
скристалізо́ваний (-на, -не)* 결정화된.
скри́тий (-та, -те)* 숨겨진.
скритико́ваний (-на, -не)* 비판된.
скри́тися (скрию́ся, скри́шся) *I vi* = і́скри́тися, 불꽃을 튀기다.
скри́т|ість (-тости) *f* 비밀, 은밀.
скритовби́в|ний (-на, -не)*, ~чий (-ча, -че)* 암살의.
скрича́ти (-чу́, -чи́ш) *P vt* 큰소리로 말하다, 외치다; -ся *P vi*.
скриши́ти (-ишу́, -и́шиш) *P vt* 산산조각 내다, 부수다.
скрізь *adv.* [장소] 도처에.
скрі́плен|ий (-на, -не)* 굳혀진, 강화된.
скрі́пля́ти (-яю, -я́єш) *I vt*; (скрі́пити *P*) 강하게 하다.
скрі́пнути (-ну, -неш) *P vi* 더 강화되다, 더 강하게 되다.
скрі́пнути (-ну, -не́ш) *P vi* 뻣뻣해지다, 딱딱해지다, 경직되다.
скро́йка (-ки) *f* (도자기•직물 등의) 도안, 무늬.
скрої́ти (-ою́, -о́їш) *P vt*; (скро́ювати *I*) 잘라내다; 제거하다.
скрома́дити (-джу, -диш) *I vt* 문지르다, 문질러 깨끗이하다.
скромаді́ння *n* (행위) 깎음, 긁음, 할큄.
скро́мн|ий (-на, -не)* 겸손한, 신중한, 조심성 있는.
скропи́ти (-оплю́, -о́пиш) *P vt*; скро́плювати

скрофульо́з (-лю́ю, -лю́єш), ~я́ти (-я́ю, -я́єш) *I vt* 축축하게 하다.

скрофульо́з (-зу) *m*, ~а (-зи) *f* [병리] 연주창 (결핵균 때문에 목의 임파선이 붓는 병).

скру́гленість (-ности) *f* 둥금.

скру́глити (-лю, -лиш) *P vt*; скругля́ти (-я́ю, -я́єш) *I vt* 둥글게 하다.

скру́жка (-жок) *pl* 체질한 것.

скрупу́л (-ла) *m* 양심의 가책.

скрут (-ту) *m* 곡선.

скрути́ти (-учу́, -у́тиш) *P vt*; (скру́чувати *I*) 꼬다, 꼬아 합치다.

скруті́й (-ія́) *m*, ~і́ль (-ля́) *m*; *dial.* — соло́ми, 꼬인 짚 다발.

скрутни́й (-на́, -не́) 곤란한, 어려운.

скрутну́ти (-ну́, -не́ш) *P vi, t* = скрути́ти: (скру́чувати *I*) 갑자기 돌다, 갑자기 회전하다.

скруто́к (-ка́) *m* (권련처럼) 말아서 만든 물건.

скру́ха (-хи) *f* 후회, 회한; 개개, 참회.

скру́чений (-на, -не)* 꼬인, 비틀어진.

скру́чувати (-чую, -уєш) *I vt*; (скрути́ти *P*); -ся *I vi* 돌다, 회전되다.

скру́шений (-на, -не)* 죄를 깊이 뉘우치는.

скруши́ти (-ушу́, -у́шиш) *P vt*; скру́шувати (-шую, -уєш) *I vt* 회개하게 하다.

скуба́нка (-ки) *f* 잡아뜯기.

скуба́ти (-а́ю, -а́єш) *I vt* = скубти́; скубну́ти (-ну́, -не́ш) *P vt* 잡아뜯다.

скубрі́й (-ія́) *m* 모피 상인.

скугні́ти (-ню́, -ни́ш) = скугота́ти (-очу́, -о́тиш) *I vi* <돼지가> 꿀꿀거리다.

скуди́ти (-уджу́, -у́диш) *I vt* 구하다.

скудла́чити (-чу, -чиш) = скуди́лити (-лю, -лиш) *P vt* <머리카락을> 헝클어뜨리다.

скуд|ни́й (-на́, -не́)* *Archaic* 부족한, 빈약한.

скудо́вчити (-чу, -чиш) = скудла́чити.

скудря́в|ити (-влю, -виш) *P vt* <머리털을> 곱슬 곱슬하게 하다.

скуз|а́ (-зи́) *f dial.* (부적합한 행위 등에 대한) 변명, 해명.

скуйо́вдати (-а́ю, -а́єш) = скуйо́вдити (-джу, -диш)

P vt <머리카락을> 부수수하게 늘어뜨리다.

скуйовджений (-на, -не) <머리카락이> 흐트러진.

ску́ка (-ки) *f* 지루함, 지겨움.

ску́ла (-ли) *f* [의학] 농양, 종기, 부스럼.

скуле́ць (-льця) *m* (특히 손가락 밑부분의) 손가락 관절, 손가락 마디.

ску́лений (-на, -не)* 수축한.

скули́ти (-лю́, -лиш) *P vt* 계약하다.

скулоо́кий (-ка, -ке)* 사팔눈의.

ску́льпт|ор (-ра) *m* 조각가, 조각사.

ску́мбрія (-ії) *f* [어류] 고등어.

скунс (-са) *m* [동물] 스컹크; 스컹크의 모피.

скуп (-пу) *m* 보증, 보장.

скупа́р (-ря́) *m* 구두쇠, 욕심꾸러기, 수전노.

скупа́ти (-а́ю, -а́єш) *P vt* 목욕시키다.

скупа́ти (-а́ю, -а́єш) *I vt*; (скупи́ти *P*) <주의 • 시간을> 집중시키다.

скуп|е́нький, **~е́сенький** (-ка, -ке)* *Dim.*: скупи́й, 매우 인색한, 욕심 많은, 탐욕스러운.

скупи́й (-па́, -пе́) 인색한, 욕심 많은, 탐욕스러운.

скупи́ти (-плю́, -пиш) *P vt*; (скупля́ти *I*) 결합하다.

скупи́ти (-уплю́, -у́пиш) *P vt*; (скупа́ти *I*) 인색하다.

скупи́тися (-уплю́ся, -у́пишся) *P vi* 석방되다, 해방되다.

скупі́й (-ія́) *m* = скупа́р; **~і́сінький** (-ка, -ке) 매우 (돈 • 권력 등에) 탐욕한.

скупі́ти (-і́ю, -і́єш) *I vi* 인색하게 되다.

ску́пник (-ка) *m* 독점하는 사람.

ску́пність (-ности) *f* 덩어리로 만듦.

ску́по *adv*. 인색하게.

скупо́вувати (-ую, -уєш) *I vt* = скупа́ти: (скупи́ти *P*) 매점하다.

скупо́щі (-ів) *pl* 탐욕.

скупува́тий (-та, -те)* 다소 (조금) 인색한; 째째하게 구는.

ску́пчен|ий (-на, -не)* 집중된; 응집[응축, 농축]된.

ску́пчити (-чу, -чиш) *P vt*; **скупчу́вати** (-чу́ю, -чу́єш) *I vt* 모으다, 집합시키다.

скура́ти (-а́ю, -а́єш) *P vt dial.* 획득하다.

скури́ти (-урю́, -у́риш) *P vt* <구멍 등에> 연기를 피워 몰아내다.

ску́са (-си) *f dial.* [병리] 백일해(百日咳).

скуса́ти (-а́ю, -а́єш) *P vt* 물다.

скуси́тель (-ля) *m* 유혹자, 색마.

скуси́ти (-ушу́, -у́сиш) *P vt*; (скуша́ти *I*) 유혹하다.

ску́тий (-та, -те)* 족쇄 채워진; 구속(속박)된.

ску́ток (-тку) *m* 결과, 귀결, 결말; 영향(력).

скуча́ти (-а́ю, -а́єш) = скучи́ти (-чу́, -чи́ш) *I vi* 매우 피곤하다, 매우 지치다.

скучни́й (-на́, -не́) 피곤한, 지친, 기진맥진한.

скуштува́ти (-ту́ю, -у́єш) *P vt* 시도하다, 시험하다.

ску́шувати (-шую, -уєш) *I vt*; (скуси́ти *P*) 물다.

слаби́й (-ба́, -бе́) 병의, 병든, 앓는.

слаб|и́й (-о́го) *m*, ~а́ (-о́ї) *f* 환자, 병자.

слаби́ти (-блю́, -би́ш) *I vt* 약화시키다.

слабі́сть (-бо́сти) *f* 약함, 연약함; 희미함, 미약.

слаб|і́ти (-і́ю, -і́єш) *I vi* = сла́бнути, 병들다.

слабки́й (-ка́, -ке́) 약간 약한; 다소.

сла́бо *adv.* 약하게, 가냘프게.

слабови́т|ий (-та, -те)* 약하게, 가냘프게.

слабові́нь (-ве́ні) *f dial.* 약함, 가냘픔; 허약, 유약(柔弱).

слабод|у́х (-ха) *m* 소심한 사람, 겁많은 사람.

слабо́нький (-ка, -ке) *W.U.* = слабе́нький.

слабоси́л|ля *n* 약함, 가냘픔.

слабш|ий (-ша, -ше) *Comp.*: слаби́й, 더 약한, 더 가냘픈.

сла́ва (-ви) *f* 영광, 영예.

славе́тн|ий (-на, -не)* 유명한, 고명한, 이름난.

сла́вити (-влю, -виш) *I vt* 신의 영광을 찬송하다.

славі́ст (-та) *m* 슬라브학자.

сла́влений (-на, -не) 유명한, 고명한, 이름난.

сла́вн|ий (-на, -не)* 영광스러운.

славнозві́сний (-на, -не)* 유명한, 고명한, 이름난.

славолю́бн|ий (-на, -не)* 대망(야심)을 품은.

славо́нський (-ка, -ке) 슬라브의.

славосло́в|ити (-влю, -виш) *I vt* 신의 영광을 찬송하다.

сла́сн|ий (-на, -не́)* 섬약한, 섬세한.

слати (стелю, -леш) *I vt* = стелити, перти.
слати (шлю, шлеш) *I vt* 보내다, 발송하다.
слебізувати (-ую, -уєш) *I vt* 철자하다, <낱말을> 맞춤법에 따라 쓰다, 철자를 말하다.
сли 접속사 = коли б, ~한다면, ~할 때.
слива (-ви) *f* (서양) 자두나무; 플럼.
сливе *adv.* 거의, 거진, 거반.
слиж (-жу) *m* 들보, 도리.
слиз (-зу) *m* [식물] 당아욱속(屬).
слизити, ~іти (слижу, -изиш) *I vi* 새다, 스며 나오다.
слиз|иця (-ці) *f* [의학] 점막(粘膜) 염증.
слизнути (-ну, -неш) *P vt* = щезнути, 보이지 않게 하다.
слиз|овий (-ва, -ве) 점액을 분비하는.
слизотіти (-очу, -отиш) *I vt* 새다.
слизуватий (-та, -те)* 점액을 분비하는.
слизь (-зі) *f* = слиз; ~кий (-ка, -ке) 미끄러움.
слимак (-ка) *m* [동물] 달팽이.
слина (-ни) *f* 타액, 침.
слинити (-ню, -ниш) *I vt* (침으로) 축축하게 하다.
слинути (-ну, -неш) *I vi O.S.* 펼쳐지다, 뻗다.
слих (-ху) *m* 소문, 풍문.
слід (-ду) *m* 자국, 흔적, 흉터, 멍; 얼룩, 오점.
слід *adv.* 무인칭, 필요하다, 해야 한다.
слідець (-дця) *m* 탐정, 형사.
слід|ок (-дка) *m Dim.*: слід, 작은 흔적.
слідство (-ва) *n* [법] 공판, 재판, 심리.
слідствувати (-ую, -уєш) *I vt* 묻다; 질문[문의]하다; 조사하다.
слідувати (-ую, -уєш) *I vi* (за ким): 잇따라 일어나다.
слідуючий (-ча, -че) = наступний, 다음, 뒤따라오는.
сліз|ливий (-ва, -ве)*, ~ний (-на, -не) 눈물 어린.
сліп|а (-пої) *f* 맹인 여자.
сліпий (-па, -пе) 눈 먼.
сліпити (-плю, -пиш) *I vt* 눈멀게 하다.
сліп|ицею, ~ма, *adv.* 눈이 보이지 않게.
сліп|нути, ~ти (-ну, -неш) *I vi* 눈이 보이지 않게 되다, (점차) 시력을 잃다.

сліпо *adv.* 눈이 보이지 않게.
сліпо|окий (-ка, -ке) 근시안의.
сліпота́ (-ти) *f* 맹목.
слова́р (-ря́) *m* = словни́к, 사전, 사서, 자전.
словесн|ий (-на, -не)* 말의, 말에 관한, 말로 나타낸.
сло́во (-ва) *n* 말, 낱말, 단어.
слово|виві́д, ~вивод (-воду) *m* 어원 연구.
слов'яни́н (-нна) *m* 슬라브 사람.
сло́їк (-ка) *m* 물주전자.
слой (-о́я) *m* = слій, (나무): 줄, 줄무늬, 선.
слон (-на́) *m* [동물] 코끼리.
слот|а́ (-ти́) *f* = сльота́, 비오는 (나쁜) 날씨.
слуг|а́ (-ги́) *m* 하인, 종, 머슴, 사용인.
слугува́ти (-гу́ю, -гу́єш) *I vi* 봉사하다, 섬기다.
слу́жба (-би) *f* 봉사, 진력(盡力), 노고, 수고.
службе́бка (-ки) *f* 가정부, 하녀.
службе́бник (-ка) *m* [가톨릭] 미사 경본(經本).
служ|ення *n* 봉사, 진력(盡力), 노고, 수고, 돌봄.
служи́ти (-ужу́, -у́жиш) *I vi* 봉사하다, 섬기다, 모시다.
служ|ка́ (-ки́) *m Dim.*: слуга́: манасти́рський —, 무경험자.
слу́ква (-ви) *f dial.* [조류] 멧도요, 도요새.
слуп (-па) *m* (나무・금속으로 된) 기둥, 말뚝.
слута́вий (-ва, -ве)* *dial.* 절름발이의.
слух (-ху) *m* 듣기, 청취; 청력(聽力), 청각.
слух|а́вка (-ки) *f* 수상기 (텔레비전의).
слу́хати (-аю, -аєш) *I vt* 듣다, 들리다.
слуха́ч (-ча́) *m*, ~ка (-ки) *f* 듣는 사람.
слухня́н|ий (-на, -не)* 순종하는, 고분고분한.
слухови́й (-ва́, -ве́) *f* 듣는, 듣기 위한.
случа́й (-а́ю) *m Archaic*; = ви́падок, 경우.
слу́шн|ий (-на, -не)* 바른, 옳은.
слюз (-за) *m* 점액(粘液).
слю́за (-зи) *f* = шлю́за, 수문(水門), 보(洑).
слю́завий (-ва, -ве)* 점액을 분비하는.
слюзува́ти (-у́ю, -у́єш) *I vi* 눈물을 흘리다.
слю́с|ар (-ря) *m* 자물쇠 제조공[장수].
слютня́к (-ка) *m dial.* [조류] 후투티.
сльоза́ (-зи́) *f* 눈물.

сльоз|а́вий (-ва, -ве)* 눈물 어린; 곧잘 우는.
сльози́ти (-зи́ть, 3인칭 단수) *I vi* 눈물을 흘리다.
сльот|а́ (-ти́) *f* 비가 오는 날씨, 나쁜 날씨.
сма́га (-ги) *f* (입술이) 마름, 건조함.
сма́гати (-га́ю, -га́єш) *I vt* = шмага́ти, 매질하다.
сма́глий (-ла, -ле) (얼굴이) 거무스레한, 가무잡잡한.
сма́гнути (-ну, -неш) *I vi* 햇볕에 타다.
сма́жен|ий (-на, -не) 기름으로 튀긴, 프라이 한.
сма́жити (-жу, -жиш) *I vt* 기름으로 튀기다.
смак (-ку) *m* 맛, 풍미.
смакува́ти (-у́ю, -у́єш) *I vi* 맛보다, 맛을 알다.
смаку́н (-на́) *m* 미식가, 식도락가.
смале́ць (-льцю́) *m* 라드 (돼지 비계를 녹여 정제한 반고체(半固體)의 기름).
смали́ти (-алю́, -а́лиш) *I vt* 태우다, 그슬리다.
смаля́гина (-ни) *f* 타는 냄새.
смальки́й (-ка́, -ке́) <추위•바람이> 살을 에는 듯한, 심한, 가혹한.
смальну́ти (-ну́, -не́ш) *P vt* 태우다, 그슬리다.
сма́льцюва́ти (-цю́ю, -цю́єш) *I vt* 라드를 바르다.
сма́льцьо́ваний (-на, -не) 기름을 바른, 기름을 친.
смара́гд (-ду) *m* [광물] 에메랄드, 취옥(翠玉).
сма́ркати (-а́ю, -а́єш) *I vi* 콧물을 흘리다.
смарка́тий (-та, -те)* 콧물을 흘리는.
смарува́ти (-у́ю, -у́єш) *I vt* = шмарува́ти, <기름 등을> 바르다.
смачи́ти (-чу́, -чи́ш) *I vt* <음식에> 맛을 내다, 맛들이다, 양념하다.
сма́чний (-на́, -не́) 맛좋은, 감칠맛이 있는.
смерд|ю́к (-ка́) *m* 아주 싫은 사람.
смере́к (-ка) *m* = смер|е́ка (-ки) *f* 전나무.
сме́рк (-ку) *m*, ~а́ння *n* 어스름, 황혼, 땅거미.
сме́рком, ~а *adv.* 해질 무렵에.
сме́рт|е́льний (-на, -не)* 죽어야 할 운명의.
смерть (-ти) *f* 죽음, 사망.
смерч (-чу) *m* 회오리바람.
смета́н|а (-ни) *f* (우유의) 크림.
смик (-ку) *m* (바이올린 따위의) 활, 바이올린의 활.
сми́кати (-а́ю, -а́єш) *I vt;* **смикну́ти** (-ну́, -не́ш) *P*

смире́нн|ий (-нна, -нне)* 겸손한, 겸허한.
смири́ти (-рю́, -риш) *I vt* = смиря́ти, <남을> 비하다.
сми́рна (-ни) *f* 몰약(沒藥).
сми́рн|ий (-на, -не)* 온후한, 유순한.
сми́рн|о *adv.* 친절하게, 상냥하게.
смичо́к (-чка́) *m Dim.:* смик, 바이올린의 활, 활.
смі́л|ка (-ки) *f* 나무의 진.
смі́ти (-і́ю, -і́єш) *I vi* 과감히 나아가다.
смі́тн|ий (-на́, -не́)* 쓰레기의.
смі́тт|я *n* 쓰레기, 찌꺼기, 폐물.
сміх (-ху) *m* 웃음; 웃음소리.
сміхо́в|анець (-ця) *m* 농담하는 사람.
смі́х|овище (-ща) *n* 웃음거리.
смі́ш|ити (-шу, -шиш) *I vt* 웃게 하다.
сміш|ки́ (-шо́к) *pl* 1) 농담, 익살, 우스갯소리.
сміятися (-і́юся, -і́єшся) *I vi* (소리 내어) 웃다.
смо́вдир (-ря) *m* 게으른 사람.
смок (-ка) *m* 펌프, 양[흡]수기.
смо́ква (-ви) *f* [식물] 무화과 (열매).
смокі́вниця (-ці) *f* 무화과나무.
смо́кінг (-га) *m* 스모킹.
смо́к|овий (-ва, -ве) 펌프의.
смокта́ти (-о́кчу, -о́кчеш) *I vt;* **смоконути** (-ну́, -не́ш) *P vt* 빨다.
смола́ (-ли́) *f* 타르.
смоли́ти (-олю́, -о́лиш) *I vt* 타르를 바르다.
смол|ки́й (-ка́, -ке́) 피치가 많은.
смо́ль|ка (-ки) *f* = лю́лька, 담뱃대, 담배 파이프.
сморж (-жа́) *m,* ~**и́й** (-ія́) *m* [식물] 그물버섯.
сморі́д (-роду) *m* 불쾌한 냄새, 악취; 악취를 냄.
смороди́ти (-джу́, -ди́ш) *I vi* 악취를 풍기다, 고약한 냄새가 나다.
смородли́|вий (-ва, -ве)* 악취가 나는, 구린.
смотр|и́ти, ~**і́ти** (-рю́, -риш) *I vi dial.* 보다, 바라보다.
сму́г|а (-ги) *f* 줄, 줄무늬, 선.
смугля́|вий (-ва, -ве)*, ~**ястий** (-та, -те) <얼굴이> 거무스레한, 가무잡잡한.
сму́дитися (-джуся, -дишся) *P vi dial.* 불타다,

타다; 햇볕에 타다.
смуж|ечка (-ки) *f Dim.*: смуга, 가는 줄의.
смуклий (-ла, -ле)* 호리호리한, 가느다란, 날씬한.
смурнути (-ну, -неш) *P vt* = смикнути, 잡아뜯다, 뽑다.
смута (-ти) *f* 슬픔, 비애, 비판, 애도.
смутити (-учу, -утиш) *I vt* 슬프게 하다.
смуткувати (-кую, -уєш) *I vi* 깊이 슬퍼하다.
смут|ливий (-ва, -ве)* = смутний; ~ненький, ~несенький (-ка, -ке)* *Dim.*: смутний, 매우 슬픈; 매우 비통한.
смутн|ий (-на, -не) 슬픈, 슬퍼하는.
смутніти (-ію, -ієш) *I vi* 깊이 슬퍼하다, 비탄에 잠기다, 한탄하다.
смутно *adv.* 슬프게.
смут|ок (-тку) *m* 슬픔, 비애, 비판.
сму|х (-ху) *m* 페르시아 새끼 양.
снага (-ги) *f* 세기, 힘, 완력, 체력.
снадь (-ді) *f* 햇볕에 그을음.
снажн|ий (-на, -не) 힘센, 강한; 튼튼한.
снастити (-ащу, -астиш) *I vt* 장비하다, 정비하다.
снасть (-ти) *f* 골격.
снити (сню, сниш) *I vt* 꿈꾸다; 몽상하다.
сницар (-ря) *m* 조각가, 조각사.
снище (-ща) *n Augm.*: сон, 악몽, 가위눌림.
сніг (-гу) *m* 눈.
снігів|ець (-вця) *m*, ~ці (-ців) *pl W.U.* 눈신.
сніговий (-ва, -ве) 눈이 많은, 눈이 내리는.
сніго|луб (-ба) *m dial.* [조류] 흰머리멧새.
снігур (-ра) *m*, ~ка (-ки) *f* [조류] 멋쟁이새의 일종.
сніданн|я *n.* ~ок (-нку) *m* 아침 식사.
снідати (-аю, -аєш) *I vi* 아침 식사를 하다.
сніж|аний (-на, -не) = сніговий; ~ечок (-чка) *m Dim.*: сніг; ~ина (-ни) *f* 눈송이.
сніжити (-ить, 3인칭 단수) *I vi* 무인칭. 눈이 오다, 눈이 내리다.
сніжка (-ки) *f* [식물] 스노드롭, 아네모네.
сніж|ний (-на, -не)* 눈같이 흰, 설백의, 순백의.
сніп (снопа) *m* (곡물의) 단, 다발, 한 다발.

сніт (-ту) *m*, ~а (-ти) *f dial.* 통나무.

сніт|а (-и) *f*, = ~иця (-ці) *f*, ~ій (-ія) *m* 검댕.

снітитися (-ічуся, -ітишся) *I vi* 곰팡나게 하다, 곰팡내가 나다.

сніц|ар (-ря) = сницар: ~овий (-ва, -ве) = сницарський; 플라스틱의.

сноб (-ба) *m* 윗사람에게 아첨하고 아랫사람에게 거만부리는 사람.

сновиг|а (-ти) *m, f*, ~айло (-ла) *m, f* 한가히 거니는 사람.

сновигати (-аю, -аєш) *I vi*; -ся *I vi* (어슬렁어슬렁) 거닐다.

сновида (-ди) *m, f* 몽유병자.

сновид|ний (-на, -не)* 몽유병의.

снодійний (-на, -не)* 잠이 오게 하는, 최면의.

снувалка (-ки) *f* 실감개, 실패.

снувати (-ую, -уєш) *I vt* (감)싸다, 입다.

снидіти (-ію, -ієш) *I vi* 곰팡나게 하다, 곰팡내가 나다.

собака (-ки) *m, f* 개, 개과(科) 중의 몇 종류.

соб|акар (-ря) *m* 개 애호가.

собачитися (-чуся, -чишся) *I vi* 서로 욕하다, 서로 비방하다.

соб|ачка (-ки) *f Dim.*: собака, 강아지.

собічити (-чу, -чиш) *I vt* (종종 부정적으로, 불법적으로) <공공물을> 전유(專有)하다.

соблазн (-ну) *m O.S.* = спокуса, 유혹.

соболевий (-ва, -ве) 검은담비의.

соболь (-ля) *m* [동물] 검은담비.

собор (-ру) 교회, 성당.

сов|а (-ви) *f* [조류] 올빼미.

совати (-аю, -аєш) *I vt* (와락) 밀다.

совг|алка (-ки), ~анка (-ки) *f* 스케이트장.

совгатися (-аюся, -аєшся) *I vi* 스케이트를 타다.

совги (-гів) *pl* 1) 스키(판) 2) 수상 스키(판).

совдати (-аю, -аєш) *I vi* 느리게 걷다, 느리게 걸어가다.

совеня (-яти) *n* 어린 올빼미.

совершити (-шу, -шиш) *P vt O.S.* 끝내다.

совин|ий (-на, -не) 올빼미의.

совет (-ту) *m* (옛 소련의) 회의.

совісн|ий (-на, -не)* 양심적인.
совість (-ти) *f* 양심.
совіт (-ту) *m O.S.* 회의.
совітати (-аю, -аєш) *I vt O.S.* 충고하다, 조언하다; 권하다.
совхоз (-зу) *m* 소비에트 약어.
сов'ятко (-ка) *n Dim.*: сова; ~ячий (-ча, -че) 올빼미의.
согласен = **согласний** (-на, -не) *O.S.* 기분 좋은.
соглядати (-аю, -аєш) *I vt* 관찰하다; 고려하다.
согрішати (-аю, -аєш) *I vi*; **согрішити** (-шу, -шиш) *P vi O.S.* 죄를 짓다.
сод (-ду) *m* [화학] 나트륨.
содержувати (-ую, -уєш) *I vt O.S.* 알다, 목격하다.
содовий (-оа, -ве) 소다의: -ва вода, 소다수, 탄산수(水).
Содом (-му) *m* [성서] 소돔 (사해(死海) 남안의 옛 도시.
содом|а (-ми) *f* 소음.
содухи (-хів) *pl O.S.* 죽음, 사망.
создавати (-даю, -аєш) *I vt*; **создати** (-дам, -даси) *P vt O.S.* 창조하다.
сойка (-ки) *f* [조류] 어치(유럽산).
сойм (-му) *m W.U.* 국회.
сокир|а (-ри) 도끼; ~ка (-ки) *f Dim.*: ~а, 자루가 짧은 손도끼.
сокіл (-кола.) *m* [조류] (매사냥에 쓰는) 매, 새매.
сокір (-кора) *m* [식물] 백양(白楊), 사시나무.
сокірвиця (-ці) *f dial.* [병리] 희박농(稀薄膿).
соков|ий (-ва, -ве) 주스의.
сок|оленя (-яти) *n* 어린 매.
сокорити (-рю, -риш) = **сокотати** (-кочу, -очеш) *I vi* (암탉이) 꼬꼬[꼬꼬댁] 울다.
сокотати (-кочу, -очеш) *I vi, t* =сокотіти.
сокотити (-кочу, -котиш) *I vi W.U.* 지켜보다, 주시하다.
сокотіти (-кочу, -отиш) *I vi, t* (암탉이) 꼬꼬[꼬꼬댁] 울다.
сокотуха (-хи) *f* 수다쟁이.
Сократ (-та) *m PN* 소크라테스(470-399 B.C.)

(고대 아테네의 철학자).
сокро́вище (-ща) *n O.S.* 부(富), 금전, 재산.
сокті́ти (сокчу́, сокти́ш) *I vi* 새다.
сокупи́ти (-плю́, -пи́ш) *P vt*; **сокуплюва́ти** (-лю́ю, -лю́єш) *I vt O.S.* 결합하다.
соку́пн|ий (-на, -не)* 공통의, 공동의.
солда́т (-та) *m* 육군 군인, 군인.
солева́р (-ра) *m* 소금 제조업자.
соле́ний (-на, -не)* 소금에 절인.
соле́ння *n* 소금에 절이기, (식품의) 염장.
солеци́зм (-му) [문법] 어법 위반; 파격(破格).
соли́ти (солю́, соли́ш) *I vt* <음식에> 소금을 치다.
соліда́рн|ий (-на, -не)* 공동[연대적]으로.
солі́дн|ий (-на, -не)* 고체의.
соліст (-та) *m*, **~ка** (-ки) *f* 독주자, 독창자.
соліте́р (-ра) *m Med.* [동물] 촌충.
со́л|о *n* = **со́льо**, [불변] [음악] 독창(곡), 독주(곡).
солове́єчко (-ка) *m Dim.*: **солов|е́й** (-в'я́) *m* 1) [조류] 나이팅게일.
со́лод (-ду) *m* 엿기름, 맥아(麥芽).
соло́дження *n* 감미료.
соло́диво (-ва) *n* (발효 전 또는 발효 중의) 포도액.
солоди́ти (-джу́, -ди́ш) *I vt* <설탕을 넣어 음식을> 달게 하다.
солоді́сінький (-ка, -ке)* 매우 단.
солоді́ти (-і́ю, -і́єш) *I vi* 발효하다.
солодка́вий (-ва, -ве)* 좀 단맛이 있는.
солодк|омоло́кий (-ка, -ке) <사람·인생 등이> 육욕(肉慾)에 빠지는.
солодо́в|ий (-ва, -ве) 엿기름의.
соло́дощі (-ів) *pl* 단것.
солоду́н (-на́) *m* 성교 중단; 자위, 수음.
соло́м|а (-ми) *f* 짚, 밀짚.
солон|а́вий (-ва, -ве)* 짭짤한.
соло́ний (-на, -не)* 소금기 있는.
солон|и́на (-и́ни) *f* 소금에 절인 고기.
соло́н|ість (-ности) *f* 소금기가 있음.
со́лоно *adv.* 짜게, 소금기 있게.

солон|ува́ти (-у́ю, -у́єш), ~цюва́ти (-пю́ю, -цю́єш) I vt 짠 음식을 먹다.
солопі́й (-ія́) m 입을 딱 벌리고 멍하니 바라보는 사람.
спло́твина (-ни) f dial. 염류.
со́луд (-ду) m = шо́луд, (헌데·상처의) 딱지.
солу́ква (-ви) f W.U. [조류] 도요새, 멧도요.
Солу́нь (-ні) f NP O.S. = Салоні́ки, 살로니키.
соля́н (-на́) m [화학] 염화물(鹽化物),.
соля́р|іум, ~іюм (-му) m 일광욕실; 해시계.
соль f [불변] [음악] 솔, (전음계적 장음계의) 제5음.
сом (-ма́) m Ich. [어류] 메기의 일종.
сомати́чний (-на, -не)* 신체의, 육체의.
сомнамбу́л (-ла) m, ~і́ст (-та) m, ~і́стка (-ки) f 몽유병자.
со́мпель (-пля) m 고드름.
сон (сну) m 수면; 졸음.
сона́т|а (-ти) f [음악] 소나타.
соне́т (-та) m 소네트, 14행시.
со́н|ічний, ~і́шний (-на, -не)* = соняшний, 양지바른.
со́нішник (-ка) m = соняшник, 해바라기.
сонли́вий (-ва, -ве)* 졸리는.
со́нн|ий (-нна, -нне)* = сонливий: -нна мара́, 환각, 환상.
со́нц|е (-ця) n 태양, 해.
сонцеворо́т (-ту) m [천문] (태양의) 지점.
сонці́в (-цева, -цеве) 태양의.
со́нях (-ха) m = соняшник; ~яхи́ (-хів) pl 해바라기씨.
со́няшний (-на, -не)* 태양의.
соня́шник (-ка) m [식물] 해바라기.
соня́шниці (-иць) pl 위경련.
соня́шнич|ина (-ни) f 해바라기 줄기.
со́няшн|ість (-ности) f 햇빛, 햇볕.
со́ньки (-ків) pl Dim.: сон: (가벼운) 잠.
сопі́вка = ~і́лка (-ки) f (담배) 파이프.
сопі́ль (-пля) m 고드름.
сопі́льник (-ка) m 피리 부는 사람, 플루트 주자.
со́піт (-поту) m 코를 곪.

сопі́ти (-плю́, -пи́ш) *I vi* 숨을 헐떡이다.
сопра́но (-на) *n* [음악] 소프라노.
сопу́н (-на́) *m* 코고는 사람.
со́п|ух (-ху) *m* 불쾌한 냄새.
со́рок (-ка́) [수사] 40.
соро́ка (-ки) *f* [조류] 까치.
сорока́тий (-та, -те)* *W.U.* = строка́тий, 오점.
сороќа́тільник (-ка) *m*, ~а́ч (-ча́) *m dial.* [조류] 때까치.
сороќлі́тній (-ня, -нє) 40살의; ~лі́ття *n* 40주년.
сороќува́тий (-та, -те)* 오점[티, 흠]이 있는.
сорокуля́ (-лі́) *f dial.* [동물] 살무사.
со́ром (-му) *m* 부끄러움.
соро́мити (-млю, -миш) *I vt* 부끄러워하게 하다.
соро́м|ицький (-ка, -ке), ~і́тний (-на, -не)*, ~і́цький (-ка, -ке)* 외설한, 음란한, 음탕한.
соромли́в|ий (-ва, -ве)* 수줍은.
соро́мний (-на, -не) = соромливий.
соро́мно *adv.* 파렴치하게, 뻔뻔스럽게.
сор|о́ченя (-я́ти), ~о́ченька, ~о́чечка (-ки) *f Dim.*: сорочка, 작은 (아동용) 셔츠.
соро́ч|ий (-ча, -че), ~ин (-на, -не) [조류] 까치의.
соро́чка (-ки) *f* (남자용) (와이)셔츠.
сорт (-ту) *m* 종류, 부류.
сос (сосу) *m* 소스.
со́сн|а (-ни) *f* 소나무.
со́сонка (-ки) *f* [식물] 등대풀 (수액(樹液)은 설사약).
сосуне́ць (-нця́) *m* 젖먹이.
сота́ти (-а́ю, -а́єш) *I vt* 감다, 동이다, 칭칭 감다.
сотворе́|ння *n O.S.* 창조.
сотвори́ти (-орю́, -о́риш) *P vt*; **сотворя́ти** (-я́ю, -я́єш) *I vt O.S.* 창조하다.
сот|е́нний (-нна, -нне) 100번째의, 100의; ~еро (-рох) [집합수사] 100; ~ии (-та, -те) 100번째.
со́тн|ик (-ка) *m* 장(長), 우두머리.
сотру́дник (-ка) *m* 공편자(共編者), 합작자.
со́ус (-су) *m* 소스.
софа́ (-фи́) *f* 소파, (등과 팔을 기댈 수 있는 침대 모양의) 긴 의자.
софі́зм (-му) *m* 고대 그리스의 궤변학파 철학.

Софі́йський (-ка, -ке) 소피아의.
Софі́я (-ії) *f PN* 소피아 (여자 이름; 애칭).
Софі́я (-ії) *f NP* 소피아 (불가리아 의 수도).
Софо́кл (-ла) *m PN* 소포클레스(495?-406? B.C.) (고대 그리스의 비극 시인).
со́х|нути, ~ти (-ну, -неш) *I vi* 마르다.
сохрани́ти (-ню, -ниш) *P vt*; сохраня́ти (-я́ю, -я́єш) *I vt O.S.* 보호(보존)하다.
сохра́нний (-нна, -нне)* *W.U.* 조심성 있는, 세심한.
сохті́вний (-на, -не)* *dial.* 쓸모 있는.
сохтува́ти (-у́ю, -у́єш) *I vi dial.* 서두르다.
соціо́л|ог (-га) *m* 사회학자.
соція́л-демокра́т (-та) *m* 사회 민주주의자.
соціялізація (-ції) *f* 사회화.
соціяльний (-на, -не)* 사회적인.
сочеви́ця (-ці) *f* [식물] 렌즈콩.
сочи́нник (-ка) *m* = співчи́нник, [수학] 계수.
сочи́стий (-та, -те)* 즙 많은, 수분이 많은.
со́чка (-ки) *f* 렌즈.
сош|а́ (-ші́) *f* 포장된 도로.
сою́з (-зу) *m* 결합, 연합, 합병.
со́я (со́ї) *f* [조류] 어치 (유럽산); [식물] 콩, 대두.
спад (-ду) *m* 강하(降下).
спада́ти (-да́ю, -а́єш) *I vi*; (спа́сти *P*) 넘어지다.
спади́стий (-та, -те)* 기울어진, 경사진.
спадк|о́вий (-ва, -ве)* 유전성의, 유전적인.
спадови́й (-ва́, -ве́) 떨어지는; 내리는, 하락하는.
спад|о́к (-дку) *m*, ~щина (-ни) *f* 유산, 상속 재산.
спадомі́р (-ра) *m* [기계] 수준기.
спаду́н (-на) *m W.U.* 낙하산병.
спа́зм|а (-ми) *f* [의학] 경련.
спако́вувати (-ую, -уєш) *I vt*; спакува́ти (-у́ю, -у́єш) *P vt* <짐을> 꾸리다.
спала́ти (-ла́ю, -а́єш) *P vi* 빈둥빈둥 지내다.
спалахкоті́ти (-кочу́, -оти́ш) = спалахну́ти (-ну́, -не́ш) *P vi*; спалаху́вати (-ую, -уєш) *I vi* 타다, 불타다.
спа́лен|ий (-на, -не)* 타버린.
спа́лий (-ла, -ле) 유전성의, 유전적인.
спали́ти (-алю́, -а́лиш) *P vt*; спа́лювати (-люю,

спалювач (-ча) *m* (쓰레기 등의) 소각로.
спа́льн|ий (-на, -не) 침대의.
спам'ята́ти (-а́ю, -а́єш) *P vt*; **спам'ятувати** (-ую, -уєш) *I vt* 상기하다, 생각해내다.
спа́ння *n* 수면.
спантели́чити (-чу, -чиш) *P vt*; **спантели́чувати** (-ую, -уєш) *I vt* 당황[당혹]하게 하다.
спа́нсько *adv.* 오만하게, 거만하게, 건방지게, 도도하게, 불손하게.
спаплю́жити (-жу, -жиш) *P vt* <~의> 수치가 되다.
спараліз|о́ваний (-на, -не)* 중풍에 걸린, 마비된.
спари́ти (-арю́, -ари́ш) *P vt* (끓는 물•증기로) 데게 하다.
спаро́вувати (-ую, -уєш) *I vt*; **спарува́ти** (-у́ю, -у́єш) *P vt* <2개를> (짝이 되게) 연결하다.
Спа́рта (-ти) *f NP* 스파르타.
Спарта́к (-ка) *m PN* 스파르타쿠스(?-71 B.C.) (트라키아 출신의 노예 검투사(劍鬪士); 로마에 대하여 반란을 일으켰으나 패함).
спарта́н|ець (-нця) *m*, ~**ка** (-ки) *f* 스파르타인.
спарши́вілий (-ла, -ле)* 옴 오른.
Спас (-са) *m* 구세주 (그리스도).
спаса́ти (-са́ю, -а́єш)[1] *I vt*; (**спасти́** *P*) 구하다, 안전하게 하다.
спаса́ти (-са́ю, -а́єш)[2] *I vt*; (**спасти́** *P*) <소에게> 풀을 뜯어 먹게 하다.
спасе́н|ий (-на, -не)* 건강에 좋은, 위생에 좋은.
спаси́|бі, ~**біг** 감사합니다.
Спаси́тель (-ля) *m* 구세주(그리스도).
спаси́тель (-ля) *m* 구조자, 구세주.
спаску́дити (-джу, -диш) *P vt* ~을 더럽히다.
спа́ти (сплю, спиш) *I vi* 잠자다.
спахну́ти (-ну́, -не́ш) *P vi*; **спаху́вати** (-ую, -уєш) *I vi* 번쩍 비치다, 번쩍거리다.
спац|е́ра (-ри) *f*, ~**і́р** (-це́ру 또는 -ру) = **спаци́р**: піти́ на спаці́р, 산책 나가다.
спа́чити (-чу, -чиш) *P vt* 구부러지다, 휘다.
спе́ка (-ки) *f* 더위, 열.
спе́катися (-а́юся, -а́єшся) *P vi* (~에게서) 없애다.

спекта́кль (-лю) *m* 광경, 볼만한 것.
спекти́ (-ечу́, -ече́ш) *P vt* <빵•과자 등을> (오븐 등의 열로) 굽다.
спектр (-ру) *m* [물리] 스펙트럼,.
спекулюва́ти (-лю́ю, -лю́єш) *I vi, t* 사색하다.
спекуля́нт (-та) *m*, ~я́нтка (-ки) *f* 사색가.
спе́рв|а *adv.* 처음에는, 최초에는.
спе́р|ед *adv.* 전에, 이전에, 일찍이, 이미.
спереди́ти (-джу́, -ди́ш) *P vt;* **спережа́ти** (-а́ю, -а́єш) *I vt* 달려서 이기다.
спересе́рдя *adv.* 성내어, 화내어.
спереча́ння *n* (행위) 논쟁, 논의.
спереча́ти (-а́ю, -а́єш) *I vt;* **спере́чити** (-чу, -чиш) *P vt* 부인[부정] 하다.
спе́рма (-ми) *f* 정액.
спе́рти (зіпру́, зіпре́ш) *P vt;* **спира́ти** *I*) (스스로) 멈추다.
спе́рш, ~у *adv.* 처음에는, 최초에는.
спец (-ца) *m Abbr.*: спеціалі́ст, 전문가.
спеціял|іза́ція (-ії) *f* 특수[전문]화.
спеча́лити (-лю, -лиш) *P vt* [보통 수동형] (정신적•육체적으로) 괴롭히다,.
спе́чений (-на, -не)* 구운, 탄.
спиж (-жу́) *m* 놋쇠.
спижа́рня (-ні) *f* (가정의) 식료품 저장실.
спиж|еви́й, ~о́вий (-ва, -ве) 놋쇠질(質)의.
спин (-ну) *m* 멈춤, 중지, 휴지.
спи́на (-ни) *f* (사람의) 등.
спина́ти (-а́ю, -а́єш) *I vt;* (сп'я́сти *P*) 단추를 채우다.
спини́ти (-иню́, -и́ниш) *P vt;* (спиня́ти *I*) 멈추다, 중단하다.
спирт (-ту) *m* 주정, 알코올.
спис (списа́) *m* 창, 투창.
спис (-су) *m* = ~ок (-ска) *m* 기록, 공문서.
списа́ти (спишу́, спи́шеш) *P vt;* **спи́сувати** (-ую, -уєш) *I vt* 기재하다, 등기[등록]하다.
спи́сув|ання *n* (행위) 복사, 모방.
спит (-ту) *m* 연구, 탐구.
спита́ти (-а́ю, -а́єш) *P vt;* -ся *P vi* 묻다, 질문하다.

спитлювати (-люю, -люєш) *P vt* 체로 치다.
спиток (-тку) *m* 시험, 검사.
спихати (-аю, -аєш) *I vt*; (зіпхнути *P*) 아래로 밀다.
спішна *adv.* 진지(엄숙)하게.
спів (-ву) *m* 노래부름.
співати (-аю, -аєш) *I vt* <노래를> 부르다.
спів|ацький (-ка, -ке) 노래하는, 가수의.
співвідносн|ий (-на, -не)* 상관적인.
співвласн|ик (-ка) *m*, ~иця (-ці) *f* 협동자.
співділати (-аю, -аєш) *W.U.* = співдіяти (-ію, -ієш) *I vt* 공동으로 일하다.
співець (-вця) *m* = співак; 시인.
співзвук (-ка) *m* [문법] 자음.
співливий (-ва, -ве)* 노래하는 것을 좋아하는.
спів|ний (-на, -не)* 노래하는, 지저귀는.
співонути (-ну, -неш) *P vi* 크게 (갑자기) 노래하기 시작하다.
співпрацювати (-цюю, -цюєш) *I vi* 협력하다.
співпраця (-ці) *f* 협력, 협동.
співробітн|ик (-ка) *m*, ~иця (-ці) *f* 협력자, 부역자.
співрядний (-на, -не)* 같은, 동등한.
співувати (-ую, -уєш) *I vi* 때때로(가끔) 노래하다.
спів|учасник (-кз) *m*, ~учасниця (-ці) *f* 참가자.
співуч|ий (-ча, -че)* 노래하는 것을 좋아하는.
співчинник (-ка) *m* [수학] 계수.
співчувати (-аю, -аєш) *I vi* (кому): 공명하다.
співчуття *n* 공감, 동감, 호감, 공명.
слід 전치사 생격 지배 = з-під, 밑으로부터.
спід (споду) *m* 밑(바닥).
спідлений (-на, -не)* 타락[퇴화]한.
спідлити (-лю, -лиш) *P vt* (인격•품성•위계 따위)를 떨어뜨리다, 천하게 하다.
спідневідити (-джу, -диш) *P vt* 속이다, 기만하다; 현혹시키다.
спідн|иця (-ці) *f* 스커트, 치마.
спідній (-ня, -не) 아래쪽의, 하부의.
спідручний (-на, -не)* 편리한.
спідсподу *adv.* 아래로부터.
спідт|иха, ~ишка *adv.* 몰래, 은밀히.

спізнава́ти (-наю́, -а́єш) *I vt*; **спізна́ти** (-на́ю, -а́єш) *P vt* 인정하다, 인지하다.

спізнава́ння *n* 인식, 인정.

спізне́н|ий (-на, -не)* 늦은, 지연된.

спізни́ти (-ню́, -ни́ш) *P vt*; **спізн|ювати** (-нюю, -нюєш), ~я́ти (-я́ю, -я́єш) *I vt* 속력을 늦추다.

спізню́вання *n* (행위) 지연하는, 시간을 끄는.

спійма́ти (-а́ю, -а́єш) = **спійня́ти** (-йму́, -ймеш) *P vt* (갑자기) (붙)잡다.

спі́йний (-на, -не)* 접착력이 있는.

спійн|и́ця (-ці) *f* [의학] 결막염.

спі́кер (-ра) *m* 이야기하는[말하는] 사람.

спі́л|ий (-ла, -ле)* 익은, 성숙한.

спі́лк|а (-ки) *f* 공동, 협력, 제휴, 연합.

спілчан|ин (-ина) *m* 협동자, 파트너.

спі́льжити (-жу, -жиш) *P vt*; **спі́льжувати** (-ую, -уєш) *I vt* 가볍게 하다.

спі́льн|ий (-на, -не)* 공통의, 공동의, 공유의.

спі́мнений (-на, -не) *W.U.* = зга́даний, 언급한.

спімну́ти (-ну́, -не́ш) *P vt W.U.* = згада́ти: (споминати *I*) 간단히 말하다.

спі́нка (-ки) *f W.U.* = шпо́нька, (와이셔츠 등의) 장식 단추.

спір (спо́ру) *m* 말다툼, 싸움, 다툼.

спіра́л|я, ~ь (-лі) *f* [기하] 소용돌이선.

спіре́ць (-рця) *m* [식물] 맥각병.

спіри́т (-та) *m*, ~ист (-та) *m* 강신술(降神術)을 믿는(행하는) 사람.

спір|ка (-ки) *f Dim.*: спір, (화가 나서 하는) 말다툼.

спі́рн|ий (-на, -не) 생산적인.

спі́ти (-і́ю, -і́єш) *I vi* 성숙[원숙]하다.

спі́ткання *n* 만남.

спітка́ти (-а́ю, -а́єш) *I vt* (우연히) 만나다.

спіткну́тися (-ну́ся, -не́шся) *P vi*; (спотика́тися *I*) <발이> 걸리다.

спітні́лий (-ла, -ле)* 땀으로 덮인.

спітні́ти (-ні́ю, -і́єш) = **спітняві́ти** (-і́ю, -і́єш) *P vi* 땀흘리다.

спіх (-ху) *m* 급함, 급속, 신속; 기민함.

спіч (-ча) *m* 말, (일반 적으로) 언어.

спіши́ти (-шу́, -ши́ш) *I vt* <사람•일을> 재촉하다.
спішн|и́й (-на́, -не́) 빠른, 신속한; 재빠른.
сплав (-ву) *m* 뜨는 물건.
сплава́чка (-ки) *f* 부양(浮揚).
спла́ви (сплав) *pl* 출혈.
спла́влення, ~ля́ння *n* 뗏목으로 목재 운송.
спла́вити (-влю, -виш) *P vt*; **сплавля́ти** (-я́ю, -я́єш) *I vt* <액체를> 흘리다.
сплавн|и́й (-на́, -не́) <하천•바다 등이> 항행할 수 있는.
спла́кати (-ла́чу, -а́чеш) *P vi* 울기 시작하다.
сплакну́ти (-ну́, -не́ш) *P vi* 잠시 울다.
сплат (-ту) *m*, ~а (-ти) *f* 분할 불입.
сплати́ти (-лачу́, -а́тиш) *P vt*; **спла́чувати** (-ую, -уєш) *I vt* 전액을 지불하다.
сплеска́ти (-а́ю, -а́єш, or -ещу́, -е́щеш) *P vt* 평평하게 하다.
сплесну́ти (-ну́, -не́ш) *P vt*; **спліскувати** *I* (한번) 박수 치다, 손뼉 치다.
сплести́ (-ету́, -ете́ш) *P vt*; **сплітати** *I* 함께 엮다, 함께 땋다.
спле́тн|ик (-ка) *m*, ~иця (-ці) *f* 잡담.
сплигувати (-ую, -уєш) *I vi*; **сплигну́ти** (-ну́, -не́ш) *P vi* 뛰다, 뛰어오르다.
сплін (-ну) *m* [해부] 비장(脾臟), 지라.
спліснілий (-ла, -ле)* 곰팡이가 핀, 곰팡내 나는; 케케묵은, 진부한.
спліснíти (-і́ю, -і́єш) *P vi* 곰팡이가 나게 하다.
сплі́т (спльо́ту) *m* 계획, 안(案), 설계.
спліш *adv.* 두껍게.
спліши́ти (-шу́, -ши́ш) *P vt* 파괴하다.
сплоди́ти (-джу́, -диш) *P vt* (자손을) 보다, 낳다;.
сплю́ха *adv.* 약하게; 힘없이; 희미하게.
сплюга́вити (-влю, -виш) *P vt* 더럽히다.
сплондрува́ти (-ую, -уєш) *P vt* 약탈하다, 노략질 하다.
сплю́нути (-ну, -неш) *P vi*, t; **спльо́вувати** *I* <가래•혈담을> 뱉다.
сплюх (-ха) *m* ~а (-хи) *f* 자는 사람.
сплю́щати (-а́ю, -а́єш) = **сплю́щувати** (-ую, -уєш) *I vt*; **сплю́щити** (-щу, -щиш) *P vt* <눈을> 감다.

сплощий (-ща, -ще)* 졸리는.
сплямити (-млю, -миш) *P vt* 더럽히다.
сплям|лений (-на, -не)*, **~ований** (-на, -не)* 오점 [티, 흠]이 있는.
спля|чий (-ча, -че)* 자는.
спльовувати (-ую, -уєш) *I vt*, t; (сплюнути *P*) (때때로) <침을> 뱉다.
спобігати (-аю, -аєш) *I vt*; спобігти (-іжу, -іжиш) *P vt* 따라잡다.
сповенити (-ню, -ниш) *P vt dial.* 넘치다, 범람하다.
сповзати (-аю, -аєш) *I vi*; сповзти (-зу, -зеш) *P vi* 미끄러지다.
сповивати (-аю, -аєш) *I vt*; (сповити *P*) <특히 젖먹이를> 강보로 싸다.
сповивач (-ча) *m* (옛날에 갓난아이를 감싸던) 가늘고 긴 천.
сповидний (-на, -не)* 상상의.
сповит|ок (-тку) *m* (옛날에 갓난아이를 감싸던) 가늘고 긴 천, 강보.
сповитуха (-хи) *f* 조산사, 산파.
сповід|альниця (-ці) *f* 고해소[실].
сповідати (-аю, -аєш) *I vt* 자백하다, 고백하다.
сповідник (-ка) *m* 고백자.
сповідь (-ді) *f* 자백, 고백.
сповірити (-рю, -риш) *P vt*; сповіряти (-ряю, -яєш) *I vt* <비밀을> 털어놓다.
сповісти (-ім, -іси) *I vt* 말하다, 이야기하다.
сповістити (-іщу, -істиш) *P vt*; сповіщати (-аю, -аєш) *I vt* 알리다, 알려 주다.
сповіщення *n* 공고, 고시.
сповна *adv.* 충분히, 완전히.
сповнений (-на, -не)* 성취[완료, 완성]된.
сповнити (-ню, -пиш) *P vt*; сповн|ювати (-нюю, -нюєш), **~яти** (-яю, -яєш) *I vt* 이행하다.
спогад (-ду) *m* 기억; 추억, 회상.
спогадати (-даю, -аєш) *P vt*; спогадувати (-ую, -уєш) *I vt* 생각해 내다.
споганити (-ню, -ниш) *P vt*; споганювати (-нюю, -нюєш) *I vt* 더럽히다.
спогляд|альний (-на, -не)* 정관적[관조적]인.

споглядáти (-áю, -áєш) *I vi*; спогля́нути (-ну, -неш) *P vi* 묵상[명상]하다.

спогóнити (-óню, -óниш) *P vt* 따라잡다.

спограти (-áю, -áєш) *P vt* (싸워서) 이기다.

спогрівáти (-áю, -áєш) *I vt*; спогрíти (-íю, -íєш) *P vt* 납땜하다.

спогу́дити (-джу, -диш) *P vt* 비난하다.

сподáвній (-ня, -нє) 옛날의, 먼 옛날의.

сподíв|аний (-на, -не)* 기대된, 예상된.

сподівáтися (-áюся, -áєшся; *W.U.* -íюся, -íєшся) *I vi* 기대하다, 예기[예상]하다.

сподíтися (-íюся, -íєшся) *I vi W.U.* = сподівáтися; 숨다; 길을 잃다; 정신 팔리다; 보이지 않게 되다.

сподíяти (-íю, -íєш) *P vt* 만들다, 짓다.

сподні (-день) *pl W.U.* = штани́, 승마용 바지.

сподóб|а (-би) *f*, ~áння *n* 즐거움.

сподóбати (-áю, -áєш) *P vt* = уподóбати, 좋아하다.

сподóбити (-дóблю, -óбиш) *p vt*; сподобля́ти (-я́ю, -я́єш) *I vt Archaic* 꾸미다, 장식하다.

сподóбний (-на, -не)*: він нам сподóбний, 우리는 그를 좋아한다.

спод|óвик (-ка) *m* 추.

споживáти (-áю, -áєш) *I vt*; (спожи́ти *P*) 다 써 버리다.

спожива́ч (-ча) *m* 소비자.

спожи́вити (-и́влю, -и́виш) *P vt*; споживля́ти (-я́ю, -я́єш) *I vt* (사람·생물을) 기르다.

спож|и́вний (-на, -не) 소비의.

спожиткувáти (-у́ю, -у́єш) *P vt* <산야 등을> 개척하다.

споза|дáвна *adv.* 매우 오래 전에.

спозирáти (-áю, -áєш) *I vi*; спозирну́ти (-ну́, -не́ш) *P vi* (на кого́): 흘끗 보다, 잠깐 보다.

споі́ти (-ю́, -о́їш) *P vt*; (споюва́ти *I*) 납땜하다.

спока́ятися (-áюся, -áєшся) *P vi* 맹세코[단언] 그만두다.

спокв|о́лу, ~оля́ *adv.* 조금씩, 점점.

спокíй (-кою) *m* 고요, 한적, 정적.

спокíйн|енький, ~е́сенький (-ка, -ке)* *Dim.:*

спокі́йн|ий (-на, -не)* 조용한, 고요한.
спокої́ти (-ко́ю, -ої́ш) *I vt* 달래다.
споконві́ку *adv.* 태곳적부터.
споку́са (-си) *f* 유혹.
спокуси́ти (-ушу́, -у́сиш) *P vt*; (спокуша́ти *I*) (못된 짓·어리석은 짓 따위로) 꾀다.
споку́с|ливий (-ва, -ве)* 유혹적인.
споку́та (-ти) *f* 회개, 참회, 속죄.
спокутува́ти (-ту́ю, -у́єш) *P vt* (죄 따위를) 보상하다, 갚다, 속죄하다.
споле́ний (-на, -не) 잡초를 제거한, 잡초를 뽑은.
сполі́скувати (-ую, -уєш) *I vt*; (сполоска́ти *P*) 헹구다, 부시다.
сполові́лий (-ла, -ле)* 변색한, 더럽혀진, 퇴색한, 시든, 색이 바랜; 쇠퇴한, 흐려진, 손상된.
сполові́ти (-і́ю, -і́єш) *P vi* (희미해져) 사라지다, 안색(혈색)이 나빠지다.
сполови́ти (-і́ю, -і́єш) *P vt* 곡물을 씻다; 씻어서 깨끗이 하다.
сположи́ти (-ложу́, -о́жиш) *P vt*; — на ру́ки кому́, <책임·임무 등을> 맡기다, 위임하다.
споломені́ти (-і́ю, -і́єш) *P vi* 붉어지다.
споло́х (-ху) *m* (갑자기 느끼는) 공포.
сполоха́ти (-а́ю, -а́єш) *P vt* ~을 깜짝(흠칫) 놀라게 하다, 겁먹게 하다.
сполу́д|енок (-нку) *m* 오후(정오에서 일몰까지).
сполу́ка (-ки) *f* 접합, 연합, 결합, 연락.
сполуча́ти (-а́ю, -а́єш) = сполу́чувати (-чую, -уєш) *P* 결합하다.
сполу́ч|ений (-на, -не)* 연속된, 일관된.
споло́вати (-лю́ю, -лю́єш) *P vt* 잡다.
спольо́ваний (-на, -не) 사살된.
спо́ль|ська *adv.* 폴란드식으로.
спома́гання *n* 받침, 떠받침.
спома́гати (-а́ю, -а́єш) *I vt*; (спомогти́ *P*) 돕다.
спо́мин (-ну) *m* 기억.
спомина́ти (-а́ю, -а́єш) *I vt*; (спом'яну́ти *P*) 간단히 말하다, 언급하다.
спо́на (-ни) *f W.U.* 걸쇠, 죔쇠.
спона́джений (-на, -не) 여느 때와 다름 없는.
спона́джувати (-ую, -уєш) *I vt*; спона́дити (-джу,

-диш) *P vt* 익히다, 익숙케 하다.
споневіря́ти (-я́ю, -я́єш) *I vt* 돌보지 않다.
споночі́ти (-і́є, 3rd pers. sing) *P vi* [무인칭] (밤이) 오다.
спонта́ні|чний (-на, -не)*, ~а́нний (-нна, -нне)* 자발적인, 임의의.
спону́ка (-ии) *f* 유도, 유인.
спону́кати (-аю, -аєш) *P vt*; **спону́кувати** (-кую, -уєш) *I vt* <일을> 강력히 행하다.
спопели́ти (-лю́, -ли́ш) *P vt* 줄이다, 감소시키다.
спо́ра (-ри) *f* [식물] 아포(芽胞).
спорадичн|ий (-на, -не)* 때때로 일어나는.
спо́рати (-аю, -аєш) *P vt* 끝내다, 마치다.
спо́рзний (-на, -не)* 더러운, 불결한.
спо́рий (-ра, -ре)* 빠른, 급속한, 신속한.
спо́рити (-рю, -риш) *I vi*; -ся *I vi* (про, проти) 논쟁하다, 논의하다.
спори́ти (-рю́, -ри́ш) *P vt* 늘이다, 불리다.
спори́ш (-шу́) *m* [식물] 맥각병(麥角病).
спорі́днен|ий (-на, -не)* 관계가 있는, 관련된.
спорідни́ти (-і́дно, -і́дниш) *P vt*; **спорідн|ювати** (-нюю, -нюєш), ~я́ти (-я́ю, -я́єш) *I vt* (혼인, 피로) 친족 관계를 갖게 하다.
спорли́вий (-ва, -ве)* 싸우기 좋아하는.
спо́ро *adv.* 빨리, 서둘러; 곧, 얼른.
спороди́ти (-оджу́, -о́диш) *P vt*; **споро́джувати** (-ую, -уєш) *I vt* ~을 낳다; ~의 원인이 되다.
спорожни́ти (-ню́, -ни́ш) *P vt*; **спорожня́ти** (-я́ю, -я́єш) *I vt* <그릇 등을> 비우다.
спорожні́ти (-і́ю, -і́єш) *P vi* 비다, 비워지다.
споро́ти (спорю́, -о́реш) *P vt* 벗겨[찢어, 베어]내다.
спорохні́вка (-ки) *f* 썩은 나무 더미.
спорохня́вілий (-ла, -ле)* 곰팡이가 핀, 곰팡내 나는.
спорохня́віти (-і́ю, -і́єш) *P vi* 썩다, 부패하다.
спороши́ти (-ошу́, -о́шиш) *P vt* 가루(먼지, 눈) 으로 덮다.
спо́рскати (-аю, -аєш) *P vt* (흙)뿌리다, 끼얹다.
спорска́ти (-а́ю, -а́єш) *I vi*; **спорсну́ти** (-ну́, -не́ш) *P vi* 달아나다.

спорт (-ту) *m* 스포츠, 운동, 경기.
спору́д|а (-ди) *f*, **~ження** *n* 구조, 기구, 조직, 구성, 조립.
спору́джувати (-жую, -уєш) *I vt*; **сроруди́ти** (-уджу́, -у́диш) *P vt* 짓다, 세우다, 건축하다.
спору́дник (-ка) *m*, **~иця** (-ці) *f* 건설자, 건조자.
спору́житися (-жуся, -жи́шся) *P vi dial.* (на що): 야기하다, 초래하다.
спорхну́ти (-ну́, -не́ш) *P vi* 내뿜다.
споряджа́ти (-а́ю, -а́єш) *I vt*; **споряди́ти** (-джу́, -ди́ш) *P vt* 짓다, 고정시키다.
спосере́д 전치사 생격 지배. = з-посере́д, ~의 가운데서.
спо́сіб (-собу) *m* 방법, 방식, 풍습, 습관.
спосо́б|ий (-на, -не)* *W.U.* 적당한, 알맞은.
способи́ти (-блю, -биш) *P vt* 준비하다, 마련하다.
спостеріга́ти (-а́ю, -а́єш) *I vt*; **спостерегти́** (-режу́, -еже́ш) *P vt* 지각(知覺)하다, 감지(感知)하다.
спостер|е́ження *n* 관찰; 정탐; 감시.
спостига́ти (-а́ю, -а́єш) *I vt*; **спости́гти** (-гну, -гнеш) *P vt* 따라잡다, 따라붙다.
спота́ння *adv.* 몰래, 은밀히.
спотво́рений (-на, -не)* (모양이) 일그러진, 뒤틀린, 변형된, 보기 흉한; 기형의; 불구의; 불쾌한.
спотво́рити (-рю, -риш) *P vt*; **спотво́рювати** (-рюю, -рюєш) *I vt* <손·발 등을> 절단하다.
спотика́йло (-ла) *m* 절름발이, 절뚝거리는 사람.
спотика́тися (-а́юся, -а́єшся) *I vi*; (спіткну́тися *P*).
спотика́ч (-ча́) *m* 독한 버찌 술.
спотино́ву *adv.* 다시, 또, 다시[또] 한 번.
спо́т|иньга *adv.* 몰래, 은밀히.
споті́ти (-і́ю, -і́єш) *P vi* 땀을 흘리다.
спотреби́ти (-блю́, -би́ш) *P vt*; **спотребля́ти** (-я́ю, -я́єш) *I vt* ~을 사용[이용]하다.
спотребо́вувати (-ую, -уєш) *I vt*; **спотребува́ти** (-у́ю, -у́єш) *P vt* <돈을> 쓰다, 소비하다.
спохвати́тися (-а́чуся, -а́тишся) *P vi* 숙고하다, 생각해 내다.
спо́хвату *adv.* 순식간에, 눈 깜짝할 사이에.
спохи́лий (-ла, -ле)* 약간 경사진, 조금 기울어진.
спохму́ра *adv.*: дивитися —, 눈살을 찌푸리다.

спохмурніти (-ію, -ієш) *P vi* 눈살을 찌푸리다, 얼굴을 찡그리다.

споховá *adv. dial.* 의심[불신]의 눈으로.

спóх|ола, ~олом = спохилó, *adv.* 경사져서.

спочáтку *adv.* 처음에는, 최초에는, 시초에, 우선 처음에는.

спочив (-ву) *m,* ~áння *n* 휴식, 휴양; 수면.

спочивáти (-áю, -áєш) *I vt*; (спочи́ти *P*) 쉬게 하다, 휴양시키다.

спочи́в|ище (-ща) *n* 휴식처, 휴양지.

спочи́н (-ну) *m,* ~ок (-нку) *m* 휴식, 휴양.

спочувáти (-áю, -áєш) *I vi*; (спочу́ти *P*) 공명하다, 동감하다, 찬성[동의]하다.

спочут|ли́вий (-ва, -ве)*, ~ни́й (-нá, -нé)* 동정심 있는, 동정적인.

спóщений (-на, -не)* 너무 많이 단식해서 지친.

спрáва (-ви) *f* 일, 사건.

спрáва *adv.* 오른쪽으로, 우측으로.

справдéшній (-ня, -нє)* 진짜의, 진정한, 진실의.

спрáвдження *n* 확인, 조회; 입증, 증명.

спрáвджувати (-ую, -уєш) *I vt*; спрáвдити (-джу, -диш) *P vt* 증명[입증]하다, 증거를 대다, 확증하다.

спрáвді *adv.* 정말로, 실제로.

справді́шній (-ня, -нє) 진짜의, 진정한.

справдóвуватися (-уюся, -уєшся) *I vi* 정당화하다.

справедли́в|ий (-ва, -ве)* <사람•행위 등이> 올바른, 공정한.

спрáвець (-вця) *m* 작가.

спрáвжн|ій (-ня, не)* 참, 진실.

справи́лля *n* 준비물, 외형.

спрáвити (-влю, -виш) *P vt*: (справля́ти *I*) 주다, 영향을 주다.

спрáвн|ий (-на, -не)* 기술 있는, 영리한.

справоздáння *n W.U.* = звіт, 언급, 레포트.

справувáння *n* 행위, 행동.

справувáти (-ую, -уєш) *I vt* 처리하다, 주어지다.

справýнок (-нку) *m W.U.* 사업, 일.

спрáзнити (-ню, -ниш) *P vi dial.* 축하하다.

спрацювáти (-цю́ю, -цю́єш) *P vt* 지치다, 피곤하다.

спрацьо́ван|ий (-на, -не)* 힘든 일로 지친.
спре́ж|а, ...деві́ку, -ві́ку *adv.* 예로부터.
спресо́вувати (-ую, -уєш) *I vt*; спресува́ти (-у́ю, -у́єш) *P vt* 억압하다.
сприйма́|льний (-на, -не)* 접대의.
сприйма́ти (-а́ю, -а́єш) *I vt*; сприйня́ти (-йму́, -ймеш) *P vt* 수용하다, 받아들이다.
сприйня́тлив|ий (-ва, -ве)* 수용하는, 받아들이는.
сприкри́ти (-рю́, -ри́ш) *P vt*; сприкрюва́ти (-рю́ю, -рю́єш) *I vt* (собі́ що): 피곤하게 하다, 힘들게 하다.
сприт́н|ий (-на, -не)* 영리한, 위트가 있는.
спричини́ти (-чиню́, -и́ниш) *P vt*; спричиня́ти(-я́ю, -я́єш) *I vt* 이유가 있게 하다.
спричини́тися (-ню́ся, -нишен) *P vi* 미치다.
сприятели́тися (-лю́ся, -ли́шся) = сприятелюва́тися (-лю́юся, -лю́єшся) *P vi* (з ким): 친하게 되다, 친구가 되다.
сприя́ти (-я́ю, -я́єш) *I vi* (кому́): 잘되길 바라다.
сприя́тлив|ий (-ва, -ве)* 존경하는.
спро́б|а (-би) *f* 시도, 테스트.
спро́бувати (-ую, -уєш) *P vt* 시도하다.
спрова́джувати (-ую, -уєш) *I vt*; спрова́дити (-джу, -диш) *P vt* 발생시키다, 생기게 하다.
спровоко́ваний (-на, -не)* 화가 난.
спровокува́ти (-у́ю, -у́єш) *P vt* 화가 나게 하다.
спрово́л|а = , -ока *adv.* 천천히: говори́ти -느리게 말하다.
спродава́ти (-даю́, -а́єш) *I vt* = спродува́ти: (спрода́ти *P*) 다 팔다; -ся *I vi* 다 팔리다.
спро́д|аж (-жу) *m* 판매.
спро́дувати (-ую, -уєш) *I vt* = спродава́ти.
спрожи́ток (-тку) *m* 생필품.
спрожо́гу *adv.* 갑자기.
спроквола́ *adv.* 서두르지 않고.
спромі́ж *adv.* = з-промі́ж, 여럿 가운데.
спромо́га (-ги) *f* 가능성.
спромо́ж|ний (-на, -не)* 할 수 있는, 가능성이 있는.
спроневі́рення *n W.U.* 불신임.
спроневі́рити (-рю, -риш) *P vt*: спроневі́р|ювати

(-рюю, -рюєш), -яти (-яю, -яєш) *I vt* W. U. 공금을 횡령하다.

спроси́ти (-ошу́, -о́сиш) *P vt*: (спро́шувати *I*) 여러 사람을 초대하다.

спросо́н|ку, -ня *adv*. 잠결에, 자는 동안에.

спро́ста *adv*. 평범하게, 일반적으로.

спрости́ти (-ощу́, -о́стиш) *P vt*: (спрощувати *I*) 평평하게 하다, 간단하게 하다.

спросто́вання, -ування *n* 개정, 수정.

спростовувати (-ую, -уєш) *I vt*; спростувати (-ую, -уєш) *P vt* 올바르게 고치다.

спроти́вити (-влю, -виш) *P vt* 반대하다.

спрягну́ти (-ну, -неш) *P* 점프하다.

спря́жити (-жу, -жиш) *P vt* 고기를 굽다.

спря́мити (-млю, -миш) *P vt* 똑바로 만들다.

спрямо́ваний (-на, -не) 직접적인.

спрямо́вувати (-ую, -уєш) *I vt*; спря́тувати (-ую, -уєш) *P vt* 똑바로 하다.

спря́тати (-аю, -аєш) *P vt*: (спрятувати *I*) 옮기다, 깨끗하게 치우다.

спузи́рити (-рю, -риш) *P vi*, 부풀다, 붓다.

спузирі́ти (-ію, -ієш) *P vi* 부풀다.

спуск (-ку) *m*, -ання *n* 강하, 세습.

спуска́ти (-аю, -аєш) *I vt*: (спустити *P*) 내려가다, 강하하다, 세습하다.

спуст (-ту) *m* 측정.

спусті́лий (-ла, -ле)* 쓰레기가 된, 쓸모없게 된.

спусти́ти (-і́ю, -і́єш) = спусткувати (-ую, -уєш) *P vi* 쓸모없게 되다.

спуха́ти (-аю, -аєш) *I vi*: (спухнути *P*) 부어오르다.

спу́хлий (-ла, -ле)* 부어 오른.

сп'янчи́ти (-чу, -чиш) *P vt* 취하게 하다.

срамо́тній (-ня, -не) 부끄러운.

срі́блення *n* 은으로 덮임.

срібли́ти (-лю, -лиш) *I vt* 은으로 입히다, 은도금을 하다.

сріблогла́в (-ва) *m* 은 브로치.

срі́блиний (-на, -не) = срі́бний (-на, -не) 은의, 은으로 된.

срібни́ти (-ню, -ниш) *I vt* 은도금을 하다.

срібн|я́к (-ка́) *m* 은전.
сса́ти (ссу, ссе́ш) *I vt* 술을 마시다, 빨아들이다.
СССР *Abbr.* 헌 러시아.
ссу́чий (-ча, -че) 술을 마신.
стабіліз|а́тор (-ра) *m* 안전화 시키는 사람, 안전장치; (-ности) *f* 안정성.
став (-ву) *m* 연못, 인공 호수.
става́ти (стаю́, стає́ш) *I vi*: (ста́нути, ста́ти *P*) 멈추다, 정지하다.
ста́вити (-влю, -виш) *I vt* 건설하다, 세우다.
став|ле́ння, -ля́ння *n* 장소에 놓는 행위.
ста́вма *adv.* 똑바로.
ста́вний (-на, -не) 연못의.
ста́вність (-ности) 우아한, 엘레강스한.
стадіо́н (-ну) *m* 스타디움.
ста́дія (-ії) *f* 양상, 현상.
ста́до (-да) *n* 가축의 떼, 무리.
ста́|єнка (-ки) *f Dim.*: 마구간, 외양간.
стайн|и́ця (-ці) *f*, -я (-ні) *f* 외양간, 마구간.
стака́н (-на) *m Russ.* = скля́нка, 컵.
сталева́р (-ра) *m* 제련공, 제련업자.
сталев|и́й (-ва, -ве)* 철의, 철로 된.
ста́лий (-ла, -ле)* 외양간, 공장.
сталин|а́ (-ни́) *f* 대륙.
сталити (-лю, лиш) *I vt* 강철을 입히다, 단단하게 하다.
ста́лість (-лости) *f* 굳음 단단함.
ста́ло *adv.* 굳게, 단단하게.
сталь (-лі) *f* 철, 쇠.
сталька́ (-ки́) *f* 조각.
стан (-ну) *m* 상태, 컨디션.
станда́рт (-ту) *m* 표준, 기준, 모델.
ста́ник (-ка) *m Dim.*: стан, 작은(잘룩한) 허리.
стани́ця (-ці) *f* 코사크 마을.
станів|ки́й (-ка́, -ке́), -ни́й (-ні, -не) 완전한 성인.
станіти (-ію, -ієш) *I vi W.U.* = здешеві́ти, 싸게 되다, 가격이 내리다.
станови́й (-ва́, -ве́) 위치의.
станови́ти (-овлю́, -бвиш) *I vt* 설정하다, 구성하다, 만들다.
станови́ще (-ща) *n* 기준, 상태, 위치.

стану́ти (-ну, -неш) *P vi* = ста́ти: (става́ти *I*); = розта́нути, 녹이다, 용해하다.

ста́нц|ія (-ії) *f Archaic* 역, 아파트, 방.

стара́ (-рої) *f* 늙은 여자: *Colloq.*: 아내.

стара́нн|ий (-нна, -нне)* 조심스러운, 주의 깊은.

стара́скатися (-каюся. -аєшся) *P vi* 조심스럽게 내려오다.

стара́ти (-раю, -аєш) *I vt* 주의하다, 조심하다.

стара́тися (-раюся, -аєшся) *I vi.* 노력하다.

стар|е́зний (-на -не)*, -е́нний (-нна, -нне)* *Augm.*: старий, 아주 늙은.

стари́й (-ра, -ре) 늙은, 나이가 많은, 옛날의.

стар|и́к (-ка) *m* 늙은 사람.

старі́тися (-іюся, -ієшся) *I vi* 늙다.

ста́р|ший (-ша, -ше) *Comp.*: старий, 더 나이가 많은.

старкува́тий (-та, -те)* 늙은, 늙게 보이는.

старли́вий (-ва, -ве) 부지런한, 주의 깊은.

старов|ина́(-ни́) *f* 옛날, 오래 전 시간.

старо|ві́р (-ра) *m*, -ві́рець (-рця) *m* 오랜 신앙자.

ста́р|оста (-ти) *m* 마을의 장.

старощі́ (-ів) *pl* 나이가 많은.

старува́ти (-ую, -уєш) *I vi* 오래 살다.

стар|ува́тий (-та, -те)* 나이가 많은, 늙은.

стар|уно́к (-нку) *m* 주의, 조심.

стар|у́ха (-хи) *f* 늙은 여자.

старше́нький (-ка, -ке) *Dim.*: старший, 제일 나이가 많은.

ста́рший (-ша. -ше) *Comp.*: старий. 나이가 많은.

старш|и́й (-шого) *m* 아주 뛰어난 사람, 지배자, 우두머리.

стасува́ти (-ую, -уєш) *P vt* 나이 순 대로 정하다.

стате́вий (-ва -ве)* 선정적인.

стате́чн|е *adv.* 계속적으로, 지속해서.

ста́тика (-ки) *f* 정적기.

стати́ст (-та) *m*, -ик (-ка) *m*, -тка(-ки) *f* 통계학자; -ика (-ки) *f* 통계학.

стати́чний (-на, -не)* 통계의.

статкува́ти (-ую, -уєш) *I vi* 규칙적인 삶으로 이끌다.

ста́тн|ий (-на, -не), -і́й (-ня, -не) = статечний;

건강한, 잘 된.
статні́ти (-ю, -єш) *I vi* 건강하게 된다.
ста́ток (-тку) *m* 번영, 번창.
стаття́ (-тті́) *f* 논문: передова́- 논문 번역.
стату́р|а (-ри) *f* 형태, 유형.
ста́тус (-су) *m* 상황.
стату́т (-ту) *m* 법규, 규칙.
стать (-ті) *f* 실패, 입장, 위치, 상황.
ста́ція (-ії) *f* 기차역.
стве́рджати (-а́ю, -а́єш) = стве́рджувати (-ую, -уєш) *I vt*: стверди́ти (-джу, -диш) *P vt* 확고히 하다, 확신하다.
стве́рджений (-на, -не)* 확고히 된, 견고한.
стверд|і́лий (-ла, -ле)* 굳은, 견고한.
стверді́ти (-ю, -єш) = стве́рднути (-ну, -неш) *P vi* 굳건히 하다.
ство́рен|ий (-на, -не) 창조된.
створи́тель (-ля) *m* 창조자.
створи́ти (-орю́, -ориш) *P vt*; ство́рювати (-рюю, -рюєш) *P vt* 창조하다.
створі́ння *n* 창조물.
стебур'я́ *n Coll.* 줄기.
сте́ж|ка (-ки) *f* 길, 도보길.
сте́клий (-ла, -ле)* 굳은, 밀집한, 집약된.
стеме́нн|ий (-нна, -нне) 매우 닮은, 똑같은.
стемні́лий (-ла, -ле)* 어두워지는.
стемні́ти (-ю, -єш) *P vi* 불분명하게 되다.
степенува́ння *n* 졸업, 졸업식.
степенува́ти (-у́ю, -у́єш) *I vt* 졸업하다.
сте́пень (-ня) *m* = ступі́нь, 정도, 등급.
степли́тися (-лю́ся, -лишся) = степлі́ти (-ю, -єш) *P vi* 더워지다.
степлі́тися (-ю́ся, -іє́шся) *P vi* 더워지다.
сте́пн|ий (-на, -не) dial. 가능한, 재능이 있는.
стерегти́ (-режу́, -жеш) *I vt* 주의 깊게 보다, 보호하다.
стере́жен|ий (-на, -не) 주의 깊은, 조심스러운.
стерни́н|а (-ни) 그루터기.
стерн|о́ (-на́) *n* 밑동, 그루터기.
стерпі́ти (-плю́, -пиш) *P vt* 참다, 견디다.
сте́рти (зітру́, -треш) *P vt* 훔치다, 닦아내다.

стеря́ти (-я́ю, -я́еш) *P vi* 잃다, 소비하다.
стигма (-ми) *f* 오점, 오명.
сти́гнути (-ну, -неш) *I vi* 추워지다.
стид (-ду or -да) *m* 부끄러움.
стида́ти (-а́ю, -а́єш) = стиди́ти (-джу, -диш) *I vt* 부끄러워하다.
стид|ки́й (-ка́, -ке́), -ли́вий (-ва, -ве)*, -ний (-на, -не) 부끄러워하는.
стика́ти (-а́ю, -а́єш) *I vt* 닫다.
стилі́ст (-та) *m* 스타일리스트.
стиль (-лю) *m* 문체.
сти́мул (-лу) *m* 자극, 격려, 고무.
стина́ння *n* 잘라지는 것.
стира́нка (-ки) *f* 뜨거운 물이나 우유로 된 반죽.
стиск (-ку) *m* 군중, 떼.
стиска́ти (-а́ю, -а́єш) *I vt*: (сти́снути *P*) 누르다, 압박하다.
сти́ски (-ків) *pl* 짧은 숨.
стих (-ха) *m* 시.
сти́ха *adv.* 조용하게.
стихоми́ритися (-рюся, -ришся) *P vi* 조용하게 되다.
сти́ч|ка (-ки) *f* 경우, 기회.
стиша́ти (-а́ю, -а́єш) *I vt*; стиши́ти (-шу, -шиш) *P vt* 조용하게 하다.
сті́йка (-ки) *f* 주의, 보호.
сті́йк|ий (-ка, -ке) 확고한, 굳은.
сті́йл|о (-ла) *n* 쉬는 곳.
сті́йн|ий (-на -не)* 값진, 가치 있는.
стіл (стола or столу) *m* 테이블.
сті́льки *adv.* 그래서, 그렇게 많이.
стін|а́ (-ни́) *f* 벽.
сті́пний (-на, -не) 할 수 있는, 영리한.
стісни́ти (-ню́, -ни́ш) *P vt*; стісня́ти (-я́ю, -я́єш) *I vt* 좁게 하다.
сто (ста) *num.* 백, 100.
стовари́шува́тися (-уюся, -уєшся) *P vi* 친구가 되다.
стовб (-ба) *m* = стовп; -а (-би) *f* 나무의 수직 뿌리.
стовб|ова́тий, -ува́тий (-та, -те)* 기둥처럼.

стовідсотко́вий (-ва, -ве) 백퍼센트.
стовка́ти (-а́ю, -а́єш) *I vt*: (стовкти́ *P*) 조각으로 나누다.
стовма́ *adv*. 직립의, 위로 향한.
стовп (-па́) *m* 기둥.
стовпе́ць (-пця́) *m Dim*.: стовп, 작은 기둥.
стовпи́тися (-плю́ся, -пи́шея; -и́мося, -и́теся) *P vi* 사람들이 많이 몰린.
сто́впище (-ща) *n* 군중, 무리.
стовпі́ти (-і́ю. -і́єш) *I vi* 기둥처럼 서 있다.
сто́вп|ови́й (-ва́. -ве́) 기둥의.
сто́г|ін (-гону) *m*, ~а́ння *n* 신음소리, 끙끙대는 소리.
стогна́ти (-ну́, -не́ш) *I vi* 신음소리를 내다.
сто́г|нача́ (-і́в) *pl* 잦은 신음소리.
сто|годні́й (-ня, -нє) = сторі́чниа, 100년의.
стодо́л|а (-ли) *f*, -я (-лі) *f* 헛간, 광.
стої́ти (-о́ю, -о́їш) *I vi dial*. 비용이 들다.
стол|и́ця (-и́ці) *f* 수도.
столі́т|ній (-ня, -нє) 100년, 1세기.
столо́в|а (-во́ї) *f* = їда́льня, 주방, 식당.
столо́чений (-на, -не)* 짓밟은, 내리 밟은.
столочи́ти (-лочу́, -о́чиш) *P vt*; **столо́чувати** (-ую, -уєш) *I vt* 짓밟다, 짓밟아 부수다.
столя́р (-ра́) *m* 합작자, 파트너.
столя́р|ник (-ка) *m* = столя́р: -я (-ні) 파트너의 작업장.
стоми́ти (-млю́, -миш) *P vt*: **стомл|юва́ти** , (-ю́ю, -лю́єш), -я́ти (-я́ю, -я́єш) *I vt* 지치게 하다, 힘들게 하다.
сто|надцять (-тьох 또는 -ти) *num*. 100 이상.
стонча́ти = **стонша́ти** (-а́ю, -а́єш) *I vt*; **стончи́ти** (-чу́, -чиш) = **стонши́ти** (-шу́, -шиш) *P vt* 더 얇게 만들다.
сто́нчення = **сто́ншення** *n* 얇게 하는 행위.
стопа́ (-пи́) *f* 발, 발자취, 발걸음.
стопи́ти (-плю́, -пиш) *P vt*; **стопл|юва́ти** (-ю́ю, -лю́єш), -я́ти (-я́ю, -я́єш) *I vt* 녹이다, 해결하다.
сто́плений (-на, -не)* 녹은, 해결된.
стопта́ти (-пчу́, -чеш) *P vt*; **стопту́вати** (-у́ю, -у́єш) *I vt* 짓밟다, 내리 밟다.

стопцюва́ти (-цюю, -цюєш) *P vt* 난폭하게 다루다, (인권을) 무시하다.
стопцьо́ваний (-нз, -не)* 짓밟힌.
сторі́ки (-рік) *pl* 수업이 많은 강.
сторі́нка (-ки) *f Dim.*: сторона, 페이지, 장.
сто́рож (-жа) *m* 보호자, 가이드.
сторо́жа (-жі) *f* 보호, 감시.
сторожи́ти (-жу, -жиш) *I vt* 보호하다, 감시하다.
сторож|и́ха (-хи) *f* 가이드의 부인; -і́вство (-ва) *n* 보호 의무.
стор|о́жка (-ки) *f* 감시 초소, 보초 초소.
сторона́ (-ни́) *f* 측면: з ціє́ї сторони́, 이 측면에서; ви́вернути на дру́гу сто́рону, 내부로 돌리다; з дру́гої сторони́, 다른 측면에서; зі всіх (з усі́х) сторі́н, 모든 측면에서.
сторони́ти (-роню́, -о́ниш) *I vi*; -ся *I vi*: (від кого): 혼란스럽게 되다.
сторо́нн|ик (-ка) *m* 부분.
стороно́ю *adv.* 간접적으로, 주위의.
сторопи́тися (-ро́плюся, -о́пишся) = сторопі́ти (-і́ю, -і́єш) *P vi* 혼란스럽게 되다.
сторцюва́ти (-цюю, -цюєш) *I vi* 내밀다, 보여주다.
сторч *adv.* 수직의, 위로 향한.
сторч|ки́ *adv.* = сторч; -о́вий (-ва, -ве) 위로 서 있는.
стосува́ти (-у́ю, -у́єш) *I vt* 적용하다, 적응하다.
стосу́н|ок (-нку) *m* 언급, 관계.
стоти́сячний (-на, -не) 100의.
сто́тне *adv.* 정확하게, 진짜로.
стоя́ти (-ою́, -оі́ш) *I vi* 서 있다.
сто|я́чий (-ча, -че) 서 있는, 똑바로 서 있는.
стра́ва (-ви) *f* 식사, 음식.
страви́ти (-влю, -виш) *P vt* 소화하다.
страв|не́ (-но́го) *n* 판, 게시판.
стражда́ти (-да́ю, -а́єш) *I vi* 참다.
стра́жн|ик (-ка) *m* 가드, 보호자.
страмни́й (-на́, -не́) *dial.* = стромни́й, 수치스러운, 불명예스러운.
страсть (-ті) *f* 열정.
стра́та (-ти) *f* 경제적 벌.
страте́г (-га) *m* 전략가, 전쟁리더.

страх *m* 공포, 두려움.
страх *adv.* 아주, 가장.
страхати (-хаю, -аєш) *I vt* 두렵게 하다.
страх|ів'я *n.* -іття *n* -іть (-ті) *f* 무서움, 두려움.
страхнутися (-нуся, -нешся) *P vi* 두렵게 되다.
страховина (-ин), -овиння *n* 두려운 대상, 유령.
страхувати (-ую, -уєш) *I vt* 보증하다, 확신하다; -ся *I vi* 보증되다.
страчен|ий (-на, -не)* 수행된.
страш|ний (-на, -не) 무서운, 두려운.
стрепенути (-ну, -неш) *P vt* 흔들다: -ся *P vi* 스스로 흔들다.
стриб (-бу) *m* 점프, 도약.
стрибати (-аю, -аєш) *I vi* (стрибнути *P*) 점프하다.
стривати (-аю, -аєш) *I vi* 기다리다, 머무르다.
стригнути (-ну, -неш) *P vt* 자르다.
стричнний (-на, -не) *W.U.* 아저씨, 삼촌; -ний брат, 사촌; -на сестра, 여자사촌.
стриж|ай (-ая) *m* = стрижій; -ак (-ка) *m* = стригун; 신병, 풋내기.
стрижень (-жня) *m Anat.* 당아욱속.
стриж|ій (-ія) *m* 이발사.
стрижневий (-ва, -ве) 당아욱속의.
стримати (-аю, -аєш) *P*: **стримувати** (-ую, -уєш) *P vt.* 중지하려고 하다.
стрих (-ху) *m W.U.* 다락방, 제일 위층.
стрівати (-аю, -аєш) *I vt* - зустрічати, -를 만나다; -ся *I vi*; 서로 만나다.
стрій (строю) *m* 드레스, 복장.
стріл (-лу) *m* 발포.
стрілецтво (-ва) *n* 사냥.
стріл|ець (-льця) *m* 총을 쏘는 사람.
стрілити (-лю, -лиш) *P vt* = стрелити: (стріляти *I*) 총을 쏘다.
стрілиця (-пі) 화살.
стрілка (-ки) *f Dim.*: стріла. 작은 화살.
стріл|куватий (-та, -те)* *Bot.* 화살 모양.
стрільба (-би) *f* 총.
стрі|льцювати (-цюю, -цюєш) *I vi* 사냥꾼이 되다.
стріль|ня (-ні) *f* = стрільба; -чик (-ка) *m Dim.*: стрілець; -частий (-та, -те) 화살의.

стрім (стро́му) *m* 비탈, 사면.
стріп (-пу) *m dial.* 장작더미.
стріт (-ту) *m* = зустріч, 만남, 미팅.
стрі́тення *n* 만남.
стріть (-ті) *f* = зустріч: іти в –, 만나러 가다.
стріхі́ль (-ля) *m* 무딘 칼.
стрі́ча (-чі) *f* 만남.
стрі́чечка (-ки) *f Dim.*: стрі́чка (-ки) *f* 리본, 테이프.
строї́ти (-ою, -оїш) *I vt.* 장식하다.
строк (-ку) *m* 기간, 날짜.
стром (-му) *m* 절벽, 낭떠러지, 위험한 상태.
стро́чити (-чу, -чиш) *I vt* 바느질하다, 꿰매다.
струг (-га) *m Tech.* 평면, (결정체의) 면.
струга́ (-ги) *f* 작은 흐름.
струга́ти (-аю, -аєш, 또는 -ужу, -ужеш) *I vt*; (стругну́ти *P*) 평평하게 하다.
струг|а́ч (-ча́) *m* 자르는 칼.
стругну́ти (-ну́, -не́ш) *P vt*; (струга́ти *I*) 자르다.
стру́джений (-на, -не)* 피곤한.
стру́джувати (-жую, -уєш) *I vt*; струди́ти (-джу, -диш) *P vt* 피곤하게 하다.
стру́їти (-ую, -уїш) *P vt* 독살하다.
струй|ка́ (-ки́) *f Dim.*: струя́, *dial.* 작은 흐름.
структу́ра (-ри) *f* 구조.
струкува́тий (-та, -те)* 거칠한 목소리가 쉰.
струм (-му) *m* (전기의) 흐름.
струм|е́нт (-ту) *m* 도구, 기구.
струм|і́нь (-меня) *m* 흐름, 추세.
стру́н|а́ (-ни́) *f*, -ва (-ви) *f Mus.* 줄, 끈, 코드.
стру́нк|ий (-ка, -ке) 얇은.
стру́нний (-нна, -нне)* 줄로 된.
стру́нчити (-чу, -чиш) *I vt* 심하게 꾸짖다.
струп (-па) *m* 딱지, 옴.
струпі́ти (-ію, -ієш) *I vi* 딱지로 뒤덮이다.
струпі́шати (-аю, -аєш) *P vi* 썩다, 부패하다.
струп|ки́й (-ка́, -ке́) 딱딱한 땅으로 뒤덮인.
струс (-са) *m* = струсь, *Orn.* 타조.
струс (-су) *f*, -ани́на (-ни́ни) 혼동, 쇼크, 혼란한 상태.
струси́ти (-ушу́, -у́сиш) *P vt*: (стру́шувати *і*) 흔들

다.

стру́сь (-ся) *m Orn.* 타조.

стру́тити (-учу, -утиш) *P vt*: (стру́чувати *I*) *W.U.* 밀다.

струя́ (-уї) = струм, 흐름.

стря́гнути (-ну, -неш) *I vi* 가라앉다, 침몰하다.

стряса́ти (-аю, -аєш) *I vi*, **стрясі́нути, -ти** (-су, -сеш) *P vi* 흔들다.

сту́га (-ги) *adv* 단단하게, 굳건히.

стугни́ти (-ню, -ниш) = **стугоні́ти** (-ню, -ниш) *I vi* 우르르 울리다, 꾸르륵 소리를 내다.

студе́н|ий (-на, -не) 추운, 차가운.

студе́нт (-та) *m*, **-ка** (-ки) *f* 학생.

студи́ти (-джу, -диш) *I vt* 시원하게 하다.

сту́дінь (-ден*І*) *f* 추위, 한기.

студіюва́ння *n* 공부, 학습.

сту́дія (-її) *f* 학습.

студону́ти (-ну, -неш) *P vi* 바람이 강하게 불기 시작하다.

стужа́вілий (-ла, -ле)* 단단하게, 좁게.

стук (-ку) *m* 노크하는 소리.

сту́кати (-аю, -аєш) *I vi*: (сту́кнути *P*) 문을 노크하다.

стукону́ти (-ну, -неш) *P vi* 문을 세게 두드리다.

стукота́ти (-очу, -отиш) *I vi* 소음을 내다, 시끄럽게 하다.

стук-пук (стука-вука) *m W.U.* 탁구.

сту́лений (-на, -не)* 서로 가깝게 된.

стули́ти (-лю, -лиш) *P vt*; **сту́л|ювати** (-юю, -люєш), **-яти** (-яю, -яєш) *I vt* 서로 가깝게 만들다.

стумані́ти (-ію, -ієш) *P vi* = стуманитися; 바보가 되다.

сту́па (-пи) *f* 걸음, 스텝.

ступакува́ти (-кую, -уєш) *I vi* 천천히 걷다.

ступа́ти (-аю, -аєш) *I vi*: (ступи́ти *P*) 걷다, 가다.

ступ|ачо́к (-чка) *m Dim.*: **ступа́к**; **-еник** (-ка) *m* 발자국.

ступі́ти (-ію, -ієш) *P vi* 바보가 되다.

ступня́ (-ні) *f* 발.

стурбо́ваний (-на, -не)* 혼란스러운, 문제가 있는.

стурбува́ти (-бую, -уєш) *P vt* 혼란스럽게 하다;

стусати (-аю, -аєш) *I vt*: (стуснути *P*) мілда.
стусень (-сня) *m* 미는 것.
стухл|ий (-ла, -ле)* 안개가 낀, 뿌연.
стягати (-аю, -аєш) *I vt* (стяг|нуии, -ти *P*) 단단하게 묶다, 연결시키다.
стягнений (-на, -не)* 단단하게 연결된, 묶어진.
суб'єкт (-та) *m* 주제, 주체.
субіч *adv.* 옆에, 근처에.
сублімат (-ту) *m Chem.* 승화물.
субординація (-ії) *f* 의존, 종속상태.
субот|а (-ти) *f* 토요일.
субсид|ія (-ії) *f* 국가의 보조금, 장려금.
субстанц|ія (-ії) *f* 물질, 재료.
сувердéлити (-лю, -лиш) *I vt dial.* 올리다.
суверен (-на) *m* 주권자.
сувор|ий (-ра, -ре)* 심한, 거친.
суглоб (-ба) *m Anat.* 이은자리.
сугерувати (-ую, -уєш) *I vt* 암시하다, 연상시키다.
суг|естивний (-на, -не)* 암시적인, 시사적인.
суд (-ду) *m* 법정.
судд|єва (-воï) *f* 판사의 아내.
суд|дя (-дді) *m* 재판관, 판사.
суд|ець (-дця) *m* 재판관, 판사.
суджен|ий (-на, -не) 운명적인, 숙명적인.
судити (-джу, -диш) *m vi* 계약하다, 약속하다.
судити (-джу, -диш) *I vt* 판단하다.
судний (-на, -не) 가능한.
судник (-ка) *m* 컵 받침.
судов|ий (-ва, -ве) 법정에 속한.
судовне *adv.* 판단에 따라.
судом|а (-ми) *f* 포복, 경련.
судор|га (-ти) *f* 경련.
судосити (-ошу, -осиш) *I vt dial.* = зустріти *I vt*, 만나다.
судьба (-би) *f* = додя. 운명, 숙명.
су|єта (-ти) *f* 자만심; ~тний (-на, -не)* 자만심이 강한.
сукати (-аю, -аєш, 또는 сучу, -чиш) *I vt* 비틀다.
сук|енка (-ки) *f Dim*: сукня, 여자의 드레스.

сукно́ (-на́) *n* 옷, 울 옷.
су́к|ня (-ні) *f* 드레스.
сукра́сити (-а́шу, -а́сиш) *P vt* 장식하다.
сукро́вище (-ща) *n* 살해 장소.
сум (-му) *m* 슬픔, 애도.
сума́ (-ми́) *f* 총계, 총합.
су́меж *adv.* 인접한, 이웃의.
суми́р (-ру) 평화, 하모니, 조화.
сумирні́ий (-на, -не)* 정중한, 친절한.
сумі́жн|ий (-на, -не)* 인접한, 부근의.
сумі́сн|ий (-на, -не)* = суку́пний; **-ик** (-ка) *m* 참여자.
сумі́ти (-і́ю, -і́єш) *I vi* = сумні́ти, 슬프게 되다.
су́міш, -но *adv.* 혼란스럽게.
су́мка (-ки) *f Dim.*: сума́, 소액.
сумли́вий (-ва, -ве)* 슬픈 경향이 있는.
сумлі́нн|ий (-нна, -нне)* 의식이 있는, 의식적인.
сумлі́ння *n* 의식.
сумн|е́нький, -е́сенький (-ка, -ке) *Dim.*: сумни́й (-на́, -не́) 슬픈, 애처로운.
су́мнів (-ву) *m* 의심, 불신.
сумніва́тися (-а́юся, -а́єшся) *I vi* 의심하다.
сумні́вний (-на, -не)* 의심스러운.
су́мність (-ности)* *f* 슬픔, 애도.
су́мно *adv.* 슬프게, 애처롭게.
сумо|ви́тий (-та, -те)* 슬픈.
сумува́ння *n* 슬픔, 애도.
сумува́ти (-му́ю, -у́єш) *I vi* (за ким): 몹시 슬프게 하다.
суни́|ця (-ці) *f* 딸기.
су́нути (-ну, -неш) *I vt* 밀다, 밀어내다.
супере́ка (-ки) *f* 다툼, 분쟁.
супере́чатися (-а́юся, -а́єшся) *I vi* 분쟁하다, 다투다.
супере́чити (-чу, -чиш) *I vi* (кому) 부정하다, 부인하다.
суперл|е́чка (-ки) *f* 다툼, 분쟁.
супе́рн|ик (-ка) *m*, ...**иця** (-ці) *f* 라이벌, 경쟁자.
супе́рничати (-аю, -аєш) *I vi* 경쟁하다.
супі́с|ковий (-ва, -ве)*, -**куватий** (-та, -те)* 모래의.
супла́ття *n* 1) 의복, 2) 빨래.

су́плаш *adv.* 계속해서.
супокі́й (-ко́ю) *m O.S* = спо́кій, (의식, 마음 등)의 조각.
супо́ра (-ри) *f* = підпо́ра, 도움, 원조.
супоста́т (-та) *m O.S.* 적, 경쟁자.
супро́ти, -ив 전치사. 생격. 대항하는, 반대의.
супроти́витися (-влюся, -вишся) *I vi* 반대하다, 저항하다.
супроти́вн|ий (-на, -не)* 반대의.
супру́га (-га) *m Archaic* 남편; -уга (-ги) *f archaic* 아내.
супу́тній (-ня, -не) 반대의.
супу́тник (-ка) *m* 여행자.
суп'яти́тися (-ячуся, -ятишся) *I vi* 멈추다.
сурду́т (-та) *m* 코트.
сурми́ти (-млю, -миш) *I vt* 소리를 내다.
суро́вий (-ва, -ве)* 회색의.
суро́гат (-ту) *m* 존재, 재료.
сус (-са) *m* 뜀, 도약.
сусі́д (-да) *m*, -а (-ди) *f* 이웃.
сусп|енду́вати (-ую, -уєш) *I vt* 걸다, 매달다.
суспі́ль *adv.* 나란히, 협력하여.
суспі́ль|ний (-на, -не)* 사회의, 일반적인.
суте́м|ний (-на, -не)* 매우 어두운.
су́тий (-та, -те) 다양한, 많은.
су́тичка (-ки) *f* 충돌, 전쟁의 발생.
суті́сок (-ску) *m* 매우 좁은 길.
сутіч (-течі) *f* 과정, 흐름.
сутки́ (-ток) *pl* 낮과 밤(24시간).
сутні́й (-ня, -не) 기본적인.
су́то *adv.* 완전히, 진정으로.
сутол|о́ка (-ки) *f* -оч (-чі) *f* 혼동, 엉망.
сутуг|а́ (-ги́) *f* 어려운 상황.
сугу́жн|ий (-на, -не)* 무거운, 힘든.
суфі́кс (-са) *m* 접미사.
суха́р (-ри) *m* 비스켓.
сух|е́нький, -есе́нький (-ка, -ке)* 매우 마른, 건조한.
сухи́й (-ха, -хе) 마른, 건조한.
сухісі́нький (-ка, -ке)* 덜 마른.
сухі́сть (-хости) 건조.
сухі́шати (-аю, -аєш) *I vi* 건조되다.

су́хо *adv.* 마르게, 시원하게.
сухо́та (-ти) 슬픔, 애도.
сухува́тий (-та, -те)* 마른 것.
суці́льн|ий (-на, -не)* 전체의.
суча́к (-ка) *m* 어린 개.
суча́сн|ий (-на, -не) 현재의, 지금의.
суш (-ші) *f* 건조.
суши́ти (сушу, сушиш) *I vt* 말리다, 건조시키다.
суш|иця (-ці) j = сухолі́с; -ко (-ка) *m dial.* 작은 마른 나무.
су́щий (-ща, -ще) *O.S.* 참된, 진정한, 정말의.
суя́т (-та) *m*,-а (-ти) *f W. U.* 어려움, 혼란.
суяти́ти (-ячу, -ятиш) *I vt W.U.* 혼란하게 하다; -ся *I vi* 혼란스럽게 되다.
суятн|ий (-на, -не) *W.U.* 어려운, 혼란스러운.
сфе́р|а (-ри) *f* 지역.
схапа́ти (-паю, -аєш) *P vt* 잡다, 쥐다.
схарактериз|о́ваний (-на, -не)* 특성화 된, 만들어진.
схарапу́дитися (-джуся, -дишся) *P vi* 놀라게 되다.
схвали́ти (-алю, -алиш) *P vt* 해결하다, 제정하다.
схвати́ти (-ачу, -атиш) *P vt* 잡다, 쥐다.
схвилюва́ти (-люю, -люєш) *P vt* (감정이) 움직이다, 만지다. 흥분시키다.
схвильо́ван|ий (-на, -не)* 감정이 움지이는, 흥분 된.
схе́м|а (-ми) *f* 모델, 스키마, 계획.
схи́бити (-блю, -биш) *P vt* 실패하다, 놓치다, 잘못하다.
схибну́ти (-ну, -неш) *P vi* 약속을 지키지 않다, 약속을 깨다.
схід (сходу) *m* 해오름, 상승: - сбнця, 일출; до - сбнця, 새벽까지.
схі́дець (-дця) *m* 스텝.
схі́дній (-ня, -не) 동쪽의.
схі́дний (-на, -не)* -같은.
схі́дність (-ности) *f* 유사함, 같음.
схі́д|ці (-ів) *pl* 계단.
схіснува́ти (-ую, -уєш) *P vt W.U.* 알맞게 하다.
схова́ти (-аю, -аєш) *P vt* 1). 숨기다, 2). 유지하다, 보존하다.

схо́вач (-ча) *m* 숨기는 사람.
сховзну́тися (-ву́ся, -не́шся) *P vi* 미끄러지다.
схо́вище (-ща) *n* 피난, 도피.
схо́д|а (-и) *f*, -и (-дів) *pl* 계단.
сходи́ти (-джу́, -ди́ш) *I vi*: (зійти́ *P*) 오르다.
сходи́ти (-джу́, -ди́ш) *P vt* 거닐다.
схо́д|ка (-ки) *f* 만남의 장소.
схо́ж|ий (-жа, -же)* 닮은, 유사한.
схолоди́ти (-джу́, -ди́ш) *P vt* 춥게 하다.
схолону́ти (-ну́, -не́ш) *P vi* 추워지다.
схопи́ти (-плю́, -пи́ш) *P vt*: **схо́плювати** (-люю, -люєш) *P vt* 잡다, 쥐다.
схоро́нення *n* 보존.
схорони́ти (-роню́, -о́ниш) *P vt*; **схорона́ти** (-я́ю, -я́єт) *I vt* 숨기다, 유지하다.
схоті́нка (-ки) *f* 바람, 기대.
схоті́ти (-о́чу, -о́чеш) *P vi* 어떤 바람을 상상하다.
схрести́ти (-ещу́, -е́стиш) *P vt*; **схре́щувати** (-ую, -уєш) *I vt* 교차하다.
схре́щ|ений (-на, -не)* 교차된.
схуди́ти (-джу́, -ди́ш) *P vt* 마르게 하다.
схуді́ти (-і́ю, -і́еш) *P vi* = схудну́ти.
схуд́лий (-ла, -ле)* 약하게 된.
схудну́ти (-ну́, -не́ш) *P vi* 약하게 되다.
сца́пати (-а́ю, -а́єш) *P vt* 잡다, 쥐다.
сце́н|а (-ни) *f* 무대: ви́йти на сце́ну, 무대에 등장하다.
сюди́ *adv.* 여기로.
сюже́т (-ту) *m* 주제, 문제.
сюрпри́з (-зу) *m* 놀람, 경악.
сюрча́ння *n* 윙윙거리는 소리.
сюрча́ти (-чу́, -чи́ш) *I vi* 윙윙거리다.
ся 재귀사. *part.* 스스로: ми́тися, 스스로 닦다 (무인칭 수동동사): ста́тися, 되다, 발생하다.
ся́бер (-бра) *m* 동료.
сяга́ти (-а́ю, -а́єш) *I vi*; **сягну́ти** (-ну́, -не́ш) *P vi* 도착하다, 도달하다.
сягни́стий (-та, -те)* 걸음을 크게 하는.
сягону́ти (-ну́, -не́ш) *P vi* 도달하기 위해 갑작스런 걸음을 하다.
сяк *adv.* 이렇게, 그래서.

сяка́ти (-а́ю, -а́еш) *I vi* 콧바람을 불다.
сяки́й (-ка, -ке) 그래서, 그렇게.
сям-там *adv.* 여기저기.
ся́ти ся́яти (ся́ю, ся́єш) *I vi*: (сяйну́ти *P*) 빛나다.
ськати (-аю, -аеш) *P vt* 보다.
сьогобі́чний (-на, -не) 강가의.
сього́дн|і *adv.* 오늘의.
сьоголі́т|ній, -ошній (-ня, -не) 여름의.
сього|рі́чний (-на, -не) 올해의.

Т

Т, т (우크라이나어의 23번째 철자).
та *conj.* 그리고, 그러나: сестра́ та брат, 언니와 오빠: зроби́в би це, та не мо́жу, 나는 그렇게 하고 싶지만 할 수가 없다.
та (тіє́ї) *fem. pron.* 그것.
таба́к (-ку) *m*, -а (-ки) *f* 심지가 타서 까맣게 된 부분.
таба́чити (-чу, -чиш) *P vi* 코로 쿵쿵 냄새를 맡다.
табе́л|я (-лі) *I* = **табе́ль** (-бля) *m* 테이블.
табі́вка (-ки) *f W.U.* 가죽 가방.
та́бір (-бору) *m* 캠프.
табл|иця (-ці) *f* 테이블, 칠판.
табори́тися (-орюся, -бришся) *I vi* 캠프에 참여하다.
тава́нити (-ню, -ниш) *I vt* 키를 잡다, 이끌다.
таве́рна (-ни) *f* 여인숙.
тавже́ж *adv.* = авже́ж, 확실하게, 물론.
тавр|о́ (-ра) *n* 기호, 브랜드; -о́ваний (-на, -не)* 표기된.
таврува́ти (-у́ю, -у́єш) *I vt* 표시하다, 브랜드화 하다.
таємн|ий (-на, -не)* 비밀의, 숨겨진.
таж = **тажеж** *conj. Colloq.*, 그러나, 아직; *adv.*

정말로, 확실히, 물론.

таз (-за) *m* 대야, 세숫대.

таїння *n* 비밀 유지.

таїти (таю, таїш) *I vt* 비밀을 유지하다.

тайн|а (-ни) *f* 비밀, 미스테리.

тайстр|а (-ри) *f* 가방.

тайфун (-ну) *m* 태풍.

так *adv.* 그래서, 그렇게.

такання *n* 자주 "예" 라도 말하는 것.

такати (-каю, -аєш) *I vi*: (тікнути *P*) 자주 "예"라도 말하다.

так|елецький (-ка, -ке), -енний (-нна, -нне)* 그러한, 그런.

так|еньки, -ечки *adv. Dim.* 그렇게.

таки *adv.* 아직, 그러므로.

такий (-ка, -ке) 그런, 같은: хто він такий? 그는 누구지? що тут такого? 뭐가 일어났지? вони всі такі, 그들은 다 똑같아; такий самий, 정확히 같은.

так|івський (-ка, -ке)* 그런.

також *adv.* 또한.

такось *adv.* = так: якось-такось, - 할 수 있는 한.

такс|а (-си) *f* 세금:, **-атор** (-ра) *m* 평가자.

такт (-ту) *m* 시간, 측량.

тактильний (-на, -не)* 만지는.

такт|ичний (-на, -не)* 전술상의; ~вний (-на, -не)* 재치의, 좋은 매너.

тал (-лу) *m* 눈이 오는 곳.

талабанити (-ню. -ниш) *I vi* 잡담하다.

талал|ай (-йя) *m*, -айко (-ка) *m*, айка (-ки) *f* 잡담.

таланистий (-та, -те)* 운이 있는.

таланити (-нить, 3)인칭 단수) *I vi* 계승하다.

таланливий (-ва, -ве)* -анний (-нна, -нне) = таланистий; , -анник (-ка) *m*, -анниця(-ці) *f* 운이 있는 사람.

талановит|ий (-та, -те)* 재능 있는; -ість (-тости) *f* 재능, 기술.

талан|ок (-нку) *m*, -очок (-чку), *Dim.*: талан, 작은 능력, 기술.

талант (-ту) *m* 재능, 정신적인 성취.

талапати (-паю, -аєш) *I vi* 걷다.

талапну́ти (-ну́, -не́ш) *P vt* 한번 때리다, 치다.
та́л|ий (-ла, -ле) (눈이나 얼음이) 녹는. **-ина** (-ни) *f* 눈이 녹는 장소.
та́лія (-ії) *f* 모습, 외형.
талму́д (-да) *m* 탈무드.
тало́н (-на) *m* 쿠폰, 조각.
таля́па|вка (-ки) *f* 눈이 녹는 날씨.
там *adv.* 저기: хто там? 저기 있는 사람은 누구입니까.
тамту́ди *adv.* 그렇게.
та́н|ець (-нцю) *m* 춤, 댄스.
тан|і́ти (ню, -ієш) *I vi W.U.* 가격을 낮추다.
та́но *adv. W.U.* = деше́во, 싸게.
танці́вн|ик (-ка) *m* 댄서, 춤추는 사람.
танцюва́льний (-на, -не)* **-на за́ля**, 또는 **-ний зал**, 댄스 홀.
танцюва́ти (-цю́ю, -цю́єш) *I vi* 춤추다.
танцю́р|а (-ри) *m* 열정적인 댄서.
тара́н (-на) *m* 때림, 가격.
тарантас (-са) *m* 여행 코트.
таранчити (-чу, -чиш) *I vi* 찢다, 조각내다.
тарапа́т|а (-ти) *I.* ,**-и** (-тів) *pl* 문제, 어려움.
тарато́ті́ти (-очу, -отиш) *I vi* 율동에 맞춰 치다.
тара́хнути (-ну, -неш) *P vt* 세게 때리다.
тарга́нити (-ню, -ннш) *I vi* 밀다; **-ся** *I vi* 서로 당기다.
тари́ф (-фу) *m* 관세, 관세표.
таро́ваний (-на, -не)* 할인된.
тарпа́н (-на) *m* 야생마.
тарта́сія (-ії) *I* 싸움, 경쟁.
тарти́на (-ни) *I* 빵과 버터.
тарува́ти (-у́ю, -у́єш) *I vt* 몸무게를 재다.
таск|анина (-ини) *f*, **-іння** *n* 한 장소에서 다른 장소로 물건을 옮김.
таска́ти (-ка́ю, -ка́єш, 또는 тащу́, та́щиш) *I vt* 끌다, 당기다.
тасува́ти (-у́ю, -у́єш) *I vt* 오래 끌다, 때리다, 치다.
тасьма́ (-ми) *I* 리본, 밴드.
тате́ньків, ,.**-ечків** (-ко́ва,-ко́ве) 아버지의.
тат|ків (-ко́ва,-ко́ве) = тате́ньків; ,**-ко** (-ка) т піт.:

та́то, 아버지.
та́т|о (-та) *m* 아버지.
тахва́ (-ви) *f* 수산업 협동조합.
та́хнути (-ну, -неш) *I vi* 버리다, 없어지다.
тахта́рити (-рю, -риш) *I vt* 끌다, 당기다.
тача́нка (-ки) *f* 자동소총.
тача́ти (-чаю, -чаєш) *I vt* 구르다, 회전하다.
тачі́вка (-ки) *f* 회전핀.
таш (шу) *m*, -а(-ші) *f* 노점, 텐트.
ташува́ти (-ую, -уєш) *I vt* 놓다, 정리하다.
та́яти (таю, таєш) *I vi* 녹이다.
твар (-рі) *m O.S.* 창조물, 인간.
тверд|а́вий (-ва, -ве) 무엇인가 어려운 것.
тверди́й (-да, -де) 어려운, 굳은, 딱딱한.
тверди́ти (-джу, -диш) *I vt* 단언하다, 주장하다.
тверді́ння *n* 굳게 하는 과정.
тверді́ти (-і́ю, -і́єш) *I vi* 딱딱하게 되다.
тверді́ший (-ша, -ше) *comp.*: твердий, 더 딱딱한.
тве́рдо *adv.* 딱딱하게.
твердю́щий (-ща, -ще) 매우 딱딱한.
твере́зий (-за, -зе)* 적절한, 판단이 분명한.
твере́зити (-режу, -резит) *I vt* 술이 깨다.
тверезі́сінький (-ка, -ке)* 매우 멀쩡한.
твере́зість (-зости) *f* 멀쩡함.
твер|еза́шати (-аю, -аєш) *I vi* 술이 깨다.
твій (твоя́, твоє́) *pron.* 당신의.
твір (тво́ру) *m* 창조물, 생산물.
твор|е́ння *n* 창조의 과정: -ець (-рця) *m* 창조자; -и́во (-ва) *n* 창조물.
твори́ти (-рю, -риш) *I vt* 창조하다, 만들다.
творі́ння *n* = твір; -ців (-цева, -цеве) 창조자의, 작가의.
те *n pron.* (той, та, те) 그것.
теа́тр (-ру) *m* 극장, 무대.
тебе́ *pron.* 보시오 ти.
те́вкати (-аю, -аєш) *I vt*; тевкну́ти (-ну, -неш) *P vt* 게걸스럽게 먹다.
теж *adv.* 또한, 역시.
те́з|а (-зи) *f*, -ис (-су) *m* 가설.
текст (-ту) *m* 텍스트.
текстуа́льний (-на, -не)* 텍스트의.

телеба́чення *n.* -візія (-ії) *f* 텔레비전.
телегр|а́ма (-ми) *f* 전보.
теле́нка (-ки) *I* = сопілка, 파이프, 관.
теле́пати (-аю, -аєш) *I vi* 세게 흔들다.
телефо́н (-на) *m* 전화.
телефо́нувати (-ую, -уєш) *I vt* 전화를 하다.
телі́га (-ги) *f* 마차, 왜곤.
телі́пати (-аю, -аєш) *I vt* 흔들다.
тельмо́м *adv.* 빠르게, 서둘러서.
те́м|а (-ми) *f* 테마, 주제, 논제.
теме́нний (-нна, -нне)* *Augm.*: темний, 아주 어두운.
те́м|інь (-нI) *f* 어두움, 모호함.
темни́ти (-ню, -ниш) *I vt* 어둡게 하다, 모호하게 하다.
темн|и́ця (-цI) *f* 암실, 감옥.
темн|і́ти (-ію, -ієш) *I vi* 어둡게 되다.
темно|бу́рий (-ра, -ре)* 검정-갈색.
темно́та (-ти) *f* 어두움, 검정.
темночерво́ний (-на, -не)* 검붉은.
те́мн|още (-ів) *pl* = темнота; -уватий (-та, те)* 오히려 검은; -чо *adv.* 아주 검게.
темп (-пу) *m* 템포, 리듬.
те́мряв|а (-ви) *f* 어둠, 모호성.
тенде́нція (-ії) *f* 경향.
те́ндер (-ра) *m* 철로.
тепе́р. -а 지금, 현재의.
тепері́шн|ій (-ня, -нє) 현재의, 지금의.
те́пл|енький, -есеньний (-ка, -ке): теплий, 아주 더운.
тепли́й (-ла, -ле)* 더운.
тепл|ина́ (-ни) *f* 얼음이 얼지 않는 봄.
тепл|і́ти (-ію, -ієш) *I vi* 계속 더워지다.
тепл|і́ше *adv* 더욱 따뜻하게.
тепло́ (-ла) *n* 더위, 열.
теплопров|і́дний (-на, -не) 열이 작용하는; -і́дник (-ка) *m* 열 작용자.
теплота́ (-ти) *f* 더위, 열.
тепл|ува́тий (-та, -те)* 좀 더 더운.
тера́с|а (-си) 테라스.
тереби́ти (-еблю, -ебиш) *I vt* 옷을 벗기다, 껍질을

벗기다.
терез|и (-зів) 넌센스.
терем (-ма) *m* 궁전.
терен (-ену) *m* 영토, 지역.
територі|я (-ії) *f* 영토, 지역.
теркотіти (-очу, -отиш) *I vi* 지저귀다.
терликання *n* 나쁜 놀이.
термін (-ну) *m* 용어.
терміт (-та) *m Ent.* 백개미.
терор (-ру) *m* 지역, 영토.
терпенний (-нна, -нне)* 고통 받는, 아픈.
терпентин (-ну) *m*, -а (-ни) *f* 테레빈유.
терпець (-пцю) *m* 인내, 참을성, 고통.
терпіння *n* 아픔, 고통.
терпіти (терплю, терпит) *I vt* 경험하다, 겪다, 참다.
терпк|ий (-ка, -ке) 신, 시큼한.
терпляч|е *adv.* 인내하면서, 인내를 가지고.
терти (тру, треш) *I vt* 문지르다, 비비다.
терт|иця (-ці) *f* 평면, 넓은 면.
терт|ка (-ки) *f*, -ушка (-ки) *f* 서류철, 기록철.
тертя *n* 문지르는 것, 마찰.
терх (-ха) *m* 가방, 짐가방.
теряти (-яю, -яєш) *I vt Archaic* 잃다, 소비하다.
тес (-су) *m* 얇은 면.
тесати (тещу, тешеш) *I vt* 자르다, 나누다.
тесель|ський (-ка, -ке) 목수의; -ник (-ка) *m* 목수.
тесл|ик (-ка) *m Dim.:* тесля, 작은 목수.
теслювати (-люю, -люєш) *I vi* 목수가 되다.
тесл|я (-лі) *m*, -яр (-ра) *m* 목수.
тесовий (-ва, -ве) 평면의 작은 평면으로 만든.
тестамент (-ту) *m* = заповіт, 1). 유언장, 2) 성서.
тест|ів (-тева, -теве) 양부의.
тет|ка (-ки), ~ха (-хи) *f dial.* 열.
технік (-ка) *m* 기술자.
теч (-чі) *f* = -а (-чі) *f* 유동체.
теч|кий (-ка, -ке), -ний (-на, -не) 유동의, 흐르는.
тещ|а (-щі) *f* 계부.
т. зв. = тзв.: так званий, 그렇게 불리는.
ти (тебе́, тобі́. тобою) *pers. pron.* 당신.
тигр (-ра) *m* 호랑이.

ти́ж|день (-жня) *m* 주말.
тил (-лу) *m* 뒤, 후방, 배경.
тимія́м (-му) *m* 1)향, 2) 추종.
тимчасо́в|ий (-ва, -ве) 일시적인, 잠정적인.
тин (-ну) *m* 담장.
тини́ти (-ню, -ниш) *I vt* 방어하다.
тинк (-ку) *m* 회반죽.
тину́тися (-нуся, -нешся) *P vi* 생각이 떠오르다.
тиня́нка (-ки) *f* 담벼락.
тиня́тися (-яюся, -яєшся) *I vi.* 이리저리 거닐다.
тип (-пу 또는 -па) *m* 유형, 모델.
тип|і́чний (-на, -не)* == -овий (-ва, -ве)* 유형적인.
тира́да (-ди) *f* 긴 대화.
тира́н (-на) *m* 폭군, 전제군주.
тири́ти (-рю, -риш) *I vt* 위협을 주다.
тирха́тий (-та, -те)* 펼쳐져 있는.
тиск (-ку) *m* 군중. 무리.
тиска́ти (-аю, -аєш) *I vt* 누르다, 억압하다.
ти́снення *n* 억압, 압력.
ти́снути (-ну, -неш) *I vt.* 누르다, 억압하다.
ти́снява (-ви) *f* 무리, 군중.
ти́сяч|а (-чі) *f* 천(숫자).
тита́н (-на) *m* 거인.
ти́тар (-ря) *m* 교회 관리인.
ти́тул (-лу) *m* 제목, 타이틀.
тих|е́нький -есенький (-ка, -ке) : тихий, 매우 조용한, 고요한.
тих|и́й (-ха, -хе)* 조용한, 고요한.
ти́хнути (-ну, -неш) *I vi* 고요해지다. 조용해지다.
ти́хо *adv.* 조용히, 부드럽게.
тихоми́рити (-рю, -риш) *I vt* 조용히 하게 하다.
тихо|ми́рний (-на, -не)* 조용한, 고요한.
тихце́м *adv.* 조용하게, 소리 없이.
ти́х|ше *adv.* 더욱 조용하게(비교급).
тицьну́ти (-ну. -неш) *P vt* 찌르다, 관통시키다.
тичба́ (-би́) *f* 군중, 무리.
тичи́н|а (-ни) *f* 작은 말뚝.
тичи́ти (-чу, -чиш) *I vt* 말뚝을 세우다.
тичи́тися (-чуся, -чишся) *I vt* 조회하다, 물어보다.
ти́ш|а (-ші) *f,* -и́на (-ни) *f* 고요함.

тишко́ (-ка́) *m* 신봉자, 열성가.
тіка́ння *n* 달려서 도망가는 행위.
тіка́ти (-а́ю, -а́єш) *I vi* 도망가다, 피하다.
тіле́сний (-на, -не)* 물체의, 물질적인.
ті́л|ечко (-ка) *n Dim*.: тіло, 작은 몸.
ті́ло (-ла) *n* 몸, 살.
тіловихо́ва (-ви) *f W.U.* 육체적 문화.
тіль-тіль *adv.* 거의, 대부분.
ті́ль|ки, -ко *adv.* 오직, 단지, 그러나.
тім|а́ха (-хи) *m* 영리한 사람, 기술자.
тіме́нний (-нна -нне)* 이해가 빠른.
тіпа́ка (-ки) *f* 강타, 구타, 쇼크.
тіпа́ти (-а́ю, -а́єш) *I vt* 잡아 뜯다, 확 당기다.
тіпа́ти (-а́ю, -а́єш) *I vt.* 1). 옷을 벗기다, 2). 껍질을 벗기다.
тісн|и́й (-на, -не) 좁은, 꽉 조인.
тісни́ти (-ню́, -ни́ш) *I vt* 억압하다.
тіснісі́нький (-ка, -ке)* 매우 좁은.
тісні́шати (-а́ю, -а́єш) *I vi* 좁아지게 하다.
тісні́|ше *adv. comp.*: тісно, 더욱 좁은.
тісн|о *adv.* 좁게, 꽉 조이게: жити -, 삶이 힘들다; ,-ота́ (-ти) *f* 협소, 좁음.
тіст|еньк|о, -ечко (-ка) *n Dim*.: тісто, 작은 케익.
ті́ст|о (-та) *n* 가죽 반죽, 도우.
ті́т|ка (-ки) *f* 아줌마.
ті|ці́нький, -ький (-ка, -ке)* *W.U. Inf.*: такий, 매우 작은.
ті́шити (-шу, -шиш) *I vt* 즐겁게 하다, 기쁘게 하다.
ткан|и́й (-на, -не) 짜여진.
тка́ц|тво (-ва) *n* 짜는 것, 직물 무역.
ткач (-ча́) *m* 짜기, 짜는 법.
тлум (-му) *m* 군중, 무리.
тлума́ч (-ча́) *m* 통역가, 번역가.
тлума́чити (-чу, -чиш) *I vt* 번역하다, 통역하다.
тлуми́ти (-млю́, -ми́ш) *I vt* 파괴하다, 붕괴하다.
тлумо́к (-мка́) *m* = клуно́к, 묶음, 꾸러미.
тну́ти (тну, тне́ш) *і vt* = тя́ти, 자르다.
то *pron.* 중성 = те; 그래서, 그렇게: як так, то я згоден, 만약 그렇다면, 나는 찬성할 것이다.
тобі́вка (-ки) *f* 가방, 박스, 케이스.

тобто *conj.* 즉, 다시 말하면.
товар (-ру) *m* 소, 가축.
товар|иство (-ва) *n* 사회, 연합, 단체.
товариш (-ша) *m* 친구, 동료.
товаришити (-шу, -шиш) *I vi* (кому) 동행하다, 동반하다.
товариш|ів (-шева, -шеве) 친구의, 동료의.
товаришчин (-на, -не) 여자친구.
товар|ний (-на, -не) = , -овий (-ва, -ве) 물건의.
тов|аряка (-ки) *f* = *Augm.*: товарина; , -арячий(-ча, -че) 가축의.
товба (-би) *f* 살찐 여인.
товк (-ку) *m* 느낌, 감정, 생각.
товкмачити (-чу, -чиш) *I vt* 설명하다, 해석하다.
товк|нути, -онути (-кну, -неш) *P vt* 밀다, 밀치다.
товкти (товчу, чеш) *I vt* 때려 부수다, 박살내다.
товпа́ (-пи) *f* 군중, 무리.
товпіга (-ги) *m, f* 소리치는(뚱뚱한) 사람.
товпитися (-плюся, -пишся) *i vi* 무리를 짓다.
товст|елезний (-на, -не), -енний (-нна, -нне)* *Augm.*: товстий, 매우 뚱뚱한.
товстий (-та, -те) 뚱뚱한.
товстіти (-ію, -ієш) *I vi* 뚱뚱해 지다.
товстіш|ати (-аю, -аєш) *I vi* 더 뚱뚱해지다.
товсто *adv.* 뚱뚱하게.
товсто|бровий (-ва, -ве) 얇은 눈썹을 가진.
товст|уватиа (-та, -те)* 덜 뚱뚱한.
товщ (-щі) *f* 또는 (-щу) *m* 뚱뚱한.
товща (-щі) *f* 나무가 무성한, 밀림.
товщати (-аю, -аєш) *I vi* 뚱뚱해지다.
товщ|ий (-ща, -ще) *comp.*: товстий, 더 뚱뚱한.
тогід = торік, 작년.
того (той의 생격), 그의; *adv., conj.* 그러므로.
тогоб|іцький (-ка, -ке), -ічний (-на, -не) 반대의 상황이 된.
того|літній (-ня, -не), ~літотній (-ня, -не) 작년 여름의.
тоді *adv.* 그때, 그 시간에.
тож *conj.* 반면에, 그래서, 또한.
той (та, те) *pron.* 그것; (때때로: 이것); ті *pl* 이것들, : в тих сторонах, 이 지역에서; той і

другий, той і той, 이것 저것.
токійський (-ка, -ке) 도쿄의.
Токіо *n* 도쿄.
токма́ (-ми) *f* 결정, 해결.
токма *dial. adv.* 그렇게 많이, 더욱이.
токми́ти (-млю́, -миш) *I vt* 가격을 일치시키다.
токота́ти (-кочу́, -о́чеш) = **токоті́ти** (-кочу́, -оти́ш) *I vi* 때리다, 두드리다.
токси́н (-ну) *m*, -а (-ни) *f* 독소.
толера́н|тний (-на, -не)* 관대한, 아량이 있는.
толк (-ку) *m* 감정, 지력, 마음.
толкува́ти (-у́ю, -у́єш) *I vt dial.* 설명하다, 해석하다.
толо́чити (-чу, -чиш) *I vt* 짓밟다, 억압하다.
том (-ма, 또는 -му) *m* 권.
тома́т (-ту) *m* 토마토.
томи́ти (-млю́, -миш) *I vt* 피곤하게 하다, 억압하다.
то́мл|ений (-на, -не) 피곤한, 지친.
тому́ *conj.* 그러므로, 그래서.
тон (-ну) *m* 톤, 목소리, 소리.
тон|а́льний (-на, -не)* 톤의.
тони́ти (-ню́, -ни́ш) *I vt* 얇게 만들다.
тонісінький, -іський (-ка, -ке)* 아주 얇은.
тонк|и́й (-а́, -е́) 얇은.
тонко|ні́г (-но́га) *m* 다리가 얇은 사람.
тонко|ши́я (-иї) *m* 긴 목을 가진 사람.
то́нкощі (-ів) *pl* 얇음.
тонови́й (-а́, -е́)* 톤의.
тону́ти (-ну́, -не́ш) *I vi* 가라앉히다.
тону́чий (-ча, -че) 가라앉는.
тончи́ти (-чу́, -чи́ш) *I vt* 얇게 만들다.
то́нш|е *adv. comp.*: тонко, 더욱 얇게.
то́пати (-аю, -аєш) *I vi* = **ту́пати**: (**то́пнути** *P*) 도장을 찍다.
топе́л|ець (-льця) *m* 가라앉은 사람.
топи́ти (-плю́, -пиш) *I vt* 녹이다.
топі́льн|ик (-ка) *m*, -иця (-ці) *f* 난로, 히터.
то́пка (-ки) *f* 더운, 녹이는.
то́пл|ений (-на, -не) 녹은, 해결된.
то́пливо (-ва) *n dial.* = паливо, 연료, 장작.

топли́на (-ни) *f* 해결된 문제.
топ|оле́вий (-ва, -не) 포플러; -о́ленька (-ки) *f Dim.*: тополя, 예쁜 포플러.
тополи́н|ка, -о́нька, -о́чка (-ки) *f* = топо́лька (-ки) *f Dim.*: тополя, 작고 예쁜 포플러.
топо́ля (-лі) *f Bot.* 포플러.
топта́нина (-ини) *f* 뛰는 행위.
тор (-ру) *m W.U.* 길, 방법.
торба́ (-би) *f* 가방.
торб|а́р (-ря) *m.* -е́й (-ея) *m* 거지.
торби́н|ка (-ки) *f Dim.*: торба, 작은 가방.
торб|і́й (-ія) *m* = торбар: -о́нола (-і) *m. f* 거지.
торбу́н (-на) *m Zool. dial.* 캥거루.
торг (-гу) *m* 가게.
торга́ти (-а́ю. -а́єш) *I vt*: (торгну́ти *P*) 당기다.
торгі́в|ля (-лі) *f* 상업, 무역, 교류.
торг|і́вельний = ,-ове́льний (-на, -не)* 상업의, 무역의.
торг|о́вець (-вця) *m* 소매상인.
торгува́ти (-у́ю. -у́єш) *I vi* 무역하다, 교류하다.
торжество́ (-ві) *n* 아주 장엄함.
торж|и́ще (-ща) *n Augm.*: торг, 큰 상점.
тор|і́к *adv.* 작년; -і́шній (-ня, -не) 작년의.
торка́льний (-на, -не)* 만지는.
торка́ти (-а́ю, -а́єш) *I vt*; торкну́ти (-ну, -неш) *P vt* 만지다, 잡다.
тормоси́ти (-ошу́, -о́сиш) *I vt* = термоси́ти, 흔들다, 혼란스럽게 하다.
то́рок (-ку) *m* 명부, 리스트.
торо́н|ко, -ці *dial. adv.* 빽빽하게.
торо́п|а (-пи) *m, f* 서두르는, 속도감 있는.
торопа́ти (-па́ю, -а́єш) *I vi* 이야기하다, 잡담하다.
торо́п|ко *adv.* 두려워하며.
торо́х (-ху) *m* 소음, 시끄러운.
торо́хкати (-а́ю, -а́єш) *I vi*: (торохну́ти *P*) 우르륵 소리를 내다.
торо́хнути (-ну, -неш) *P vi*: (торо́хкати *I*) 때리다, 부수다.
торо́чити (-чу, -чиш) *I vt* 실밥을 뽑다.
торо́щити (-щу, -щиш) *I vt* = трощи́ти, 부수다.
торс|а́ти (-а́ю, -а́єш) *I vt* 흔들다, 밀다.
торт (-та) *m* 케익.

торч (-чу) *m* 담.
торчати (-чу, -чиш) *I vi* = стирчати, 내밀다, 내뻗다.
тоскний (-на, -не)* 슬픈.
тоскувати (-ую, -уєш) *I vi* 슬프다.
тост (-та) *m* 토스트.
тотальний (-на, -не)* 전체.
тотемізм (-му) *m* 전체주의.
тотожний (-на, -не)* 동일한, 동질적인.
точити (-чу, -чиш) *I vt* 날카롭게 하다.
точка (-ки) *f* 점, 포인트.
точний (-на, -не) 정확한.
тощо *adv.* 그래서, 향후에.
травень (-вня) *m* 5월.
травити (-влю, -виш) *I vt* 소화하다, 터득하다: -час, 한 시간 보내다.
трав|иця (-пі) *f* -иченька (-ки), -ичка (-ки) *f Dim.*: трава, 예쁜 풀.
травневий (-ва, -ве) 5월의.
трав|ник (-ка) *m* 풀.
траге|дія (-ії) *f* 비극.
традиц|ія (-п) *f* 전통; -ійнній (-на, -не)* 전통의.
трай (траю) *m* 행운, 운.
тракт (-ту) *m* 고속도로.
трактат (-ту) *m* 취급.
тракт|ир (-ру) *m* 여인숙, 여관.
трактований (-на, -не)* 취급된, 다루어진.
трактовий (-ва, -ве) 고속도로의.
трактор (-ра) *m* 취급자.
трактування *n* 취급, 다룸.
трактувати (-ую, -уєш) *I vt* 다루다, 취급하다.
трал (-лу) *m Mar.* 저인망, 예인망, 수사망.
трамб|івка (-ки) *f* 박는 사람, 치는 막대.
тран (-ну) *m* 고래 기름.
транзит (-ту) *m* 통과, 통행.
трансакція (-п) *f* 처리, 취급, 업무.
транскр|ибований (-на, -не)* 복사된, 문자화 된.
трансл|ятор (-ра) *m* 번역가.
трансмісія (-ії) *f* 전달, 전송.
транспорт (-ту) *m* 수송.
трансферт (-ту) *m* 이동, 전임.

трансформа́тор (-ра) *m* 전송하는 사람.
трансфузі́я (-ії) *f* 주입, 혈액 수혈.
траншея (-еї) *f Mil.* 도랑, 참호.
трап (-па) *m* 걸음, 계단.
трапе́з (-за) *m* 곡예비행.
трапе́з|а (-зи) *f* 테이블, 식탁.
тра́пити (-плю, -пиш) *P vt*: (трапля́ти *I*) 때리다, 얻다, 도달하다.: – ка́менем в го́лову, 돌로 머리를 대리다.
тра́плений (-на, -не) 도달한, 때린.
трап|о́к (-пку) *m* 추적, 트랙; **-унок** (-нку) *m* 기회, 사건.
тра́скати (-каю, -аєш) *I vi*; **трі́снути** (-ну, -неш) *P vi* 부수다, 망가뜨리다.
тра́скіт (-коту) *m* 부수는 것, 부수는 소리.
тра́та (-ти) *f* 소비, 낭비.
тра́тити (-ачу, -атиш) *I vt* 소비하다, 낭비하다.
трафаре́т (-ту) *m* 형판, 모델.
тра́чення *n* 소비하는 행위, 낭비하는 행위.
трач|і́ння *n* 톱밥.
тре' *abbr., dial.* = **треба** *adv., impers.*, 반드시 –하다.
тре́б|а (-би) *f*, **-и** (треб) *pl* 교회 예식.
тре́бити (-блю, -биш) *I vt dial.* 사용하다, 보내다.
требі́ж (-жу 또는 -бежу) *m* 폐물, 쓰레기.
требува́ти (-ую, -уєш) *I vi, t dial.* 필요로 하다, 시도하다.
тред-ю́ньйо́н (-ну) *m* 무역 연합.
тремки́й (-ка, -ке) 목소리가 떠는.
тремті́ння *n* 떠는 행위.
тремті́ти (-мчу, -мтиш) *I vi* 떨다.
тремт|ли́вий (-ва, -ве)*, **~чий**, **ячиа** (-ча, -че)* 떠는, 떨고 있는.
тре́нінг (-гу) *m* 훈련.
трен|о́ваний (-на, -не)* 훈련된, 교육받은.
трепа́ти (-аю, -аєш, 또는 -плю, -пиш) *I vt* = **трі́пати**: *dial.* 탐욕스럽게 먹다.
тре́пет (-ту) *m* 떠는 것, 흔드는 것.
трепета́ти (-печу, -ечеш) *I vt*: **-ся** *I vi* 떨다, 흔들다.
тре́п|етний (-на, -не)* 흔들리는, 떠는.

трепну́ти (-ну́, -не́ш) *P vi* 심하게 흔들다.
трепоті́ння *n* 떠는 행위, 흔들리는 행위.
трест (-ту) *m* 진실; ~і́вський (-ка, -ке) 진실의.
тре́т|ий = третій: ~ина (-ни) *f* 세 번째.
тре́ць (терця́) *m* 비비는 사람.
три (трьох) *num.* 숫자 3.
триб (-бу) *m* 매너.
три|ба́рвний (-на, -не)* 세 가지 색의.
трива́л|ий (-лa, -ле)* 견디는, 지속하는.
трива́ння *n* 유지, 지속.
тривк|и́й (-ка́, -ке́) 지속적인, 유지하는.
тривн|и́й (-на́, -не́) 소화할 수 있는.
триво́га (-ги) *f* 공포, 놀람.
триво́жити (-жу, -жиш) *I vt* 놀라게 하다, 경악하게 하다.
триво́жний (-на, -не)* 놀라는, 경악하는.
тригоди́нний (-нна, -нне) 세 시간 동안 지속하는.
триголо́вий (-вя, -ве) 3면체의.
триде́нний (-нна, -нне) 3일간 지속하는.
тридця́т|еро (-ро́х) *num. coll.* 숫자 30: ~ий (-та, -те) 30의.
тридцят(и)|лі́тній (-ня, -не), ~рі́чний (-на, -не) 30살.
тридця́тка (-ки) *f* 서른: йому́ вже мину́ла, 그는 이미 서른 살이 넘었다.
три́дцять (-тьо́х, 또는 -ти́) *num.* 30.
три|колі́сник (-ка) *m* 3바퀴 자전거.
трикота́ж (-жу) *m* 직물 재료.
трикра́тний (-на, -не)* 3부분이 있는 장치.
трилі́т|ній (-ня, -не) 3년의.
трима́ння *n* 보존행위, 유지하는 활동.
трима́ти (-а́ю, -а́єш) *I vt* 유지하다, 보존하다.
тримі́сячн|ий (-на, -не) 3개월의.
тримни́й (-на́, -не́) 지속되는, 계속되는, 유지되는.
три́н|а (-ни) *f*, -и (-нів) *pl* 적은 건초들.
тринадц|я́теро (-ро́х) *num. coll.* 13 세트.
три́ндатися (-а́юся, -а́єшся) *I vi* 정처 없이 거닐다.
трінди́кати (-а́ю, -а́єш) *I vt* 노래하다.
трині́ти (-ню́, -ни́ш) *I vi* 가루를 줄이다, 게걸스럽게 먹다.
трино́ги (-ні́г) *pl* 3각대.

три|птих (-ха) *m* 세 개의 한벌 조각, 3부작.
трисо́т|ий (-та, -те) 3백의.
три́ста (трьох сот) *num.* 300, 삼백.
трittя́ *n dial.* = тертя́, тертя́, 마찰, 마멸, 감소.
трихі́н|а (-ни) *f* 선모충.
три́чі *adv.* 세 번, 세 번씩.
трібува́ти (-ую, -уєш) *I vi, t dial.* = пробувати, 시도하다, 해보다.
трі́йло (-ла) *n dial.* 독.
трі́й|ний (-на, -не) 세 번의.
тріо́ *n indecl. Mus.* 트리오, 3중주.
трі́пати (-аю, -аєш) *I vt:* (тріпнути *P*) 흔들다.
тріпа́чка (-ки) *f* 먼지 닦는 사람, 청소부.
тріпота́ти (-очу́, -о́чеш), тріпоті́ти (-очу́, -о́тиш) *I vi* 흔들다.
тріск (-ку) *m* 부숨, 파괴.
трі́ска (-ки) *f* 나무 조각.
трі́скати (-аю, -аєш) *I vi:* (тріснути *P*) 부수다, 파괴하다.
тріскота́ти (-очу́, -о́чеш) *I vi* 우지직 소리를 나게 하다.
тріскотн|я́ (-ні́) *f*, -я́ва (-ви) *f* 계속적인 우지직.
трі́сочка (-ки) *f Dim.:* тріска, 작은 조각.
трі́ш|ечки, -ки *adv. Dim.:* трохи, 작은, 많지 않은.
трі́щання *n* 부수는 행위.
тріща́ти (-щу́, -щи́ш) *I vi* 우지직 소리가 나게 하다.
трію́мф (-фу) *m* 승리.
трія́да (-ди) *f* 3인조, 3가 원소.
трови́ти (-влю́, -ви́ш) *I vt* 획득하다, 사냥하다.
тровля́ (-лі́) *f* 야생동물 사냥.
тро́гати (-аю, -аєш) *I vt dial.* 만지다, 당기다.
тро́є (трьох) *num. coll.* (다른 동물, 사람, 물건의) 3개.
тро|є́м *adv.* 3배의, 3곱의.
тро́їти (-ою, -оїш) *I vt* 3배로 하다.
тро́їцький (-ка, -ке) 삼위일체의.
тро́йко = трбечко *num. coll* 3(숫자).
тройни́ти (-ню, -ниш) *I vt* 3배로 하다.
трой|ня́та (-п) *pl* = трійнята, 3쌍둥이.

тромбо́н (-на) *m Mus.* 트럼본.
трон (-ну) *m* 왕좌, 옥좌.
тропа́ (-пи́) *f* 트랙, 길.
тропа́ти (-а́ю, -а́єш) *I vt* 발자국을 찍다.
тро́п|ка (-ки) *f Dim.*: тропа́, 작은 트랙, 작은 길.
трос (-са) *m Mar.* 로프.
тро́скати (-аю, -аєш) *I vi* 부수다.
трескота́ти (-очу́, -о́чеш) = трескотіти (-очу́, -о́тиш) *I vi* 우지직 소리를 내다.
тро́ст|ина (-ни) *f* 갈대.
тро́ст|ка (-ки) *f Dim.*: тро́сть, 작은 갈대.
тротуа́р (-ру) *m* 인도, 보도.
трохе́й (-ея) *m* 음율, 고전시의 장단율.
тро́ха = тро́хи *adv.* 작은, 많지 않은.
трош|е́чки, -ки *adv;*. *Dim.*: тро́хи, 아주 작은.
троша́ (-ші́) *f* = трость, 갈대, 등꽃.
трою́дити (-джу, -диш) *I vt* 흥분시키다.
троя́к (-ка) *m* 3살짜리 동물.
труба́ (-би́) *f* 트럼펫, 호른.
труби́ти (-блю́, -би́ш) *I vi.* 트럼펫을 불다.
тру́б|ка (-ки) *f Dim.*: труба́, 작은 프럼펫.
труд (-ду, or -да) *m* 일, 작업.
труди́ти (-джу, -диш) *I vt* 피곤하게 하다.
трудівн|и́к (-ка́) *m* 일하는 사람, 작업꾼.
трудна́ція (-ії) *f* 어려움.
трудн|и́й (-на, -не)* 어려운, 힘든.
тру́дни́ти (-ню, -ниш) *I vt* 고용하다, 힘들게 하다.
трудн|і́сть (-ности) *f* 어려움, 힘든 것.
трудова́ті́ти (-і́ю, -і́єш) *I vi* 부풀다, 팽창하다.
труд|ови́й (-ва, -ве)* 일의, 산업의, 힘든.
труждати́ся (-а́юся, -а́єшся) *I vi* 일을 하다.
тру́жений (-на, -не)* = тру́жжений, 일을 하는, 일의.
труї́ти (-у́ю, -у́їш) *I vt* 독살하다, 편견을 품게 하다.
труйзі́лля *n* 독초; -ли́вий (-ва, -ве)* 독의.
трун|ко́вий (-ва, -ве) 음료의; -о́к (-нку) *m* 마실 것.
трун|о́вий (-ва, -ве) 관의.
тру́па (-пи) *f* 흥행 단, 일행.

тру́пій (-п'я, -п'є) = труп'я́чий, 시체의.
трус (-су) *m* 고찰, 철저한 조사.
труси́ти (-ушу́, -у́сиш) *I vt*: (трусну́ти *P*) 흔들다: драня́тм -, 헤어진 옷을 입다.
трусі́й (-ія́) *m* 조사자, 관찰자.
труска́вка (-ки) *f W. U. Bot.* 농장 딸기.
трусля́в|ий (-ва, -ве)* 두려운; -**ість** (-вости)*f* 두려움.
трусни́к (-ка́) *m dial.* 토끼.
трусни́ця (-ці) *f* 열.
трусну́ти (-ну́, -не́ш) *P vt*: (труси́ти і) 갑자기 흔들다.
трусо́к (-ску́) *m* 나무 조각.
трусь (-ся) *m Zool.* 토끼.
тру́та (-ти) *f* = отру́та, 독.
трут|и́зна (-ни) *f*. -**и́на** (-ни) *f* 독.
труха́н (-на́) *m Orn.* 칠면조.
трухну́ти (-ну́, -не́ш) *P vt* 흔들다.
тручання *n W.U.* 미는.
трут (-ту) *m* 폐허, 황폐한 것.
тру́шка (-ки) *f Orn.* 칠면조.
трюі́зм (-му) *m* 자명한 이치, 공리.
трюк (-ку) *m* 트릭.
трю́хати (-аю, -аєш) = трю́хикати (-аю, -аєш) *I vi* 빠른 걸음으로 가게 하다.
тря́скати (-аю, -аєш) *I vi*; трасну́ти (-ну́, -не́т) *P vi* 금이 가다, 날카로운 폭음으로 내다, 목이 쉬다.
трясави́на (-ни)* 늪의, 늪 같은.
трясти́ (-су́, -се́ш) *I vt* 흔들다;- голово́ю, 머리를 흔들다; -кого́, -를 흔들다.
тря́с|тя́ (-ті) *f* = -**ця́** (-ці) *f* 열.
туале́т (-ту) *m*, -а (-ти) *f* 화장실.
ту́ба (-би) *f Mus.* (음악) 튜바.
тубі́лець (-льця) *m* 자연, 토착민.
тубі́лка (-ки) *f* 토착민 여인.
туг|а́ (-ги́) *f* 슬픔, 애도.
туг|е́нький, -есе́нький (-ка. -ке)* : туги́й (-га́, -ге́)* 꽉 조인, 탄력 있는.
туд|и́ *adv* 거기, 거기로.
тужи́ти (-жу́, -жи́ш) *I vi* (за ким, чим) 동경하다.

туж|іння *n* 비탄, 애도; 슬픔.
туз (-за) *m* 에이스.
тузати (-аю, -аєш) *I vt* 때리다, 치다.
тузлук (-ка) *m* 씻다, 소금물에 절이다.
тузувати (-ую, -уєш) *I vt* = тузати; 방해하다, 흔들다.
тузяка (-ки) *m, f Augm.*: туз, 위대한 최고의 선수.
туй *adv. dial.* 즉시: туй-туй, 거의, 바로 지금.
тук (-ку) *m* 뚱뚱함, 풍부함.
тук! *interj.* 똑똑!
тукати (-аю, -аєш) *I vi* 노크하다.
тулити (-лю, -лиш) *I vt* 압박하다, 손을 잡다; - до грудей, 가슴을 잡다: -ся і *vi* 가까이 달라붙다.
туло (-ла) *n dial.* 떨기, 진동.
тулуб (-ба) *m* 몸통; **-астий** (-та, -те). 트렁크 같은; **-ець**(-бця) *m Dim.*: -уб, 작은 몸통 ; 뚜껑, 봉투.
тулук (-ка) *m dial.* 야수의 새끼: 양털.
тулумбас (-са) *m* 진동 막.
тулун (-на) *m* 1) 염소 가죽, 2) 염소가죽 의복.
тулятися (-юся, -яєшся) *I vi* 방랑하다, 유랑하다.
тульпан (-на) *m* = тюльпан, *Bot.* 튤립.
тума (-ми) *f* 혼혈, 잡종.
туман (-ну) *m* 안개.
туманити (-аню, -аниш) *I vt* 속이다, 거짓말을 하다.
туманіти (-ію, -ієш) *I vi* = туманитися 바보가 되다.
туман|ний (-нна, -ние) 안개가 자욱한, 모호한.
тумба (-би) *f* 받침돌, 주춧돌.
тунгуз (-за) *m* 퉁구스 사람, 퉁구스 족.
тундра (-ри) *f* 동토대, 툰드라.
тунель (-Jпо) *m* 터널; **-ний** (-на, -не) 터널의.
туніка (-ки) *f* 1) 튜닉, 2) 동물의 피막.
тупий (-па, -пе) 둔한, 무딘, 멍청한.
тупити (-плю, -пиш) *I vt* 통명스럽게 대하다; -ся і *vi* 통명스럽게 되다.
тупіт (-поту) *m* 똑똑거림.
туп|іти (-ю, -ієш) *I vi* 멍청하게 되다.
тупкати (-аю, -аєш) *I vi* 발로 짓밟다.

ту́по adv. 멍청하게, 둔하게.
тупота́ння n 유린.
тупота́ти (-очу, -очеш) = тупоті́ти (-очу, -отиш) I vi 짓밟다.
тура́лий (-ла, -ле)* dial. 주의 깊은, 세심한.
тура́ти (-аю, -аєш) I vt 주의를 기울이다; -ся I vi 연기하다, 천천히 하다.
турб|а́ (-би́) f, -анина (-нии) f, -а́іця (-ії) f 문제, 다툼, 이슈.
турба́н (-на) m = тюрба́н, 터번.
турбі́н|а (-ни) f 터빈; -ний(-нна, -нне) 터빈의.
турбо́т|а (-ти) f 문제, 불편함, 걱정.
турбува́ння n 문제되는 행위.
турбува́ти (-бую, -уєш) I vt 문제를 일으키다, 불편하게 만들다; -ся I vi (чим): 걱정이 되다, 문제가 일어나다.
турготі́ти (-очу, -отиш) I vi 두드리다, 억압하다.
тургу́н (-на) m bot. (식물) 개사 철쭉.
туре́ччина (-ни) f NP 터키.
тур|и́зм (-му) m 여행자, 여행.
тури́ти (-рю, -риш) I vt 떠나다, 여행하다; -ся i vi 따르다, 추적하다.
ту́ркавка (-ки) f (조류) 호도애.
турк|а́ло (-ла) m. f 애국주의.
турке́нин (-ина, -ине) 투르크 여인.
турке́кіт (-коту) m 달그락거리는 소리.
турко́т (-та) m 투덜거림.
туркота́ти (-очу, -очеш), туркоті́ти (-очу, -отиш) I vi, 투덜거리다, 불평을 얘기하다.
турлу́к (-ка) m 벽돌.
турля́ти (-яю, -яєш) I vt 밀다.
турм|а́ (-ми́) f = тюрма́, 감옥; , -ак (-ка) m 죄수.
турне́ n indecl. 예술 여행.
турні́р (-ру) m 여행.
туро́к (-рка́) m 터키사람.
турту́с (-су) m 매우 큰 소동.
турува́ти (-ру́ю, -уєш) I vi 반사하다, 곰곰이 생각하다.
тур|ченя́ (-я́ти) n 젊은 터키인.
турш|ни́к (-ка́) m dial. 작고 빽빽한 숲.
тури́ти (-яю, -яєш) I vt 차를 타고 떠나다.

туса́ти (-аю, -аєш) *I vt* 때리다, 치다.
тут, , adv. 여기: тут і там, 여기 저기.
ту́тка (-ки) *f W. U.* = гільза, 종이 가방, 담배 파이프.
ту́фля (-лі) *f* 신발.
ту́фовий (-ва, -ве) 석회질의.
тухл|и́й (-ла, -ле)* 섞은, 불쾌한.
ту́хнути (-ну, -неш) *I vi* 떨어지다, 내려가다.
ту́ча (-чі) *f* 큰 비, 폭풍.
ту́чений (-на, -не)* 뚱뚱한.
ту́чити (-чу,-чиш) *I vt* 뚱뚱해지다.
ту́ч|ка (-ки) *f Dim.*: туча, 작은 비.
ту́чний (-на, -не)* 뚱뚱한.
туш (-шу) *n Mus.* 팡파르.
туши́ти (-шу, -шиш) *I vt* 끄다, 진화하다.
тхор|е́вий (-ва, -ве) 악취의.
тхори́ти (-рю, -риш) *m I vi* 악취가 나다.
тюжи́ти (-жу, -жиш) *I vt* 때리다, 꾸짖다.
тю́кати (-аю, -аєш) *I vi* 울다.
тюле́нь (-ня) *m Zool.* 바다표범.
тю́пати (-аю, -аєш) *I vi* 빠른 걸음으로 걷다.
тюпори́ти (-рю, -риш) *I vi* 천천히 가다.
тюпоті́ти (-очу, -отиш) *I vi* 빨리 왔다 갔다 하다.
тюре́мн|ий (-на, -не) 감옥의.
тюрма́ (-ми) *f* 감옥: завдава́ти в тюрму́, 감옥에 넣다.
тюр|я́га (-ги) *f* = в'язни́ця, 감옥, 유치장.
тю́тя (-ті) *f inf.* 병아리.
тяга́ (-ги) *f* 무게.
тяга́р (-ра) *m* 적재화물 무게.
тягі́тна (-ної) *f* 임신부.
тяг|ну́ти, -ти (-гну, -неш) *I vt* 당기다.
тя́гом *adv.* 계속, 항상.
тягота́ (-ти) *f* 짐, 적재물.
тяготі́ти (-і́ю, -і́єш) *I vi* 인력에 끌리다, 가라앉다.
тяг|у́н (-на) *m* 운반인.
тяж (-жу) *m* 무게, 적재물.
тяже́нький (-ка, -ке)* *Dim.*: тяжкий, 매우 무거운.
тяжина́ (-ни) *f* 짐, 화물.
тяж|и́на (-ни) *f* 염색된 옷.
тяжи́ти (-жу, -жиш) *I vi* 무겁게 놔두다,

тяж|íння 가라앉다.
тяж|íння *n.* 가라앉는.
тяжíти (-íю, -íєш, 또는 -жу, -жиш) *I vi* 가라앉다, 무겁게 되다.
тяжк|ий (-ка, -ке) 무거운, 어려운, 고통스러운.
тя́жчати (-аю, -аєш) *I vi* 더욱 무겁게(어렵게) 되다.
тя́ж|че *adv. comp.*: тяжко, 더 무겁게.
тяжчи́ти (-чу, -чиш) *I vt* 무겁게 만들다.
тяжчíти (-íю, -íєш) *I vi* 더욱 무겁게 되다.
тя́ма (-ми) *f* 지식, 이해력.
тя́мити (-млю, -миш) *I vt* 이해하다, 알다.
тям|ки́й (-ка́, -ке́) 지적인, 주의하는.
тямува́ти (-у́ю, -у́єш) *I vi* 기억하다, 명심하다.
тям|у́чий (-ча, -че)*, -у́щий (-ща, -ще)* 지적인, 이해하는.
тя́ти (тну, тнеш) *I vt* 자르다, 톱질하다.
тятива́ (-ви́) *f* 구부러진 줄.
тьвахну́ти (-ну́, -не́ш) *P vt* 부여잡다, 움켜쥐다.
тьма (тьми) *f* 어둠, 모호함.
тьма́вий (-ва, -ве)* 어두운, 모호한.
тьма́рити (-рю, -риш) *I vt* 어둡게 하다.
тьма́стий (-та, -те)* 어두운 색의.
тьми́ти (-тьмлю́, -тьми́ш) *I vt* 어둡게 하다.
тьму́щий (-ща, -ще)* 어두운, 모호한.
тьмян|и́й (-на́, -не́)* 어두운, 모호한, 덜 어두운.
тьо́пати (-аю, -аєш) *I vi* 천천히 걷다.
тьо́хкати (-аю, -аєш) *I vi* 가슴이 두근거리다, 떨다.

У

У, у (우크라이나어의 24번째 철자).
у = в 전치사; 생격과 함께. -에서, -으로, -사이에, -와 함께, -가운데에, -로부터; я був у сестри́, 나는 누나의 집에 있었다; 나는 형으로부터 땅을 빌렸다; (소유의 의미로 사용): у ме́не нема́є гро́шей, 나는 돈이 없다; у неї бу́де дити́на, 그녀는 아이를 가질 것이다; 대격과 함께. -안으로, -으로, -을: ї́хати у Вашінгтон, 워싱턴으로 가다; гра́ти у ша́хи, 체스를 두다
уа́т (-та) *m* = ват, *Phys.* 와트.
уба́вити (-влю, -виш) *P vt*; убавля́ти (-я́ю, -я́єш) *I vt* 재미있게 하다.
убагну́ти (-ну́, -не́ш) *P vt* = збагну́ти, 이해하다.
убазарюва́ти (-рю́ю, -рю́єш) *I vt*; убазарюва́ти (-рю́ю, -рю́єш) *P vt* 시장에서 물건을 사다 (팔다).
убаришува́ти (-у́ю, -у́єш) *I vt* 이익을 남기다.
убача́ти (-а́ю, -а́єш) *I vt*; уба́чити (-чу, -чиш) *P vt* 알아보다, 목격하다.
уба́члив|ий (-ва, -ве)* 주의 깊은.
убга́ти (-а́ю, -а́єш) *P vt*: (убига́ти *I*) 관통시키다.
убезпе́ка (-ки) *f* 안전, 보호.
убезпеча́ти (-а́ю, -а́єш) *I vt*: (убезпе́чити *P*) 보증

убезпе́чен|ий (-на, -не)* 보장된, 안전하게 된.

убе́йкатися (-аюся, -аєшся) *I vi dial.* 스스로 더럽히다.

уберега́ти = уберіга́ти (-а́ю, -а́єш) *I vt*; уберегти́ (-ежу́, -еже́ш) *P vt* 안내하다, 보호하다.

убе́ркий (-ка, -ке) 흡수하는.

убива́ння *n* 죽이는 행위.

убива́ти (-а́ю, -а́єш) *I vt*: (уби́ти *P*) 죽이다.

уби́в|ець (-вця) *m*, -я (-ці) *m*, -ник (-ка) *m*, ~иця (-ці) *I* 살인자: -ство (-ва) *n* 살인, 자살; -чий (-ча, -че)* 살인의.

убир|а́льня (-ні) *f* 분장실; -а́ння *n* 분장.

убира́ти (-а́ю, -а́єш) *I vt* (убра́ти *P*) 옷을 입다.

уби́тий (-та, -те) 죽은.

убіга́ти (-а́ю, -а́єш) *I vi*; убі́гти (-і́жу, -і́жиш) *P vi* 도망치다.

убі́гатися (-аюся, -аєшся) *P vi* 뛰어서 피곤하게 되다.

у́біж (убо́жі) *pl Coll.* 가난한 사람.

убі́жжя *n* 빈곤, 고통, 괴로움.

убі́й|ний (-на, -не)* 죽이는, 살인하는.

убі́к *adv.* 주위로, 옆으로.

убіли́ти (-і́лю, -і́лиш) *P vt*; убі́л|ювати (-юю, -юєш), -я́ти (-я́ю, -я́єш) *I vt* 하얗게 만들다.

убі́льшати (-а́ю, -а́єш) *I vt*; убі́льшити (-шу, -шиш) *P vt* 크게 하다, 증대하다.

убі́р (убо́ру) *m* 옷차림새, 복장, 의복.

ублага́ти (-а́ю, -а́єш) *P vt* 간절히 바라다.

убо́втатися (-аюся, -аєшся) *P vi* 흙탕물을 튀기다.

убогаче́ння *n* 부자가 됨.

убо́гий (-га, -ге)* 가난한, 궁핍한.

убо́гшати (-а́ю, -а́єш) *I vi* 가난한 사람이 되다.

убо́гший (-ша, -ше) *Comp.*: убо́гий 더 가난한.

убожа́ти (-а́ю, -а́єш) = убожі́ти(-і́ю, -і́єш) *I vi* 가난하게 되다.

убо́жество (-ва)*n* = убо́зство (-ва) *n* 가난.

уболіва́ти (-а́ю, -а́єш) *I vi*; уболі́ти (-і́ю, -і́єш) *P vi* (над ким, чим): 슬퍼하다, 애도하다.

убо́рзі *adv.* 즉시, 늦지 않게.

убо́ркати (-а́ю, -а́єш) *P vt*; убо́ркувати (-ую, -уєш)

уве́рий

I vt 쉬다.
убо́юватися (-бююсн, -оює́шсн) *I vi*; **убоя́тися** (-ою́ся, -бі́шся) *P vi*. 무섭게 되다.
убра́н|ий (-на, -не) 옷을 입은, 정장을 입은.
убрести́ (-еду́, -еде́ш) *P vi* 접어서 넣다.
убриз(ь)кати (-аю, -аєш) *P vt*; **убриз(ь)кувати** (-ую, -уєш) *I vt* 진흙으로 더럽히다.
убрикну́ти (-ну́, -не́ш) *P vi* 달려서 나가다.
убриндува́тися (-у́юся, -у́єшся) *P vi dial*. 혼자서 옷을 입다.
убрі́д *adv*. 접어서.
убрьо́хатися (-аюся, -аєшся) *P vi* 진흙투성이가 되다.
убува́ння *n* 신발을 신는 행위, 신발류.
убува́ти (-а́ю, -а́єш) *I vt*: (**убу́ти** *P*) 신발이나 스타킹을 신다.
убуди́ти (-уджу́, -у́диш) *P vt* 일어나다.
убут|ний (-на, -не)* 점점 줄어드는, 감소하는; **-ок** (-тку) *m* 감소.
ува́га (-ги) *f* 주의, 관찰.
уважа́ння 존경, 주의; відно́ситися до ко́го з уважа́нням, 주의를 기울이다, 존경하다.
уважа́ти (-а́ю, -а́єш) *I vi*; **ува́жити** (-жу, -жиш) *P vi* 주의를 기울이다, 존경하다.
ува́жка (-ки) *f* 축소, 감소, 할인.
ува́ж|ливий (-ва, -ве)* 주의를 기울이는, 조심하는.
уважува́ти (-ую, -уєш) *I vt* 주의하다, 감시하다, 관찰하다.
уваля́ти (-я́ю, -я́єш) *P vt* 더럽히다.
увари́ти (-арю́, -а́риш) *P vt*; **уваро́вувати** (-рюю, -рюєш) *I vt* 완전히 끓이다: **-ся** *vi*. 완전히 끓여지다.
уве́дення *n* 도입.
увезти́ (-зу́, -зе́ш) *P vt*: (**увози́ти** *I*) 물건을 들여오다, 수입하다; **-ся** *P vi* 수입되다.
уверга́ти (-а́ю, -а́єш) *I vt*; **уве́ргнути** (-е́ргну, -е́ргнеш) *P vt* 안으로 던지다.
уве́ред (-ду) *m*, **-а** (-ди) *f* 상해, 손해, 부정.
увереди́ти (-реджу́, -е́диш) *P vt*; **увере́джувати** (-ую, -уєш) *I vt* 상해를 입히다, 파괴하다.
уве́рий (-ра, -ре) *dial*. 구부러진, 휘어진.

увернути (-ерну́, -е́рнеш) = увертіти (-рчу, -ртиш) *P vt*; увертати (-аю, -аєш) = уверчувати (-ую, -уєш) *I vt* 구부리다.

увести́ (-еду́, -еде́ш) *P vt*: (уводити *і*) 가지고 오다, 초래하다.

уве́сь (-уся́, -усе́) *pron.* 전체적인, 완전한.

увивати (-аю, -аєш) *I vt*: (увинути *P*) 구부리다.

увиджа́тися (-аюся, -а́єшся) = увиджуватися (-уюся, -уєшся) *I vi* 나타나다, 출현하다.

увидіти (-джу, -диш) *P vt* 관찰하다, 감시하다.

увикати (-аю, -аєш) *I vi*; увикнути (-ну, -неш) *P vi* 친하게 되다.

увиляти (-яю, -яєш) *I vt*; увильнути (-ну, -неш) *P vt* 피하다.

уви́слий (-ла, -ле)* 매달린.

уви́снути (-ну, -неш) *P vt*: (увисати *I*) 매달다.

увихатися (-аюся, -а́єшся) *I vt*; увихнутися (-нуся, -нешся) *P vi W.U.* 서두르다.

уви́шки *adv.* 높게.

увігнутий (-та, -те)* = угнутий, 굽은, 마음이 쏠린.

уві́д (увбду) *m* 도입.

уві́дати (-аю, -аєш) *P vt* 이끌다.

увідо́мити (-млю, -миш) *P vt*; увідомляти (-яю, -яєш) *I vt* 알려주다.

у́віз (увозу) *m* 타고 가는 것.

увійми́ти (-млю, -миш) *P vt* 가지고 가다.

увійти́ (-йду, -йдеш) *P vi*: (увіходити *I*) 안으로 들어가다.

уві́к *adv.* 영원히, 결코.

увікові́чнити (-ню, -ниш), -ити (-чу, -чиш) *P vt*; увікові́ч|нювати (-нюю, -нюєш), -увати (-ую, -уєш) *I vt* 불멸하게 하다, 영원하게 하다.

увілля́ти (-ллю, -ллеш) *P vt* 안으로 쏟아 붓다.

увільнення *n* 자유의 행위.

увільнити (-і́льню, -і́льниш) *P vt*; увільняти (-яю, -яєш) *I vt* 자유롭게 하다.

увінити (-ню, -ниш) *P vt W.U.* 결혼 지참금을 주다.

увінчати (-аю, -аєш) *P vt* 화환을 씌우다.

увірва́тися (-і́рвуся, -і́рвешся) *P vt*: (уриватися *I*)

부수다.
увірення *n* 믿는 것.
увірити (-рю, -риш) *P vt*: (увіряти *I*) (на кого): 믿다.
увірнути (-ну, -неш) *P vi* 가라 앉게 하다.
увірувати (-ую, -уєш) *P vi* 믿게 하다. 믿음을 주다.
увіряти (-аю, -аєш) *I vi*: (увірити *P*); -ся *I vi* 신임하다, 믿다.
увічнен|ий (-на, -не)* 영원한; -ня *n* 영원.
увічнити (-ню, -ниш) *P vi*; увічнювати (-нюю, -нюєш) *I vi* 영원하게 하다.
уволити (-олю, -олиш) *P vt*: (уволяти *I*) 다른 사람의 요구를 수행하다.
уволікати (-бю, -аєш) *I vt*,; уволокти (-лочу, -очеш) *P vt* 끌다; -ся *vi* 끌어지다.
уволю *adv.* 완전하게.
уворужити (-жу, -жиш) *P vt*; уворужувати (-жую, -уєш) *I vt* 군대를 정비하다.
ув'ядати (-аю, -аєш) *I vi*: (ув'янути *P*) 시들다, 말라빠지다.
ув'язати (-яжу, -яжеш) *P vt*: (ув'язувати *I*) 묶다.
ув'язливий (-ва, -ве)* 성가신, 귀찮은.
ув'язнен|ий (-на, -не)* 성가시게 하는.
ув'язнити (-ню, -ниш) *P vt*; (ув'язнювати *I*) 교도소에 넣다.
угав (-ву) *m* 정지, 멈춤.
угавати (-ваю, -аєш) *I vi* 조용하게 되다, 평화롭게 되다.
угад (-ду) *m* 추측.
угадати (-даю, -аєш) *P vi*: (угадувати *I*) 올바르게 추측하다.
угадлив|ий (-ва, -ве)* 올바르게 추측한.
угад|ник (-ка) *m*, -ниця (-ці) *f* 예언자.
угадувати (-ую, -уєш) *I vi*: (угадіти *P*) 올바르게 추측하다.
угам (-му) *m* 멈춤, 정지.
угамовувати (-ую, -уєш) *I vt*; угамувати (-ую, -уєш) *P vt* 조용하게 하다.
угар (-ру) *m* 증기.
угасати (-саю, -аєш) *I vt*; угаснути (-ну, -неш) *P*

угасити

vi 꺼지다, 소멸하다.

угаси́ти (-ашу, -асиш) *P vi*: (угаша́ти *I*) 꺼뜨리다, 소멸시키다.

уга́ювати (-аюю, -аюєш) *I vt*; уга́яти (-аю, -аєш) *P vt* 멈추게 하다.

угиба́ти (-аю, -аєш) *I vi*; угиб|нути, -ти (-ну, -неш) *P vi* 사라지다, 멸망하다.

у́гин (-ну) *m* 휨, 굽은 것.

угина́ти (-аю, -аєш) *I vt*; (угну́ти *P*) 구부리다 ; -ся *I vi* 허리를 굽히다.

у́гід|дя *n* 많음, 대량.

у́гінчивий (-ва, -ве)* 경계하는, 조심하는.

углагоїти (-ою, -оіш) *P vi W.U.* = заспокоїти, 진정시키다, 고통을 덜어주다.

угла́дити (-джу, -диш) *P vt* 부드럽게 하다.

угла́скати (-каю, -аєш) *P vt W.U.* 순종하게 만들다, 유순하게 하다.

угле́діти (-джу, -диш) *P vt* = углядіти, 알아채다, 관찰하다.

угле|ква́с (-су) *m Chem.* 탄산.

углиб *adv.* 깊게.

углиба́ти (-аю, -аєш) *I vi* 가라앉다.

углиб|ина (-ни)* 깊은 곳; -лений(-на, -не) 깊어진; -лення *n* 홀, 굴.

утлиби́ти (-либлю, -ибиш) *P vt*; углибл|ювати (-люю, -люєш), -яти (-яю, -яєш) *P vi* 깊게 만들다, 깊게 파다.

углиби́ний (-на, -не) 깊은.

углитну́ти (-ну, -неш) *P vt* 물다.

угніватися (-аюся, -аєшся) *P vi* 화가 나게 하다.

угніта́ти (-аю, -аєш) *I vt*; угнітити (-ічу, -ітиш) *P vt* 누르다, 반죽하다.

угно́єн|ий (-на, -не) 경작된.

угно́їти (-ою, -оїш) *P vi*; угно́ювати (-оюю, -оюєш) *I vi* 경작하다, 비료를 주다.

угну́тий (-та, -те) 휘어진.

угові́р (-вору) *m* 동의.

уго́вкати (-аю, -аєш) *P vi*; уговкувати (-ую, -уєш) *I vt* 평화롭게 하다, 진정시키다.

уговори́ти (-орю, -ориш) *P vi*; уговорювати (-рюю, -рюєш), -яти (-яю, -яєш) *I vt* 설득하다, -하게

시키다.

уго́втати (-аю, -аєш) *P vt*; **уговту́вати** (-ую, -уєш) *I vt* 고요하게 하다, 진정시키다.

уго́да (-ди) *f* 동의, 정리.

угоджа́ти (-аю, -аєш) *I vi*; **угоди́ти** (-оджу, -одиш) *P vi* 기쁘게 하다, 즐겁게 하다.

уго́д|ливий (-ва, -ве)*, -ний (-на, -не)* 강요하는, -하게 시키는.

угодо́в|ець (-вця) *m* 회유자, 존경받는 사람.

угодо́вувати (-ую, -уєш) *I vt*; **угодува́ти** (-ую, -уєш) *P vt* 뚱뚱하게 만들다.

у́гол (угла) *m* = вугол, 구석, 휘어진 곳.

уголи́ти (-олю, -олиш) *P vt* = оголи́ти, 벗게 하다.

уго́льник (-ка) *m Tech.* 괘선, 정사각형.

угомони́ти (-ню, -нніш) *P vt*; **угомоню́вати** (-нюю, -нюєш) *i vt* 고요하게 하다.

у́г|ор (-ра), **-орець** (-рця) *m* 헝가리 사람.

уго́рка (-ки) *f* 헝가리 여인.

уго́рський (-ка, -ке) 헝가리의.

угору́ *adv.* 위로.

Уго́рщина (-ни) *f NP* 헝가리.

угости́ти (-ощу, -ости́ш) *P vt*: (угоща́ти *I*) 손님을 맞이하다.

угото́вити (-влю, -виш) *P vt*; **уготовля́ти** (-яю, -яєш) *I vt* 준비하다.

уготува́ти (-ую, -уєш) *P vt* = уготовити; 준비를 하다.

угриза́ти (-аю, -аєш) *I vt*; **угри́зти** (-зу, -зеш) *P vt* 갉다, 물어뜯다.

угріва́ти (-аю, -аєш) *I vt*; **угрі́ти** (-ію, -ієш) *P vt* 덥게 하다.

угрі́вок (-вку) *m* 태양광선이 비쳐 뜨거운 곳.

угрова́тий (-та, -те)* 구진, 여드름.

угруща́ти (-аю, -аєш) *I vt* 확신을 찾다.

угука́ти (-аю, -аєш) *I vi* 종종 말하다.

угу́рен = угурний = огурний, 완고한, 고집 센.

угабну́ти (-ну, -неш) *P vt dial.* 훔치다.

угвинти́ти (-нчу, -нтиш) *P vt*; **угви́нчувати** (-ую, -уєш) *I vt* 돌리다.

угви́нчений (-на, -не)* 돌리는.

уго́гати (-аю, -аєш) *P vt dial.* 나쁘게 하다, 소비

угрунто́ваний (-на, -не)* 견고하게 설립된.

удава́ти (удаю́, удає́ш) *I vt*: (уда́ти *P*) –인체 하다, -를 가장하다, 꾸며대다.

удави́ти (-авлю́, -а́виш) *P vt*; **удавл|юва́ти** (-ю́ю, -ю́єш), -я́ти (-я́ю, -я́єш) *I vt* 고정시키다.

уда́влений (-на, -не)* 고정된.

удавні́ *adv.* 옛날에.

удали́ти (-лю́, -ли́ш) *P vt*; **удаля́ти** (-я́ю, -я́єш) *I vt* 옮기다, 다른 곳으로 보내다.

уда́лість (-лости)* *f* 능력.

уда́н|ий (-на, -не)* 꾸며진, -인 체 하는.

уда́р (-ру) *m* 가격, 타격.

удармицю́ *adv. dial.* 헛되이, 공연히.

уда́рити (-рю, -риш) *P vt*: (ударя́ти *I*) 치다, 때리다.

уда́рн|ий (-на, -не)* 바람이 부는.

ударо́вувати (-ую, -уєш) *P vt*; **ударува́ти** (-у́ю, -у́єш) *P vt* 선물 따위를 주다.

уда́тне *adv.* 우아하게.

уда́т|ний (-на, -не)* 가능한.

удвадця́те *adv.* 20번째의.

удво́ювати (-о́юю, -о́юєш) *I vi* 두 배로 하다.

удву́|конь *adv.* 두 배로.

уде́нішній (-ня, -не) 낮의.

уде́нь *adv.* 낮에.

удержа́вити (-влю, -виш) *P vi*: (удержа́влювати *I*) 국가를 세우다.

удержа́влен|ий (-на, -не) 국가를 세우는.

уде́ржання *n* 살아있는 것, 유기체.

удержа́ти (-ержу́, -е́ржиш) *P vt*: **уде́ржувати** (-ую, -уєш) *I vt* 떠받치다, 살아 있게 하다.

удеся́те *adv.* 열배로.

удеся́теро *adv.* 10배 이상으로.

уджигну́ти (-ну́, -не́ш) *P vt* 따끔하게 찌르다, 쑤시다.

удиви́тися (-ивлю́ся, -и́вишся) *P vt*; **удивля́тися** (-я́юся, -я́єшся) *I vi* (в кого): 빤히 쳐다보다.

удиву́ва́тися (-у́юся, -у́єшся) *P vi* 떠돌아다니다, 여행하다.

удиха́ти (-а́ю, -а́єш) *I vt*; **удихну́ти** (-ну́, -не́ш) *P*

удоніти

vt 숨 쉬다.

удіва́ти (-а́ю, -а́єш) *I vt* = одяга́ти: (удіти *P*) 옷을 입다; -ся *I vi* 스스로 옷을 입다.

удіве́ць (-вця́) *m* 홀아비.

удівство (-ва́) *n* 미망인, 과부.

удій (удо́ю) *m* 우유.

уді́л (-лу) *m* = пай, 부분, 나누는 것.

уді́лений (-на, -не) 주어진, 수여된.

уділи́ти (-ілю́, -іли́ш) *P vt*; **уді́л|ювати** (-люю, -люєш), -яти (-яю, -яєш) *I vt* 부분으로 나누다.

уді́льний (-на, -не) 부분의; -овець (-вця́) *m* 주주; -овий (-ва, -ве)* 주식의.

удія́ти (-ію, -ієш) *P vt* 하다, 수행하다.

удмуха́ти (-а́ю, -а́єш) *I vt* = вдимати; **удмухну́ти** (-ну́, -не́ш) *P vt* 숨을 쉬다.

у́до (уда́) *n Anat.* 정강이, 무릎 뼈.

удоба́рити (-рю, -риш) *P vt* 이해하다.

удо́б|ен = удо́б|ний (-на, -не)*, -енний (-нна, -нне)* 적절한.

удо́брений (-на, -не) 고요한, 조용한.

удобри́ти (-обрю́, -обри́ш) *P vt*: (удобря́ти *I*) 누그러뜨리다, 진정시키다.

удо́вж *adv.* 세로의, 길게.

удо́вжувати (-ую, -уєш) *I vt* 길게 하다, 길게 만들다.

удові́лля *n* 풍부, 충분함.

удові́ти (-ію, -ієш) *I vt* 미망인이 되다.

удово́лен|ий (-на, -не)* 만족하는; -ня *n* 만족.

удово́лити (-во́лю, -бли́ш) *P vt*; **удоволя́ти** (-я́ю, -я́єш) *I vt* 만족하게 하다.

удово́лі *adv.* 충분히, 만족하게.

удово́льнити (-ню, -ниш) *P vt*; **удово́льня́ти** (-я́ю, -я́єш) *I vt* 만족하게 하다.

удо́вщ *adv.* 우연하게.

удо́зві́ль *adv.* 충분하게.

удо́їти (-ою́, -о́їш) *P vt*: (удо́ювати *I*) 우유를 만들 다.

удо́лити (-лю, -лиш) *P vt* 열심히 하다.

удо́ма *adv.* 집에서.

удоніти (-ню, -ниш) *P vt* = удолити; 나누어 주다.

удо́світ|а adv. 해가 뜨기 전에; -ок (-тка) m 새벽.
удоскона́лен|ий (-на, -не)* 완전한.
удоскона́лити (-лю, -лиш) P vt; удоскона́лювати (-люю, -люєш) I vt 완전하게 하다.
удостові́рити (-рю, -риш) P vt; удостові́рювати (-рюю, -рюєш) I vt 증명하다, 인증하다.
удостоя́ти (-ою, -оїш) P vt 존경하다.
удрі́зки adv. 작은 조각으로.
удру́ге adv. 두 번째로.
удру́|жати (-аю, -аєш) I vt; удружи́ти (-ужу, -ужиш) P vt 친하게 행동을 하다.
удря́пнути (-ну, -неш) P vt 할퀴다, 상처를 내다.
уду́матися (-аюся, -аєшся) P vi; уду́муватися (-муюся, -уєшся) I vi 심사숙고하다.
удуши́ти (-ушу, -ушиш) P vt 질식사 시키다, 숨을 막다.
уду́шливий (-ва, -ве)* 숨이 막힌.
удяга́ти (-аю, -аєш) I vt; удягти́ (-ягну, -ягнеш) P vt 옷을 입다.
удя́ка (-ки) f, **-я́чність** (-ности) f 고마움, 감사; **-я́чний** (-на, -не)* 감사하는, 고마운.
удьо́рити (-рю, -риш) P vi dial. 달리기 시작하다.
ужада́ти (-даю, -аєш) P vi 간절히 바라다.
ужа́лити (-лю, -лиш) P vt 찌르다.
ужалі́тися (-іюся, -ієшся) P vi (над ким): = ужа́лувати (-ую, -уєш) P vt (кого): 후회하다, 기도하다.
жа́х (-ху) m 공포, 놀라움.
ужахну́ти (-ну, -неш) P vt 놀라게 하다.
уже́ adv. 이미: - давно, 오래 전에.
ужива́ти (-аю, -аєш) P vt: (ужити P) 사용하다, 고용하다.
ужи́т|ки (-ків) pl 행운.
узагалі́ adv. 일반적으로.
узага́льнен|ий (-на, -не)* 일반화 된.
уза́очі adv. 뒤에서.
узапа́сити (-пашу, -асиш) P vt 넓히다.
узасадни́ти (-адню, -адниш) P vt; узасаднювати (-нюю, -нюєш) I vt 원칙을 세우다.
узати́шку adv. 외롭게, 혼자서.
у́зб|іч adv. 옆으로.

узбро́єн|ий (-на, -не)* 무장된.
узвір (-вора) *m* 절벽, 낭떠러지.
узгір'я *n* 높은 곳, 고지.
узгля́днен|ий (-на, -не)* 생각을 많이 한; -ня 생각을 많이 하는 것.
узгля́днити (-ню, -ниш) *P vt*; узгля́днювати (-нюю, -нюєш), -яти (-яю, -яєш) *I vt* 생각을 많이 하다.
узго́дження *n* 동의, 찬성.
узго́джувати (-ую, -уєш) *I vt*; узгодити (-джу, -диш) *P vt* 인정하다.
узголі́в'я, -ов'я *n* 침대 머리.
узд|а́ (-ди) *f* = вузда; **-ниця** (-ці) *f* 말의 고삐.
уздо́вж prep. (생각과 함께) –따라.
уздріва́ти (-аю, -аєш) *I vt*; уздріти (-рю, -риш) *I vt* 보다, 관찰하다.
уздря́чку adv. 눈 속에.
узимі́ adv. 겨울에.
узи́мки (-ків) *pl* 추운 겨울의 첫 번째 날.
узір (узо́ру) *m* 모델, 패턴.
узісі́нький (-ка, -ке)* 매우 좁은.
у́злик (-ка) *m* = вузлик, 작은 묶음.
узли́тися (-люся, -лишся) *P vi* 화가 나게 하다.
узлі́с|ок (-ску) *m*, -ся 숲의 가장자리.
узлува́тий (-та, -те)* = вузлуватий, 간단한.
узнава́ння *n* 인식, 인지, 인정.
узнава́ти (-наю, -аєш) *I vt*: узнати (-наю, -аєш) *P vt* 알아차리다, 알게 하다.
узне́слий (-ла, -ле)* 상승된, 올려진.
у́зол (-зла) *m* = вузол, 매듭, 덩어리.
узо́р|ець (-рця) *m Dim.*: узір; , **-нстий** (-та, -те)* 다색의.
узрі́ччя *n* 강가.
узу́блення *n* 이빨.
узува́ти (-аю,-аєш) *P vt* = обува́ти: (узу́ти *P*) 신발을 신다.
узурпа́тор (-ра) *m* 왕위 찬탈자.
у́зус (-су) *m* 습관, 사용.
узуття́ *n coll.* 신발류.
узя́ти (візьму́, -меш) *P vt*: (бра́ти *I*) 가지고 가다, 얻다.

узя́ття *n* 가지고 가는 것, 받는 것.
узя́х|а (-хи) *m, f*, -ар (-ра) *m* 화자.
узьмі́нь (-меня) *m*, (-мені) *f* 항만, 심연.
уї́длив|ий (-ва, -ве)* 모조의, 흉내 내는.
уї́зд (-ду) *m* 출입.
уї́здити (уї́жджу, уї́здиш) *I vi*: (уї́хати *P*) 들어가다.
уї́здний (-на, -не) 출입의.
ума́к (-ка) *m* 죄수.
ума́ти (-аю, -аєш) *I vt*: уми́ти (-млю, -меш), уня́ти (уйму́, -меш) *P vt* 떠나다, 나누어지다.
уйти́ (уйду́, уйде́ш) *P vi*: (уходити *I*) 걸어가다.
ука́з (-зу) *m* 포고, 칙령.
указа́ти (-кажу́, -а́жеш) *P vt*: (указувати *I*) 지시하다, 지적하다.
указі́в|ка (-ки) *f* 지적, 지시: -ний (-на, -не) 지시하는, 지적하는.
ука́з|ник (-ка) *m* 지시자.
уквля́ти (-я́ю, -я́єш) *P vi* 더럽히다, 헐뜯다.
укаменува́ти (-ую, -уєш) *I vi* 돌로 쳐 죽이다.
ука́пати (-паю, -аєш) *P vi*; **ука́пувати** (-ую, -уєш) *I vi* 물방울이 떨어지다, 흠뻑 젖다.
укара́мшити (-шу, -шиш) *P vt dial.* 훔치다, 몰래 가지고 가다.
унара́ння *n* 벌.
укара́ти (-раю, -аєш) *P vt* 벌을 주다, 처벌하다.
укарбо́ваний (-на, -не)* 잘라진, 새겨진.
укача́ти (-чаю, -аєш) *P vt*; **укачувати** (-ую, -уєш) *I vt* 돌리다.
укваси́ти (-а́шу, -а́сиш) *P vt* 시게 하다.
уква́шений (-на, -не)* 시게 된.
уквітува́ти (-ую, -уєш) = **уквітча́ти** (-а́ю, -а́єш) *P vt*; **унвітчувати** (-ую, -уєш) *I vt.* 아름답게 하다, 미화하다.
укві́тчаний (-на, -не)* 미화 된.
укида́ння *n* 던지는 행위.
укида́ти (-а́ю, -а́єш) *I vt*; **уки́нути** (-ну, -неш) *P vt* 던지다.
укипа́ти (-а́ю, -а́єш) *I vi*; **укипі́ти** (-плю́, -пи́ш) *P vi* 충분히 끓이다.
укиса́ти (-а́ю, -а́єш) *I vi*; **уки́снути** (-ну, -неш) *P vi*

시큼하게 되다, 산성이 되다.

укі́нці *adv.* 결국.

укі́нчен|ий (-на, -не)* 완전한, 끝난.

укінчи́ти (-і́нчу, -і́нчиш) *P vt* 끝내다, 닫다.

укі́р (уко́ру) *m* = докі́р, 책망, 비난.

укі́с (уко́су) *m* 베어진 양.

укла́д (-ду) *m* 취급, 동의, 접촉.

укла́да́ти (-да́ю, -да́єш) *I vt* = укла́дувати: (уласти, уложити *P*) 정렬하다, 맞추다.

укладач (-чі́) *m* 정렬.

уклади́стий (-та, -те)* 넓은, 흰히.

укла́д|ний (-на, -не)* *W.U.* 매너있는, 정중한.

укле́їти (-ею, -еїш) *P vt*: (уклю́вати *I*) 두 물건을 풀로 부치다.

укленя́ти (-я́ю, -я́єш) *I vt dial.* = заклина́ти, 책망하다, 다그치다.

уклепа́ти (-а́ю, -а́єш) *P vt* 쇠를 벼리다, 단조하다.

уклика́ти (-а́ю, -а́єш) *I vt*; укли́кати (-и́чу, -и́чеш) *P vt* 부르다, 초대하다.

уклимля́ти (-я́ю, -я́єш) *I vt dial.* 이해하다.

уклі́н (-ло́ну) *m* 인사, 존경.

уклони́тися (-о́нюся, -о́нишся) *P vt*; уклоня́тися (-я́юся, -я́єшся) *I vi* 인사를 하게 하다.

уклопо́чений (-на, -не)* 문제가 있는, 바쁜.

включа́ти (-а́ю, -а́єш) *I vt*; включи́ти (-ю́чу, -ю́чиш) *P vt* 포함하다.

укляка́ти (-а́ю, -а́єш) *I vi*; укля́кнути (-ну, -неш) *P vi* 웅크리다, 쪼그리고 앉다.

укме́тити (-е́чу, -е́тиш) = укмі́тити (-і́чу, -і́тиш) *P vt*; укмі́тувати (-ую, -уєш) = укмі́чати (-а́ю, -а́єш) *I vt* 알아차리다, 관찰하다.

уко́ваний (-на, -не)* 묶여진.

уко́взати (-а́ю, -а́єш) *P vt*; уко́взувати (-ую, -уєш) *I vt* 미끄럽게 만들다.

уко́їти (-ою, -оїш) *P vt*: (укою́вати *I*) 수행하다, 완수하다.

уколиса́ти (-и́шу, -и́шеш) *P vt*; уколи́сувати (-ую, -уєш) 자는 것을 흔들어 깨우다.

уколо́шкати (-а́ю, -а́єш) *P vt dial.* 죽이다.

укомплект|о́ваний (-на, -не)* 완성된; -ува́ння *n* 완성.

укомплектовувати (-ую, -уєш) *I vt*; укомплектувати (-ую, -уєш) *P vt* 완성하다.

уконатися (-аюся, -аєшся) *P vi* 피곤하게 되다.

уконтентовувати (-ую, -уєш) *I vt*; уконтентувати (-ую, -уєш) *P vt* 만족하게 하다, 기쁘게 하다.

укоренений (-на, -не)* 뿌리의, 근간의.

укоренілий (-ла, -ле)* 뿌리의.

укорінити (-ню, -ниш) *P vt* = укоренити; укорінювати (-нюю, -нюєш) *I vt* 뿌리를 심다.

укорити (-рю, -риш) *P vt*; укоряти (-яю, -яєш) *I vt* 비난하다, 책망하다.

укорливий (-ва, -ве)* 비난의, 책망의.

укоронований (-на, -не)* 왕관의.

укороновувати (-ую, -уєш) *I vt*; укоронувати (-ую, -уєш) *P vt* 왕관을 씌우다.

укоротити (-рочу, -отиш) *P vt*; укорочати (-аю, -аєш) = укорочувати (-ую, -уєш) *I vt* 짧게 하다.

укорочений (-на, -не)* 짧게 된.

укосити (-ошу, -осиш) *P vt*: (укошувати *I*) 파다, 파헤치다.

укосом *adv.* 모호하게.

укоханий (-на, -не) 사랑에 빠진.

укохати (-аю, -аєш) *P vt* 사랑에 빠지다.

укр|адений (-на, -не) 훔친.

украї́на (-ни) *f* = окраїна, 국경지대, 분쟁지.

Україна (-ни) *f NP* 우크라이나.

українець (-нця) *m* 우크라이나 인.

українізатор (-ра) *m* 우크라이나.

україніст (-та) *m* 우크라이나에 대해 배운 사람.

українка (-ки) *f* 우크라이나 여인.

українний (-нна, -нне) 분쟁하는, 싸우는.

українозн|авець (-вця) *m* 우크라이나에 대해 배운 사람.

українство (-ва) *n* 우크라이나 사상.

україн|ський (-ка, -ке) 우크라이나의; -кий нарід (народ), 우크라이나 사람.

українщити (-щу, -щиш) *I vt* 우크라이나화 하다.

украй *prep.* (생각과 함께) 결국; *adv.* 완전하게, 마지막으로.

украмарювати (-рюю, -рюєш) *P vt* 물건을 팔아서

얻다.
украси́ти (-ашу́, -а́сиш) *P vt*; (украша́ти *I*) 장식하다.
украя́ти (-а́ю, -а́єш) *P vt* = укро́їти, 자르다.
укрива́вити (-влю, -виш) *P vt*; укрива́влювати (-люю, -люєш) *I vt* 피로 얼룩지다.
укрива́льник (-ка) *m* 지붕, 지붕 모양의 물건.
укрива́ти (-а́ю, -а́єш) *I vt*: (укри́ти *P*) 덮다, 숨기다.
укриви́ти (-джу, -диш) *P vt*; укри́вджувати (-ую, -уєш) *I vt* 잘못하다, 상처를 입히다.
укри́тий (-та,-те)* 숨겨진, 덮혀진.
укріпи́ти (-іплю́, -іпиш) *P vt*; (укрі́плювати, -я́ти *I*) 요새화 하다, 굳게 하다.
укру́г *adv.* 주변의.
укрути́ти (-учу́, -у́тиш) *P vt*; укру́чувати (-чую, -уєш) *I vt* 돌리다.
укупи́тися (-плю́ся, -у́пишся) *P vi*; укупля́тися (-я́юся, -я́єшся) *I vi* 땅을 사서 소유권을 얻다.
уку́пі *adv.* 함께, 같이.
уку́рений (-на, -не)* 담배연기의, 검은 먼지의.
укури́ти (-рю́, -риш) *P vt*: (уку́рювати *I*) 먼지로 뒤덮다.
укуси́ти (-ушу́, -у́сиш) *P vt*: (укуша́ти *I*) 물어뜯다.
укусну́ти (-ну́, -не́ш) *P vt* 한번 물다.
уку́читися (-чуся, -чишся) *P vi* 약해지다.
улаго́джувати (-ую, -уєш) *I vt*; улаго́дити (-джу, -диш) *P vt* 정리하다, 깨끗이 하다.
ула́д *adv.* 조화롭게.
ула́джувати (-ую, -уєш) *I vt*; ула́дити (-джу, -диш) *P vt* 정리하다.
ула́зити (-а́жу,-а́зиш) *I vi*: (улі́зти *P*) 살금살금 걷다.
уре́шті *adv.* 마지막에, 드디어.
урива́ти (-а́ю, -а́єш) *I vt*: (ури́ти *P*) 아래로 깊게 파다.
ури́в|ок (-вка) *m* 깨지기 쉬운 것.
ури́тний (-на, -не)* 불쾌한, 불만족스러운.
урихто́вувати (-ую, -уєш) *I vt*; урихтува́ти (-ую, -уєш) *P vt* 적응하다, 정리하다.

урівноважений (-на, -не)* 균형이 맞는, 조화가 된.

урівноважити (-жу, -жиш) *P vt*; урівноважувати (-ую, -уєш) *I vt* 동일하게 하다, 균형을 맞추다.

урівнювати (-нюю, -нюєш) *I vt*; урівняти (-яю, -аєш) *P vt* 균등하게 하다.

уріз (-зу) *m* 나눔.

урізати (-іжу, -іжеш) *P vt*: урізувати (-ую, -уєш) *I vt* 자르다.

урікати (-аю, -аєш) *I vt*: уректи *P*) -ся *I vi*.

урічливий (-ва, -ве)* -ний (-на, -не)* 해로운.

уробити (-облю, -обиш) *P vt*; уробляти (-яю, -яєш) *I vt* 일을 하다, 무엇인가를 하다.

урода (-ди) *f* 아름다움, 사랑스러움.

уроджений (-на, -не) 태어남, -ження *n* 탄생.

уродити (-оджу, -одиш) *P vt*: (родити, урожати *I*) 탄생시키다.

уродливий (-ва, -ве)* 아름다운, 잘 생긴.

уроєний (-на, -не)* 상상하는, 미래의.

урожай (-аю) *m* 식량, 수확.

уроженець (-нця) *m*, -енка (-ки) *f* 고국인, 자국인.

уроз|літ, -паш. -сип, -тіч *adv.* 허둥지둥하여, 산산이 흩어져.

урозумити (-умлю, -умиш) *P vt* (урозумляти *I*) 원인을 불러일으키다, 설명하다.

урозуміти (-ію, -ієш) *P vt* 이해하게 되다.

урозумляти (-яю, -яєш) *I vt* (урозумити *P*).

уроїтися (-оюся, -оїшся) *P vi*: -в голову. 상상하다.

уроки (-ків) *pl* 악마, 악마에 의한 해.

уронити (-оню, -ониш) *P vt.* уроняти (-яю, -яєш) *I vt.* 떨어지다.

урослий (-ла, -ле)* 잘 자란, 잘 설립된.

уростати (-аю, -аєш) *I vi*: урости (-ту, -теш) *P vi*. 자라다, 진보하다.

уростіч *adv.* 뿔뿔이, 혼란스럽게.

урочистий (-та, -те)* 축제의.

урочище (-ща) *n* 기본적인 선, 자연적 제한.

урочний (-на, -не) 학습의.

уроювати (-оюю, -оюєш) *I vt*: (уробити *P*) 상상

하다.

урубати (-аю, -аєш) *P vt* 잘라내다, 분리하다.

уруна (-ни) *f dial.* 가을에 겨울작물의 싹을 틔우다.

урунитися (-нюся, -нишся) *P vi;* **урунюватися** (-нююся, -нюєшся) *I vi* 빽빽이 싹이 트다.

урухомити (-млю, -миш) *P vt;* **урухомлювати** (-люю, -люєш) *I vt* 움직이게 하다.

уручати (-аю, -аєш) *I vt;* **уручити** (-учу, -учиш) *P vt* 손 닿는 곳에, 수중에.

уряд *adv.* 나란히, 병행하여.

уряд (-ду) *m* 우체국, 사무실.

уряджати (-аю, -аєш) *I vt:* (**урядити** *P*) 정렬하다, 공급하다.

урядженний (-на, -не)* 잘 정렬된.

уряди-годи *adv.* 때때로, 드물게.

урядник (-ка) *m* 사무원.

урядовець (-вця) *m* 사무의, 기능의.

урядувати (-ую, -уєш) *I vt:* 채우다.

уряжати (-аю, -аєш) *I vt:* (**урядити** *P*) 장식하다, 꾸미다; **-ся** *I vi* 혼자서 꾸미다.

урясити (-яшу, -ясиш) *P vt dial.* 주위를 가볍게 흔들다.

урятований (-на, -не)* 구출된, 자유롭게 된.

урятовувати (-ую, -уєш) *I vt;* **урятувати** (-ую, -уєш) *P vt* 구하다, 자유롭게 하다.

ус (уса) *m* = **вус**, 콧수염.

усаджати (-аю, -аєш) = **усаджувати** (-ую, -уєш) *I vt;* **усадити** (-аджу, -адиш) *P vt* 자리잡다, 앉다.

усамітнити (-ню, -ниш) *P vt;* **усамітн|ювати** (-нюю, -нюєш), **-яти** (-яю, -яєш) *I vt* 외롭게 만들다.

усамостійнення *n* 독립적인 것을 얻음. 독립.

усамостійнити (-ню, -ниш) *P vt;* **усамостійнювати** (-нюю, -нюєш) *I vt* 독립하다.

усамперед *adv.* 우선 첫째로, 무엇보다도.

усань (-ня) *m* = **вусань**, 턱수염 기른.

усапатися (-паюся, -аєшся) *P vi* 어렵게 숨을 들이쉬다.

усвирі|питися (-плюся, -пишся) *P vi Archaic*

усвідо́мити (-млю, -миш) *P vt*: (усвідо́мл|ювати, -я́ти *I*) 자각하다.

화내다, 사납게 되다.

усвідо́млен|ий (-на, -не)* 깨우친, 문명화 된.

усвіти́ти (-і́чу, -і́тиш) *P vt* 설명하다, 분류하다.

усе́ *pron.* Уве́сь의 중성; *adv.* 항상, 언제나.

усе|бі́чний (-на, -не)* 전체적인, 모든 측면에서.

усеї́д (-да) *m* -а (-ди) *m, f* 박식한 사람.

уселе́нний (-нна, -нне)* 우주의.

усели́тися (-елю́ся, -е́лишся) *P vi*: (уселя́тися *i*) 정착하다.

уселю́д|ний (-на, -не)* 일반적인.

усемог|у́тній (-ня, -не), -у́чий (-ча, -че) 전지전능한.

усенаро́дній (-ня, -не) 일반적인 사람의.

усено́шна (-ної) *f* 저녁 기도.

усереди́ні *adv.* 안쪽에.

усе́рд|ний (-на, -не)* 반복하는, 부지런한.

усесві́тлий (-ла, -ле)* 가장 저명한.

усесв|і́т (-ту) *m* 우주.

усе|си́льний (-на, -не)* 전지전능한.

усиді́ти (-джу, -диш) *P vi* 앉아 있게 하다.

уси́лити (-илю́, -и́лиш) *P vt*: (уси́л|ювати, -я́ти *I*) 안으로 넣다.

усилко́вуватися (-у́юся, -у́єшся) *I vi* 스스로 노력하다.

усило́вувати (-ую, -уєш) *I vt*: усилува́ти, (-у́ю, -у́єш) *P vt* 강요하다, 강제하다.

уси́лу *adv.* 아주 어렵게.

уси́льний (-на, -не)* 긴급한, 다급한.

усильні́ти (-і́ю, -і́єш) *P vi* 늘리다, 강하게 하다.

усинови́ти (-влю́, -ви́ш) *P vt*: (усино́вл|ювати, -я́ти *I*) 채용하다, 채택하다.

усино́влен|ий (-на, -не)* 채용된, 채택된: -ня *n* 채용, 채택.

уси́пати (-плю, -плеш) *P vt*: 뿌리다, 치다.

уси́пище (-ща) *n* 배, 용기.

усипля́ти (-пю, -пеш) *I vi* 잠에 취하다.

усироти́ти (-очу́, -о́тиш) *P vt.* 부모를 잃다.

усироті́лий (-ла, -ле) 고아가 된.

усироті́ти (-і́ю, -і́єш) *P vi* 고아가 되다.

усити́ти (усичу́, усити́ш) *P vt*: 마시기 위해 꿀을 섞다.

усиха́ти (-а́ю, -а́єш) *I vt*: (усо́хнути, усо́хти, усхну́ти *P*) 말리다; -ся *I vi* 건조되다.

усіда́ти (-а́ю, -а́єш) *I vi*: (усі́сти *P*) 앉다. ; -ся *I vi* 가라앉다.

усідла́ти (-а́ю, -а́єш) *P vt* 안장을 얹다.

усіка́ти (-а́ю, -а́єш) *I vi*: усікну́ти(-ну, -неш) = усі́кти (-і́чу, -і́чеш) *P vt* 자르다.

усіл|я́кий (-ка, -ке)* 모든 종류의.

усі́льниця, -і́нниця (-ці) *f* = ґу́сениця, *Ent*. 모충, 쐐기벌레.

усісі́нький (-ка, -ке)* 절대적으로 모두.

усі́яти (-і́ю, -і́єш) *P vt* 씨를 뿌리다: -ся *P vi*. 씨가 뿌려지다.

ускакну́ти (-ну, -неш) = ускочи́ти, *I vi*; ускакува́ти (-у́ю, -у́єш) *I vi* 뛰다, 점프하다.

ускла́днен|ий (-на, -не)* 혼란스러운.

ускладни́ти (-ню, -ниш) *P vt*: ускладнюва́ти (-нюю, -нюєш) *I vt*. 혼란스럽게 되다.

у́ск|ок (-ку) *m W.U.* 점프: -о́ки *adv*. 점프하여.

ускосо́м *adv.* 비스듬히, 일그러져.

ускочи́ти (-чу, -чиш) *P vi*: (ускакува́ти *I*) 점프하다.

ускочку́ *adv*. 전속력으로.

ускрома́дити (-джу, -пиш) *P vt* 문지르다, 닦아내다.

ускро́млений (-на, -не)* 정복된, 차분한.

ускроми́ти (-мю, -миш) *P vt*: ускромлюва́ти (-люю, -люєш), -я́ти (-а́ю, -а́єш) *I vt*. 정복하다, 가라앉히다.

ускру́т *adv.* 갑자기.

ускубну́ти (-ну, -неш) = ускубти (-бу, -беш) *P vt* 잡아뜯다.

ускучи́тися (-у́чуся, -у́чишся) *P vi* 지루하게 하다.

усла́вити (-влю, -виш) *P vt*: (уславля́ти *I*) 찬미하다.

усла́вний (-на, -не)* 상태의.

услі́д *adv.* 즉시 따라오는.

услідкува́ти (-у́ю, -у́єш) *P vt* 근접해서 발견하다.

услу́га (-ги) *f* 서비스, 접대.

услуго́вувати (-ую, -уєш) = услугува́ти (-гую, -гуєш) *I vi*; услужи́ти (-ужу, -ужиш) *P vi* 서비스를 하다.

услугува́ння *n* 서빙, 서비스.

услу́ж|ливий (-ва, -ве)*, -ний (-на, -не)* 쓸모 있는, 유용한.

усма́гнути (-ну, -неш) *P vi* 잘 익은.

усма́жити (-жу, -жиш) *P vi* 굽다, 뛰기다.

усма́к *adv* 좋은 맛이 나는.

усмакува́ти (-ую, -уєш) *P vi* 맛을 찾다, 맛을 시험하다.

усме́ртити (-рчу, -ртиш) *P vt* 죽이다.

усме́рть *adv*. 극단적으로, 운명적으로.

усмі́литися (-люся, -лишся) *P vi* = усмілі́ти (-лію, -ієш) *P vi* 용감하게 – 하다.

у́смі́х (-ху) *m* 웃음.

усміха́тися (-аюся, -єшся) *I vi*: (усміхну́тися *P*) 웃다.

усмі́хливий (-ва, -ве)* = усмі́хнений (-на, -не)* 웃고 있는.

усмі́шити (-шу, -шиш) *P vi* 웃게 만들다.

усмі́шка (-ки) *f* 웃음.

усмія́тися (-іюся, -ієшся) *P vi* 다른 사람을 웃기다.

уснасти́тися (-ащуся, -астишся) *P vi* 강하게 붙어있다.

у́сн|ий (-на, -не)* 입의 목소리의.

усну́ти (-ну, -неш) *P vi*: 잠에 빠지다.

усоби́тися (-блюся, -бишся) *I vi* 말싸움을 하다.

усо́б|иця (-ці) *I* 말다툼, 불협화음.

усові́стити (-іщу, -істиш) *P vt*; усовіща́ти (-аю, -аєш) *I vt* 훈계하다.

усо́вувати (-ую, -уєш) *I vt*: (усу́нути *P*) 옆으로 밀다.

усокоти́ти (-кочу, -отиш) *P vt W.U.* 지키다, 방어하다.

усолода́ти (-аю, -аєш) *I vi* 달콤하게 하다.

усо́хлий (-ла, -ле)* 마른.

усо́чок (-чка) *m* = ву́сочок, *Dim*.: ус, 작은 속삭임.

успіва́ти (-аю, -аєш) *I vi*: (успі́ти *P*) 준비된.

успіх (-ху) *m* 성공; 진보.
успокоїти (-ою, -оїш) *P vt*; успокоювати (-оюю, -оюєш) 조용하게 하다, 고요하게 하다.
успосібленıй (-на, -не)* 할 수 있는.
успособити (-облю, -обиш) *P vt*; (успособлювати, -яти *I*) 가능하게 하다.
усправедливити (-влю, -виш) *P vt*; усправедливлювати (-люю, -люєш) *I vt* 심판하다, 사과하다.
усправжки *adv.* 정말로, 진심으로.
уставати (-таю, -аєш) *I vi*: (устати *P*) 일어나게 하다, 설립하다.
уставити (-влю, -виш) *P vt*; уставляти (-яю, -яєш) *I vt* 규격에 맞게 하다.
усталенıй (-на, -не)* 설립된, 고정된.
усталити (-лю, -лиш) *P vt*; устатовати (-люю, -люєш) *I vt* 설립하다, 건설하다.
установıfа (-ви) *f* 관습, 습관.
установити (-овлю, -овиш) *P vt* установляти (-яю, -яєш) *I vt* 설립하다, 건설하다.
устарати (-аю, -аєш) *P vt* 얻다.
устаріти (-оо, -ієш) *P vt* 낡게 하다.
устатковувати (-ую, -уєш) *I vt* устаткувати (-ую, -уєш) *P vt* 설치하다, 설립하다.
устатчитися (-чуся, -чишся) *P vi W.U.*: -в слбві, 약속을 지키다.
устелити (-елю, -елиш) *P vt*; устел|ювати (-люю, -люєш), -яти (-яю, -яєш) *I vt*: (устилати *I*) 덮다.
устерегти (-режу, -ежеш) *P vt*; устерігати (-аю, -аєш) *I vt* 지키다.
устигати (-аю, -аєш) *I vi*; устиг|нути, -ти (-гну, -неш) *P vi* 계속 뒤를 잇다.
устид (-ду) *m* = стид, 부끄러움.
устидатися (-аюся, -аєшся) *I vi*: (устидитися *P*) 부끄러워지다.
устиджати (-аю, -аєш) *I vt*; устидити(-джу, -диш) *P vt* 부끄럽게 만들다 ; -ся *P vi* 부끄러워진.
устидливıй (-ва, -ве)* 부끄러운: -ість (-вости) *f* 부끄러움.
Устıйненıй (-на, -не)* 고정된; ~я *n* 고정.

устійнити (-ню, -ниш) *P vt*; устійнювати (-нюю, -нюєш) *I vt* 설립하다.

устіль *adv.* 완전하게.

устодолити (-лю, -лиш) *P vt dial.* 나쁘게 만들다, 망치다.

устой *adv.* 서서.

устлонька (-ньок), -очка (-чок) *pl. Dim.:* 예쁜 입술.

усторонити (-роню, -ониш) *P vt*; усторонити (-ню, -неш) *I vt* 옆으로 놓다, 치우다.

устоювати (-оюю, -оюєш) *I vi*; устояти (-ою, -оїш) *P vi* 서 있다.

устояний (-на, -не)* 명백하게 된.

устрахнутися (-нуся, -нешся) *P vi* 무섭게 된다.

устрашати (-аю, -аєш) = устрашувати (-ую, -уєш) *I vt*: устрашити (-ашу, -ашиш) *P vt* 무섭게 하다.

устрелити (-лю, -лиш) *P vt* 총으로 쏴 죽이다.

устригти (-ижу, -жеш) *P vt* 자르다.

устрим (-му) *m* = стрим, 보류, 감금.

устриця (-ці) *f ich,.* 굴.

устрівати (-аю, -аєш) *I vt*: (устріти *I*) 만나다: -ся 서로서로 만나다.

устрій (-рою) *m* 시스템, 체계.

устріча (-чі) *f* = зустріч. 만남.

устрічний (-на. -не)* 반대편에서 온.

устроїти (-ою, -оїш) *P vt*: (устроювати *I*) 정리하다, 맞추다.

устромити (-омлю, -омиш) *P vt*: устромляти (-яю, -яєш) *I vt* 안으로 밀어 넣다 : -ся *vi* 안으로 들어가다.

устрочити (-чу, -чиш) *P vt* 관찰하다.

устругати (-ужу, -ужеш) *P vt* 완전히 평평하게 하다.

устругнути (-ну, -неш) *P vt* 어떤 특별한 일을 하다.

устрявати (-аю, -аєш) *I vi*: устряти (-яну, -янеш) *P vi* (в що): 간섭하다.

устрягти (-гну, -гнеш) *P vi* 찌르다.

уступ (-пу) *m* 분야.

уступати (-аю, -аєш) *I vi*; уступити (-уплю,

-упиш) *P vi* 들어가다.

уступка (-ки) *f* 양보.

уступне́ (-ного) *n* 입장료.

у́стя п = гирло, 강 입구.

устя́ж *adv.* 줄을 지어서.

усува́ти (-аю, -аєш) *I vt*: (усу́нути *P*) 밀다, 떠밀다.

усувни́й (-на, -не) 밀수 있는.

усу́джувати (-жую, -уєш) *I vt*: усуди́ти (-уджу -удиш) *P vt* 비난하다.

усука́ти (-учу, -учиш) *P vt*: усу́кувати (-кую, -уєш) *I vt* 함께 비틀다.

утана́жити (-жу, -жиш) *P vi dial.* 완전히 탈진하다.

утараба́нити (-ню, -ниш) *P vt* 끌다.

утаска́тися (-каюся, -аєшся) *P vi*; утаску́ватися (-уюся, -уєшся) *I vi* 들어가다, 꿰뚫다.

утве́рджати (-аю, -аєш) = утве́рджувати(-ую, -уєш) *I vt*; утверди́ти (-джу,-диш) *P vt* 강하게 하다.

утві́р (-вору) *m* 창조.

утво́ренійй (-на, -не)* 창조된; -ня 창조, 발명.

утвори́ти (-орю, -ориш) *P vt*; утво́рювати (-рюю, -рюєш) *I vt* 형성하다, 만들어내다.

уте́клий (-ла, -ле) 사라져 버리는.

утекти́ (-ечу́, -че́ш) *P vi*: утіка́ти *I*) 도망치다, 피하다.

утемні́ти (-ію, -ієш) *I vi* 봉사가 되다.

уте́ча (-чі) *f* 구출, 탈출.

утина́ти (-аю, -аєш) *I vt*: (утя́ти *P*) 자르다, 정확하게 만들다.

утир|а́ло (-ла) *n* 닦는 것, 수건.

утира́ч (-ча) *m* 수건.

утири́ти (-рю, -риш) *P vt* 던지다.

у́тиск (-ку) *m* 억압.

утиска́ти (-аю, -аєш) = утиску́вати (-ую, -уєш) *I vt*; утисну́ти (-ну, -неш) *P vt* 억압하다, 누르다.

утиска́ч (-ча) *m* 억압하는 사람.

утиха́ти (-аю, -аєш) *I vi*; утихну́ти (-ну, -неш) *P vi* 조용히 하게 하다.

ути́хлий (-ла, -ле)* 조용한, 고요한.

у́тиця (-ці) *f* 거위.

утиша́ти (-а́ю, -а́єш) *I vt*; **ути́шити** (-шу, -шиш) *P vt* 조용하게 하다.

ути́шка (-ки) *f* 고요함.

утік (уто́ку) *m* = утеча, 도주, 탈주.

утіка́ти (-а́ю, -а́єш) *I vi*: (утекти́ *P*).

утіка́ч (-ча́) *m* -ка (-ки) *f* 도망자.

утілен'ий (-на, -не)* 육체를 갖춘, -я *n* 인간화.

утіли́ти (-лю, -лиш) *P vt*; утілюва́ти (-люю, -люєш). -я́ти (-я́ю, -я́єш) *I vt* 육체를 부여하다: -ся *vi* 육체를 부여받다.

уті́нка (-ки) *f W.U. Dim.*: утка. 오리새끼.

утісни́ти (-ню́, -ни́ш) *P vt*; утісня́ти (-я́ю, -я́єш) *I vt* 억압하다.

уті́ха (-хи) *f* 기쁨.

утіша́ти (-а́ю, -а́єш) *I vt*; **уті́шити** (-шу, -шиш) *P vt* 기쁘게 하다

уті́шений (-на, -не)* 기뻐하는; -ний(-на, -не)* 기쁜.

утка́ти (-утчу́, -че́ш) *P vt*: (утика́ти і) 짜다, 뜨다.

у́тлий (-ла, -ле)* 약한, 깨지기 쉬운.

утовкма́чити (-чу, -чиш) *P vt*; утовкма́чувати (-ую, -уєш) *I vt* 누르다, 머리에 넣다.

утовкти́ (-вчу́, -че́ш) *P vt* 두드려 부수다.

утокми́ти (-млю́, -миш) *P vt* 위피를 찾다, 설립하다.

утоли́ти (-олю́, -олиш) *P vt* 완화하다, 진정시키다.

утоли́тися (-лю́ся, -лишся) *P vi*. 만족하다.

утолочи́ти (-чу́, -чиш) *P vt*; утоло́чувати (-ую, -уєш) *і vt* 때리다.

уто́ма (-ми) *f* 약함, 피곤.

уто́млений (-на, -не)* 피곤한, 지친.

уто́мний (-на, -не)* 귀찮은, 성가신.

утону́ти (-ону́, -о́неш) *P vi*; утопа́ти (-а́ю, -а́єш) *I vi* 가라앉다.

утопи́ти (-оплю́, -о́пиш) *P vt*: утопля́ювати (-лю́ю, -лю́єш) *I vt* 가라앉히다

уто́пія (-ії) 유토피아.

уто́плен|а (-ної) *f*, -ий (-ного) *m*, -ик (-ка) *m*. 가라앉은 사람; -ий (-на, -не) 가라앉은.

утоплий (-ла, -ле) 가라앉은.
утоптати (-опчу, -опчеш) *P vt*; **утоптувати** (-ую, -уєш) *I vt* 짓밟다.
уторжитися (-жуся, -жишся) *P vi* 이익을 남기다.
уторицею *adv.* 두 배로.
уторований (-на, -не): -ний шлях, 포장된 길.
уторопати (-аю, -аєш) *P vt* 이해하다, 인지하다.
уторопити (-плю, - пиш) *P vt*: (очі): (한 곳을) 응시하다.
уторопний (-на, -не)* 똑똑한, 이해가 빠른
уточити (-очу, -очиш) *P vt*: (уточувати *I*) 그리다, 모형을 만들다.
уточнення *n* 정확하게 하는 것.
уточнювати (-нюю, -нюєш) *I vt* 정확하게 하다.
утрактувати (-ую, -уєш) *P vt* 다루다.
утрапити (-плю, -пиш) *P vt*: **утрапляти** (-яю, -яєш) *I vt* 때리다.
утрата (-ти) *f* 상실, 손해.
утратити (-ачу, -атиш) *P vt*: 잃어버리다.
утратній (-на, -не)* 잃어버리는.
утрачати (-чаю, -аєш) *I vt*: (утратити *P*); -ся *I vi.*
утреня (-ні) *f.* 아침 예배.
утрете *adv.* 세번째의.
утримати (-аю, -аєш) *P vt*; **утримувати** (-ую, -уєш) *I vt* 유지하다, 보유하다.
утрирований (-на, -не) 과장된, 지나치게 강조된.
утрійку *adv* 세개 모두의.
утрійний (-на, -не)* 세 배의.
утроба (-би) *f* 자궁.
утроє *adv* 세 배의, 세 곱의.
утроїти (-ою, -оїш) *P vt*; **утроювати** (-оюю, -оюєш) *I vt* 세 배로 하다.
утроп *adv* 속보로.
утрощити (-щу, -щиш) *P vt* 누르다.
утруд|ливий (-ва, -ве)* 어려움, 문제.
утруднити (-удню, -удниш) *P vt*; **утруднювати** (-нюю, -нюєш), -яти (-яю, -яєш) *I vt* 어렵게 만들다, 불편하게 하다.
утулити (-улю, -улиш) *P vt*; 흔들다.
утульн|ий (-на, -не)* 편안한.
утучити (-чу, -чиш) *P vt* 규격화하다.

утушко́ваний (-на, -не) 덮어진, 씌어진.
утушко́вувати (-ую, -уєш) *I vt* утушкува́ти (-кую, -уєш) *P vt.* 덮다, 씌우다.
у́тя (-я́ти) *n* 거위.
утяга́ти (-а́ю, -а́єш) *I vt* утягну́ти, -ти (-я́гну, -я́гнеш) *P vt* 당기다; -ся *vi* 당겨지다.
утяжа́ти (-а́ю, -а́єш) *I vt* 참다.
утяжі́ти (-і́ю, -і́єш) *P vi* 힘들게 되다, 어렵게 되다.
утя́мити (-млю, -миш) *P vt* 이해하게 된다.
утямки́ *adv* 잘 기억할 수 있게.
у́хати (-аю, -аєш) *I vi*: (ухну́ти *P*) 울다.
уха́тий (-та, -те) 긴 귀의.
ухва́л|а (-ли) *f* 결정, 해결; **-ений** (-на, -не) 해결된, 결정된.
ухвати́ти (-ачу́, -а́тиш) *P vt* 잡다, 움켜쥐다.
ухе́каний (-на, -не) 지친, 힘이 드는.
ухе́кати (-аю, -аєш) *P vt* 지치게 하다, 힘들게 하다.
ухиби́ти (-блю́, -биш) *P vt*; **ухибля́ти** (-я́ю, -я́єш) *I vt* 놓치다, 실패하다.
у́х|ил (-лу) *m*, **-илення** *n* 파생.
ухили́ти (-илю́, -и́лиш) *P vt*; **ухиля́ти** (-ню́, -я́єш) *I vt* 옆으로 밀다.
ухисти́тися (ухищу́ся, -и́стишся) *P vi* 스스로 보호하다, 은신처를 찾다.
ухитну́тися (-ну́ся, -не́шся) *P vi* 흔들다, 동요시키다.
ухі́д (уходу) *m* 출입.
ухі́тний (-на, -не)* 바라는.
ухлю́пати (-аю, -аєш) = **ухлю́стати** (-аю, -аєш) *P vt* 흙탕물을 튀기다, 더럽히다.
уходи́ти (-оджу́, -о́диш) *P vt*: (уйти́ *P*) 떠나게 하다, 피하게 하다.
ухо́дний (-на, -не) 출구의.
ухопи́ти (-оплю́, -о́пиш) *P vt* 잡다, 움켜쥐다.
ухо́рканий (-на, -не) 지친, 피로한.
ухо́ркати (-аю, -аєш) *P vt* 지치게 하다, 피곤하게 하다.
ухте́м *adv dial.* 완전히, 전체적으로.
уцига́нити (-ню, -ниш) *P vt* 속이다, 사기를 치다.

уцілок *adv* 완전하게, 전체적으로.
уцілувати (-ую, -уєш) *P vt* 진심어린 키스.
уцінувати (-ую, -уєш) *P vt*; **уцінювати** (-нюю, -нюєш) *I vt* 가격을 정하다.
уцюкнути (-ну, -неш) *P vt* 도끼로 치다.
уцюрити (-рю, -риш) *P vt* 어떻게 해야하는지 알게 하다(장난스럽게).
уцяцьковувати (-ую, -уєш) *I vt*; **уцяцькувати** (-ую, -уєш) *P vt* 장식하다, 아름답게 꾸미다.
учаклувати (-ую, -уєш) *P vt* 매혹시키다.
учалювати (-люю, -люєш) *I vi* 배를 정박시키다.
учаровувати (-ую, -уєш) *I vt*; **учарувати** (-ую, -уєш) *P vt* 장식하다.
учасне *adv.* = учасно, 정각에.
учасний (-на, -не) 시간마다, 계절마다.
учасн|ик (-ка) *m*, **-иця** (-ці) 참여자, 파트너.
участ|ковий (-ва, -ве) 부분의, 땅의.
участувати (-ую, -уєш) *P vt* 다루다.
участь (-ти) *f* 참여, 부분.
учащання *n* 잦은 방문.
учащати (-аю, -аєш) *I vi* 방문하다.
учба (-би) *f* = навчання, 가르치는: -ві установа, 교육기관.
учвал *adv.* 급속히, 즉시.
учебник (-ка) *m O.S.* 교과서, 참고서.
учен|ий (-нs, -не)* 학습하는, 배우는.
ученл|ик (-ка) *m* 학생.
учен|ість (-ности) *f* 배우는.
учень (учня) *m* 학습자.
учепистий (-та, -те)* 전염성의; 피곤한.
учепити (-еплю, -епиш) *P vt*; **учепляти** (-яю, -яєш) *I vt* 매달다, 붙이다.
учесати (-ешу, -ешеш) *P vt* 빗질하다, 때리다.
учетверо *adv.* 네겹의, 사중의.
училище (-ща) *n* 교육기관.
учинок (-нну) *m* 행동, 행위.
учистити (-чищу, -истиш) *P vt* 치우다, 깨끗하게 하다.
учитатися (-аюся, -аєшся) *P vi*: (**учитуватися** *I*) 흥미롭게 읽다.
учител|ів (-лева, -леве) 선생님의, **-ювання** *n*

가르침 : -ювати (-люю, -люєш) *I vt* 가르치다.
учитель (-ля) *m* 선생님, 스승.
учити (учу, учиш) *I vt* 가르치다.
учиття *n* 수업시간.
учитуватися (-уюся, -уєшся) *I vi*: (учиттися *P*).
учіння *n* 교육, 학습.
учіплятися (-яюся, -яєшся) *I vi*: (учепитися *P*) 붙여놓다.
учічкати (-аю, -аєш) *P vi dial.*. 장식하다.
учоловічення *n* 인간화, 인격화.
учора *adv.* 어제.
учорнити (-ню, -ниш) *P vi* 검게 만들다.
учорніти (-ію, -ієш) *P vi* 검게 되다.
учувати (-аю, -аєш) *I vt*; учути (учую, учуєш) *P vi* 듣다; -ся *vi* 들리다.
ушановувати (-ую, -уєш) *I vt* 존경하다.
ушестеро *adv* 4번의, 4배의.
ушечко (-ка) *n Dim.*: ухо, 귀, 바늘의 귀.
ушивати (-аю, -аєш) *I vi*: (ушити *P*) 바느질 하다.
ушивка (-ки) *f* 짚.
ушикований (-на, -не)* 잘 정리된.
ушиковувати (-ую, -уєш) *I vt*; ушикувати (-ую, -уєш) *P vt* 순서대로 놓다, 정리하다.
ушикування *n* 정리, 순서.
ушир, -шки *adv* 폭의, 나비의.
ушити (-ию, -ієш) *P vt*: (ушивати *I*); -ся *P vi*.
уші (ушей) *pl*: вухо, 귀.
ушкварити (-рю, -риш); ушкварнути (-ну, -неш) *P vt* 굽다.
ушко (-ка) *n Dim.*: ухо, 작은 귀.
ушкоджений (-на, -не) 상처 입은, 다친.
ушкоджувати (-ую, -уєш) *I vt*; ушкодити (-джу, -диш) 다치게 하다, 상처를 입히다.
ушляхотнити (-ню, -ниш) *P vt* ушляхотнювати (-нюю, -нюєш) 귀하게 만들다, 증가시키다.
ушмагати (-аю, -аєш) *P vt* 때리다.
ушморгнути (-ну, -неш) *P vt* 줄이 풀리다.
ушнуровувати (-ую, -уєш) *I vt*; ушнурувати (-рую, -руєш) *P vt* 로프를 꽉 묶다.
ушолопати (-аю, -аєш) *P vt* 이해하다, 알아 리다.

ушо́сте *adv* 여섯 번째의.
ушпигну́ти (-ну, -неш) *P vt* 찌르다.
ушрубо́вувати (-ую. -уєш) *I vi*; **ушрубувати** (-ую, -уєш) *P vi* 나사로 죄다.
уштрикну́ти (-ну, -неш) *P vt* 찌르다, 넣다.
ущент *adv* 완전히, 전체적으로.
ущерб (-бу) *m* 상처, 손해: понести –, 상처를 입혀 고통을 주다.
ущерби́ти (-блю, -биш) *P vt*; **ущербля́ти** (-ню, -неш) *I vt* 상처를 입히다, 손해를 입히다.
ущі́льнений (-на, -не) 약해진.
ущі́льнити (-ню, -ниш) *P vt*; **ущільнювати** (-нюю, -нюєш) *I vt* 약하게 하다, 얇게 하다.
уя́ва (-ви) *f* 상상.
уявки́ *adv* 분명하게.

ф

Ф, ф (우크라이나어의 25번째 철자).
фабрик|а (-ки) *f* 공장.
фабри́чний (-на, -не) 공장의.
фавори́т (-та) *m*, **-ка** (-ки) *f* 유명.
фаза́н (-на) *m* 꿩.
фа́йка (-ки) *f* = лю́лька, 담배 파이프.
фа́йний (-на, -не)* *W.U.* = га́рний, 귀여운, 아름운.
фа́кел (-ла) *m* 햇불.
факт (-ту) *m* 사실, 사건.
фа́ктор (-ра) *m* 요소, 거래인.
факто́тум (-ма) *m* 잡역부.
факту́ра (-ри) *f* 계산서.
факультати́вний (-на, -не)* 선택적인.
факульте́т (-ту) *m* 능력.
фалд (-да) *m* 가죽의 때.
фальцюва́ти (-цю́ю, -цю́єш) *I vt* 접다.
фальш (-шу) *m* 잘못, 거짓.
фа́ма (-ми) *f* 명예.
фамілі́йний (-на, -не)* 가족의.
фамі́лія (-ії) *f* 가족, 종족.
фаміля́рн|ий (-на, -не) 잘 알려져 있는, 익숙한.
фа́на (-ни) *f dial.* 국기.
фанабе́рія (-ії) *f* 변덕, 잘 변하는 마음.

фантаз|е́р (-ра) *m*, **-е́рка** (-ки) *f* 이상가, 몽상가.
фантаз|і́я (-ії) *f* 이상, 환상; **-ува́ти** (-ую, -уєш) *I vt* 꿈을 꾸다.
фанта́ст (-та) *m* 몽상가, 공상가; **-ика** (-ки) *f* 묘함, 괴짜.
фанто́м (-му) *m* 유령, 도깨비
фантува́ти (-ую, -уєш) *I vt dial.* 옷의 부분을 붙들다.
фа́нтя *n coll. dial.* = лахмі́ття, 옷, 천.
фанфа́р|а (-ри) *f* 팡파르; **-ний** (-на, -не) 팡파르의.
фа́рб|а (-би) *f* 페인트, 색깔.
фарва́тер (-ра) *m* 선박이 지나갈 수 있는 강.
фа́ри (-рів) *pl* 자동차의 전조등.
фа́рма (-ми) *f* 농장.
фармазо́н (-на) *m*, **-ник** (-ка) *m*, **-ниця** (-ці) *f*, **-ка** (-ки) *f* 사기.
фа́рмер (-ра) *m* 농증에서 일하는 사람, 농군.
фарну́ти (-ну, -неш) *P vt* 훔치다, 도둑질을 하다.
фарс (-су) *m*, **-а** (-си) *f* 익살, 웃기는 짓.
фасо́н (-ну) *m* 매너, 유행.
фасува́ти (-ую, -уєш) *I vt W.U.* 받다.
фат (-та) *m* 얼빠진 인간.
фата́льн|ий (-на, -не) 운명.
фати́га (-ти) 문제.
фатигува́ти (-ую, -уєш) 문제를 일으키다; **-ся** *I vi* 문제가 발생하다.
фа́тум (-му) *m* 운명, 숙명, 운.
Фафу́л|а (-ли) *m,f dial.* 쓸모없는 인간.
фах (-ху) *m* 무역, 상업, 장사.
фаце́|т (-та) *m* (다면치의) 한 면.
фаці́я|т (-ту) *m dial.* 앞부분.
фаш|и́зм (му) *m* 파시즘.
фа́я (фаї) *f dial.* 산의 폭풍.
фая́ти (фаю, фаєш) *I vt dial.* 바람이 불다.
фе́бра (-ри) *f* = пропа́сниця, 열, 논쟁.
февд (-ду) *m* (봉건시대의) 영지.
федералі́зм (-му) *m* 연방주의 제도.
фе́льдшер (-ра) *m*, **-ка** (-ки) *f* 간호사.
фе́нікс (-са) *m Myth. Orn.* 불사조.
феноме́н -ну) *m* 현상.

феодор = Теодор.
феральний (-на, -не)* 불행한.
ферма (-ми) *f* 농장.
фермер (-ра) *m* 농사꾼.
фертик (-ка) *m* 허영심이 생긴 사람.
ферула (-ли) *f* 나무막대기, 엄격한 벌.
ферфел|а (-ли) , -иця (-ці) *f dial.* 눈 폭풍.
фестивал (-ла) *m* 축제.
фестин (-ну) *m* 축제.
фестон (-на) *m* 꽃 줄 장식.
фетиш (-шу) *m* 주물, 미신의 대상.
фехтувати (-ую, -уєш) *I vt* 막다.
фешенебельн|ий (-на, -не)* 우아한, 엘레강스한.
фея (феї) *f* 공정함.
фик (-ка) *m dial.* 교육 못받은 사람.
финтик (-ка) *m* = фертик, 댄스, 우아한 사람.
фиркати (-аю, -аєш) *I vi* 차다, 때리다.
фівкати (-аю, -аєш) *I vi W.U.* 피리를 불다.
фіге́ль (-гля) *m Arch.* 소용돌이 꼴.
фіґе|ль (-гля) *m W.U.* 사기, 책략.
фігур|а (-ри) 형태, 윤곽.
фіз|ик (-ка) *m* 물리학자.
фізіолог (-га) *m* 생리학자.
філіжанка (-ки) *f* 찻잔.
філі|я (-ії) *f* 가지.
філос|оф (-фа) *m* 철학자.
фільварок (-рка) *m W.U.* 빌라, 농장.
фільдекос (-су) *m* 얇은 뻥.
фільм (-ма) *m* 공장, 회사.
фінанс|и (-сів) *pl* 자금조달, 융자.
фінвідділ (-лу) *m abbr.*: фінансовий відділ, 자금부.
фінік (-ка) *m Bot.* 날짜.
фініковий (-ва, -ве) 날짜의.
фінінспектор (-ра) *m abbr.*: фінансовий інспектор, 자금 검사자.
фініфта (-ти) *f* 에나멜.
фініш (-шу) *m* 마지막 선, 골.
фінка (-ки) *f* 핀란드 여인.
фінлянд|ець (-дця) *m*, -ка (-ки) *f*; -ський (-ка, -ке) 핀란드 사람.
Фінляндія (-ії) *f NP* 핀란드.

фіоле́тlний (-на, -не)*, -овий (-ва, -ве). 보라색.
фі́ра (-ри) *f* = фу́ра, *W.U.* 왜곤.
фіра́нка (-ки) *f* = запо́на, засло́на, 커튼.
фі́рма (-ми) *f* 회사, 비즈니스 센터.
фірма́к (-ка́) *m* 주물.
фірма́н (-на) *m* = фурма́н, *W.U.* 운전자.
фі́ртка (-ки) *f* = хві́ртка, 문, 작은 문.
фісгармо́нія (-ії) *f* 하모니, 조화.
фіск (-ку) *m* 국고.
фіска́л (-ла) *m* 밀고자, 정보 제공자.
фіска́льний (-на, -не)* 국고의.
флаг (-гу) *m* 국기.
флейт|а (-ти) *f Mus.* 플룻; **-ист** (-та) *m.* 플룻 연주가.
фли́нта (-ти) *f* 총.
флю́ксія (-ії) *f* 염증.
флю́та (-ти) *f dial.* 젖은.
фля́га (-ги) *f* 깃발.
флямі́нго (-га) *m Orn.* 플라밍고.
флянг (-гу) *m dial.* 옆구리.
фляне́р (-ра) *m* 거니는 사람, 놈팽이.
фля́ш|а (-ші) *f dial.* 큰병.
фльор (-ра) *m* 크레이프, 검은 비단.
фльо́ра (-ри) *f dial.* 나쁜 날씨.
фльот|а (-ти) *f* = флот, 함대, 선단.
фокма́чта (-ти) *f* 앞돛대.
фо́льга (-ги) *f* 번쩍거리는 금속.
фон (-ну) *m* 배경.
фонд (-ду) *m* 자금, 주식.
фоне́тик (-ка) *m* 음성학을 공부한 사람; **-ика** (-ки) *f* 음성학.
фонологія (-ії) *f* 음운론.
фонта́н (-на) *m* 분수, 샘.
форе́л|я (-лі), **-ъ** (-лі) *f ich.* 송어.
форе́мнlий (-на, -не)* 규칙적인.
фо́рма (-ми) *f* 형태, 형태.
форма́т (-ту) *m* 형식, 판형.
форм|а́ція (-ії) *f* 형식.
формува́ти (-у́ю, -у́єш) *I vt* 형태를 만들다.
фо́рмул|а (-ли) *f* 형식, 방식, 판에 박은 말.
форс|о́ваний (-на, -не)* 강제적인, 강요된.

форсува́ти (-у́ю, -у́єш) *I vt* 강제적으로 하다.
фортепія́н|о (-на) *n* 피아노.
форт|е́ця (-ці) *f* 요새.
форту́на (-ни) *f PN Myth.* 행운.
форту́н|а (-ни) *f* 행운, 행복, 운.
фо́рум (-му) *m* 포룸, 법정.
форшпа́н (-ну) *m* 두 마리 말이 끄는 마차.
фоте́ль (-ля) *m* 안락의자.
фо́тка (-ки) *f dial.* 스커트.
фотогр|а́ф (-фа) *m* 사진사.
фотозні́мка (-ки) *f* 스냅사진, 사진.
фотолітогра́фія (-ії) *f* 사진.
фото|меха́нічний (-на, -не)* 사진의.
фрагме́нт (-ту) *m* 부서진 조각.
фра́з|а (-зи) *f* 문장, 구.
фра́|єр, -їр (-ра) *m W.U.* 애인, 결혼할 젊은 사람.
фразе́р (-ра) *m.* -е́рка (-ки) *f* 구표지, 잘 말하는 사람.
фрак (-ка) *m* 드레스, 코트.
фра́кц|ія (-ії) *f* 부문.
франк (-ка) *m* 프랑(화폐단위).
Фра́нція (-ії) *f NP* 프랑스.
франц|у́женка (-ки) *f* 프랑스 여자.
фрасу́нок (-нку) *m W.U.* 슬픔, 문제.
френч (-ча) *m* 사냥복.
фри́ка (-ки) *f W.U.* 훈련, 억제.
фронт (-ту) *m* 앞.
фуга́с (-са) *m* 지하 광산.
фугува́ти (-у́ю, -у́єш) *I vt* 합치다.
фуди́ти (-джу, -диш) *I vt dial.* 던지다.
фуду́литися (-люся, -лишся) *I vi dial* 자랑하다.
фуду́л|ія (-ї) *f dial.* 자랑.
фузі́я (-ії) *f* 총.
фу́кати (-аю, -аєш) *I vi*; **фу́кнути** (-ну,-неш) *P vi* (чим): 어렵게 던지다.
фунда́мент (-ту) *m* 배경, 기초.
фунда́тор (-ра) *m*, -ка (-ки) *f* 설립자, 건설자.
фунд|а́ційний (-на, -не) 건설의: -ува́ти (-у́ю, -у́єш) *I vt* 건설하다.
функц|і́йний (-на, -не) 기능의.
фунт (-та) *m* 파운드.

фу́ра (-ри) *f* = хура, 마차.
фурго́н (-на) *m* 뚜껑 있는 마차.
фурда́ (-ди́) *f W.U.* 사소한.
фу́ркати (-аю, -аєш) *I vi* 윙윙거리다.
фу́ркнути (-ну, -неш) *P vi* 날아오르다.
фурма́н|ити (-ню, -ниш) = -ува́ти (-у́ю, -у́єш) *I vi* 운전수가 되다.
фу́рнути (-ну, -неш) *P vt*; (фуря́ти *I*) *dial.* 던지다.
фус (-су) *m.* ,-и (-сі́в) *pl dial.* 침전물, 앙금
фут (-та) *m* 다리.
футбо́л (-лу) *m* 축구.
футля́р (-ра) *m* 상자, 케이스.
фуя́рити (-рю, -риш) *I vi* 농담하다.
Ф'ю́кати (-аю, -аєш) *I vi* 휘파람을 불다.

X

X, x (우크라이나어의 26번째 철자).
ха-ха! *interj*, (웃는 소리) 하하.
хабз (-зу) *m*, -а (-зи) *f*, -и́на (-ни) *f Bot.* 어린 나무.
хаб|и́на (-ни) *f* 사격.
хабо́ття *n* 가치 없는 물건.
хабу́з (-зу) *m* -зя *n* 마른 가지.
ха́ва (-ви) *f dial.* 턱뼈.
хава́в *interj.* -кати (-аю, -аєш) 울다.
хавту́р (-ра) *m*, -ра (-ри) *f* = хаба́р: 공헌, 지불.
хавчу́ра (-ри) *f Vulgar augm-*: ха́вка, 큰 입.
хазя́їн (-на) *m* = господа́р. 집 주인.
хазя́й|ка (-ки) *f* 여주인.
хазя́|єчка (-ки) *f Dim.*: хазя́йка, 귀엽고 예쁜 주부.
ха́йний (-на, -не)* *dial.* 단정한 깨끗한.
халабу́да (-ди) *f* 뚜껑 덮인 마차.
хала́вкати (-каю, -аєш) *I vi dial.* = ха́вкати.
хала́йстра (-ри) *f* 폭도, 군중.
халаса́ти (-саю, -аєш) *I vt* 게걸스럽게 먹다.
хала́стати (-таю, -аєш) *I vt* 눌러서 찌그러뜨리다.
хала́т (-та) *m* 긴 코트.
хала́ш (-ша) *m* 오두막집.
халашт|а́н (-на) *m* 환관, 내시; -а́ти(-а́ю, -а́єш) *I vt* 거세하다.

халащина́ (-ни) *f* 숲의 밀집된 부분.
хамени́ти (-ню, -ниш) *P vt*: (схамени́ти *P*) 이유를 제공하다.
хамну́ти (-ну, -неш) *P vi* 빨리 먹다.
ха́морóдь (-ді) *f* 어두운 부분.
хан (-на) *m* 칸: -анок (-нка) *m* 좋아하는 사람.
хао́|с (-су) *m* 혼동: -ти́чиий (-на, -не) 혼란스러운.
хапа́ти (-аю, -аєш) *I vt*: (хапну́ти *P*) 잡다, 쥐다.
хапатня́ (-ні) *f* 서두르는 것.
ха́пка (-ки) *f* 함정.
хап|ки́й (-ка, -ке) 빠른, 신속한.
хапло́ (-ла) *n* 잡초.
хапокни́ш (-ша) *m* 성자.
хапу́н (-на) = хапу́га; 악마.
хапчи́вий (-ва, -ве) 욕심 많은, 탐욕스러운.
хара́ктер (-ру) *m* 성격, 본성. 성향, 기질.
характериз|о́ваний (-на, -не) 성격화 된, 기술된.
характери́ст|ика (-ки) *f* 기호, 사인.
характе́рний (-на, -не) 성격의, 성격이 잘 반영된.
характе́р|ник (-ка) *m* 마법사, 마술사.
характе́рність (-ности) *f* 강한성격.
характе́рство (-ва) *n* 마법, 마술.
харапу́дитися (-джуся, -дишся) *I vi* 두려워하다, 두려움을 가지다.
харапу́дливий (-ва, -ве) 두려운.
харапу́тний (-на, -не) 깨끗한 단정한.
хари́сто *adv* 깨끗하게, 단정하게.
ха́рити (-рю, -риш) *I vt* 깨끗하게 하다.
харкоти́ння *n* 침, 타액.
харкоті́ти (-очу, -отиш) *I vi* 덜컹거리다, 목구멍에서 그르렁 소리가 나다.
харл|а́й (-ая) *m* -ак (-ка) *m*, -ань (-ня) 불쌍한 사람, 거지.
ха́рн|ий (-на, -не) 깨끗한, 단정한.
харци́з (-за) *m* 강도, 도둑; -ити (-цижу, -изиш) *I vi* 도둑질하다, 강도짓 하다.
харч (-чу) *m W.U.*, - (-чі) *f* 음식, 양식.
харч|і́ (-ів) *pl* 음식물, 양식(복수).
харчува́ти (-ую, -уєш) *I vt* 음식을 주다.
ха́сатися (-саюся, -аєшся) *I vi* 피할 방법을 찾다.
ха́та (-ти) *f* 집, 주거지.

хати́н|а (-ни), -ка, -онька, -очка (-ки) *f Dim.*: хата, 작은 오두막집.
ха́т|ник (-ка) *m* 집에서 머무르는 것, 내국인.
ха́хоньки (-ньок) *pl dial.* 즐거움, 오락.
ха́я (хаї) *f dial.* 고요한 삶.
ха́яти (хаю, хаєш) *I vt* 깨끗하게 한다.
хвала́ (-ли) *f* 자랑, 영광.
хвале́бний (-на, -не)* 자랑스러운, 영광스러운.
хвали́ти (-лю, -лиш) *I vt* 자랑하다, 떠벌리다, 감사하다.
хвал|і́й (-ія) *m* 자랑하는 사람, 찬미자.
хва́стати (-таю, -аєш) *I vi* 자랑하다.
хваст|ли́вий (-ва, -ве)* 자랑스러운.
хвасува́ти (-ую, -уєш) *I vi* 정리하다.
хвата́ти (-таю, -аєш) *I vt* 잡다, 움켜쥐다.
хва́ць|кий (-ка, -ке) 용감한, 굳센.
хвил|е́вий (-ва, -ве) 순간의.
хвилюва́ти (-люю, -люєш) *I vt* 파도를 일으키다, 파도치게 하다.
хвилюва́тий (-та, -те) 요동치는, 물결 모양의.
хви́л|я (-лі) *f* 물결.
хви́нтик (-ка) *m* = финтик, 멋쟁이 남자.
хвинти́ти (-нчу, -нтиш) *I vi* 멋쟁이 남자 역할을 하다.
хвистки́й (-ка, -ке) 불유쾌한, 아주 싫은.
хви́ськати (-аю, -аєш) *I vi* 채찍질하다, 엄하게 가르치다.
хвитки́й (-ка, -ке) 빠른 신속한.
хвица́ти (-аю, -аєш) *I vt*: (хвицну́ти *P*) 공을 차다, 발로 차다.
хви́щ|а (-щі) *f* 바람을 동반한 추위.
хві́рза (-зи) *f dial.* 눈폭풍.
хві́ртк|а (-ки) *f* = фі́ртка, 문, 작은 문.
хвіст (хвоста) *m* 꼬리, 기차.
хві́тькати (-аю, -аєш) *I vi dial.* 휘파람 소리를 내다.
хві́ятися (-іюся, -ієшся) *I vi dial.* 흔들다, 동요시키다.
хво́ра (-рої) *f* 아픈 여자.
хво́р|ий (-рого) *m* 아픈 남자.
хворі́ти (-ію, -ієш) *I vi* 병에 걸리다.

хворо́|ба (-би) *f* 병, 아픔.
хвор|остня́к (-ка́) *m* = хмиз; -ост (-ту) *m* 마른 나뭇가지.
хе́м|ік (-ка) *m* 화학, -і́чний (-на, -не). 화학의; -ія (-і) *f* 화학.
хи́ба (-би) *f* 잘못, 실수.
хиб|а́, ..ань *conj.* = хіба, 만약(가정).
хиба́ти (-а́ю, -а́єш) *I vi* 흔들다, 물결이 일게 하다.
хиби́ти (-блю́, -би́ш) *P vi* = хибну́ти, 실수하다, 실수를 저지르다, 잘못을 하다.
хи́бл|ений (-на, -не) 잘못된, 실수의.
хи́бний (-на, -не) 실수, 잘못.
хибну́ти (-ну́, -не́ш) *P vt,* 실패하다, 실수하다.
хибува́ти (-у́ю, -у́єш) *I vi* = бракува́ти, 바라다.
хи́жа (-жі) *f* 오두막집.
хижіа́к (-ка́) *m* 먹이가 되는 새, 희생양.
хи́жечний (-на, -не) 오두막집의.
хизува́тися (-у́юся, -у́єшся) *I vi* 중요한 역할을 하다.
хили́ти (-лю́, -лиш) *I vt*: (хи́льнути *P*) 구부리다, 인사하다; -ся *I vi* 기울이다, 기울어지다.
хилки́й (-ка, -ке) 구부러지기 쉬운.
хильц|е́м *adv* 구부러지게.
химе́ра (-ри) *f* 근거 없는 환상, 망상.
химе́рити (-рю, -риш) *I vi* 변덕스럽게 행동하다.
химе́р|ія (-ії) *f* = химе́ра; -ний (-на, -не) 이상한, 묘한.
хи́морода (-ди) *f* 이상함, 묘함.
химоро́дити (-джу, -диш) *I vi* 변덕스럽게 되다.
хи́ндя (-ді) *f dial.* 열.
хирі́ти (-і́ю, -і́єш) = хирля́ти (-я́ю, -я́єш) *I vi* 아프게 되다.
хирл|я́вий (-ва, -ве)* 아픔, 병.
хир|я́ (-рі) *f* 아픔, 병.
хист (-ту) *m* 기술, 경험.
хисти́ти (хищу́, хисти́ш) *I vt* 방어하다, 막다.
хист|ки́й (-ка́, -ке́) = хитки́й, 기술 있는, 영리한.
хита́р (-ря) *m W.U.* 기초, 기반.
хита́ти (-а́ю, -а́єш) *I vt*: (хитну́ти *P*) 흔들다.
хиті́кий (-ка, -ке) = -ливий (-ва, -ве)* 불안정한,

비틀비틀 하는.

хитну́ти (-ну, -неш) *P vt*: (хита́ти *i*); -ся *P vi* 흔들다.

хи́тр|ий (-ра, -ре) 교활한, 나쁜 꾀가 많은.

хитри́ти (-рю́, -ри́ш) *I vi* 나쁘게 행동하다.

хи́тріст|ь (-рости) *f* 나쁨, 교묘함, 나쁜 행동.

хи́хати (-аю, -аєш) *I vi* 힘겹게 숨 쉬다.

хихота́тися (-очу́ся, -о́чешся) *I vi* 킥킥 웃다, 소리를 죽여 웃다.

хіба́ *adv.* 만약 —라면, —을 제외하고.

хід (ходу) *m* 걸음, 스텝, 진보.

хідлі́ (- ів) *pl* 1). 각주, 2). 건축물의 지주.

хід|ник (-ка́) *m* 인도.

хі́нець (-ння) *m* 중국(사람).

хір|у́рг (-га́) *m* 외과의사.

хіснува́ти (-у́ю, -у́єш) *P vi*; -ся *I vi* W.U. 이익을 얻다, 이롭게 하다.

хі́тар (-ря́) *m* 경계.

хі́хи (хі́хів) *pl* 웃음, 킥킥대는 것.

хлама́ти (-ма́ю, -а́єш) *I vt* 게걸스럽게 먹다.

хлебесну́ти (-ну, -неш) *P vt* 조금씩 마시다, 찔금찔금 마시다.

хлип|а́вка (-ки) *f* 가치, 열쇠.

хли́стик (-ка) *m* 불쌍한 사람.

хли́ськати (-аю, -аєш) *I vi*, 분출하다, 뿜어내다.

хліб (-ба) *m* 빵, 생활.

хліб|а́ (-ів) *pl* 곡식, 시리얼.

хлі́бити (-і́блю, -і́биш) *I vt* 빵을 함께 주다.

хлі́бний (-на, -не)* 빵의, 곡식의.

хлібод|а́вець (-вця) *m* 경영자, 오너.

хлібозагот|і́вля (-лі) *f* 곡식의 위탁.

хлібо|зда́ча (-чі) *f* 곡식 운송.

хлібопе́к|а (-ки) *m, f* 빵 굽는 사람, 제빵사.

хліборо́бити (-блю, -биш) *I vi* 땅을 경작하다.

хлібор|о́бів (-бова, -бове) 땅콩 재배자.

хліб-сі́ль (-соли) *f* 빵과 소금.

хліб|у́сь (-ся) *m*, -чик (-ка) *m*, -чичок(-чка) *m*, -я (-б'яти) *n* 작은 빵 조각.

хлів (-ва) *m* 마구간, 외양간.

хлоп (-па) *m* 농부, 소작인.

хлоп|а́к (-ка́) *m* 소년, 젊은이.

хло́пс|тво (-ва) *n* 농촌, 농촌 사람.
хлопцюва́ти (-цюю, -цюєш) *I vi* 소년이 되다.
хлоп|цю́га (-ги) *m Augm.*: хлопець, 큰 소년.
хлор (-ру) *m* : да́ти кому́ хло́ру, -를 힘들게 하다.
хлуди́на (-ни) *f dial.* 회초리, 매.
хлю́пання *n* 물 튀김.
хлю́пати (-аю, -аєш) *I vi*; хлю́пнути (-ну, -неш) *P vi* 물을 튀기다.
хлюпоста́тися (-о́щуся, -о́стишся) = хлюпості́ти (-о́щу, -о́стиш) = хлюпоті́ти (-о́чу, -о́тиш) = хлюпота́ти (-о́чу, -о́чеш) *I vi* 물을 튀기다.
хлющ (-ща) *m* -а (-щі) *f* 억수같은 비.
хля́г|а (-ги) *f*, -о́за (-зи) *f* 비오는 날씨.
хлядрі́вка (-ки) *f* 아라베스크 풍의 도자기; -ува́ти (-у́ю, -у́єш) *I vt* 아라베스크 풍으로 도자기를 칠하다.
хля́жниця (-ці) *f dial.* 창녀, 매춘부.
хля́нути (-ну, -неш) *I vi* 연약하게 되다, 약해지다.
хля́пави́ця (-ці) *f* 비오는 날씨.
хля́пати (-аю, -аєш) *I vt*; хля́пнути (-ну, -неш) *P vt* 찰싹찰싹 대리다.
хля́ть́ба (-би) *f* 젓음.
хльо́стати (-аю, -аєш) *I vt* 물을 튀기다.
хма́р|а (-ри) *f* 구름, 아주 많은 수.
хма́рити (-рю, -риш) *I vt* 구름이 끼게 하다; -ся 구름이 끼다.
хма́р|ний (-на, -не) 구름이 낀.
хмели́ти (-лю́, -ли́ш) *I vt* 양조하다.
хмель (-лю) *m* = хмі́ль, 호프.
хмельови́й (-ва́, -ве́) 호프의.
хмере́ччя *n dial.* 나뭇가지.
хмиз (-зу) *m* 마른 나뭇가지.
хмі́ль (хмелю́) *m Bot.* 호프.
хму́р|ий (-ра, -ре)* = хму́рний (-на, -не) 구름 낀, 어두운, 슬픈.
хму́ритися (-рюся, -ришся) *I vi* 어두워지다.
хмуроо́кий (-ка, -ке) 슬픈 눈을 가진.
хова́ти (-а́ю, -а́єш) *I vt* 숨기다, 속이다.
хо́взаниця (-ці) *f* 얼음.

хо́взати (-аю, -аєш) *I vt* 미끄럽게 하다; -ся *I vi* 미끄럽게 되다.
ховз|ка́виця (-ці) *f* 미끄러운 길.
ховпа́к (-ка́) *m W.U.* 양가죽 모자.
ховста́ти (-аю, -аєш) *I vt* 채찍질하다, 매질하다.
хода́ (-ди́) *f* 걸음, 걸음걸이.
хо|да́к (-ка́) *m* 걸음을 걷는 사람.
ходи́ти (-джу, -диш) *I vi* 걸어가다, 가다.
ході́|льник (-ка) *m*, **-і́льниця** (-ці) *f* 걸어가는 사람.
ход|у́ні, -усі́, -усе́ньки *inf.* = ходи́ти, 걷다, 가다.
хожа́лий (-ла, -ле) 걷는 것을 자주 하는.
хожда́ти (-аю, -аєш) = **хождува́ти** (-ую,-уєш) *I vi dial.* = ходи́ти, 자주 가다.
холиба́ти (-аю, -аєш) *I vt* 흔들다, 동요시키다.
холіта́ти (-аю, -аєш) *I vt* 흔들다.
холм (-му) *m* 언덕.
хо́лод (-ду) *m* 추위.
холоди́ти (-джу, -диш) *I vi* 춥게 하다.
холодн|а́ (-но́ї) *f* 냉각기.
холо́д|ний (-на, -не)* 추운, 상쾌한.
холодні́ти (-ню, -ієш) *I vi* = холоді́ти; **-і́шати** (-аю, -аєш) *I vi* 더 춥게 하다.
хо́лод|но *adv.* 춥게, 시원하게.
холо́нути (-ну, -неш) *I vi* 시원하게 하다.
холо́п (-па) *m O.S.* 노예.
холости́ти (-лощу́, -ости́ш) *I vt* 거세하다.
холя́ва (-ви) *f* = халя́ва, 다리, 다리의.
хомі́вка (-ки) *f* 여자의 머리 장식.
хом'я́к (-ка́) *m Zool.* 햄스터.
хопи́ти (-плю́, -пиш) *P vt* = ухопи́ти, 「붙잡다」의 뜻에서 붙잡다; (내용을 파악하다) 이해하다.
хо́пта (-ти) *f dial.* 잡초.
хор (-ру) *m* 합창단, 성가대.
хорбу́ри (-ур) *pl* 뼈.
хорогва́ (-ви́) *I* = коро́гва, 기.
хорони́ти (-роню́, -о́ниш) *I vt*, 지키다, 보호하다.
хоро́ство (-ва) *n* 잘생김, 아름다움.
хоро́ш|е *adv.* 매우 좋은, 훌륭한.
хоро́ш|ий (-ша, -ше) 잘생긴, 아름다운, 좋은.

хороши́ти (-шу, -шйш) *I vt* 아름답게 하다.
хороші́ти (-ію, -ієш) *I vi* 아름답게 하다.
хорошкува́тий (-та, -те) 우아하게, 사랑스럽게, 예쁘게.
хоря́вий (-ва, -ве), -чий (-ча, -че) 아픈, 허약한.
хосе́н (хісну) *m W.U.* = користь, 이익, 이점.
хоті́ння *n* 바램, 기대.
хоті́ти (хочу, хочеш) *I vi* 바라다, 기대하다, 열망하다.
хотя́ *adv.* 바라는 것처럼, 바라는 것에 따라.
хотія́, -яй = хоч, *conj. W.U.* 비록- 지만; *adv.* 최소한.
хоч, -а *conj.* 비록 –지만; *adv.* 최소한.
храм (-му) *m* 교회, 성당.
храм|и́на (-ни) *f* 빌딩, 건축물.
храни́ти (-ню, -ниш) *I vt Archaic* 보호하다, 지키다.
храп|а́вий (-ва, -ве)* 목이 쉰, 거친.
хрест (-та) *m* 교차, 교차 신호.
хрест|и́чок (-чка) *m* = хре́стик; -ки (-ків) *pl* 쓰레기, 버릴 물건.
хрип|а́вка (-ки) *f* 목이 쉼.
хрипі́ти (-плю, -пиш) *I vi* 목이 쉬게 소리를 지르다.
хрип́|ка (-ки) *f* 목이 쉼.
хри́пнути (-ну, -неш) *I vi* 목이 쉬다
христи́ти (хрищу, христиш) *I vt* 세례를 베풀다.
христи|я́нин (-ина) *m*,-янка (-ки) *f* 크리스트 교인.
христобо́рець (-рця) *m* 그리스도의 반대자.
хрище́ний (-на, -не) 세례를 받은.
хрище́н|ик (-ка) *m* 대자.
хрище́ння *n* 세례식.
хроб (-ба) *m*, -ак (-ка) *f* 벌레, 연충.
хробостіти (-ощу, -остиш) *I vi* 우직 소리가 나다.
хробо́т (-ту) *m* 우직 하는 소리.
хробува́тий (-та, -те) 거친.
хропа́ти (-аю, -аєш) *I vt*: (хро́пнути *P*) 부수다, 나누다.
хропі́ння *n.* - іт (-поту) *m* 코골기.
хропі́ти (-плю, -пеш) = хропті́ (-пу, -пеш) *I vt* 코를 골다.

хроп|ун (-на) *m.* -уня (-ні) *f* 코고는 사람.
хрунькати (-аю, -аєш) *I vi* 돼지가 꿀꿀 거리다, 불평하다.
хрупати (-аю, -аєш) *I vt* = хрумкати; 작은 조각으로 나누다.
хрупкий (-ка, -ке) 부서지기 쉬운, 깨지기 쉬운.
хрупостіти (-ощу, -остиш) = хрупотіти(-очу, -отиш) *I vi* 작은 조각으로 부수다.
хруск (-ку) *m* -іт (-коту) *m,* -отня (-ні) *f,* -отіння *n* 부숴지는 소리.
хрускати (-аю, -аєш) *I vt, i;* хруснути (-ну, -неш) *P vt* 부수다.
хрусткий (-ка, -ке) 깨지기 쉬운.
хряпкати (-аю, -аєш) *I vi* 울다.
хряпкий (-ка, -ке) 굳은 진흙으로 덮인.
хряпнути (-ну, -неш) *P vi:* (хряпати *I*); -ся *P vi* 심하게 떨어지다.
хряпотіти (-очу, -отиш) *I vi* 후두둑 떨어지다.
хряпуватий (-та, -те) 부서진, 나누어진.
хряск (-ку) *m,* -іт (-коту) *m* 부서지는 소리.
хряскати (-аю, -аєш) *I vi;* хряснути (-ну, -неш) *P vi* 나누다, 부수다.
хрястіти (-ящу, -ястиш) *I vi* 여러 색깔로 빛이 나다.
хтивий (-ва, -ве)* 폭식하는, 욕심 많은.
хто (кого, кому, ким, на кому) *pron.* 누구(대명사).
хтонебудь (когонебудь) *pron.* 누구든지(대명사).
хтось (когось) *pron.* 누구든지(대명사).
худ|ий (-да, -де) 마른, 결핍된, 나쁜 .
худіння *n* 약해지는 것.
худіти (-ію, -ієш) *I vi* 약해지다.
худість (-дости) *f* 약함, 결핍.
худ|оба (-би) *f* 가축, 짐승.
художн|ик (-ка) *m* 예술가, 미술가.
худяк (-ка) *m* 약한 동물.
хупав|ий (-ва, -ве)* 우아한.
хура (-ри) *f* = фура, 마차.
хура (-ри) *f* 눈보라.
хурделити (-лю, -лиш) *I vi* 강하게 불다.
хурделиця (-ці) *f* 눈보라.

хурди|га (-ги) -га (-ги) *f* 감옥.
хурт|а (-ти) *f* -еча (-чі) *f,* -овииа (-ни) *f* 눈보라, 폭풍.
хурувати (-рую, -уєш) *I vt* 운반하다.
хурчати (-чу, -чиш) *I vi* 윙윙거리다, 쓸데없는 소리를 하다.
хут (-та) *m dial.* = фут, 발.
хуте|нький, -сенький (-ка, -ке)* хуткий, 매우 빠른.
хутір (-тора) *m* 농장.
хуткий (-ка, -ке) = швидкий, 빠른; -ість (-кости) *f* 빠름; -о 빠르게, 신속하게.
хутній *adv.* 더욱 빠르게.
хутор|ець (-рця) *m Dim.*: хутір, 작은 농장.
хутр|о (-ра) *n* 부드러운 터, 모피동물.
хутч|е, -ій, , -іш *adv. Comp.*: хутко, 더욱 빠르게.
хух (-ху) *m* 강타, 쇼크.
хухати (-аю, -аєш) *I vi*: хухнути(-ну, -неш) *P vi* 숨 쉬다, 바람이 불다.
хухрити (-рю, -риш) *I vt,* 껍질을 바꾸다.
хухряти (-яю, -яєш) *I vt.* 선택하다, 고르다.

Ц

Ц, ц (우크라이나어의 27번째 철자).
цабанити (-ню, -ниш) *I vt* 올리다, 참다.
цабанити (-ню, -ниш) *I vt dial.* 꾸짖다.
цап (-па) *m* 염소.
цар (-ря) *m* 짜르, 황제.
цара (-ри) *f dial.* 외국.
царат (-ту) *m* 짜르 시대.
царгати (-аю, -аєш) *I vt*; **царгнути** (-ну, -неш) *P vt dial.* 거칠게 밀다.
царева (-вої) *f dial.* 여왕.
царедворець (-рця) *m* 궁중에서 일하는 사람.
царство (-ва) *n* 왕국.
царствувати (-ую, -уеш) *I vi* 지배하다.
цар|ський (-ка, -ке) 왕의, 황제의.
царювати (-рюю, -рюєш) *I vi* 지배하다.
царя́ (-яти) *n* 어린 황제, 황제의 아들.
цахати (-хаю, -аєш) *I vi* 기회를 보다, 좋은 순간을 기다리다.
цвигати (-аю, -аєш) *I vt*; **цвигнути** (-ну, -неш) *P vt* 채찍질하다, 매질하다.
цвиндрити (-рю, -риш) *I vt* 소비하다.
цвинтар (-ря) *m* 공동묘지.
цвиркати (-аю, -аєш) *I vi* 콸콸 흘러나오다, 콸콸 소리 나게 하다.

цві́бак (-ка) *m* = суха́р, біскві́т.
цвірни́й (-на́, -не́) 약하지만 강한.
цвірча́ти (-чу́, -чи́ш) *I vi* (새가) 쩍쩍 울다.
цвісти́ (-іту́, -іте́ш) *I vi* 꽃이 피다.
цвіт (-ту) *m* 꽃, 색.
цві́тень (-тня) *m* = кві́тень, 4월.
цвіцькува́ти (-у́ю, -у́єш) *I vt dial.* 중상하다, 모욕하다.
цві́ч|ений (-на, -не) 훈련된, 가르침을 받은.
цвях (-ха́) *m* 말뚝, 못: дерев'я́ний мо́т.
цвяш|ко́ваний (-на, -не) = цвяхо́ваний; -ок (-шка) *m Dim*.: цвях, 작은 못.
це *pron.* 이것(그것).
цебени́ти (-ню́, -ни́ш) *I vi dial.* 많이 흐르다.
це́бто = се́бто, *conj.* 즉, 다시 말하면.
це́дра (-ри) *f* 레몬이나 오렌지 조각.
цеду́лка (-ки) *f* 카드, 티켓, 메모.
цей (цього́) *m*, **ця** (ціє́ї) *і*, **це** (цього́) *n pron.* 이것(그것).
цекота́ти (-очу́, -о́чеш) *I vi* 재잘거리다.
целе́бс (-са) *m* 독신주의자, 금욕주의자.
целіба́т (-ту) *m* 금욕주의.
целю́л|я (-лі) *f* = кліти́на, -ьо́за(-зи) *f* 작은방, 구멍.
ценз (-зу) *m* 인구조사, 센서스.
цент (-та) *m* 센트.
цент|име́тр (-ра) *m* = сантиме́тр, 센티미터.
центо́рія (-ії) 세기.
центр (-ра 또는 -ру) *m* 중심.
цепа́ти (-а́ю, -а́єш) *I vt* 가볍게 치다.
церегльова́ти (-лю́ю, -лю́єш) *I vt* 선택하다.
церемо́нитися (-нюся, -нишся) 행사를 진행하다.
церем|оніймайстер (-тра) *m* 행사의 진행자.
церк|ва́ (-ви) *f* 작은 교회.
сертифіка́т (-та) 증명서, 증권.
церо́ваний (-на, -не) 꿰매어진.
церува́ти (-у́ю, -у́єш) *I vt* 꿰매다.
це́саре́ць (-рця) *m Archaic* 오스트리아인.
цех (-ху) *m* 무역회사, 신디케이트.
циба́ти (-а́ю, -а́єш) *I vi*: цибну́ти (-ну́, -не́ш) *P vi* 긴 걸음으로 걷다.

циб|атий, -илатий (-та, -те) 다리가 긴.
циб|ка (-ки) f -ок (-бка) m 양파의 잎.
цибух (-ха) m 담배 파이프의 관.
цивіліз|ація (-ї) f 문명화.
цивіліст (-та) m 문명주의자.
цивільний (-на, -не)* 시민의, 개인의.
циганити (-ню, -ниш) I vt 속이다, 얻다.
циган|ка (-ки) 집시 여인.
цигар|а (-ри) f 시가.
цигикати (-аю, -аєш) I vi 불쌍하게 바이올린을 연주하다.
цизорик (-ка) m 연필 칼.
цикати (-аю, -аеш) I vt = сикати: (цикнути P); W.U. 제 시간에 조그만 주다.
цикл (-лу) m 원.
циклон (-на) m 사이클론.
циконіти (-ню, -ниш) I vi dial. 떨다, 목소리가 떨리다.
цикорій (-ію) m 치커리.
циліндер (-дра) m 실린더.
цилюрник (-ка) m Archaic = цирульник, 이발사.
цимбал (-ла) W.U. 바보, 얼간이.
цина (-ни) f Min. 주석.
цинамон (-ну) m Bot. 시나몬, 육계피.
цинга (-ги) f Med. 괴혈병.
циновий (-ва, -ве) 주석의, 주석으로 만든.
ципля (-яти) n 병아리.
цирк (-ку) m 서커스.
цирковий (-ва, -ве) 서커스의.
циркон (-ну) m Min. 지르콘.
циркул (-лу) m W.U. 지역, 지구.
циркулювання n 순환; -ати(-люю, -люєш) I vi, 순환하다.
циркуль (-ля) m 콤파스.
цирув|альний (-на, -не) 짜깁는; -ати (-рую, -уєш) I vt 짜깁다.
цирул|ик, -ьник (-ка) m Archaic 이발사, 치과의사.
цитадел|я (-лі) f 성, 요새, 감옥.
цит|ата (-ти) f 감사장, 표창장.
цитрин|а (-ни) f 레몬.
цитькати (-аю, -аєш) I vt 잠잠하게 하다.

цифр|а (-ри) *f* 숫자.
цицька (-ки) *f* 가슴, 유방.
цід (-ду) *m* 효모균.
цідил|ко (-ка) *n*, -о (-ла) *n*, -ок (-лка) *m* 필터.
цідити (-дту, -диш) *I vt* 걸러내다.
цідул|а (-ли) *f*, -ка (-ки) *f* = цедулка, 메모, 노트.
цікавити (-влю, -виш) *I vt* 흥미롭게 하다.
цікавість (-вости) *f* 흥미, 호기심
ціле *adv. W.U.* 효과적으로.
цілий (-ла, -ле)* 전체적인, 완전한.
цілити (-лю, -лиш) *I vi* (на кого, в кого): 목표로 하다, 목표를 가지다.
ціл|ість (-лости) *f* 전체, 총계.
цілкий (-кй, -ке) 정확한, 정교한.
цілков|ий (-ва, -ве) 전체의, 완전한.
цілник (-ка) *m dial.* 처녀지.
цілований (-на, -не) 키스하는.
цілоденн|ий (-нна, -нне). 온종일의.
цілувати (-ую, -уеш) *I vt* 키스하다: -ся *I vi* 서로 서로 키스하다.
цілунок (-нку) *m* = поцілунок, 키스.
цілушка (-ки) *f* 빵 조각, 빵 껍질.
ціляти (-аю, -аєш) *I vi* 목표를 가지다.
ціль (-лі) *f* 목표, 타겟, 목적.
цін|а (-ни) *f* 가격, 금액.
цінити (-ню, -ниш) *I vt* 가격을 매기다.
цін|ний (-нна, -нне) 가치 있는, 가격의.
ціпкати (-аю, -аєш) *I vi* 엿보다.
ціпк|ий (-ка, -ке) 굳은, 단단한.
ціпнути (-ну, -неш) *I vi* . 단단하게 되다.
цісар (-ря) *m* 황제, 케사르.
цісарець (-рця) *m* 오스트리아 사람.
цісар|ів (-рева, -реве) 황제의, 케사르의.
цісар|ка (-ки) *f* 오스트리아 여인.
ціт (-та) *m* = чіт, 짝수: чичи лишка, 홀 짝.
цітати (-аю, -аєш) *I vi* = цітуватися (-уюся, -уєшся) *I vi* 홀짝 놀이를 하다.
ціха (-хи) *f* 표지, 표지판, 성격.
ціхувати (-ую, -уєш) *I vt* 성격을 정하다, 표시 하다.
ціцібаба (-би) *f* = чичибаба, 장님.

цло (цла) *n* 의무, 임무.

цмин (-ну) *m Bot.* 커민(나무열매).

цмок (-ка) *m* = смок, *Zool.* 용.

цмок (-на) *m* 키스.

цмолити = цмулити (-лю, -лиш) *I vt dial.* 마시다.

цнот|а (-ти) *f* = чеснота, 덕, 덕목, 도덕적 미덕.

цокіт (-коту) *m* 재잘거리는 소리.

цоколь (-лю) 나무로 된 신발.

цокотання *n* 재잘거림.

цокотати (-кочу, -очеш) *I vi* = цокотіти(-очу, -отиш) *I vi* 재잘거리다.

цокотн|еча (-чі) *f*, -я (-ні) *f* 재잘거림.

цокот|ун (-на) *m* 재잘거리는 사람.

цомпель (-пля) *m dial.* 고드름.

цоркати (-аю, -аєш) *I vt.* цоркнути (-ну, -неш) *P vt* 딸랑딸랑 소리를 내다.

цотатися (-аюся, -аєшся) *I vi W.U.* 다투다, 싸우다.

цофати (-аю, -аєш) *I vt* 손등을 뒤로 빼다, 물러나다.

ц. р. *abbr.*: цього року, 올해.

цукарня (-ні) *f* 설탕 공장.

цукат (-та) *m* 설탕에 절인 귤껍질.

цукер|ка (-ки) *f*, -ок (-рка) *m* 캔디, 봉봉.

цукор (-кру) *m* 설탕.

цукорн|ик (-ка) *m* 사탕 제과 제과인.

цукровар (-ра) *m* 설탕 제조인.

цукров|аний (-на, -не). 설탕으로 된, 달콤한.

цундр|а (-ри) *f* 누더기, 넝마.

цупити (-плю, -пиш) *I vt* 끌다, 끌어당기다.

цупкати (-аю, -аєш) *I vi* 내리 밟다. 짓밟다.

цупкий (-ка, -ке) 굳은. 단단한.

цупнути (-ну, -неш) *P vi* 잡다.

цура (-ри) *f dial.* 작은 뱀.

цуратися (-аюся, -аєшся) *I vi* 피하다, 거부하다.

цурганитися (-нюся, -нишся) *I vi* 발을 질질 끌면 걷다.

цурка (-ки) *f* 작은 막대기.

цуркий (-ка, -ке) 줄무늬가 있는.

цуркувати (-кую, -уєш) *I vi* 꽉 묶다.

цур|очка (-ки) *f Dim.* 단단한, 꽉 묶인.

цурпа́лка (-ки) *f* 조각, 단편.
цурпе́лити (-лю, -лиш) *I vt dial.* 질질 끌다.
цурува́ти (-ру́ю, -у́єш) *I vi dial.* = цуркува́ти; 고민하다, 곤란하게 하다.
цуру́п|алок (-лка) *m* 나무 조각, 마른 가지.
цуря (-pl) *f W.U.* 넝마, 낡은 옷.
цуц (-ці) *m* 강아지, 어린 개.
цю́дити (-джу, -диш) *I vi dial.* 비가 매우 많이 오다.
цю́няти (-яю, -яєш) *I vi Vulgar Inf.* 소변을 보다.
цю́па (-пи) *f* 작은 방.
цю́пасом *adv.* 한걸음 한걸음.
цюркота́ти (-очу́, -о́чеш)= цюркоті́ти (-очу́, -оти́ш) *I vi* = дзюркота́ти, 달리다, 뛰다.
пя́вкати (-аю, -аєш) *I vi dial.* = дзявкати, 개가 짓다.
ця́мкати (-аю, -аєш) *I vi* 신경질적으로 씹다.
ця́мр|а (-ри) *f* 평평하게 잘 덮여진.
ця́п|ка (-ки) *f* 지점, 점, 작은 얼룩; -ку, -усю *adv.* 작게.
ця́пкати (-аю, -аєш) *I vt* = цяпа́ти.
ця́п|а (-ти) *f* 검은 점, 얼룩.
ця́татися (-аюся, -аєшся) *I vi* 홀짝 놀이를 하다.
ця́п|ина (-ни) *f*, -нночка (-ки) *f Dim.*: цятка (-ки) *f* 작은 점.
ця́ц|я (-ці) *f* 인형, 장난감.
цьом (-ма) *m inf.* 키스; -ати (-аю, -аєш) *I vt inf.* 키스하다.
цьо́ня (~ні) *f* 말.
цьопи́н|ка (-ки) *f*, ~очка (-ки) *f* = цьопка (-ки) *f* 작음, 소형.
цьо́ра (-ри) *I dial.* 방종한 여자.

Ч

Ч, ч (우크라이나어의 28번째 철자).
ч. *Abbr.*: число, ч; частина,부분, 파트.
чаба́к (-ка́) *m Ich.* 잉어 과의 민물고기.
чаба́н (-на́) *m* 양치기, 목자.
чабара́шка (-ки) *f* 춤과 함께 노래하는 것.
чабач|и́на (-ни) *f* 잉어 고기.
ча́в|и (-вів) *pl* 압력.
чави́ти (-влю́, -виш) *I vt* 억누르다, 억압하다.
ча́вкати (-аю, -аєш) *I vi* 진흙 속을 걷다.
чав'я́діти (-і́ю, -і́єш) *I vi* 애타게 그리워하다, 열망하다.
чади́ти (-джу́, -диш) *I vi*, 담배를 피우다.
чадн|и́й (-на́, -не́) 연기가 자욱한, 담배연기가 자욱한.
ча́до (-да) *n* 어린아이.
чає́вий (-ва, -ве) 차의.
чай (чаю) *m* 차.
ча́йка (-ки) *f* 댕기 물새 떼.
ча́йн|ий (-на, -не) 차의.
чайове́ (-во́го) *n* 팁.
чайов|и́й (-ва́, -ве́) = чайний;..-і (-ви́х) *pl* 팁.
чалапу́ти (-тів) *pl dial.* 나쁜 구두.
ча́литися (-лю́ся, -ли́шся) *I vi* 친분관계를 유지 하다.

чалітися (-іюся, -ієшся) *I vi* 회색이 되다.
чалма (-ми) *f* 터번.
чамара (-ри) *f* 롱코트.
чапавка (-ки) *f* 어망.
чапати (-паю, -аєш) *I vi* 천천히 걷다.
чаплія (-ії) *f Tech.* (목공) 열장 장부촉.
чардак (-ка) *m* 뒤 갑판.
чардаш (-ша) *m* 헝가리 춤.
чар|и (-рів) *pl* 마법, 요술.
чарка (-ки) *f* 작은 컵.
чарнувати (-ую, -уєш) *I vt* 마시다, 잔을 비우다; -ся *I vi* 마시다.
чаровина (-ни) *f* 황홀하게 하는 음료.
чародій (-ія) *m* 마법사.
чаронька, -очка (-ки) *f Dim.:* -чарка, 작은 음료수 컵.
чарування *n* 마술.
чарувати (-ую, -уєш) *I vt* 요술을 걸다, 마법을 걸다.
чарунк|а (-ки) *f Anat.* 치조.
чаруп|ина (-ни) *f*, **-чина** (-нн) *f*, **инка** (-ки) *f Dim.*, 작은 컵.
чаруюч|е *adv.* 요술적 행위의; **-ий** (-ча, -че) 마술적인.
чарчина (-ни) *f Dim.:* чарка, 작은 음료 컵.
час (часу) *m* 시간, 계절; 날씨.
часн|ик (-ку) *m Bot.* 마늘.
час|овий (-ва, -ве) 일시적인.
часо|пис (-су) *m* 신문, 잡지.
частенький (-ка, -ке)* : частий, 자주, 종종.
частий (-та, -те) 자주, 반복하는.
частин|а (-ни) *f* 부분, 깨어진.
частити (чащу, частиш) *I vi* 출석하다, 시중들다.
част|иця (-ці) *f* 작은 부분, 조각.
частіш|е *adv. comp.:* 자주, 종종.
частк|а (-ки) *f* = частина, 작은 부분; *Gram.* 분사.
часто *adv.* 종종, 자주.
частота (-ти) *f* 잦음.
частування *n* 취급, 다룸.
частувати (-ую, -уєш) *I vt* 다루다, 취급하다.
часть (-ти) *f* 부분, 지점.

чат|а (-ти) *f* -и (-тів) *pl* 지킴, 돌봄.
чатівн|ик (-ка) *m* 목격자.
чат|овий (-ва, -ве) 돌보는, 지키는.
чатувати (-ую, -уєш) *I vi* 지켜보다, 돌보다.
чвак (-ку) *m* 광우병.
чвакати (-каю, -аєш) *I vt*; **чвакнути** (-ну,-неш) *P vt* 우적우적 씹어 먹다.
чвал (-лу) *m* 갤럽.
чвалай (-аи) *m* 놀란 사람.
чвалати (-аю, -аєш) *I vi* 말을 타고 달리다.
чвалом *adv.* 갤럽의.
чванитися (-нюся, -иишся) *I vi* 자랑하다.
чваніння *n* 자랑하는.
чвань (-ні) *f* = чваніння; -ка (-ки) *m, f*, -ко (-ка) *m* 자랑하는 사람.
чвар|а (-ри) *f* 다툼, 싸움.
чварахнути (-ну, -неш) *P vi* 무겁게 떨어지다.
чвертка (-ки) *I* 네 부분, 사각형.
чвертувати (-ую, -уєш) *I vt* 네 부분으로 나누다, 네 조각을 내다.
чверть (-ти)* *f* 사각형, 네 부분.
чвиркнути (-ну, -неш) *P vi* 침을 뱉다.
чвиря (-pl) *f* 비가 오는 날씨.
чек (-ка) *m* 체크.
чека (-ки) *f Abbr.*: чрезвычайная комиссия, 특별 팀, 비밀 경찰.
чекотати (-очу, -очеш) *I vi* 이야기 하다.
чекотливий (-ва, -ве) 이야기 하는.
челяда (-ди) *f Coll.* = челядь; , -ин (-на), 성인이 된 아들.
челядь (-ді) *f Coll.* 하인, 젊은 사람.
чемер (-ра) *m* 앞머리.
чемерка (-ки) *f* 남자의 코트.
чемір (-ру) *m dial.* 위통.
чемн|ий (-на, -не). 정중한, 매너가 좋은.
чемодан (-на) *m* 옷가방.
чемпіон (-на) *m* 챔피언.
чен|ець (-нця) *m* = чернець, 승려.
чень *adv. dial.* = ачей, 아마도.
чепак (-ка) *m* 뚜껑, 본네트.
чепати (-аю, -аєш) *I vt dial.* = чіпати, 매달다.

чепе́л|ик (-ка) *m Dim.*: чепе́ль, 잭나이프.
чепе́ць (-пці́) *m* 뚜껑.
чепі́ти (-і́ю, -і́єш) *I vi dial.* 한자리에 오랫동안 남아 있다.
чепля́ти (-я́ю, -я́єш) *I vt* 붙이다, 달다.
чепури́стий (-та, -те) 우아한.
чепури́ти (-рю́, -ри́ш) *I vt* 매력적으로 하다.
чепур|і́сть (-ро́сти) *f* 우아함.
чепурні́ти (-і́ю, -і́єш) *I vi* 우아하게 되다.
чепу́р|но *adv.* 우아하게, 스마트하게.
черв (-ва) *m* 벌레.
че́рва (-ви) *f* (카드의) 하트.
черва́к (-ка́) *m* 벌레.
че́рвень (-вня) *m* 6월.
черві́нець (-нця) *m* 금전.
червне́вий (-ва, -ве) 6월의.
черво́вий (-ва, -ве) 벌레의.
черв|она́стий (-та, -те) 붉은 기운이 도는; Черво́ний Хрест, 붉은 십자가.
черво́но *adv.* 붉게.
черво́но|армі́єць (-і́йця) *m* 붉은 병사들.
червонува́тий (-та, -те) 진 붉은.
черга́ (-ги́) *f* 도는 것, 코스.
чергинькати (-аю, -аєш) *I vi* 삐그덕 거리는 소리를 내다.
чергува́ння *n* 교대, 교체.
чергув|а́тися (-у́юся, -у́єшся) *I vi* 교대하다.
чердак (-кі) *m* 다락방, 초라한 방.
черев|а́нь (-ня́) *m* 배가 많이 나온 사람.
череви́к (-ка́) *m* 구두.
череви́ч|ний (-на, -не) 구두의.
черев|ко́ (-ка́) *n Dim.*: чере́во, 작은 배.
чере́в|о (-ва) *n* 배, 위.
черед|а́ (-ди́) *f* 가축의 떼, 무리.
чере́жний (-на, -не) 계속해서, 연속적인.
че́рез *prep.* –을 통해, 교차해서.
чере́нк|а (-ки) *f* 칼의 손잡이.
чере́нки (-кі́в) *pl* (프린트)유형.
чере́нній (-ння, -ннє): нній зуб, 어금니.
череп|а́ха (-хи́) *f Zool.* 거북이.
чересо́к (-ска́) *m Dim.*: чере́с, 작은 벨트.

череш|енька (-ки) *f Dim.*: черешня, 작은 체리.
черкати (-аю, -аєш) *I vt*: (черкнути *P*) 때리다, 치다.
черлений (-на, -не) *adv.* = червоний. 붉은.
чернити (-ню, -ниш) *I vt* dial. = чорнити, 비방하다.
черн|иця (-ці) *f* 수녀.
чернуха (-хи) *f* 야생 거위.
чернь (-ні) *f* 일반 사람.
черп|ак (-ка) *m* 큰 숟가락.
черпати (-аю, -аєш) *I vi*: (черпнути *P*) 끌다, 당기다.
черт|а (-ти) *f* = риса, 선, 모양, 트랙.
черт|іж (-тежа) *m* 계획, 디아그램.
чертог (-га) *m O.S.* 궁전.
черть (-ти) *f* 라인, 선, 외형.
черчик (-ка) *m Dim.*: чернець, 작은 승려.
чесати (чешу, чешеш) *I vt*: (чеснути *P*) 빗질하다, 머리를 매만지다.
чесн|ий (-на, -не) 공정한, 올바른.
чеснути (-ну, -неш) *P vt*: (чесати *I*) 빗질하다, 머리를 매만지다.
чесняк (-ка) *m* 좋은 사람, 공정한 사람.
чествувати (-ую, -уєш) *I vt* 존경하다.
честивий (-ва, -ве) 도덕적인, 매너가 좋은.
честолюбн|ий (-на -не) 야망의; ~(-ности) *f* 야망.
честь (-ти) *f* 존경, 좋은 가치.
чесуч|а (-чі) *f* 실크 옷.
чеський (-ка, -ке) 체코, 체코의.
четвер (-рга) *m* 목요일.
четверо (-рох) *num. Coll.* (숫자) 4.
четверт|ак (-ка) *m* 사계절 동물, 4학년 학생.
четверт|ий (-та, -те) 네 번째의.
четв|ерть (-ти) *f* = четвертина, чверсь; -ірка (-ки) *f* 숫자의 4), 카드의.
чечевиця (-ці) *f* = сочевиця 렌즈 콩.
чечекати (-аю, -аєш) *I vi* 우직우직 소리나게 하다.
чеч|ик (-ка) *m Orn.* 홍방울새.
чи *conj.* 만약 — 라면.
чигати (-аю, -аєш) *I vi* 평계를 대다.
чиж (-жа) *m Orn.* 검은 방울새.

чиж|емки (-мок) *pl dial. Dim.*: чижми, 작은 헝가리 부츠.

чий (чия, чиє) 대명사. 누구의; -будь, -небудь (чия-, чиє-); -сь (чиясь, чиєсь) 누구의.

чикати (-аю, -аєш) *I vi* 떨다, 돌리다.

чикрижити (-жу, -жиш) *I vt* 가위로 자르다.

чималгий (-ла, -ле) 매우 큰.

чимдуж *adv.* 모든 노력을 다해서.

чимчикувати (-ую, -уєш) *I vi* 매우 빨리 가다.

чин (-ну) *m* 행동, 행위.

чинар (-ра) *m Bot.* 초원의 나무.

чинбар (-ря) *m* 가죽 옷.

чинити (-ню, -ниш) *I vt* 만들다, 하다.

чинка (-ки) *f* 햇볕에 그을린 피부.

чинн|ий (-нна, -нне) 행동적인; 바쁜.

чннолюбець (-бця) *m* 야망이 있는 사람.

чинш (-шу) *m* 흥미.

чирв|а (-ви) *f* = черва, 마음의.

чиргикати (-аю, -аєш) *I vi* 재잘거리다, 떨다.

чир|енка (-ки) *f* = чирка; тур. 문자, 유형.

чир|як (-ка) *m Med.* 지루함.

чисел|ьн|ий (-на, -не) 계산된, 숫자화 된.

числити (-лю, -лиш) *I vt* 계산하다.

числівник (-ка) *m Gram.* (문법) 수의.

чис|ло (-ла) *n*, -́ла (-сел) *pl* 수들.

чист|енький, -есенький (-ка, -ке). чистий, 매우 깨끗한.

чистий (-та, -те) 깨끗한, 순수한.

чистити (-щу, -стиш) *I vt* 깨끗하게 하다.

чистісіньк|ий (-ка, -ке)* чистий, 완전히 깨끗한.

чист|ість (-тости) *f* 깨끗함.

чистобр|еха (-хи), -ьоха (-хи) *m* 거짓말쟁이.

чисто|вина (-ни) *f* 물이 매우 깨끗한 곳.

чист|ота (-ти) *f* 깨끗함, 단정함.

чит|анка (-ки) *f* 독서가.

читання *n* 책을 읽는 것.

читати (-аю, -аєш) *I vt*: (прочитати *P*) 읽다.

чит|ацький (-ка, -ке) 독서가의.

чичмаря (-рі) *m dial.* 상큼한 비.

чищення *n* 청소가 되는 과정.

чівка (-ки) *f* 터프트, 숲.

Чіка́г|о (-га) *n NP* 시카고.
чі́льний (-на, -не)* 주요한, 주인공의.
чі́мкати (-аю, -аєш) *I vt* 당기다.
чі́мхати (-аю, -аєш) *I vi* 빨리 사라지다.
чіпа́ти (-аю, -аєш) *I vt* 매달다.
чіпки́й (-ка, -ке) 깨끗한.
чіпля́ти (-яю, -яєш) *I vt* 매달다.
чі́рхавий (-ва, -ве)* *dial.* 거친, 다듬어 지지 않은.
чі́стрити (-рю, -риш) *I vt* 카드를 치다.
чіт (-ту) *m* 짝수.
чітк|и́й (-ка, -ке) 깨끗한, 분명한.
чітува́тися (-уюся, -уєшся) *I vi* 홀짝 게임을 하다.
чіту́ра (-ри) *f dial* 얇은 박스.
чкури́ти (-рю, -риш) = чкурну́ти (-ну,-неш) *P vi* 빨리 도망치다.
член (-на) *m* 회원.
чле́н|ство (-ва) *n* 회원권.
членува́ти (-ую, -уєш) *I vt* 분석하다, 해부하다.
чля *adv. dial.* 어울리게, 의젓하게.
чмир (-ря) *m* 더러운 사람.
чмих (-ху) *m*, -ання *n* 코로 냄새를 맡는 것.
чми́хати (-аю, -аєш) *I vi*; чмихну́ти (-ну, -неш) *P vi* 코를 킁킁거리다.
чміль (чмеля) *m* = джміль, *Ent.* 1) 수벌, 2) 게으른 사람.
чмур (-ря) *m* 그물버섯.
чоб|іт (-бота) *m*, -оти (-біт) *pl* 부츠.
чобота́р (-ря) *m* 신발 제조자.
човг (-га) *m* = повз, *Mil.* 탱크.
чо́вгання *n* 발의.
чо́в|ен (човна) *m* 보트.
чоколя́д|а (-ди) *f* = шоколад. 초콜릿.
чоло́ (-ла) *n* 이마.
чолові́к (-ка) *m* 사람, 개인.
чолові́|цький (-ка, -ке) 사람의, 인간의.
чоло́пок (-пка) *m* = щолопок, 왕관.
чому́сь *adv.* 몇 가지 이유 때문에.
чорн|е́нький, -есенький (-ка, -ке): чо́рний, 아주 검은.
чорн|и́ло (-ла) *n* 잉크.
чорни́ти (-ню, -ниш) *I vt* 검게 하다.

чорнісінький (-ка, -ке) : чорний, 완전히 검은.
чорність (-ности) *f* 검정.
чорніти (-ію, -ієш) *I vi* 점점 검어지다.
чорнішати (-аю, -аєш) *I vi* 검게 되다.
чорніше *adv Comp* чорно, 더욱 검은.
чорногуз (-за) *m Orn.* 주식.
чорно|зем (-му) *m*, **-земля** (-лі) *f* 검은 땅.
чорнота (-ти) *f* 검정, 어둠.
чорно|троп (-пу) *m* 눈이 없는 땅.
чорн|уватий (-та, -те)* 조금 검은.
чорт (-та) *m* 악마.
чота (-ти) *f Mil.* 형식, 부문.
чотири|бічний (-на, -не)* 네 부분으로 된.
чотиросотий (-та, -те) 400년의.
чотириста (-рьох сот) *num.* 400년.
чотири|стінний (-нна, -нне), **-сторонній** (-ння, -ннє) 4측면으로 된.
чотирнадцят|еро (-рох) *num. Coll.* (숫자) 14; **-ний** (-та, -те) 14의.
чотирнадцять (-тьох от -ти) *num.* 14.
чтець (четця) *m* = читач 독서가.
чтити (чту, чтиш) *I vt* 존경하다.
чуб (-ба) *m* 터프트, 이마.
чубик (-бка) *m Dim.*: чуб, 작은 터프트.
чубити (-блю, -биш) *I vt* 머리를 잡아당기다.
чубрій (-ія) *m* 머리가 긴 사람.
чубук (-ка) *m* 담배 파이프.
чувак (-ка) *m* 등산화.
чувал (-ла) *m* 큰 부대자루.
чуваний (-на, -не)* 경험이 많은.
чувати (-аю, -аєш) *I vt* 듣다.
чувство (-ва) *n O.S.* = чуття, 감정, 느낌.
чудак (-ка) *m* 이상한 사람.
чуд|асія (-ії) *f* 이상한 것, 드문 것.
чудесний (-на, -не) 놀라운, 신기한.
чудище (-ща) *n* 괴물, 몬스터.
чудн|ий (-на, -не) 이상한, 기묘한.
чуд|о (-да) *n* 기적.
чудувати (-дую, -уєш) *I vt* 깜짝 놀라게 하다.
чужан|ина (-ини) *m, f,* **-ниця** (-ці) *f* 이상한 사람.
чужатися (-зюся, -зешся) *I vi* 피하다.

чужи́й (-жа, -же) 외국의, 다른 사람의.
чуж|ина́ (-ни́) *f* 외국.
чужо́ *adv.* 이상하게, 기묘하게.
чужові́р|ець (-рця) *m*, -ка (-ки) *f* 다른 지역의 하나.
чужозе́м|ець (-мця) *m* 외국인, 외부인.
чужоло́жити (-жу, -жиш) *I vi* 간통을 저지르다.
чужоло́жство (-ва) *n* 간통.
чужо|лю́бний (-на, нне) 간통의.
чу́йний (-на, -не) 주의 깊은.
чу́л|ий (-ла, -ле)* 민감한, 섬세한, 우아한.
чума́к (-ка́) *m* 마부.
чум|а́рка (-ки) *f*, -ачина (-ни) *f* 우크라이나인의 코트.
чум|а́цтво (-ва) *n* 여행하는 마부의 일.
чумбу́р (-ра́) *m* 손고삐.
чу́пер (-пра) *m* 이마까지 내려오는 긴머리.
чупера́дло (-ла) *n* 박제 동물, 마네킹.
чупри́н|а (-ни) *f* = чу́пер, 두꺼운 머리카락.
чупр|і́й (-і́я) *m*, -у́н (-на́) *m* 평민, 대중.
чупря́вий (-ва, -ве) 두꺼운 머리를 가지고 있는.
чу́ра (-ои) *m* = джу́ра 당번.
чурі́ти (-рю́, -ри́ш) *I vi dial.* = дзюри́ти, 흐르다.
чурува́ти (-ру́ю, -у́єш) *I vi* 당번병이 되다.
чу́стрий (-ра, -ре) 건강한, 강한.
чу́стрити (-рю, -риш) *I vt* 때리다, 치다.
чу́ти (-чую, -чуєш) *I vt* 듣다. 이야기.
чу́тка (-ки) *f* 소문, 리포트.
чутк|и́й (-ка́, -ке́) = чу́йний. 민감한, 섬세한.
чутли́в|ий (-ва, -ве) 민감한.
чутн|и́й (-на́, -не́) 들을 수.
чут|тє́вий (-ва, -ве)* 감정의.
чуть, чуть-чуть *adv.* 거의, 매우, 가깝게.
чуха́ння *n* 긁는 행위.
чуха́ти (-а́ю, -а́єш) *I vt* 긁다; -ся *I vi* 스스로 긁다.
чухну́ти (-ну́, -не́ш) *P vt*: (чу́хати *I*) 긁다; -ся *P vi* 스스로 긁다.
чу́хра (-ри) *f* 작은 가지.
чухра́ти (-а́ю, -а́єш) *I vt* 나뭇가지를 자르다.
чухр|і́й (-і́я) *m* 비열한 사람, 더러운 사람.

Ш

Ш, ш (우크라이나어의 29번째 철자).
ша! 조용이 해!
шабату́вати (-у́ю, -у́єш) *I vt* 조각으로 자르다.
шабату́р|а (-ри) *f* 종이 상자.
шаб|еленька, -елечка. -елька (-ки) *f Dim.:* шабля, 작은 칼.
шабло́н (-ну) *m* = **шабльо́н** (-ну) *m* 모델, 형식, 주형.
ша́вкати (-аю, -аєш) *I vi* 씹다, 분쇄하다.
шавкоті́ти (-очу́, -оти́ш) *I vi* 콧소리를 내면서 말하다.
шавку́н (-на́) *m Orn.* 인조 거위.
шад|и́й (-да́, -де́) = си́вий, 회색.
шажо́к (-жка́) *m Dim.:* шаг 작은 걸음.
ша́йба (-би) *f Tech.* 씻는 사람, 세탁기.
ша́йка (-ки) *f* 벤드, 갱.
ша́йність (-ности) *f dial.* 존경.
шайну́ти (-ну́, -не́ш) *P vi dial.* 바람이 심하게 불다.
шайта́н (-на́) *m* 악마, 사탄.
шака́л (-ла) *m Zool.* 자칼.
шал (-лу) *m* 격노, 분노.
шала́в|а (-ви) *m, f* 하품하는 사람.
шаламатня́ (-ні́) *f* 소음, 시끄러움.

шалатися (-лаюся, -аєшся) *I vi* 어슬렁거리면 걷다.
шалаш (-ша) *m* 오두막집.
шалдувати (-ую, -уєш) *I vt* 혼란시키다, 분쟁을 일으키다.
шалевий (-ва, -ве) 숄의.
шале|нець (-нця) *m* 미친 사람, 바보.
шалиган (-на) *m dial.* 돈을 사취하는 사람, 남을 속이는 사람.
шалик (-ка) *m Dim.*: шапь, 작은 숄.
шадина (-ии) *f* 숲속에 있는 잡목.
шаліти (-ію, -ієш) *I vi* 격노하다, 분개하다.
шалтай (-ая) *m* 가련한 사람, 비참한 사람.
шалювання *n* 널판지 놀이.
шалювати (-люю, -люєш) *I vt* 널판지를 대다.
шаль (-лю) *m* 숄
шаман (-на) *m* 샤머니즘.
шамнути (-ну, -неш) *P vi*: (шамати *I*) 빠르게 가다.
шамотати (-аю, -аєш) *I vt* 당기다.
шамотіти (-очу, -отиш) *I vi* 살랑살랑 소리를 내다.
шамотня (-ні) *f* 살랑거리는 소리.
шампіньйон (-на) *m* 버섯 재배지.
шампун (-на) *m*, -ъ (-ня) *m* 샴푸.
шамрити (-рю, -риш) = **шамротіти** (-ію, -ієш) = **шамряти** (-яю, -яєш) *I vt* 혀 짧은소리를 하다.
шамша (-ші) *m*, 혀 짧은 소리를 하는 사람.
шамшати (-шу, -шиш) *I vi* 더듬거리다.
шана (-ни) *f* 존경, 경의.
шанець (-нця) *m* 참호, 방어기지.
шан|оба (-би) *f* =шана; -обливий, -овливий (-ва, -ве)* 존경하는.
шанолюб (-ба) *m* 야망 있는 사람.
шанс (-су) *m*, -и (-сів) *pl* 기회.
шанування *n* 존경, 경의.
шанувати (-ую, -уєш) *I vt* 존경하다, 경의를 표하다.
Шанхай (-аю) *m NP* 상하이; ш-ський (-ка, -ке) 상하이의.
шанька (-ки) *f dial.* 가방의 종류.
шапар (-ря) *m dial.* 집사, 하인; -ка (-ки) *f dial.*

여자 하인.
шапи́ще (-ща) *n Augm.*: шапка, 아주 큰 모자.
ша́пк|а (-ки); 모자.
шапли́к (-ка) *m* 납작한 물통.
шап|о́нька, -очка (-ки) *f Dim.*: шапка, 작은 모자.
шапра́н (-ну) *m Bot* 샤프란; -івка(-ки) *f* 샤프란의.
шапч|и́на (-ни) *f*, -ури́на (-ни) *f Dim.*:шапка = шапочка; 싼(낡은) 모자.
шар (-ру) *m* 층, 침대, 층계.
шарабу́рити (-рю, -риш) *I vi* 장난을 치다.
шара́хнути (-ну, -неш) *P vi* 돌진하다.
ша́рий (-на, -не)* 회색의.
ша́рити (-рю, -риш) *I vi* 존경하다.
шарі́ння *n* 새벽, 동틀 무렵.
шарі́ти (-ію, -ієш) *I vi* 장미빛이 되다.
шарки́й (-ка, -ке) 빠른, 신속한.
шарконути (-ну, -неш) *P vt* 날카로운 것으로 자르다.
шарла́т (-ту) *m* = багрець, 보라색.
шарла́т|ний (-на, -не), -овий (-не, -не) =багро́вий, 보라색의.
шарма́нський (-ка, -ке)매력적인, 예의 바른.
шарну́ти (-ну, -неш) *P vt* 자르다.
ша́рпати (-паю, -аєш) *I vt*: (шарпнути *P*) 당기다.
шата́н (-на) *m* 사탄, 악마.
шатани́на (-ини) *f* 야단법석, 소란.
шата́тися (-таюся, -аєшся) *I vi*: (шатнутися *P*) 야단을 피우다, 소란스럽게 하다.
шате́н (-на) *m*, -ка (-ки) *f* 밤색 머리를 가진 사람.
шате́рнпк (-ка) *m* 텐트에서 사는 사람.
ша́тно́ *adv.*: -убраний, 스마트하게, 깔끔하게.
шато́нька (-ки) *f Dim.*: шата, 작고 예쁜 드레스.
шатро́ (-ра) *n* 텐트.
шатува́ти (-ую, -уєш) *I vi* 서두르다, 급하게 하다.
ша́ф|а (-фи) *f* 컵 받침.
ша́х|и (-хів) *pl* 체스: грати в —, 체스를 하다.
ша́хський (-ка, -ке) 체스의.
ша́шка (-ки) *f* 칼, 사브레.
Швайца́рія (-ії) *f NP* 스위스.
швайца́р|ка (-ки) *f* 스위스 여성.

шванк (-ку) *m* 위험, 해.
швара (-ри) *f* 케이블, 로프.
шварготання *n* 소란스러운 이야기.
шварний (-на, -не)* 에너지의.
шварнути (-ну, -неш) *P vi* 불꽃이 나게 하다.
шварц (-цу) *m* 폴란드 구두.
шваха (-хи) *f* 드레스를 만드는 사람.
швед (-да) *m* , -ин (-на) *m*, -ка (-ки) *f* 스웨덴.
швендя (-ді) *m* 어슬렁거리는 사람.
Швеція (-ії) *f NP* 스웨덴.
швець (швеця) *m* 구두를 만드는 사람.
швиденький (-ка, -ке) 매우 빠르게.
швидкати (-аю, -аєш) *I vi* 서두르게 되다.
швидкий (-ка, -ке) 빠른, 급속한.
швидковіддя *n* 강의 급류 지역.
швидше *adv. Comp.*: швидко, 더욱 빠른.
швиркати (-аю, -аєш) *I vi* 시끄럽게 만들다.
шворньовий (-ва, -ве) 볼트의.
шебенути (-ну, -неш) *P vt* 세게 밀치다.
шевдатися (-аюся, -аєшся) *I vi* 혼란스럽게 되다.
шевня (-ні) *f* 제화점.
шевство (-ва) *n* 구두를 만드는 것, 제화공의 상술.
шевчик (-ка) *m*, -ина (-ни) *m Dim.*: швець 작은 제화공.
шегеря (-рі) *f* 춤의 종류.
шедевр (-ра) *m* 걸작, 명작.
шейх (-ха) *m* 가장, 족장.
шелевіти (-ла) *m* 안절부절 못하는 사람.
шелевіти (-іію, -ієш) *I vi dial.* 앞뒤로 움직이다.
шелепати (-аю, -аєш) *I vi* 진흙 속에서 걷다.
шелепуватий (-та, -те)* 어리석은, 멍청한.
шелеснути (-ну, -неш) *P vi* 살랑살랑 움직이다.
шелест (-ту) *m* 살랑살랑 움직이는 것.
шелестівка (-ки) *f Gram.* -에 일치하는.
шелестіти (-лещу, -лестиш) *I vi* 살랑살랑 걷다.
шелесткий (-ка, -ке) 살랑거리는 소리가 있는.
шелихвіст (-хвості) 거위의 종류.
шелом (-ма) *m* = шолом, 헬멧.
шелюг (-га) *m*, -а (-ги) *f* 잎이 긴 버드나무.
шелюхатися (-аюся, -аєшся) *I vi* 흔들다.

ше́ляг (-га) *m* 옛날 동전.
ше́львах (-ха) *m W.U.* 목격자, 보초, 파수꾼.
ше́мрати (-аю, -аєш) *I vi*, 중얼거리다.
шепеля́вий (-ва, -ве)* 살랑거리는.
шепеля́ти (-яю, -яєш) *I vi* 살랑거리다.
шепі́т (-поту) *m* 중얼거림.
шепну́ти (-ну, -неш) *P vt* 어떤 정보를 작은 소리로 말하다.
шепот|а́ння, ..-і́ння *n* 중얼거리는 행위.
ше́п|оти (-тів) *pl.* 중얼거리는 것.
шепоті́ти (-очу, -отиш) *I vt*. 중얼거리다.
ше́потом *adv.* 중얼거리는.
шепта́ти (-пчу, -чеш) *I vt* 중얼거리다, 속삭이다.
шептр|і́й (-ія) *m*, -у́н (-на́) *m* 중얼거리는 사람.
ше́рег (-гу) *m* 파일, -ува́ти (-у́ю, -у́єш) *I vt* 랭킹을 매기다.
шере́п|а (-пи) *f* 더러운 여자.
шерсти́н|а (-ни) *f* 양모, 머리.
ше́рст|ка (-ки) *f* = шерстина; -кий (-ка, -ке) = шорсткий, 거친, 매끄럽지 못한.
ше́рхнути (-ну, -неш) *I vi* 얇은 얼음으로 덮힌.
ше́стеро (-рох) *num. Coll.* 여섯, 6.
шести|голо́вий (-ва, -ве) 육각형의.
шести́на (-ни) *f* 여섯 부분.
шесті́р|ко *num. Coll.* 여섯, 여섯 조각.
шеф (-фа) *m* 상관, 장.
шиба́ти (-а́ю, -а́єш) *I vt*: (шибну́ти *P*) 때리다, 치다.
шибк|и́й (-ка́, -ке́) 빠른, 신속한.
шибне́м *adv.* 힘있게.
шибну́ти (-ну́, -не́ш) *P vi*: (шибі́ти *I*) 갑자기 나타나다.
шиє́чка (-ки) *I* = ши́йка (-ки) *I Dim.*: ши́я, 작은 목.
шик (-ку) *m* 순서, 줄.
шико́ваний (-на, -не)* 우아한, 점잖은.
ши́н|а (-ни) *f* 기찻길, 철 막대기.
шиндува́ти (-у́ю, -у́єш) *I vt* 껍질을 벗기다.
шине́ля (-лі) *f* 군복.
ши́нка (-ки) *f* 햄.
шипі́ти (-плю́, -пи́ш) *I vi* 쉿 하는 소리를 내다.

шипля́чий (-ча, -че)* 쉿 하는 소리를 내는.
ши́рити (-рю, -риш) *I vt* 넓히다, 확장하다.
ширі́нька (-ки) *f* 바지가 열려있는.
ши́рма (-ми) *f* 스크린, 화면.
широ́кий (-ка, -ке) 넓은, 광활한.
широко|ви́дий (-да, -де) 얼굴이 넓은.
широта́ (-ти) *f* 넓음.
широче́зний (-на, -не)-, -нний (-нна,-нне)- *Augm.*: ширбкий, 매우 넓은.
широчи́ти (-чу, -чиш) *I vt* 넓히다.
ши́ршати (-аю, -аєш) *I vi* 넓게 되다.
ши́рше *adv. Comp.*: широко, 더욱 넓게.
ши́тво (-ва) *n* 뜨개질, 바느질.
ши́ти (шию, шиєш) *I vt* 뜨개질을 하다, 바느질을 하다; -ся *I vi* 바느질이 되다.
ши́т|ий (-та, -те)* 바느질이 된.
шиша́к (-ка) *m* 헬멧.
ши́|я (шиї) *f* 목.
шістдеся́т (-тьох 또는 -тй) *num.* 60.
ші́стка (-ки) *f* (카드의) 숫자 6.
шістна́дцят|еро (-ох) *num.* 16.
шістсо́т (шести 또는 шістьох сот) *num.* 600.
шість (шести 또는 шістьох) *m.* 숫자 6.
шка́лик (-ка) *m* 작은 컵, 작은 병.
шка́лі (шкаль) *pl* 통널, 통판(복수).
шкалуб|и́на (-ни) *f* 갈라진 틈, 좁은 구멍.
шкаляру́ща (-щі) *f dial.* 껍질, 각지.
шкама́тки (-ків) *pl*, -аття *n W.U.* 찢어진 조각.
шканди́ба (-би) *f* 불구, 쩔뚝거리는 사람.
шкандиба́ти (-аю, -аєш) = шкандиля́ти(-яю, -аєш) *I vi* 쩔뚝거리다.
шка́па (-пи) *f* 비취, 옥.
шкапа́ (-пи) *f* 독수리의 일종.
шкапі́на (-ни) *f* = шкапа; 말안장.
шкапо́вий (-ва, -ве) 비취의.
шкарла́ва|ть (-ті) *m,f* = шкарідь; ,-ада(-ди) *m, f* 흉한 사람, 괴물.
шкарал|у́па (-пи), уща, -юща (-щі) *f* 달걀껍질, 레몬 껍질.
шкарб|а́н, -ун (-на) *m dial.* 오래된 구두, 늙은 사람.

шкарідь (-ді) *f* 아주 흉한 사람.
шкарпетка (-ки) *f* 쇼크, 작은 쇼킹한 일.
шкар|убкий (-ка, -ке) 거친, 힘든.
шкатула (-ли) *f*, -ка (-ки) *f* 작은 박스.
шквал (-лу) *m* 돌풍, 스콜.
шкварити (-рю, -риш) *I vi* 기름으로 튀기다.
шкварк|а (-ки) *f* 튀긴 베이컨의 작은 조각.
шкваркнути (-ну, -неш) *P vi* 밑으로 던지다.
шквиря (-pl) *f* 눈 폭풍.
шкельце (-ця) *m Dim*: 스클로, 작은 컵.
шкитавий (-ва, -ве) 어슬렁거리는, 배회하는.
шкитир (-ри) *m* 큰 조각.
шкідливець (-вця) *m* 해로운 사람.
шкід|ливий (-ва, -ве) -ний (-на, -не) 해로운, 유해한.
шкілка (-ки) *f Dim*. 학교.
шкільн|ий (-на, -не) 학교의.
шкірити (-рю, -риш) *I vt* (зуби): 누구에게 이를 보여주다.
шкло (-ла) *m* = скло, 컵.
шклян|ий (-на, -не) 컵의.
шкляр (-ра) *m* 유리 끼우는 직공, 유약 칠하는 사람.
шкода (-ди) *f* 위험.
шкода *adv*. 황폐하게, 쓸모없이.
шкодити (-джу, -диш) *I vi* (кому): 아프게 하다.
шкодіти (-ію, -ієш) = шкодувати (-ую, -уєш) *I vi*, 후회하다.
шкорба (-би) *f* 늙은 여자.
шкрум (-му) *m* 그을음.
шкрябання *n* 할퀴는 행위.
шкрябати(-аю, -аєш) *I vt*; шкрябнути (-ну, -неш) *P vt* 할퀴다.
шкряботуха (-хи) *f* 할퀴는 동물.
шкувати (-ую, -уєш) *I vi* (개가) 코를 킁킁거리다.
шкулити (-лю, -лиш) *I vi* 화나게 하다.
шкульк|ий (-ка, -ке), -ний (-на, -не) 화가 난, 성가신.
шкуна (-ни) *f* 스쿠너 선.
шкунтувати (-ую, уєш) *I vi* 비웃다.
шкура (-ри) *f* 가죽.

шкур|а́т (-та) *m*, -ати́на (-ни), -ати́нка (-ки) *f* 가죽의 조각.

шкур|и́на (-ни) *f* = скори́на; ,-ка (-ки) *f Dim.*: шку́ра, 가죽의 얇은 조각.

шкур|оде́р (-ра) *m* 모피상인.

шкутильга́ти (-а́ю, -а́єш) *I vi* 절뚝거리다.

шлунко́вий (-ва, -ве) 위장의.

шлу́нок (-нку) *m* 위장.

шлюб (-бу) *m* 결혼.

шлю́ндра (-ри) *f dial.* 더러운 여인.

шляк (-ку) *m*, -а (-ки) *f* 천의 끝 구석.

шлях (-яху) *m* 길, 도로, 방법.

шляхе́т|ний (-на, -не)* 귀한, 진짜의, 귀중한.

шляхови́й (-ва, -ве) 길의.

шля́хт|а (-ти) *f* 귀족, 숭결함.

шляшечо́к –ок(шка) шлях, 작은 길.

шмал|і́й (-я) *m* = смал|і́й; 추운 바람.

шмарк|а́тий (-та, -те)* 콧물을 흘리는, 지저분한.

шмат (-та) *m* 조각.

шматкува́ти (-у́ю, -у́єш) 조각을 내다, 잘게 조각을 내다.

шмато́к (-тка) *m* 조각.

шма́ття *n coll.* 옷, 넝마.

шмига́ти (-а́ю, -а́єш) = шмиглѧ́ти (-ню́, -не́ш) *I vi*; шмигну́ти (-ну́, -не́ш) *P vi* 사라지다.

шмо́рга́ти (-а́ю, -а́єш) *I vt*: шморгну́ти (-ну́, -не́ш) *P vt* 갑자기 당기다.

шморгу́н (-на́) *m* 잡힌 늑대.

шнур (-ра́) *m* 코드, 로우프.

шовк (-ку) *m* 비단, 실크.

шок (-ку) *m Med.* 쇼크, 충격.

шокол|я́д (-ду) *m* 초콜릿.

шокува́ти (-у́ю, -у́єш) *I vt* 쇼크를 주다.

шпа́га (-ги) *f* 칼.

шпакува́тий (-та, -те)* 진회색.

шпарк|и́й (-ка́, -ке́) 빠른, 신속한.

шпигу́н (-на́) *m*, -ка (-ки) *f* 스파이.

шпитале́вий (-ва, -ве) 병원의.

шпи́ця (-ці) *m* 점의 끝, 맨 위.

шпі́цель (-цля) *m* 경찰 첩자.

шпува́ти (-у́ю, -у́єш) *I vi* 강하게 불다.

штанда́рт (-та) *m* 기준, 기본.
штат (-ту) *m* 나라.
шта́тний (-на, -не)* 나라의.
штахе́т|а (-ти) *f,* -ник (-ка) *m* 담장.
штиб (-бу) *m* 매너, 예절.
штивний (-на, -не)* 딱딱한, 고정된.
штир (-ра) *m* 볼트.
штирити(-рю, -риш) *I vt* 밀어 넣다, 밀다.
штовха́ти (-аю, -аєш) *I vi;* штовхнути (-ну,-неш) *P vt* 밀다, 밀어 넣다.
што́рц (-цу) *m* 날카로운 끝.
штрика́ти (-аю, -аєш) *I vi* 뛰다, 점프하다.
шту́ка (-ки) *f* 조각, 단편.
штурм (-му) *m* 공격.
штурмува́ти (-мую, -уєш) *I vt* 공격하다.
шуга́ти (-аю, аєш) *I vi;* шугнути (-ну, -неш) *P vi* 날다.
шум (-му) *m* 소음, 시끄러운 사람.
шу́пити. (-плю, -пиш) *I vt* 이해하다.

Щ

Щ, щ (러시아어의 30번째 철자).
щасли́вити (-влю, -виш) *I vt* 행복하게 하다.
щасли́в|ість (-вости) *f* 행복.
ща́стя *n* 행복, 운, 기회.
ще *adv* 아직.
щеза́ти (-аю, -аєш) *I vi*: **щезну́ти** (-ну,-неш) *P vi* 황폐하다, 사라지다.
ще́пко *adv.* 정확하게.
щирува́ти (-ую, -уєш) *I vi* 진실되게 하다.
щиря́щий (-ща, -ще) 매우 진실된.
щити́ти (-щичу, щитиш) *P vt* 보호하다, 막다.
щитн|и́й (-на, -не)* 닫힌.
що (чого, чому, чим, на чім 또는 чому) *pron.* 어느, 무엇: що там таке? 무슨 일이야?
щобі́льше *adv.* 더욱이.
щобу́дь (чогобу́дь, чомубу́дь, чимбу́дь, на чомубу́дь) *pron.* 무엇이든지.
щовб (-ба) *m* 바위.
щогоди́н|и *adv.* 매일. -ина (-нна,-нне) 매일의.
що|де́нь, -дня *adv.* = щоденно, 매일의.
щодо prep. (생격과 함께 사용) -한.
щоду́ху *adv.* = щосилч. 가능한 한.
щолоп|о́к (-пка) *m* 정상, 극.
щомі́сяця *adv.* 매달, 달마다.
щомі́сячн|ий (-на, -не)달마다.

щонайгір|ше *adv.* 가장 나쁜.
щонайкра|ще *adv.* 가장 좋은 방법으로.
щонаймен|ше *adv.* 가장 최소한의 가능성으로.
щонайсильні|ше *adv.* 가장 강한 방법으로.
щонайшвид|ше *adv.* 가장 빠른 방법으로.
щонеділі *adv.* 매 일요일 마다.
щон|іч *adv.* 매일 밤.
щоправда *adv.* 진실되게.
щораз *adv.* 매 시간마다.
щор|ік *adv.* 매년마다.
щотижнев|ий (-ва, -ве) 주말마다.
щочасний(-на, -не)= щогодинний, 시간마다.
щулити (-лю, -лиш) *I vt* (очі): 윙크하다.

Ю

Ю, ю (우크라이나어의 31번째 철자).
югну́ти (-ну́, -не́ш) *P vi dial.* 달려가다.
Югосла́вія (-ії) *NP* 유고슬라비아.
ю́дити (-юджу, -юдиш) *I vt* 자극하다, 격려하다.
ю́жний (-на, -не) 남쪽의.
ю́лавий (-ва, -ве). *dial.* 약한.
ю́лиця (-ці) *f dial.* 거리.
ю́мор (-ра) *m* 유머, 웃음.
ю́нка (-ки) *f* 젊은 여인.
ю́нкер (-ра) *m* 사관생도.
юпі́тер (-ра) *m PN Muth.* 쥬피터.
ю́п|ка (-ки) *f dial.* 남자의 반코트.
юрма́ (-ми́) *f* = гурма́, 군중, 무리.
юро́д|а (-ди) *f* 정신 쇠약.
юро́к (-рка́) *m* 짧은 막대.
юрта́тися (-а́юся, -а́єшся) *I vi dial.* 저절로 움직이다.
юртува́ти (-у́ю, -у́єш) *P vt dial.* 문제를 일으키다.
юстиф|кува́ти (-у́ю, -у́єш) *I vt* 판단하다.
юсти́ція (-ї) *f* 정의.

Я

Я, я (우크라이나어의 32번째 철자).
я (мене, мені, мною) *pron.* I: я сам, 나, 나 자신.
я́блуко (-ка) *n* 사과.
яблун|е́вий (-ва, -ве) 사과나무의.
я́бл|уня (-ні) *f*, **-унь** (-ні) *f* 사과나무.
я́бчанка (-ки) *f dial.* 사과 잼.
я́ва (яви) *f* 진실, 참.
я́ва (яви) *f* 무대, 장면.
явити (явлю, явиш) *P vi*: (являти *I*) 보여주다, 전시하다.
я́вище (-ща) *n* 현상, 출현.
я́влен|ий (-на, -не) (출현의): 기적적인.
я́вн|ий (-на, -не)* 사건, 출현.
ягни́тися (-нюся, -нишся) *I vi* 양을 치다.
ягн|и́ця (-ці) *f* 젊은 양.
я́год|а (-ди) *f* 딸기.
яґу́ар (-ра) *m Zool.* 재규어.
яд (яду) *m* 독.
ядр|о́ (-ра) *n* 핵, 과일의 씨.
яд|уха (-хи) *f* 천식.
я́єч|ко (-ка) *n Dim.*: яаце, 작은 계란.
яє́шн|ий (-на, -не) = яє́чний; **-ик** (-ка) *m* =яєчник; **-я** (-ні) *f* 오믈렛.
я́зва (-ви) *f* 역병, 전염병.

язи́к (-ка) *m* 1). 혀, 2), 언어, 말하는 능력.
язи́чн|ий (-на, -не) 혀의, 언어의.
яйце́ (-ця) *pl* 달걀들(복수).
як *conj.* –처럼, -같이.
якби́ *conj.* = коли б, 만약-라면, 비록- 라도.
яки́й (яка́, яке́) *pron.* 누구, 무엇.
якийбудь (якабудь, якебудь) *pron.* 누구라도.
якийнебудь (яканебудь, якенебудь) *pron.* 누구라도 전부.
яки́йсь (якась, якесь) *pron.* 어떤, 누군가.
я́ко. .. = як. . . : яко-тако *adv.* 독립적으로.
яко́в|ий (-ва, -ве)., -итий (-та, те)* *dial.* 어떤 종류의.
якоті́ти (-очу, -отиш) *I vi* 소리치다, 소리 내어 울다.
якра́з *adv.* 정확하게.
якстіа *adv.* *W.U.* 한번에, 즉시.
я́ктось = як*п*сь, 확실하게.
яли́ти (ялю, ялит) *I vt dial.* = в'ялитн. 말리다.
я́ловий (-ва. -ве) 불모의, 농작물이 나지 않는.
ялові́ти (-ію, -ієш) *I vi* 황무지가 된.
я́ма (я́ми) 구멍, 함정.
я́мина -(ни) *f Dim.*: яма, 움푹한 곳.
я́м|ище (-ща) *n Augm.*, 큰 구멍.
я́нгол (-ла) *m* 천사.
япо́н (-на) *m* (-нця) *m* 일본사람.
Япо́нія (-ін) *f NP* 일본.
япо́н|ка (-ки) *f* 일본 여성: -ськнй(-ка, -ке) 일본.
я́рий (я́ра, я́ре) 봄의, 젊음의.
ярйнний (-нна, -нне) = яровий, 봄의, 여름의.
яри́тник (-ка) *m W.U.* 악마.
я́рість (я́рости) *f* 열정, 충심.
ярі́ти (-ію, -ієш) *I vi* 반짝반짝 빛나다.
ярк|и́й (-ка, -ке) 정열적인, 갈망하는.
ярко́вий (-ва, -ве) *dial.* 시내물의.
ярмарко́вий (-ва, -ве) 장날의, 가게의.
ярма́рок (-рку) *m* 장날, 가게.
ярми́с (-су) *m* 방법, 길, 수단.
ярмо́ (-ма) *n* 멍에, 한 쌍의 소.
ярні́й (-ня, -не) 샘의.
яро́к (ярка́) *m Dim.*: яр, 작은 골짜기.

яро́чок (-чка) *m Dim.*: яр, 작은 골짜기.
ярува́ти (-ую, -уєш) *I vi* 성적으로 흥분되다.
яру́га (-ги) *f* 큰 골짜기.
ярча́к (-ка) *m* 무리, 군중.
яса́ (яси) *f* 소음.
ясен|и́на (-ни) *f* 나무 재.
я́сень (-на) *m* 재, 나무 재.
ясни́й (-на, -не)밝은, 환한.
ясни́на (-ини) *f* 밝은 점.
ясни́ти (-ню, -ниш) *I vt* 빛나게 하다.
я́сність (-ности) *f* 밝음, 환함.
ясні́ти (-ію, -ієш) *I vi* 밝게 하다, 환하게 하다.
ясні́ш|е *adv. comp.*: ясно, 더욱 밝게, 더욱 분명하게.
я́сно *adv.* 밝게, 분명하게.
ясува́ти (-ую, -уєш) *m* 결정하다, 해결하다, 설명하다.
я́хонт (-та) *m* 보석.
яхт (-та) *m*, -а (-ти) *f* 요트.
ячмі́нь (ячменю) *m* 보리, 대맥.
я́чн|ий (-на, -не) = ячмінний, 보리의.
я́щик (-ка) *m* 박스.

	교재명	구성	정가
1	실용 아랍어 회화	B	5,000
2	여행필수 베트남어 회화	B	6,500
3	여행필수 베트남어 회화	B+T	20,000
4	여행필수 태국어 회화	B	6,000
5	여행필수 태국어 회화	B+T	20,000
6	여행필수 말레이·인도네시아어 회화	B	5,500
7	여행필수 말레이·인도네시아어 회화	B+T	14,000
8	여행필수 포르투갈어 회화	B	6,000
9	여행필수 네덜란드어 회화	B	6,500
10	여행필수 터키어 회화	B	7,000
11	여행필수 이란어 회화	B	7,000
12	여행필수 브라질·포르투갈어 회화	B	6,000
13	여행필수 폴란드어 회화	B	7,000
14	여행필수 크로아티아어 회화	B	6,500
15	여행필수 루마니아어 회화	B	6,500
16	여행필수 스웨덴어 회화	B	6,000
17	여행필수 미얀마어 회화	B	7,000
18	여행필수 힌디어 회화	B	6,000
19	여행필수 몽골어 회화	B	7,000
20	여행필수 캄보디아어 회화	B	7,000
21	여행필수 체코어 회화	B	7,000
22	배낭 유럽어	B	7,500

교재명	구성	정가
23 6개국어 회화(유럽편)	B	7,000
24 4개국어 회화(아시아편)	B	5,500
25 영어대조 태국어 회화	B	6,000
26 영어대조 태국어 회화	B+T	15,000
27 쉽게 배우는 브라질·포르투갈어	B	12,000
28 기초 네덜란드어	B	17,000
29 시사 이란어	B	8,000
30 알기 쉬운 이란어(페르시아어) 쓰기	B	7,000
31 초보자를 위한 이란어 읽기	B	13,000
32 영화로 배우는 이란어-두여자	B	9,500
33 알기쉽게 설명한 베트남어 첫걸음	B+CD	20,000
34 알기쉽게 설명한 인도네시아어 첫걸음	B	9,500
35 아랍어 표현 연습	B	8,500
36 현대 몽골어 연구	B	12,000
37 초급 베트남어 1	B	16,000
38 초급 베트남어 2	B	16,500

교재명	구성	정가
1 한러 사전 (러시아어)	B	17,000
2 러한 사전 (러시아어)	B	10,000
3 러한 · 한러 합본사전 (러시아어)	B	28,000
4 학습 노한 사전 (러시아어)	B	28,000
5 노노 대사전 (러시아어)	B	38,000
6 약어로 익히는 러시아어 사전 (러시아어)	B	20,000
7 한이 사전 (이탈리아어)	B	20,000
8 최보선의 한 · 이 사전 (이탈리아어)	B	30,000
9 서한사전 (스페인어)	B	27,000
10 서한 · 한서 합본 사전 (스페인어)	B	25,000
11 스페인 – 한국어 입문 사전 (스페인어)	B	25,000
12 독한 입문 사전 (독일어)	B	12,000
13 한 · 인니 사전 (인도네시아어)	B	35,000
14 한 · 베트 사전 (한국어 · 베트남어)	B	28,000
15 한자 요결 사전	B	10,000
16 러시아–한국어사전	B	52,000
17 러시아 한국어 사전 (특장판)	B	70,000
18 최신 한국어 베트남어 소사전	B	35,000
19 한국어 스페인어 소사전	B	25,000
20 새한러 사전	B	67,000
21 한우 사전	B	40,000
22 스페인어 한국어 사전	B	25,000
23 실용한국어캄보디아어 사전	B	20,000